Ingo M. Schmidt

Ansätze für eine umfassende Rechnungslegung zur Zahlungsbemessung und Informationsvermittlung

GABLER EDITION WISSENSCHAFT

Unternehmensrechnung & Steuern
Uni Bayreuth e.V., Band 4

Herausgegeben von
Professor Dr. Jochen Sigloch
o. Professor der Betriebswirtschaftslehre,
Lehrstuhl für Betriebswirtschaftliche Steuerlehre
und Wirtschaftsprüfung, Universität Bayreuth

Der Verein „Unternehmensrechnung & Steuern Uni Bayreuth e.V.", eine Vereinigung vornehmlich aus Absolventen des Schwerpunktfachs Betriebswirtschaftliche Steuerlehre und Wirtschaftsprüfung an der Universität Bayreuth, Unternehmen und Angehörigen der rechts-, steuerberatenden und wirtschaftsprüfenden Berufe, verfolgt u.a. das Ziel, als Schnittstelle zwischen Theorie und Praxis zu fungieren.
In der Schriftenreihe des Vereins werden Monographien und Sammelbände zu aktuellen Problemfeldern im Bereich der Betriebswirtschaftlichen Steuerlehre und Wirtschaftsprüfung veröffentlicht, die im Rahmen der Forschung am Lehrstuhl für Betriebswirtschaftliche Steuerlehre und Wirtschaftsprüfung, Universität Bayreuth, oder dessen Umfeld bearbeitet wurden.

Ingo M. Schmidt

Ansätze für eine umfassende Rechnungslegung zur Zahlungsbemessung und Informationsvermittlung

Eine Analyse am Beispiel der Goodwill-Bilanzierung

Mit einem Geleitwort von Prof. Dr. Jochen Sigloch

Deutscher Universitäts-Verlag

Bibliografische Information Der Deutschen Nationalbibliothek
Die Deutsche Nationalbibliothek verzeichnet diese Publikation in der Deutschen Nationalbibliografie; detaillierte bibliografische Daten sind im Internet über <http://dnb.d-nb.de> abrufbar.

Dissertation Universität Bayreuth, 2007

1. Auflage September 2007

Lektorat: Frauke Schindler / Sabine Schöller

Der Deutsche Universitäts-Verlag ist ein Unternehmen von Springer Science+Business Media.
www.duv.de

Umschlaggestaltung: Regine Zimmer, Dipl.-Designerin, Frankfurt/Main
Gedruckt auf säurefreiem und chlorfrei gebleichtem Papier

ISBN 978-3-8350-0816-8

Geleitwort

Die Rechnungslegung von Unternehmen ist derzeit im Umbruch: Liegt der Fokus des Jahresabschlusses in Deutschland aufgrund seiner historischen Wurzeln (noch) auf der Zahlungsbemessungsfunktion, während die Informationsfunktion vielen eher als lästiges Beiwerk gilt, erfolgt unter dem Einfluss der Globalisierung der Kapitalmärkte und der Internationalisierung der (angelsächsischen) Rechnungslegung zunehmend ein Paradigmenwechsel in Richtung eines Primats der Informationsfunktion mit nur angehängter oder gar abgekoppelter Zahlungsbemessungsfunktion. Traditionelle Bastionen der deutschen Rechnungslegung – wie das Vorsichtsprinzip sowie das Anschaffungswert- und Realisationsprinzip – geraten auf diese Weise verstärkt in die Kritik und werden teilweise gänzlich in Frage gestellt. An ihrer Stelle werden vielmehr ein weit ausgelegter True-and-fair-view-Grundsatz und das Prinzip einer „Full Fair Value"-Bewertung mit sofortiger Erfassung auch unrealisierter Gewinne proklamiert. Die damit einhergehende „Entobjektivierung" der Rechenwerke Bilanz und Gewinn- und Verlustrechnung wird dabei nicht selten als notwendiger „Preis für eine höhere Entscheidungsrelevanz der Rechnungslegung" angesehen.

Das hier angesprochene Spannungsfeld einer jeden Rechnungslegung zwischen umfassender Abbildung (Vollständigkeit) einerseits und Objektivierung (Nachprüfbarkeit) andererseits zeigt sich in eindrucksvoller Weise am Beispiel immaterieller Vermögenswerte. Dabei kommt dem Geschäfts- oder Firmenwert (Goodwill) eine herausgehobene Bedeutung zu, gilt seine bilanzielle Behandlung doch seit jeher als Streitfrage der (inter-)nationalen Rechnungslegung, deren Relevanz im Zuge der aktuellen Entwicklungen in Theorie und Praxis noch zugenommen hat.

Vor diesem Hintergrund verfolgt die von Herrn Schmidt vorgelegte Dissertation das Ziel, Ansätze für eine umfassende Rechnungslegung zur Zahlungsbemessung und Informationsvermittlung zu analysieren und de lege ferenda einen eigenen Reformvorschlag für das deutsche Bilanzrecht zu unterbreiten. Dabei wird die Goodwill-Bilanzierung als spezielles Untersuchungsgebiet gewählt.

Auf Basis eines Referenzrahmens, der als übergeordnetes Ziel einer umfassenden Rechnungslegung eine stärker unternehmenswertorientierte Abbildung formuliert, führt Herr Schmidt im Zweiten Teil der Arbeit zunächst eine kritische Bestandsaufnahme der deutschen, britischen und internationalen Rechnungslegung am Beispiel der Goodwill-Bilanzierung durch. Da sich in den untersuchten Rechnungslegungssystemen einerseits zahlreiche Inkonsistenzen und Mängel nachweisen lassen und dort andererseits eine umfassende Rechnungslegung im obigen Sinne nicht umgesetzt ist, unternimmt Herr Schmidt im Dritten Teil eine breiter angelegte Suche nach theoretischen Lösungsalternativen. Der Fokus der weiteren Untersuchung liegt dabei auf Ansätzen einer zahlungsbemessungsbasierten Bilanz mit innerbilanzieller Informationserweiterung. Im Einzelnen werden mit dem Konzept einer (gemeinsamen) multifunktionalen Fair-Value-Bilanz und dem Konzept monofunktionaler Bilanzen für Zahlungsbemessungs- und Informationszwecke zwei innerbilanzielle Reformansätze ausgearbeitet und anhand von Zahlenbeispielen illustriert. Dabei erweist sich letzteres Konzept, das eine funktionale Zweiteilung der Rechnungslegung vorsieht, als Königsweg einer umfassenden Rechnungslegung, ermöglicht es neben einer optimalen Berücksichtigung beider Kernfunktionen doch in nahezu idealer Weise eine zweistufige Umsetzung nach der Kapitalmarktorientierung von Unternehmen. Diesem Reformkonzept folgend, entwickelt Herr Schmidt im Vierten Teil seiner Arbeit konsequent einen allgemeinen Reformvorschlag zur Einführung einer umfassenden und funktional zweigeteilten Rechnungslegung in Deutschland, bestehend aus allgemeinen Grundsätzen sowie speziellen Regeln zum Bilanzinhalt und zur Bilanzbewertung für die Zahlungsbemessung und Informationsvermittlung. Der stärker objektivierte Zahlungsbemessungsabschluss bündelt hiernach die Ausschüttungs- und Steuerbemessungsfunktion und dient als Basisrechenwerk für alle Unternehmen, während der Informationsabschluss im Sinne einer umfassenden Fair-Value-Bilanz als Erweiterungsrechenwerk lediglich für kapitalmarktorientierte Unternehmen vorgeschrieben wird. Hierauf aufbauend gibt Herr Schmidt im Fünften Teil der Arbeit konkrete Reformempfehlungen für eine umfassende, zweistufige Bilanzierung des Goodwill im Zahlungsbemessungs- und Informationsabschluss und zeigt anhand von modellhaften Zahlenbeispielen, dass ein solcher Reformvorschlag sowohl umsetzbar ist als auch im Informationsabschluss zu einer ökonomisch gleichmäßigeren bilanziellen Abbildung von internem und externem Unternehmenswachstum führt.

Mit der eingehenden Analyse des Zusammenspiels der Funktionen der Rechnungslegung sowie der Bilanzierung des Goodwills greift Herr Schmidt ein zugleich hochaktuelles wie relevantes Thema der Rechnungslegung auf. Die vorliegende Untersuchung überzeugt sowohl durch ihren logischen Aufbau, der einem betriebswirtschaftlichen Entscheidungsprozess folgt, als auch durch die tiefgründige und differenzierte Argumentation und Aufbereitung des Themas. Beachtenswert ist insbesondere der von Herrn Schmidt entwickelte Reformvorschlag zur Einführung einer umfassenden, funktional zweigeteilten Rechnungslegung im deutschen Bilanzrecht, dessen hohe Qualität und bemerkenswerte Originalität im deutlichen Kontrast zu den weit verbreiteten Vorschlägen einer notwendigen Abkopplung der Handelsbilanz von der Steuerbilanz stehen. Wenngleich dieser „Kampf gegen die Windmühlen“ für das deutsche Bilanzrecht bereits weitgehend verloren zu sein scheint, zeigt die Arbeit von Herrn Schmidt eine bedenkenswerte Reformalternative auf, der eine vorurteilslose Aufnahme und breite Leserschaft in der Rechnungslegungstheorie, der nationalen und internationalen Standard-Setzung und nicht zuletzt der Unternehmenspraxis zu wünschen ist.

Prof. Dr. Jochen Sigloch

Vorwort

Die Rechnungslegung als Teildisziplin der Betriebswirtschaftslehre offenbart ihren Reiz nicht auf den ersten Blick. Es bedarf einer genaueren Betrachtung, eingängigen Studierens und fähiger Lehrer, um ihre interessanten wie herausfordernden Fragestellungen zu erkennen und Freude daran zu haben.

Den Anstoß zur Beschäftigung mit dem Themenkomplex der internationalen Rechnungslegung lieferte ein Studienaufenthalt an der Warwick Business School im Jahre 2000. Im Rahmen eines Seminars wurde dort mein Interesse an der bilanziellen Abbildung immaterieller Werte nachhaltig geweckt. Nach meiner Rückkehr an die Universität Bayreuth hatte ich dann das Glück, mit einer kritischen Analyse der Bilanzierung des Goodwills im internationalen Vergleich ein hochaktuelles wie zukunftsweisendes Diplomarbeitsthema aufgreifen zu können, dessen Ergebnisse 2002 in eine Publikation im Deutschen Universitäts-Verlag mündeten. Während meiner Diplomarbeit wurde auch die Idee geboren, die Streitfrage der Goodwill-Bilanzierung einmal in einem größeren Zusammenhang zu betrachten und über eine Neugestaltung der Funktionen und Instrumente der (inter-)nationalen Rechnungslegung nachzudenken. Nach meinem Studium nahm ich daher gerne die Gelegenheit wahr, dieser Aufgabe im Rahmen einer Promotion als Wissenschaftlicher Mitarbeiter am Lehrstuhl für Betriebswirtschaftliche Steuerlehre und Wirtschaftsprüfung der Universität Bayreuth nachzugehen. Die vorliegende Arbeit stellt das Ergebnis meines Forschungsvorhabens dar; sie wurde am 16. März 2007 von der Rechts- und Wirtschaftswissenschaftlichen Fakultät der Universität Bayreuth als Dissertation angenommen.

Eine solche Arbeit entsteht bekanntlich nicht über Nacht, sondern in der Regel in einem mehrjährigen Prozess mit zahlreichen Irrungen und Wendungen. All denjenigen, die mich bei diesem Prozess auf unterschiedliche Weise begleitet und unterstützt haben, möchte ich an dieser Stelle herzlich danken.

Mein besonderer Dank gilt meinem Doktorvater, Herrn Professor Dr. Jochen Sigloch, Inhaber des Lehrstuhls für Betriebswirtschaftliche Steuerlehre und Wirtschaftsprüfung der Universität Bayreuth, für die Betreuung dieser Arbeit, für zahlreiche wertvolle Hinweise zu ihrer Entstehung und Vollendung sowie für die Möglichkeit zur Veröffentlichung im Rahmen dieser Schriftenreihe. Dank gebührt ferner Herrn Professor Dr. Heymo Böhler und Herrn Professor Dr. Klaus Schäfer, beide Universität Bayreuth, für die Übernahme des Zweitgutachtens respektive des Prüfungsvorsitzes. Für viele inspirierende Fachgespräche und aufschlussreiche Diskussionen danke ich meinem Freund Herrn Professor Robert A. Bryer, University of Warwick. Weiterhin danken möchte ich meinen früheren Kolleginnen und Kollegen am Lehrstuhl sowie den Studierenden, durch die ich die Universität Bayreuth in guter Erinnerung behalten werde.

Meiner geliebten Frau Annelie danke ich für ihre Unterstützung, Fürsorge und ihr Verständnis während des Verfassens dieser Arbeit, vor allem für die Kraft und Zuversicht, die mir auch schwierige Entscheidungsfindungen ermöglicht haben. Dank gebührt ferner meinem Bruder Stefan, der mir bei der Endkorrektur der Arbeit sehr behilflich war. Abschließend danke ich aus tiefstem Herzen meinen Eltern, die mir auf meinem bisherigen Lebensweg stets zur Seite gestanden haben; ihnen ist diese Arbeit gewidmet.

Ingo M. Schmidt

Inhaltsübersicht

Inhaltsverzeichnis

Abbildungsverzeichnis

Abkürzungsverzeichnis

A

AA&AJ	Accounting, Auditing & Accountability Journal (Zeitschrift)
AAR	Australian Accounting Review (Zeitschrift)
AB	Anfangsbestand
ABaFH	Accounting, Business and Financial History (Zeitschrift)
Abb.	Abbildung
ABl. d. EG	Amtsblatt der Europäischen Gemeinschaften
ABR	Accounting and Business Research (Zeitschrift)
Abs.	Absatz
Abschn.	Abschnitt
Accountant	The Accountant (Zeitschrift)
AfA	Absetzung für Abnutzung
AG	Abgang
AG	Aktiengesellschaft
AG	Die Aktiengesellschaft (Zeitschrift)
AH	Accounting Horizons (Zeitschrift)
AHK	Anschaffungs- oder Herstellungskosten
AJ	The Appraisal Journal (Zeitschrift)
AK	Anschaffungskosten
AktG	Aktiengesetz
Anm.	Anmerkung
Anmerk. d. Verf.	Anmerkung des Verfassers
AO	Abgabenordnung
AOS	Accounting, Organizations and Society (Zeitschrift)
APB	Accounting Principles Board
AR	The Accounting Review (Zeitschrift)
Arbeitsgruppe „Normierung der Rechnungslegung“	Arbeitsgruppe „Normierung der Rechnungslegung“ der Wissenschaftlichen Kommission Rechnungswesen im Verband der Hochschullehrer für Betriebswirtschaft e. V.
Arbeitskreis „Externe und interne Überwachung“	Arbeitskreis „Externe und interne Überwachung der Unternehmung“ der Schmalenbach-Gesellschaft für Betriebswirtschaft e. V.
Arbeitskreis “Externe Unternehmensrechnung”	Arbeitskreis „Externe Unternehmensrechnung“ der Schmalenbach-Gesellschaft für Betriebswirtschaft e. V.
Arbeitskreis „Immaterielle Werte“	Arbeitskreis „Immaterielle Werte im Rechnungswesen“ der Schmalenbach-Gesellschaft für Betriebswirtschaft e.V.

Art.	Artikel
ASB	Accounting Standards Board
ASC	Accounting Standards Committee

B

BAnz	Bundesanzeiger
BAR	(The) British Accounting Review (Zeitschrift)
BB	Der Betriebs-Berater (Zeitschrift)
BFH	Bundesfinanzhof
BFuP	Betriebswirtschaftliche Forschung und Praxis (Zeitschrift)
BGB	Bürgerliches Gesetzbuch
BGBl.	Bundesgesetzblatt
BilReG	Bilanzrechtsreformgesetz
BiRiLiG	Bilanzrichtlinien-Gesetz
BM	Brand Management (Zeitschrift)
BMF	Bundesministerium für Finanzen
BMJ	Bundesministerium für Justiz
bspw.	beispielsweise
BS	Basis for Conclusions
BStBl.	Bundessteuerblatt
B. T. R.	British Tax Review
BT-Drucksache	Bundestags-Drucksache
bzw.	beziehungsweise

C

CA	Companies Act
CO&C	Corporate Ownership & Control (Zeitschrift)
CPoA	Critical Perspectives on Accounting (Zeitschrift)

D

DAI-Studien	Studien des Deutschen Aktieninstituts
DB	Der Betrieb (Zeitschrift)
DBW	Die Betriebswirtschaft (Zeitschrift)
DCF-Verfahren	Discounted-Cash-flow-Verfahren
d. h.	das heißt
Diss.	Dissertation
DPR	Deutsche Prüfstelle für Rechnungslegung
DRS	Deutsche(r) Rechnungslegungs Standard(s)
DSR	Deutscher Standardisierungsrat
DStR	Deutsches Steuerrecht (Zeitschrift)
DStZ	Deutsche Steuerzeitung (Zeitschrift)
DSWR	Datenverarbeitung – Steuer – Wirtschaft – Recht (Zeitschrift)
DTI	Department of Trade and Industry

E

EB	Endbestand
EAR	(The) European Accounting Review (Zeitschrift)
Economist	The Economist (Zeitschrift)
ED	Exposure Draft
EFG	Entscheidungen der Finanzgerichte
EG	Europäische Gemeinschaft(en)
EGHGB	Einführungsgesetz zum Handelsgesetzbuch
EK	Eigenkapital
ErbStR	Erbschaftsteuer-Richtlinien
Ergänzg. durch d. Verf.	Ergänzung durch den Verfasser
ERS	Entwurf Rechnungslegungsstandard
EStÄndG	Gesetz zur Änderung des Einkommensteuergesetzes
EStG	Einkommensteuergesetz
EStR	Einkommensteuer-Richtlinien
EU	Europäische Union
EU-VO	Verordnung der Europäischen Kommission und des Rates
evtl.	eventuell

F

f.	folgende
FA	Finance Act
FAS	Financial Accounting Series
FASB	Financial Accounting Standards Board
FAZ	Frankfurter Allgemeine Zeitung (Zeitung)
FB	Finanz Betrieb (Zeitschrift)
ff.	folgende Seite(n)
FG	Finanzgericht(e)
Fn.	Fußnote
FN-IDW	Fachnachrichten-IDW
FRC	Financial Reporting Council
FRED	Financial Reporting Exposure Draft
FRRP	Financial Reporting Review Panel
FRS	Financial Reporting Standard(s)
FT	Financial Times (Zeitung)
FTD	Financial Times Deutschland (Zeitung)
FuE	Forschung und Entwicklung
FV	Fair Value (beizulegender Zeitwert)

G

GAAP	Generally Accepted Accounting Principles
GE	Geldeinheit(en)
GmbHG	Gesetz betreffend die Gesellschaften mit beschränkter Haftung
GoB	Grundsätze ordnungsmäßiger Buchführung

GoR	Grundsätze ordnungsmäßiger Rechnungslegung
GuV	Gewinn- und Verlustrechnung
GW	Goodwill

H

HB	Handelsblatt (Zeitung)
HBR	Harvard Business Review (Zeitschrift)
HdR	Handbuch der Rechnungslegung
Herv. durch d. Verf.	Hervorhebung durch den Verfasser
Herv. im Orig.	Hervorhebung im Original
HFA	Hauptfachausschuss des Instituts der Wirtschaftsprüfer
HGB	Handelsgesetzbuch
Hrsg.	Herausgeber
HWB	Handwörterbuch der Betriebswirtschaft
HWR	Handwörterbuch des Rechnungswesens

I

IAS	International Accounting Standard(s)
IASB	International Accounting Standards Board
IASC	International Accounting Standards Committee
ICAEW	Institute of Chartered Accountants in England and Wales
ICTA	Income and Corporation Tax Act
IDW	Institut der Wirtschaftsprüfer
i. d. R.	in der Regel
i. e. S.	im engeren Sinne
IFRS	International Financial Reporting Standard(s)
IJoA	The International Journal of Accounting (Zeitschrift)
IJoGT	International Journal of Game Theory (Zeitschrift)
insbes.	insbesondere
IOSCO	Internationale Vereinigung der Börsenaufsichtsbehörden
i. S. d.	im Sinne des
ITR	International Tax Review (Zeitschrift)
i. V. m.	in Verbindung mit
i. w. S.	im weiteren Sinne

J

JE	Jahreserfolg
JIC	Journal of Intellectual Capital (Zeitschrift)
JoA	Journal of Accountancy (Zeitschrift)
JoAaE	Journal of Accounting and Economics (Zeitschrift)
JoABR	Journal of Applied Business Research (Zeitschrift)
JoAR	Journal of Accounting Research (Zeitschrift)
JoF	Journal of Finance (Zeitschrift)

JoFE	Journal of Financial Economics (Zeitschrift)
JoIAA&T	Journal of International Accounting, Auditing & Taxation (Zeitschrift)
JoIFMA	Journal of International Financial Management and Accounting (Zeitschrift)
JoM	Journal of Management (Zeitschrift)
JÜ/JF	Jahresüberschuss/-fehlbetrag
JW	Juristische Wochenschrift (Zeitschrift)

K

KMU	Kleine und mittlere Unternehmen
KoR	Zeitschrift für kapitalmarktorientierte Rechnungslegung (Zeitschrift)
KStG	Körperschaftsteuergesetz
KWG	Kreditwesengesetz

L

Ltd	Private limited company
LZ	Leipziger Zeitschrift für Deutsches Recht (Zeitschrift)

M

M&A	Mergers and Acquisitions
Mio.	Millionen
MLR	The Modern Law Review (Zeitschrift)
Mrd.	Milliarden
m. w. N.	mit weiteren Nachweisen
MU	Mutterunternehmen

N

n	Nutzungsdauer
NB	Neubewertung
No.	Number (Nummer)
Nr.	Nummer
n. St.	nach Steuern
NBRL	Neubewertungsrücklage
NZG	Neue Zeitschrift für Gesellschaftsrecht (Zeitschrift)

O

OECD	Organisation für wirtschaftliche Zusammenarbeit
OFD	Oberfinanzdirektion
o. V.	ohne Verfasser

P

p. a.	per annum

Par.	Paragraph(en)
Plc	Public limited company
Preuß. OVG	Preußisches Oberverwaltungsgericht
PS	Prüfungsstandard
PwC	PricewaterhouseCoopers

R

RFH	Reichsfinanzhof
RFHE	Sammlung der Entscheidungen und Gutachten des Reichsfinanzhofs
RG	Reichsgericht
RGBl.	Reichsgesetzblatt
RIW	Recht der internationalen Wirtschaft (Zeitschrift)
RL	Richtlinie
Rn.	Randnummer(n)
RP	Research Paper
RS	Rechnungslegungsstandard
RStBl.	Reichssteuerblatt

S

S	Standard
S.	Seite(n)
Sch.	Schedule
sec.	section(s)
SEC	Securities and Exchange Commission
SFAC	Statement of Financial Accounting Concept(s)
SFAS	Statement of Financial Accounting Standard(s)
SIC	Standing Interpretations Committee
SMJ	Strategic Management Journal (Zeitschrift)
sog.	so genannt(e, -er, -es)
Sp.	Spalte(n)
SSAP	Statement(s) of Standard Accounting Practice
ST	Der Schweizer Treuhänder (Zeitschrift)
StSenkG	Gesetz zur Senkung der Steuersätze und zur Reform der Unternehmensbesteuerung (Steuersenkungsgesetz)
StuB	Steuern und Bilanzen (Zeitschrift)
StuW	Steuer und Wirtschaft (Zeitschrift)
StVergAbG	Steuervergünstigungsabbaugesetz
SW	Substanzwert

T

t	Zeitpunkt/Bilanzstichtag
$t_0, t_1, ...$	Abschlussstichtag 0, 1, ...
Tab.	Tabelle
TU	Tochterunternehmen
Tz.	Textziffer(n)

U

U_1, U_2, U_3	Unternehmen 1, 2, 3
u.	und
u. a.	und andere, unter anderem
UITF	Urgent Issues Task Force
UJoB	The University Journal of Business (Zeitschrift)
UK	United Kingdom of Great Britain and Northern Ireland
UM	Unternehmensbewertung & Management (Zeitschrift)
Univ.	Universität
US-GAAP	United States - Generally Accepted Accounting Principles
usw.	und so weiter
UW	Unternehmenswert

V

V	Vermögen
v.	vom/von
VÄ	Veräußerung
vgl.	vergleiche
VO	Verordnung
Vol.	Volume (Jahrgang)

W

WD	Working Draft
Wirtschaftswoche	Die Wirtschaftswoche (Zeitschrift)
WiSt	Wirtschaftswissenschaftliches Studium (Zeitschrift)
WISU	Das Wirtschaftsstudium (Zeitschrift)
WM	Wertminderung
WP	Working Paper
WPg	Die Wirtschaftsprüfung (Zeitschrift)
WPK-Mitt.	Wirtschaftsprüferkammer-Mitteilungen (Zeitschrift)

Z

ZfB	Zeitschrift für Betriebswirtschaft (Zeitschrift)
ZfbF	Zeitschrift für betriebswirtschaftliche Forschung (Zeitschrift)
ZfCM	Zeitschrift für Controlling & Management (Zeitschrift)
ZfhF	Zeitschrift für handelswissenschaftliche Forschung (Zeitschrift)
ZG	Zugang

ZGR	Zeitschrift für Unternehmens- und Gesellschaftsrecht
ZHR	Zeitschrift für das gesamte Handelsrecht und Wirtschaftsrecht (Zeitschrift)
ZIP	Zeitschrift für Wirtschaftsrecht (Zeitschrift)
zit.	zitiert als
ZW	Zeitwert

Einführung

I. Problemstellung

„... accountancy is, as it were, one of the manifestations of civilisation ... the laws that govern the history of accounting are those which govern the progress and development of the human race."[1]

Arthur H. Woolf

Die Rechnungslegung von Unternehmen gilt Kapitalgebern wie auch der Unternehmensleitung selbst seit jeher als geeignetes Instrument, um Aufschluss über den Stand und die Entwicklung der investierten Mittel zu erhalten (Informationsfunktion). Darüber hinaus bildet die Rechnungslegung traditionell die Basis für die Festlegung erfolgsabhängiger Zahlungsansprüche (Zahlungsbemessungs- oder Anspruchsbemessungsfunktion).[2] Den Regelfall stellt dabei eine Rechnungslegung durch bilanziellen Einzelvermögensvergleich dar.

Wurde das Vermögen seit den Anfängen der doppelten Buchführung in Europa regelmäßig – wenn auch nicht einheitlich – absatzmarktorientiert zu Tages- oder Zeitwerten bewertet,[3] entwickelten sich seit dem Ende des 19. Jahrhunderts die so genannten historischen Kosten als geleistete Auszahlungen zur Anschaffung oder Herstellung von Bilanzgütern zum Regelmaß der Bilanzbewertung.[4] Die Verwendung historischer Kosten und deren Verankerung zumeist als strikte Wertobergrenze der

---

1 *Woolf, A.*, History of Accountancy (1912), Preface.

2 Vgl. etwa *Schneider, D.*, Rechnungswesen (1997), S. 8 ff., der jedoch von der „Einkommensbemessungsfunktion" und dem „Zweck der Einkommensmessung" spricht und die Begriffe Ausschüttung- und Zahlungsbemessungsfunktion ablehnt (insbes. S. 84 ff.).

3 Vgl. die historischen Belege bei *Chambers, R./Wolnizer, P.*, A true and fair view (ABaFH 1991), S. 204 ff., die eine Bilanzbewertung zu Tageswerten bis in die Zeit LUCA PACIOLIS (1445-1509) nachweisen. Ausführlich zur Entstehungsgeschichte der Buchhaltung sowie zur historischen Entwicklung der handels- und steuerrechtlichen Rechnungslegung in Deutschland vgl. *Schneider, D.*, Allgemeine Betriebswirtschaftslehre (1987), S. 93 ff. u. 439 ff. Für einen Überblick über die Entwicklung der Bilanztheorie und Ansätze für eine Zeitbewertung in Deutschland vgl. *Schneider, D.*, Bilanztheorie (WiSt 1974), S. 158 ff. Zu Ansätzen für eine Zeitbewertung in der frühen britischen Rechnungslegung vgl. *Yamey, B.*, History of Financial Accounting, in: *Baxter, W./Davidson, S. (Hrsg.)*, Studies in Accounting (1977), S. 23 f., für Beispiele aus dem 19. Jahrhundert vgl. *Ma, R.*, Use of Selling Prices (Abacus 1982), S. 133 ff.

4 Vgl. *Moxter, A.*, Entziehbarer Gewinn, in: *Ballwieser, W. u. a. (Hrsg.)*, Festschrift Clemm (1996), S. 231 ff. sowie *Richard, J.*, Concept of fair value (CPoA 2005), S. 825 ff., der die Bilanzbewertung in Deutschland und Frankreich im Zeitraum von 1673 bis 2003 analysiert. Ausführlich zur historischen Entwicklung des deutschen Bilanzrechts vgl. *Barth, K.*, Deutsches Bilanzrecht I (1953), S. 65 ff., zur Bilanzbewertung insbesondere S. 114 ff.

Bilanzierung wurde vor allem mit der Notwendigkeit einer objektivierten und vorsichtigen Ermittlung des Gläubigerzugriffsvermögens sowie einer Verhinderung des Entzugs noch nicht realisierter Gewinne begründet.[5] Aus den gleichen Gründen setzte sich im Laufe der Zeit auch eine sehr restriktive bilanzielle Abbildung immaterieller Vermögenswerte einschließlich des Geschäfts- oder Firmenwerts (Goodwills) durch,[6] die im geltenden deutschen Bilanzrecht vor allem in Form des gesetzlichen Aktivierungsverbots für selbst erstellte immaterielle Anlagegüter zum Ausdruck kommt.[7]

Nicht zuletzt aufgrund dieser Pfadabhängigkeiten befindet sich die **Rechnungslegung in Deutschland** gegenwärtig in besonderer Weise **im Umbruch**.[8] Die wichtigsten Entwicklungslinien lassen sich dabei wie folgt zusammenfassen:

- Die Globalisierung der Wirtschaft, vor allem der Kapitalmärkte,[9] führt zu einer stärkeren Ausrichtung von Unternehmen an den Interessen der Eigenkapitalgeber und am Ziel einer nachhaltigen Steigerung des Unternehmenswerts aus Eigentümersicht (Shareholder-Value-Orientierung).[10]

---

5 Vgl. z. B. *Moxter, A.*, Realisationsprinzip (1984), S. 1780 ff.

6 Ähnlich auch *Arbeitskreis „Immaterielle Werte"*, Erfassung immaterieller Werte (DB 2001), S. 989.

7 Vgl. § 248 Abs. 2 HGB sowie § 5 Abs. 2 EStG. Zur Entstehungsgeschichte der Aktivierungsvoraussetzung des entgeltlichen Erwerbs, die für immaterielle Einzelwerte mit dem Aktiengesetz 1965 sowie mit dem Einkommensteuergesetz 1969 kodifiziert wurde, vgl. insbes. *Moxter, A.*, Entgeltlicher Erwerb (DB 1978), S. 1804 ff. m. w. N. In Bezug auf den originären Goodwill lässt sich ein gesetzliches Ansatzverbot sogar bis in das Jahr 1884 zurückverfolgen (vgl. ausführlich S. 66 dieser Arbeit.).

8 Vgl. auch *Ballwieser, W.*, Rechnungslegung im Umbruch (ST 2002), S. 295 ff.; *Sigloch, J.*, Rechnungslegung im Umbruch (spektrum 2002), S. 14 ff.

9 Die Globalisierung der Märkte ist grundsätzlich kein neuer Trend, erfährt jedoch seit Mitte der 1980er Jahre eine Renaissance, für die neben Innovationen auf den Gebieten der Informations- und Kommunikations- sowie Transporttechnik vor allem veränderte politisch-institutionelle Rahmenbedingungen (weltweite Liberalisierung und Deregulierung der Güter- und Faktormärkte, Privatisierungen) als Ursachen genannt werden (vgl. z. B. *Weizsäcker, C. v.*, Logik der Globalisierung (2000).). Vertiefend zur Globalisierung der Kapitalmärkte vgl. *Smith, R.*, World Financial Integration, in: *Choi, F. (Hrsg.)*, International Accounting (1997), Chapter 1.

10 So auch *Baetge, J./Noelle, J.*, Shareholder-Value-Reporting (KoR 2001), S. 174 f. Zur Verbreitung der Shareholder-Value-Zielsetzung in Deutschland vgl. *Aders, C. u. a.*, Shareholder Value-Konzepte (FB 2003), S. 719 ff.; *Pellens, B.*, Shareholder Value (DBW 2003), S. 1 ff.; *Pellens, B. u. a.*, Wertorientierte Unternehmensführung (DB 2000), S. 1825 ff. Zur Entwicklung in den OECD-Staaten vgl. *Thompson, J.*, Shareholder Value (Financial Market Trends 1998), S. 20 ff. Grundlegend zum Shareholder Value vgl. *Rappaport, A.*, Shareholder Value (1998); *Lorson, P.*, Shareholder-Value-Konzepte (2004). Für einen Überblick vgl. *Steiner, M./Tebroke, H.-J.*, Shareholder Value-Konzepte, in: *Bernd, R. (Hrsg.)*, Change Management (1998), S. 319 ff. Kritisch zum Shareholder-Value-Konzept hingegen *Remer, A./Snethlage, T.*, Stakeholder-Ansatz, in: *Rathgeber, A. u. a. (Hrsg.)*, Festschrift Steiner (2003), S. 27 ff.

- Die weltweite Fusions- und Akquisitionstätigkeit von Unternehmen[11] sowie die zunehmende Bedeutung immaterieller Vermögenswerte im Rahmen der Wertschöpfung[12] konfrontiert nationale und internationale Bilanzersteller und Normensetzer mehr denn je mit der Herausforderung wie Schwierigkeit einer bilanziellen Abbildung des Goodwills[13] und anderer immaterieller Güter.[14]
- Mit der Internationalisierung der Rechnungslegung zeichnet sich ein Paradigmenwechsel von einer Bewertung zu historischen Kosten (zurück) zu einer (erneuten) Bewertung zahlreicher Bilanzpositionen zu ihrem beizulegenden Zeitwert (Fair Value) auch oberhalb dieser Kosten ab.[15]

---

11 Hierzu bereits *Schmidt, I.*, Goodwill (2002), S. 4 ff. m. w. N.

12 Vgl. etwa *PricewaterhouseCoopers u. a. (Hrsg.)*, Immaterielle Werte (2003). LEV und ZAMBON betonen ferner, dass die hohe Bedeutung immaterieller Werte auch nach den einschneidenden Ereignissen der jüngeren Vergangenheit, wie dem Platzen der Technologie-Blase und dem Verschwinden zahlreicher New-Economy-Unternehmen, ungebrochen ist (vgl. *Lev, B./Zambon, S.*, Intangibles (EAR 2003), S. 597 f.).

13 Die besondere Relevanz der Goodwill-Bilanzierung für die Rechnungslegungspraxis zeigt sich eindrucksvoll an den Unternehmen Vodafone und AOL Time Warner. So entstand beim britischen Vodafone-Konzern im Zuge der spektakulären Übernahme der Mannesmann AG im Jahre 2000 zunächst ein Rekord-Goodwill in Höhe von 83 Mrd. Pfund (vgl. *Vodafone Group Plc*, Annual Report 2001, S. 48.), der in der Folge erst planmäßig und nach der Neuregelung der IFRS nur außerplanmäßig abgeschrieben wurde und zu höchst volatilen Jahreserfolgen führte (vgl. *Afhüppe, S./Wildhagen, A.*, Bis in alle Ewigkeit (WiWo v. 17.06.2004), S. 30 ff.; *o. V.*, Ergebnissprung von 20 Milliarden Euro (FAZ v. 13.07.2005), S. 15; *o. V.*, Vodafone schreibt 41 Milliarden Euro ab (FAZ v. 28.02.2006), S. 11.). Beim US-amerikanischen Konzern AOL Time Warner Inc. (inzwischen umbenannt in Time Warner Inc.), der im Zuge des Erwerbs von Time Warner durch AOL entstand, führten außerplanmäßige Goodwill-Abschreibungen in Höhe von rund 90 Mrd. $ im Jahr 2002 zum bislang größten, jemals von einem Unternehmen ausgewiesenen Verlust in Höhe von knapp 99 Mrd. $ (vgl. *AOL Time Warner Inc.*, Annual Report 2002, S. 68 f. u. 88 ff.; *Kort, K.*, AOL Time Warner (HB v. 31.01./01.02.2003), S. 11.). Auch bei zahlreichen deutschen Unternehmen nimmt die Goodwill-Bilanzierung wesentlichen Einfluss auf die Ergebnisentwicklung (vgl. *o. V.*, Gewinnsprünge (FAZ v. 15.01.2005), S. 19; *Kriete, T./Padberg, T.*, Goodwill-Abschreibungen (UM 2004), S. 232 ff.).

14 Dies spiegelt sich in jüngerer Zeit insbesondere in den Entwicklungsprozessen der Rechnungslegungsstandards IFRS 3, IAS 36 u. IAS 38 auf internationaler Ebene, der SFAS 141 u. 142 in den USA und der FRS 10 u. 11 in Großbritannien wider. Die deutsche Rechnungslegung hat den Wandel zur Dienstleistungs- und Wissensgesellschaft demgegenüber bisher weitgehend verschlafen (ähnlich auch *Arbeitskreis „Immaterielle Werte“*, Erfassung immaterieller Werte (DB 2001), S. 989.).

15 Vgl. etwa *Ernst & Young* (Hrsg.), Fair value (2005), S. 2 sowie *Siegel, S.*, Emergence of Fair Value (WPK-Mitt. 1997), S. 81 ff., der gar eine „accounting revolution“ in der Fair-Value-Bewertung sieht. Nicht ganz so weitgehend LÜDENBACH/HOFFMANN, die von einer „Fair-Value-Philosophie der Bilanzierung“ sprechen (*Lüdenbach, N./Hoffmann, W.-D.*, Gemildertes Fair-Value-Prinzip (DB 2004), S. 85.). Während einige Autoren die Abkehr vom Anschaffungswertprinzip auch in Deutschland offenbar bereits als vollzogen ansehen (vgl. z. B. *Herzig, N.*, Entzauberung (FAZ v. 11.03.2002), S. 27; *Küting, K./Wirth, J.*, Eigenkapitalquoten (FAZ v. 06.10.2003), S. 22.), bezeichnen andere diese Auffassung als Missverständnis, da für die Fair-Value-Bewertung weder hinsichtlich ihrer Zielsetzung noch ihrer Operationalisierung eine klare konzeptionelle Grundlage bestehe (so

Befürworter dieser zum Teil radikalen Veränderungen sind ebenso zahlreich wie ihre Gegner. Insbesondere der zuletzt angesprochene Trend zu einer umfassenden Rechnungslegung im Sinne einer vollständigen Zeitwert- oder „Full-Fair-Value-Bilanz“[16] ist in Forschung und Praxis sehr umstritten.[17,18] Im Mittelpunkt der Diskussion steht dabei die Frage, ob die Zahlungsbemessungs- und Informationsfunktion der Rechnungslegung und ihr Verhältnis zueinander einer Neugestaltung bedürfen. Während in Deutschland grundsätzlich eine Koexistenz beider Kernfunktionen der Rechnungslegung festgestellt werden kann, wobei der Zahlungsbemessungsfunktion mit der Ermittlung eines vorsichtig bemessenen, objektivierten Periodenerfolgs regelmäßig die vorrangige Bedeutung zugesprochen wird,[19] ist die internationale Rechnungslegung einzig am Ziel der Bereitstellung entscheidungsnützlicher Informationen ausgerichtet (*Decision-usefulness*-Konzept).[20] Eine Zahlungsbemessungsfunktion wird hier offenbar als lästiges Beiwerk empfunden, das besser mittels eigenständiger Normensysteme für den Fall der steuerlichen Erfolgsermittlung oder durch privatvertragliche

---

Ballwieser, W., Rechnungslegung im Umbruch (ST 2002), S. 299.). Anstelle des Begriffs „Fair Value“ findet im angelsächsischen Schrifttum z. T. auch der Ausdruck *current value* Anwendung (vgl. z. B. *Searfoss, D./Fellner Weiss, J.*, Current value reporting (JoA 1990), S. 69 ff.).

16 Vgl. zum Begriff „Full Fair Value-Konzept“ in Abgrenzung zum „Imparitätischen Fair Value-Konzept“ – soweit ersichtlich – erstmals im deutschen Schrifttum *Baetge, J./ Zülch, H.*, Fair Value-Accounting (BFuP 2001), S. 546 ff.

17 So steht z. B. die DEUTSCHE BUNDESBANK einer vollständigen Zeitwertbilanzierung sehr kritisch gegenüber und spricht sich für eine „Beibehaltung des Instruments der stillen Reserven für alle handelsrechtlichen Einzelabschlüsse“ aus (*Deutsche Bundesbank (Hrsg.)*, Rechnungslegungsstandards (Monatsbericht 2002), S. 54.). Die „Bilanzskandale“ von Enron, Worldcom und anderen Unternehmen haben ihr Übriges zu den Bedenken an einer Zeitwertbilanzierung beigetragen (vgl. hierzu *Hoffmann, W.-D./Lüdenbach, N.*, Internationale Rechnungslegung (StuB 2002), S. 546 f.; *Lüdenbach, N./Hoffmann, W.-D.*, Enron (DB 2002), S. 1169 ff.). Zur weiteren Kritik an der Fair-Value-Bilanzierung vgl. *Ballwieser, W.* u. a., Fair value (BFuP 2004), S. 535 ff., *Schneider, D.*, Fair value, in: *Tietje*, C. *u. a. (Hrsg.)*, Beiträge zum Transnationalen Wirtschaftsrecht (2003), S. 13 ff. sowie *Löhr, D.*, IAS (IFRS) versus HGB (StuB 2003), S. 646 f. Demgegenüber stufen BAETGE/KÜMMEL eine Full-Fair-Value-Bilanz – allerdings in Form einer Zwei-Spalten-Rechnung neben historischen Kosteninformationen – als Annäherung an den „Idealfall einer vollständigen, symmetrischen Information über die Vermögens-, Finanz- und Ertragslage des bilanzierenden Unternehmens“ ein (*Baetge, J./Kümmel, J.*, Shareholder Value Reporting, in: *Rathgeber, A. u. a. (Hrsg.)*, Festschrift Steiner (2003), S. 54.).

18 Im Rahmen dieser Arbeit erfolgt eine synonyme Verwendung der Begriffe beizulegender Zeitwert und Fair Value, wie in der deutschsprachigen Literatur weit verbreitet. Kritisch hierzu *Mujkanovic, R.*, Fair Value (2002), S. 114 f.

19 Vgl. z. B. *Euler, R.*, Bilanzrechtstheorie, in: *Budde, W. u. a. (Hrsg.)*, Festschrift Beisse (1997), S. 171 f.; *Busse von Colbe, W.*, Entwicklungsperspektiven (ZfbF 2002), S. 161; *Brönner, H. u. a.*, Konvergenz der Rechnungslegungsstandards, in: *Siegel, T. u. a. (Hrsg.)*, Festschrift Bareis (2005), S. 31. Anderer Ansicht hingegen KIRSCH, der dem deutschen Handelsrecht einen Mangel an klarer Zielorientierung und Zielhierarchisierung attestiert (vgl. *Kirsch, H.*, Zukunft der HGB-Rechnungslegung (DStZ 2004), S. 470 f.).

20 Vgl. etwa *Streim, H. u. a.*, Theoretische Fundierung, in: *Schmidt, H. u. a. (Hrsg.)*, Fest-

Vereinbarungen für den Fall der Ausschüttungsbemessung erfüllt werden könne. Damit deutet sich bereits an, dass das Kernproblem einer jeden Rechnungslegung, nämlich das „Spannungsverhältnis zwischen umfassender (vollständiger) Rechenschaftslegung einerseits und klar nachprüfbarer (objektivierter) Rechenschaftslegung andererseits“[21], national wie international offenbar höchst unterschiedlich austariert wird.[22]

In Anbetracht der verstärkten Kritik vor allem an der eingeschränkten Informationsvermittlung des deutschen Handelsrechts,[23] aber auch an der Zweckadäquanz der Grundsätze ordnungsmäßiger Buchführung für die steuerrechtliche Erfolgsermittlung[24] in der aktuellen Diskussion wird hier folgende **Hypothese** formuliert, die es im weiteren Verlauf der Arbeit aus konzeptionell-theoretischer Sicht zu überprüfen gilt:

> Angesichts einer zunehmenden Distanz zwischen bilanziellem Abbild und Unternehmenswert verfehlt die geltende Rechnungslegung in Deutschland mehr und mehr das Ziel, ein den tatsächlichen Verhältnissen entsprechendes Bild der Vermögens-, Finanz- und Ertragslage (True and fair view) zu vermitteln[25] und seine beiden Kernfunktionen der Zahlungsbemessung und Informationsvermittlung in einer Rechnung in geeigneter Weise zu erfüllen.

Insbesondere die Begrenzung der Bewertung nahezu sämtlicher Bilanzgüter auf (fortgeführte) historische Kosten sowie die systematische Vernachlässigung immaterieller Einzelwerte und des Goodwills führen zu einer Legung stiller Reserven und beeinträchtigen eine umfassende und unverzerrte Vermögens- und Erfolgsermittlung für

---

schrift Stützel (2001), S. 179 f.

21 *Sigloch, J.*, Einheitliche Gewinnermittlung, in: *Schneider, D. u. a. (Hrsg.)*, Festschrift Siegel (2005), S. 553. Ausführlich hierzu *Sigloch, J.*, Rechnungslegung (2007), S. 29 ff.

22 Vgl. *Haller, A.*, Immaterielle Vermögenswerte, in: *Möller, H./Schmidt, F. (Hrsg.)*, Festschrift Coenenberg (1998), S. 572 ff.; *Johnson, L.*, Relevance and Reliability (FASB Report 2005). Vgl. auch KÜTING, der den IFRS eine „zunehmende Entobjektivierung der Bilanz“ bescheinigt (*Küting, K.*, Hoher Preis für IFRS (FAZ v. 17.10.2005), S. 22.)

23 Vgl. statt vieler *Brönner, H. u. a.*, Konvergenz der Rechnungslegungsstandards, in: *Siegel, T. u. a. (Hrsg.)*, Festschrift Bareis (2005), S. 31; *Ballwieser, W.*, Nutzen handelsrechtlicher Rechnungslegung, in: *Ballwieser, W. u. a. (Hrsg.)*, Festschrift Clemm (1996), S. 9 ff. sowie bereits *Streim, H.*, Einheitsbilanz (BFuP 1990), S. 530 f. Kritisch zur gemeinhin unterstellten Überlegenheit angelsächsischer Rechnungslegungsnormen hingegen *Kahle, H.*, Informationsversorgung des Kapitalmarkts (KoR 2002), S. 103 ff.; *Auer, K.*, Mythos und Realität (ZfB 1999), S. 979 ff.; *Streim, H.*, Entscheidungsnützliche Informationen (BFuP 2000), S. 111 ff.

24 So z. B. *Weber-Grellet, H.*, Abschaffung des Maßgeblichkeitsgrundsatzes (StuB 2002), S. 702 f.

25 Vgl. auch *Haller, A.*, Immaterielle Vermögenswerte, in: *Möller, H./Schmidt, F. (Hrsg.)*, Festschrift Coenenberg (1998), S. 564.

Informationszwecke.[26] Will man den Jahresabschluss auch weiterhin als wichtige Grundlage für wirtschaftliche Entscheidungsträger sehen, besteht daher die Gefahr einer Fehlallokation von Kapital und eines verstärkt kurzfristig orientierten Handelns von Managern.[27] Gleichzeitig führt die traditionell unterschiedliche Behandlung selbst erstellter und entgeltlich erworbener immaterieller Vermögenswerte zu Inkonsistenzen im Rahmen der Zahlungsbemessung, indem vor allem internes gegenüber externem Unternehmenswachstum steuerlich begünstigt wird.

II. Zielsetzung und Gang der Untersuchung

Vor diesem Hintergrund setzt sich die vorliegende Arbeit zum **Ziel**, aus Sicht der materiellen Bilanztheorie[28] Ansätze für eine umfassende Rechnungslegung zur Zahlungsbemessung und Informationsvermittlung zu erarbeiten, um daraus einen geeigneten und konsistenten Reformvorschlag für das deutsche Bilanzrecht abzuleiten. Im Fokus der Arbeit stehen dabei folgende **Grundfragen**:

(1) Soll die Rechnungslegung von Unternehmen in Deutschland vor dem Hintergrund der oben skizzierten Entwicklungslinien auch weiterhin – wie gegenwärtig der Einzelabschluss – in Form einer gemeinsamen (multifunktionalen) Zahlungsbemessungs- und Informationsrechnung erfolgen? Oder stellt eine monofunktionale Ausrichtung mit zweckabhängigen Rechnungen – entsprechend der Tradition angelsächsischer Rechnungslegungssysteme – einen geeigneteren Lösungsansatz dar?

(2) Wie sollte ein geeignetes Reformkonzept für eine umfassende Rechnungslegung zur Zahlungsbemessung und Informationsvermittlung in Deutschland ausgestaltet werden?

Die Schwierigkeiten und Meinungsdivergenzen bei der Beantwortung dieser Fragen kulminieren geradezu in der Streitfrage nach der „richtigen“ bilanziellen Behandlung immaterieller Vermögenspositionen, die traditionell als „ewige Sorgenkinder des Bilanzrechts“[29] gelten, da sich das Spannungsverhältnis einer jeden Rechnungslegung zwischen Vollständigkeit und Objektivierung bei immateriellen Werten und ins-

---

26 Ähnlich *Lev, B./Zambon, S.*, Intangibles (EAR 2003), S. 598. Vgl. ferner *Lev, B./Zarowin, P.*, Boundaries of Financial Statements (JoAR 1999), S. 366, die speziell die inkonsistente bilanzielle Behandlung von immateriellen Werten aus Informationssicht anprangern.

27 Vgl. *Høegh-Krohn, N./Knivsflå, K.*, Intangible Assets (IJoA 2000), S. 243; *Lev, B.*, Intangibles Edge (HBR 2004), S. 109 ff.

28 Nach SCHNEIDER besteht die Aufgabe der materiellen Bilanztheorie in der Formulierung von Aussagen darüber, „welchem Zweck der Jahresabschluß zu dienen hat und wie auf diesen Zweck hin die Rechnungslegung auszurichten ist.“ (*Schneider, D.*, Bilanzgewinn (ZfhF 1963), S. 458.).

29 *Moxter, A.*, Immaterielle Anlagewerte (BB 1979), S. 1102.

besondere beim Goodwill[30] in exponierter Weise zeigt. Neben einer möglichst allgemeingültigen Beantwortung der oben aufgeworfenen Grundfragen soll daher eine konkrete Anwendung und Umsetzung der gewonnenen Ergebnisse am Beispiel der Goodwill-Bilanzierung als besonderem Untersuchungsgegenstand erfolgen. Folgende **spezielle Fragestellungen** sind dabei zu beantworten:

(3) Inwieweit ist die historisch geprägte Unterscheidung zwischen einem entgeltlich erworbenen (derivativen) und einem selbst erstellten (originären) Goodwill mit der Konsequenz einer divergenten bilanziellen Behandlung noch zeitgemäß?

(4) Wie sollten der Bilanzansatz und die Bilanzbewertung des Goodwills im Zugangszeitpunkt sowie an den folgenden Bilanzstichtagen im Rahmen einer umfassenden Rechnungslegung zur Zahlungsbemessung und Informationsvermittlung ausgestaltet werden?

Zur Erfüllung dieser zweistufigen Zielsetzung wird folgender **Gang der Untersuchung** gewählt: Die vorliegende Arbeit ist in fünf (Haupt-)Teile gegliedert, die von einer Einführung und Zusammenfassung der Ergebnisse eingerahmt werden. Die Anordnung der (Haupt-)Teile folgt dabei einem typisierten betriebswirtschaftlichen Entscheidungsprozess, bestehend aus den Phasen Sollkonzept, Istanalyse, Lösungssuche, Lösungsauswahl und Umsetzung:

Im **Ersten Teil** werden die für die weitere Untersuchung erforderlichen Grundlagen gelegt. Zu diesem Zweck wird ein Referenzrahmen aufgestellt, der als Beurteilungsbasis und Leitbild für eine eventuell notwendige Reform von Rechnungslegungsregeln dient (**Sollkonzept**). Ausgehend von einer umfassenden Wissensbereitstellung als oberstem Zweck einer umfassenden Rechnungslegung werden im Referenzrahmen die Funktionen der Zahlungsbemessung und Informationsvermittlung konkretisiert, allgemeine und spezielle Grundsätze der Rechnungslegung abgeleitet und Nebenbedingungen formuliert. Im Anschluss wird der Goodwill als spezieller Untersuchungsgegenstand der Arbeit vorgestellt. Nach einem Überblick über das Spektrum der immateriellen Werte werden hierzu eine Definition und Einordnung des Goodwills vorgeschlagen. Ferner sind das Wesen sowie die Arten des Goodwills näher zu beleuchten.

Der **Zweite Teil** der Arbeit widmet sich der Analyse der bilanziellen Behandlung des Goodwills in ausgewählten Rechnungslegungskonzeptionen. Es erfolgt eine Bestandsaufnahme der einschlägigen Regelungen zur Goodwill-Bilanzierung in

30 Dieser kann nach DAVIS als „the most intangible of intangibles" bezeichnet werden (*Davis, M.*, Goodwill Accounting (JoA 1992), S. 77.). Zur besonderen Bedeutung der Goodwill-Bilanzierung vgl. auch *Seetharaman, A.*, Accounting treatment of goodwill (JIC 2004), S. 131 ff.

Deutschland, Großbritannien und in den International Financial Reporting Standards (IFRS). Dabei werden jeweils die historische Entwicklung und der gegenwärtige Stand der Goodwill-Bilanzierung untersucht und im Anschluss miteinander verglichen (**Istanalyse**). Als Ergebnis wird festgestellt, dass eine umfassende Rechnungslegung aufgrund einer unvollständigen und inkonsistenten bilanziellen Behandlung des Goodwills in keinem der betrachteten Rechnungslegungskonzepte erreicht wird.

Der **Dritte Teil** dient der **Suche nach Lösungsalternativen**, die geeignet sind, das Leitbild einer umfassenden Rechnungslegung im Sinne des Referenzrahmens umzusetzen. Hierzu wird zunächst das Spektrum der grundsätzlich möglichen Reformkonzepte aufgezeigt, bevor eine Eingrenzung der weiteren Untersuchung auf innerbilanzielle Reformansätze zur Zahlungsbemessung mit Informationserweiterung stattfindet. Im Einzelnen werden mit dem Konzept einer multifunktionalen Fair-Value-Bilanz und dem Konzept monofunktionaler Bilanzen für Zahlungsbemessungs- und Informationszwecke zwei innerbilanzielle Reformkonzepte erarbeitet, anhand eines Zahlenbeispiels veranschaulicht und kritisch gewürdigt. Dabei erweist sich letzteres Konzept, das eine funktionale Zweiteilung der Rechnungslegung in einen Zahlungsbemessungs- und Informationsabschluss vorsieht, als konzeptionell überlegen und wird deshalb als Reformansatz zur Einführung einer umfassenden Rechnungslegung in Deutschland favorisiert (**Lösungsauswahl**).

Aufbauend auf der Beurteilung der Reformkonzepte im Dritten Teil werden im **Vierten Teil** der Arbeit Reformvorschläge zur **allgemeinen Umsetzung** des Konzepts monofunktionaler Bilanzen erarbeitet, um eine umfassende Rechnungslegung in Deutschland einzuführen. Neben einer Neuordnung der Funktionen der Rechnungslegung und der Schaffung einer konsistenten Normenhierarchie stehen hierbei die Ausgestaltung eines einheitlichen Zahlungsbemessungsabschlusses sowie eines umfassenden Informations- oder Fair-Value-Abschlusses im Vordergrund. Dabei werden allgemeingültige Regeln für den Bilanzansatz und die Bilanzbewertung in beiden Abschlüsse vorgeschlagen und diskutiert. Im Ergebnis lässt sich mit den Reformempfehlungen eine bessere, weil spezifischere Erfüllung der Zahlungsbemessungs- und Informationsfunktion im Vergleich zum gegenwärtigen Bilanzrecht erzielen.

Im **Fünften Teil** der Untersuchung werden darüber hinaus Reformempfehlungen für eine funktionsspezifische Bilanzierung des Goodwills in Deutschland erarbeitet (**spezielle Umsetzung**). Nach einigen Ausgangsüberlegungen zur Reform der Goodwill-Bilanzierung werden zu diesem Zweck konkrete Reformvorschläge und Gestaltungsempfehlungen entwickelt, wie die bilanzielle Behandlung des Goodwills im Zahlungsbemessungs- und Informationsabschluss ausgestaltet werden sollte. Die vorgeschlagenen Regelungen zum Bilanzansatz und zur Bilanzbewertung werden sodann anhand eines Zahlenbeispiels zum Vergleich von internem und externem Unternehmenswachstum praktisch veranschaulicht. Im Anschluss werden mit der Einbeziehung von Ertragsteuern und der Notwendigkeit einer Offenlegung und Prüfung von Unternehmensprognosen wichtige Sonderprobleme diskutiert. Als Ergebnis des Fünften Teils lässt sich festhalten, dass das Konzept einer umfassenden, funktionsspezifischen Bilanzierung des Goodwills eine geeignete und umsetzbare Lösung für die deutsche Rechnungslegung darstellt.

Die wichtigsten **Ergebnisse** der Arbeit werden abschließend zusammengefasst. Darüber hinaus werden einige ausblickende Bemerkungen gegeben.

Die folgende Abbildung stellt den Gang der Untersuchung in den fünf (Haupt-)Teilen noch einmal im Überblick dar:

Erster Teil: Konzeptionelle Grundlagen

I. Referenzrahmen zur Beurteilung und Reform von Rechnungslegungsregeln
II. Bilanzierung des Goodwills als spezieller Untersuchungsgegenstand
III. Zusammenfassung

⇩

Zweiter Teil: Analyse der Bilanzierung des Goodwills vor dem Hintergrund verschiedener Rechnungslegungskonzeptionen

I. Bilanzierung des Goodwills in der deutschen Rechnungslegung
II. Bilanzierung des Goodwills in der britischen Rechnungslegung
III. Bilanzierung des Goodwills in der Rechnungslegung nach IFRS
IV. Vergleichende Beurteilung
V. Zwischenergebnis

⇩

Dritter Teil: Analyse möglicher Reformkonzepte für eine umfassende Rechnungslegung

I. Überblick über das Spektrum möglicher Reformkonzepte
II. Konzept einer multifunktionalen Fair-Value-Bilanz
III. Konzept monofunktionaler Bilanzen für Zahlungsbemessungs- und Informationszwecke
IV. Gesamtbeurteilung
V. Zwischenergebnis

⇩

Vierter Teil: Umsetzung des Reformkonzepts monofunktionaler Bilanzen zur Einführung einer umfassenden Rechnungslegung in Deutschland

I. Ausgangsüberlegungen
II. Ausgestaltung eines einheitlichen Zahlungsbemessungsabschlusses für die Ausschüttungs- und Steuerbemessung
III. Ausgestaltung eines umfassenden Informationsabschlusses
IV. Zwischenergebnis

⇩

Fünfter Teil: Spezielle Reformempfehlungen für eine umfassende, funktionsspezifische Bilanzierung des Goodwills in Deutschland

I. Ausgangsüberlegungen
II. Reformempfehlungen zur Bilanzierung des Goodwills im Zahlungsbemessungsabschluss
III. Reformempfehlungen zur Bilanzierung des Goodwills im Informationsabschluss
IV. Vergleichendes Zahlenbeispiel zur Bilanzierung des Goodwills
V. Sonderprobleme
VI. Zwischenergebnis

Abb. 1: Gang der Untersuchung

Erster Teil: Grundlagen

Im Ersten Teil wird zunächst ein Referenzrahmen für die spätere Beurteilung und Reform von Rechnungslegungsregeln aufgestellt. Im Anschluss erfolgt eine grundlegende Darstellung der Bilanzierung des Goodwills, die den speziellen Untersuchungsgegenstand der Arbeit bildet.

I. Referenzrahmen zur Beurteilung und Reform von Rechnungslegungsregeln

Der im Folgenden aufzustellende **Referenzrahmen** dient als Beurteilungsmaßstab und Leitbild (Sollkonzept) für eine Reform der deutschen Rechnungslegung. Ausgehend vom Oberziel einer umfassenden Wissensbereitstellung mit Hilfe der Rechnungslegung wird hierbei die Auffassung vertreten, dass der deutsche Jahresabschluss auch weiterhin sowohl zur Zahlungsbemessung als auch zur Informationsvermittlung herangezogen werden soll. Auf dieser Grundlage werden sodann allgemeine Rechnungslegungsannahmen und -grundsätze vorgestellt, die für beide Kernfunktionen der Rechnungslegung gelten. Anschließend werden funktionsspezifische Grundsätze für die Zahlungsbemessungs- respektive Informationsfunktion entwickelt. Mit der Forderung nach einer zeitnahen Bereitstellung und Wirtschaftlichkeit der Jahresabschlussinformationen werden schließlich wichtige Nebenbedingungen einer umfassenden Rechnungslegung formuliert.

A. Umfassende Wissensbereitstellung als oberster Rechnungslegungszweck

Unternehmen sind regelmäßig durch eine Trennung von Eigentum und Unternehmensleitung gekennzeichnet.[31] Zwischen den Unternehmenseigentümern als Auftraggebern (Prinzipalen) und der Unternehmensleitung als Beauftragten (Agenten) bestehen dabei mehr oder weniger stark ausgeprägte Informationsasymmetrien und konfligierende Ziele oder Risikoeinstellungen,[32] die aus Sicht der Prinzipale in suboptimalen Handlungsstrategien der Agenten resultieren können (so genanntes **Prinzipal-**

---

31 Eine Ausnahme hiervon bilden Einzelunternehmen, Ein-Mann-Kapitalgesellschaften und Unternehmen, bei denen eine vollständige Kongruenz zwischen der Unternehmensleitung und den Eigentümern besteht. Gleichwohl lassen sich die nachfolgenden Überlegungen im Grundsatz auch auf diese Gruppe von Unternehmen übertragen, da hier ebenfalls zahlreiche Auftraggeber-Auftragnehmer-Verhältnisse mit anderen Stakeholdern bestehen.

32 Vgl. auch *Ballwieser, W.*, Rechnungslegung im Umbruch (ST 2002), S. 298. Kritisch hingegen SUNDER, der den wechselseitigen Austausch von Ressourcen zwischen dem Prinzipal und dem Agenten betont und ein generelles asymmetrisches Verhältnis in Frage stellt (vgl. *Sunder, S.*, Role of Accounting (AOS 1980), S. 83 ff.). In der Tat gehen die Ansätze der Prinzipal-Agenten-Theorie vor allem von großen Kapital(markt)gesellschaften mit einem anonymen Kreis von Eigentümern aus, bei denen die Bedingungen der Informationsasymmetrie und Zieldivergenz in der Regel besonders augenfällig sind.

Agenten-Problem).[33] Besonders problematisch ist hierbei, dass die Prinzipale die Entscheidungen (Handlungsstrategien) der Agenten und/oder das Entscheidungsergebnis nicht beobachten können (*moral hazard*).[34] In der Konsequenz lässt sich die Rechnungslegung als ein Instrument zur Regelung der Beziehungen zwischen Prinzipalen und Agenten eines Unternehmens verstehen,[35] deren Notwendigkeit unter anderem in der fehlenden Beobachtbarkeit der Entscheidungsergebnisse durch die Prinzipale begründet liegt.[36]

Idealtypischer Zweck einer externen Rechnungslegung ist demnach die **umfassende Bereitstellung von ökonomisch fundiertem Wissen**[37] über das Unternehmen, um die bestehenden Informationsasymmetrien zwischen den externen und internen Rechnungslegungsadressaten möglichst vollständig abzubauen.[38] Beschränkt man sich auf den Bereich der finanziellen Rechnungslegung,[39] so ist die wichtigste Aufgabe einer umfassenden Rechnungslegung, fundiertes Wissen über die Vermögens-, Finanz- und Ertragslage des Unternehmens im Sinne eines **True and fair view**[40] bereitzustel-

---

33 Dies gilt mutatis mutandis auch für alle übrigen Auftraggeber-Auftragnehmer-Verhältnisse (Prinzipal-Agenten-Verhältnisse) eines Unternehmens, z. B. zwischen dem Unternehmen als Kreditnehmer (Agent) und seinen Banken als Gläubigern (Prinzipal). Zur Anwendung der Prinzipal-Agenten-Theorie auf Finanzierungsbeziehungen vgl. etwa *Schmidt, R. H.*, Neuere Property Rights-Analysen, in: *Budäus, D. u. a. (Hrsg.)*, Betriebswirtschaftslehre (1988), S. 257 ff. Grundlegend zur positiven in Abgrenzung zur normativen Prinzipal-Agenten-Theorie vgl. *Jensen, M./Meckling, W.*, Theory of the Firm (JoFE 1976), S. 305 ff. Für eine ausführliche Darstellung mit weiterführender Literatur vgl. *Richter, R./Furubotn, E.*, Neue Institutionenökonomik (2003), S. 173 ff.

34 Hierauf verweist insbesondere *Ng, D.*, Information Economics Analysis (AR 1978), S. 918.

35 Vgl. *Elschen, R.*, Principal-Agent, in: *Busse von Colbe/Pellens, B. (Hrsg.)*, Lexikon des Rechnungswesens (1998), S. 558 sowie *Kirchner, C.*, Bilanzrecht, in: *Budde, W. u. a. (Hrsg.)*, Festschrift Beisse (1997), S. 277 ff.

36 Vgl. *Ng, D.//Stoeckenius, J.*, Incentives and Truthful Reporting (JoAR 1979), S. 1 sowie *Elschen, R.*, Shareholder Value und Agency Theorie (BFuP 1991), S. 210.

37 Im Sinne POPPERS handelt es sich hierbei um so genanntes „Vermutungswissen", da analog zu den Naturwissenschaften keine „sicheren Wahrheiten", sondern lediglich mehr oder weniger gute Übereinstimmungen von Aussagen mit den tatsächlichen Sachverhalten möglich sind (vgl. *Popper, K.*, Problemlösen (2004), S. 115 f.).

38 Ähnlich auch PELLENS u. a., die hierin den „Metazweck" einer jeden Rechnungslegung sehen (*Pellens, B. u. a.*, Internationale Rechnungslegung (2006), S. 3.). Vgl. auch *Ernst & Young* (Hrsg.), Fair value (2005), S. 9.

39 Neben der finanziellen Rechnungslegung existieren auch zahlreiche Formen der Rechnungslegung über nicht-finanzielle Sachverhalte (vgl. *Schneider, D.*, Rechnungswesen (1997), S. 5 ff.), die im Folgenden außerhalb der Betrachtung bleiben.

40 Im Rahmen dieser Arbeit wird bewusst der britische Ausdruck „True and fair view" anstelle des US-amerikanischen Begriffs *„fair presentation"* verwendet, da dieser zum einen – obgleich bedeutend älter – eine treffendere und umfassendere Bezeichnung darstellt (vgl. ausführlich zur Bedeutung der Bestandteile „true" und „fair" *Chastney, J.*, True and fair view (1975), S. 15 ff.). Zum anderen liegt das True-and-fair-view-Konzept auch der 4. und 7. EG-Richtlinie zugrunde (vgl. Art. 2 der 4. EG-RL u. Art. 16 der 7. EG-

len.[41] Aus der Entscheidungstheorie der Betriebswirtschaftslehre folgt weiter, dass **Informationen** als „zweckorientiertes Wissen“[42] für wirtschaftliche Entscheidungen dann relevant sind, wenn sie das Entscheidungsfeld eines Entscheidungsträgers als Matrix aus Ziel- oder Ergebnisgrößen in Abhängigkeit von den gewählten Aktionen oder Handlungsweisen und dem eingetretenen (Umwelt-)Zustand in mindestens einer Größe verändern[43] und der Wert dieser Informationen ihre Kosten übersteigt.[44] Führt man sich vor Augen, dass es um finanzielle Entscheidungen der Stakeholder über die Aufrechterhaltung, den Ausbau oder die Beendigung ihrer Teilnahme am Unternehmen als Einkommensquelle[45] geht, so sind für die Unternehmensbeteiligen letztlich Informationen über die Zusammensetzung, die Höhe, die zeitliche Struktur und die Sicherheit der künftig erwartbaren Zielbeiträge in Form von Cash-flows relevant.[46] Während hierzu bekanntlich nur detaillierte Finanzpläne in der Lage sind, die von

---

RL sowie *Hulle, K. v.*, True and fair override (EAR 1997), S. 711 ff.; *Walton, P.*, True and fair view (EAR 1997), S. 721 ff.) und wurde mit dem Bilanzrichtlinien-Gesetz – allerdings ohne die *Override*-Klausel – in das deutsche Handelsgesetzbuch umgesetzt (vgl. hierzu *Schildbach, T.*, Neue Generalklausel (BFuP 1987), S. 1 ff.; *Ordelheide, D.*, True and fair view (EAR 1993), S. 81 ff.; *Ordelheide, D.*, True and Fair View (EAR 1996), S. 495 ff.). Zum Einfluss Großbritanniens auf die EG-Richtlinien und die Umsetzung in den verschiedenen Mitgliedstaaten vgl. ferner *Nobes, C.*, True and Fair View (ABR), S. 35 ff. Auffallend ist jedoch, dass trotz der überragenden Bedeutung des True and fair view in der Europäischen Rechnungslegung der Begriff *fair presentation* immer stärker Einzug in die IFRS hält (vgl. *IASB*, IAS 1 (2005), Par. 13.), während er im Rahmenkonzept noch gleichbedeutend neben den True and fair view gestellt wurde (vgl. *IASB*, Framework (2001), Par. .46). Eine Gegenüberstellung beider Konzepte sowie einen Vorschlag zur Definition des True and fair view unternehmen *Cotting, R./Boemle, M.*, True and fair View-Konzept (ST 2000), S. 788 ff. Für einen kritischen Vergleich der *fair presentation* gemäß IAS 1 mit den entsprechenden Vorschriften Großbritanniens, der USA und Deutschlands vgl. *Evans, L.*, True and fair view (ABR 2003), S. 311 ff.

41 Ansätze für ein solch umfassendes Verständnis des True and fair view lassen sich laut CHAMBERS/WOLNIZER bis ins Ende des 15. Jahrhunderts zu LUCA PACIOLI zurückverfolgen (vgl. *Chambers, R./Wolnizer, P.*, True and fair view (ABaFH 1991), S. 204 ff.).

42 *Wittmann, W.*, Unvollkommene Information (1959), S. 14.

43 Führt eine Information hingegen lediglich zur Bestätigung des vorhandenen Wissens, so ist sie im Sinne der Informationsökonomie wertlos und nicht entscheidungsrelevant (vgl. *Ballwieser, W.*, Informations-GoB (KoR 2002), S. 117.).

44 Vgl. *Ballwieser, W.*, Informationsfunktion, in: *Stöppler, S.* (Hrsg.), Festschrift Wittmann (1985), S. 23 ff.; *Feltham, G.*, Value of Information (AR 1968), S. 691. COENENBERG verwendet für diesen Sachverhalt den Begriff Entscheidungsrelevanz in Abgrenzung zur Zielrelevanz (vgl. *Coenenberg, A.*, Unternehmensexterne Jahresabschlußinformationen (1969), S. 88.). Zur Unterscheidung zwischen der Wirkung und dem Wert von Jahresabschlussinformationen vgl. auch *Wagner, F.*, Informations- und Ausschüttungsfunktion (ZfbF 1982), S. 758 ff. Ausführlich zu den Grundlagen der Entscheidungstheorie vgl. *Bamberg, G./Coenenberg, A.*, Entscheidungslehre (2004), S. 15 ff.

45 Zum Unternehmen als Einkommensquelle vgl. grundlegend *Rieger, W.*, Privatwirtschaftslehre (1964), S. 44 ff.

46 Vgl. auch *IASB*, Framework (2001), Par. 15 sowie *Coenenberg, A.*, Unternehmensexterne Jahresabschlußinformationen (1969), S. 82. Ähnlich auch *Schmidt, L.*, Maßgeblichkeitsprinzip (1994), S. 107 und *Lee, T.*, Goodwill (ABR 1971), S. 325.

den Investoren individuell verarbeitet werden müssten,[47] hat sich in der Rechnungslegung ein standardisiertes Instrumentarium herausgebildet, um die künftig erwarteten Zahlungsströme zu verdichten und die Vermögensposition der Eigentümer eines Unternehmens umfassend darzustellen. Je mehr die Rechnungslegung jedoch darauf abzielt, den Wert eines Unternehmens aus Sicht seiner Eigentümer und dessen Veränderung (Wertschaffung) im Zeitablauf zu bestimmen, desto stärker nähert sie sich der **Unternehmensbewertung** an,[48] da nur die Unternehmensbewertung eine solch „umfassende Informationsfunktion“[49] zu leisten vermag.[50] Zugleich stellt ein so verstandener Rechnungslegungszweck die Kompatibilität mit der Unternehmenszielsetzung einer (langfristigen) Steigerung des Shareholder Value im Rahmen einer wertorientierten Unternehmensführung sicher.[51]

Folgt man darüber hinaus dem Standpunkt, dass die Rechnungslegung von Unternehmen mit ihrer Wissensbereitstellung zu einer effizienten Kapitalallokation beitragen soll („**Funktionenschutz des Kapitalmarkts durch Rechnungslegung**“[52]),[53] so sind nicht nur die Eigenkapitalgeber, sondern auch die Fremdkapitalgeber (Kapitalüberlassungsgläubiger) des Unternehmens als einzelne Wirtschaftssubjekte zu schützen (**Individualschutz**[54]),[55] da sie auch Investoren sind – nur mit anders gelagerten

---

47 So etwa *Streim, H. u. a.*, Fair Values (BFuP 2003), S. 470. Vgl. zu einem solchen Vorschlag auch bereits *Lee, T.*, Goodwill (ABR 1971), S. 325 ff.

48 Für einen Überblick zu den ökonomischen Grundfragen der Unternehmensbewertung vgl. *Sigloch, J.*, Unternehmensbewertung (Jura 1987), S. 584 ff. Weiterführend vgl. z. B. *Drukarczyk, J.*, Unternehmensbewertung (2003).

49 *Sigloch, J.*, Unternehmensbewertung, in: *Rathgeber, A. u. a. (Hrsg.)*, Festschrift Steiner (2003), S. 121. Die Unternehmensbewertung stellt insoweit auch eine Lösung für das Problem dar, dass dem Jahresabschluss in seiner derzeitigen Form deutliche Informationsgrenzen für Kapitaleigner gesetzt sind (vgl. z. B. *Wagner, F.*, Informations- und Ausschüttungsfunktion (ZfbF 1982), S. 758 sowie *Lev, B./Zarowin, P.*, Boundaries of Financial Statements (JoAR 1999), S. 353 ff.). LEV/ZAROWIN sehen das Hauptproblem in der fehlerhaften bilanziellen Berücksichtigung immaterieller Werte, worauf im Zweiten Teil der Arbeit noch ausführlich eingegangen wird.

50 Ausgeschlossen sind hiermit insbesondere sämtliche Varianten eines Kassenvermögensvergleichs, wie z. B. die Einnahmen-Ausgaben-Rechnung nach § 4 Abs. 3 EStG, die aus der hier gewählten Perspektive als zu unvollständig und damit zu wenig umfassend gekennzeichnet werden müssen. Gleichwohl ist im Rahmen einer umfassenden Rechnungslegung selbstverständlich auch über die Finanzlage des Unternehmens zu berichten, wofür sich die Kapitalflussrechnung als Instrument bewährt hat (vgl. grundlegend hierzu *Busse von Colbe, W.*, Kapitalflußrechnungen (ZfB 1966), S. 82 ff.).

51 Vgl. hierzu LÖHR: „Ein Shareholder-Value-bezogenes Rechenwerk müsste Auskunft über die Entwicklung des Unternehmensgesamtwerts geben.“ (*Löhr, D.*, IAS (IFRS) versus HGB (StuB 2003), S. 646 f.) Vgl. auch *Moxter, A.*, Rechnungslegungsmythen (BB 2000), S. 2144.

52 *Siegel, T. u. a.*, Stille Reserven (ZIP 1999), S. 2078.

53 Vgl. auch *FASB*, Principles-based approach (2002), S. 1; *Kahle, H.*, Informationsversorgung des Kapitalmarkts (KoR 2002), S. 96.

54 Zum Begriff des Individualschutzes vgl. etwa *Koch, H.-D./Schmidt, R.*, Anlegerschutz

Risiken.[56] Da den Eigenkapitalgebern in der marktwirtschaftlichen Ordnung jedoch die primäre Risikotragung zukommt und sie damit die höchsten Informationsansprüche besitzen, kann davon ausgegangen werden, dass die für Eigenkapitalgeber nützlichen Informationen zugleich den Gläubigern und weiteren Unternehmensteilnehmern für ihre wirtschaftlichen Entscheidungen hilfreich sein werden. Insofern kann vereinfachend auf diese Zielgruppe abgestellt werden.[57]

Die Festlegung, dass eine umfassende Rechnungslegung am Oberziel einer Informationsvermittlung über den Unternehmenswert auszurichten ist, entspricht einer **Wertung**, was hier deutlich gemacht werden soll.[58] Die nachfolgenden Beurteilungen und Reformüberlegungen folgen dieser Normative. Teilt man sie nicht,[59] so folgen zweifelsohne abweichende Beurteilungen und Vorschläge zur Notwendigkeit und Ausgestaltung der einzelnen Rechnungslegungsfunktionen.

(BFuP 1981), S. 235.

55 Über einen rein informationellen Gläubigerschutz (vgl. *Kübler, F.*, Institutioneller Gläubigerschutz (ZHR 1995), S. 560.) hinaus besteht möglicherweise die Notwendigkeit weiterer Schutzinstrumente für Gläubiger. Vgl. hierzu auch die weiterführenden Überlegungen zur Zahlungsbemessungsfunktion auf S. 29 ff.

56 So auch *Streim, H. u. a.*, Theoretische Fundierung, in: *Schmidt, H. u. a. (Hrsg.)*, Festschrift Stützel (2001), S. 179; *Brönner, H. u. a.*, Konvergenz der Rechnungslegungsstandards, in: *Siegel, T. u. a. (Hrsg.)*, Festschrift Bareis (2005), S. 31. Vgl. ferner *Weiss, H.-J./Heiden, M.*, Shareholder und Bondholder (BB 2000), S. 37 ff., die ausdrücklich keinen Widerspruch zwischen Aktionärsorientierung und Gläubigerschutz sehen. Über die reinen Kapitalüberlassungsgläubiger hinaus nehmen auch zahlreiche weitere Stakeholder eine Gläubigerstellung ein, z. B. Kunden durch die Vorfinanzierung von Anzahlungen, Mitarbeiter durch die erbrachte Arbeitsleistung, Lieferanten durch erbrachte Vorleistungen etc.

57 Diese Überlegung folgt der Annahme eines gemeinsamen Informationsinteresses aller Stakeholder, wie in den Rahmenkonzepten der angelsächsischen Rechnungslegung unterstellt (vgl. z. B. *IASB*, Framework (2001), Par. 10.). Spezifische Informationsinteressen einzelner Unternehmensteilnehmer sind hingegen durch spezialisierte Rechenwerke oder ganz außerhalb der Rechnungslegung zu befriedigen. Anderer Ansicht hingegen JENSEN/XIAO, die eine adressatenspezifische Anpassung eines Standard-Jahresabschlusses („Customization Around a Standard Report") fordern (vgl. *Jensen, R./Xiao, J.*, Customized Financial Reporting (AH 2001), S. 209 ff.).

58 Eine ähnliche Interpretation des True-and-fair-view-Konzepts im Sinne einer Informationsvermittlung über den inneren Wert eines Unternehmens findet sich interessanterweise auch bei EKHOLM/TROBERG (vgl. *Ekholm, B.-G./Troberg, P.*, Quo Vadis True and Fair View? (JoIAA&T 1998), S. 120 ff.).

59 So etwa SIEGEL, der der Rechnungslegung durch bilanziellen Vermögensvergleich die Aufgabe der Unternehmensbewertung abspricht (vgl. *Siegel, T.*, Zeitwertbilanzierung (BFuP 1998), S. 593.). Vgl. zu diesem Argument auch bereits *Schmalenbach, E.*, Dynamische Bilanz (1933), S. 85; *Take, F.*, Geschäfts- oder Firmenwert (1938), S. 102 sowie im angelsächsischen Schrifttum *Walker, G.*, Nonpurchased goodwill (AR 1938), S. 253 f.

B. Zahlungsbemessungs- und Informationsfunktion als konkrete Rechnungslegungszwecke

1. Überblick

Die Rechnungslegung in Deutschland folgt traditionell und weithin anerkannt einer **mehrdimensionalen Zielsetzung**: Neben der Dokumentationsfunktion als Basisaufgabe, die in der nachfolgenden Betrachtung vernachlässigt werden kann,[60] dient die Rechnungslegung der Zahlungsbemessung und Informationsvermittlung.[61] So hat sich die Rechnungslegung zum einen für die Ermittlung der Bemessungsgrundlagen möglicher Anspruchs- oder Gewinnverteilungen an Erfolgsbeteiligte bewährt.[62] Letzteres gilt auch für die Steuerlast als „Erfolgsteilhabe des Fiskus", solange an einer Einkommensbesteuerung auf Basis eines bilanziellen Vermögensvergleichs festgehalten wird. Zum anderen wird der Jahresabschluss als grundsätzlich geeignetes Instrument zur Information der Unternehmensteilnehmer über die wirtschaftliche Lage eines Unternehmens angesehen.[63]

Im Rahmen einer angestrebten Neuordnung der deutschen Rechnungslegung soll auch weiterhin keine alleinige Orientierung am Ziel der Informationsvermittlung erfolgen. Vielmehr ist eine **Zielhierarchie** zu etablieren, die über die Vermittlung eines True and fair view durch zweckgerichtetes Wissen über den Unternehmenswert (**Wissensbereitstellungsfunktion**) hinaus die konkreten, gleichrangigen Unterziele der Zahlungsbemessung einerseits sowie der Informationsvermittlung andererseits vorsieht. Während sich die **Zahlungsbemessungsfunktion** weiter in die Ausschüttungs- und Steuerbemessungsfunktion untergliedern lässt, kann im Rahmen der **Informationsfunktion** eine Disaggregation in die Teilfunktionen der Entscheidungsunterstüt-

---

60 So auch *Emmrich, M.*, Reform der externen Rechnungslegung (1999), S. 77.

61 Vgl. statt vieler *Sigloch, J.*, Rechnungslegung (2007), S. 25 ff.; *Pellens, B. u. a.*, Internationale Rechnungslegung (2006), S. 11 ff.; *Ballwieser, W.*, Nutzen handelsrechtlicher Rechnungslegung, in: *Ballwieser, W. u. a. (Hrsg.)*, Festschrift Clemm (1996), S. 7 ff. Auch der DSR erkennt dies in seinem Rahmenkonzeptentwurf an (vgl. *DSR*, Entwurf Rahmenkonzept (2002), Par. 9.). Grundsätzlich zustimmend wohl auch SCHNEIDER, der allerdings den Begriff der Zahlungsbemessungsfunktion für verfehlt hält (vgl. *Schneider, D.*, Rechnungswesen (1997), S. 8 ff. u. 85 f.). Allerdings lässt sich beim selben Autor auch eine deutliche Ablehnung der Informationsfunktion der Rechnungslegung nachweisen (vgl. z. B. *Schneider, D.*, Jahresabschlußzwecke, in: *Baetge, J. (Hrsg.)*, Jahresabschluß im Widerstreit (1983), S. 143 f.). Eine Multifunktionalität der Rechnungslegung wird bemerkenswerterweise auch von einzelnen US-amerikanischen Autoren anerkannt (vgl. *Siegel, S.*, Emergence of Fair Value (WPK-Mitt. 1997), S. 82.).

62 Vgl. auch *Siegel, T.*, Gläubigerschutz, in: *Fischer, T./Hömberg, R. (Hrsg.)*, Festschrift Baetge (1997), S. 140.

63 Dies gilt analog für den Konzernabschluss zur Information über die wirtschaftliche Lage eines Konzerns. Da der Fokus dieser Arbeit auf dem Einzelabschluss liegt, wird nur am Rande auf die Problematik der Konzernrechnungslegung eingegangen.

zung und der Rechenschaft oder Kontrolle vorgenommen werden.[64] Abb. 2 stellt die Konzeption der hier verwendeten Zielhierarchie überblicksartig dar, bevor die einzelnen Teilfunktionen im Anschluss kurz erläutert werden:

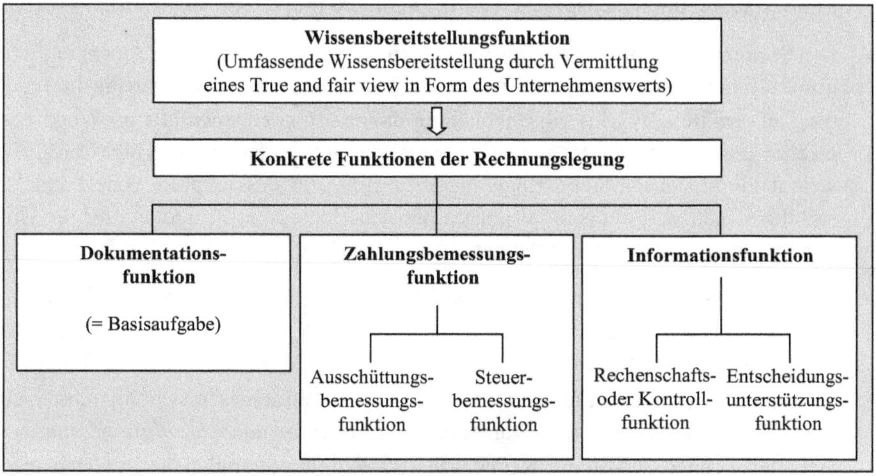

Abb. 2: Funktionen einer umfassenden Rechnungslegung

- Die **Ausschüttungsbemessungsfunktion**[65] der Rechnungslegung zielt darauf ab, unter Wahrung der Kontrakteinkommensansprüche die grundsätzlich ausschüttbaren oder ausschüttungsoffenen Residual- oder Gewinnansprüche zu ermitteln.[66] In diesem Zusammenhang kann zwischen einer Gewinnermittlungsebene und einer Gewinnverwendungsebene unterschieden werden, wobei unmittelbar deutlich wird, dass die Höhe des vorab ermittelten Gewinns bereits Einfluss auf die mögliche spätere Gewinnverwendung nimmt.[67] Da die Leitvorstellungen des

---

64 Zur weiteren Systematisierung der Informationsfunktion kann ferner zwischen einer Selbstinformation der Unternehmensleitung und einer Fremdinformation außen stehender Dritter unterschieden werden (vgl. z. B. *Sigloch, J.*, Rechnungslegung (2007), S. 26 f.; ähnlich auch *Federmann, R.*, Handelsrecht und Steuerrecht (2000), S. 49; *Schneider, D.*, Rechnungswesen (1997), S. 30.). Da im Rahmen dieser Arbeit der Fokus auf der externen Berichterstattung liegt, kann diese Unterscheidung im weiteren Verlauf ausgeblendet werden.

65 Zum Teil finden in der Literatur auch die Begriffe Anspruchsbemessungs- oder Kapitalerhaltungsfunktion Anwendung (vgl. z. B. *Pellens, B. u. a.*, Internationale Rechnungslegung (2006), S. 11 f.; *Baetge, J. u. a.*, Bilanzen (2003), S. 88 ff.; *Herzig, N.*, Gespaltenes Rechnungslegungsrecht (KoR 2001), S. 158

66 Ausschüttungsoffen bedeutet dabei nicht notwendigerweise, dass die Beträge unter Liquiditätsaspekten auch ausschüttungsfähig sind (vgl. *Sieben, G.*, Kritische Würdigung (ZfbF 1974), S. 157.).

67 Ausführlich hierzu vgl. *Sigloch, J.*, Rechnungslegung (2007), S. 27 f.

Gläubiger- und Gesellschafterschutzes vor allem bei haftungsbeschränkten Gesellschaften von entscheidender Bedeutung sind, erfolgt im Rahmen der Ausschüttungsbemessungsfunktion auch der Ausgleich zwischen den Höchst- und Mindestausschüttungsansprüchen von Gläubigern und Gesellschaftern.[68]

- Die **Steuerbemessungsfunktion** weist dem Jahresabschluss die Aufgabe zu, den grundsätzlich steuerbaren Gewinn für Zwecke der Unternehmenserfolgsbesteuerung zu ermitteln.[69] Dies gilt unabhängig davon, ob gegebenenfalls im Wege von offenen und verdeckten Bilanzvorbehalten oder außerbilanziellen Korrekturen abweichende steuerrechtliche Regelungen greifen, die das ursprüngliche handelsrechtliche Jahresergebnis modifizieren, um zur Bemessungsgrundlage für die Unternehmensbesteuerung zu gelangen.

- Die **Rechenschafts- oder Kontrollfunktion** der Rechnungslegung betrifft primär den retrospektiven Teil der Informationsfunktion[70] und zielt auf eine Ex-post-Beurteilung des Managements im Hinblick auf die Verwendung der von den Eigenkapitalgebern anvertrauten Mittel ab.[71] Im angelsächsischen Schrifttum wird diese Funktion auch mit den Begriffen *stewardship or accountability of management* bezeichnet.[72] Mit der Rechenschaftsfunktion verbunden ist zugleich eine

---

68 Vgl. *Sigloch, J.*, Rechnungslegung (2007), S. 28 u. 42 f.; *Coenenberg, A.*, Jahresabschluss (2005), S. 14 f. ELSCHEN spricht in diesem Zusammenhang auch von der Kompetenzabgrenzung zwischen Managern und Gesellschaftern gegenüber den Gläubigern (vgl. *Elschen, R.*, Principal-Agent, in: *Busse von Colbe/Pellens, B.* (Hrsg.), Lexikon des Rechnungswesens (1998), S. 558 f. sowie *Sieben, G.*, Kritische Würdigung (ZfbF 1974), S. 154 ff.).

69 Vgl. *Sigloch, J.*, Steuerbilanz und Rechnungslegung, in: *Göbel, S./Heni, B. (Hrsg.)*, Festschrift Scherrer (2004), S. 334 f.; *Federmann, R.*, Handelsrecht und Steuerrecht (2000), S. 51 f. Voraussetzung für die hier angeführte Steuerbemessungsfunktion auf Basis des handelsrechtlichen Jahreserfolgs ist freilich, dass am System einer Einkommensbesteuerung festgehalten wird, was im Rahmen dieser Arbeit angenommen werden soll. Zu alternativen Vorschlägen einer zahlungsbasierten oder Einnahmen-Ausgaben-Rechnung vgl. hingegen *Herzig, N./Hausen, G.*, Modifizierte Einnahmenüberschussrechnung (DB 2004), S. 1 ff. sowie *Wagner, F.*, Aufgabe der Maßgeblichkeit (DB 1998), S. 2076 f.; *Weber-Grellet, H.*, Abschaffung des Maßgeblichkeitsgrundsatzes (StuB 2002), S. 706.

70 Wie SUNDER jedoch klarstellt, ist eine klare Trennung zwischen retrospektiver und prospektiver Rechnungslegung ohnehin kaum möglich, da einerseits auch eine Bilanzierung zu historischen Kosten (*historical cost accounting*) eine einfache Zukunftsschätzung darstellt, und andererseits eine Tageswertbilanzierung (*exit value accounting*) die Wiederholbarkeit vergangener Transaktionen in der Zukunft unterstellt (vgl. *Sunder, S.*, Role of accounting (AOS 1980), S. 81 f.).

71 Vgl. auch *Baetge, J.*, Rechnungslegungszwecke, in: *Baetge, J. u. a . (Hrsg.)*, Festschrift Leffson (1976), S. 15 m. w. N. Hiervon zu unterscheiden ist die interne Rechenschaft der verantwortlichen Mitarbeiter gegenüber der Unternehmensleitung, wenngleich im Zuge der Konvergenz von externer und interner Unternehmensrechnung zunehmend Übereinstimmungen bestehen können.

72 Vgl. *IASB*, Framework (2001), Par. 13 i. V. m. *IASB*, IAS 1 (2005), Par. 7; *ASB*, Statement of principles (1999), Chapter 1, Principles. *FASB*, SFAC 1 (1978), Par. 50. Ausführlich zum Verständnis und zur historischen Fundierung der *Accountability*-Funktion in

Steuerungs- oder Lenkungsfunktion der Rechnungslegung, da sich die Unternehmensleitung in Antizipation einer späteren Beurteilung ex ante zumindest teilweise auch zielkonformer verhalten dürfte.[73]

- Die **Entscheidungsunterstützungsfunktion**[74] der Rechnungslegung entspricht demgegenüber grundsätzlich dem aus der angelsächsischen Rechnungslegung bekannten Konzept der *decision usefulness*, nach dem der Jahresabschluss seinen aktuellen sowie potentiellen externen und internen Adressaten nützliche Informationen bereitstellen soll, um diese in die Lage zu versetzen, bestmöglich ihre jeweiligen wirtschaftlichen Entscheidungen treffen zu können.[75] Die Entscheidungsunterstützungsfunktion ist notwendigerweise prospektiv, da jede Entscheidung zukunftsgerichtet ist.[76]

---

der britischen Rechnungslegung vgl. *Bryer, R.*, Laws of accounting (Accounting History 1998), S. 58 ff.; *Bryer, R.*, History of accounting. Part one (AOS 2000), S. 142 ff. Für eine kritische Gegenüberstellung dieser Auslegung mit dem FASB-Framework vgl. *Bryer, R.*, FASB's Conceptual Framework (CPoA 1999), S. 551 ff.

73 Vgl. *Emmrich, M.*, Reform der externen Rechnungslegung (1999), S. 228. Ein abweichendes Verhalten des Managements von den Zielvorstellungen der Anteilseigner wird entscheidend von den gesetzten Anreiz- und Sanktionsmechanismen abhängen.

74 Zum Teil finden sich hierfür in der Literatur auch abweichende Bezeichnungen, etwa „Entscheidungsfunktion" (*Ballwieser, W.*, Informationsfunktion, in: *Stöppler, S. (Hrsg.)*, Festschrift Wittmann (1985), S. 27.) oder „Informationsfunktion im engeren Sinne" (*Busse von Colbe, W.*, Jahresabschluß als Informationsinstrument, in: *Wagner, F. (Hrsg.)*, Ökonomische Analyse (1993), S. 13.). SIEBEN bezeichnet die Bereitstellung von Informationen für Dritte schlicht als „Rechnungslegungsfunktion nach außen", während er für die Selbstinformation in Anlehnung an SCHMALENBACH den Ausdruck „Kompaßfunktion des Jahresabschlusses für die Unternehmensführung" verwendet (*Sieben, G.*, Kritische Würdigung (ZfbF 1974), S. 154.).

75 Vgl. *FASB*, SFAC 1(1978), Par. 34 ff.; *IASB*, Framework (2001), Par. 12 ff. i. V. m. *IASB*, IAS 1 (2005), Par. 7. Üblicherweise liegt der Entscheidungsunterstützungsfunktion der Rechnungslegung dabei das Leitbild einer großen Kapitalgesellschaft am organisierten Kapitalmarkt mit anonymen Marktteilnehmern zugrunde (vgl. *Hax, H.*, Rechnungslegungsvorschriften, in: *Domsch, M. u. a. (Hrsg.)*, Festschrift Busse von Colbe (1988), S. 190 f.; *Sigloch, J.*, Einheitliche Gewinnermittlung, in: *Schneider, D. u. a. (Hrsg.)*, Festschrift Siegel (2005), S. 557.) Die Entscheidungsunterstützungsfunktion entfaltet jedoch auch für die Stakeholder der nicht-kapitalmarktorientierten Unternehmen grundsätzliche Bedeutung, indem beispielsweise Kreditgeber den Jahresabschluss – u. U. auch den Prüfungsbericht – eines Unternehmens als Grundlage für Kreditvergabe- oder Prolongationsentscheidungen heranziehen. Die besondere Bedeutung des Jahresabschlusses für Kreditentscheidungen kommt dementsprechend auch in § 18 KWG zum Ausdruck.

76 So auch *Ballwieser, W.*, Nutzen handelsrechtlicher Rechnungslegung, in: *Ballwieser, W. u. a. (Hrsg.)*, Festschrift Clemm (1996), S. 18. Eine entscheidungsnützliche Rechnungslegung soll den Unternehmensteilnehmern insbesondere geeignete Daten zur Prognose künftiger Marktpreise von Anteilen und Schuldtiteln des Unternehmens liefern (vgl. hierzu *Schneider, D.*, Kapitalmarkteffizienz (1981), S. 16.). Das FASB weist in diesem Zusammenhang darauf hin, dass die Rechnungslegung zwar prognoserelevante Daten bereitstelle, jedoch keine Prognose selbst sei (vgl. *FASB*, SFAC 2 (1980), Par. 53.). Meines Erachtens stellt eine Rechnungslegung als zukunftsorientiertes Rechenwerk gleichwohl bereits selbst eine erste stichtagsbezogene Prognose der wirtschaftlichen Lage eines Unternehmens dar, die die Erwartungen der Unternehmensteilnehmer bestätigen oder revidieren kann. Inwiefern eine umfassende Rechnungslegung auszugestalten ist, um eine ho-

2. Beziehungen zwischen den Teilfunktionen

Nachdem die Zahlungsbemessungs- und Informationsfunktion als Kernaufgaben der Rechnungslegung abgeleitet und ihre Teilfunktionen vorgestellt wurden, sind im Folgenden mögliche Funktionsinterdependenzen zu untersuchen.

- **Bündelung der Ausschüttungs- und Steuerbemessungsfunktion**

  Vergleicht man die Ausschüttungs- und Steuerbemessungsfunktion der Rechnungslegung miteinander, so zeigt sich eine große inhaltliche Nähe beider Funktionen bereits in der hohen Bedeutung der Objektivierung und Transaktionsorientierung der Rechnungslegung für die Ableitung von Rechtsfolgen.[77] Schließlich ermöglichen nur in hohem Maße zuverlässige und nachprüfbare Jahresabschlussinformationen die notwendige Rechtssicherheit im Rahmen der Feststellung des Residualeinkommens für Ausschüttungs- und Besteuerungszwecke.[78] Beiden Funktionen gemeinsam ist ferner die Ermittlung eines vorsichtigen und objektivierten Erfolgs, der im Grundsatz auch an die Residualanspruchsberechtigten verteilt werden kann. Vor dem Hintergrund, dass auch der Fiskus als stiller „(Zwangs-)Teilhaber"[79] des Unternehmens im Sinne DÖLLERERS nicht besser gestellt werden darf als die übrigen Residualanspruchsberechtigten, ist eine Trennung der Ausschüttungsbemessungs- und Steuerbemessungsfunktion im Rahmen dieser Arbeit daher weder notwendig noch wünschenswert. Mit der Bemessungsgrundlagenermittlung besteht im Kern vielmehr eine Zweckentsprechung beider Teilfunktionen,[80] so dass im Ergebnis eine Bündelung oder Zusammenfassung derselben erfolgen kann.[81]

---

he Prognosekraft und Bewertungsrelevanz zu entfalten, ist Gegenstand der späteren Ausführungen (vgl. S. 38 f.).

77 So plädieren z. B. HOFFMANN/LÜDENBACH nachdrücklich für eine stärkere Objektivierung der Rechnungslegung zur Einschränkung der Gestaltungsspielräume des Managements, da nicht zuletzt die „Managementorientierung" der Rechnungslegung ein Auslöser für die zahlreichen Bilanzskandale der jüngeren Zeit gewesen seien (vgl. *Hoffmann, W.-D./Lüdenbach, N.*, Internationale Rechnungslegung (StuB 2002), S. 542 ff.). Ähnlich auch bereits KOHLER, der zudem die Transaktionsorientierung der Rechnungslegung betont (vgl. *Kohler, E.*, Historical Cost (JoA 1963), S. 39 bzw. 36.).

78 MOXTER spricht aus diesem Grund auch von der „Bilanz im Rechtssinne" (*Moxter, A.*, Bilanzlehre I (1984), S. 149.)

79 *Döllerer, G.*, Maßgeblichkeit in Gefahr (BB 1971), S. 1334.

80 Vgl. auch *Sigloch, J.*, Einheitliche Gewinnermittlung, in: *Schneider, D. u. a.* (Hrsg.), Festschrift Siegel (2005), S. 556.

81 Zustimmend auch *Herzig, N.*, Gespaltenes Rechnungslegungsrecht (KoR 2001), S. 158 f. sowie *Coenenberg, A.*, IFRS nützen dem Mittelstand (FAZ v. 27.09.2004), S. 22.

- **Bündelung der Rechenschafts- und Entscheidungsunterstützungsfunktion**

  Von besonderer Bedeutung ist ferner das Verhältnis der Rechenschafts- und Entscheidungsunterstützungsfunktion zueinander. Analog zur Zahlungsbemessungsfunktion ist hierfür ebenfalls zu prüfen, ob aufgrund der Charakteristika und Zielsetzungen beider Teilfunktionen eine Zusammenfassung zur Informationsfunktion möglich und ausreichend ist. Bei näherer Betrachtung ergibt sich zunächst ein differenziertes Bild: Während die Entscheidungsunterstützungsfunktion in erheblichem Maße vorausschauenden Charakter hat und daher auf zukunftsorientierte und bewertungsrelevante Daten angewiesen ist, nimmt die Rechenschaftsfunktion eine stärker abrechnungsbezogene Aufgabenstellung für die abgeschlossene Rechnungsperiode wahr.

  Daher wird in der Literatur zum Teil behauptet, dass Jahresabschlussdaten mit der Eigenschaft der Nützlichkeit für wirtschaftliche Entscheidungen nicht notwendigerweise auch für Zwecke der Rechenschaft und Kontrolle des Managements geeignet seien.[82] Da eine zweckmäßige Rechenschaft oder Kontrolle jedoch nur als Soll-Ist-Vergleich auf den Daten der Planung – und damit auf der Grundlage der Entscheidungsunterstützungsfunktion – aufsetzen kann, ist hier sinngemäß der Vorgehensweise der angelsächsischen Standard-Setter zu folgen, die die Rechenschaftsfunktion (*Accountability*-Funktion) in ihren jeweiligen Rahmenkonzepten als spezielle Entscheidungsausprägung betrachten und sie folglich unter die Entscheidungsunterstützungsfunktion der Rechnungslegung subsumieren.[83] Im Ergebnis können die Rechenschafts- und Entscheidungsunterstützungsfunktion aufgrund der gemeinsamen Datengrundlage im Rahmen der hier konzipierten umfassenden Rechnungslegung demnach ebenfalls zusammengefasst werden.

Nachdem mit der Zahlungsbemessung und der Informationsvermittlung die Kernfunktionen einer umfassenden Rechnungslegung analysiert und näher untersucht wurden, ist im folgenden Abschnitt eine Operationalisierung derselben mit Hilfe von allgemeinen und speziellen Grundsätzen vorzunehmen.

---

82 So etwa *Demski, J. u. a.*, Intellectual Foundations of Accounting (AH 2002), S. 159 sowie *Gjesdal, F.*, Accounting for Stewardship (JoAR 1981), S. 208 ff., der eine Agency-theoretische Analyse der *Stewardship*-Funktion vornimmt. Anderer Ansicht hingegen *Birnberg, J.*, Role of accounting (AOS 1980), S. 72 ff., der zwischen verschiedenen Zeitphasen und Formen der *Stewardship*-Beziehung unterscheidet.

83 Vgl. explizit *IASB*, Framework (2001), Par. 14 sowie *Ballwieser, W.*, Informations-GoB (KoR 2002), S. 115; implizit auch *FASB*, SFAC 1 (1978), Par. 50 ff., obwohl das FASB bemerkenswerterweise selbst Zweifel an der Eignung der Jahresabschlussinformationen zur Managementbeurteilung anmerkt (Par. 51). Eine strikte Trennlinie zwischen der *Accountability*-Funktion und der Entscheidungsunterstützungsfunktion zieht hingegen BRYER, der im Ergebnis nur die Rechenschaft als Aufgabe der handelsrechtlichen Rechnungslegung für sinnvoll begründbar hält (vgl. insbesondere *Bryer, R.*, FASB's Conceptual Framework (CPoA 1999), S. 555 ff.; *Bryer, R.*, Traditional financial accounting (2003), S. 5 ff.).

C. Allgemeine Grundsätze einer umfassenden Rechnungslegung

Als allgemeine, funktionsübergreifende Grundsätze oder Prinzipien einer umfassenden Rechnungslegung sollen hier die Grundsätze der Unternehmensfortführung, der periodengerechten Erfolgsermittlung und Periodenabgrenzung, der wirtschaftlichen Betrachtungsweise, der Objektivierung (Objektivität) sowie der Vergleichbarkeit und Stetigkeit gelten. Sie bilden den Kern von **Grundsätzen ordnungsmäßiger Rechnungslegung (GoR)**, der im weiteren Verlauf noch von speziellen Prinzipien für die Zahlungsbemessungs- und Informationsfunktion sowie einigen Nebenbedingungen zu ergänzen ist.

- **Grundsatz der Unternehmensfortführung**

  Der Grundsatz der Unternehmensfortführung (*going concern*) besagt, dass im Rahmen der Rechnungslegung von einer Fortführung des Unternehmens auszugehen ist, sofern dem – zumindest für die nächste Rechnungsperiode – nicht tatsächliche oder rechtliche Gegebenheiten entgegenstehen.[84] Der Grundsatz gilt sowohl für den Ansatz als auch die Bewertung der Vermögens- und Schuldpositionen in der Bilanz.[85]

- **Grundsatz der periodengerechten Erfolgsermittlung und Periodenabgrenzung**

  Die Notwendigkeit einer periodengerechten Erfolgsermittlung ergibt sich vor dem Hintergrund, dass die Kenntnis des Totalerfolgs am Ende der „Lebensdauer" (Totalperiode) eines Unternehmens bei kürzeren Abrechnungs- und Planungsperioden regelmäßig nicht zweckmäßig oder ausreichend ist.[86] Im System eines bilanziellen Vermögensvergleichs sind die Aufwendungen und Erträge eines Unternehmens darüber hinaus gemäß dem Grundsatz der Periodenabgrenzung (*accrual principle*) unabhängig von den Zeitpunkten der zugehörigen Zahlungen jeweils in der Rechnungsperiode ihres Anfalls zu verbuchen.[87] Damit findet im Ergebnis eine Periodisierung von Zahlungen nach bestimmten Regeln statt,[88]

---

84 Vgl. § 252 Abs. 1 Nr. 2 HGB und *DSR*, Entwurf Rahmenkonzept (2002), Par. 35 sowie *IASB*, IAS 1 (2005), Par. 23 f. i. V. m. *IASB*, Framework (2001), Par. 23; *FASB*, SFAC 1 (1978), Par. 42.

85 Vgl. z. B. *Euler, R.*, Bilanzrechtstheorie, in: *Budde, W. u. a. (Hrsg.)*, Festschrift Beisse (1997), S. 178. Für den Fall der Aufgabe der Going-concern-Prämisse vgl. *IDW*, ERS HFA 17 (2004).

86 Zum Problem der Periodenerfolgsermittlung vgl. auch *Ordelheide, D.*, Neoinstitutionalistische Theorie, in: *Budäus, D. u. a. (Hrsg.)*, Betriebswirtschaftslehre (1988), S. 273 f.

87 Vgl. auch *IASB*, IAS 1 (2005), Par. 25 f. i. V. m. *IASB*, Framework (2001), Par. 22; *FASB*, SFAC 6 (1985), Par. 139 sowie § 252 Abs. 1 Nr. 5 HGB und *DSR*, Entwurf Rahmenkonzept (2002), Par. 38 f.

88 Die genauen Erfolgsermittlungsregeln folgen aus den speziellen Zahlungsbemessungs- und Informationsgrundsätzen.

wobei die Summe der (Teil-)Periodenerfolge stets dem Totalerfolg entspricht (**Kongruenzprinzip**).[89]

- **Grundsatz der wirtschaftlichen Betrachtungsweise**

  Im Rahmen des Grundsatzes der wirtschaftlichen Betrachtungsweise (*substance over form*)[90] ist insbesondere eine rechtsformneutrale Abbildung der wirtschaftlichen Unternehmensrealität zu postulieren.[91] Ferner ist eine im Einzel- und Konzernabschluss übereinstimmende Bilanzierung gleicher ökonomischer Sachverhalte zu fordern, soweit die konzeptionell unterschiedlichen Aufgaben beider Rechenwerke dies zulassen.[92]

- **Grundsatz der Objektivierung (Objektivität)**

  Rechnungslegung kann, wie COENENBERG verdeutlicht, als ein Messvorgang verstanden werden, der durch die Elemente Messsubjekt, Messziel, Messobjekt, Messmethode und Messergebnis charakterisiert ist.[93] Um ein zuverlässiges Mess-

---

89 Vgl. *o. V.*, Kongruenzprinzip, in: *Busse von Colbe, W./Pellens, B. (Hrsg.)*, Lexikon des Rechnungswesens (1998), S. 412; *Arbeitsgruppe „Normierung der Rechnungslegung"*, Stellungnahme 3 (BB 2002), S. 2599. Im Einzelnen postuliert das Kongruenzprinzip für jede Periode die Übereinstimmung des Jahreserfolgs mit der Eigenkapitalveränderung, die nicht auf Einlagen und Entnahmen der Eigentümer beruht. Grundlegend zum Verhältnis von Totalrechnung und Jahresbilanz vgl. *Rieger, W.*, Privatwirtschaftslehre (1964), S. 205 ff., der hierzu prägnant ausführt: „Der sogenannte Jahresabschluß ist nicht mehr als eine zur Verwirklichung bestimmter praktischer Zwecke eingeführte und sicher auch ganz unentbehrliche Fiktion. Wie kann man denn abschließen, solange man mitten im Leben steht!" (*Rieger, W.*, Privatwirtschaftslehre (1964), S. 209.).

90 Vgl. *IASB*, Framework (2001), Par. 35 sowie implizit auch *FASB*, SFAC 2 (1980), Par. 160.

91 Ausführlich zur wirtschaftlichen im Vergleich zur rechtlichen Betrachtungsweise vgl. *Schneider, D.*, Betriebswirtschaftliche Gewinnermittlung (ZfbF 1983), S. 1043 ff. Mit der Forderung nach einer rechtsformneutralen Abbildung ergeht zugleich eine klare Absage an den bestehenden „Dualismus der handelsrechtlichen Rechnungslegung" (*Sigloch, J.*, Neuordnung der Rechnungslegung, in: *Böhler, H. u. a.* (Hrsg.), Mittelstand und Betriebswirtschaft (1987), S. 111.), worunter eine Zweiteilung des Handelsbilanzrechts in liberale Vorschriften für alle Kaufleute und strengere Vorschriften für Kapitalgesellschaften und haftungsbeschränkte Personengesellschaften zu verstehen ist. Für eine ausführlich Darstellung und kritische Würdigung vgl. *Sigloch, J.*, Rechnungslegung (2007), S. 72 ff.

92 Hierzu auch *DSR*, Entwurf Rahmenkonzept (2002), Par. 4 f.

93 Vgl. im Folgenden *Coenenberg, A.*, Unternehmensexterne Jahresabschlußinformationen (1969), S. 174 ff. u. 184 ff. Dabei weist COENENBERG auch darauf hin, dass ein Messvorgang unabhängig davon vorliegt, ob vergangene oder zukünftige Ereignisse oder Transaktionen abgebildet werden, da lediglich die Zuweisung von Zahlen nach vorgegebenen Regeln entscheidend für die Qualifikation als Messung ist (S. 173 f.). Auch SCHNEIDER sieht die Rechnungslegung als einen Messprozess an. Er verwendet allerdings eine leicht abweichende Terminologie und lehnt unverständlicherweise eine Zukunftsorientierung strikt ab: „Der Jahresabschluß als Meßinstrument kann nur modellmäßig abgeleitetes Wissen über Vergangenheitstatsachen vermitteln.. […] Die Rechnungslegung informiert niemals über die Zukunftserwartungen selbst!" (*Schneider, D.*, Jahresabschlußzwecke, in: *Baetge, J.* (Hrsg.), Jahresabschluß im Widerstreit (1983), S. 144.)

ergebnis zu erhalten, muss ein Messvorgang dem Grundsatz der Objektivierung oder Objektivität genügen. Dieser kann hierbei auf zweierlei Weise interpretiert werden:

- Die denkbar strengste Definition von Objektivierung verlangt, dass eine Messung das Kriterium der **empirischen Verifizierbarkeit** unabhängig vom Messsubjekt erfüllt.[94] Eine so verstandene Objektivierung von Jahresabschlussinformationen ist allerdings nur für abgeschlossene Zahlungen vollständig erfüllt,[95] die nach SCHNEIDER den „Pfad betriebswirtschaftlicher Tugend"[96] verkörpern; sie sind zweifelsohne eindeutig und unabhängig vom Bilanzersteller ex post feststellbar.[97] Eine Vermögens- und Erfolgsermittlung auf Basis abgeschlossener Zahlungen brächte jedoch zwei wesentliche Nachteile mit sich: Erstens ließe sich die Erfolgshöhe – und damit mittelbar auch die Steuerlast – leicht durch Sachverhaltsgestaltung beeinflussen.[98] Die Folge wäre ein Konflikt mit den Prinzipien der Gleichmäßigkeit und Leistungsfähigkeit der Besteuerung. Darüber hinaus wäre auch eine Ausschüttungsbemessung und Managementkontrolle auf Cash-flow-Basis kaum zweckmäßig. Zweitens, und letztlich entscheidend, ist die Tatsache, dass eine Zahlungsrechnung vollkommen „blind für die Zukunft"[99] ist, da sie keinerlei Zukunftsschätzungen, sondern nur ein sehr eingeschränktes Vermögen in Form von liquiden Mitteln enthält. Eine derart „objektivierte" Rechnungslegung ist aus diesem Grund nicht mit dem hier angestrebten Reformziel einer umfassenden Wissensbereitstellung vereinbar. Zusammenfassend kann daher festgehalten werden, dass Objektivierung im Sinne von empirischer Verifizierbarkeit ein zu enges Verständnis für eine umfassende Rechnungslegung darstellt. Vielmehr gilt es zu prüfen, welche alternative Definition des Objektivierungsgrundsatzes herangezogen werden könnte.
- Die oben diskutierten Kritikpunkte haben zu einer zweiten Definition der Objektivierung im Rahmen der Rechnungslegung geführt. Danach wird diese als

94 Vgl. *Arnett, H.*, Objectivity (JoA 1961), S. 64 f.; *Ijiri, Y./Jaedicke, R.*, Reliability and Objectivity (AR 1966), S. 475 f.; vgl. auch *Bryer, R.*, Laws of accounting (Accounting History 1998), S. 58. Demgegenüber bezeichnet Subjektivität oder Personenbezogenheit den gegenteiligen Begriff.

95 Ähnlich auch *Moxter, A.*, Grundsätze ordnungsgemäßer Rechnungslegung (2003), S. 16.

96 *Schneider, D.*, Tugend gewinnsteuerlicher Bemessungsgrundlagen (StuW 2004), S. 2 und derselbe Autor: „Nur die tatsächlichen Zahlungen sind von Gott; denn sie sind empirisch wahr, weil unmittelbar zu beobachten." (*Schneider, D.*, Rechnungswesen (1997), S. 33.)

97 Ganz exakt müsste sogar der Ablauf von Gewährleistungs- und Kulanzfristen abgewartet werden, bevor eine Zahlung endgültig unveränderlich wird.

98 So könnte der Bilanzierende beispielsweise kurz vor dem Bilanzstichtag Investitionsauszahlungen tätigen, die nicht aktiviert werden dürften und damit den Periodenerfolg mindern würden. Eine solche Steuergestaltungsstrategie ist aus der Anwendung der derzeit gültigen Einnahmen-Ausgaben-Rechnung nach § 4 Abs. 3 EStG hinreichend bekannt.

99 *Henselmann, K.*, Erfolgsmessung und Steuerbelastung (1994), S. 41.

gegeben angesehen, wenn die Jahresabschlussinformationen dem Kriterium der **intersubjektiven Nachprüfbarkeit oder Reproduzierbarkeit** genügen.[100] Entscheidend ist hierbei der Grad der Übereinstimmung der Messergebnisse eines Objekts, dessen Messung von verschiedenen Subjekten unabhängig voneinander wiederholt wird. Eine solch weite Fassung des Begriffs der Objektivierung schließt insbesondere auch Zukunftsschätzungen ein, sofern diese von einer unabhängigen Partei nachvollzogen werden können. ARNETT führt hierzu prägnant aus:

> „...almost everything accountants do is in some degree a projection into an unknown future, and yet, as has been seen, such data are considered objective. [...] any data which are considered useful are objective to accountants, provided they are substantiated or capable of being substantiated by an independent party."[101]

Damit soll deutlich gemacht werden, dass keineswegs nur abgeschlossene Zahlungen, sondern auch Zukunftsschätzungen – etwa auf Basis heuristischer oder mathematisch-statistischer Zusammenhänge oder durch Rückgriff auf beobachtbare Marktpreise – als objektiv anzusehen sind; sie lassen sich ebenfalls intersubjektiv nachprüfen und damit objektivieren.

Zwar kann sich der Grad der Objektivierung dahingehend unterscheiden, ob zwei unabhängige Messsubjekte zu gleichen oder nur zu ähnlichen Messergebnissen gelangen.[102] Doch sind letztlich alle Messergebnisse **formal objektivierbar**,[103] sofern die der Messung zugrunde liegenden Annahmen, die Eingangsdaten sowie die Messmethode offen gelegt werden und von einem sachverständigen und unabhängigen Dritten nachvollzogen werden können.[104] In diesem Fall erlangt jedoch das Postulat der **Neutralität der**

---

100 Vgl. auch *Baetge, J.*, Objektivierung (1970), S. 16 u. 19-21.

101 *Arnett, H.*, Objectivity (JoA 1961), S. 68. Die ausgesprochene Zukunftsorientierung der Rechnungslegung wird auch von SIGLOCH betont, der die „Bilanz als (weitgehende) Prognoserechnung" bezeichnet (*Sigloch, J.*, Rechnungslegung (2007), S. 44.). Vgl. auch *Demski, J. u. a.*, Intellectual Foundations of Accounting (AH 2002), S. 159. Gleichwohl sind auch im jüngeren Schrifttum noch immer entgegen gesetzte Auffassungen zu konstatieren (vgl. z. B. *Rosenfield, P.*, Discounted Future Cash Receipts (Abacus 2003), S. 233 ff.).

102 COENENBERG spricht im ersten Fall von vollkommener Objektivität (vgl. *Coenenberg, A.*, Unternehmensexterne Jahresabschlußinformationen (1969), S. 186.). Vgl. auch *FASB*, SFAC 2 (1980), Par. 84 f. u. 59.

103 Anderer Ansicht hingegen DEMSKI u. a.: „There is no way of making the estimated cash flows from a project, and the uncertainty associated with them, objective. Others cannot verify subjective beliefs, even *ex post*." (*Demski, J. u. a.*, Intellectual Foundations of Accounting (AH 2002), S. 160; Hervorh. im Orig.).

104 Eine Schätzung beispielsweise der erwarteten künftigen Auszahlung für eine ungewisse Verpflichtung bleibt damit zwar von der Person des Schätzers abhängig und wird nur in Ausnahmefällen vollkommen objektiv im Sinne COENENBERGS sein. Jedoch kann ein weiterer Sachverständiger durch eigene Schätzung zu einem i. W. gleichen Ergebnis gelangen (inhaltliche Objektivierung) oder zumindest das Ergebnis aufgrund der offen ge-

Rechnungslegung besondere Bedeutung, welches im Objektivierungsprinzip implizit enthalten ist und eine wahrheitsgetreue sowie verzerrungsfreie,[105] das heißt weder zu positive noch zu negative Abbildung der wirtschaftlichen Lage eines Unternehmens verlangt.[106]

Im Ergebnis erscheint damit die zweitgenannte Definition der Objektivierung den folgenden Ausführungen als allgemeiner Grundsatz einer umfassenden Rechnungslegung zugrunde gelegt.[107] Inwiefern im Rahmen der Zahlungsbemessungs- und Informationsfunktion jedoch gegebenenfalls unterschiedliche Anforderungen an den Grad der Objektivierung von Jahresabschlussinformationen bestehen, ist im Einzelnen noch zu erörtern. Abb. 3 fasst die verschiedenen Sichtweisen der Objektivierung abschließend noch einmal zusammen:

legten Parameter reproduzieren (formale Objektivierung). Ähnlich auch *FASB*, SFAC 2 (1980), Par. 87, wo von direkter und indirekter Verifizierbarkeit die Rede ist.

105 Allgemein lassen sich für eine Messung – so auch für die Rechnungslegung – verfahrensbedingte und subjektbedingte Verzerrungen oder Ungenauigkeiten unterscheiden (vgl. *Coenenberg, A.*, Unternehmensexterne Jahresabschlußinformationen (1969), S. 181 f.; *FASB*, SFAC 2 (1980), Par. 78.).

106 Die angelsächsischen Standard-Setter sprechen hier von *faithful representation* und *neutrality* (vgl. *FASB*, SFAC 2 (1980), Par. 63 ff. u. 98 ff. sowie *IASB*, Framework (2001), Par. 36 u. 33.; ähnlich auch *DSR*, Entwurf Rahmenkonzept (2002), Par. 24 f.). In allen Verlautbarungen wird jedoch derzeit nicht der Begriff Objektivierung oder Objektivität verwandt, sondern vom übergeordneten Attribut der Zuverlässigkeit (*reliability*) gesprochen. Im Rahmen der jüngsten Konvergenzbemühungen des IASB und FASB zur Schaffung eines gemeinsamen Conceptual Framework ist allerdings nunmehr geplant, den Ausdruck *faithful representation* anstelle von *reliability* zu verwenden (vgl. *FASB*, Preliminary Views Conceptual Framework (FAS 2006), Par. QC16 ff. u. BC2.29.).

107 Am ehesten kommt das hier entwickelte Objektivierungsverständnis den Ausführungen zum *Reliability*-Grundsatz im US-amerikanischen Conceptual Framework nahe. Dort werden vor allem die Aspekte der wahrheitsgetreue Darstellung und Verifizierbarkeit betont (vgl. *FASB*, SFAC 2 (1980), Par. 59 ff.).

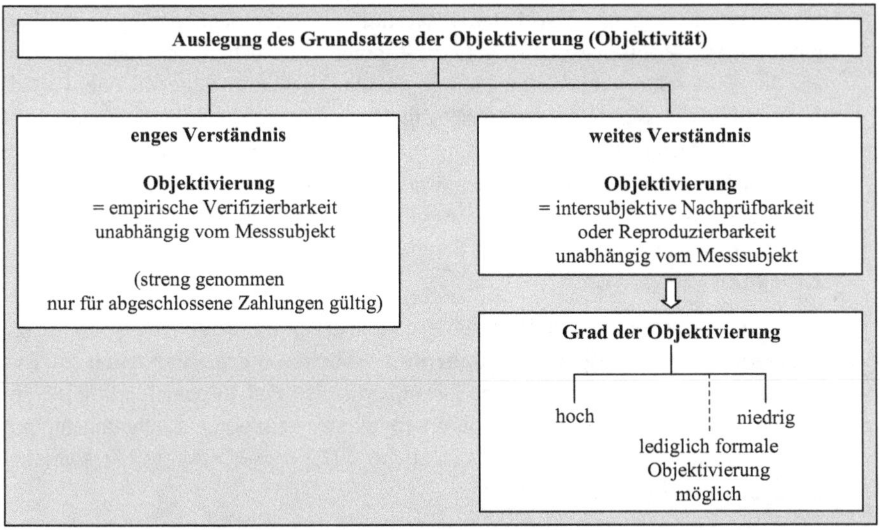

Abb. 3: Sichtweisen der Objektivierung im Rahmen der Rechnungslegung

- **Grundsatz der Vergleichbarkeit und Stetigkeit**

  Eine umfassende Rechnungslegung hat allgemein dem Grundsatz der zeitlichen und zwischenbetrieblichen Vergleichbarkeit zu genügen (*comparability*).[108] Der **Grundsatz der zeitlichen Vergleichbarkeit** verlangt, dass die Darstellung der Vermögens-, Finanz- und Ertragslage eines Unternehmens im Zeitablauf vergleichbar sein muss. Voraussetzung dafür ist, dass die Bilanz grundsätzlich zum gleichen Stichtag aufgestellt wird[109] und dass sämtliche vorhandenen Informationen über die am Bilanzstichtag vorliegenden Sachverhalte verarbeitet werden. Dabei sind auch Informationen zu berücksichtigen, die erst zwischen dem Bilanzstichtag und dem Tag der Bilanzaufstellung bekannt geworden sind, sich aber auf Sachverhalte aus dem abgelaufenen Geschäftsjahr beziehen (**wertaufhellende Tatsachen**).[110] Explizit eingeschlossen sind darüber hinaus auch objektivierbare Zukunftsprognosen über bilanzierungspflichtige Sachverhalte (**weites Stichtagsprinzip**) – zum Beispiel aufgrund statistischer Zusammenhänge abschätzbare künftige Wertveränderungen oder gesetzlich bereits verabschiedete Steuersatz-

---

108 So auch *FASB*, SFAC 2 (1980), Par. 111 und *IASB*, Framework (2001), Par. 39 i. V. m. *IASB*, IAS 1 (2005), Par. 36 ff.

109 Vgl. auch *IASB*, IAS 1 (2005), Par. 49 f.

110 Vgl. auch § 252 Abs. 1 Nr. 4 HGB. Wertbeeinflussende Tatsachen hingegen sind lediglich im Anhang anzugeben. Für eine Auflistung von Beispielen für wertaufhellende und wertbeeinflussende Tatsachen vgl. *Federmann, R.*, Handelsrecht und Steuerrecht (2000), S. 141.

änderungen im Rahmen der Bilanzbewertung. Entscheidend für eine Berücksichtigung von Zukunftsschätzungen im Rahmen der Rechnungslegung ist dabei stets deren Objektivierbarkeit; zudem muss der zugrunde liegende Sachverhalt oder wertbeeinflussende Faktor bereits in einer vergangenen Rechnungsperiode begründet worden sein. Eine Abbildung bloßer Hoffnungswerte aus unbestimmten künftigen Ereignissen ist damit unzulässig.[111] Eine zeitlich vergleichbare Rechnungslegung verlangt außerdem die Angabe der entsprechenden Vorjahreswerte, um den Adressaten einen Einblick in die zeitliche Entwicklung der Unternehmenslage zu ermöglichen.

Neben dem Grundsatz der zeitlichen Vergleichbarkeit ist für eine aussagekräftige Bilanzierung das **Prinzip der zwischenbetrieblichen Vergleichbarkeit** zu fordern, da nur durch eine weitgehend standardisierte und allgemeingültige – im Gegensatz zu einer ausschließlich unternehmensspezifischen – Rechnungslegung Transaktionskosten und volkswirtschaftliche Effizienzverluste gering gehalten werden können.[112]

Eng mit dem Grundsatz der Vergleichbarkeit verbunden ist der **Grundsatz der Stetigkeit** (*consistency*), der sich weiter in die Prinzipien der formellen sowie der materiellen Stetigkeit unterteilen lässt.[113] Formelle Stetigkeit verlangt, dass stets die Identität von Schlussbilanz und Eröffnungsbilanz des Folgejahres beachtet wird und dass die Gliederung und der Ausweis der Rechnungslegungsinstrumente beibehalten werden.[114] Materielle Stetigkeit meint hingegen, dass die einmal gewählten Ansatz- und Bewertungsmethoden im Zeitablauf beizubehalten sind, sofern nicht besondere Gründe für einen Wechsel der Methoden sprechen.[115]

---

111 Damit ist das hier geforderte Stichtagsprinzip deutlich weiter gefasst als die gegenwärtige handelsrechtliche Umsetzung in § 252 Abs. 1 Nr. 4 HGB und orientiert sich eher an den internationalen Rechnungslegungsnormen (vgl. z. B. *IASB*, IAS 19 (2004), Par. 83 sowie *IASB*, IAS 37 (2004), Par. 38 u. 48 ff.). Ein ähnliches Vorgehen ist auch aus der Unternehmensbewertung bekannt. So sind bei der Ermittlung eines objektivierten Unternehmenswerts etwa erwartete Synergien aus Unternehmenszusammenschlüssen erst dann im Kalkül zu berücksichtigen, wenn die Entscheidung für den Zusammenschluss bereits getroffen wurde (Grundsatz der *Stand-alone*-Bewertung) (vgl. hierzu *IDW*, S 1 (FN-IDW 2005), Tz. 42 u. 44.).

112 Vgl. auch *Ordelheide, D.*, Kaufmännischer Periodengewinn, in: *Domsch, M. u. a. (Hrsg.)*, Festschrift Busse von Colbe (1988), S. 285. Unternehmensspezifischen Besonderheiten ist jedoch Rechnung zu tragen, so dass keine Uniformität der Rechnungslegung verlangt wird (vgl. auch *IASB*, Framework (2001), Par. 41.).

113 Vgl. ausführlich zur Bilanzstetigkeit auch *Federmann, R.*, Handelsrecht und Steuerrecht (2000), S. 157 ff.

114 Vgl. auch *IASB*, IAS 1 (2005), Par. 27 f.; *DSR*, Entwurf Rahmenkonzept (2002), Par. 33.

115 Ähnlich auch § 252 Abs. 1 Nr. 6 sowie *DSR*, Entwurf Rahmenkonzept (2002), Par. 34.

Damit sind die wichtigsten allgemeinen Grundsätze einer umfassenden Rechnungslegung vorgestellt. Es folgen spezielle Grundsätze für die Zahlungsbemessungs- und Informationsfunktion.

D. Spezielle Zahlungsbemessungsgrundsätze

Die Zahlungsbemessungsfunktion zielt, wie bereits ausgeführt wurde, darauf ab, unter Bewahrung des Gläubigerzugriffsvermögens den grundsätzlich ausschüttungsoffenen beziehungsweise steuerbaren Jahreserfolg zu ermitteln.

- **Grundsätze der Zugriffssperrung unrealisierter Gewinne und der Verlustvorsorge**

  Grundsätzlich existiert nur *ein* den tatsächlichen Verhältnissen entsprechendes Bild der wirtschaftlichen Lage eines Unternehmens. Gleichwohl stellt sich die Frage, ob die Abbildung des Unternehmenswerts zum Periodenstichtag und die Ermittlung seiner Veränderung gegenüber der Vorperiode für beide Kernfunktionen der Rechnungslegung in gleicher Weise geboten sind. Während die Zweckmäßigkeit einer solchen umfassenden Informationsvermittlung bereits allgemein abgeleitet wurde, ergeben sich aus Sicht der Zahlungsbemessungsfunktion einige offene Probleme. Zwar gilt in der Theorie auch eine Besteuerung und Ausschüttung nach dem ökonomischen oder kapitaltheoretischen Gewinn seit langem als Ideal,[116] doch sind zum einen die Schwierigkeiten im Rahmen der praktischen Umsetzung einer solchen Gewinnkonzeption – vor allem das Prognoseproblem bei Unsicherheit über die Zukunft und die Notwendigkeit einer späteren Korrektur von Prognosefehlern – nicht zufriedenstellend gelöst. Ernsthafte Bedenken bestehen ferner hinsichtlich der Zugriffsfähigkeit unrealisierter Gewinne für Zwecke der Gewinnausschüttung und -besteuerung, wobei folgende Kritikpunkte im Mittelpunkt stehen:[117]

---

116 Vgl. *Sigloch, J.*, Unternehmenserfolgsbesteuerung, in: *Dirrigl, H. u. a. (Hrsg.)*, Festschrift Wagner (2004), S. 214 m. w. N. sowie zu der von SCHNEIDER entfachten Grundsatzdiskussion zum ökonomischen Gewinn im deutschsprachigen Schrifttum *Schneider, D.*, Bilanzgewinn (ZfhF 1963), S. 457 ff.; *Hax, H.*, Bilanzgewinn als Erfolgsmaßstab (ZfB 1964), S. 642 ff.; *Münstermann, H.*, Bedeutung des ökonomischen Gewinns (WPg 1966), S. 579 ff.; *Schneider, D.*, Aktienrechtlicher Gewinn (WPg 1971), S. 607 ff.; *Schildbach, T.*, Eignung des ökonomischen Gewinnes (WPg 1972), S. 40 ff.; *Drukarczyk, J.*, Brauchbarkeit des „ökonomischen Gewinns" (WPg 1973), S. 183 ff. Für einen zusammenfassenden Überblick im jüngeren Schrifttum vgl. *Kahle, H.*, Kapitaltheoretischer Gewinn (WiSt 1995), S. 214 ff.

117 Vgl. *Sigloch, J.*, Einheitliche Gewinnermittlung, in: *Schneider, D. u. a. (Hrsg.)*, Festschrift Siegel (2005), S. 555.

1. **Liquiditätsproblem** resultierend aus der Notwendigkeit einer Vorfinanzierung der unrealisierten Gewinne am unvollkommenen und unvollständigen Kapitalmarkt;[118]

2. **Vermögensproblem** resultierend aus der Notwendigkeit von Zinszahlungen auf die vorfinanzierten Gewinnausschüttungen und -steuern bei Ausblendung des Liquiditätsproblems[119] sowie

3. **Risikoproblem** resultierend aus der Gefahr des Untergangs überhöhter Gewinnausschüttungen und -steuern im Falle der beschränkten Haftung der Residualeinkommensberechtigten.[120]

Diese gravierenden Probleme legen es nahe, im Rahmen der Zahlungsbemessungsfunktion einer umfassenden Rechnungslegung auch weiterhin eine Zugriffssperrung unrealisierter Gewinne sicherzustellen.[121] Zentrale Grundsätze einer für die Zahlungsbemessung geeigneten Rechnungslegung sollten daher das Realisations- und Anschaffungswertprinzip bilden.[122] Darüber hinaus ist ein Maßstab der Erfolgsermittlung zu definieren,[123] wofür sich das System der **nominalen Geldkapitalerhaltung**[124] in der Rechnungslegung bewährt hat.[125]

---

118 Vgl. auch *Schneider, D.*, Bilanzgewinn (ZfhF 1963), S. 468 sowie *Moxter, A.*, Realisationsprinzip (BB 1984), S. 1783 m. w. N.

119 Dabei liegt eine so genannte Übermaßbesteuerung immer dann vor, wenn der Finanzierungszins der vorfinanzierten Gewinnsteuern über der Wertsteigerungsrate im Unternehmen liegt. Ausführlich zu den Problemen einer Besteuerung unrealisierter Gewinne vgl. *Sigloch, J.*, Steuerbilanz und Rechnungslegung, in: *Göbel, S./Heni, B. (Hrsg.)*, Festschrift Scherrer (2004), S. 343 f. mit einem Beispiel.

120 Die Einstufung des Fiskus als beschränkt haftenden Residualanspruchsberechtigten und damit als asymmetrischen Unternehmensteilhaber ergibt sich vor dem Hintergrund der ständigen Verschärfungen der Verlustkompensationsregeln im deutschen Steuerrecht während der letzten Jahre. Vgl. hierzu nachdrücklich *Sigloch, J.*, Maßgeblichkeitsprinzip (BFuP 2000), S. 177 f.

121 Sehr deutlich auch *Siegel, T.*, Zeitwertbilanzierung (BFuP 1998), S. 597.

122 Für MOXTER ist das Realisationsprinzip die eigentliche Basis für die Ermittlung eines „entziehbaren Gewinns" (vgl. *Moxter, A.*, Entziehbarer Gewinn, in: *Ballwieser, W. u. a. (Hrsg.)*, Festschrift Clemm (1996), S. 239.) Alternativ lassen sich Ausschüttungsrestriktionen für unrealisierte Gewinne auch auf Basis der Agency-Theorie begründen, die eine mögliche Senkung der Kreditrisiken und Vorsorgekosten der Unternehmensgläubiger nachweist (vgl. grundlegend *John, K./Kalay, A.*, Costly Contracting (JoF 1982), S. 457 ff.; umfassend hierzu *Ewert, R.*, Agency-Probleme (1986).). Für eine Begründung des Anschaffungswert-, Realisations- und Imparitätsprinzips mit Hilfe der Neuen Institutionenökonomik vgl. auch *Ordelheide, D.*, Neoinstitutionalistische Theorie, in: *Budäus, D. u. a.* (Hrsg.), Betriebswirtschaftslehre (1988), S. 284 ff.

123 SCHILDBACH spricht hier einprägsam vom Nullpunkt der Erfolgsmessung (vgl. *Schildbach, T.*, Kapitalerhaltung, in: *Wittmann, W. u. a. (Hrsg.)*, HWB (1993), Sp. 2092.). Zu den verschiedenen Formen der Kapitalerhaltung vgl. statt vieler *Schildbach, T.*, Inflation Accounting (I) (WISU 1984), S. 46 ff. u. *Schlidbach, T.*, Inflation Accounting (II) (WISU 1984), S. 71 ff.

124 Vgl. hierzu bereits *Rieger, W.*, Privatwirtschaftslehre (1964), S. 216 f. Im Übrigen weist ORDELHEIDE darauf hin, dass die nominale Kapitalerhaltung der kaufmännischen Bilanz

Das **Realisationsprinzip** legt fest, zu welchem Zeitpunkt der Erfolgsausweis (die Realisation) stattfindet.[126] Die grundsätzlich möglichen Realisationszeitpunkte reichen dabei von einer bloßen Geschäftsidee oder Auftragsanbahnung des Kaufmanns bis hin zum Ablaufen der Gewährleistungs- oder Kulanzfristen nach erbrachter Lieferung oder Leistung, wobei die Zeitpunkte des Übergangs der wirtschaftlichen Verfügungsmacht[127] und der Barrealisation (SCHNEIDER)[128] besondere Bedeutung erlangt haben. Da der Begriff der Realisation bereits sprachlich an den „Umsatzakt am Absatzmarkt“[129] anknüpft[130] und im Zeitpunkt des Übergangs der wirtschaftlichen Verfügungsmacht zudem eine weitgehende Konkretisierung der unsicheren Einzahlungserwartung erfolgt,[131] soll am bewährten Realisationsverständnis der deutschen Rechnungslegung festgehalten werden.[132] Dem

---

zugleich als eine mögliche Ausprägung der Ertragswerterhaltung unter Unsicherheit verstanden werden kann (vgl. *Ordelheide, D.*, Kaufmännischer Periodengewinn, in: *Domsch, M. u. a. (Hrsg.)*, Festschrift Busse von Colbe (1988), S. 293 f.). Abweichend von ORDELHEIDE wird hier allerdings die Auffassung vertreten, dass das nominelle Eigenkapital lediglich eine Annäherung an das Ideal eines objektiviert ermittelten Ertragswerts eines Unternehmens darstellt.

125 Lediglich bei dauerhaft hohen Inflationsraten erscheint die Anwendung der realen Geldkapitalerhaltung unumgänglich.

126 Das Realisationsprinzip wurde in Deutschland erstmals 1884 für Aktiengesellschaften gesetzlich verankert, war aber bereits zuvor in der kaufmännischen Praxis bekannt. Zu seiner historischen Entwicklung vgl. *Moxter, A.*, Realisationsprinzip (BB 1984), S. 1780 ff.

127 Vgl. *Sigloch, J.*, in: *Michalski, L. (Hrsg.)*, Kommentar zum GmbHG (2002), §§ 41-42a GmbHG, Rn. 213; *Sigloch, J.*, Rechnungslegung (2007), S. 160 f. BALLWIESER spricht demgegenüber vom „Zeitpunkt von Lieferung und Leistung“ (*Ballwieser, W.*, Nutzen handelsrechtlicher Rechnungslegung, in: *Ballwieser, W. u. a. (Hrsg.)*, Festschrift Clemm (1996), S. 11.)

128 Vgl. hierzu *Schneider, D.*, Realisationsprinzip, in: *Baetge, J. u. a.* (Hrsg.), Festschrift Leffson (1976), S. 116 sowie *Schneider, D.*, Rechnungswesen (1997), S. 279 ff.

129 *Leffson, U.*, Grundsätze ordnungsmäßiger Buchführung (1987), S. 247.

130 Realisation oder Realisierung bedeuten im allgemeinen Sprachgebrauch Verwirklichung, Umsetzung, Umwandlung; im wirtschaftlichen Sinne ist eine Umwandlung in Geld gemeint.

131 Gleichwohl betont ORDELHEIDE zu Recht, dass die Entstehung einer Forderung keineswegs vollständige Sicherheit bedeutet (vgl. *Ordelheide, D.*, Kaufmännischer Periodengewinn, in: *Domsch, M. u. a. (Hrsg.)*, Festschrift Busse von Colbe (1988), S. 282 f.). Mögliche Unsicherheitsabschläge aufgrund von Bonitäts- oder Gewährleistungsrisiken sind bei begründeter Erwartung jedoch im Rahmen der Bilanzbewertung zu berücksichtigen.

132 Ausführlich zu diesem klassischen Realisationsprinzip im Vergleich zur MOXTERSCHEN Interpretation vgl. *Eibelshäuser, M.*, Realisationsprinzip, in: *Budde, W. u. a. (Hrsg.)*, Festschrift Beisse (1997), S. 153 ff.; *Siegel, T.*, Realisationsprinzip (BFuP 1994), S. 3 ff. Für eine Anwendung des hier vertretenen Realisationskonzepts auf das Problem einer Veräußerung künftiger Zahlungsströme vgl. *Sigloch, J./Schmidt, I.*, Verkauf künftiger Leistungen, in: *Sigloch, J./Klimmer, C. (Hrsg.)*, Rechnungslegung und Besteuerung (2002), S. 225 ff.

Konzept der Barrealisation, das auf den Zeitpunkt des Zahlungszuflusses oder -abflusses abstellt, wird hingegen nicht gefolgt, da dieses als zu restriktiv erscheint.

Mit dem Realisationsprinzip unmittelbar verbundenen ist das **Anschaffungswertprinzip**, das ebenfalls eine tragende Säule einer zahlungsbemessungsbasierten Rechnungslegung bleiben sollte.[133] Das Prinzip postuliert eine Bilanzbewertung zu historischen Kosten, woher auch die Bezeichnung *historical cost accounting* stammt, und stellt auf diese Weise die pagatorische Fundierung und Transaktionsorientierung[134] der Rechnungslegung sicher. Dabei sei ausdrücklich betont, dass sich in der erstmaligen Bewertung von Bilanzgütern zu historischen Kosten – anders, als vielfach behauptet[135] – keine Vergangenheitsorientierung ausdrückt, sondern es sich vielmehr um eine vorsichtige Schätzung der künftig erwarteten Zahlungsüberschüsse unter Unsicherheit handelt.[136]

Die aus dem Oberziel einer umfassenden Wissensbereitstellung abgeleitete Zahlungsbemessungsfunktion erfordert über das Realisations- und Anschaffungswertprinzip hinaus auch einen Grundsatz zur Vorsorge gegenüber noch nicht eingetretenen, jedoch bereits absehbaren Verlusten. Ein solches **Imparitäts- oder Verlustantizipationsprinzip**, das im Gegensatz zu unrealisierten Gewinnen eine bilanzielle Erfassung unrealisierter Verluste vorschreibt, gewährleistet eine vorsichtige Erfolgsermittlung zum Schutz der Kapitalgeber und konkretisiert das traditionelle Vorsichtsprinzip der Rechnungslegung.[137] Wenngleich für die Zahlungsbemessungsfunktion im Rahmen einer umfassenden Rechnungslegung nicht notwendigerweise eine Beibehaltung des Imparitätsprinzips in seiner bisherigen Form, sondern auch eine Modifikation des Prinzips in Richtung einer stärker symmetrischen Folgebewertung in Betracht kommt,[138] soll für Zwecke dieser Arbeit

---

133 Ein Überblick über die Ursprünge des Anschaffungswertprinzips findet sich bei *Schneider, D.*, Erfolgsermittlung als Rechnungsziel (ZfbF 1978), S. 342 ff.

134 So fast KOHLER prägnant zusammen: „Transactions are the raw materials of accounting" (*Kohler, E.*, Historical Cost (JoA 1963), S. 36.).

135 Vgl. jüngst KAHLE, der die Rechnungslegung mit Bezug auf SCHNEIDER als primär vergangenheitsorientiert bezeichnet (vgl. *Kahle, H.*, Zukunft der Rechnungslegung (WPg 2003), S. 265.).

136 Eine Investition wird damit so abgebildet, als weise sie einen Kapitalwert in Höhe von Null auf. Vgl. auch *Sigloch, J.*, Rechnungslegung (2007), S. 44 u. 151; weiterführend *Ordelheide, D.*, Kaufmännischer Periodengewinn, in: *Domsch, M. u. a. (Hrsg.)*, Festschrift Busse von Colbe (1988), S. 280 ff.

137 Das Imparitätsprinzip findet sich auch im Rahmenkonzeptentwurf des DSR unter dem Begriff „Verlustantizipationsprinzip" (*DSR*, Entwurf Rahmenkonzept (2002), Par. 42.).

138 Zum Vorschlag einer solchen Modifikation des Imparitätsprinzips, nach der lediglich die Überhänge der unrealisierten Verluste über die unrealisierten Gewinne erfolgsmindernd zu erfassen sind, vgl. näher *Sigloch, J.*, Maßgeblichkeitsprinzip (BFuP 2000), S. 176 sowie das Zahlenbeispiel in *Sigloch, J.*, Rechnungslegung (2007), S. 212. Eine außerbilanzielle Umsetzung ist bereits in ähnlicher Form im britischen Gesellschaftsrecht im Rah-

am geltenden Imparitätsprinzip festgehalten werden. Im Rahmen der zahlungsbemessungsorientierten Erfolgsermittlung gilt es daher, unrealisierte Verluste zwingend zu erfassen und diese nicht mit eventuell vorhandenen unrealisierten Gewinnen zu saldieren. Gleichwohl sei betont, dass diese Vorgehensweise keinen Freibrief zur willkürlichen Gewinnkürzung unter dem Deckmantel der bilanziellen Vorsicht gewährt,[139] sondern generell eine eher risikoneutrale Interpretation des Vorsichtsprinzips im Sinne einer Orientierung an Erwartungswerten von Wahrscheinlichkeitsverteilungen zu wählen ist.

Ferner wird hier vorgeschlagen, an einer allgemeingültigen gesetzlichen Verankerung nicht nur der Steuerbemessungs-, sondern auch der Ausschüttungsbemessungsfunktion festzuhalten, da durch eine allgemeine Regelung die Transaktionskosten der einzelnen Unternehmensteilnehmer sowie mögliche externe Effekte gering gehalten werden können.[140] Insbesondere geht hiermit auch eine Absage des rein informationellen Gläubigerschutzes zugunsten eines institutionellen Gläubigerschutzes[141] einher.[142] Im Ergebnis ist damit der realisierte Vermögensmehr-

---

men der Ermittlung des ausschüttungsfähigen Gewinns einer Public Limited Company verankert (vgl. *Schmidt, I.*, Goodwill (2002), S. 71.). Kritisch hingegen SCHNEIDER, der ein risikoneutrales Prognose-Ermessen zwar grundsätzlich für wünschenswert erachtet, jedoch im Ergebnis ablehnt (vgl. *Schneider, D.*, Tugend gewinnsteuerlicher Bemessungsgrundlagen (StuW 2004), S. 6.).

139 Vgl. hierzu auch *IASB*, Framework (2001), Par. 37: „the exercise of prudence does not allow, for example, the creation of hidden reserves or excessive provisions, the deliberate understatement of assets or income, or the deliberate overstatement of liabilities or expenses, because the financial statements would not be neutral and, therefore, not have the quality of reliability." Das geltende deutsche Handelsrecht wird aus angelsächsischer Perspektive demgegenüber als Rechnungslegungssystem mit übertriebenem Vorsichtsprinzip assoziiert (vgl. z. B. *Bryer, R.*, Decision usefulness or accountability (WP 2003), S. 36 f.).

140 So verweist beispielsweise SIEGEL auf das Problem einer möglichen Gefährdung von Kleingläubigern und unfreiwilligen Gläubigern im Gegensatz zu Großgläubigern im Falle einzelvertraglicher Ausschüttungsregelungen (vgl. Siegel, *T.*, Gläubigerschutz, in: *Fischer, T./Hömberg, R. (Hrsg.)*, Festschrift Baetge (1997), S. 121 ff.). Kritisch hierzu auch *Arbeitsgruppe „Normierung der Rechnungslegung"*, Stellungnahme 3 (BB 2002), S. 2597. Die Notwendigkeit einheitlicher Erfolgsermittlungsregeln lässt sich auch institutionenökonomisch begründen, indem man den Erfolg als Organisationsregel mit erwartungsstabilisierender Wirkung versteht, nach der für jeden Unternehmensteilnehmer der gleiche Wert ausgewiesen wird (vgl. *Ordelheide, D.*, Kaufmännischer Periodengewinn, in: *Domsch, M. u. a. (Hrsg.)*, Festschrift Busse von Colbe (1988), S. 297.). Zum Verhältnis von staatlicher und privatrechtlicher Rechnungslegungsregulierung vgl. ferner *Hax, H.*, Rechnungslegungsvorschriften, in: *Domsch, M. u. a. (Hrsg.)*, Festschrift Busse von Colbe (1988).

141 Zu diesen Begriffen vgl. *Kübler, F.*, Institutioneller Gläubigerschutz (ZHR 1995), S. 550 ff.

142 Zur alternativen Möglichkeit des außerbilanziellen Gläubigerschutzes mit Hilfe von Schutzklauseln (Covenants) in privaten Kreditverträge vgl. *Kahle, H.*, Bilanzieller Gläubigerschutz (ZfB 2002), S. 701 ff. Bemerkenswert ist dabei insbesondere, dass „die freiwillige US-amerikanische Gläubigerrechnungslegung und die gesetzliche deutsche Rechnungslegung große Ähnlichkeit" aufweisen (S. 701). Zu einem ähnlichen Ergebnis

wert abzüglich der unrealisierten Verluste auf der Grundlage einheitlicher handelsrechtlicher Normen zu ermitteln und als Ausgangsbasis für die Ausschüttungs- und Steuerbemessung heranzuziehen.

- **Grundsatz der Einzelabbildung**

  Vorrangiger Zweck des Grundsatzes der Einzelabbildung ist eine Erhöhung des Aussagegehalts sowie eine weitergehende Objektivierung der Rechnungslegung, indem einzelne Vermögenswerte und Schulden dem Grunde nach (**Einzelerfassung**) sowie der Höhe nach (**Einzelbewertung**) in den Jahresabschluss aufgenommen werden.[143] Als entscheidendes Kriterium für die Identifizierbarkeit oder Abgrenzbarkeit einzelner Bilanzgüter im Rahmen der Zahlungsbemessungsfunktion der Rechnungslegung kann letztlich jedoch die selbstständige Bewertbarkeit (Einzelbewertbarkeit) angesehen werden, da diese notwendigerweise auch die Einzelerfassbarkeit einschließt. Die Frage, ob ein Bilanzgut einzeln veräußerbar, einzeln verwertbar oder lediglich gesamtverwertbar ist, erscheint demgegenüber von nachrangiger Bedeutung.[144]

  Ergänzend führt ORDELHEIDE aus, dass die Bilanzierung von einzelnen Vermögenswerten und Schulden lediglich Mittel zum Zweck einer Gesamtbewertung des Unternehmens unter Unsicherheit sei.[145] Dieser Aussage ist zwar grundsätzlich zuzustimmen; gleichwohl ist eine Unternehmensbewertung durch Addition der einzelnen Ertragswertbestandteile zwangsläufig zum Scheitern verurteilt, da nicht alle Komponenten einer selbstständigen Bewertung zugänglich sind. Die verbleibende Wertelücke nicht identifizierbarer Faktoren entspricht dem **Goodwill** (Geschäfts- oder Firmenwert); sie kann per definitionem nur indirekt als Differenz

---

kommt auch SCHILDBACH (vgl. *Schildbach, T.*, US-GAAP (2002), S. 15 f.). Weiterführend zu privatvertraglichen Regelungen in US-Kreditverträgen vgl. *Leftwich, R.*, Accounting Information (AR 1983), S. 23 ff. Auch in Europa wird inzwischen eine Anpassung der Gläubigerschutzvorschriften diskutiert. Zum Vorschlag einer bilanziellen Kapitalerhaltung im Rahmen der IFRS in Kombination mit einem Solvenztest vgl. *Pellens, B. u. a.*, Solvenztest statt Handelsbilanz (FAZ v. 05.12.2005), S. 26.

143 Vgl. auch § 252 Abs. 1 Nr. 3 i. V. m. § 240 Abs. 1 HGB sowie *DSR*, Entwurf Rahmenkonzept (2002), Par. 36. Ausführlich zum Grundsatz der Einzelabbildung vgl. *Federmann, R.*, Handelsrecht und Steuerrecht (2000), S. 148 ff.

144 Vgl. bereits *Schmidt, I.*, Goodwill (2002), S. 143 ff. im Rahmen einer Abgrenzung immaterieller Einzelwerte vom Goodwill. Während im deutschen Handelsrecht mangels einer gesetzlichen Definition des Vermögensgegenstandsbegriffs unterschiedlich weite Ansatzvoraussetzungen gefordert werden (vgl. *Emmrich, M.*, Reform der externen Rechnungslegung (1999), S. 104 ff.), reicht im Bilanzsteuerrecht bereits die Gesamtverwertbarkeit für die Qualifikation als Wirtschaftsgut aus (vgl. *Weber-Grellet, H.*, in: *Schmidt, L. (Hrsg.)*, Einkommensteuergesetz (2006), § 5 EStG, Rn. 95). Gleiches gilt auch für den *Asset*-Begriff der US-GAAP (vgl. hierzu *Johnson, L./Petrone, K.*, Goodwill (AH 1998), S. 300 f.).

145 Vgl. *Ordelheide, D.*, Kaufmännischer Periodengewinn, in: *Domsch, M. u. a. (Hrsg.)*, Festschrift Busse von Colbe (1988), S. 295.

zwischen dem Ertragswert (Zukunftserfolgswert) und der Summe der Zeitwerte der einzelnen Vermögenswerte abzüglich der Schulden ermittelt werden.[146]

Der Einzelabbildungsgrundsatz schließt darüber hinaus auch den **Grundsatz des Saldierungsverbots** ein, nach dem Aufwendungen und Erträge sowie Aktiva und Passiva nicht miteinander verrechnet werden dürfen, sondern getrennt zu erfassen, fortzuführen und auszuweisen sind.[147]

- **Grundsatz der Steuergerechtigkeit**

  Besonders relevant für die anzuknüpfende steuerrechtliche Erfolgsermittlung ist ferner die Einhaltung des Grundsatzes der Steuergerechtigkeit, der sich weiter in die Grundsätze der Allgemeinheit, Gleichmäßigkeit und Leistungsfähigkeit der Besteuerung unterteilen lässt.[148] Nach dem **Grundsatz der Allgemeinheit** der Besteuerung sind alle Steuersubjekte zu besteuern, die den jeweiligen Tatbestand erfüllen. Der **Grundsatz der Gleichmäßigkeit** der Besteuerung verlangt, dass dabei alle Einkünfte nach den gleichen Regeln zu ermitteln sind.[149] Das **Leistungsfähigkeitsprinzip** schließlich, das auch als Fundamentalprinzip der Besteuerung angesehen wird, bezweckt die Besteuerung nach der subjektiven Leistungsfähigkeit im Sinne einer Steuerzahlfähigkeit (*ability to pay*), wobei gleiche steuerliche Leistungsfähigkeit gleich und ungleiche steuerliche Leistungsfähigkeit ungleich zu besteuern sind (horizontale und vertikale Gerechtigkeit).[150]

---

146 Vgl. *Döring, U.*, Goodwill, in: *Chmielewicz, K./Schweitzer, M. (Hrsg.)*, HWR (1993), Sp. 810 ff. Damit ist auch bereits das Problem einer fehlenden Einzelbewertbarkeit des Goodwills angesprochen (vgl. hierzu auch S. 57 f. dieser Arbeit sowie *Moxter, A.*, Geschäfts- oder Firmenwert, in: *Bierich, M. u. a. (Hrsg.)*, Festschrift Semler (1993), S. 854 f.; *Kahle, H.*, Informationsversorgung des Kapitalmarkts (KoR 2002), S. 98.). Ob der Goodwill für Zwecke der Zahlungsbemessung gleichwohl bilanziell erfasst werden sollte, ist Gegenstand der speziellen Reformempfehlungen im Fünften Teil der Arbeit (vgl. S. 257 ff.).

147 Vgl. § 246 Abs. 2 HGB; *IASB*, IAS 1 (2005), Par. 32 ff. sowie *Euler, R.*, Bilanzrechtstheorie, in: *Budde, W. u. a. (Hrsg.)*, Festschrift Beisse (1997), S. 177.

148 Für eine grundlegende Systematik vgl. *Sigloch, J.*, Bauelemente, in: *Böhler, H. u. a.* (Hrsg.), Mittelstand und Betriebswirtschaft (1996), S. 217. Ausführlich zu den Grundsätzen der Besteuerung vgl. auch *Heinz, C.*, Erbschaftsteuer und Einkommensteuer (2003), S. 109 ff. m. w. N.

149 Vgl. auch *Sigloch, J.*, Steuerbilanz und Rechnungslegung, in: *Göbel, S./Heni, B. (Hrsg.)*, Festschrift Scherrer (2004), S. 335.

150 Während grundsätzlich verschiedene Indikatoren der steuerlichen Leistungsfähigkeit in Betracht kommen, wird hier gemäß der obigen Annahme einer Einkommensbesteuerung vom Indikator des Einkommens in Form des Unternehmenserfolgs ausgegangen. Zur Forderung des Grundsatzes der Besteuerung nach der wirtschaftlichen Leistungsfähigkeit im Rahmen der steuerlichen Gewinnermittlung vgl. auch *Herzig, N. u. a.*, IAS/IFRS und steuerliche Gewinnermittlung (BFuP 2004), S. 551 f. m. w. N.

E. Spezielle Informationsgrundsätze

Im folgenden Abschnitt sind spezielle Informationsvermittlungsgrundsätze zur Konkretisierung und Operationalisierung der Informationsfunktion einer umfassenden Rechnungslegung aufzustellen.[151]

- **Vorrangstellung des True and fair view**

  Wie bereits allgemein dargestellt, gilt die Vermittlung eines True and fair view der Vermögens-, Finanz- und Ertragslage eines Unternehmens als allgemeines und abstraktes Oberziel einer umfassenden Rechnungslegung. Während die Generalnorm jedoch für Zwecke der Zahlungsbemessung – vor allem durch die Grundsätze zur Zugriffssperrung unrealisierter Gewinne und zur Verlustvorsorge sowie zur Einzelabbildung – in bestimmter Weise eingeschränkt wurde, ist im Rahmen der Informationsfunktion eine Vorrangstellung des True and fair view im Sinne eines *overriding principle* zu fordern.[152]

  Die Informationsfunktion in der deutschen Rechnungslegung erfährt damit gegenüber ihrer derzeitigen Ausprägung in § 264 Abs. 2 HGB in zweierlei Hinsicht eine deutliche Aufwertung: Erstens bezieht sich die Generalnorm des True and fair view nunmehr entsprechend ihrer angelsächsischen Wurzeln[153] auf die Gesamtheit der Rechnungslegungsinstrumente. Dies bedeutet, dass die Bilanz, die Gewinn- und Verlustrechnung sowie die weiteren Rechenwerke zwar zusammen mit dem Anhang eine Einheit bilden, jedoch jeweils für sich betrachtet dem True-and-fair-view-Postulat genügen müssen. Insbesondere ist hiermit eine strenge Absage an die in Deutschland noch immer vertretene **„Abkopplungsthese"** ver-

---

151 Zu speziellen Grundsätzen für die Informationsfunktion vgl. auch *Moxter, A.*, Grundsätze ordnungsgemäßer Rechnungslegung (2003), S. 221 ff.; *Ballwieser, W.*, Informations-GoB (KoR 2002), S. 115 ff.

152 So auch bereits *Sigloch, J./Schmidt, I.*, Stellungnahme (2002), S. 4.

153 Vgl. zur historischen Entwicklung des True-and-fair-view-Grundsatzes in der britischen Rechnungslegung *Chambers, R./Wolnizer, P.*, True and fair view (ABaFH 1991), S. 197 ff. sowie ausführlich *Chastney, J.*, True and fair view (1975), S. 4 ff.). Allgemein zum True and fair view im Vergleich zur *fair presentation* vgl. die in Fn. 40 angegebene Literatur. Zum grundsätzlichen Verhältnis von True-and-fair-view-Grundsatz und Companies Act bzw. britischen Rechnungslegungsstandards vgl. *McGee, A.*, True and Fair View Debate (MLR 1991), S. 874 ff. sowie *Schmidt, I.*, Goodwill (2002), S. 66 f. Im Zuge der Umsetzung der Mitgliedstaatenwahlrechte der Verordnung der Europäischen Union zur Anwendung der IFRS in nationales britisches Recht wurden die Bestimmungen des Companies Act allerdings geändert, so dass jetzt je nach zugrunde liegendem Rechnungslegungssystem – nationalem Handelsrecht oder IFRS – ein True and fair view bzw. eine *fair presentation* der Unternehmenslage zu vermitteln ist (vgl. *UK Statutory Instruments 2004/2947.*). Gleichwohl betont der Financial Reporting Council als oberste Regulierungsbehörde für Fragen der Rechnungslegung im Vereinigten Königreich, dass sich an der fundamentalen Bedeutung des True and fair view für die britische Rechnungslegung nichts ändere (vgl. *FRC*, Implications of new accounting standards (2005), S. 3 ff.).

bunden, nach der bestehende Informationslücken oder -mängel in den Rechenwerken der Bilanz und Gewinn- und Verlustrechnung durch erweiterte Anhangangaben kompensiert werden können.[154] Zweitens ermöglicht die Stellung des True-and-fair-view-Grundsatzes als *overriding principle* ein für die deutsche Rechtstradition bislang unzulässiges Abweichen von gesetzlichen Einzelnormen, sofern diese zu einem verzerrten Abbild der Unternehmenslage führen würden. Gleichwohl darf es sich bei Abweichungen nur um seltene Ausnahmefälle handeln,[155] die zudem für jeden Einzelfall vom Bilanz aufstellenden Unternehmen ausführlich zu begründen, in ihren Auswirkungen zu erläutern und von einer Kontrollinstanz zu prüfen sind, um gegebenenfalls Revisionen vom Unternehmen zu verlangen oder aber die gesetzlichen Regelungen fortzuentwickeln.[156] Dem freilich sofort aufkommenden Vorwurf, etwaige Durchbrechungen oder Abweichungen von gesetzlichen Regelungen seien mit der kodifizierten Rechtstradition in Deutschland völlig unvereinbar, ist dabei entgegenzuhalten, dass diese lediglich für Zwecke der Informationsvermittlung, nicht aber für die Zahlungsbemessung möglich wären, so dass es gerade nicht um die Ableitung unmittelbarer Rechtsfolgen geht. Darüber hinaus hätte eine so verstandene Generalnorm den nicht zu unterschätzenden Vorteil, eine gewisse Flexibilität in das handelsrechtliche Rechtsgefüge zu integrieren, so dass neuartige Sachverhalte zunächst unter das True-and-fair-view-Postulat subsumiert werden könnten und nicht sofort durch möglicherweise unabgestimmte Einzelnormen geregelt werden müssten. Mit dem späteren Erlass neuer allgemeiner Regeln könnte dann vielmehr so lange gewartet werden, bis eine kritische Diskussion in Wissenschaft, Praxis und

---

154 Grundlegend zur „Abkopplungsthese“ vgl. *Moxter, A.*, Bilanzlehre II (1986), S. 68. Zustimmend auch *Euler, R.*, Bilanzrechtstheorie, in: *Budde, W. u. a. (Hrsg.)*, Festschrift Beisse (1997), S. 172; *Böcking, H.-J.*, Rechnungslegung und Kapitalmarkt, in: *Ballwieser, W./Schildbach, T. (Hrsg.)*, Rechnungslegung und Steuern international (1998), S. 29 f.; *Siegel, T.*, Realisationsprinzip (BFuP 1994), S. 8. Deutlich ablehnend hingegen auch das IASB: „Inappropriate accounting policies are not rectified either by disclosure of the accounting policies used or by notes or explanatory material.“ (*IASB*, IAS 1 (2005), Par. 16.) Entgegen dieser herrschenden Auffassung in der angelsächsischen Rechnungslegung, sämtliche entscheidungsnützlichen Informationen in den Rechenwerken selbst zu berücksichtigen, findet sich auch eine der Abkopplungsthese ähnliche Minderheitenmeinung im englischsprachigen Schrifttum (vgl. hierzu *Birnberg, J.*, Role of accounting (AOS 1980), S. 75 ff.).

155 Vgl. hierzu etwa die einschränkenden Bedingungen gemäß *IASB*, IAS 1 (2005), Par. 17 ff.

156 Als Gremium würde sich hierfür – neben einer ohnehin notwendigen Testierung durch den Wirtschaftprüfer – die jüngst im Zuge des Bilanzkontrollgesetzes eingerichtete Deutsche Prüfstelle für Rechnungslegung (DPR) anbieten, deren Rolle allerdings noch umstritten ist (vgl. *Giersberg, G.*, Bilanzpolizei (FAZ v. 29.03.2006), S. 24.). Eine ähnliche Einrichtung besteht mit dem Financial Reporting Review Panel (FRRP) bereits seit längerem in Großbritannien.

Rechtsprechung die unterschiedlichen Auffassungen zur Problemlösung herausgebildet hätte.[157]

Ein weiterer wichtiger Kritikpunkt, die Generalnorm des True and fair view sei zu unbestimmt und vage, um als Deduktionsgrundlage und Auffangregelung für die Rechnungslegung zu dienen, soll ebenfalls nicht unberücksichtigt bleiben. Hier ist jedoch zu erwidern, dass sich die Unbestimmtheit des True and fair view zu einem Großteil verflüchtigt, wenn dieser – wie im Rahmen dieser Arbeit – ökonomisch als Abbildung des Unternehmenswerts interpretiert wird. Schließlich ist die Unternehmensbewertung seit langem als Gegenstand der Betriebswirtschaftslehre bekannt, so dass hier hinreichende Stabilität und Erfahrung hinsichtlich möglicher Auslegungen besteht.

- **Grundsatz der Bewertungsrelevanz**

  Im Rahmen einer Entscheidungsunterstützungsfunktion einer umfassenden Rechnungslegung gilt es, die Adressaten der Rechnungslegung – vereinfachend die Investoren als dominante Zielgruppe – möglichst vollständig und verzerrungsfrei über die Rendite-Risiko-Position ihres Investments zu informieren. Bei einem grundlegenden Interesse an einer Steigerung des Unternehmenswerts sind letztlich die Höhe, zeitliche Struktur und Sicherheit der erwarteten künftigen Einzahlungsüberschüsse für die Investoren entscheidungsrelevant.[158] Eine umfassende, entscheidungsorientierte Rechnungslegung hat daher dem **Grundsatz der Bewertungsrelevanz** (*value relevance*)[159] zu genügen, wonach idealerweise sämtliche

---

157 Die Notwendigkeit eines *true and fair override* zum Zweck der Flexibilität betonen auch EKHOLM/TROBERG. Sie sehen darin ferner eine Absicherung gegen eine wortwörtliche Auslegung sowie die Inadäquanz der Rechnungslegungsnormen in bestimmten Umständen: „[True and fair view] has an essential role to play as a defense against creative compliance and the unsuitability of general rules in specific circumstances.“ (*Ekholm, B.-G./Troberg, P.*, Quo Vadis True and Fair View? (JoIAA&T 1998), S. 124; Ergänzg. durch d. Verf.). Für eine kritische Analyse des True and fair override vgl. auch *Alexander, D.*, Adequacy of published financial statements (ABR 1999), S. 239 ff. sowie die Erwiderung von *Nobes, C.*, Over-riding importance (ABR 2000), S. 307 ff.

158 Die Zusammensetzung der Cash-flows spielt hingegen bei rein finanzieller Betrachtung keine unmittelbare Rolle. Sie kann jedoch als Indikator für die Nachhaltigkeit und damit die Sicherheit der künftig erwarteten Zahlungsströme dienen.

159 Der Begriff „Bewertungsrelevanz“ kommt aus der empirischen Kapitalmarktforschung und bezeichnet den assoziativen Zusammenhang zwischen Jahresabschlussgrößen, wie z. B. dem Periodenerfolg oder dem Buchwert des Eigenkapitals, und beobachtbaren Marktpreisen oder Renditen kapitalmarktnotierter Unternehmensanteile (vgl. grundlegend *Beaver, W.*, Information Content (JoAR 1968), S. 67 ff. Für empirische Studien zum deutschen Kapitalmarkt vgl. *Möller, H. u. a.*, Tauglichkeit unterschiedlicher Rechnungslegungssysteme, in: *Rathgeber, A. u. a. (Hrsg.)*, Festschrift Steiner (2003), S. 195 ff.; *Pellens, B./Tomaszewski, C.*, Rechnungslegungswechsel, in: *Gebhardt, G./Pellens, B. (Hrsg.)*, Rechnungswesen und Kapitalmarkt (1999), S. 199 ff.; *Harris, T. u. a.*, Relevanz der Jahresabschlußgrößen (ZfbF 1995), S. 996 ff. Eine kontroverse Diskussion zur Bedeutung der *Value relevance*-Literatur für das Standard-Setting bieten *Holthausen, R./Watts, R.*, Value-relevance literature (JoAaE 2001), S. 3 ff. und *Barth, M.*

bewertungsrelevanten Daten in Bezug auf den Unternehmenswert zu verarbeiten und als Ergebnis den Adressaten zu vermitteln sind.[160] Die Forderung nach Bewertungsrelevanz geht zugleich mit der angelsächsisch geprägten Auffassung einher, Informationen zur Vermittlung eines True and fair view vorrangig in den Rechenwerken Bilanz und Gewinn- und Verlustrechnung und nicht erst im Anhang oder in weiteren außerbilanziellen Berichtsinstrumenten zu berücksichtigen.[161] Ansätze, die ausschließlich auf eine verbesserte außerbilanzielle Informationsvermittlung abzielen, können daher im Folgenden ausgeklammert werden.

Als Unterprinzipien der Bewertungsrelevanz lassen sich der Grundsatz der Bewertung zum beizulegenden Zeitwert (Fair-Value- oder Zeitwertprinzip) sowie der Grundsatz der Gesamtbewertung anführen.

Das **Fair-Value- oder Zeitwertprinzip** verlangt eine stichtagsbezogene Bewertung sämtlicher Vermögenswerte und Schulden zu ihrem beizulegenden Zeitwert

u. a., Value-relevance literature (JoAaE 2001), S. 77 ff.). Während frühe empirische Studien tendenziell auf eine halbstrenge Informationseffizienz der Kapitalmärkte hindeuteten (grundlegend hierzu *Fama, E.*, Efficient capital markets (JoF 1970), S. 383 ff.), mit der Konsequenz, dass eine Offenlegung von Jahresabschlussinformationen demnach entbehrlich wäre, weil die Marktpreise bereits alle öffentlichen Informationen widerspiegeln würden (vgl. etwa *Wagner, F.*, Informations- und Ausschüttungsfunktion (ZfbF 1982), S. 761 f.), lässt die jüngere empirische Forschung grundlegende Zweifel hieran aufkommen. So deuten Studien auf Kapitalmarktineffizienzen in bestimmten Bereichen hin (vgl. *Beaver, W.*, Capital Market Research (AR 2002), S. 453 ff.). Eine öffentliche Rechnungslegung hat daher auch für kapitalmarktorientierte Unternehmen eine Existenzberechtigung. Der Erklärungsgehalt von Jahresabschlussgrößen gemäß der derzeitigen Rechnungslegungskonzeption wird allerdings als abnehmend oder gar gering angesehen (vgl. *Lev, B.*, Usefulness of Earnings (JoAR 1989), S. 153 ff.), was insbesondere auf die systematische bilanzielle Vernachlässigung immaterieller Werte zurückgeführt wird (vgl. *Lev, B./Zarowin, P.*, Boundaries of Financial Statements (JoAR 1999), S. 353 ff.). Für nicht kapitalmarktorientierte Unternehmen ergibt sich die Bedeutung einer bewertungsrelevanten Rechnungslegung hingegen bereits daraus, dass Jahresabschlussinformationen hier oft als wichtigste Datenquelle für (Des-)Investitionsentscheidungen der Adressaten dienen (vgl. *Streim, H. u. a.*, Informationsbilanz, in: *Dirrigl, H. u. a. (Hrsg.)*, Festschrift Wagner (2004), S. 242.).

160 Ähnlich *Ekholm, B.-G./Troberg, P.*, Quo Vadis True and Fair View? (JoIAA&T 1998), S. 122. SCHNEIDER spricht von der „Prognosekraft [der Rechnungslegung] für künftige Marktpreise von Unternehmensanteilen und Schuldtiteln der Unternehmung" (*Schneider, D.*, Kapitalmarkteffizienz (1981), S. 16.). Zur Forderung nach einer Prognoseeignung der Rechnungslegung vgl. auch *Ordelheide, D.*, Wettbewerb der Rechnungslegungssysteme, in: *Börsig, C./Coenenberg, A. (Hrsg.)*, Controlling und Rechnungswesen (1998), S. 23. Grundlegend zur Prognoseeignung vgl. *Beaver, W. u. a.*, Predictive Value (AR 1968), S. 675 ff., die insbesondere das Verhältnis zwischen Prognosen und Entscheidungen verdeutlichen.

161 Vgl. hierzu *FASB*, SFAC 5 (1984), Par. 9. Diese Forderung wird gestützt von empirischen Studien, die eine höhere Bewertungsrelevanz von bilanziellen im Vergleich zu außerbilanziellen Jahresabschlussinformationen belegen (vgl. etwa *Davis-Friday, P. u. a.*, Recognition vs. Disclosure (AR 1999), S. 403 ff. am Beispiel von Altersversorgungsverpflichtungen sowie jüngst zum Verhalten privater und institutioneller Investoren eines deutschen Großunternehmens *Ernst, E. u. a.*, Verhalten und Präferenzen deutscher Aktionäre (DAI-Studien 2005), S. 22 f. u. 34 f.).

(Fair Value)[162] auch oberhalb der Anschaffungs- oder Herstellungskosten respektive unterhalb der Rückzahlungsbeträge.[163] Für Zwecke der Informationsvermittlung werden – unter Beibehaltung der nominellen Geldkapitalerhaltung – insofern über die realisierten Gewinne hinaus auch unrealisierte, auf der Basis des Objektivierungsprinzips geschätzte Gewinne ausgewiesen, die im Rahmen der Zahlungsbemessungsfunktion für die Gewinnverteilung gesperrt sind.[164] Der beizulegende Zeitwert ist grundsätzlich absatzmarktorientiert zu bestimmen.[165] Die genaue Bewertungsbasis für einzelne Gruppen von Vermögenswerten und Schulden ist durch konkrete Regeln vorzugeben, um verfahrensbedingte Gestaltungsspielräume möglichst gering zu halten.[166] Letztendliches Ziel einer Bewertung zum Fair Value ist der weitgehende Abbau von Informationsasymmetrien zwischen der Unternehmensleitung und den externen Adressaten der Rechnungslegung durch eine vollständige Aufdeckung der stillen Reserven in den Bilanzgütern. Der Grundsatz der Fair-Value-Bewertung fußt dabei auf der These, dass beizulegende Zeitwerte (Fair Values) eine im Vergleich zu (fortgeführten) historischen Kosten realistischere und zeitnähere Bewertung von Gütern darstellen und ihnen mithin eine höhere Entscheidungsrelevanz für Investoren zukommt.[167] Während dies aufgrund der höheren Aktualität von Zeitwerten im Vergleich zu historischen

162 Der Ausdruck „Fair Value" wird im Rahmen dieser Arbeit als Wertkategorie für einen beizulegenden Zeitwert verwandt, der für das jeweilige Bewertungsobjekt durch genaue Bewertungsmaßstäbe zu konkretisieren ist (vgl. auch *Streim, H. u. a.*, Fair Values (BFuP 2003), S. 460.). Insbesondere handelt es sich beim Fair Value nicht per se um einen Marktwert, wie dies tendenziell für die IFRS und US-GAAP gilt (vgl. hierzu im Einzelnen S. 224 ff. dieser Arbeit.). Ähnlicher Ansicht offenbar auch STREIM u. a. mit Verweis auf den unternehmensindividuellen Nutzungswert (*value in use*) (vgl. *Streim, H. u. a.*, Informationsbilanz, in: *Dirrigl, H. u. a. (Hrsg.)*, Festschrift Wagner (2004), S. 239.). Zu den unterschiedlichen Ausprägungen des Fair Value vgl. *Searfoss, D./Fellner Weiss, J.*, Current value reporting (JoA 1990), S. 75.).

163 Im Grunde legt bereits ein gleichmäßiges und konsistentes Vorgehen im Rahmen der Rechnungslegung eine symmetrische Bewertung nahe, nach der nicht nur niedrigere, sondern auch höhere Tageswerte zu bilanzieren sind. Dies gilt insbesondere, da niedrigere Werte allgemein als objektiv angesehen werden, somit aber auch höhere Werte gleichermaßen objektiv sind (vgl. bereits *Arnett, H.*, Objectivity (JoA 1961), S. 67.)

164 Vgl. hierzu die Ausführungen auf S. 29 ff.

165 Zur Kritik an einer Tageswertbilanzierung auf Wiederbeschaffungskostenbasis vgl. *Schneider, D.*, Erfolgsermittlung als Rechnungsziel (ZfbF 1978), S. 337 sowie *Sigloch, J.*, Rechnungslegung (2007), S. 184 f. Zum Vorschlag einer Tageswertrechnung auf Basis zukünftiger Zahlungsströme vgl. bereits *Kosiol, E.*, Bilanzreform (1949), S. 112 f.

166 Zu einem Vorschlag zur Ausgestaltung der Fair-Value-Bewertung inklusive einer möglichen Bewertungshierarchie vgl. S. 232 ff. dieser Arbeit.

167 Vgl. etwa *Siegel, S.*, Emergence of Fair Value (WPK-Mitt. 1997), S. 81; *Baetge, J./Zülch, H.*, Fair Value-Accounting (BFuP 2001), S. 544; *Shim, E./Larkin, J.*, Mark-to-Market Accounting (JoABR 1998), S. 40. Für eine Zeitbewertung plädiert seit längerer Zeit insbesondere auch SIEGEL (vgl. *Siegel, T.*, Zeitwertbilanzierung (BFuP 1998), S. 598 ff. sowie *Siegel, T.*, Zeitwertansatz, in: *Göbel, S./Heni, B. (Hrsg.)*, Festschrift Scherrer (2004), S. 312 ff.).

Kosten zwar intuitiv unmittelbar einleuchten dürfte, ist die Fair-Value-Bewertung vor allem aufgrund ihres geringeren Objektivierungsgrades in Theorie und Praxis heftig umstritten.[168] Ihre grundsätzliche Eignung im Sinne der Bewertungsrelevanz für Informationszwecke soll daher an dieser Stelle zunächst angenommen werden; im weiteren Verlauf der Arbeit erfolgt dann eine kritische Beurteilung und gegebenenfalls Revision dieser Überlegung.[169]

Das **Gesamtwertprinzip** als zweites Unterprinzip der Bewertungsrelevanz sieht schließlich vor, über die Fair-Value-Bewertung der Einzelgüter hinaus auch den Unternehmenswert als Fortführungsertragswert zu ermitteln und diesen im Jahresabschluss auszuweisen. Als Bewertungsmethoden sind hierfür die einschlägigen outputorientierten Verfahren der Unternehmensbewertung heranzuziehen, insbesondere die Ertragswertmethode sowie die Discounted-Cash-flow-Verfahren.[170] Der ermittelte Fortführungsertragswert entspricht dem Zeitwert des Eigenkapitals des Unternehmens (*equity value*) zum Bilanzstichtag. Subtrahiert man von diesem Wert die Summe der Zeitwerte der einzelnen Vermögenswerte abzüglich der Schulden (*net single assets*), so erhält man den **Zeitwert des Goodwills**, der ebenfalls separat in der Bilanz auszuweisen ist.[171] Die auf dieser Grundlage bereitgestellten Jahresabschlussinformationen sollen dazu beitragen, die Differenz zwischen dem Markt- und Buchwert des Eigenkapitals eines Unternehmens – KÜTING spricht hier von der „Werte- oder Bilanzlücke"[172] – weitgehend zu beseitigen, da sämtliche stillen Reserven nicht nur in den Einzelwerten, sondern auch im Goodwill aufgedeckt werden.

Zusammenfassend lässt sich die hier vorgeschlagene Bilanzkonzeption für Informationszwecke als ein Mischsystem aus einer Gesamtertragswertbilanz und einer Zeitwertbilanz charakterisieren, die als **umfassende Fair-Value-Bilanz** bezeichnet werden soll.[173] Abb. 4 fasst diese Überlegungen noch einmal zusammen:

---

168 Kritisch zur Fair-Value-Bewertung vgl. etwa *Küting, K./Reuter, M.*, Einfluss internationaler Standards (DSWR 2005), S. 105 f.; *Schneider, D.*, Fair-Value-Bewertung (2003), S. 2 ff.; *Kahle, H.*, Informationsversorgung des Kapitalmarkts (KoR 2002), S. 100 f.; *Ballwieser, W.*, Rechnungslegung im Umbruch (ST 2002), S. 298 f.; *Kley, K.-L.*, Fair Value-Bilanzierung (DB 2001), S. 2258 ff.; *Schildbach, T.*, Zeitwertbilanzierung (BFuP 1998), S. 580 ff.; *Schildbach, T.*, Zeitbewertung (WPg 1999), S. 178 ff.; *Ballwieser, W./Kuhner, C.*, Rechnungslegungsvorschriften (1994), S. 94 ff.

169 Vgl. ausführlich S. 224 ff.

170 Für eine grundlegende Darstellung der Verfahren vgl. etwa *Drukarczyk, J.*, Unternehmensbewertung (2003).

171 Zum Vorgehen im Einzelnen vgl. S. 276 ff. dieser Arbeit. Ähnlich auch KAHLE, der die Goodwill-Bilanzierung nach SFAS 141 zutreffend als Annäherung an eine Fair-Value-Bilanz interpretiert, eine solche letztlich aber ablehnt (vgl. *Kahle, H.*, Informationsversorgung des Kapitalmarkts (KoR 2002), S. 106 f.).

172 *Küting, K.*, Unternehmensanalyse (FAZ v. 23.10.2000), S. 32.

173 Zur Idee einer solchen Reformkonzeption vgl. bereits *Schmidt, I.*, Goodwill (2002),

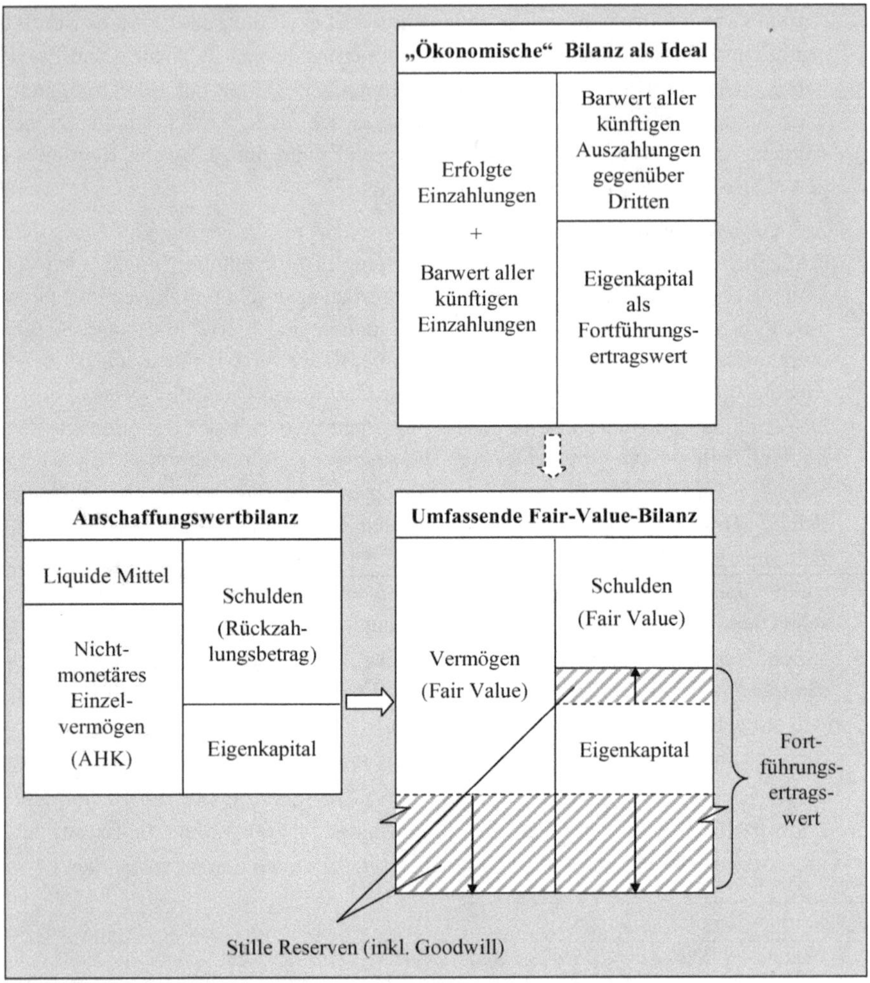

Abb. 4: Umfassende Fair-Value-Bilanz für Informationszwecke

S. 144. Sie unterscheidet sich insbesondere deutlich von der Zeitwertkonzeption SIEGELS, da letztere auf die bilanzielle Berücksichtigung eines originären und im Ergebnis auch eines derivativen Goodwills verzichtet (vgl. *Siegel, T.*, Zeitwertansatz, in: *Göbel, S./Heni, B. (Hrsg.)*, Festschrift Scherrer (2004), S. 314 f.). Grundlegend zur Systematisierung der Vermögens- und Erfolgsermittlungsmodelle vgl. *Sigloch, J.*, Abschreibungsfreiheit, in: *Schneider, D. (Hrsg.)*, Kapitalmarkt und Finanzierung (1987), S. 174 f. u. 184 und *Sigloch, J.*, Rechnungslegung (2007), S. 32 ff., der zwischen einem Kassenvermögens-, Einzelvermögens- und Gesamtvermögensvergleich differenziert.

- **Grundsatz der Einzelabbildung (Feinheitsgrundsatz)**

  Im Rahmen der Informationsfunktion ist ebenfalls der Grundsatz der Einzelabbildung zu beachten, so dass die einschlägigen Ausführungen zu den Zahlungsbemessungsgrundsätzen analog gelten. Im Unterschied hierzu steht mit der Einzelabbildung im Rahmen der Informationsfunktion jedoch nicht eine weitergehende Objektivierung der Rechnungslegung im Vordergrund. Ferner bedarf es einer besonderen Begründung, warum über die Ermittlung des Unternehmenswerts für Informationszwecke[174] hinaus eine Aufgliederung desselben in einzelne Vermögenswerte und Schulden bewertet zu beizulegenden Zeitwerten als sinnvoll und notwendig erscheint. Schließlich lässt sich eine Zerlegung des Unternehmenswerts in einzelne Ertragswertbestandteile nicht willkürfrei durchführen, da sich eine Reihe von Zahlungsströmen nur dem Unternehmen als Ganzem zurechnen lassen (Interdependenzproblem).[175] Eine gleichwohl notwendige und zweckmäßige Dekomposition kann jedoch mit dem **Feinheitstheorem nach BLACKWELL** begründet werden, wonach bei Individualentscheidungen ein feineres Informationssystem einem gröberen Informationssystem stets vorzuziehen ist.[176] Zwar weist BALLWIESER zu Recht darauf hin, dass eine Verwendung dieses Theorems im Rahmen der Rechnungslegung aufgrund der Vernachlässigung bestehender Informationskosten und der Unvollständigkeit der Rangordnung gemäß der Feinheit nicht unproblematisch ist.[177] Gleichwohl gilt, dass die – idealerweise vollständige – Aufdeckung der stillen Reserven in den bilanzierten Einzelgütern zusammen mit dem Ausweis eines Goodwills als Residualgröße zum Unternehmenswert eine umfassende und detaillierte Informationsversorgung der Rechnungslegungsadressaten erst ermöglicht. Die Aufgliederung in einzelne Bilanzgüter kann dabei nach ORDELHEIDE auch als Differenzierung der Gesamtchancen und -risiken eines Unternehmens nach Klassen von Investitionen (Aktiva) und Finanzierungen (Passiva) angesehen werden, womit ein vertiefter Einblick in das Chancen-/Risiken-Profil des Unternehmens gewährt wird.[178] Zweifelsohne sind hiermit – insbesondere beim Fehlen leicht ermittelbarer beizulegender Zeitwerte –

---

174 Zu einem solchen Vorschlag, die Informationsfunktion der Rechnungslegung konsequent durch eine Unternehmenswertbilanz zu erfüllen, vgl. *Sigloch, J.*, Einheitliche Gewinnermittlung, in: *Schneider, D. u. a. (Hrsg.)*, Festschrift Siegel (2005), S. 564.

175 Für eine ausführliche Diskussion und „Lösung" dieses Problems vgl. S. 233 ff.

176 Vgl. *Blackwell, D./Girshick, M. A.*, Statistical Decisions (1954), S. 330 f. sowie *Bassan, B.* u. a., Positive value of information (IJoGT 2003), S. 17 ff.

177 Vgl. *Ballwieser, W.*, Informationsfunktion, in: *Stöppler, S.* (Hrsg.), Festschrift Wittmann (1985), S. 30. Ferner lassen sich aus individuellen Präferenzordnungen keine gesamtgesellschaftlichen Präferenzordnungen ableiten (vgl. *Ballwieser, W.*, Informationsorientierte Jahresabschlußverbesserungen (ZfbF 1982), S. 787.).

178 Vgl. *Ordelheide, D.*, Kaufmännischer Periodengewinn, in: *Domsch, M. u. a. (Hrsg.)*, Festschrift Busse von Colbe (1988), S. 297 ff.

zum Teil erhebliche (Informations-)Kosten verbunden. Entscheidet man sich gemäß der Ausgangswertung aus theoretischen Gründen jedoch für eine umfassende Rechnungslegung, so ist das Kostenargument erst nachrangig zur Beurteilung heranzuziehen, da sonst jedwede Idealkonzeption für eine Reform der Rechnungslegung von vornherein ausgeschlossen werden könnte.

F. Nebenbedingungen

Als Nebenbedingungen sind ferner der **Grundsatz der zeitnahen Bereitstellung** von Jahresabschlussinformationen (*timeliness*)[179] und der **Grundsatz der Wirtschaftlichkeit** im Rahmen der Informationsgenerierung, -bereitstellung und -prüfung zu beachten.[180] Letztgenannter Grundsatz schließt auch die Praktikabilität und politische Umsetzbarkeit der Rechnungslegungsregeln ein.

Insgesamt zeichnet sich im Rahmen der oben entwickelten Funktionen und Grundsätze einer umfassenden Rechnungslegung ein **Spannungsverhältnis** (*trade-off*) zwischen den Forderungen nach Vollständigkeit und Objektivierung oder Entscheidungsrelevanz und Verlässlichkeit (*relevance vs. reliability*) ab, das Kern einer jeden Rechnungslegung ist.[181] Im weiteren Verlauf der Arbeit wird daher zu untersuchen sein, inwieweit eine Annäherung dieser Gegenpole erreicht werden kann.

Die nachfolgende Abbildung fasst den hier aufgestellten Referenzrahmen für eine umfassende Rechnungslegung zur Zahlungsbemessung und Informationsvermittlung noch einmal zusammen:

179 Vgl. etwa *Feltham, G.*, Value of Information (AR 1968), S. 691 ff. Für einen beachtenswerten Vorschlag, die Rechnungslegung auf Basis historischer Kosten um zusätzliche zeitliche Informationen zu ergänzen, vgl. ferner *Inanga, E./Schneider, B.*, Cost with time (Co&C 2004), S. 60 ff.

180 Zum Wirtschaftlichkeitsprinzip im Rahmen der Unternehmensberichterstattung vgl. auch *Elliott, R./Jacobson, P.*, Costs and Benefits (AH 1994), S. 80 ff.

181 Vgl. auch *Haller, A.*, Immaterielle Vermögenswerte, in: *Möller, H./Schmidt, F. (Hrsg.)*, Festschrift Coenenberg (1998), S. 572.

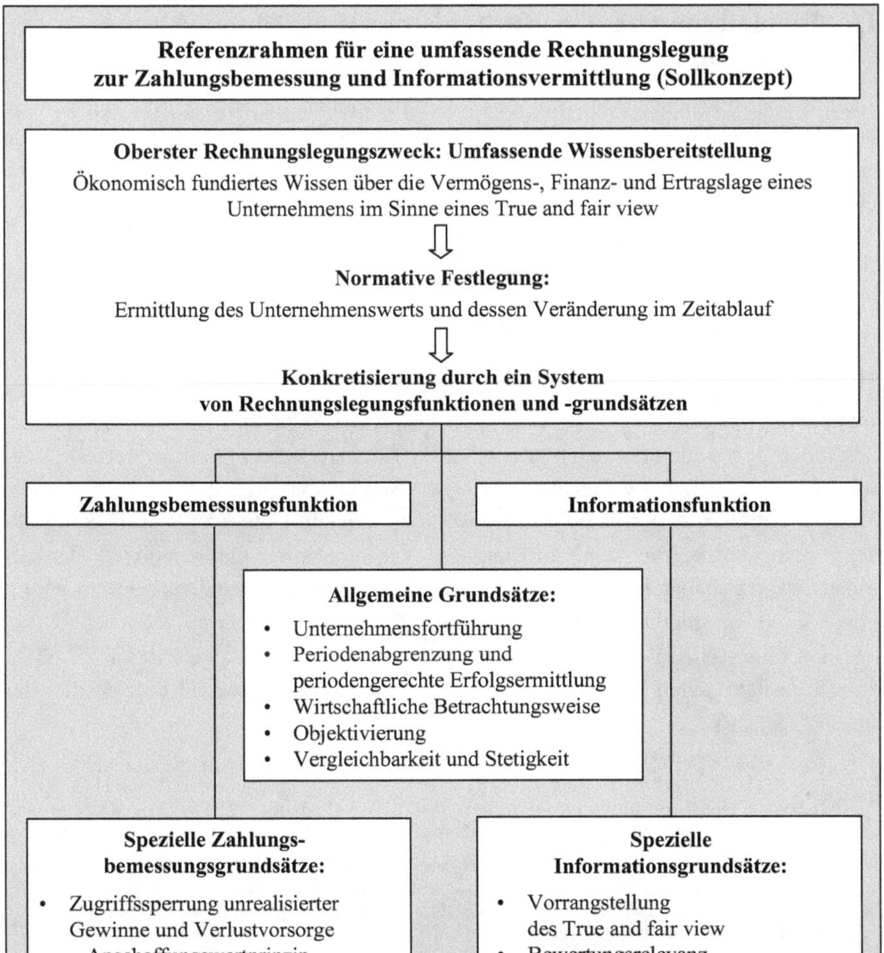

Abb. 5: Referenzrahmen für eine umfassende Rechnungslegung zur Zahlungsbemessung und Informationsvermittlung

II. Bilanzierung des Goodwills als spezieller Untersuchungsgegenstand

Nach der ausführlichen Ableitung des Referenzrahmens für eine spätere Beurteilung und Reform von Rechnungslegungsregeln sollen in diesem Kapitel die Grundlagen zur Bilanzierung des Goodwills als speziellem Untersuchungsgegenstand der Arbeit dargelegt werden. Zu diesem Zweck folgen zunächst einige allgemeine Ausführungen zu immateriellen Vermögenswerten, bevor auf den Goodwill als besonderen immateriellen Vermögenswert eingegangen wird.

A. Immaterielle Vermögenswerte

1. Begriff und Arten immaterieller Vermögenswerte

Immateriell bedeutet dem Wortsinn nach unstofflich oder unkörperlich. Sowohl im deutschen[182] als auch im angelsächsischen[183] Bilanzrecht werden **immaterielle Vermögenswerte** üblicherweise in Form einer Negativabgrenzung als wirtschaftliche Vorteile definiert, denen es im Gegensatz zu materiellen Gütern an körperlicher Substanz mangelt und die keine finanziellen oder monetären Güter sind.[184] Darüber hinaus weisen immaterielle Vermögenswerte im Vergleich zu anderen Gütern häufig eine höhere Unsicherheit in Bezug auf ihre Existenz und/oder ihren Wert auf,[185] was bei ihrer bilanziellen Behandlung traditionell zu Schwierigkeiten geführt hat.[186] Nicht zuletzt deshalb gelten immaterielle Werte nach wie vor als „ewige Sorgenkinder des

---

182 Vgl. *Weber-Grellet, H.*, in: *Schmidt, L. (Hrsg.)*, Einkommensteuergesetz (2006), § 5, Rn. 171; *Arbeitskreis „Immaterielle Werte"*, Erfassung immaterieller Werte (DB 2001), S. 990; *Keitz, I. v.*, Immaterielle Güter (1997), S. 5 f.; *Budde, W./Förschle, G.*, Immaterielles Vermögen, in: *Chmielewicz, K./Schweitzer, M. (Hrsg.)*, HWR (1993), Sp. 897 ff.

183 Vgl. *ASB*, FRS 10, Par. 2 (1997); *IASB*, IAS 38 (2004), Par. 8; *FASB*, SFAS 142 (2001), Appendix F. Mit dem Begriff „angelsächsisch" wird im Bereich der Rechnungslegung vor allem auf die Länder USA, Großbritannien, Kanada, Australien, Neuseeland sowie auf den internationalen Standard-Setter IASB abgestellt.

184 Finanzielle oder monetäre Güter sind durch einen Nominalbetrag in Geld gekennzeichnet. Als Beispiele lassen sich liquide Mittel, Forderungen, Wertpapiere, Beteiligungen und Schulden anführen.

185 Nach MOXTER haben die meisten immateriellen Werte „die fatale Eigenschaft, sich bei eintretendem Konkurs zu verflüchtigen" (*Moxter, A.*, Aktivierungsgrenzen (BB 1978), S. 821.). Dem muss allerdings entgegen gehalten werden, dass es sich im Liquidationsfall auch bei materiellen und finanziellen Vermögenswerten keinesfalls um „sichere" Werte handeln muss (man denke nur an uneinbringliche Forderungen oder unverkäufliche Spezialmaschinen). Darüber hinaus ist anzumerken, dass die Bilanz unter der Prämisse der Unternehmensfortführung und nicht unter Zerschlagungsgesichtspunkten aufgestellt wird (§ 252 Abs. 1 Nr. 2 HGB). Das Kriterium der Unsicherheit wird hier deshalb lediglich als häufig auftretendes Merkmal immaterieller Werte angesehen, nicht aber zu deren Abgrenzung herangezogen.

186 Vgl. *Budde, W./Förschle, G.*, Immaterielles Vermögen, in: *Chmielewicz, K./Schweitzer, M. (Hrsg.)*, HWR (1993), Sp. 897; *Hommel, M.*, Immaterielle Vermögensgegenstände (ZfbF 1997), S. 346 f.

Bilanzrechts“[187].

2. Spektrum immaterieller Vermögenswerte

Immaterielle Vermögenswerte lassen sich nach dem Grad ihrer Identifizierbarkeit, das heißt ihrer Verwertbarkeit und Bewertbarkeit,[188] wie folgt systematisieren:[189]

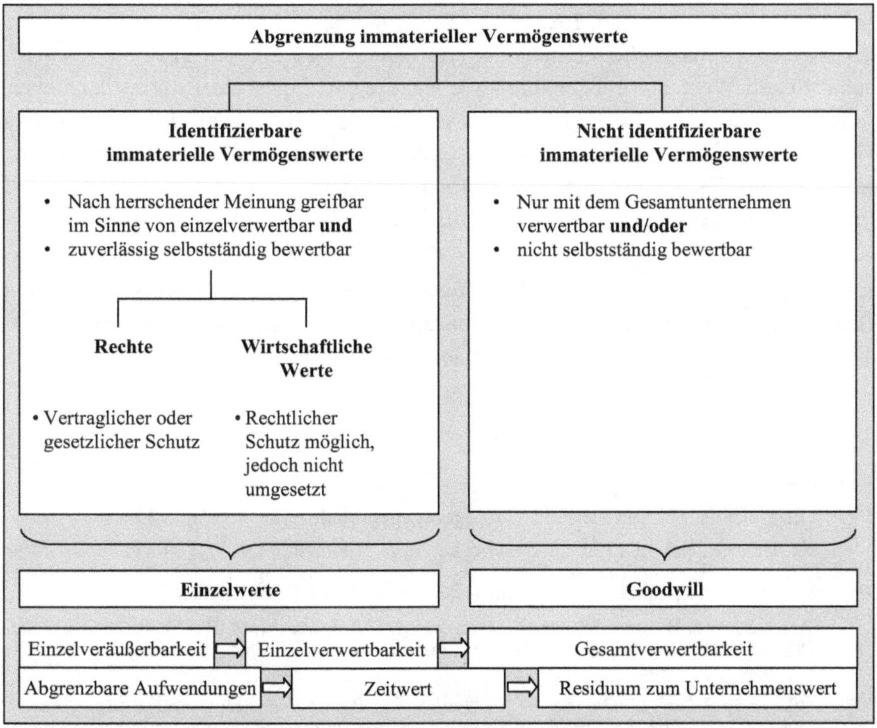

Abb. 6: Abgrenzung immaterieller Vermögenswerte[190]

---

[187] *Moxter, A.*, Immaterielle Anlagewerte (1978), S. 1102.

[188] Dies meint auch HOMMEL, wenn er von der Isolierbarkeit dem Grunde und der Höhe nach spricht (vgl. *Hommel, M.*, Immaterielle Vermögensgegenstände (ZfbF 1997), S. 360 f.).

[189] Vgl. *Haller, A.*, Immaterielle Vermögenswerte, in: *Möller, H./Schmidt, F. (Hrsg.)*, Festschrift Coenenberg (1998), S. 566; *Keitz, I. v.*, Immaterielle Güter (1997), S. 6 f.; *Stapf, A.*, Immaterielle Anlagewerte (1968), S. 8-23, der weitere Untergliederungen vornimmt; *Take, F.*, Geschäfts- oder Firmenwert (1938), S. 37. KOSSACK weist auf Abgrenzungsschwierigkeiten dieser Einteilung hin und kritisiert ihren Formalismus (vgl. *Kossack, E.*, Die immateriellen Wirtschaftsgüter (1960), S. 25.).

[190] Eine umfangreiche Aufzählung von Beispielen für immaterielle Werte findet sich bei *Rütte, M. v./Hoenes, R.*, Rechnungslegung immaterieller Werte (1995), S. 39-44.

Innerhalb der identifizierbaren immateriellen Vermögenswerte oder Einzelwerte werden zum einen **Rechte** unterschieden, bei denen der zugrunde liegende wirtschaftliche Vorteil gesetzlich oder vertraglich geschützt ist (so genannte Immaterialgüterrechte). Das Greifbarkeitserfordernis gilt bei ihnen bereits wegen ihrer formal nachweisbaren Existenz als grundsätzlich erfüllt.[191] Als Beispiele lassen sich gewerbliche Schutzrechte (wie Patente, Geschmacks-/Gebrauchsmuster, Markenzeichen), Urheberrechte, Konzessionen, Rechte aus Lieferverträgen, Nutzungsrechte und Lizenzen nennen. Immaterielle Vermögenswerte können zum anderen in Form von **wirtschaftlichen Werten** vorliegen, die zwar nicht rechtlich geschützt sind, jedoch ebenfalls Gegenstand von Rechtsgeschäften sein können (so genannte Immaterialgüter). Geheimverfahren, ungeschützte Erfindungen, Prototypen, Rezepte und ähnliche Werte zählen zu dieser Kategorie. Um abstrakt bilanzierungsfähig[192] zu sein, muss ein immaterielles Vermögensgut je nach Bilanzkonzeption in der Regel zunächst dem Kriterium der Einzelveräußerbarkeit,[193] der Einzelverwertbarkeit[194] oder der Gesamtverwertbarkeit[195] genügen.[196] Darüber hinaus wird zumeist die selbstständige Bewertbarkeit im Sinne des Vorliegens abgrenzbarer Aufwendungen verlangt.[197] Teilweise erfolgt auch ein Ansatz zu beizulegenden Zeitwerten.[198]

---

191 Vgl. *Hommel, M.*, Immaterielle Vermögensgegenstände (ZfbF 1997), S. 354.

192 Zur Unterscheidung in abstrakte und konkrete Bilanzierungsfähigkeit vgl. z. B. *Adler, H./Düring, W./Schmaltz, K.*, Rechnungslegung und Prüfung (1995/2000), § 246 HGB, Rn. 22; *Westerfelhaus, H.*, Zwei-Stufen-Ermittlung (DB 1995), S. 887 f.

193 Dies fordert z. B. noch immer *Coenenberg, A.*, Jahresabschluss (2005), S. 76. Vgl. auch *ASB*, FRS 10 (1997), Par. 2; *Westerfelhaus, H.*, Zwei-Stufen-Ermittlung (DB 1995), S. 886.

194 Vgl. z. B. *Adler, H./Düring, W./Schmaltz, K.*, Rechnungslegung und Prüfung (1995/2000), § 246 HGB, Rn. 26 ff. Im Ergebnis auch *Hommel, M.*, Immaterielle Vermögensgegenstände (ZfbF 1997), S. 355.

195 Vgl. *IASB*, IAS 38 (2004), Par. 11; *FASB*, SFAS 141 (2001), Par. 39 sowie als Mindermeinung für das deutsche Handelsrecht *Ellrott, H./Brendt, P.*, in: *Ellrott, H. u. a. (Hrsg.)*, Beck'scher Bilanz-Kommentar (2006), § 255, Rn. 511 u. *Ellrott, H./Krämer, A.*, in: *Ellrott, H. u. a. (Hrsg.)*, Beck'scher Bilanz-Kommentar (2006), § 247, Rn. 14. Die Gesamtverwertbarkeit reicht nach herrschender Meinung auch im deutschen Bilanzsteuerrecht für die Qualifikation als Wirtschaftsgut aus (vgl. *Weber-Grellet, H.*, in: *Schmidt, L. (Hrsg.)*, Einkommensteuergesetz (2006), § 5, Rn. 95 u. 222.).

196 Ähnlich auch *Haller, A.*, Immaterielle Vermögenswerte, in: *Möller, H. /Schmidt, F. (Hrsg.)*, Festschrift Coenenberg (1998), S. 575.

197 Vgl. *Emmrich, M.*, Reform der externen Rechnungslegung (1999), S. 105; *Westerfelhaus, H.*, Zwei-Stufen-Ermittlung (DB 1995), S. 886 f. Die britischen Rechnungslegungsstandards und die IFRS fordern die selbstständige Bewertbarkeit hingegen erst im Rahmen der konkreten Aktivierungsfähigkeit (vgl. *ASB*, Statement of principles (1999), Chapter 5, Principles; *IASB*, IAS 38 (2004), Par. 19 (b).).

198 Vgl. z. B. *ASB*, FRS 10 (1997), Par. 10 ff.

Demgegenüber stehen die **nicht-identifizierbaren immateriellen Vermögenswerte**, die auch als **rein wirtschaftliche Vorteile** bezeichnet werden.[199] Sie lassen sich weder rechtlich sichern noch können sie unabhängig vom Unternehmen als Ganzes verwertet werden, mit anderen Worten, einzeln Gegenstand von Rechtsgeschäften sein. Rein wirtschaftliche Vorteile sind regelmäßig nicht selbstständig bewertbar[200] und gelten daher insgesamt als nicht abstrakt bilanzierungsfähig. Vielmehr stellen sie Bestandteile des **Goodwills** eines Unternehmens dar,[201] der insofern als „Sammelbecken aller nicht [abstrakt] bilanzierungsfähigen immateriellen Werte“[202] verstanden werden kann.[203] Als Beispiele für solche nicht identifizierbaren immateriellen Werte eines Unternehmens können Werbekampagnen und sonstige Marketinginitiativen, Maßnahmen zur Aus- und Weiterbildung von Mitarbeitern, Forschungsprojekte[204], Know-how der Mitarbeiter, Fähigkeiten des Unternehmers und/oder des Managements, Kunden-, Investoren- und sonstige Stakeholderbeziehungen, Unternehmenskultur, Image angeführt werden.

Wie aus der Diskussion und Abbildung hervorgeht, ist der Übergang zwischen identifizierbaren und nicht identifizierbaren Werten keinesfalls trennscharf.[205] Immaterielle Vermögenswerte lassen sich daher als ein Kontinuum von Einzelwerten bis hin zum Goodwill begreifen. Der Goodwill nimmt dabei in den verschiedenen Rechnungslegungssystemen einen mehr oder minder großen Umfang ein, je nachdem, wo die Grenze der abstrakten Bilanzierungsfähigkeit gezogen wird. Damit werden bereits mögliche Unterschiede zwischen den Rechtsbegriffen immaterieller Vermögensgegenstand/Wirtschaftsgut/Vermögenswert in der deutschen Rechnungslegung und *intangible asset* in der angelsächsischen Rechnungslegung angedeutet, die allesamt

---

199 In der Literatur werden z. T. auch die Begriffe „adjunktive Güter“ oder „ideelle Werte“ verwendet (vgl. *Keitz, I. v.*, Immaterielle Güter (1997), S. 7.).

200 Als Ausnahme hiervon werden z. B. im deutschen Handelsrecht die sog. Aufwendungen für die Ingangsetzung und Erweiterung des Geschäftsbetriebs angesehen, die nach § 269 HGB wahlweise aktiviert werden können (vgl. hierzu S. 71 dieser Arbeit.).

201 Ähnlich *Arbeitskreis „Immaterielle Werte“*, Erfassung immaterieller Werte (DB 2001), S. 991.

202 *Stapf, A.*, Immaterielle Anlagewerte (1968), S. 8; Anmerk. d. Verf. Die konkrete Bilanzierungsfähigkeit spielt für die Unterscheidung zwischen immateriellen Einzelwerten und dem Goodwill hingegen keine Rolle. Selbst erstellte immaterielle Vermögensgegenstände, die im deutschen Bilanzrecht nach § 248 Abs. 2 HGB bzw. § 5 Abs. 2 EStG einem gesetzlichen Aktivierungsverbot unterliegen, sind damit konzeptionell nicht Bestandteile des Goodwills.

203 Aufgrund der fehlenden Identifizierbarkeit seiner einzelnen Bestandteile bezeichnet DAVIS den Goodwill auch als „the most intangible of intangibles“ (*Davis, M.*, Goodwill Accounting (JoA 1992), S. 77.).

204 Demgegenüber sind Kosten für Entwicklungsprojekte unter bestimmten Bedingungen nach den UK-GAAP einzeln aktivierungsfähig bzw. nach den IFRS gar aktivierungspflichtig (vgl. *ASC*, SSAP 13 (1989), Par. 25; *IASB*, IAS 38 (2004), Par. 57.).

205 So auch bereits *Catlett, G. /Olson, N.*, Accounting for Goodwill (1968), S. 9.

lediglich Teilmengen der hier umfassend verstandenen, ökonomischen Menge der immateriellen (Vermögens-)Werte sind.[206] Ferner wird deutlich, dass eine vollständige Bestimmung des immateriellen Vermögens eines Unternehmens im Wege der Einzelbewertung aufgrund des abnehmenden Grades der Identifizierbarkeit nicht möglich ist.[207] Eine Unternehmensbewertung auf Basis substanzwertorientierter Verfahren muss daher zwangsläufig scheitern.[208] Zur Ermittlung des Unternehmenswerts sowie der Höhe des immateriellen Vermögens ist vielmehr eine risikobehaftete ertragsabhängige Gesamtbewertung erforderlich.[209]

B. Goodwill als besonderer immaterieller Vermögenswert

Nachdem das Spektrum der immateriellen Werte aufgezeigt und der Goodwill darin eingeordnet wurde, erfolgt in diesem Abschnitt eine ausführliche Untersuchung des Begriffs und Wesens des Goodwills, deren Kenntnis für die spätere Analyse der Bilanzierung dieses Vermögenswerts[210] von zentraler Bedeutung ist.

1. Begriff des Goodwills

Der englische Begriff „Goodwill“ bedeutet im allgemeinen Sinne freundliche Einstellung, Wohlwollen oder guter Wille, im engeren wirtschaftlichen Sinne wird er zumeist als geschäftliches Ansehen, guter Ruf oder Kundenkreis übersetzt. Wie LEAKE nachweist, wird der Begriff bereits seit Ende des 16. Jahrhunderts im kaufmännischen Sprachgebrauch verwendet.[211] Das frühe Verständnis des Goodwills als wirtschaftlichen Vorteil lässt sich anhand eines Vertragsabschlusses aus dem Jahre 1620 in England illustrieren: Dem Verkäufer eines alteingesessenen Geschäfts wurde damals über seine Waren hinaus ein Entgelt für eine Vereinbarung gezahlt, wonach er seine Geschäftstätigkeit am selben Ort einstellen sollte (Wettbewerbsverbot). Der Erwerber spekulierte darauf, dass ihm auf diese Weise der Kundenstamm zufiele.

---

206 Dies wird noch im Rahmen der Analyse der einzelnen Rechnungslegungssysteme verdeutlicht.

207 Vgl. hierzu auch MOXTER: „Immaterielle Objekte liegen – erfassungstechnisch gesehen – im Grenzbereich von Einzelbewertung ... und Gesamtbewertung...“ (*Moxter, A.*, Aktivierungsgrenzen (1978), S. 821.). Ähnlich auch *Haller, A.*, Immaterielle Vermögenswerte, in: *Möller, H. /Schmidt, F. (Hrsg.)*, Festschrift Coenenberg (1998), S. 564 ff.

208 So bereits *Schmalenbach, E.*, Dynamische Bilanz (1933), S. 82 ff.

209 Vgl. z. B. *Döring, U.*, Goodwill, in: *Chmielewicz, K./Schweitzer, M. (Hrsg.)*, HWR (1993), Sp. 811 f.

210 Streng genommen müsste der Goodwill stets als Aggregat immaterieller Werte und nicht als *ein* (einzelner) Vermögenswert bezeichnet werden. Der besseren Lesbarkeit halber wird hierauf jedoch verzichtet.

211 Dies belegt folgendes Zitat aus dem Jahre 1571, in dem es um einen Steinbruch (*quarry*) geht: „I gyve to John Stephen ... my whole interest and good will of my Quarrell (i. e. quarry).“ (*Leake, P.*, Goodwill (Accountant 1914), S. 81.).

Entgegen der Absprache stellte der Verkäufer sein Geschäft jedoch nicht ein, sondern stattete es mit neuen Waren aus, woraufhin ihn der Käufer verklagte und recht bekam.[212]

Die älteste überlieferte Definition des Goodwills stammt von LORD ELDON aus einem englischen Gerichtsurteil im Jahre 1810: „The Goodwill which has been the subject of sale is nothing more than the probability that the old customers will resort to the old place."[213] Der Vorteil des Goodwills wurde demnach entsprechend der etymologischen Herkunft des Begriffs in den guten Kundenbeziehungen und dem Standort eines Unternehmens gesehen. Im Laufe der Zeit wurde die Extension des Goodwills ausgedehnt, so dass sich 1901 bereits folgende weiter gefasste Definition findet:

> „What is Goodwill? It is a thing very easy to describe, very difficult to define. It is the benefit and advantage of the good name, reputation, and connection of a business. It is the attractive force which brings in custom. It is the one thing which distinguishes an old-established business from a new business at its first start. The Goodwill of a business must emanate from a particular centre or source. However widely extended or diffused its influence may be, Goodwill is worth nothing unless it has power of attraction sufficient to bring customers home to the source from which it emanates. *Goodwill is composed of a variety of elements. It differs in its composition in different trades and in different businesses in the same trade. One element may preponderate here, and another element there.*"[214]

Der Goodwill wird hier als wirtschaftlicher Vorteil angesehen, der auf einer Vielzahl von je nach Unternehmen unterschiedlichen Elementen oder Faktoren basiert.[215] Da auch diese Definition jedoch noch auf die äußeren Geschäftsbeziehungen gerichtet war, wurde der Goodwill-Begriff zunächst um unternehmensinterne und finanzielle Faktoren ergänzt[216] und später kontinuierlich erweitert, so dass er heute keineswegs mehr auf die Absatzsphäre beschränkt ist.[217] Der Ansicht GRÄBERS, dass dem Good-

---

212 Vgl. *Yang, J.*, Goodwill and other intangibles (1927), S. 27.

213 Lord Eldon in Crutwell v. Lye (1810, 17 Ves. 335) zitiert nach *Dicksee, L. /Tillyard, F.*, Goodwill (1906), S. 29. In dem zugrunde liegenden Fall ging es um einen Fuhrunternehmer.

214 Lord Macnaghten in Commissioners of Inland Revenue v. Muller, Lim (1901, A. C. 217) zitiert nach *Dicksee, L./Tillyard, F.*, Goodwill (1906), S. 32; Herv. durch d. Verf. PREINREICH gibt einen Überblick über weitere frühe Gerichtsentscheidungen zum Goodwill in der angelsächsischen Rechnungslegung (vgl. *Preinreich, G.*, Law of goodwill (AR 1936), S. 317 ff.).

215 Hierzu bereits auch SCHÖNWANDT: „Der Firmenwert ist in den verschiedenen Branchen sehr verschieden ..." (*Schönwandt, D.*, Bilanzunwahrheit (1908), S. 97.).

216 So unterteilt YANG den Goodwill in drei Klassen: "consumer's goodwill", "industrial goodwill" und „financial goodwill" (vgl. *Yang, Y.*, Goodwill and other intangibles (1927), S. 30 ff.).

217 Vgl. auch *Mellerowicz, K.*, Wert der Unternehmung (1952), S. 109 f.

will noch immer starke Züge seines historischen Ursprungs als Kundschaftswert anlasten,[218] kann daher nicht gefolgt werden.

OBERMÜLLER weist zu Recht darauf hin, dass der Goodwill-Begriff im deutschen Sprachraum differenzierter als im englischen ist,[219] existiert doch eine Vielzahl von Termini, wie zum Beispiel Geschäftswert[220], Firmenwert[221], Geschäfts- oder Firmenwert[222], Praxiswert[223], „Kapitalisierungsmehrwert“[224], ideeller Geschäftswert[225], immaterieller Wert sowie weitere, vorwiegend ältere Bezeichnungen.[226] Hinterfragt man jedoch einmal diese sprachliche Differenzierung, so stellt man fest, dass die Begriffe zumeist lediglich Teilaspekte betonen (Firmenwert, Geschäftswert, Praxiswert), auf die rechnerische Ermittlung abheben (Kapitalisierungsmehrwert) oder unpräzise weit gefasst sind (ideeller Geschäftswert, immaterieller Wert).[227] In der vorliegenden Arbeit wird daher der international übliche Begriff **Goodwill** gebraucht, der im Zuge der weltweiten Harmonisierung der Rechnungslegung zunehmend auch in Deutschland Verwendung findet.[228] Der Begriff **Geschäfts- oder Firmenwert**, dem vom Wortsinn her eine Verwechslungsgefahr mit dem Unternehmenswert anhaftet, wird nur dann synonym zum Goodwill verwendet, wenn explizit auf deutsche Rechtsquellen Bezug genommen wird.

---

218 Vgl. *Gräber, H.*, Geschäftswertbilanzierung (1981), S. 7.

219 Vgl. *Obermüller, A.*, Goodwill beim Zugewinnausgleich (1999), S. 5 f.

220 Vgl. jüngst *Moxter, A.*, Rechnungslegungsmythen (BB 2000), S. 2143; *Mujkanovic, R.*, Abbildung von Unternehmenserwerben (WPg 2000), S. 638.

221 Vgl. z. B. *Zeitler, F.-C.*, Firmenwert (DStR 1988), S. 303; *Wagner, F. /Schomaker, H.*, Abschreibung des Firmenwertes (DB 1987); S. 1365; *Doralt, W.*, Firmenwert (1976), S. 11; *Hasenack, W.*, Unhaltbarkeit (BFuP 1958), S. 297.

222 Diesen Begriff verwendet der deutsche Gesetzgeber sowohl im Handelsrecht (§ 255 Abs. 4, § 266 Abs. 2 A. I. 3, § 301 Abs. 3 HGB) als auch im Steuerrecht (§ 7 Abs. 1 Satz 3 EStG. Vgl. auch *Krawitz, N./Klotzbach, D.*, Fresh-Start-Methode (WPg 2000), S. 1165 sowie jüngst *Küting, K.*, Geschäfts- oder Firmenwert (DB 2005), S. 2757 ff.

223 Vgl. *Obermüller, A.*, Goodwill beim Zugewinnausgleich (1999), S. 64 ff.

224 *Schmalenbach, E.*, Dynamische Bilanz (1948), S. 106.

225 Vgl. *Döhling, E.*, Der ideelle Geschäftswert (1950), S. 5.

226 Vgl. *Take, F.*, Geschäfts- oder Firmenwert (1938), S. 13.

227 Für eine ausführliche Kritik vgl. *Deubner, P.*, Aktivierung und Abschreibung (1971), S. 4-6; *Gräber, H.*, Geschäftswertbilanzierung (1981), S. 5-8.

228 Vgl. z. B. bei *Klein, G.*, Erfassung des Goodwill (DStR 2000), S. 788 ff.; *Lopatta, K.*, Erfassung des Goodwill (RIW 2000), S. 354 ff.; *Pellens, B./Sellhorn, T.*, Neue Goodwill-Bilanzierung (DB 2001), S. 713 ff.; *Kahle, H.*, Goodwill-Bilanzierung (Teil A) (StuB 2002), S. 849 ff.; *Busse von Colbe, W.*, Goodwill (BB 2004), S. I sowie jüngst bei *Budde, T.*, Wertminderungstests (BB 2005), S. 2567 ff.; *Arnsfeld, T./Schremper, R.*, Goodwill-Impairment (KoR 2005), S. 498 ff. Auch der Deutsche Standardisierungsrat verwendet den Begriff Goodwill (vgl. *DSR*, DRS 4 (2000), Par. 9 ff.).

2. Wesen des Goodwills

Es wurde bereits darauf hingewiesen, dass der Goodwill in seiner Wesensart von einer Vielzahl einzelner Faktoren geprägt wird, die von Unternehmen zu Unternehmen variieren. Da über die Art und Dauerhaftigkeit dieser Faktoren unterschiedliche Auffassungen bestehen und sich hieraus grundlegende Erkenntnisse für die bilanzielle Behandlung ableiten lassen, sollen die wichtigsten Ansätze im Folgenden kritisch vorgestellt werden. In Anlehnung an DEUBNER wird dabei zwischen einer statischen und dynamischen Auffassung über das Wesen des Goodwills unterschieden.[229] Letzterer werden hier drei Unterformen zugeordnet, wie Abb. 5 verdeutlicht:

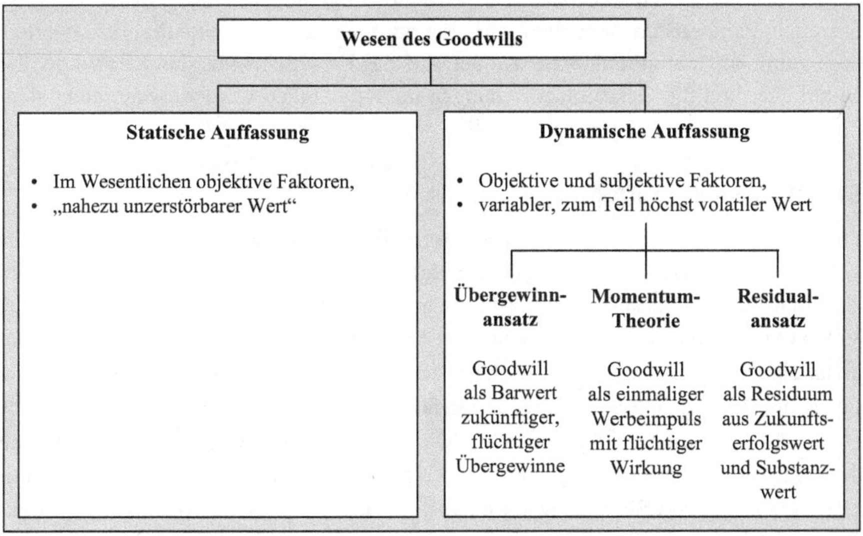

Abb. 7: Auffassungen über das Wesen des Goodwills

a) Statische Auffassung

Nach der statischen Auffassung beruht der Goodwill eines Unternehmens im Wesentlichen auf objektiven oder sachlichen Bestimmungsgründen[230] und entspricht einem „nahezu unzerstörbaren Wert ..., der von allen von innen und außen auf das Unternehmen einwirkenden Einflüssen unberührt bleibt“[231] und nur mit dem Unternehmen als Ganzem veräußerbar ist. Diese Auffassung findet sich vor allem im frühen deut-

[229] Vgl. *Deubner, P.*, Aktivierung und Abschreibung (1971), S. 6 f.

[230] Diese liegen nach HASENACK „in den betrieblichen oder marktmäßigen Verhältnissen“ begründet (*Hasenack, W.*, Unhaltbarkeit (BFuP 1958), S. 301.). Zu denken ist hier etwa an den Standort, die Absatzorganisation oder die besondere Qualität der Produkte.

[231] *Deubner, P.*, Aktivierung und Abschreibung (1971), S. 7.

schen und britischen Bilanzsteuerrecht, wie noch zu zeigen sein wird. Sie ist problematisch, da der Goodwill zum einen regelmäßig nicht losgelöst von subjektiven oder persönlichen Faktoren, das heißt den Fähigkeiten und Eigenschaften des Unternehmers, der Führungskräfte und anderer Mitarbeiter, existiert, sich mithin aus objektiven und subjektiven Faktoren[232] zusammensetzt.[233] Darüber hinaus sind vermeintlich „objektive" Faktoren wie das Betriebsklima, technisches Know-how oder die Vertriebsorganisation häufig stark von persönlichen Faktoren abhängig,[234] weshalb die Trennung in objektive und subjektive Goodwill-Faktoren als unscharf bezeichnet werden muss. Zum anderen ist der Goodwill eines Unternehmens keine konstante Größe, da regelmäßig sowohl seine Zusammensetzung als auch der Wert seiner einzelnen Faktoren im Zeitablauf variieren wird.[235] So ist insbesondere zu erwarten, dass zumindest einige Faktoren wie der Ruf des Unternehmens, das Know-how der Mitarbeiter und die Geschäftsbeziehungen im Wert sinken werden, wenn nicht ständig in ihre Erhaltung investiert wird.[236]

b) Dynamische Auffassung

Dieser Tatsache vermag nur die dynamische Auffassung über das Wesen des Goodwills Rechnung zu tragen. Sie berücksichtigt grundsätzlich, dass sich der Goodwill im Zeitablauf verändern kann und vor allem im Fall des Unternehmenserwerbs von den subjektiven Wertvorstellungen sowie dem Verhandlungsgeschick der Vertragspartner abhängig ist.[237] Die dynamische Auffassung findet ihren Niederschlag erstens in Form des so genannten **Übergewinnansatzes** („*super-profits theory of value*"[238], „Normalwerthypothese"[239]). Der Goodwill eines Unternehmens entspricht danach dem Barwert seiner zukünftig erwarteten Übergewinne über die normale, marktübliche Verzinsung des Substanzwerts hinaus.[240] Der Substanzwert oder Teilreproduk-

---

232 Vgl. für ähnliche Einteilungen *Obermüller, A.*, Goodwill beim Zugewinnausgleich (1999), S. 20 f.; *Take, F.*, Geschäfts- oder Firmenwert (1938); S. 40-42.

233 Vgl. *Hasenack, W.*, Unhaltbarkeit (BFuP 1958, S. 301; *Klinger, K.*, Verbot der steuerlichen Abschreibung (DB 1959), S. 29.

234 Vgl. *Deubner, P.*, Aktivierung und Abschreibung (1971), S. 107.

235 So bemerken bereits DICKSEE/TILLYARD: „every business which is carried on at a profit possesses a Goodwill of some value, and ... the value of that Goodwill will vary from time to time in direct relation to the profits which may on the average be earned." (*Dicksee, L. /Tillyard, F.*, Goodwill (1906), S. 74.). Bei der ersten Auflage dieses Werkes aus dem Jahr 1897 handelt es sich im Übrigen um das erste Buch, das ausschließlich der Goodwill-Bilanzierung gewidmet war (vgl. *Dicksee, L. /Stevens, T.*, Goodwill (1897).).

236 Vgl. *Deubner, P.*, Aktivierung und Abschreibung (1971), S. 10.

237 Vgl. *Deubner, P.*, Aktivierung und Abschreibung (1971), S. 11.

238 *Leake, P.*, Goodwill (Accountant 1914), S. 82.

239 *Moxter, A.*, Unternehmensbewertung (1983), S. 46 ff.

240 Vgl. bereits *More, F.*, Goodwill (Accountant 1891), S. 286 zitiert nach *Bryer, R.*,

tionswert ist gleich der Summe der zu Wiederbeschaffungskosten bewerteten einzelbilanzierungsfähigen Vermögenswerte abzüglich der Schulden.[241] Nach dem Übergewinnansatz ist der Goodwill stets eine temporäre Erscheinung, da sich die Übergewinne wegen des bestehenden Wettbewerbs und einer sich verändernden Nachfrage über kurz oder lang verflüchtigen werden. Übergewinne können daher auch keine ewige Rente, sondern nur eine Annuität bilden.[242]

Die Kritik am Übergewinnansatz setzt zum einen an der Grenzziehung zwischen Normal- und Übergewinnen an, die als künstlich und subjektiv bezeichnet werden muss.[243] So weist YANG darauf hin, dass sich selbst ein „Normalgewinn" nicht erzielen lässt, wenn etwa die Arbeitnehmerbeziehungen oder der Ruf bei den Kunden ein „übliches" Niveau unterschreiten. Ein Teil des Goodwills, den YANG als „generic goodwill"[244] bezeichnet, kreiert demnach gar keine Übergewinne. Umgekehrt muss auch die Existenz von Übergewinnen nicht immer durch einen Goodwill bedingt sein, sondern kann auch in einzelnen, besonders ertragreichen Vermögenswerten begründet liegen.[245] Problematisch ist ferner die mit der Normalwerthypothese verbundene Vorstellung, der „richtige" Unternehmenswert entspreche langfristig dem Substanzwert (Teilrekonstruktionswert). Die neuere Bewertungslehre lehnt dies entschieden ab, da ein vollständiger Unternehmensnachbau allenfalls zum Vollrekonstruktionswert möglich ist, bei dem es sich um den Zukunftserfolgswert handelt. Von einem „Normalgewinn" könne deshalb höchstens in Form einer Verzinsung des Vollrekonstruktionswerts gesprochen werden.[246] Konzeptionelle Kritik wird zudem von GYNTHER geübt, der zu Recht auf die fehlende Differenzierung des Übergewinnansatzes zwischen dem Wesen und der Wertermittlung des Goodwills hinweist. Schließlich entspricht der Goodwill in seiner Wesensart nicht den kapitalisierten Übergewinnen, sondern ist vielmehr durch die zugrunde liegenden Ursachen charakterisiert, womit wiederum auf die Goodwill-Faktoren verwiesen wird.[247]

Accounting for Goodwill (BAR 1995), S. 291 und die bei BRYER angegebene Literatur. Vgl. ferner *Paton, W. /Littleton, A.*, Corporate Accounting Standards (1940), S. 92 f.

241 So z. B. Jacobs, O. /Scheffler, W., Unternehmensbewertung, in: Chmielewicz, K./Schweitzer, M. (Hrsg.), HWR (1993), Sp. 1984.

242 Vgl. *Leake, P.*, Goodwill (Accountant 1914), S. 83 f.

243 So auch *Lee, T.*, Goodwill (ABR 1971), S. 319.

244 *Yang, J.*, Goodwill (1927), S. 23.

245 Vgl. *Smith, G. /Parr, R.*, Valuation of Intellectual Property (2000), S. 26; *Gynther, R.*, Conceptualizing (AR 1969), S. 249.

246 Vgl. *Döring, U.*, Goodwill, in: Chmielewicz, K./Schweitzer, M. (Hrsg.), HWR (1993), Sp. 813.

247 Vgl. *Gynther, R.*, Conceptualizing (AR 1969), S. 247; *Lee, T.*, Goodwill (ABR 1971), S. 320.

Trotz dieser Kritikpunkte finden heute noch immer zahlreiche, auf den Übergewinnansatz zurückgehende Verfahren zur Berechnung des Goodwills Anwendung, wie etwa das Mittelwertverfahren nach SCHMALENBACH[248], verschiedene Verfahren der Übergewinnkapitalisierung (zum Beispiel Stuttgarter Verfahren[249]) und der verkürzten Goodwillrentendauer.[250]

Unter die dynamische Auffassung subsumierbar ist zweitens die so genannte **„Momentum-Theorie"** (*Momentum Theory*) nach NELSON, die sich jedoch ausschließlich auf den Goodwill im Rahmen eines Unternehmenserwerbs bezieht. Da sie im wissenschaftlichen Diskurs keine größere Bedeutung erlangt hat, soll sie hier nur knapp dargestellt werden. Nach der „Momentum-Theorie" repräsentiert der Goodwill eine Art einmaligen Werbeimpuls oder -anstoß (*promotional ‚push'*), den der Erwerber dadurch erhält, dass das Unternehmen bereits etabliert ist. Der Impuls hängt von den subjektiven Vorstellungen des Erwerbers ab und „verliert mit der Zeit an Schwung" – daher der Ausdruck *momentum* –, so dass der Erwerber in der Folge eigene Anstrengungen unternehmen muss.[251] Unklar bleibt jedoch, was den „Impuls" konkret ausmacht, insbesondere vor dem Hintergrund, dass auch identifizierbare immaterielle Vermögenswerte wie Patente, Urheberrechte und Markenzeichen dem Goodwill zugerechnet werden.[252]

Der dritte Ansatz ist die heute dominierende investitionstheoretische Auffassung, auch **Residualansatz** (*residual approach*)[253] genannt. Danach bezeichnet der Goodwill die Differenz zwischen dem Zukunftserfolgswert und dem Substanzwert eines Unternehmens und ist ein vollwertiger Bestandteil des Unternehmenswerts.[254] Der Zukunftserfolgswert entspricht dabei dem Barwert der künftig erwarteten Einzahlungsüberschüsse,[255] während der Substanzwert betriebswirtschaftlich als Summe der

---

248 Ausführlich zur Mittelwertmethode vgl. z. B. *Kolbe, K.*, Theorie und Praxis (1967), S. 3 ff.

249 Vgl. R 97 ff. ErbStR.

250 Vgl. *Wöhe, G./Döring, U.*, Allgemeine Betriebswirtschaftslehre (2000), S. 682 f.

251 Vgl. *Nelson, R.*, Momentum Theory (AR 1953), S. 492.

252 Vgl. *Nelson, R.*, Momentum Theory (AR 1953), S. 494 ff.

253 Vgl. z. B. *Smith, G. /Parr, R.*, Valuation of Intellectual Property (2000), S. 26; *Diamond, M./Nicolaisen, D.*, Intangibles, in: *Choi, F. (Hrsg.)*, International Accounting (1997), Chapter 14, S. 4 f.

254 Vgl. *Ballwieser, W.*, Unternehmensbewertung (2004), S. 184; *Ballwieser, W.*, Geschäftswert, in: *Busse von Colbe, W./Pellens, B. (Hrsg.)*, Lexikon des Rechnungswesens (1998), S. 283; *Adler, H./Düring, W./Schmaltz, K.*, Rechnungslegung und Prüfung (1995/2000), § 255, Rn. 257; *Döring, U.*, Goodwill, in: *Chmielewicz, K./Schweitzer, M. (Hrsg.)*, HWR (1993), Sp. 810.

255 Die zur Ermittlung des Zukunftserfolgswerts gängigen Verfahren, wie insbesondere die Ertragswertmethode sowie die Discounted-Cash-flow-Verfahren, werden an dieser Stelle als bekannt vorausgesetzt (vgl. hierzu statt vieler *Drukarczyk, J.*, Unternehmensbewer-

Zeitwerte (Fair Values)[256] der einzelbilanzierungsfähigen Vermögenswerte abzüglich der Schulden zu interpretieren ist.[257] Entsprechend der oben vorgebrachten Kritik GYNTHERS muss jedoch auch hier angemerkt werden, dass der Residualansatz streng genommen nicht auf das Wesen des Goodwills abstellt, sondern seine Bewertung beschreibt.[258] Daher wird diesem Ansatz in der vorliegenden Arbeit zwar grundsätzlich gefolgt; es soll jedoch konsequent zwischen dem Wesen und Wert des Goodwills differenziert werden.

3. Abgrenzung von Wesen und Wert des Goodwills

Der **Goodwill** ist **seinem Wesen nach** ein Konglomerat von einzelnen, nicht abstrakt bilanzierungsfähigen immateriellen Faktoren, mit denen in der Regel zukünftig erwartete Einzahlungsüberschüsse verbunden sind, die aber auch (Netto-)Auszahlungen nach sich ziehen können. Letzterer Fall kann etwa eintreten, wenn der gute Ruf eines Unternehmens ins Negative umschlägt oder aus einer schlagkräftigen Organisation eine nicht mehr wettbewerbsfähige wird.[259] Die Goodwill-Faktoren variieren je nach Branche und Unternehmen und unterliegen sowohl in ihrer Komposition als auch im Wert regelmäßig Veränderungen im Zeitablauf. Der Goodwill ist nur mit dem Unternehmen als Ganzes übertragbar, und auch die einzelnen Goodwill-Faktoren befinden sich nur teilweise im Einflussbereich des Managements.[260] Im Schrifttum werden zahlreiche Klassifikationen von Faktoren angeführt, auf deren Wiedergabe an dieser Stelle verzichtet werden kann.[261] Stattdessen soll hier eine Unterscheidung in unternehmensbezogene und umweltbezogene Goodwill-Faktoren erfolgen.[262] Abb. 6

---

tung (2004), S. 199 ff.).

256 Anzusetzen ist in der Regel der Stichtagswert bei Fortführung des Unternehmens, nicht der Liquidationswert (ausführlich zur Fair-Value-Ermittlung vgl. S. 232 ff. dieser Arbeit.).

257 Vgl. z. B. *Lorson, P./Heiden, M.*, Intellectual Capital Statement, in: *Seicht, G. (Hrsg.)*, Jahrbuch für Controlling und Rechnungswesen (2002), S. 386. Insofern besteht hier ein wichtiger Unterschied zum „klassischen“ Substanzwert der Unternehmensbewertung, der als (Netto-)Teilrekonstruktionswert in der Regel auf Wiederbeschaffungswerte abstellt (vgl. ausführlich *Henselmann, K.*, Unternehmensrechnungen (1999), S. 198 ff.).

258 Vgl. auch *Johnson, L. /Petrone, K.*, Goodwill (AH 1998), S. 298.

259 Zu weiteren Beispielen vgl. bereits *Auler, W.*, Unternehmungsmehr- und -minderwert (ZfB 1927), S. 657.

260 Vgl. *Lee, T.*, Goodwill (ABR 1971), S. 320.

261 Vgl. für eine Übersicht *Rütte, M. v./Hoenes, R.*, Rechnungslegung immaterieller Werte (1995), S. 33-35; *Deubner, P.*, Aktivierung und Abschreibung (1971), S. 18-20; *Mellerowicz, K.*, Wert der Unternehmung (1952), S. 109-111 m. w. N.

262 Diese Einteilung lehnt sich an MELLEROWICZ an, der als Goodwill-Elemente Vorteile aus den „äußeren Geschäftsbeziehungen“ und den „inneren Einrichtungen“ unterscheidet (vgl. *Mellerowicz, K.*, Wert der Unternehmung (1952), S. 111.).

versucht exemplarisch, unternehmens- und umweltbezogene Goodwill-Faktoren typisierten Stakeholdern eines Unternehmens zuzuordnen.[263]

Der **Wert des Goodwills** (GW) wird von der Ertragskraft der Goodwill-Faktoren bestimmt. Er lässt sich wegen der fehlenden Einzelbewertbarkeit dieser Faktoren jedoch nur auf indirektem Wege als Differenz zwischen dem Zukunftserfolgswert (Unternehmenswert, UW) und dem betriebswirtschaftlichen Substanzwert (SW) eines Unternehmens ermitteln:

$$GW = UW - SW$$

Sowohl bei der Ermittlung des Unternehmenswerts als auch des Substanzwerts besteht in der Praxis bekanntlich ein nicht unerheblicher Spielraum, der auf die Höhe der Residualgröße einwirkt. Insbesondere beeinflusst die Aufdeckung stiller Reserven, die aufgrund ihrer Zugehörigkeit zu Einzelgütern konzeptionell nicht Bestandteil des Goodwills sind,[264] im Rahmen der Substanzwertfeststellung den Wert des Goodwills. Denn: „Je mehr stille Reserven den Vermögensgegenständen zugeordnet werden, um so geringer ist dann der Geschäfts- oder Firmenwert und umgekehrt."[265] Der Goodwill hat somit einen subjektiven,[266] jedoch objektivierbaren Wert.[267]

---

263 Für weitere Beispiele vgl. *ASC*, Discussion paper (Accountancy 1980), S. 115; *Deubner, P.*, Aktivierung und Abschreibung (1971), S. 15; *Mutze, O.*, Aktivierung und Bewertung (1960), S. 227. Es wird noch einmal betont, dass jede Aufzählung von Goodwill-Faktoren zwangsläufig unvollständig bleiben muss.

264 Vgl. hierzu bereits *Becker, E.*, Einkommensteuerrechtliche Behandlung (StuW 1931), Sp. 1415. Ausführlich zum Verhältnis des Goodwills zu den stillen Reserven vgl. *Take, F.*, Geschäfts- oder Firmenwert (1938), S. 43.

265 *Küting, K.*, Geschäfts- oder Firmenwert (AG 2000), S. 100.

266 So auch bereits *Schönwandt, D.*, Bilanzunwahrheit (1908), S. 100.

267 Vgl. *Haller, A.*, Immaterielle Vermögenswerte, in: *Möller, H. /Schmidt, F. (Hrsg.)*, Festschrift Coenenberg (1998), S. 568.

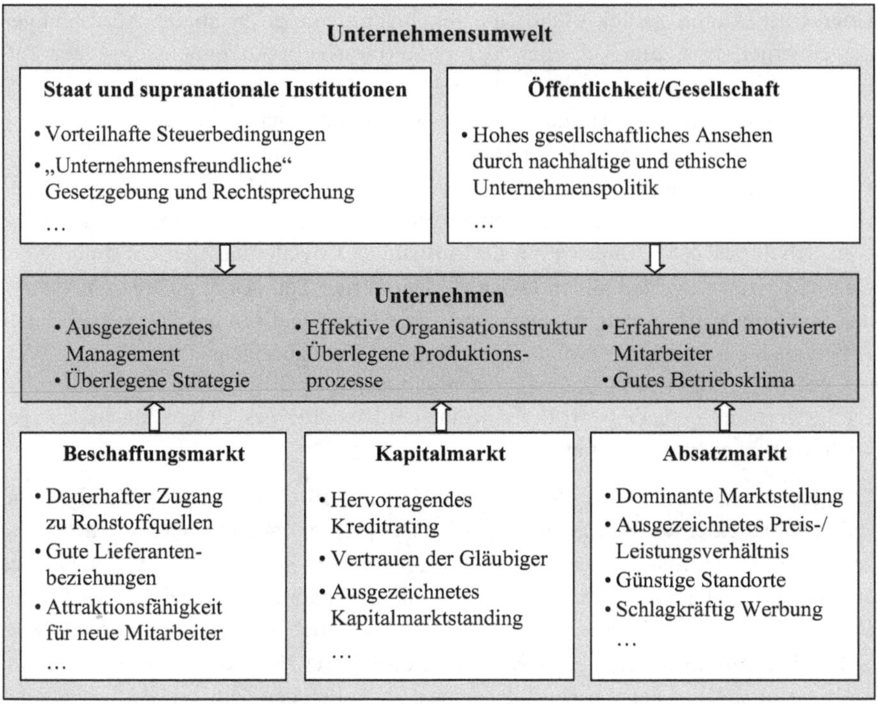

Abb. 8: Unternehmens- und umweltbezogene Goodwill-Faktoren

4. Arten des Goodwills

Für Zwecke der Bilanzierung wird der Goodwill üblicherweise in verschiedene Arten untergliedert, die sich in den später zu untersuchenden Rechnungslegungssystemen wiederfinden.

a) Originärer und derivativer Goodwill

Nach der Entstehungsweise wird traditionell zwischen einem originären und einem derivativen Goodwill unterschieden. Der **originäre oder selbst geschaffene Goodwill** entsteht demnach im Zuge des internen oder organischen Wachstums im Unternehmen selbst.[268] Er lässt sich vor allem bei etablierten, längerfristig bestehenden Unternehmen nachweisen, kann jedoch auch bereits in jungen, viel versprechenden Unternehmen auftreten.[269] Der originäre Goodwill wird auf die oben dargestellten

---

268 Zur Unterscheidung der Begriffe internes und externes Wachstum vgl. bereits *Sigloch, J.*, Unternehmenswachstum (1974), S. 27.

269 So bereits *Leake, P.*, Goodwill (Accountant 1914), S. 81. Ähnlich auch *Owens, R.*,

Goodwill-Faktoren zurückgeführt, die regelmäßig infolge getätigter Auszahlungen des Unternehmens, zum Teil aber auch ohne (messbare) Auszahlungen – etwa aufgrund von günstigen unternehmensexternen Faktoren – entstanden sein können.[270] Als Teilmenge eines auf Auszahlungen basierenden originären Goodwills lassen sich auch die aus dem deutschen Handelsrecht bekannten **Ingangsetzungs- und Erweiterungsaufwendungen** verstehen, die ihrer Natur nach ebenfalls immateriell sind.[271] Beispiele hierfür sind außerordentliche Forschungs-, Werbe-, Personalbeschaffungs- oder Schulungskosten, die sich auf die Aufnahme, Erweiterung oder Umstellung der Geschäftstätigkeit zurückführen lassen.[272] Der übrige Teil des originären Goodwills, das heißt ohne die Ingangsetzungs- und Erweiterungsaufwendungen, soll in dieser Arbeit auch als **originärer Goodwill im engeren Sinne** bezeichnet werden. Der Wert des gesamten originären Goodwills entspricht stets der Differenz aus dem Zukunftserfolgswert und dem Zeitwert der einzelnen Bilanzgüter des Unternehmens zum jewieligen Bewertungszeitpunkt.

Demgegenüber entsteht der **derivative oder entgeltlich erworbene Goodwill** im Rahmen des externen Wachstums typischerweise beim entgeltlichen Unternehmenserwerb.[273] Er umfasst zum einen den abgegoltenen Teil des originären Goodwills des erworbenen Unternehmens und setzt sich daher ebenfalls aus einzelnen Goodwill-Faktoren zusammen. Darüber hinaus kann er aber auch Zusatzkomponenten – zum Beispiel erwartete Synergieeffekte – enthalten.[274] Der Wert des derivativen Goodwills ergibt sich aus den Anschaffungskosten abzüglich des Zeitwerts der Einzelgüter des erworbenen Unternehmens im Akquisitionszeitpunkt.[275] Er ist damit in hohem Maße von den subjektiven Erwartungen des Erwerbers und dem Verhandlungsgeschick der Vertragsparteien abhängig.

Problematisch an dieser traditionellen Einteilung ist die Einordnung eines **unentgeltlich erworbenen Goodwills** zum Beispiel aus einer Schenkung oder Erbschaft eines

---

Goodwill (UJoB 1923), S. 289 f., der verdeutlicht, dass sich im Goodwill eines jungen Unternehmens vor allem dessen zukünftige Ertragschancen ausdrücken.

270 Vgl. *Deubner, P.*, Aktivierung und Abschreibung (1971), S. 21; *Stapf, A.*, Immaterielle Anlagewerte (1968), S. 19; *Take, F.*, Geschäfts- oder Firmenwert (1938), S. 47; *Auler, W.*, Unternehmungsmehr- und -minderwert (ZfB 1927), S. 839 ff.

271 Vgl. *Doralt, W.*, Firmenwert (1976), S. 21; *Stapf, A.*, Immaterielle Anlagewerte (1968), S. 22; *Take, F.*, Geschäfts- oder Firmenwert (1938), S. 92; *Schmidt, L.*, Maßgeblichkeitsprinzip (1994), S. 208. Ähnlich auch *Coenenberg, A.*, Jahresabschluss (2005), S. 150.

272 Zur Problematik der Abgrenzung insbesondere von laufenden Kosten vgl. etwa *Coenenberg, A.*, Jahresabschluss (2005), S. 150 f.

273 Derivativ bedeutet in diesem Zusammenhang daher aus dem Kaufpreis abgeleitet.

274 Vgl. hierzu im Einzelnen S. 264 f. dieser Arbeit.

275 Bei einer Beteiligung von weniger als 100% ist entsprechend nur der anteilige Zeitwert der bilanziellen Einzelgüter des erworbenen Unternehmens anzusetzen.

Unternehmens. Da in einem solchen Fall keine Anschaffungskosten vorliegen, lässt sich der unentgeltliche Goodwill streng genommen nicht unter den derivativen Goodwill subsumieren. Andererseits kann er auch schwerlich als Spezialfall des originären Goodwills angesehen werden, da er nicht im Unternehmen, sondern infolge einer Unternehmensübernahme entsteht. Im Rahmen dieser Arbeit wird deshalb vorgeschlagen, den unentgeltlichen Goodwill aufgrund seines Erwerbscharakters ebenfalls unter den Begriff des derivativen Goodwills zu fassen. Soll hingegen ausschließlich auf einen entgeltlich erworbenen Goodwill Bezug genommen werden, so wird von einem **derivativer Goodwill im engeren Sinne** gesprochen.

b) Positiver und negativer Goodwill

Die zweite bedeutende Unterscheidung im Rahmen der Arten des Goodwills resultiert bereits aus dem Vorzeichen seines Werts.[276] So liegt der Regelfall eines **positiven Goodwills** vor, wenn der Unternehmens- bzw. Übernahmewert über dem Substanzwert des Unternehmens liegt. Umgekehrt handelt es sich um einen **negativen Goodwill**, wenn der Substanzwert unterschritten wird. Für den Ausdruck negativer Goodwill, der dem Wortsinn nach widersprüchlich erscheinen mag,[277] wird zum Teil auch die Bezeichnung „Badwill" verwandt.[278] Indes soll in dieser Arbeit der international übliche Begriff negativer Goodwill zugrunde gelegt werden.[279] Über die formale Erklärung auf Basis des Vorzeichens hinaus liegen einem positiven und negativen Goodwill unterschiedliche materielle Interpretationen zugrunde. Während sich der positive Goodwill aus Faktoren zusammensetzt, mit denen überwiegend zukünftige Ertragschancen verbunden sind, liegen einem negativen Goodwill mehrheitlich solche Elemente zugrunde, die künftige Aufwendungen oder Verluste erwarten lassen.[280]

---

276 Vgl. bereits *Auler, W.*, Unternehmungsmehr- und -minderwert (ZfB 1927), S. 655; *Take, F.*, Geschäfts- oder Firmenwert (1938), S. 47.

277 Für eine kritische Begriffsdiskussion vgl. auch *Küting, K./Harth, H.-J.*, Negative Aufrechnungsdifferenz (WPg 1999), S. 489 f.

278 Vgl. z. B. *Coenenberg, A.*, Jahresabschluss (2005), S. 632, dem insoweit jedoch zu widersprechen ist, als dass der Ausdruck nicht international üblich ist, sondern vorwiegend in der deutschsprachigen Literatur Verwendung findet. Häufig wird von einem „Badwill" zudem nur dann gesprochen, wenn künftig erwartete Verluste oder Aufwendungen zugrunde liegen (so etwa *Heurung, R.*, Kapitalkonsolidierungsmethoden (DB 2000), S. 1779; *Küting, K./Hayn, S.*, Angelsächsischer Konzernabschluß (AG 1996), S. 60.).

279 Vgl. *ASB*, FRS 10 (1997), Par. 2 ff.; *Bryer, R.*, Goodwill (2005), S. 10. Die US-GAAP sowie – diesen folgend – auch die IFRS sprechen hingegen neuerdings von einem Überschuss über die Anschaffungskosten (*excess over cost*) (vgl. *FASB*, SFAS 141 (2001), Par. 44; *IASB*, IFRS 3 (2004), Par. 56.). Im deutschen Sprachraum hat sich der Begriff „passiver Unterschiedsbetrag" etabliert, wobei dieser i. d. R. auf den Konzernabschluss bezogen wird (vgl. *Förschle, G./Deubert, M.*, in: *Ellrott, H. u. a. (Hrsg.)*, Beck'scher Bilanz-Kommentar (2006), § 301, Rn. 162 ff.).

280 Insofern kann ein positiver Goodwill sehr wohl auch einige negative Goodwill-Faktoren enthalten und umgekehrt (so bereits *Auler, W.*, Unternehmungsmehr- und -minderwert

Darüber hinaus wird im Falle einer Unternehmensübernahme üblicherweise von einem negativen Goodwill gesprochen, wenn die Anschaffungskosten den Substanzwert unterschreiten (Gelegenheitskauf, *bargain purchase*, *lucky buy*)[281]. Der negative Goodwill ist in seiner Existenz jedoch grundsätzlich umstritten, was noch im Einzelnen zu untersuchen sein wird.

Positiver und negativer Goodwill können derzeit im Falle des Unternehmenserwerbs jeweils in zwei Unterformen in der Bilanz auftreten. Ein **Nicht-Konsolidierungs-Goodwill** (*nonconsolidation goodwill*) entsteht immer dann, wenn „ein am Wirtschaftsverkehr teilnehmendes, selbständiges Gebilde“[282], in aller Regel ein Einzelunternehmen, eine Personengesellschaft oder ein rechtlich unselbständiger Teilbetrieb, zu einem vom Substanzwert abweichenden Kaufpreis übernommen wird. Da hierbei einzelne Vermögenswerte und Schulden erworben werden, spricht man auch von einem so genannten *Asset Deal*. Im Gegensatz dazu entsteht bei einem *Share Deal*, das heißt dem Erwerb von Gesellschaftsanteilen in der Regel an einer Kapitalgesellschaft, im Einzelabschluss hingegen kein Goodwill, da statt der einzelnen Vermögenswerte und Schulden eine Beteiligung in Höhe der Anschaffungskosten aktiviert wird. Da hiermit jedoch regelmäßig eine Konzernbeziehung begründet wird, ist die Aufstellung eines Konzernabschlusses erforderlich. Im Rahmen der Kapitalkonsolidierung ergibt sich dann im Falle eines vom Substanzwert abweichenden Betrags ein **Konsolidierungs-Goodwill** (*consolidation goodwill*).[283] Grundsätzlich kommt die Unterscheidung in einen Konsolidierungs- und Nicht-Konsolidierungs-Goodwill allerdings auch bei einem originären Goodwill in Betracht. Zur Eingrenzung des speziellen Untersuchungsgegenstands der Goodwill-Bilanzierung erfolgt im weiteren Verlauf der Arbeit ausschließlich eine Betrachtung des Nicht-Konsolidierungs-Goodwills. Die Ergebnisse der Untersuchung lassen sich jedoch auch auf den Konsolidierungs-Goodwill übertragen. Abb. 9 fasst die verschiedenen Arten des Goodwills noch einmal zusammen:

(ZfB 1927), S. 657.).

281 Die Begriffe Gelegenheitskauf, „bargain purchase“ und „lucky buy“ werden häufig synonym verwendet. Anderer Ansicht *Küting, K./Harth, H.-J.*, Negative Aufrechnungsdifferenz (WPg 1999), S. 490. International ist hingegen nur der Ausdruck *bargain purchase* (nicht *lucky buy*) üblich (vgl. *Bryer, R.*, Goodwill (2005), S. 10; *IASB*, IFRS 3 (2004), Par. BC148(c).).

282 *Adler, H./Düring, W./Schmaltz, K.*, Rechnungslegung und Prüfung (1995/2000), § 255 HGB, Rn. 260.

283 Vgl. *Nobes, C./Norton, J.*, Treatments of Goodwill (JoIAAT 1996), S. 180; *Döring, U.*, Goodwill, in: *Chmielewicz, K./Schweitzer, M. (Hrsg.)*, HWR (1993), Sp. 816.

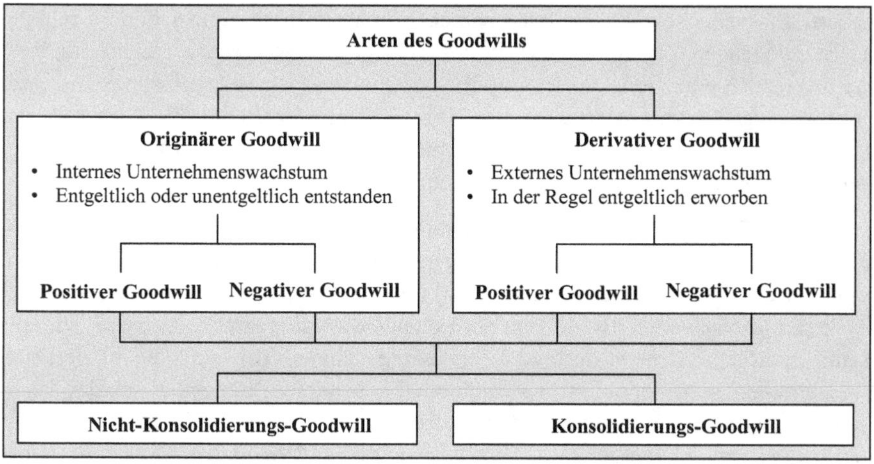

Abb. 9: Arten des Goodwills

III. Zusammenfassung

Im Ersten Teil erfolgt eine Darlegung der für die weitere Untersuchung erforderlichen Grundlagen. Zu diesem Zweck wird im ersten Kapitel ein Referenzrahmen für eine umfassende Rechnungslegung zur Zahlungsbemessung und Informationsvermittlung aufgestellt, der im weiteren Verlauf der Arbeit als Beurteilungsbasis und Leitbild (Soll-Konzept) für eine Reform von Rechnungslegungsregeln dient. Ausgehend vom Oberziel einer umfassenden Wissensbereitstellung im Sinne eines True and fair view über die wirtschaftliche Lage eines Unternehmens wird hierbei die normative Festlegung getroffen, dass im Rahmen einer umfassenden Rechnungslegung eine möglichst weitgehende Approximation des Unternehmenswerts anzustreben ist. Auf dieser Grundlage wird ein System von konkreten Rechnungslegungsfunktionen und -prinzipien entwickelt. Eine umfassende Rechnungslegung soll dabei weiterhin eine mehrdimensionale Zielsetzung verfolgen und sowohl zur Zahlungsbemessung als auch zur Informationsvermittlung geeignet sein. Entsprechend erfolgt eine genaue Darstellung dieser Kernfunktionen und ihrer Grundsätze, wobei neben allgemeinen oder funktionsübergreifenden Rechnungslegungsgrundsätzen spezielle Prinzipien zur Zahlungsbemessung und Informationsvermittlung abgeleitet werden. Im Ergebnis zielt die Zahlungsbemessungsfunktion im Kern auf eine stärker objektivierte und vorsichtige Vermögens- und Erfolgsermittlung und nimmt insofern notwendigerweise Einschränkungen bei der Approximation des Unternehmenswerts in Kauf. Demgegenüber ist die Informationsfunktion einer umfassenden Rechnungslegung konsequent am True-and-fair-view-Grundsatz ausgerichtet. Das ökonomische Ideal einer Unternehmenswertbilanz wird hier durch eine umfassende Fair-Value-Bilanz angenähert, in welcher sowohl der Unternehmenswert als auch die bilanziellen Einzelgüter zu beizulegenden Zeitwerten (Fair Values) ausgewiesen werden. Gleichzeitig geht hiermit jedoch eine weite Auslegung des Objektivierungsgrundsatzes im Sinne einer nur formalen Objektivierbarkeit einher. Abschließend werden mit dem Grundsatz der zeitnahen Bereitstellung und dem Wirtschaftlichkeitsprinzip wichtige Nebenbedingungen einer umfassenden Rechnungslegung formuliert.

Das zweite Kapitel widmet sich der Darstellung der Grundlagen zur Goodwill-Bilanzierung, die den speziellen Untersuchungsgegenstand der Arbeit bildet. Hierzu wird zunächst das Spektrum der immateriellen Vermögenswerte aufgezeigt, das sich von konkreten Einzelwerten bis hin zum abstrakten Goodwill erstreckt. Letzterer wird als Sammelposten aller nicht abstrakt bilanzierungsfähigen oder nicht identifizierbaren immateriellen Werte definiert. Als traditionell besonderer Problembereich der Rechnungslegung kann die kaufmännische Bedeutung des Goodwills bis ins 16. Jahrhundert zurückverfolgt werden. Im Anschluss wird das Wesen des Goodwills näher untersucht, wobei zwischen einer statischen und einer dynamischen Auffassung unterschieden wird. Dabei kann allerdings nur letztere Interpretation von einem im Zeitablauf volatilen Charakter des Goodwills überzeugen. Vom Wesen des Goodwills abgegrenzt wird ferner der Wert dieses Postens, der sich gemäß dem Residualansatz in allgemeiner Form als Differenz aus dem Ertragswert und der Summe der beizulegenden Zeitwerte der Einzelgüter eines Unternehmens ermittelt. Abschließend werden die für die Bilanzierung bedeutsamen Arten des Goodwills vorgestellt, wobei zwischen einem originären und derivativen, einem positiven und negativen sowie einem Konsolidierungs- und Nicht-Konsolidierungs-Goodwill unterschieden wird. In diesem Zusammenhang wird schließlich eine Eingrenzung der weiteren Untersuchung auf den Nicht-Konsolidierungs-Goodwill, das heißt den Goodwill im Einzelabschluss von Unternehmen, vorgenommen.

Zweiter Teil: Analyse der Bilanzierung des Goodwills vor dem Hintergrund verschiedener Rechnungslegungskonzeptionen

Aufbauend auf den Grundlagen erfolgt im Zweiten Teil eine Bestandsaufnahme der bilanziellen Behandlung des Goodwills in den Rechnungslegungssystemen Deutschlands, Großbritanniens und der International Financial Reporting Standards (IFRS). Nach einer kurzen Charakterisierung der jeweiligen Rechnungslegungskonzeption werden hierzu die historische Entwicklung und die gegenwärtige bilanzielle Behandlung des Goodwills eingehend analysiert. Abschließend erfolgt eine vergleichende Beurteilung auf Basis des oben aufgestellten Referenzrahmens.

Die Auswahl der zu untersuchenden Rechnungslegungssysteme erklärt sich wie folgt: Zum einen ist der Goodwill – soweit bekannt – erstmals in Großbritannien zum Gegenstand des kaufmännischen Geschäftsverkehrs geworden, was eine lange Erfahrung hinsichtlich seiner bilanziellen Behandlung erwarten lässt. Zum anderen stellt die britische Rechnungslegung ein Mischsystem dar, das in der angelsächsischen Rechtstradition steht, gleichzeitig aber auch kodifizierte Normen enthält und das insofern eine Art Vorreiterrolle für das deutsche Bilanzrecht einnimmt. Bei den IFRS handelt es sich schließlich um privatrechtliche Rechnungslegungsstandards, die jedoch ab dem Jahr 2005 von allen kapitalmarktorientierten Unternehmen der Europäischen Union verpflichtend im Konzernabschluss anzuwenden sind und damit quasi Gesetzescharakter haben.[284] Neben ihrer zunehmenden weltweiten Verbreitung in den Konzernabschlüssen von Unternehmen nehmen die IFRS in Deutschland eine besondere Bedeutung ein, da sie infolge des Bilanzrechtsreformgesetzes (BilReG) ab dem Jahr 2005 auch von großen Kapitalgesellschaften wahlweise im Einzelabschluss für Offenlegungszwecke angewandt werden können.[285]

I. Bilanzierung des Goodwills in der deutschen Rechnungslegung

Die deutsche Rechnungslegung steht in der jahrhundertealten Tradition kodifizierten Bilanzrechts, das durch eine enge Verbindung zwischen der handels- und steuerrechtlichen Erfolgsermittlung gekennzeichnet ist (Maßgeblichkeitsprinzip). Erst in jüngerer Zeit mehren sich die Einflüsse nicht-kodifizierter Rechnungslegungsnormen wie der Deutschen Rechnungslegungs Standards (DRS) und der IFRS, die sowohl mittel-

---

284 Für deutsche Unternehmen ergibt sich dies aus § 315a Abs. 1 u. 2 i. V. m. Art. 4 EU-IAS-VO. Zu den Ausnahmen im Rahmen von Übergangsregelungen vgl. Art. 57 EGHGB i. V. m. Art. 9 EU-IAS-VO.

285 Vgl. hierzu § 325 Abs. 2a HGB i. V. m. Art. 5 EU-IAS-VO.

bar über die Konzernrechnungslegung als auch unmittelbar auf die Rechnungslegung im Einzelabschluss einwirken.

Während der Einzelabschluss in Deutschland auf eine gleichzeitige Erfüllung der Zahlungsbemessungs- und Informationsfunktion in einem gemeinsamen, multifunktionalen Rechenwerk ausgerichtet ist, lässt sich de facto noch immer eine hervorgehobene Stellung der Zahlungsbemessungsfunktion feststellen, die in einer vorsichtigen, tendenziell gläubigerschutzorientierten Vermögens- und Erfolgsermittlung zum Ausdruck kommt. Im Einzelnen kann die Kenntnis der Grundlagen der deutschen Bilanzierung an dieser Stelle vorausgesetzt werden, so dass sich die weitere Darstellung auf das spezielle Untersuchungsgebiet der Goodwill-Bilanzierung konzentriert.

A. Historische Entwicklung

Die Bilanzierung des Geschäfts- oder Firmenwerts ist in Deutschland seit langem durch separate handels- und steuerrechtliche Normen für den Einzelabschluss geregelt, worauf sich die historische Betrachtung hier konzentriert. Die Darstellung beschränkt sich ferner auf den Regelfall des positiven Goodwills.

1. Handelsrecht

Die erste gesetzliche Vorschrift im deutschen Handelsrecht, die mit der Bilanzierung des Goodwills in Zusammenhang stand, wurde mit der Aktienrechtsnovelle 1884 erlassen. So enthielt Art. 185 a Nr. 4 AktG 1884 ein Aktivierungsverbot für Organisations- und Verwaltungskosten als Teilmenge eines **auf Ausgaben basierenden originären Goodwills,**[286] da hiermit zuvor Missbrauch betrieben worden war.[287] Dieses Verbot wurde noch in das GmbH-Gesetz von 1892[288] sowie das Handelsgesetzbuch von 1897[289] übernommen, fehlte jedoch interessanterweise im HGB 1931, da sich mit der Zeit die Verkehrsauffassung geändert hatte.[290] Mit der Aktienrechtsreform 1937 wurde aus der ehemaligen „Missbrauchsvorschrift" schließlich ein Aktivierungswahlrecht für Betriebseinrichtungskosten (Organisationskosten),[291] das aus Billigkeitsgründen gewährt wurde[292] und in ähnlicher Form auch Eingang ins Aktiengesetz von 1965 fand. Dort war allerdings von Ingangsetzungskosten die Rede.[293]

---

286 Vgl. *AktG 1884*, RGBl. 1884, S. 136.

287 Vgl. *Take, F.*, Geschäfts- oder Firmenwert (1938), S. 95 f.

288 Vgl. § 43 Nr. 2 GmbHG 1892, RGBl. 1892, S. 488.

289 Vgl. § 261 Nr. 4 HGB 1897, RGBl. 1897, S. 280.

290 Vgl. *Take, F.*, Geschäfts- oder Firmenwert (1938), S. 96.

291 Vgl. § 133 Nr. 4 Satz 2 AktG 1937, RGBl. I 1937, S. 135.

292 Vgl. *Take, F.*, Geschäfts- oder Firmenwert (1938), S. 97.

293 Vgl. § 153 Abs. 4 Satz 2 u. 3 AktG 1965, BGBl. I 1965, S. 1127.

Für den **übrigen Teil des originären Geschäfts- oder Firmenwerts** führte die Aktienrechtsverordnung 1931 ein gesetzliches Aktivierungsverbot ein.[294] Hierbei handelte es sich letztlich jedoch nur um eine Normierung der herrschenden Meinung, die bereits vor 1931 eine Aktivierung des originären Geschäfts- oder Firmenwerts für unzulässig hielt, da sich dieser nicht als Vermögensgegenstand qualifiziere und somit nach den §§ 39, 40 Abs. 2 HGB 1897 nicht in die Bilanz aufzunehmen sei.[295] In nur leicht verändertem Wortlaut wurde das Aktivierungsverbot des originären Geschäfts- oder Firmenwerts in das Aktiengesetz von 1937[296] und 1965[297] übernommen.

Die Bilanzierung des **derivativen Geschäfts- oder Firmenwerts** wurde ebenfalls erstmals im Jahre 1931 gesetzlich geregelt. In Übereinstimmung mit der damals herrschenden betriebswirtschaftlichen und juristischen Auffassung, wonach der entgeltlich erworbene Goodwill ein aktivierungsfähiger – aufgrund seiner fehlenden Greifbarkeit indes nicht aktivierungspflichtiger – Vermögensgegenstand war,[298] räumte das HGB 1931 ein Aktivierungswahlrecht ein. Im Falle der Aktivierung war eine Tilgung durch angemessene jährliche Abschreibungen vorgeschrieben,[299] die nach herrschender Meinung aus Vorsichtsgründen möglichst schnell durchgeführt werden sollten.[300] Diese Regelung wurde ins Aktiengesetz von 1937 übernommen, wobei alternativ zur jährlichen Abschreibung noch eine indirekte Abschreibung mittels Wertkorrekturen zugelassen wurde.[301] Das Aktiengesetz von 1965 folgte in § 153 Abs. 5 zwar grundsätzlich seinem Vorgänger, verlangte jedoch zwingend eine Abschreibung in Höhe von jährlich mindestens 20% in den der Unternehmensübernahme folgenden Geschäftsjahren.[302] Obwohl die genannten Vorschriften streng genommen nur für Aktiengesellschaften und Kommanditgesellschaften auf Aktien galten, fanden sie ohne Bedenken auch auf Personenunternehmen Anwendung, da es

294 Vgl. § 261 Nr. 4 Satz 1 HGB 1931, RGBl. I 1931, S. 496.

295 Vgl. *Auler, W.*, Unternehmungsmehr- und -minderwert (ZfB 1927), S. 735; *Take, F.*, Geschäfts- oder Firmenwert (1938), S. 104. Für ein Aktivierungsverbot des originären Geschäfts- oder Firmenwerts sprach sich auch bereits das Reichsgericht im Jahre 1914 aus. Vgl. *RG* v. 27.06.1914 (LZ 1915), Sp. 231.

296 Vgl. § 133 Nr. 5 Satz 1 AktG 1937, RGBl. I 1937, S. 135.

297 Vgl. § 153 Abs. 5 Satz 1 AktG 1965, BGBl. I 1965, S. 1127.

298 Vgl. *Take, F.*, Geschäfts- oder Firmenwert (1938), S. 86. Auch das Reichsgericht hatte bereits im Jahre 1901 die Aktivierung des derivativen Geschäfts- oder Firmenwerts erlaubt. Vgl. *RG* v. 09.07.1901 (JW 1901), S. 653.

299 Vgl. § 261 Nr. 4 Satz 2 u. 3 HGB 1931, RGBl. I 1931, S. 496.

300 Vgl. *Take, F.*, Geschäfts- oder Firmenwert (1938), S. 115 f.

301 Vgl. § 133 Nr. 5 Satz 2 AktG 1937, RGBl. I 1937, S. 135.

302 Vgl. § 153 Abs. 5 Satz 3 AktG 1965, BGBl. I 1965, S. 1127.

sich um verschärfende Ergänzungen gegenüber den allgemeinen Rechtsnormen des HGB handelte.[303]

Zusammenfassend kann festgehalten werden, dass der Gesetzgeber im Handelsrecht grundsätzlich eine Aktivierung des originären Geschäfts- oder Firmenwerts untersagte, sie jedoch ausnahmsweise für Ingangsetzungskosten zuließ. Das Aktivierungswahlrecht für Ingangsetzungskosten kann somit als „lex specialis" zum Aktivierungsverbot des originären Goodwills interpretiert werden.[304] Für den derivativen Geschäfts- oder Firmenwert gewährten die handelsrechtlichen Vorschriften ein Aktivierungswahlrecht mit zwingender Abschreibung, die aus Vorsichtsgründen schnell durchgeführt werden sollte.

2. Steuerrecht

Für die bilanzielle Behandlung von **Ingangsetzungskosten** lässt sich steuerrechtlich eine dem Handelsrecht gerade entgegenlaufende Entwicklung beobachten. So sprach sich 1931 der Senatspräsident des Reichsfinanzhofs, BECKER, für eine weitgehende Aktivierung besonderer Ausgaben zum Aufbau oder zur Erweiterung eines originären Geschäfts- oder Firmenwerts aus und begründete dies mit dem Grundsatz der Gleichmäßigkeit der Besteuerung sowie mit volkswirtschaftlichen Argumenten.[305] Zudem finden sich frühe Urteile, in denen der Reichsfinanzhof (RFH) etwa die Aktivierung von außerordentlichen Werbeausgaben zur Erweiterung des Kundenkreises sogar vorschrieb.[306] Demgegenüber war der Bundesfinanzhof (BFH) deutlich zurückhaltender[307] und lehnte die Aktivierung von Ingangsetzungskosten in der Steuerbilanz ab, da kein zuverlässig bewertbares Wirtschaftsgut vorliege.[308]

Für den **originären Geschäfts- oder Firmenwert im engeren Sinne** verfügte bereits der RFH ein Aktivierungsverbot, da es an einer objektiven Markthandlung fehle.[309] Das Aktivierungsverbot ließ sich zudem aus dem Maßgeblichkeitsprinzip der handelsrechtlichen Grundsätze ordnungsmäßiger Buchführung für die steuerliche

---

303 So auch *Take, F.*, Geschäfts- oder Firmenwert (1938), S. 87. Die Zweiteilung der Rechnungslegung in liberale Vorschriften für alle Kaufleute und strengere Vorschriften für Kapitalgesellschaften wird auch als „Dualismus der handelsrechtlichen Rechnungslegung" (*Sigloch, J.*, Neuordnung der Rechnungslegung, in: *Böhler, H. u. a. (Hrsg.)*, Mittelstand und Betriebswirtschaft (1987), S. 111.) bezeichnet.

304 Vgl. *Doralt, W.*, Firmenwert (1976), S. 21.

305 Vgl. *Becker, E.*, Einkommensteuerrechtliche Behandlung (StuW 1931), Sp. 1413 u. 1418.

306 Vgl. *RFH* v. 18.09.1934 (StuW 1934), Sp. 1604 ff. Für weitere Nachweise vgl. *Plückebaum, R.*, Geschäftswert (DB 1964), S. 4.

307 Vgl. *Deubner, P.*, Aktivierung und Abschreibung (1971), S. 87 ff.

308 Vgl. *BFH* v. 28.01.1954, BStBl. III 1954, S. 109.

309 Vgl. als Grundsatzurteile *RFH* v. 28.02.1930, RStBl. 1930, S. 207; *RFH* v. 15.07.1931 (StuW 1931), Sp. 1680.

Gewinnermittlung ableiten. Explizit gesetzlich verankert wurde es mit der Einführung des § 5 Abs. 2 EStG durch das Einkommensteueränderungsgesetz 1969, wonach nur entgeltlich erworbene immaterielle Wirtschaftsgüter anzusetzen sind.[310]

Mit der steuerbilanziellen Behandlung des **derivativen Geschäfts- oder Firmenwerts** setzte sich erstmals das Preußische Oberverwaltungsgericht intensiv auseinander. In seiner Entscheidung vom 2. April 1902 umschrieb das Gericht den Geschäfts- oder Firmenwert als „alle diejenigen Verhältnisse, die nicht mit der Persönlichkeit des zeitigen Inhabers des Geschäfts zusammenhängen“[311] und vertrat damit eine statische Auffassung über das Wesen des Goodwills. Die Aktivierung des entgeltlich erworbenen Geschäfts- oder Firmenwerts wurde zugelassen. Bemerkenswert erscheint allerdings, dass das Gericht eine Abschreibung desselben auf jene Fälle beschränkte, in denen sich „die Differenz zwischen dem Werte des ganzen angekauften Etablissements und der Summe der Werte der einzelnen darunter begriffenen Gegenstände und Rechte in Wirklichkeit vermindert hat, und zwar wegen Wegfalls oder Schmälerung der für die Werterhöhung maßgebend gewesenen Momente ...“[312]. Eine Abschreibung des derivativen Geschäfts- oder Firmenwerts außer auf den niedrigeren gemeinen Wert lehnte auch BECKER in seinem Kommentar zum EStG 1925 ab, in dem er die folgenreiche These vertrat, dass sich der erworbene Goodwill nicht in wenigen Jahren verflüchtige und durch einen selbst geschaffenen Goodwill ersetzt werde.[313] Anders als im Handelsrecht hielt er den Geschäfts- oder Firmenwert zudem nicht nur für aktivierungsfähig, sondern für aktivierungspflichtig.[314] BECKERS These von der Nichtabnutzbarkeit des Geschäfts- oder Firmenwerts wurde vom RFH in seinem Urteil vom 29. Juli 1931 aufgegriffen, das als Geburtsstunde der so genannten **Einheitstheorie** bezeichnet werden kann. Der RFH sah den Geschäfts- oder Firmenwert danach als ein „einheitliches Wirtschaftsgut“[315] an, das keiner regelmäßigen Abnutzung unterliege und nicht in einen schwindenden derivativen und einen nicht aktivierungsfähigen originären Geschäfts- oder Firmenwert zerlegbar sei. Wertminderungen einzelner Faktoren würden vielmehr durch Werterhöhungen anderer Faktoren ausgeglichen, so dass steuerrechtlich eine Abschreibung nur bei einer tatsächlichen Wertminderung im Ganzen zulässig sei.[316] Die Einheitstheorie fand Ein-

310 Vgl. *EStÄndG 1969*, BGBl. I 1969, S. 421.

311 *Preuß. OVG* v. 02.04.1902 zitiert nach *Doralt, W.*, Firmenwert (1978), S. 52.

312 *Preuß. OVG* v. 02.04.1902 zitiert nach *Doralt, W.*, Firmenwert (1978), S. 52.

313 Vgl. *Becker, E.*, Einkommensteuergesetz 1925 (1928), § 13, Bem. 55 sowie § 12, Bem. 18.

314 Vgl. *Becker, E.*, Einkommensteuerrechtliche Behandlung (StuW 1931), Sp. 1410.

315 *RFH* v. 29.07.1931, RStBl. 1931, S. 852.

316 Für eine ausführliche Darstellung der Einheitstheorie vgl. statt vieler *Doralt, W.*, Firmenwert (1976), S. 56 ff.; *Deubner, P.*, Aktivierung und Abschreibung (1971), S. 92 ff.

gang ins Einkommensteuergesetz von 1934, in dem der Geschäfts- oder Firmenwert ausdrücklich in § 6 Abs. 1 Nr. 2 Satz 1 unter den aktivierungspflichtigen, nicht abnutzbaren Wirtschaftsgütern aufgeführt wurde.[317] Wahlweise konnte der niedrigere Teilwert angesetzt werden. Der Bundesfinanzhof folgte der vom RFH entwickelten Einheitstheorie, wobei er jedoch den so genannten Praxiswert freier Berufe und andere personenbezogene Geschäfts- oder Firmenwerte davon ausnahm und ihnen regelmäßige Abschreibungen zuerkannte,[318] um nicht mit seinem statischen Verständnis des Goodwills als personenungebundenen Wert[319] zu brechen. Die bereits erwähnte Einführung des § 5 Abs. 2 EStG 1969 bestätigte noch einmal die Aktivierungspflicht des entgeltlich erworbenen Geschäfts- oder Firmenwerts im Steuerrecht, da dieser als immaterielles Wirtschaftsgut angesehen wurde.

Zusammenfassend lässt sich sagen, dass Handels- und Steuerrecht in der Vergangenheit bei der Bilanzierung des Goodwills grundlegend unterschiedlichen Wegen folgten. Inwiefern die festgestellte Diskrepanz im gegenwärtigen Recht fortbesteht, wird im nächsten Kapitel behandelt.

B. Gegenwärtige bilanzielle Behandlung des Geschäfts- oder Firmenwerts im Einzelabschluss nach Handels- und Steuerrecht

Der folgende Abschnitt untersucht die bilanzielle Behandlung des Geschäfts- oder Firmenwerts in den aktuellen handels- und steuerrechtlichen Vorschriften. Da in bestimmten Fällen seit dem Jahr 2005 auch eine Anwendung der IFRS im Einzelabschluss beschränkt auf Informationszwecke möglich ist,[320] sei ergänzend auf die entsprechenden Ausführungen im weiteren Verlauf der Arbeit verwiesen.[321] Neben den IFRS könnte sich ferner eine mittelbare Ausstrahlungswirkung aus den DRS ergeben, die im Konzernabschluss nach HGB Anwendung finden. Aufgrund ihrer eingeschränkten und zudem umstrittenen Geltung[322] begnügt sich die Darstellung hier mit einem Verweis auf die entsprechenden Vorschriften.[323]

---

317 Vgl. *EStG 1934*, RGBl. I 1934, S. 1007. § 6 Abs. 1 Nr. 2 Satz 1 EStG 1934 kann daher als die erste explizite gesetzliche Vorschrift zur Bilanzierung des Geschäfts- oder Firmenwerts im deutschen Bilanzsteuerrecht gelten.

318 Vgl. insbes. *BFH* v. 15.04.1958, BStBl. III 1958, S. 330 f. Zur späteren Rechtsprechung vgl. *Söffing, G.*, Geschäfts- oder Firmenwert, in: *Knobbe-Keuk, B. u. a. (Hrsg.)*, Festschrift Döllerer (1988), S. 609 f.

319 Vgl. z. B. *BFH* v. 10.11.1960, BStBl. III 1961, S. 95.

320 Vgl. Fn. 285 auf S. 65.

321 Vgl. S. 113 ff.

322 Vgl. *Coenenberg, A.*, Jahresabschluss (2005), S. 48 f.; *Pellens, B. u. a.*, Internationale Rechnungslegung (2006), S. 49.

323 Zur Bilanzierung des derivativen Goodwills im Konzernabschluss vgl. *DSR*, DRS 4 (2000), Par. 27 ff. Zum originären Goodwill vgl. *DSR*, DRS 12 (2002), Par. 8 sowie die De-lege-ferenda-Empfehlungen im Anhang, insbes. Par. A5.

1. Handelsbilanz

a) Originärer Geschäfts- oder Firmenwert

Analog zum AktG 1965 enthält auch das HGB seit Inkrafttreten des Bilanzrichtlinien-Gesetzes (BiRiLiG) Vorschriften zur bilanziellen Behandlung von Ingangsetzungskosten als Teilmenge des originären Goodwills.[324] Gemäß § 269 HGB besteht für Kapitalgesellschaften und bestimmte Personengesellschaften[325] ein explizites **Wahlrecht, Aufwendungen für die Ingangsetzung und Erweiterung des Geschäftsbetriebs**, die nicht abstrakt bilanzierungsfähig sind, unter gleichnamigem Posten in der Handelsbilanz anzusetzen und separat vor dem Anlagevermögen auszuweisen.[326] Ergänzend verlangt § 282 HGB eine **Abschreibung** dieses Postens **in Höhe von mindestens 25%** in jedem folgenden Geschäftsjahr; die maximale Abschreibungsdauer beträgt demnach fünf Jahre.[327] Das Gesetz weist den Ingangsetzungs- und Erweiterungsaufwendungen erstmals ausdrücklich den Status einer Bilanzierungshilfe zu,[328] womit die ausnahmsweise zulässige Aktivierung von Aufwendungen bezeichnet wird, die weder einen Vermögensgegenstand noch einen Rechnungsabgrenzungsposten begründen. Es handelt sich dabei um eine Billigkeitsmaßnahme, mit der ein unverhältnismäßig hoher Verlustausweis von Unternehmen in Anlauf- oder Erweiterungsphasen vermieden oder verringert werden soll.[329] Neben der ausdrücklichen Bezeichnung als Bilanzierungshilfe und der Verkürzung der Abschreibungsfrist unterscheidet sich das geltende Recht von § 153 Abs. 4 AktG 1965 darin, dass nicht nur Ingangsetzungs-, sondern auch Erweiterungskosten erfasst sind. Darüber hinaus besteht eine Erläuterungspflicht im Anhang, und es ist zwingend eine Ausschüttungssperre einzurichten. Zu den Ingangsetzungsaufwendungen zählen vor allem Aufwendungen für den Organisationsaufbau, die Personalbeschaffung und -schulung sowie Einführungswerbung, während mit Erweiterungsaufwendungen eine sprunghafte Steigerung der Kapazität des Unternehmens von außerordentlicher Art und wesent-

---

324 Vgl. S. 60 dieser Arbeit.

325 Haftungsbeschränkte Personengesellschaften sind seit der Änderung des HGB durch das Kapitalgesellschaften und Co-Richtlinie-Gesetz v. 24.02.2000 eingeschlossen. Da das Aktivierungswahlrecht jedoch bereits vor dem Inkrafttreten des BiRiLiG ein Grundsatz ordnungsmäßiger Buchführung war, ist es auch den übrigen Personenunternehmen zuzuerkennen (vgl. *Adler, H./Düring, W./Schmaltz, K.*, Rechnungslegung und Prüfung (1995/2000), § 269 HGB, Rn. 7.).

326 Das Mitgliedstaatenwahlrecht der 4. EG-Richtlinie, wonach die Ingangsetzungs- und Erweiterungsaufwendungen auch unter den immateriellen Vermögensgegenständen hätten ausgewiesen werden können, wurde insofern nicht genutzt (vgl. Art. 9 Aktiva B. Satz 1 der 4. EG-RL.).

327 Sie ergibt sich bei folgender Mindestabschreibungsreihe: 0% im Zugangsjahr und je 25% in den vier Folgejahren.

328 Vgl. § 269 Satz 1 HGB.

329 Vgl. *Adler, H./Düring, W./Schmaltz, K.*, Rechnungslegung und Prüfung (1995/2000),

licher Bedeutung einhergehen muss.[330] Betont sei noch, dass auch selbst erstellte immaterielle Vermögensgegenstände, die nach § 248 Abs. 2 HGB einem Aktivierungsverbot unterliegen, unter die aktivierbaren Ingangsetzungs- und Erweiterungsaufwendungen fallen können, sofern mit ihnen eine erhebliche Ausweitung des Produktions- und Vertriebspotentials einhergeht; eine Aushöhlung des § 248 Abs. 2 HGB ist jedoch nicht statthaft.[331]

Für den **übrigen selbst geschaffenen Geschäfts- oder Firmenwert** gilt im Handelsrecht noch immer ein striktes **Aktivierungsverbot**, das traditionell aus den Grundsätzen ordnungsmäßiger Buchführung abgeleitet wird. Es wird üblicherweise damit begründet, dass weder die Höhe der zu seinem Aufbau getätigten Auszahlungen noch der Zeitwert des originären Goodwills mit hinreichender Sicherheit und Genauigkeit feststellbar seien,[332] da eine marktmäßige Bestätigung nicht stattgefunden habe. Gegenüber seinem entgeltlichen Pendant besteht für den originären Geschäfts- oder Firmenwert daher ein größeres Objektivierungs- und Bewertungsproblem, weshalb das Vorsichtsprinzip seinen Bilanzansatz zum Zweck des Gläubigerschutzes verbietet.[333] Zudem sei es nicht Aufgabe der Bilanz, den Unternehmensgesamtwert abzubilden.[334] Die herrschende Meinung lehnt es ferner ab, den originären Geschäfts- oder Firmenwert wegen seiner mangelnden Einzelbewertbarkeit als Vermögensgegenstand anzusehen.[335] Erkennt man den (positiven) originären Geschäfts- oder Firmenwert hingegen trotz fehlender selbstständiger Bewertbarkeit und Einzelverwertbarkeit grundsätzlich als immateriellen Vermögensgegenstand an,[336] so beruht sein Nichtansatz in der Bilanz „lediglich“ auf dem Aktivierungsverbot des § 248 Abs. 2 HGB.

---

§ 269 HGB, Rn. 8.

330 Vgl. zum Aktivierungsumfang im einzelnen *Adler, H./Düring, W./Schmaltz, K.*, Rechnungslegung und Prüfung (1995/2000), § 269 HGB, Rn. 12-15. Von den Ingangsetzungs- und Erweiterungsaufwendungen streng zu unterscheiden sind die Kosten für die Gründung und Kapitalbeschaffung eines Unternehmens, für die nach § 248 Abs. 1 HGB ein Aktivierungsverbot besteht.

331 Vgl. *Coenenberg, A.*, Jahresabschluss (2005), S. 151.

332 Vgl. *Adler, H./Düring, W./Schmaltz, K.*, Rechnungslegung und Prüfung (1995/2000), § 255 HGB, Rn. 257.

333 Vgl. *Mutze, O.*, Aktivierung und Bewertung (1960), S. 230 f.

334 Vgl. zu diesem Argument bereits *Schmalenbach, E.*, Dynamische Bilanz (1933), S. 85.

335 Vgl. etwa *Söffing, G.*, Geschäfts- oder Firmenwert, in: *Knobbe-Keuk, B. u. a. (Hrsg.)*, Festschrift Döllerer (1988), S. 600 f.

336 Diese Ansicht vertreten etwa *Moxter, A.*, Geschäfts- oder Firmenwert, in: Bierich, *M u. a. (Hrsg.)*, Festschrift Semler (1993), S. 853; *Hoyos, M./Huber, F.*, in: *Ellrott, H. u. a. (Hrsg.)*, Beck'scher Bilanz-Kommentar (2006), § 247, Rn. 400; *Döring, U.*, Goodwill, in: *Chmielewicz, K./Schweitzer, M. (Hrsg.)*, HWR (1993), Sp. 814.

b) Derivativer Geschäfts- oder Firmenwert

- **Bilanzansatz**

Die handelsrechtliche Bilanzierung des **derivativen Geschäfts- oder Firmenwerts** wurde mit dem BiRiLiG erstmals für alle Kaufleute gesetzlich geregelt. In § 255 Abs. 4 führt das HGB aus, dass der Unterschiedsbetrag, „um den die für die Übernahme eines Unternehmens bewirkte Gegenleistung den Wert der einzelnen Vermögensgegenstände des Unternehmens abzüglich der Schulden im Zeitpunkt der Übernahme übersteigt“[337], als Geschäfts- oder Firmenwert in der Bilanz angesetzt werden darf.[338] Aus Sicht des Gesetzgebers ist der Goodwill damit ein „verfahrensbedingter, also technischer Differenzbetrag“[339], für den ein **Ansatzwahlrecht** eingeräumt wird.[340] Auch eine Teilaktivierung wird für zulässig befunden.[341] Das Gesetz spezifiziert nicht näher, was in § 255 Abs. 4 HGB mit „Unternehmen“ gemeint ist. Da die Norm jedoch für den Einzelabschluss gilt, kommt es nur im Falle eines Asset Deals zum Entstehen eines derivativen Geschäfts- oder Firmenwerts.

Die **Rechtsnatur** des derivativen Geschäfts- oder Firmenwerts ist im Handelsrecht hingegen sehr umstritten.[342] Insbesondere wegen seiner fehlenden Einzelverwertbarkeit, dem bestehenden Aktivierungswahlrecht und der Durchbrechung des Grundsatzes der Einzelbewertung votiert ein Großteil des Schrifttums für eine Einordnung als Bilanzierungshilfe[343] und schafft damit den Nährboden für eine Divergenz der Begriffe Vermögensgegenstand und Wirtschaftsgut.[344] Gegen diese Argumentation spricht zum einen, dass der Gesetzgeber den (derivativen) Geschäfts- oder Firmenwert in § 266 Abs. 2 A. I. 2 HGB unter den immateriellen Vermögensgegenständen des Anlagevermögens aufgeführt hat;[345] zum anderen, dass abweichend zu den im

---

337 § 255 Abs. 4 Satz 1 HGB.

338 Der Gesetzgeber verwendet anstelle des Adjektivs „derivativ“ insofern eine Erklärung.

339 *Moxter, A.*, Geschäftswertbilanzierung (BB 1979), S. 743.

340 Die unter den Bewertungsvorschriften aufgeführte Norm stellt damit zugleich eine Ansatzvorschrift dar.

341 Vgl. *Adler, H./Düring, W./Schmaltz, K.*, Rechnungslegung und Prüfung (1995/2000), § 255 HGB, Rn. 274.

342 Vgl. auch die Diskussion bei *Fasselt, M./Brinkmann, J.*, in: *Castan, E. u. a. (Hrsg.)*, Beck'sches HdR (1987/2006), Abschn. B 211a, Rn. 14 ff.

343 Vgl. *Coenenberg, A.*, Jahresabschluss (2005), S. 149; *Ballwieser, W.*, Geschäftswert, in: *Busse von Colbe, W./Pellens, B. (Hrsg.)*, Lexikon des Rechnungswesens (1998), S. 284; *Westerfelhaus, H.*, Zwei-Stufen-Ermittlung (DB 1995), S. 885 f.; *Weber, C.-P./Zündorf, H.*, Geschäfts- oder Firmenwert (DB 1989), S. 334; *Söffing, G.*, Geschäfts- oder Firmenwert, in: *Knobbe-Keuk, B. u. a. (Hrsg.)*, Festschrift Döllerer (1988), S. 599 f.; *Wöhe, G.*, Bilanzierung und Bewertung (StuW 1980), S. 100.

344 Vgl. *Ballwieser, W.*, Geschäftswert, in: *Busse von Colbe, W./Pellens, B. (Hrsg.)*, Lexikon des Rechnungswesens (1998), S. 284. Vgl. auch S. 79 dieser Arbeit.

345 Vgl. auch *Zeitler, F.-C.*, Firmenwert (DStR 1988), S. 304.

Gesetz ausdrücklich als Bilanzierungshilfen bezeichneten Posten[346] keine Ausschüttungssperre zu bilden ist.[347] ADLER/DÜRING/SCHMALTZ schließlich sehen im derivativen Goodwill aufgrund der Widersprüche im Gesetz weder eine Bilanzierungshilfe noch einen Vermögensgegenstand, sondern einen „Wert eigener Art“[348], der wahlweise wie ein Vermögensgegenstand behandelt werden könne. Insgesamt ist festzuhalten, dass die Rechtsnatur des derivativen Geschäfts- oder Firmenwerts dem HGB nicht zweifelsfrei entnommen werden kann.[349]

- **Bilanzbewertung**

Bei der **erstmaligen Wertermittlung** des derivativen Geschäfts- oder Firmenwerts ist der Substanzwert des übertragenen Unternehmens zu bestimmen und von den Anschaffungskosten abzuziehen. Der Substanzwert umfasst sämtliche erworbenen Vermögensgegenstände, Rechnungsabgrenzungsposten und Schulden zu ihren Zeitwerten im Übernahmezeitpunkt; er schließt insbesondere auch originäre immaterielle Anlagewerte, die beim erworbenen Unternehmen zuvor wegen § 248 Abs. 2 HGB nicht aktivierungsfähig waren, sowie bislang nicht passivierte Schulden ein. Bilanzierungshilfen gemäß § 269 HGB sind hingegen nicht zu berücksichtigen.[350] Aktivierte Ingangsetzungs- und Erweiterungskosten gehen somit im Falle des Unternehmenserwerbs im derivativen Goodwill auf. Die Zeitwerte der Vermögensgegenstände und Schulden orientieren sich grundsätzlich an den Verwendungsabsichten des Managements, sind im Zweifel jedoch vorsichtig zu bemessen.[351] Da vor allem bei der Aufdeckung stiller Reserven und Lasten weit reichende Ermessens- und Schätzspielräume bestehen, die bilanzpolitisch genutzt werden können, ist DÖRING zuzu-

[346] Vgl. §§ 269, 274 Abs. 2 HGB.

[347] So etwa *Moxter, A.*, Geschäfts- oder Firmenwert, in: *Bierich, M. u. a. (Hrsg.)*, Festschrift Semler (1993), S. 855.

[348] *Adler, H./Düring, W./Schmaltz, K.*, Rechnungslegung und Prüfung (1995/2000), § 255 HGB, Rn. 272. Ähnlich auch *Ellrott, H./Brendt, P.*, in: *Ellrott, H. u. a. (Hrsg.)*, Beck'scher Bilanz-Kommentar (2006), § 255, Rn. 511, die von einem „Vermögensgegenstand besonderer Art“ sprechen.

[349] So auch *Weber, C.-P./Zündorf, H.*, Geschäfts- oder Firmenwert (DB 1989), S. 334; *Söffing, G.*, Geschäfts- oder Firmenwert, in: *Knobbe-Keuk, B. u. a. (Hrsg.)*, Festschrift Döllerer (1988), S. 597. FÖRSCHLE/HOFFMANN bezeichnen den derivativen Goodwill als einen „Grenzfall zwischen Vermögensgegenstand und Bilanzierungshilfe“ (*Förschle, G./Hoffmann, K.*, in: *Ellrott, H. u. a. (Hrsg.)*, Beck'scher Bilanz-Kommentar (2006), § 309, Rn. 6.).

[350] Vgl. *Ellrott, H./Brendt, P.*, in: *Ellrott, H. u. a. (Hrsg.)*, Beck'scher Bilanz-Kommentar (2006), § 255, Rn. 512 ff.; *Adler, H./Düring, W./Schmaltz, K.*, Rechnungslegung und Prüfung (1995/2000), § 255 HGB, Rn. 265 ff.

[351] Vgl. *Adler, H./Düring, W./Schmaltz, K.*, Rechnungslegung und Prüfung (1995/2000), § 255 HGB, Rn. 269.

stimmen, der dem HGB neben dem gesetzlichen Aktivierungswahlrecht ein **faktisches Bewertungswahlrecht** hinsichtlich des derivativen Goodwills zuschreibt.[352]

Insofern der derivative Geschäfts- oder Firmenwert aktiviert wurde, unterliegt er als **Folgebehandlung** einer **zwingenden Abschreibung**, die wahlweise pauschal oder planmäßig erfolgen kann. Die pauschale Abschreibung zu mindestens 25% in jedem folgenden Geschäftsjahr[353] steht grundsätzlich in der Rechtstradition des § 153 Abs. 5 Satz 2 AktG 1965, verkürzt jedoch die maximale Abschreibungsdauer auf fünf Jahre.[354] In dieser vom Vorsichtsprinzip geleiteten, auffallend kurzen Abschreibungsfrist spiegelt sich die Übergewinnauffassung wider, die den Goodwill als ein „flüchtiges Gut" ansieht, welches möglichst rasch wieder aus der Bilanz entfernt werden soll.[355] Alternativ bietet § 255 Abs. 4 Satz 3 HGB die Möglichkeit zu einer planmäßigen Verteilung der Anschaffungskosten des Goodwills auf seine voraussichtliche – in jedem Fall aber endliche – Nutzungsdauer. Diese Option wurde eingefügt, um nach dem Inkrafttreten des BiRiLiG eine einheitliche Bilanzierung des derivativen Goodwills in Handels- und Steuerbilanz zu ermöglichen.[356] So sprechen sich ADLER/DÜRING/SCHMALTZ für eine Akzeptanz der steuerlichen Nutzungsdauerfiktion von 15 Jahren[357] im Regelfall auch für die Handelsbilanz aus.[358] Gleichwohl ist eine unkritische Übernahme dieser Frist abzulehnen – insbesondere, da bei einer erwarteten kürzeren Nutzungsdauer gegen das Vorsichtsprinzip verstoßen würde.[359] Vielmehr ist die Nutzungsdauer des derivativen Goodwills für die Handelsbilanz eigenständig zu schätzen, wobei grundsätzlich auch eine längere Frist als 15 Jahre in

---

352 Vgl. Döring, U., Goodwill, in: Chmielewicz, K./Schweitzer, M. (Hrsg.), HWR (1993), Sp. 815.

353 Vgl. § 255 Abs. 4 Satz 2 HGB.

354 Sie ergibt sich bei folgender Mindestabschreibungsreihe: 0% im Zugangsjahr und je 25% in den vier Folgejahren (vgl. *Förschle, G./Hoffmann, K.*, in: *Ellrott, H. u. a. (Hrsg.)*, Beck'scher Bilanz-Kommentar (2006), § 309, Rn. 11.).

355 Ähnlich *Döring, U.*, Goodwill, in: *Chmielewicz, K./Schweitzer, M. (Hrsg.)*, HWR (1993), Sp. 816.

356 Vgl. *Deutscher Bundestag*, Drucksache 10/4268 v. 18.11.1995, S. 101; *Söffing, G.*, Geschäfts- oder Firmenwert, in: *Knobbe-Keuk, B. u. a. (Hrsg.)*, Festschrift Döllerer (1988), S. 606 f.; *Sigloch, J.*, Neuordnung der Rechnungslegung, in: *Böhler, H. u. a. (Hrsg.)*, Mittelstand und Betriebswirtschaft (1987), S. 117.

357 Vgl. § 7 Abs. 1 Satz 3 EStG sowie S. 80 dieser Arbeit.

358 Vgl. *Adler, H./Düring, W./Schmaltz, K.*, Rechnungslegung und Prüfung (1995/2000), § 255, Rn. 283. MOXTER lehnt sowohl eine Unter- als auch eine Überschreitung dieser Frist ab (vgl. *Moxter, A.*, Geschäfts- oder Firmenwert, in: *Bierich, M. u. a. (Hrsg.)*, Festschrift Semler (1993), S. 858.). SÖFFING sieht 15 Jahre als Höchstgrenze an (vgl. *Söffing, G.*, Geschäfts- oder Firmenwert, in: *Knobbe-Keuk, B. u. a. (Hrsg.)*, Festschrift Döllerer (1988), S. 607.).

359 Vgl. *Wagner, F./Schomaker, H.*, Abschreibung des Firmenwertes (DB 1987), S. 1366.

Frage kommt.[360] In der Praxis ist die Schätzung der Nutzungsdauer mit großer Unsicherheit behaftet, was dem Bilanzierenden erhebliche bilanzpolitische Spielräume eröffnet.[361] Für die planmäßige Abschreibung werden allgemein die Methoden der linearen und degressiven Abschreibung anerkannt.[362]

Der derivative Geschäfts- oder Firmenwerts ist bei vorzeitigem Wegfall eines wesentlichen Bestimmungsfaktors **außerplanmäßig abzuschreiben**.[363] Trotz des grundsätzlichen Wertaufholungsgebots nach § 280 Abs. 1 HGB wird eine **Zuschreibung** von der Literatur unter Hinweis auf das Vorsichtsprinzip **allgemein abgelehnt**.[364]

- **Angabepflichten**

Da der derivative Geschäfts- oder Firmenwert dem Anlagevermögen zugeordnet ist, müssen Kapitalgesellschaften und bestimmte Personengesellschaften seine Entwicklung im Anlagespiegel darstellen.[365] Ferner sind die auf diesen Posten angewandten Bilanzierungs- und Bewertungsmethoden gemäß § 284 Abs. 2 Nr. 1 HGB im Anhang anzuführen. Nach § 285 Nr. 13 HGB besteht darüber hinaus die Pflicht zur Angabe der Gründe, falls die planmäßige Abschreibung gewählt wurde, was die Vermutung nahe legt, das HGB halte diese Option für eine erklärungsbedürftige Abweichung vom „Normalfall" der pauschalen Abschreibung.[366]

---

360 Vgl. *Ballwieser, W.*, Geschäftswert, in: *Busse von Colbe, W./Pellens, B. (Hrsg.)*, Lexikon des Rechnungswesens (1998), S. 285; *Ellrott, H./Brendt, P.*, in: *Ellrott, H. u. a. (Hrsg.)*, Beck'scher Bilanz-Kommentar (2006), § 255, Rn. 520. Einige Autoren halten – wohl in Anlehnung an den ehemaligen US-Standard APB Opinion No. 17 – eine Nutzungsdauer von maximal 40 Jahren für zulässig (vgl. z. B. *Küting, K./Hayn, S.*, Angelsächsischer Konzernabschluß (AG 1996), S. 57.).

361 Vgl. *Wagner, F./Schomaker, H.*, Abschreibung des Firmenwertes (DB 1987), S. 1367.

362 Vgl. *Adler, H./Düring, W./Schmaltz, K.*, Rechnungslegung und Prüfung (1995/2000), § 255 HGB, Rn. 282; *Döring, U.*, Goodwill, in: *Chmielewicz, K./Schweitzer, M. (Hrsg.)*, HWR (1993), Sp. 816.

363 Vgl. *Ellrott, H./Brendt, P.*, in: *Ellrott, H. u. a. (Hrsg.)*, Beck'scher Bilanz-Kommentar (2006), § 255, Rn. 524. Anderer Ansicht *Söffing, G.*, Geschäfts- oder Firmenwert, in: *Knobbe-Keuk, B. u. a. (Hrsg.)*, Festschrift Döllerer (1988), S. 607.

364 Vgl. *Adler, H./Düring, W./Schmaltz, K.*, Rechnungslegung und Prüfung (1995/2000), § 255 HGB, Rn. 287; *Ellrott, H./Brendt, P.*, in: *Ellrott, H. u. a. (Hrsg.)*, Beck'scher Bilanz-Kommentar (2006), § 255, Rn. 524; *Fasselt, M./Brinkmann, J.*, in: *Castan, E. u. a. (Hrsg.)*, Beck'sches HdR (1987/2006), Abschn. B 211a, Rn. 187 ff.

365 Vgl. § 268 Abs. 2 HGB.

366 Vgl. Döring, U., Goodwill, in: Chmielewicz, K./Schweitzer, M. (Hrsg.), HWR (1993), Sp. 817.

c) Sonderfall: Negativer Geschäfts- oder Firmenwert

Ein **negativer (derivativer) Geschäfts- oder Firmenwert** kommt, wie bereits ausgeführt wurde, formal zustande, wenn die Übernahme eines Unternehmens zu einem Wert unterhalb des (anteiligen) Substanzwerts erfolgt. Seine Existenz und bilanzielle Behandlung ist im Einzelabschluss heftig umstritten. So gelangt SÖFFING zu dem Schluss, dass ein negativer Geschäfts- oder Firmenwert nicht existiere, da weder das HGB noch das EStG explizite gesetzliche Regelungen enthalten.[367] Ein Minderkaufpreis sei daher im Rahmen der Wertansätze der einzelnen Vermögensgegenstände und Schulden zu berücksichtigen.[368] ADLER/DÜRING/SCHMALTZ halten ebenfalls in der Regel eine ursächliche Verteilung des Differenzbetrages im Wege der Abstockung sowie Aufstockung für möglich und geboten;[369] sie begründen dies mit dem Anschaffungswertprinzip,[370] das eine Bilanzbewertung oberhalb der Anschaffungskosten verbiete. Verbleibe in Ausnahmefällen dennoch ein Restbetrag, weil nur noch nicht abstockungsfähiges Vermögen (zum Beispiel Kasse) vorliege, so sei der Ansatz eines ergänzenden Passivums unerlässlich,[371] bei dem es sich weder um eine Verbindlichkeit, Rückstellung noch um einen passiven Rechnungsabgrenzungsposten handele.[372] Der Posten ist erst bei Eintritt der zugrunde liegenden Verlusterwartungen gewinnerhöhend aufzulösen.[373] SIEGEL/BAREIS hingegen lehnen eine Passivierung mit Hinweis auf das Anschaffungswertprinzip allgemein ab und befürworten den Ausweis eines Erwerbsgewinns,[374] wohingegen MOXTER argumentiert, der Ansatz eines negativen Geschäfts- oder Firmenwerts könne sich auf das gesetzliche Aus-

---

367 Zudem wird ein negativen Geschäfts- oder Firmenwerts nicht in der Bilanzgliederung erwähnt. So auch *Heurung, R.*, Der negative Geschäftswert (DB 1995), S. 385.

368 Vgl. *Söffing, G.*, Geschäfts- oder Firmenwert, in: *Knobbe-Keuk, B. u. a. (Hrsg.)*, Festschrift Döllerer (1988), S. 596. Ihm folgend *Niemann, U.*, Immaterielle Wirtschaftsgüter (1999), S. 47.

369 Zu den verschiedenen Abstockungsalternativen vgl. *Ernsting, I.*, Negativer Geschäfts- oder Firmenwert (WPg 1998), S. 409 f.

370 Vgl. § 253 Abs. 1 Satz 1 HGB.

371 So auch *Ellrott, H./Brendt, P.*, in: *Ellrott, H. u. a. (Hrsg.)*, Beck'scher Bilanz-Kommentar (2006), § 255, Rn. 516. Zur Verdeutlichung wird ein Beispiel angeführt: Unternehmen U_1 erwerbe in einem Asset Deal das Unternehmen U_2 zu Anschaffungskosten von 80 GE; der Substanzwert betrage 100 GE. Im Fall a) verfüge U_2 einzig über ein Grundstück und sei vollständig eigenfinanziert (Buchwert jeweils 100 GE). Es kommt zu einer Abstockung des Grundstücks um 20 GE, ein negativer Goodwill entsteht nicht. Im Fall b) bestehe das Vermögen von U_2 anstelle des Grundstücks aus Bar- und Buchgeld. Da eine Abstockung von Nominalgütern abgelehnt wird, ist der Differenzbetrag von -20 GE zu passivieren (negativer Goodwill).

372 Auch eine „Passivierungshilfe" kommt nach SIEGEL/BAREIS nicht in Betracht (vgl. *Siegel, T./Bareis, P.*, Der „negative Geschäftswert" (BB 1993), S. 1482.).

373 Vgl. *Adler, H./Düring, W./Schmaltz, K.*, Rechnungslegung und Prüfung (1995/2000), § 255 HGB, Rn. 294 f.

374 Vgl. *Siegel, T./Bareis, P.*, Der „negative Geschäftswert" (BB 1993), S. 1481 f. u. 1485.

weisverbot unrealisierter Gewinne (§ 252 Abs. 1 Nr. 4 HGB) stützen.[375] Ein negativer Goodwill im Einzelabschluss wird zum Teil auch aus den Vorschriften zur Kapitalkonsolidierung im Konzernabschluss abgeleitet,[376] die den Ansatz eines solchen Postens offensichtlich vorsehen.[377] Die Mindermeinung plädiert für einen unverzerrten Ansatz der erworbenen Vermögensgegenstände und Schulden zu Zeitwerten bei gleichzeitiger Passivierung des vollständigen negativen Goodwills.[378] Dieser habe einen den Drohverlustrückstellungen ähnlichen Charakter und sei bei Eintritt der erwarteten Verluste oder Aufwendungen ertragswirksam aufzulösen.[379]

Insgesamt verbleibt bei der handelsrechtlichen Bilanzierung eines negativen Geschäfts- oder Firmenwerts ein Interpretationsspielraum. In jüngerer Zeit scheint jedoch weniger dessen grundsätzliche Passivierung – wie immer der Posten auch genannt wird – als vielmehr der Umfang des Passivpostens strittig zu sein.[380] Überwiegend wird eine Abstockung des Vermögens (ausgenommen Bar- und Buchgeld) sowie eine Aufstockung der Schulden (das heißt Zuschreibung bereits passivierter und Ansatz nicht ausgewiesener Verpflichtungen) verlangt. Für den Restbetrag kann von einem **Passivierungsgebot** ausgegangen werden,[381] wobei ein über dem Eigenkapitalbuchwert des erworbenen Unternehmens liegender Substanzwert jedoch unberücksichtigt bleibt.[382]

---

375 Vgl. *Moxter, A.*, Geschäfts- oder Firmenwert, in: *Bierich, M. u. a. (Hrsg.)*, Festschrift Semler (1993), S. 857.

376 Vgl. z. B. *Bachem, R.*, Der „negative Geschäftswert" (BB 1993), S. 1976. Ablehnend *Siegel, T./Bareis, P.*, Zum „negativen Geschäftswert" (BB 1994), S. 319.

377 Vgl. § 309 Abs. 2 i. V. m. § 301 Abs. 3 Satz 1 HGB.

378 So bereits auch *Auler, W.*, Unternehmungsmehr- und -minderwert (ZfB 1927), S. 843. In obigem Beispiel würde demnach auch im Fall a) auf eine Abstockung verzichtet, vielmehr käme es zum Ansatz eines negativen Goodwills in Höhe von -20 GE.

379 Vgl. *Bachem, R.*, Berücksichtigung negativer Geschäftswerte (BB 1993), S. 968 ff. m. w. N.

380 Vgl. *Ernsting, I.*, Negativer Geschäfts- oder Firmenwert (WPg 1998), S. 413.

381 Vgl. *Ellrott, H./Brendt, P.*, in: *Budde, W. u. a. (Hrsg.)*, Beck'scher Bilanz-Kommentar (2006), § 255, Rn. 516.

382 Hierzu wiederum ein Beispiel: U_1 erwerbe in einem Asset Deal U_2 zu Anschaffungskosten von 80 GE; der Substanzwert betrage nunmehr 120 GE. Das Vermögen von U_2 bestehe aus einem Grundstück (Buchwert = 10 GE) sowie Kassenbestand (90 GE) und sei vollständig eigenfinanziert. Nach herrschender Meinung ist das Grundstück um 10 GE abzustocken und der Restbetrag zwischen Anschaffungskosten und Eigenkapitalbuchwert in Höhe von -10 GE zu passivieren (negativer Goodwill). Der über den Eigenkapitalbuchwert hinausgehende Teil des Substanzwerts (20 GE) bleibt demgegenüber außer Betracht.

2. Steuerbilanz

a) Originärer Geschäfts- oder Firmenwert

Im Unterschied zum Handelsrecht ist der **Ansatz** von **Ingangsetzungs- und Erweiterungsaufwendungen** in der Steuerbilanz **verboten**, da diese keine Wirtschaftsgüter darstellen und die Rechtsprechung keine steuerlichen Bilanzierungshilfen anerkennt.[383] Es liegt somit ein Fall der fakultativen Durchbrechung des Maßgeblichkeitsgrundsatzes vor, da das Aufstellen einer Einheitsbilanz nur bei Nichtinanspruchnahme des Aktivierungswahlrechts in der Handelsbilanz möglich ist. Wird das Wahlrecht hingegen ausgeübt, so ist in der Handelsbilanz nach § 274 Abs. 1 i. V. m. § 249 Abs. 1 HGB eine Rückstellung für latente Steuern zu bilden.[384]

Der **originären Geschäfts- oder Firmenwert im engeren Sinne** unterliegt im Steuerrecht ebenfalls einem **Aktivierungsverbot**, das bereits aus dem Maßgeblichkeitsprinzip resultiert.[385] Da der Geschäfts- oder Firmenwert steuerlich unabhängig von seiner Entstehungsweise als Wirtschaftsgut angesehen wird,[386] ergibt sich das Ansatzverbot für seine originäre Erscheinungsform auch als Umkehrschluss aus § 5 Abs. 2 EStG.[387]

b) Derivativer Geschäfts- oder Firmenwert

Der **derivative Geschäfts- oder Firmenwert** ist in der Steuerbilanz nach § 5 Abs. 2 EStG als immaterielles Wirtschaftsgut **aktivierungspflichtig**.[388] Folglich handelt es sich auch hier um einen Fall der fakultativen Durchbrechung der Maßgeblichkeit; eine Einheitsbilanz wird grundsätzlich nur im Falle der Aktivierung des Goodwills in der Handelsbilanz möglich. Die Ermittlung der Anschaffungskosten des derivativen Goodwills folgt weitgehend der handelsrechtlichen Vorgehensweise, wobei einige

---

383 Vgl. *Weber-Grellet, H.*, in: *Schmidt, L. (Hrsg.)*, Einkommensteuergesetz (2006), § 5, Rn. 32 u. 101. Es handelt sich um eine Ausnahme vom Grundsatz, dass handelsrechtliche Aktivierungswahlrechte zu steuerlichen Aktivierungsgeboten werden.

384 Vgl. auch *Veit, K.-R.*, Inanspruchnahme von Bilanzierungshilfen (DB 1995), S. 2129.

385 Vgl. *Döring, U.*, Goodwill, in: *Chmielewicz, K./Schweitzer, M. (Hrsg.)*, HWR (1993), Sp. 817. So wohl auch *Moxter, A.*, Geschäfts- oder Firmenwert, in: *Bierich, M. u. a. (Hrsg.)*, Festschrift Semler (1993), S. 854.

386 Vgl. *Weber-Grellet, H.*, in: *Schmidt, L. (Hrsg.)*, Einkommensteuergesetz (2006), § 5, Rn. 222, der jedoch de lege ferenda vorschlägt, den Geschäfts- oder Firmenwert steuerrechtlich als Ausgleichsposten einzustufen.

387 Vgl. *Söffing, G.*, Geschäfts- oder Firmenwert, in: *Knobbe-Keuk, B. u. a. (Hrsg.)*, Festschrift Döllerer (1988), S. 597 u. 600 f.

388 Vgl. *Weber-Grellet, H.*, in: *Schmidt, L. (Hrsg.)*, Einkommensteuergesetz (2006), § 5, Rn. 222. Darüber hinaus werden handelsrechtliche Aktivierungswahlrechte nach ständiger Rechtsprechung des BFH zu steuerlichen Aktivierungsgeboten (vgl. *Wöhe, G.*, Betriebswirtschaftliche Steuerlehre (1992), S. 283.).

Besonderheiten zu abweichenden Wertansätzen in der Steuerbilanz führen können.[389] Im Rahmen der Feststellung des Substanzwerts existiert insgesamt auch steuerrechtlich ein nicht unbeträchtlicher bilanzpolitischer Spielraum.[390]

Durch das BiRiLiG entfernte der Gesetzgeber den (entgeltlich erworbenen) Geschäfts- oder Firmenwert aus der Aufzählung der nicht abnutzbaren Wirtschaftsgüter in § 6 Abs. 1 Nr. 2 EStG. Damit wurde das seit 1934 gesetzlich verankerte Verbot einer systematischen Abschreibung aufgegeben.[391] Seit dem 1.1.1987 gehört der derivative Geschäfts- oder Firmenwert zu den abnutzbaren Wirtschaftsgütern und ist entsprechend der Neuregelung in § 7 Abs. 1 Satz 3 EStG zwingend **planmäßig über** eine fingierte **Nutzungsdauer von 15 Jahren abzuschreiben**. Bei dieser – fiskalisch motivierten[392] – Frist handelt es sich um eine unwiderlegbare Vermutung: Sie ist entgegen dem Handelsrecht auch im Falle einer kürzeren Nutzungsdauer anzuwenden ist.[393] Als Abschreibungsmethode ist ausschließlich die lineare Absetzung für Abnutzung zulässig.[394]

Damit ist festzuhalten, dass eine Übereinstimmung von Handels- und Steuerbilanz hinsichtlich des derivativen Goodwills streng genommen nur unter den Prämissen eines gleichen Werts bei erstmaliger Ermittlung, einer tatsächlichen (!) Nutzungsdauer von 15 Jahren und Anwendung der linearen Abschreibung gegeben ist.[395] Da die Kommentarliteratur jedoch teilweise auch eine allgemeine Übernahme der steuerlichen Nutzungsdauerfiktion ins Handelsrecht für akzeptabel hält,[396] weitet sich der Anwendungsbereich für eine Einheitsbilanz aus.

Strittig ist, ob mit der Einordnung des Geschäfts- oder Firmenwerts unter die abnutzbaren Wirtschaftsgüter die Einheitstheorie aufgegeben wurde oder ob diese im Rah-

---

389 Zu denken ist beispielsweise an den so genannten Lästigenzuschlag zur Abfindung eines „lästigen" Gesellschafters, der im Handelsrecht zum Geschäfts- oder Firmenwert zählt, steuerrechtlich dagegen nicht (vgl. *Söffing, G.*, Geschäfts- oder Firmenwert, in: *Knobbe-Keuk, B. u. a. (Hrsg.)*, Festschrift Döllerer (1988), S. 595 f.). Kritisch zum steuerrechtlichen Vorgehen *Ballwieser, W.*, Geschäftswert, in: *Busse von Colbe, W./Pellens, B. (Hrsg.)*, Lexikon des Rechnungswesens (1998), S. 285 f.

390 Vgl. Döring, U., Goodwill, in: Chmielewicz, K./Schweitzer, M. (Hrsg.), HWR (1993), Sp. 817.

391 Vgl. *BiRiLiG*, BGBl. I 1985, S. 2425 f.

392 Vgl. *Söffing, G.*, Geschäfts- oder Firmenwert, in: *Knobbe-Keuk, B. u. a. (Hrsg.)*, Festschrift Döllerer (1988), S. 610.

393 Vgl. *BMF*, Schreiben v. 20.11.1986, BStBl. I 1986, S. 532.

394 Vgl. *Weber-Grellet, H.*, in: *Schmidt, L. (Hrsg.)*, Einkommensteuergesetz (2006), § 5, Rn. 227.

395 Abweichende Jahresergebnisse in Handels- und Steuerbilanz erfordern ggf. die Berücksichtigung latenter Steuern (vgl. *Veit, K.-R.*, Der derivative Firmenwert (DB 1989), S. 1095.).

396 Vgl. S. 75 dieser Arbeit.

men der **Teilwertabschreibung** noch immer zu berücksichtigen ist. Während die überwiegende Meinung von der Unwirksamkeit der Einheitstheorie ausgeht,[397] vertritt GLANEGGER die Auffassung, dass eine Teilwertermittlung für den Goodwill überhaupt nur auf Grundlage der Einheitstheorie durchführbar sei.[398] Entgegen dem Handelsrecht gilt im Steuerrecht zudem auch für den Geschäfts- oder Firmenwert ein **Wertaufholungsgebot**.[399]

c) Sonderfall: Negativer Geschäfts- oder Firmenwert

Die Frage nach der Anerkennung eines **negativen Geschäfts- oder Firmenwerts** in der Steuerbilanz ist insbesondere vor dem Hintergrund relevant, dass durch seine Passivierung der Ausweis eines Erwerbsgewinns oder eine Abstockung der Wirtschaftsgüter vermieden wird und damit zukünftiges Abschreibungspotential erhalten bleibt. Der negative Geschäfts- oder Firmenwert bewirkt damit eine zinslose Steuerstundung.[400]

In Ermangelung einer gesetzlichen Vorschrift ist seine bilanzielle Behandlung im Steuerrecht nicht weniger kontrovers als im Handelsrecht; für eine Darstellung des Meinungsspektrums in der Literatur kann daher auf obige Diskussion verwiesen werden. Die Steuerrechtsprechung hat die Existenz des negativen Geschäfts- oder Firmenwerts lange Zeit abgelehnt und für eine Abstockung der Wirtschaftsgüter plädiert.[401] Dies wurde zum einen damit begründet, dass eine falsche, das heißt überhöhte Bewertung der einzelnen Wirtschaftsgüter vorliegen müsse, die zu korrigieren sei.[402] Ferner schreibe das Anschaffungswertprinzip[403] die Anschaffungskosten als Wertobergrenze fest.[404] Zum anderen sei ein negativer Geschäfts- oder Firmenwert

---

397 Vgl. *Ellrott, H./Brendt, P.*, in: *Budde, W. u. a. (Hrsg.)*, Beck'scher Bilanz-Kommentar (2006), § 255, Rn. 526; *Ballwieser, W.*, Geschäftswert, in: *Busse von Colbe, W./Pellens, B. (Hrsg.)*, Lexikon des Rechnungswesens (1998), S. 286; *Moxter, A.*, Geschäfts- oder Firmenwert, in: *Bierich, M. u. a. (Hrsg.)*, Festschrift Semler (1993), S. 860; *Söffing, G.*, Geschäfts- oder Firmenwert, in: *Knobbe-Keuk, B. u. a. (Hrsg.)*, Festschrift Döllerer (1988), S. 612; *Zeitler, F.-C.*, Firmenwert (DStR 1988), S. 304.

398 Vgl. *Glanegger, P.*, in: *Schmidt, L. (Hrsg.)*, Einkommensteuergesetz (2006), § 6, Rn. 242.

399 Vgl. *Ellrott, H./Brendt, P.*, in: *Budde, W. u. a. (Hrsg.)*, Beck'scher Bilanz-Kommentar (2006), § 255, Rn. 526.

400 Vgl. *Ernsting, I.*, Negativer Geschäfts- oder Firmenwert (WPg 1998), S. 406.

401 Hierzu ausführlich *Ernsting, I.*, Negativer Geschäfts- oder Firmenwert (WPg 1998), S. 408 f.; *Bachem, R.*, Berücksichtigung negativer Geschäftswerte (BB 1993), S. 970 f.

402 So bereits *RFH* v. 15.10.1924, RFHE, Bd. 15, S. 5.

403 Vgl. § 6 Abs. 1 Nr. 7 EStG.

404 Vgl. *BFH* v. 19.02.1981, BStBl. II 1981, S. 730 f.

nicht passivierungsfähig, da es sich weder um ein negatives Wirtschaftsgut noch um einen passiven Rechnungsabgrenzungsposten handele.[405]

Bemerkenswert erscheint, dass das Niedersächsische Finanzgericht in seinem Urteil vom 24.10.1991 die Passivierung eines negativen Geschäfts- oder Firmenwerts ausdrücklich zuließ, sofern kein abstockungsfähiges Vermögen mehr vorliege.[406] Zwar lehnte der BFH dies in der Revisionsentscheidung grundsätzlich ab, kreierte stattdessen jedoch einen „passiven Ausgleichsposten", der erst bei Eintreten der erwarteten Verluste bzw. dem Abgang der Beteiligung aufzulösen ist.[407] Der BFH hat diese Rechtsanschauung im Jahre 1996 ausdrücklich bestätigt.[408] Im Ergebnis kann damit nunmehr von einer **faktischen Passivierungspflicht** eines negativen Goodwills – wenngleich auch unter anderer Bezeichnung – in der Steuerbilanz ausgegangen werden, die jedoch erst nach einer pauschalen Abstockung der Aktiva (mit Ausnahme des Bar- und Buchgeldbestands) auf Null und Aufstockung der Schulden greift.[409]

In der Gegenüberstellung von Handels- und Steuerrecht lässt sich insgesamt feststellen, dass die historisch gewachsenen Unterschiede im Rahmen der Goodwill-Bilanzierung durch das BiRiLiG nur teilweise beseitigt wurden. Abweichungen insbesondere hinsichtlich der Behandlung der Ingangsetzungs- und Erweiterungskosten sowie des derivativen Geschäfts- oder Firmenwerts bestehen fort. Während der derivative Goodwill vom Steuerrecht als immaterielles Wirtschaftsgut angesehen wird, scheint sich das Handelsrecht noch immer zwischen der Einordnung als Bilanzierungshilfe oder als Vermögensgegenstand zu schwanken, wodurch ein erheblicher bilanzpolitischer Ermessensspielraum entsteht.

II. Bilanzierung des Goodwills in der britischen Rechnungslegung

Analog zur deutschen Rechnungslegung sollen einführend zunächst die wichtigsten Charakteristika des britischen Bilanzrechts skizziert werden, bevor die bilanzielle Behandlung des Goodwills untersucht wird. Für das britische Handelsbilanzrecht wird dabei der allgemein übliche Ausdruck **UK-GAAP** verwendet. DAVIES u. a. definieren diesen Begriff als „United Kingdom Generally Accepted Accounting Principles *and* Practice" und fassen darunter neben den gesetzlichen Bestimmungen (*Companies Act*), den Rechnungslegungsstandards (SSAP, FRS) und -interpretationen (*UITF Abstracts*) sowie den Börsenzulassungsregeln als zwingende Vorschriften alle aner-

405 Vgl. *Ernsting, I.*, Negativer Geschäfts- oder Firmenwert (WPg 1998), S. 409; *Bachem, R.*, Berücksichtigung negativer Geschäftswerte (BB 1993), S. 971.

406 Vgl. *Niedersächsisches Finanzgericht*, Urteil v. 24.10.1991, EFG 1993, S. 15.

407 Vgl. *BFH* v. 21.04.1994, BStBl. II 1994, S. 745 ff. Kritisch zum passiven Ausgleichsposten *Gießler, O.*, Der negative Geschäftswert (1996), S. 105 f.

408 Vgl. *BFH* v. 12.12.1996 (WPg 1998), S. 65 f.

kannten Bilanzierungsmethoden und -gepflogenheiten außerhalb der offiziellen Verlautbarungen.[410] Wie die Aufzählung bereits andeutet, sind die UK-GAAP durch eine bemerkenswerte Interaktion von kodifiziertem und nicht-kodifiziertem Bilanzrecht gekennzeichnet, so dass von einem Dualismus aus gesetzlichen Bestimmungen und Rechnungslegungsstandards[411] gesprochen werden kann. Seit 2004 können im Einzel- und Konzernabschluss zudem anstelle der nationalen Rechnungslegungsstandards wahlweise auch die IFRS angewandt werden.[412]

Im Mittelpunkt der UK-GAAP steht traditionell die Informationsfunktion mit dem Grundsatz des True and fair view als *overriding principle*.[413] Die Zahlungsbemessungsfunktion der Rechnungslegung wird demgegenüber im Wesentlichen durch Überleitungsrechnungen zum ausschüttungsfähigen Erfolg umgesetzt.[414] Zum Verhältnis von Handels- und Steuerbilanzrecht ist darüber hinaus Folgendes festzuhalten: Während in Großbritannien ursprünglich eine weitgehende – wenngleich nicht vollständige – Abkopplung beider Rechenwerke festzustellen war, zeigen sich in den letzten Jahren verstärkt Tendenzen in Richtung einer faktischen bis hin zu einer gar gesetzlichen Maßgeblichkeit.[415]

A. Historische Entwicklung

In diesem Abschnitt wird zunächst die frühe historische Entwicklung der Bilanzierung des Goodwills aufgezeigt. Besondere Bedeutung kommt anschließend der kritischen Betrachtung von SSAP 22, dem ersten britischen Standard zur Goodwill-Bilanzierung, zu, da sich dieser zum einen aufgrund der Übergangsbestimmungen des gegenwärtigen Standards FRS 10 weiter auswirkt. Zum anderen verspricht die durch

---

409 Vgl. *Ernsting, I.*, Negativer Geschäfts- oder Firmenwert (WPg 1998), S. 420 f.

410 Vgl. *Davies, M. u. a.*, UK GAAP (1999), S. 2. Ähnlich auch *PricewaterhouseCoopers*, Student's Manual of Accounting (1999), Tz. 2.5 f.

411 Ähnlich *Emmrich, M.*, Reform der externen Rechnungslegung (1999), S. 29. Ein „Dualismus" besteht streng genommen allerdings nur für Kapitalgesellschaften und Konzerne, da der Companies Act nicht für Einzelunternehmen und Personengesellschaften gilt. Ausführlich zum Verhältnis von gesetzlichem Bilanzrecht und Rechnungslegungsstandards vgl. *Schmidt, I.*, Goodwill (2002), S. 62 ff. u. 172 f.

412 Vgl. sec. 226 (2) u. sec. 227 (3) CA 1985 i. V. m. UK Statutory Instruments 2004/2947.

413 Vgl. *ASB*, Statement of principles (1999), Chapter 1, Principles. Zum True and fair view vgl. bereits Fn. 153 auf S. 36 m. w. N. Der Financial Reporting Council bestätigte hierzu jüngst, dass sich an der überragenden Bedeutung des True and fair view für die britische Rechnungslegung auch infolge einer Anwendung der IFRS nichts ändern werde (vgl. *FRC*, Implications of new accounting standards (2005).).

414 Vgl. *Schmidt, I.*, Goodwill (2002), S. 68 ff.

415 Vgl. bereits *Schmidt, I.*, Goodwill (2002), S. 72 ff. Die entsprechende Klausel im britischen Finance Act wurde inzwischen sprachlich leicht geändert, wobei die inhaltliche Bedeutung gleich blieb (vgl. sec. 103 FA 2002 *sowie Nobes, C.*, Taxable Income of Businesses (2004), S. 11 ff.).

SSAP 22 entfachte *brand accounting debate* wichtige Hinweise für spätere Reformüberlegungen.

1. Kodifiziertes Recht

Wie im Ersten Teil dargestellt,[416] lässt sich eine Auseinandersetzung des englischen Case Law mit dem Goodwill bis in das 16. Jahrhundert zurückverfolgen. Bilanzierungsfragen spielten zu dieser Zeit jedoch offenbar nur eine untergeordnete Rolle. So wurde der Goodwill erst in einer Gerichtsentscheidung im Jahre 1743 als Vermögenswert (*asset*) anerkannt.[417] Eine intensive fachliche Diskussion mit ersten Publikationen zur Bilanzierung des Goodwills setzte gar erst in der zweiten Hälfte des 19. Jahrhunderts ein und war eng mit der Entstehung der Berufsverbände der *Accountants* und der ersten Fachzeitschriften zur Rechnungslegung verbunden.[418] Die zur Jahrhundertwende herrschende Meinung sah den **derivativen Goodwill** ähnlich wie Grundvermögen **handelsrechtlich** als *permanent asset* an, das heißt als nicht abnutzbaren Vermögenswert. Bemerkenswert erscheint, dass aus diesem Verständnis heraus jedoch nicht – wie seinerzeit im deutschen Bilanzsteuerrecht – für die Aktivierung und periodische Werthaltigkeitsüberprüfung, sondern eine sofortige Verrechnung des Goodwills mit den Rücklagen plädiert wurde. Begründet wurde dies damit, dass der Periodenerfolg nicht durch Wertfluktuationen verzerrt werden sollte.[419] Einzelunternehmen und Personengesellschaften, die nicht reglementiert waren, folgten dieser Bilanzierungsmethode weitgehend, zumal sie einfach handhabbar war.[420] Kapitalgesellschaften unterlagen demgegenüber mit dem Companies Act gesetzlichen Vorschriften, die eine Verrechnung mit den Rücklagen ausschlossen.[421] Da auch eine (erfolgswirksame) Sofortabschreibung seinem Charakter nicht Rechnung getragen

---

416 Vgl. S. 50.

417 Vgl. *Allan, C.*, Law Relating to Goodwill (1889) zitiert nach *Hughes, H.*, Goodwill in Accounting (1982), S. 18.

418 Der erste Aufsatz zur Bilanzierung des Goodwills erschien im Jahre 1884 in der Zeitschrift *The Accountant*, die 1874 gegründet worden war. Intensiv mit der Bewertung des Goodwills beschäftigte sich erstmals FRANCIS MORE ebenfalls in „The Accountant" im Jahre 1891 (vgl. *More, F.*, Goodwill (Accountant 1891), S. 282 ff.). Für eine ausführliche Diskussion früher Ansätze zur Bilanzierung und Bewertung des Goodwills vgl. *Bryer, R.*, Accounting for Goodwill (BAR 1995), S. 291 ff.; *Carsberg, B.*, Goodwill Valuation (JoAR 1966), S. 2 ff.

419 Vgl. hierzu auch BROWNE, der schreibt: „Goodwill … should not appear as an asset in a private Balance Sheet, but it should be at once eliminated by a debit to capital. … it is an error of principle to write it off through Profit and Loss Account." (*Browne, E.*, Goodwill (Accountant 1902), S. 1342.).

420 Vgl. *Hughes, H.*, Goodwill in Accounting (1982), S. 31.

421 Vgl. *Browne, E.*, Goodwill (Accountant 1902), S. 1342. Darüber hinaus schrieb der CA 1900 vor, im Falle einer Kapitalerhöhung zum Zweck des Unternehmenserwerbs die Höhe des Goodwills gesondert im Börsenprospekt anzugeben (vgl. *Carsberg, B.*, Goodwill Valuation (JoAR 1966), S. 2.).

hätte,[422] führte die Mehrheit der Kapitalgesellschaften den derivativen Goodwill schließlich dennoch unverändert in der Bilanz fort und schrieb ihn nur bei tatsächlicher Wertminderung ab.[423] Aus Vorsichtserwägungen sowie als Konsequenz des Übergewinnverständnisses[424] wurde zum Teil auch eine systematische Abschreibung befürwortet,[425] wobei in der Praxis zunächst nur in erfolgreichen Geschäftsjahren abgeschrieben wurde.[426]

Entsprechend seines liberalen Grundverständnisses enthielt das britische Bilanzrecht keine weiteren Verbote, was eine Aktivierung des **originären Goodwills** sowie Neubewertung des derivativen Goodwills grundsätzlich möglich machte. Gleichwohl blieben derartige Bilanzierungsweisen in Großbritannien die Ausnahme.[427] Einzig der Ansatz von **Ingangsetzungs- und Erweiterungskosten**, vor allem Organisations- und außerordentliche Werbekosten, schien breitere Zustimmung zu genießen.[428]

Die nächste bedeutende Gesetzesänderung hinsichtlich der Bilanzierung des Goodwills vor Umsetzung der EG-Richtlinien erfolgte mit dem Companies Act 1948,[429] der das Verbot der erfolgsneutralen Verrechnung aufhob.[430] Damit stand auch Kapitalgesellschaften das gesamte Spektrum an Bilanzierungsmöglichkeiten wie den Personenunternehmen offen, wovon sie in der Folgezeit auch sichtlich Gebrauch machten.[431]

Im Ergebnis kann festgehalten werden, dass alle wesentlichen Methoden der Bilanzierung des derivativen Goodwills, das heißt

---

422 „Goodwill is an asset distinctly paid for by shareholders and represented in their capital on the opposite side of the Balance Sheet, profits should not be subject to a charge for its reduction or extinction." (*Browne, E.*, Goodwill (Accountant 1902), S. 1342.).

423 Vgl. *Hughes, H.*, Goodwill in Accounting (1982), S. 32. So auch *Browne, E.*, Goodwill (Accountant 1902), S. 1343.

424 Vgl. S. 54 ff.

425 Vgl. z. B. *Leake, P.*, Goodwill (Accountant 1914), S. 87 ff.

426 Vgl. *Hughes, H.*, Goodwill in Accounting (1982), S. 32.

427 Vgl. *Hughes, H.*, Goodwill in Accounting (1982), S. 42.

428 Vgl. *Hughes, H.*, Goodwill in Accounting (1982), S. 45 ff.

429 Von der Änderung des Bilanzausweises der immateriellen Vermögenswerte Goodwill, Patente und Markenzeichen durch den CA 1928 sei hier abgesehen (vgl. *Edwards, J.*, History of Financial Accounting (1989), S. 134.).

430 Dies ergibt sich aus sec. 66 CA 1948, wonach Verrechnungen mit dem Kapitalkonto, sofern von der Satzung der Gesellschaft erlaubt, zulässig waren.

431 Vgl. zur Bilanzierungspraxis im Zeitraum von 1962-72 die empirische Studie von *Lee, T.*, Accounting for Goodwill (ABR 1973), S. 179 u. 188; für die Zeitspanne 1973-74 vgl. *Holgate, P.*, History and regulation, in: *Power, M. (Hrsg.)*, Goodwill Accounting (1990), S. 10 sowie für 1976-1992 *Higson, C.*, Goodwill (BAR 1998), S. 141 m. w. N.

- die Aktivierung und außerplanmäßige Abschreibung nur bei eingetretener Wertminderung (*impairment-only approach*),
- die Aktivierung und planmäßige Abschreibung über die Nutzungsdauer (*capitalisation and systematic amortisation*),
- die sofortige Abschreibung (*immediate write-off against profit*) sowie
- die erfolgsneutrale Verrechnung mit den Rücklagen (*immediate write-off against reserves*)

bereits seit Beginn des 20. Jahrhunderts in Großbritannien bekannt waren.

Zur historischen Entwicklung der **steuerlichen Behandlung** eines Goodwills bleibt anzumerken, dass hier zum einen ebenfalls ein Aktivierungsverbot für den **originären Goodwill** galt. Zum anderen vertraten die Rechtsprechung und Finanzverwaltung traditionell den Standpunkt, dass ein **derivativer Goodwill** für Zwecke der steuerlichen Gewinnermittlung als *capital asset* anzusehen war,[432] das heißt als Vermögenswert, für den keine steuerlichen Absetzungen (*capital allowances*) zu gewähren sind.[433] Begründet wurde dies mit der Einschätzung, dass die Nutzungsdauer des Goodwills nicht begrenzt sei. In der Steuerbilanz erfolgte daher eine „Dauerbilanzierung" zu Anschaffungskosten, was ein statisches Verständnis des Goodwills impliziert.[434] Erst beim Abgang des zugehörigen Unternehmens wurde der Goodwill steuermindernd bei der Ermittlung des Veräußerungserfolgs berücksichtigt (Endabschreibung).[435] Erfolgte in der Handelsbilanz demgegenüber eine planmäßige Abschreibung des derivativen Goodwills, so waren die Abschreibungsbeträge bei der steuerlichen Gewinnermittlung wieder hinzuzurechnen. Handels- und Steuerbilanzergebnis wichen insofern voneinander ab, wobei sich der Erfolgsunterschied jedoch über die Totalperiode ausglich (so genannte *timing difference*).

---

432 Vgl. *Nobes, C./Norton, J.*, Treatments of Goodwill (JoIAAT 1996), S. 188. Der derivative Goodwill zählte daher auch zu den sog. *tax nothings* (vgl. *Chartered Institute of Taxation*, Tax nothings (1997), S. 17.).

433 Das Prinzip, für *capital expenditures* keine steuerlichen Absetzungen zu gewähren, wurde bereits 1881 im britischen Case Law eingeführt (vgl. *Lamb, M.*, Defining ‚profits' (Conference Paper 2000), S. 3.). Demgegenüber sind *revenue expenditures*, die wiederkehrend anfallen, gewöhnlich steuerlich abziehbar (vgl. *Fitzgibbon, C.*, United Kingdom (ITR 1998), S. IX ff., Druckseite 3.). Die Unterscheidung deutet auf quellentheoretische Elemente im Rahmen der steuerlichen Gewinnermittlung in Großbritannien hin (vgl. *Weise, H.*, Steuern im Vereinigten Königreich (1957), S. 49 f. u. 57.).

434 Vgl. *Hughes, H.*, Goodwill in Accounting (1982), S. 204 f.; *Auler, W.*, Unternehmungsmehr- und -minderwert (ZfB 1927), S. 844.

435 Vgl. *Fitzgibbon, C.*, United Kingdom (ITR 1998), S. IX ff. (S. 3).

2. Nicht-kodifiziertes Recht

Im Jahre **1980** veröffentlichte der britische Standard-Setter als erste offizielle Stellungnahme zur Goodwill-Bilanzierung ein **Diskussionspapier**.[436] Darin wurde dem Goodwill ohne Differenzierung die Vermögenswerteigenschaft zuerkannt. Während der Ansatz eines originären Goodwills abgelehnt wurde,[437] war für seine derivative Erscheinungsform eine Verpflichtung zur Aktivierung und planmäßigen Abschreibung über seine wirtschaftliche Nutzungsdauer – maximal jedoch 40 Jahre[438] – vorgesehen.[439] Da die Reaktion der Öffentlichkeit im Hinblick auf die Vorschläge zur Behandlung des derivativen Goodwills geteilt war, enthielt der folgende Standardentwurf **ED 30 (1982)** statt einer einzigen Bilanzierungsmethode ein Wahlrecht zwischen einer Aktivierung und planmäßigen Abschreibung über maximal 20 Jahre sowie einer sofortigen erfolgsneutralen Verrechnung. Die gewählte Methode sollte konsistent auf alle Übernahmen angewandt werden.[440] Im Jahre **1984** schließlich wurde **SSAP 22** als erster Standard zur Goodwill-Bilanzierung in Großbritannien verabschiedet.[441] Statt eines neutralen Wahlrechts wie noch in ED 30 verlangte (!) der Standard nunmehr die Verrechnung des derivativen Goodwills mit den Rücklagen (bevorzugte Methode),[442] ließ alternativ aber auch seine Aktivierung und planmäßige Abschreibung als Vermögenswert zu.[443] Eine Höchstnutzungsdauer war für letzteren Fall nicht mehr vorgeschrieben.[444] Die zuvor in Konzernabschlüssen noch übliche

---

436 Diesem waren jedoch mehrjährige innere Meinungsverschiedenheiten vorausgegangen (vgl. *Holgate, P.*, History and regulation, in: *Power, M. (Hrsg.)*, Goodwill Accounting (1990), S. 9 f.).

437 Das Aktivierungsverbot des originären Goodwills entsprach bereits der damaligen Verkehrssitte, wie der damalige Standard-Setter ASC deutlich macht: „the panel is not aware of any cases of businesses which evaluate and recognise inherent goodwill as a separate item in their financial statements.“ (*ASC*, Discussion paper (Accountancy 1980), Par. 5.1.).

438 Vgl. *ASC*, Discussion paper (Accountancy 1980), Par. 1.5 u. 1.7 f. Zur Begründung dieses Vorgehens stellte das ASC klar: „goodwill as an asset does not have the characteristics of a permanent asset, or a perpetuity, but is consumed with the effluxion of time.“ (*ASC*, Discussion paper (Accountancy 1980), Par. 6.1.)

439 Insgesamt waren die Vorschläge den Vorschriften des US-amerikanischen Standards APB Opinion No. 17 sehr ähnlich. Vgl. zum ASC Discussion paper auch *Bryer, R.*, Accounting for Goodwill (BAR 1995), S. 295 f.

440 Vgl. *ASB*, ED 30 (1982) sowie *Davies, M. u. a.*, UK GAAP (1999), S. 777; *Holgate, P.*, History and regulation, in: *Power, M. (Hrsg.)*, Goodwill Accounting (1990), S. 12.

441 SSAP 22 galt sowohl für den Goodwill in Einzel- als auch in Konzernabschlüssen (vgl. *ASC*, SSAP 22 (1984), Par. 16-19.).

442 „The standard requires that purchased goodwill should normally be eliminated from accounts by immediate write-off.“ (*ASC*, SSAP 22 (1984), Par. 6.).

443 Vgl. *ASC*, SSAP 22 (1984), Par. 10.

444 Vgl. zur Nutzungsdauerschätzung im Einzelnen *ASC*, SSAP 22 (1984), Par. 11 u. 41 sowie Appendix 1.

unveränderte Fortführung des Goodwills war jedoch ebenso verboten[445] wie der Ansatz eines originären Goodwills.[446] Ein negativer Goodwill war stets den Rücklagen hinzuzurechnen.[447]

Als theoretisches Argument für die sofortige Eliminierung des derivativen Goodwills bei seiner Entstehung führte SSAP 22 an, dass diese Vorgehensweise konsistent mit dem Nichtansatz des originären Goodwills sei.[448] Hierzu ist jedoch kritisch anzumerken, dass die sofortige Verrechnung erstens nur zu einer Gleichbehandlung in der Bilanz führt, während der originäre und derivative Goodwill in der Gewinn- und Verlustrechnung weiterhin unterschiedlich behandelt werden.[449] Zweitens kann der Standpunkt eingenommen werden, dass das Ansatzverbot des originären Goodwills eine Ausnahme darstellt und deshalb nicht als Referenzpunkt gewählt werden sollte, da schließlich – wie SSAP 22 selbst einräumte[450] – originärer und derivativer Goodwill dem Wesen nach gleich sind.[451] Bedenklich an SSAP 22 war ferner, dass anders als noch in ED 30 eine sachliche Methodenstetigkeit nicht vorgeschrieben war,[452] so dass Unternehmen für jede Übernahme neu zwischen beiden höchst divergenten Bilanzierungsmethoden wählen konnten.[453] Der Standard sah sich des Weiteren dem Vorwurf ausgesetzt, zwei wesentliche Einfallstore für bilanzpolitische Maßnahmen selbst geöffnet zu haben:[454] So wies SSAP 22 erstens explizit auf die Möglichkeit hin, separierbare immaterielle Vermögenswerte vom Goodwill abzuspalten.[455] Dies

---

445 Vgl. *ASC*, SSAP 22 (1984), Par. 38. Im Einzelabschluss war diese Methode bereits durch die Umsetzung der 4. EG-Richtlinie mit dem CA 1981 unzulässig geworden.

446 Vgl. *ASC*, SSAP 22 (1984), Par. 35.

447 Vgl. *ASC*, SSAP 22 (1984), Par. 40.

448 Der Standard betonte dabei, dass es sich nicht um die Unterstellung eines sofortigen Wertverlusts des Goodwills handele (vgl. *ASC*, SSAP 22 (1984), Par. 7.). In praktischer Hinsicht berücksichtigte SSAP 22, dass die Methode der erfolgsneutralen Verrechnung von der Mehrheit der Stellungnahmen zu ED 30 befürwortet wurde und in der Praxis bereits weit verbreitet war (vgl. *Holgate, P.*, History and regulation, in: *Power, M. (Hrsg.)*, Goodwill Accounting (1990), S. 12.).

449 So auch *ASB*, Discussion paper (1993), Par. 6.2.1.

450 Vgl. *ASC*, SSAP 22 (1984), Par. 5.

451 Zur weiteren Kritik an einer erfolgsneutralen Verrechnung des Goodwills vgl. *Schmidt, I.*, Goodwill (2002), S. 56 ff.; *Elliott, B./Elliott, J.*, Financial Accounting (2005), S. 536 f.; *Bryer, R.*, Accounting for Goodwill (BAR 1995), S. 296 f.; *ASB*, Discussion paper (1993), Par. 6.3.2 ff.; *Grinyer, J. u. a.*, Accounting for Goodwill (BAR 1990), S. 229 ff.; *Arnold, J. u. a.*, Goodwill (1992), S. 59 f.

452 Vgl. *ASC*, SSAP 22 (1984), Par. 42.

453 Vgl. *Davies, M. u. a.*, UK GAAP (1999), S. 777 f. mit einem Beispiel aus der Unternehmenspraxis.

454 So z. B. *Holgate, P.*, History and regulation, in: *Power, M. (Hrsg.)*, Goodwill Accounting (1990), S. 16 f.

455 Vgl. *ASC*, SSAP 22 (1984), Par. 13.

löste gegen **Ende der 1980er Jahre** die so genannte **„brand's debate"**[456] aus. Ausgangspunkt dieser Kontroverse war die Tatsache, dass insbesondere Unternehmen, deren Rücklagen durch Goodwill-Verrechnungen aufgezehrt oder gar negativ (!) waren, Marken (*brands*) aus dem derivativen Goodwill herauslösten.[457] Da die Bilanzierung immaterieller Vermögenswerte jedoch noch unreglementiert war, konnten Marken frei nach bilanzpolitischen Vorstellungen behandelt werden. Üblich war vor allem ihre unveränderte Fortführung in der Bilanz, um auf diese Weise Ergebnisbelastungen durch planmäßige Abschreibungen zu vermeiden, ohne gleichzeitig die Rücklagen weiter zu schmälern.[458]

Einen zweiten Ansatzpunkt für bilanzpolitische Maßnahmen lieferte SSAP 22 mit seinem Hinweis, dass bei einem erworbenen Unternehmen eventuell Rückstellungen für Restrukturierungen oder künftig erwartete Verluste notwendig seien.[459] Die Befolgung dieser Politik ermöglichte es Unternehmen, den Wert des derivativen Goodwills durch den Ansatz von Rückstellungen zu erhöhen[460] und mittels dessen erfolgsneutraler Verrechnung die Aufwandswirkung der Rückstellungen an der Gewinn- und Verlustrechnung vorbeizuschleusen.[461] Erwiesen sich die Rückstellungen später als nicht notwendig, so konnten die stillen Reserven ergebnisglättend aufgelöst werden. Dieser „Freibrief zum Einkellern zukünftiger Gewinne" erscheint höchst bedenklich, macht er die Bilanzierung des Goodwills doch von der Willkür des Managements abhängig.

Die heftige Kritik an SSAP 22 wegen seines weitreichenden Bilanzierungsspielraums vermochte die überwiegende Mehrheit der britischen Unternehmen nicht von der Anwendung der erfolgsneutralen Verrechnung abzuhalten.[462] Hieran änderte auch die Umsetzung der 7. EG-Richtlinie nichts, da diese Methode auf ausdrückliches

---

456 *Barwise, P. u. a.*, Accounting for Brands (1989), S. 9; Herv. durch d. Verf.

457 Dabei ging es in erster Linie um Marken, die im Zusammenhang mit Unternehmensübernahmen erworben waren. Eine Aktivierung selbst erstellter Marken, wie sie etwa das Unternehmen Ranks Hovis McDougall durchgeführte, blieb die Ausnahme (vgl. *Rutteman, P.*, Accounting for brands, in: *Power, M. (Hrsg.)*, Goodwill Accounting (1990), S. 59 ff.).

458 Kritisch *Rutteman, P.*, Accounting for brands, in: *Power, M. (Hrsg.)*, Goodwill Accounting (1990), S. 65 ff.; *Davies, M. u. a.*, UK GAAP (1999), S. 738.

459 Vgl. *ASC*, SSAP 22 (1984), Par. 14.

460 Zu einer Erhöhung des Werts des Goodwills kommt es, indem bei gleich bleibendem Kaufpreis der Substanzwert des Zielunternehmens durch den Ansatz der Rückstellungen sinkt.

461 Vgl. hierzu mit einem Beispiel *Holgate, P.*, History and regulation, in: *Power, M. (Hrsg.)*, Goodwill Accounting (1990), S. 16 f.

462 Vgl. *Taylor, P.*, United Kingdom - Group Accounts, in: *Ordelheide, D./KPMG (Hrsg.)*, Transnational Accounting (2001), S. 2770; *Bryer, R.*, Accounting for Goodwill (BAR 1995), S. 297.

Drängen Großbritanniens als Option aufgenommen worden war.[463] Das ASC akzeptierte die Kritik im Grundsatz und plante, ihr in einem Zwei-Stufen-Prozess zu begegnen. Zunächst erfolgte im Jahre **1989** lediglich eine Verschärfung der Ausweisvorschriften von **SSAP 22.**[464] In einem zweiten Schritt sollte dann die Bilanzierung von Unternehmenszusammenschlüssen und des Goodwills grundlegend überarbeitet werden.[465] Der folgende Standardentwurf **ED 47** im Jahre **1990** sprach sich erneut für die Aktivierung und planmäßige Abschreibung des Goodwills als einzige Methode aus.[466] Damit hatte sich das ASC mit seinen Vorschlägen seit dem Diskussionspapier 1980 praktisch einmal im Kreis gedreht.[467] ED 47 stieß auf einhelligen Widerstand in der Öffentlichkeit,[468] so dass die Bilanzierung des Goodwills vom ASC ohne Übereinkunft an seinen Nachfolger, das Accounting Standards Board (ASB), übergeben wurde.

Mit dem **UITF Abstract 3** wurde **1991** zunächst die vorherrschende Praxis verboten, einen erfolgsneutral verrechneten Goodwill im Falle der Veräußerung oder Schließung des zugehörigen Unternehmens nicht bei der Ermittlung des Veräußerungserfolgs zu berücksichtigen, so dass der Goodwill effektiv niemals erfolgswirksam behandelt wurde.[469] Im Jahre **1993** veröffentlichte das ASB dann ein **Diskussionspapier**, in dem sechs alternative Methoden zur Bilanzierung des derivativen Goodwills analysiert wurden.[470] Das Board befürwortete darin zum einen eine kombinierte Methode aus Aktivierung und systematischer Abschreibung oder jährlichen Werthaltigkeitstests, zum anderen die sofortige erfolgsneutrale Verrechnung in einer gesonderten „Goodwill-Verrechnungsrücklage" (*goodwill write-off reserve*), die folglich negativ war.[471] Ein **1995** veröffentlichtes **Arbeitspapier**[472] sowie der Standardent-

---

463 Vgl. Art. 30 Abs. 2 7. EG-RL; *Rutteman, P.*, Accounting for brands, in: *Power, M. (Hrsg.)*, Goodwill Accounting (1990), S. 53 f.

464 Vgl. *ASC*, SSAP 22 (revised 1989), Par. 47-53.

465 Vgl. *Holgate, P.*, History and regulation, in: *Power, M. (Hrsg.)*, Goodwill Accounting (1990), S. 17 f.

466 Die wirtschaftliche Nutzungsdauer sollte dabei gewöhnlich nicht mehr als 20 und maximal 40 Jahre betragen (vgl. *ASB*, Discussion paper (1993), Par. 2.3.2 i. V. m. *ASB*, ED 47 (1990).).

467 So auch *Davies, M. u. a.*, UK GAAP (1999), S. 778.

468 Der Standardentwurf wurde von 93% der Unternehmen und 73% der gesamten Stellungnahmen abgelehnt (vgl. *ASB*, Discussion paper (1993), Par. 2.3.11.).

469 Vgl. *Davies, M. u. a.*, UK GAAP (1999), S. 778 ff.

470 Diese waren 1. die Aktivierung und planmäßige Abschreibung, 2. die Aktivierung und jährliche Werthaltigkeitsprüfung, 3. eine Kombination aus 1. und 2., 4. die sofortige Verrechnung mit den Rücklagen, 5. die sofortige Verrechnung in einer separaten „Goodwill-Verrechnungsrücklage" sowie 6. eine Variante von 5. mit jährlichem Werthaltigkeitstest (vgl. *ASB*, Discussion paper (1993), Par. 1.4.).

471 Vgl. *ASB*, Discussion paper (1993), Par. 8.1.1 f.

wurf **FRED 12** im Jahre **1996**[473] zur Bilanzierung des Goodwills und immaterieller Vermögenswerte sprachen sich schließlich für die Kombination aus Aktivierung und planmäßiger Abschreibung oder jährlichen Werthaltigkeitstests aus und bildeten damit die Grundlage für den gegenwärtigen Rechnungslegungsstandard FRS 10.

B. Gegenwärtige bilanzielle Behandlung des Goodwills im Einzelabschluss nach Handels- und Steuerrecht

Die Bilanzierung des Goodwills findet gegenwärtig in Großbritannien – nicht zuletzt wegen der starken Verbreitung von Kapitalgesellschaften – in erster Linie im Konzernabschluss statt,[474] der aufgrund der hohen Bedeutung der Informationsfunktion als Hauptrechenwerk gilt.[475] Da die Rechnungslegungsstandards jedoch grundsätzlich sowohl für den Einzel- als auch den Konzernabschluss anzuwenden sind[476] und die Ausschüttungs- und Steuerbemessung wie in Deutschland an den Einzelabschluss gekoppelt ist, kann im Folgenden aus Konsistenzgründen eine Analyse der handels- und steuerrechtlichen Regelungen für den Einzelabschluss erfolgen.

1. Handelsbilanz

Die Handelsbilanz ist für Kapitalgesellschaften und haftungsbeschränkte Personengesellschaften auch hinsichtlich der Bilanzierung des Goodwills durch ein Nebeneinander von kodifiziertem und nicht-kodifiziertem Recht gekennzeichnet.[477]

a) Originärer Goodwill

Für den **originären Goodwill im engeren Sinne** (*internally generated goodwill*) ist im Companies Act ein ausdrückliches Aktivierungsverbot verankert,[478] das vom aktuellen Rechnungslegungsstandard FRS 10 bestätigt wird.[479] Zur Begründung werden ähnliche Argumente wie in Deutschland vorgetragen, so dass hierauf verwiesen

---

472 Vgl. *ASB*, Goodwill working paper (1995), Par. 1.1.17.

473 Vgl. *Phipps, E.*, Peace and goodwill (Accountancy 1996), S. 69.

474 Vgl. *Taylor, P.*, United Kingdom - Group Accounts, in: *Ordelheide, D./KPMG (Hrsg.)*, Transnational Accounting (2001), S. 2772.

475 Vgl. *Walton, P.*, United Kingdom, in: *Walton, P. u. a. (Hrsg.)*, International Accounting (1998), S. 147.

476 Vgl. *ASB*, Foreword (1993), Par. 16. Für die Goodwill-Bilanzierung im Speziellen folgt dies aus *ASB*, FRS 10 (1997), Par. 4.

477 Für unbeschränkte Personenunternehmen gelten hingegen wegen fehlender gesetzlicher Bestimmungen ausschließlich die Rechnungslegungsstandards, sofern ihre Abschlüsse einen True and fair view zu vermitteln bezwecken (vgl. *Hopcroft, T.*, Rechnungslegung in Großbritannien und Deutschland (1995), S. D 2.).

478 Vgl. § 8, Notes on the balance sheet formats (3) Sch. 4 CA 1985.

479 Vgl. *ASB*, FRS 10 (1997), Par. 8.

werden kann.[480] Darüber hinaus führt BRYER aus, dass der originäre Goodwill außerhalb des Einfluss- oder Kontrollbereichs des Managements liege, womit auf die Rechenschaftsfunktion der Rechnungslegung (*stewardship*) Bezug genommen wird. So seien die immateriellen Nutzenpotentiale der Goodwill-Faktoren, wie zum Beispiel Teamgeist, Know-how der Mitarbeiter, vorteilhafte Geschäftsbeziehungen, nicht vom Management kontrollierbar.[481] Zwar gelte dies auch für die Faktoren des derivativen Goodwills, doch werde mit letzterem im Unterschied die Kontrolle über die Entscheidungsmacht eines anderen Unternehmens erlangt.[482]

Für so genannte *start-up costs*, die mit den **Ingangsetzungs- und Erweiterungsaufwendungen** im deutschen Bilanzrecht prinzipiell vergleichbar sind, besteht in Großbritannien derzeit keine gesetzliche Regelung.[483] Seit Juni 2000 werden *start-up costs* jedoch vom *UITF Abstract 24* erfasst, der folgende weitgefasste Definition zugrunde liegt:

> „'start-up costs' should be construed broadly so as to include costs arising from those one-time activities related to opening a new facility, introducing a new product or service, conducting business in a new territory, conducting business with a new class of customer, initiating a new process in an existing facility, starting some new operation and similar items. They include costs of relocating or reorganising part or all of an entity, costs related to organising a new entity, and expenses and losses incurred both before and after opening."[484]

Der Umfang des Begriffs *start-up costs* geht damit über den deutschen Ausdruck Ingangsetzungs- und Erweiterungsaufwendungen hinaus, da insbesondere keine wesentliche Ausdehnung des Produktions- und Vertriebspotentials vorausgesetzt wird. *Start-up costs* sind gemäß *UITF Abstract 24* analog zu ähnlichen Kosten aus dem laufenden Geschäftsbetrieb zu behandeln.[485] Existieren keine ihnen vergleichbare

---

480 Vgl. S. 72; *Diamond, M./Nicolaisen, D.*, Intangibles, in: *Choi, F. (Hrsg.)*, International Accounting (1997), Chapter 14, S. 5; *Grinyer, J. u. a.*, Accounting for Goodwill (BAR 1990), S. 229; *ASC*, Discussion paper (Accountancy 1980), Par. 5.1. Kritisch *Catlett, G. /Olson, N.*, Accounting for Goodwill (1968), S. 68 f.

481 So auch *ASB*, FRS 10 (1997), Par. 2, Intangible assets. Bspw. können weder (potentielle) Kunden zum Kauf eines Produkts noch Mitarbeiter zum vollen Ausnutzung ihres Know-hows „gezwungen" werden.

482 Vgl. *Bryer, R.*, Accounting for Goodwill (BAR 1995), S. 289; *Bryer, R.*, Goodwill (2005), S. 6. Der derivative Goodwill werde daher auch als „cost of control" bezeichnet.

483 Sie fallen insbesondere nicht unter das Aktivierungsverbot für Gründungskosten (*preliminary expenses*) gemäß § 3 (2) (a) Sch. 4 CA 1985 (vgl. *Deloitte & Touche (Hrsg.)*, UK & Germany (2001), S. 35.).

484 *UITF*, Abstract 24 (2000), Par. 4.

485 Vgl. *UITF*, Abstract 24 (2000), Par. 5. Kosten für Einführungswerbung oder Personalbeschaffungs- und -schulungskosten zur Ausdehnung der Vertriebsorganisation bspw. sind damit wie laufende Kosten aufwandswirksam zu erfassen.

Kosten, so ist eine aufwandswirksame Behandlung vorgeschrieben, sofern die *start-up costs* nicht die Aktivierungsvoraussetzungen einschlägiger Rechnungslegungsstandards[486] erfüllen.[487] Da dies jedoch für *start-up costs* immaterieller Natur, die in dieser Arbeit unter den originären Goodwill subsumiert werden, nur in Ausnahmefällen der Fall sein wird,[488] ist im britischen Bilanzrecht regelmäßig ihre **Aufwandsverrechnung** zu erwarten.[489]

b) Derivativer Goodwill

Für die Bilanzierung des **derivativen Goodwills** (*purchased goodwill*) ist zunächst die Übernahme eines Unternehmens vom Erwerb einzelner Vermögenswerte abzugrenzen. In Großbritannien wird eine Übernahme immer dann angenommen, wenn ein Unternehmen unter der Verantwortung eines neuen Eigentümers im Wesentlichen fortgeführt wird, wofür insbesondere der wirtschaftliche Übergang der Kundenkonten und Arbeitsverhältnisse erforderlich ist.[490] Wie in Deutschland, entsteht ein derivativer Goodwill im Einzelabschluss gegenwärtig ausschließlich im Falle eines Asset Deals, da bei einem Share Deal die erworbenen Kapitalanteile bilanziert werden.[491]

- **Bilanzansatz**

Die Bilanzierung des (positiven) derivativen Goodwills ist im Gesetz vor allem in § 21 Sch. 4 CA 1985 geregelt. Diese Norm findet jedoch nur Anwendung, „falls der Goodwill als Vermögenswert behandelt wird“[492] und daher aktiviert wurde.[493] Ein

---

486 Gemeint sind hiermit v. a. FRS 15 Tangible fixed assets, FRS 10 Goodwill and intangible assets und SSAP 13 Accounting for research and development (vgl. *UITF*, Abstract 24 (2000), Par. 6.).

487 Vgl. *UITF*, Abstract 24 (2000), Par. 6. Zur Begründung heißt es dort: „Assets are recognised in financial statements only if certain criteria are met. ... in general, start-up costs do not meet these criteria because the relationship between the expenditure and any future economic benefits that may be derived from that expenditure is usually not sufficiently certain to warrant recognising start-up costs as assets and that, in particular, in most cases it is inappropriate to carry forward start-up costs as prepayments or deferred expenditure.“

488 Nach FRS 10 wird für die Aktivierungsfähigkeit eines selbst erstellten immateriellen Vermögenswerts neben der Einzelveräußerbarkeit die Existenz eines leicht feststellbaren Marktwerts verlangt (vgl. *ASB*, FRS 10 (1997), Par. 2 u. 14.). Für Forschungsausgaben besteht zudem nach SSAP 13 ein Aktivierungsverbot, während Entwicklungsausgaben unter bestimmten restriktiven Bedingungen wahlweise aktiviert werden können (vgl. im Einzelnen *ASC*, SSAP 13 (1989), Par. 24 ff.).

489 So wohl auch *Ernst & Young (Hrsg.)*, GAAP news (August 2000), S. 3.

490 Vgl. *Wild, K. u. a.*, GAAP 2000 (1999), Tz. 13.47.

491 Vgl. *Hopcroft, T.*, Rechnungslegung in Großbritannien und Deutschland (1995), S. D 40. Die Begriffe „Asset Deal“ und „Share Deal“ sind in der englischsprachigen Literatur allerdings unüblich und werden vielmehr umschrieben.

492 § 21 (1) Sch. 4 CA 1985; eigene Übersetzung.

493 Indes ist der Vermögenswertbegriff in Großbritannien wie im deutschen Bilanzrecht

ähnlicher Wortlaut war bereits auf Drängen Großbritanniens in die 4. EG-Richtlinie aufgenommen worden,[494] allerdings nicht etwa – wie man erwarten könnte –, um eine Sofortabschreibung des Goodwills zu ermöglichen. Diese sei nämlich nur in Ausnahmefällen mit dem *matching principle* vereinbar.[495] Nach der britischen Auslegung bedeutet der Verzicht auf die Behandlung des derivativen Goodwills als Vermögenswert vielmehr dessen sofortige Verrechnung mit den Rücklagen.[496] Damit besteht im Companies Act ein **gesetzliches Wahlrecht** zwischen der Aktivierung des derivativen Goodwills und der erfolgsneutralen Verrechnung bei seiner Entstehung. Der Standard FRS 10 schließt letztere Methode jedoch aus,[497] indem er eine **Aktivierungspflicht für den derivativen Goodwill** statuiert.[498] Der verwendete Wortlaut („soll als Vermögenswert aktiviert und klassifiziert werden“[499]) mag dabei erstaunen, resultiert letztlich jedoch aus der Konzernrechnungslegung:

> „*goodwill* arising on an acquisition *is neither an asset* like other assets *nor an immediate loss in value*. Rather, it forms the bridge between the cost of an investment shown as an asset in the acquirer's own financial statements and the values attributed to the acquired assets and liabilities in the consolidated financial statements. ... goodwill is part of a larger asset, the investment, for which management remains accountable."[500]

Offensichtlich befindet sich das ASB bei der Bestimmung der **Rechtsnatur** des derivativen Goodwills in einem konzeptionellen Dilemma:[501] Einerseits sieht es diesen nicht als sofortigen Verlust an und lehnt daher eine Sofortabschreibung ebenso wie eine erfolgsneutrale Verrechnung ab. Andererseits erfüllt der Goodwill nicht die Kri-

---

nicht gesetzlich definiert.

494 Vgl. Art. 37 (2) i. V. m. 34 (1) (a) 4. EG-RL.

495 Vgl. *Grinyer, J. u. a.*, Accounting for Goodwill (BAR 1990), S. 232. Kritisch auch *Arnold, J. u. a.*, Goodwill (1992), S. 58.

496 Vgl. *Holgate, P.*, History and regulation, in: *Power, M. (Hrsg.)*, Goodwill Accounting (1990), S. 11; *Rutteman, P.*, Accounting for brands, in: *Power, M. (Hrsg.)*, Goodwill Accounting (1990), S. 53 f.

497 Vgl. *ASB*, FRS 10 (1997), Par. 7 u. 65. Ausgenommen hiervon ist die Fortführung von Goodwills, die vor der verbindlichen Anwendung des Standards verrechnet wurden (vgl. zu den Übergangsregeln im Einzelnen *ASB*, FRS 10 (1997), Par. 66-78.). Insofern sind die Konsequenzen der erfolgsneutralen Verrechnung insbesondere im Hinblick auf die Funktionen der Rechnungslegung zu beachten (ähnlich auch *Taylor, P.*, United Kingdom – Group Accounts, in: *Ordelheide, D./KPMG (Hrsg.)*, Transnational Accounting (2001), S. 2769.).

498 Vgl. *ASB*, FRS 10 (1997), Par. 7.

499 "Positive purchased goodwill should be capitalised and classified as an asset on the balance sheet." (*ASB*, FRS 10 (1997), Par. 7.)

500 *ASB*, FRS 10 (1997), Par. b; Herv. durch d. Verf.

501 So heißt es auch in der Begründung zum Standard: „goodwill is something of an accounting anomaly ... each method of accounting for it results in inconsistencies with other aspects of financial reporting.“ (*ASB*, FRS 10 (1997), Appendix III, Par. 11.).

terien eines Vermögenswerts,[502] was gegen seinen Bilanzansatz spricht. Denn dieser wird im *Statement of principles* wie folgt definiert: „Assets are rights or other access to future economic benefits controlled by an entity as a result of past transactions or events.“[503] *Controlled* bezieht sich hierbei auf die Rechte oder den weiteren Zugang zum wirtschaftlichen Nutzen und meint die Verfügungsgewalt unabhängig vom Gesamtunternehmen,[504] was damit den Goodwill ausschließt. Noch deutlicher wird dies, indem der Begriff *control* für immaterielle Vermögenswerte auf den wirtschaftlichen Nutzen selbst bezogen wird.[505] Dieser ist jedoch bei den Goodwill-Faktoren gerade nicht beherrschbar.[506] Eine Qualifikation als immaterieller Vermögenswert würde zudem bereits daran scheitern, dass FRS 10 hierfür die Einzelveräußerbarkeit (*identifiability*)[507] voraussetzt, der derivative Goodwill jedoch per Definition nur gesamtverwertbar ist.[508] Um sich aus diesem Dilemma zu befreien, begreift FRS 10 den derivativen Goodwill, wie oben ersichtlich, als Bestandteil der Beteiligung (*investment*) im Einzelabschluss. Dieser Kunstgriff vermag jedoch nicht zu überzeugen, da er für einen Nicht-Konsolidierungs-Goodwill ins Leere läuft, der Standard FRS 10 indes auch dessen Bilanzierung regeln will. Im Ergebnis schafft das ASB mit der Aktivierung des derivativen Goodwills faktisch einen Bilanzposten eigener Art, ohne ihn freilich so zu nennen.[509] Während die Bestimmung der Rechtsnatur des derivativen Goodwills damit sowohl dem Companies Act als auch FRS 10 Schwierigkeiten

---

502 So auch *PricewaterhouseCoopers*, Student's Manual of Accounting (1999), Tz. 23.461.

503 *ASB*, Statement of principles (1999), Par. 4.6. Um tatsächlich aktiviert zu werden, muss ein Vermögensgegenstand zudem die Voraussetzungen konkreten Bilanzierungsfähigkeit erfüllen, d. h. hinreichend nachweisbar und zuverlässig monetär messbar sein (vgl. *ASB*, Statement of principles (1999), Chapter 5, Principles.). Für eine ausführliche Kritik des Vermögenswertsbegriffs vgl. *Davies, M. u. a.*, UK GAAP (1999), S. 130 f.

504 Vgl. *ASB*, Statement of principles (1999), Par. 4.21.

505 Vgl. *ASB*, FRS 10 (1997), Par. 2, Intangible assets. So auch *Bryer, R.*, Goodwill (2005), S. 29.

506 FRS 10 macht dies am Beispiel des Kundenstamms und der Belegschaft deutlich. So kann ein Unternehmen seine Kunden nicht zur Abnahme weiterer Produkte verpflichten oder seine Mitarbeiter zur Anwendung ihres Expertenwissens zwingen (vgl. *ASB*, FRS 10 (1997), Par. 2, Intangible assets.).

507 „An identifiable asset is defined ... as one that can be disposed of separately without disposing of a business of the entity.“ (*ASB*, FRS 10 (1997), Par. 2, Intangible assets.). Vgl. auch § 9 (2) Sch. 4a CA 1985.

508 Vgl. § 9 (5) Sch. 4A CA 1985; *ASB*, FRS 10 (1997), Par. 2, Purchased goodwill.

509 Dies ist konzeptionell insbesondere deshalb problematisch, da im Rahmenkonzept lediglich Vermögenswerte, Schulden und das Eigenkapital als Bilanzpositionen vorgesehen sind. Die UK-GAAP kennen zudem keine Bilanzierungshilfen und verstehen Rechnungsabgrenzungsposten als *deferred assets* bzw. *deferred liabilities* (vgl. *ASB*, Statement of principles (1999), Chapter 4, Principles.). Gleiches gilt für latente Steuern (*tax assets* bzw. *tax liabilities*) gemäß *ASB*, FRS 7 (1994), Par. 21.

bereitet, finden sich im Fachschrifttum durchaus Fürsprecher für seine Einordnung als Vermögenswert.[510]

- **Bilanzbewertung**

Im Rahmen der **erstmaligen Wertermittlung des derivativen Goodwills** sind die identifizierbaren Vermögenswerte und Schulden des erworbenen Unternehmens zu beizulegenden Zeitwerten (Fair Values) anzusetzen und von den Anschaffungskosten zu subtrahieren.[511] Die Ermittlung der Zeitwerte ist dabei mit *FRS 7 Fair values in acquisition accounting* in einem eigenen Rechnungslegungsstandard geregelt. FRS 7 definiert den beizulegenden Zeitwert als denjenigen Betrag, der nach dem so genannten *arm's length principle* zwischen sachverständigen und vertragswilligen Geschäftspartnern erzielbar ist.[512] Indem überwiegend auf nachprüfbare Marktwerte zurückgegriffen wird,[513] kommt es zu einer Einschränkung des Gestaltungsspielraums des Managements. Auch immaterielle Vermögenswerte sind bei einem Unternehmenserwerb getrennt vom Goodwill zu aktivieren und in der Regel zu ihrem Marktwert zu bewerten.[514] Für „*einzigartige* immaterielle Vermögenswerte“[515] besteht zudem trotz ihres fehlenden Marktwerts ein faktisches Aktivierungswahlrecht[516], sofern diese anderweitig verlässlich bewertbar sind.[517] Aus der beispielhaften Aufzählung von Marken und Verlagstiteln als einzigartige immaterielle Vermögenswerte kann geschlossen werden, dass der Standard diese Werte offenbar als vom Goodwill verschieden ansieht. Allerdings ist der Ansatz der gleichen Vermögenswerte untersagt, falls sie selbst erstellt werden.[518]

Die Passivierung von Rückstellungen für zukünftige operative Verluste oder Restrukturierungen ist in der Übernahmebilanz nach FRS 7 hingegen strikt verboten. Rückstellungen dieser Art gelten vielmehr als Resultat der Akquisition und werden folg-

---

510 Vgl. *Johnson, L. /Petrone, K.*, Goodwill (AH 1998), S. 299; *Bryer, R.*, Accounting for Goodwill (BAR 1995), S. 289; *Høegh-Krohn, N./Knivsflå, K.*, Intangible Assets (IJoA 2000), S. 245

511 Vgl. § 9 Sch. 4a CA 1985; *ASB*, FRS 6 (1994), Par. 20.

512 Vgl. *ASB*, FRS 7 (1994), Par. 2, Fair value.

513 Vgl. *ASB*, FRS 7 (1994), Par. 7 (a), 9 ff.

514 Vgl. *ASB*, FRS 7 (1994), Par. 10.

515 *ASB*, FRS 10 (1997), Par. 12; eigene Übersetzung mit Herv. durch d. Verf.

516 Dass es sich um ein Wahlrecht und kein Gebot handelt, kann aus dem Wortlaut der Erklärung im Standard abgeleitet werden: „these [technniques] may [!] be used for initial recognition of such assets at the time of purchase.“ (*ASB*, FRS 10 (1997), Par. 12 ; Anmerk. d. Verf.).

517 Vgl. *ASB*, FRS 10 (1997), Par. 10 u. 12. Der Standard nennt als Beispiele für zulässige Bewertungsmethoden Multiple- und DCF-Verfahren.

518 Vgl. *ASB*, FRS 10 (1997), Par. 14. So auch *Davies, M. u. a.*, UK GAAP (1999), S. 737.

lich erst im Anschluss erfasst.[519] Insgesamt berücksichtigt FRS 7 die mit SSAP 22 gemachten Erfahrungen aus dem Missbrauch dieser beiden Bilanzpositionen.

Als **Folgebewertung für den derivativen Goodwill** kommt in FRS 10 eine kombinierte Methode (*amortisation or impairment only*) zur Anwendung: Danach ist ein derivativer Goodwill, dessen wirtschaftliche Nutzungsdauer als begrenzt angesehen wird, systematisch über diese abzuschreiben (*amortisation*).[520] Wird die Nutzungsdauer hingegen als unbestimmt (*indefinite*) angesehen, so ist auf die Durchführung planmäßiger Abschreibungen zu verzichten (*impairment only*).[521] Die wirtschaftliche Nutzungsdauer des Goodwills wird dabei vom Standard weit ausgelegt. Zugrunde gelegt wird diejenige Zeitdauer, während der der Unternehmenswert den Substanzwert übersteigt.[522] PATERSON sieht hierin eine Ermutigung für Bilanzersteller, im Normalfall eine unbegrenzte Nutzungsdauer zu beanspruchen,[523] und leitet ein **faktisches Wahlrecht** zwischen der planmäßigen Abschreibung und ewigen Fortführung des derivativen Goodwills ab.[524]

Goodwills mit begrenzter Nutzungsdauer sind im Regelfall linear abzuschreiben, es sei denn, dass eine andere Methode ihre Abnutzung besser widerspiegelt.[525] Der Standard geht dabei von der widerlegbaren Vermutung aus, dass die wirtschaftliche Nutzungsdauer 20 Jahre nicht überschreitet,[526] und begründet dies mit dem „flüchtigen Wesen vieler Geschäftsmöglichkeiten“[527]. Dies deutet auf Einflüsse der Übergewinnauffassung hin, wobei die Wahl einer unrealistisch kurzen Nutzungsdauer jedoch ausgeschlossen ist.[528] Bei Nachweis der Dauerhaftigkeit des erworbenen Unternehmens und der Möglichkeit der jährlichen Bewertbarkeit des Goodwills kann auch

---

519 Vgl. *ASB*, FRS 7 (1994), Par. 7 (c).

520 Vgl. *ASB*, FRS 10 (1997), Par. 15.

521 Vgl. *ASB*, FRS 10 (1997), Par. 17. Zum Teil wird diese Klausel gar als unbegrenzte (*infinite* oder *unlimited*) Nutzungsdauer ausgelegt und daher auch von einer ewigen Fortführung (*permanent retention*) des derivativen Goodwills gesprochen.

522 Vgl. *ASB*, FRS 10 (1997), Par. 2, Useful economic life.

523 So auch *Davies, M. u. a.*, UK GAAP (1999), S. 769.

524 „Since few would buy a business at a premium in order to fritter it away, it seems easy to conclude that the life of the goodwill will usually be unlimited, and accordingly that goodwill should remain in balance sheets unamortised.“ (*Paterson, R.*, FRS 10 (Accountancy 1998), S. 74.). Deutlich zurückhaltender hingegen *PricewaterhouseCoopers*, Student's Manual of Accounting (1999), Tz. 23.464.

525 Vgl. *ASB*, FRS 10 (1997), Par. 30, der insoweit mit § 21 (2) u. (3) Sch. 4 CA 1985 übereinstimmt. Zinsbasierte Abschreibungsmethoden sind explizit ausgeschlossen (vgl. *ASB*, FRS 10 (1997), Par. 32.).

526 Vgl. *ASB*, FRS 10 (1997), Par. 19.

527 *ASB*, FRS 10 (1997), Par. 20; eigene Übersetzung.

528 Vgl. *ASB*, FRS 10 (1997), Par. 22.

eine längere Nutzungsdauer in Anspruch genommen werden.[529] Am Ende jedes Geschäftsjahres ist die wirtschaftliche Nutzungsdauer zu überprüfen und unter Umständen anzupassen.[530] Insoweit ein derivativer Goodwill über einen Zeitraum von 20 oder weniger Jahren abgeschrieben wird, ist sein Wert am Ende des ersten Geschäftsjahres nach der Akquisition, in jedem weiteren Geschäftsjahr jedoch lediglich bei Anzeichen einer Wertminderung zu überprüfen und gegebenenfalls **außerplanmäßig abzuschreiben.**[531] Überschreitet die zugrunde gelegte Nutzungsdauer hingegen die 20-Jahres-Frist, so verlangt FRS 10 eine jährliche Überprüfung der Werthaltigkeit (*impairment review*).[532] Zuschreibungen des Goodwills sind auf jene Fälle begrenzt, in denen die Ursache einer zuvor vorgenommenen außerplanmäßigen Abschreibung wegfällt; in diesen engen Grenzen besteht ein **Wertaufholungsgebot**.[533] Eine Zuschreibung über die historischen Kosten hinaus ist jedoch verboten.[534] Planmäßige und außerplanmäßige Abschreibungen des Goodwills stellen realisierte Verluste im Sinne des § 262 (3) CA 1985 dar und mindern folglich den ausschüttungsfähigen Gewinn, während Zuschreibungen diesen erhöhen.[535]

Demgegenüber liegt bei der Inanspruchnahme einer **unbestimmten Nutzungsdauer** des derivativen Goodwills ein Verstoß gegen die gesetzliche Abschreibungspflicht nach § 21 (2) Sch. 4 CA 1985 vor. Eine Abweichung von dieser Norm kann nur durch einen *True and fair override* gerechtfertigt werden.[536] Folgt man der Annahme, dass sich ein derivativer Goodwill im Zeitablauf abnutzt und sukzessive durch einen neu geschaffenen (originären) Goodwill ersetzt wird, so ist FRS 10 ferner als inkonsistent zu beurteilen, da eine permanente Fortführung des derivativen Goodwills im Ergebnis zu einer verdeckten Aktivierung eines originären Goodwills führt, obgleich für diesen ein Ansatzverbot besteht.[537] Die Annahme einer Substitution des derivativen durch einen originären Goodwill ist jedoch strittig.[538]

529 Vgl. hierzu im Einzelnen *ASB*, FRS 10 (1997), Par. 20-23.

530 Kommt es dabei zu einer Ausdehnung der Nutzungsdauer über 20 Jahre, so finden die entsprechend strengeren Vorschriften Anwendung (vgl. *ASB*, FRS 10 (1997), Par. 33 sowie *UITF*, Abstract 27 (2000).).

531 Vgl. *ASB*, FRS 10 (1997), Par. 34-36. Eine Pflicht zur außerplanmäßigen Abschreibung begründet auch § 19 (2) u. (3) Sch. 4 i. V. m. § 21 (1) Sch. 4 CA 1985.

532 Vgl. *ASB*, FRS 10 (1997), Par. 37 ff.

533 Vgl. *ASB*, FRS 10 (1997), Par. 44-46.

534 Vgl. § 31 (1) Sch. 4 CA 1985. Demgegenüber können andere Vermögenswerte – so auch immaterielle Anlagegüter – in Großbritannien im Rahmen der alternativen Bewertungsregeln zu Wiederbeschaffungswerten (*current costs*) neubewertet werden (vgl. § 31 Sch. 4 CA 1985.).

535 Dies gilt sowohl für eine *private* als auch eine *public limited company*.

536 Vgl. *ASB*, FRS 10 81997), Par. 18 u. Appendix III, Par. 36.

537 Vgl. *Paterson, R.*, FRS 10 (Accountancy 1998), S. 74; *Phipps, E.*, Peace and goodwill (Accountancy 1996), S. 69 ff. (S. 2).

Im Falle einer erwarteten unbegrenzten Nutzungsdauer ist der derivative Goodwill einer **jährlichen Werthaltigkeitsüberprüfung** (*impairment review*) in Übereinstimmung mit FRS 11 zu unterziehen.[539] FRS 11 schreibt zu diesem Zweck eine Prognose der Einzahlungsüberschüsse des Unternehmens und eine Aufspaltung in so genannte *income-generating units* vor, worunter kleinstmögliche Einheiten aus Vermögenswerten und Schulden verstanden werden,[540] denen unter Beachtung der Grundsätze der Wirtschaftlichkeit und Wesentlichkeit isolierte Zahlungsströme zurechenbar sind.[541] Ein derivativer Goodwill soll dabei einzelnen *income-generating units* zugeordnet oder auf diese aufgeteilt werden. FRS 11 lässt aber auch eine Zusammenfassung mehrerer *income-generating units* etwa zu einer gemeinsamen Finanzinvestition zu, der ein derivativer Goodwill zurechenbar ist.[542] Unterschreitet der beizulegende Zeitwert (*recoverable amount*)[543] der Finanzinvestition deren fortgeführte Anschaffungskosten und kann die Wertminderung nicht (weiter) auf die einzelnen *income-generating units* verteilt werden, so ist der Goodwill außerplanmäßig abzuschreiben.[544] Für Unternehmenszusammenschlüsse, bei denen aufgrund einer Eingliederung des Akquisitionsobjekts dessen Wert in der Folge nicht mehr isoliert feststellbar ist, schreibt FRS 11 ein gesondertes Verfahren vor. Der Standard verlangt in diesem Fall die Bewertung des originären Goodwills des Erwerbers zum Übernahmezeitpunkt und dessen fiktive, außerbilanzielle Fortführung in der gleichen Weise, wie es für den derivativen Goodwill innerbilanziell geschieht. In der Folge ist der Wert des originären Goodwills dann den fortgeführten Anschaffungskosten des Unternehmens hinzuzurechnen; die Summe ist mit dem geschätzten Unternehmenswert zu vergleichen und gegebenenfalls außerplanmäßig abzuschreiben. Der Abschreibungsbetrag wird anteilig auf den derivativen und originären Goodwill verteilt; lediglich der auf den derivativen Goodwill entfallende Teil ist in der Bilanz und Gewinn- und Verlustrechnung zu berücksichtigen.[545]

---

538 Vgl. z. B. *Bryer, R.*, Accounting for Goodwill (BAR 1995), S. 296.

539 Für die Überprüfung am Ende des ersten vollständigen Geschäftsjahres nach der Akquisition kann eine erleichterte Vorgehensweise angewandt werden (vgl. *ASB*, FRS 10 (1997), Par. 39 f.).

540 Vgl. *ASB*, FRS 11 (1998), Par. 27. Latente Steuern und bestimmte Finanzierungspositionen werden dabei gesondert betrachtet.

541 Vgl. *ASB*, FRS 11 (1998), Par. 2, Income-generating unit.

542 Vgl. *ASB*, FRS 11 (1998), Par. 34 f.

543 Der beizulegende Zeitwert ist der höhere Wert aus Nettoerlöswert (*net realisable value*) und Barwert bei fortdauernder Nutzung (*value in use*). Für die Ermittlung des ‚value in use' gelten detaillierte Vorschriften, auf die hier nicht näher eingegangen werden kann (vgl. *ASB*, FRS 11 (1998), Par. 36-46.).

544 Vgl. *ASB*, FRS 11 (1998), Par. 14 sowie Example 7.

545 Vgl. hierzu im Einzelnen *ASB*, FRS 11 (1998), Par. 50-53 u. Example 8.

Die **Kritik am Werthaltigkeitstest** wird prägnant von PATERSON zusammengefasst: „Apart from the obvious difficulties in forecasting cash flows, there is huge subjectivity in determining how the business is to be segmented, in deciding how assets are to be allocated to the segments and in selecting appropriate discount rates to apply.“[546] Insgesamt ist die Inanspruchnahme einer unbestimmten Nutzungsdauer des derivativen Goodwills als wesentlich aufwändiger und komplizierter im Vergleich zur systematischen Abschreibung über maximal 20 Jahre einzuschätzen. Es mag deshalb nicht verwundern, dass diese Option von der Unternehmenspraxis zunächst nur sehr zögerlich angewandt wurde.[547] PATERSONS Argument von einem faktischen Methodenwahlrecht wird daher wie folgt eingeschränkt: Während bei einer begrenzten Nutzungsdauer des Goodwills ein formales Verbot besteht, auf die Durchführung planmäßiger Abschreibungen zu verzichten,[548] und eine solche Politik offenbar auch faktisch durch den komplizierten Werthaltigkeitstest vermieden wird, dürften umgekehrt bei Vornahme planmäßiger Abschreibungen trotz einer unbestimmbaren Nutzungsdauer kaum Einwände zu erwarten sein. Insofern besteht ein faktisches Methodenwahlrecht lediglich bei einer erwarteten unbestimmten Nutzungsdauer des Goodwills.

Die nachfolgende Abbildung fasst das **Spektrum der Bilanzierungsmöglichkeiten** für den derivativen Goodwill in den UK-GAAP noch einmal zusammen:

546 *Paterson, R.*, FRS 10 (Accountancy 1998), S. 74. Vgl. zur Kritik auch *PricewaterhouseCoopers*, Student's Manual of Accounting (1999), Tz. 23.475.

547 So wurde die Methode der nur außerplanmäßigen Abschreibung laut einer Studie von Arthur Andersen im Berichtszeitraum 1997/98 lediglich von 3 der 100 untersuchten Unternehmen angewandt (vgl. *Powling, H./Rigelsford, K.*, First season of goodwill (Accountancy 1999), S. 84.). Eines dieser drei Unternehmen war Cadbury Schweppes, das auch im Geschäftsjahr 2000 bei einem assoziierten Unternehmen (Dr Pepper/Seven Up Bottlling Group) von einer unbegrenzten Nutzungsdauer Gebrauch machte (vgl. *Cadbury Schweppes*, Annual Report 2000, S. 93.).

548 In UITF Abstract 27 heißt es hierzu auch: „the FRS does not allow a choice of policies; goodwill should be amortised unless its life is indefinite.“ (*UITF*, Abstract 27 (2000), S. 1.).

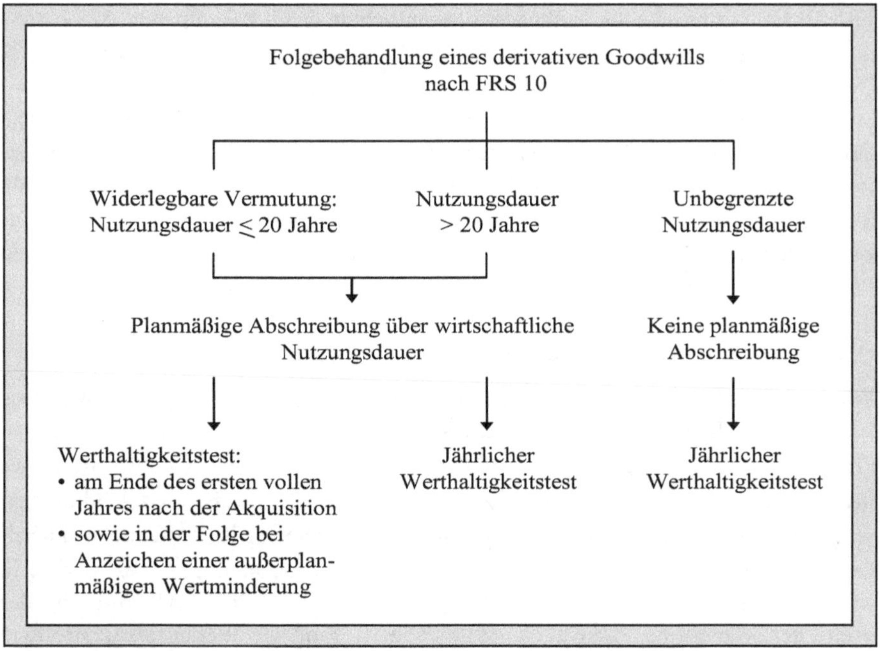

Abb. 10: Folgebehandlung eines derivativen Goodwills nach FRS 10[549]

- **Angabepflichten**

Bei Aktivierung ist die Entwicklung des derivativen Goodwills als Teil des immateriellen Anlagevermögens im Anlagespiegel darzustellen.[550] Die angewandten Bilanzierungs- und Bewertungsmethoden sind nach § 36 Sch. 4 CA 1985 anzugeben. Zudem besteht die Verpflichtung, die gewählte Nutzungsdauer im Anhang offen zu legen und ihre Wahl zu begründen.[551] Die ehemals verbreitete Praxis einer offenen Absetzung des Goodwills vom gesamten Eigenkapital (so genanntes *dangling debit*)[552] ist unzulässig.[553] Darüber hinaus ist der Ansatz einer separaten „Goodwill-Verrechnungsrücklage" nunmehr untersagt.[554]

549 Quelle: In Anlehnung an *Taylor, P.*, United Kingdom - Group Accounts, in: *Ordelheide, D./KPMG (Hrsg.)*, Transnational Accounting (2001), S. 2774.

550 Vgl. § 42 Sch. 4 CA 1985.

551 Vgl. § 21 (4) Sch. 4 CA 1985.

552 Wörtlich übersetzt: „baumelnder Sollposten".

553 Dies ergibt sich aus dem Saldierungsverbot, das mit der 4. EG-Richtlinie ins britische Recht eingeführt wurde. Vgl. § 5 Sch. 4 CA 1985; *Renshall, M./Aldis, J.*, Companies Act (1987), S. 29.

554 Vgl. *ASB*, FRS 10 (1997), Par. 71 (b).

FRS 10 sieht grundsätzlich ähnliche Angabepflichten wie der Companies Act vor. So ist die Entwicklung des derivativen Goodwills im Anhang separat darzustellen.[555] Des Weiteren besteht eine Verpflichtung zur Offenlegung der gewählten Abschreibungsmethode und -dauer sowie einer Begründung für die Wahl letzterer.[556] Die Gründe für eine Widerlegung der Vermutung in FRS 10 sind aufzuzeigen, indem insbesondere Belege für die Dauerhaftigkeit des erworbenen Unternehmens erbracht werden.[557] Im Falle der Zugrundelegung einer unbegrenzten wirtschaftlichen Nutzungsdauer sind Angaben zum True and fair override, vor allem die Gründe und Folgewirkungen, zu erläutern.[558]

c) Sonderfall: Negativer Goodwill

Wie in Deutschland finden sich für einen **negativen Goodwill** im Einzelabschluss keine gesetzlichen Regeln. Gleichwohl steht seine Existenz grundsätzlich nicht in Frage.[559] So ist der negative Goodwill unter den Definitionen von FRS 10 aufgeführt.[560] Zudem findet sich keinerlei einschränkender Hinweis, dass hiermit ausschließlich ein negativer Konsolidierungs-Goodwill gemeint ist.[561] Gleichwohl hält das ASB einen negativen Goodwill für eine Ausnahmeerscheinung,[562] was sich darin widerspiegelt, dass bei seiner Entstehung zunächst eine kritische Überprüfung der Werte der Aktiva und Passiva vorgeschrieben ist. Sind die Wertansätze zutreffend oder bereits korrigiert worden, so ist der verbleibende Betrag als negativer Goodwill anzusetzen und offen auf der Aktivseite unter der Position „Goodwill" zu subtrahieren.[563] Als Begründung heißt es hierzu: „just as positive goodwill is not viewed in

---

555 Vgl. *ASB*, FRS 10 (1997), Par. 53.

556 Vgl. *ASB*, FRS 10 (1997), Par. 55.

557 Vgl. *ASB*, FRS 10 (1997), Par. 58.

558 Vgl. *ASB*, FRS 10 (1997), Par. 59. Einzelheiten hierzu sind in *UITF*, Abstract 7 (1992) geregelt.

559 So bereits *Browne, E.*, Goodwill (Accountant 1902), S. 1343.

560 Vgl. *ASB*, FRS 10 (1997), Par. 2, Purchased goodwill. Auch das Fachschrifttum scheint keine Bedenken hinsichtlich der Existenz eines negativen Goodwills zu hegen, wenngleich diesem Posten insgesamt geringe Aufmerksamkeit zuteil wird.

561 Im Gesetz wird demgegenüber lediglich von einem negativen Konsolidierungsunterschied gesprochen (vgl. § 9 (5) Sch. 4a CA 1985.).

562 „[N]egative goodwill is expected to occur rarely ..." (*ASB*, FRS 10 (1997), Appendix III, Par. 58.). Demgegenüber weist PATERSON darauf hin, dass mit einem negativen Goodwill häufiger zu rechnen sei, da FRS 7 schließlich die Passivierung von Restrukturierungsrückstellungen verbiete (vgl. *Paterson, R.*, FRS 10 (Accountancy 1998), S. 74.).

563 Kritisch hierzu PATERSON, der in Anlehnung an die ehemals offene Verrechnung des positiven Goodwills (*dangling debit*) von einem *dangling credit* spricht (vgl. *Paterson, R.*, FRS 10 (Accountancy 1998), S. 75.).

the FRS as an asset, so negative goodwill is not viewed as a liability."[564] Gemäß FRS 7 sind die übernommenen Vermögenswerte und Schulden zwingend zu ihrem Fair Value anzusetzen. Der Wert eines negativen Goodwills ist damit nach den UK-GAAP nicht durch das Anschaffungswertprinzip beschränkt.[565] Eine Abstockung des Vermögens und Aufstockung der Schulden zur Vermeidung eines negativen Goodwills ist ausgeschlossen.[566]

FRS 10 führt einen negativen Goodwill auf zwei Ursachen zurück: einen Gelegenheitskauf (*bargain purchase*) und die Antizipation zukünftiger Verluste.[567] Im ersten Fall wird das Unternehmen zu einem Preisnachlass erworben, was impliziert, dass der tatsächliche Unternehmenswert nicht niedriger als der Substanzwert ist. Da es sich jedoch um einen unrealisierten Gewinn handelt, hält das ASB eine sofortige erfolgswirksame Vereinnahmung nicht für zulässig.[568] Im zweiten Fall ist der Unternehmenswert tatsächlich geringer als der Substanzwert, was durch Restrukturierungskosten oder erwartete Verluste, die sich nicht in identifizierbaren Schulden niederschlagen, erklärt wird.[569] Um welche Art von Verlusten es sich hierbei handelt, lässt der Standard jedoch offen. FRS 10 ordnet eine einheitliche Behandlung unabhängig von der Ursache des negativen Goodwills an, um bilanzpolitische Gestaltungen gering zu halten.[570] So ist der Betrag bis zur Höhe des Zeitwerts des nicht-monetären Vermögens über den Zeitraum ertragswirksam aufzulösen, in welchem dieses Vermögen durch Abschreibungen oder Veräußerungen wiedergewonnen wird.[571] Problematisch hierbei ist, dass die Art und Weise der Aufteilung des negativen Goodwills auf das nicht-monetäre Vermögen nicht festgelegt ist. Sie kann beispielsweise proportional erfolgen, es ist aber auch eine alleinige Zuweisung etwa zum Umlaufvermögen denkbar, wodurch der negative Goodwill bereits innerhalb weniger Perioden aufgelöst würde.[572] Für den außergewöhnlich seltenen Fall,[573] dass der negative Goodwill

---

564 *ASB*, FRS 10 (1997), Appendix 3, Par. 53.

565 Vgl. *ASB*, FRS 7 (1994), Par. 6. Eine Ausnahme hiervon ist, dass immaterielle Vermögenswerte, für die kein Marktwert existiert, einen negativen Goodwill nicht verursachen oder erhöhen dürfen (vgl. *ASB*, FRS 10 (1997), Par. 10.).

566 Vgl. *ASB*, FRS 10 (1997), Appendix III, Par. 52.

567 Vgl. *ASB*, FRS 10 (1997), Appendix III, Par. 44.

568 Eine Berücksichtigung im *Statement of Total Recognised Gains and Losses*, in dem z. B. unrealisierte Erträge aus Neubewertungen verzeichnet werden, scheidet ebenfalls aus, da dies einer Ungleichbehandlung gegenüber der erfolgswirksamen Abschreibung eines positiven Goodwills entspräche (vgl. *ASB*, FRS 10 (1997), Appendix III, Par. 47.).

569 Vgl. *ASB*, FRS 10 (1997), Appendix III, Par. 56. Es sei daran erinnert, dass Restrukturierungskosten im Rahmen der Neubewertung eines erworbenen Unternehmens nicht berücksichtigt werden, sondern als *post-acquisition items* gelten.

570 Vgl. *ASB*, FRS 10 (1997), Appendix III, Par. 57.

571 Vgl. *ASB*, FRS 10 (1997), Par. 49.

572 Vgl. *Paterson, R.*, FRS 10 (Accountancy 1998), S. 75.

das nicht-monetäre Vermögen betragsmäßig überschreitet, ist der Überschuss in den Perioden aufzulösen, in denen ein entsprechender Nutzen erwartet wird;[574] die Auflösung bleibt damit unklar.

Die Entwicklung eines negativen Goodwills ist ebenfalls im Anlagespiegel aufzuzeigen.[575] Ferner ist der Zeitraum anzugeben, über den ein negativer Goodwill aufgelöst wird.[576] Insofern der Wert des nicht-monetären Vermögens überschritten wird, ist zusätzlich die Ursache hierfür zu erklären.[577]

Abschließend sei darauf hingewiesen, dass der Standard-Setter zurzeit verschiedene Optionen zur Einführung der IFRS für die britische Rechnungslegung prüft und zu diesem Zweck im Jahr 2005 die Standardentwürfe **FRED 36** Business Combinations (IFRS 3), **FRED 37** Intangible Assets (IAS 38) und **FRED 38** Impairment of Assets (IAS 36) in Bezug auf die Goodwill-Bilanzierung veröffentlicht hat.[578] Da bemerkenswerterweise zahlreiche Bedenken gegen eine unmodifizierte Übernahme der IFRS ins britische Handelsrecht bestehen,[579] ist zum gegenwärtigen Zeitpunkt noch nicht absehbar, in welcher Form die britische FRS mit den IFRS zu so genannten *UK IFRS-based standards* vermischt werden.

2. Steuerbilanz

Auszahlungen zur Schaffung eines **originären Goodwills** sind auch im geltenden britischen Steuerrecht nicht aktivierungsfähig, was sich seit der Einführung einer gesetzlichen Maßgeblichkeit[580] bereits aus dem **Ansatzverbot** in den UK-GAAP ableiten lässt. Im Zuge des Finance Act 2002 wurde zudem eine eigenständige steuerliche Verbotsvorschrift erlassen.[581] Darüber hinaus gelten seit dem Finance Act 2004 Spezialvorschriften für **Forschungs- und Entwicklungskosten**, nach denen diese unter bestimmten Bedingungen selbst dann steuermindernd verrechnet werden dürfen,

---

573 „[N]egative goodwill in excess of the fair values of the non-monetary assets acquired is expected to occur only extremely rarely and in unusual circumstances.“ (*ASB*, FRS 10 (1997), Appendix III, Par. 58.).

574 Vgl. *ASB*, FRS 10 (1997), Par. 50 u. Appendix III, Par. 58. Kritisch hierzu *Paterson, R.*, FRS 10 (Accountancy 1998), S. 75.

575 Vgl. *ASB*, FRS 10 (1997), Par. 53.

576 Vgl. *ASB*, FRS 10 (1997), Par. 63.

577 Vgl. *ASB*, FRS 10 (1997), Par. 64.

578 Vgl. *ASB*, FRED 36 (2005), ASB, FRED 37 (2005) u. *ASB*, FRED 38 (2005).

579 Vgl. hierzu allgemein *ASB*, FRED 36 (2005), Preface by the ASB, Par. 51 ff. sowie speziell zur Folgebehandlung des positiven und negativen Goodwills Par. 25 u. 29.

580 Vgl. sec. 103 FA 2002 i. V. m. sec. 42 (1) FA 1998. Hierzu auch *Nobes, C.*, Taxable Income of Businesses (2004), S. 12.

581 Vgl. sec. 8 Sch. 29 FA 2002.

wenn sie für handelsbilanzielle Zwecke in einen immateriellen Vermögenswert eingehen (*R&D tax relief*).[582]

Vor einigen Jahren wurde ein umfangreiches Projekt zur Reform der steuerlichen Behandlung immaterieller Vermögenswerte einschließlich des **derivativen Goodwills** gestartet, das mit der Veröffentlichung eines Gesetzentwurfs im März 2001 erstmals konkrete Gestalt annahm.[583] Darin spiegelt sich die Tendenz zu einer stärkeren Angleichung der handels- und steuerrechtlichen Erfolgsermittlung sehr deutlich wider. So ist das erklärte Ziel der Reform:

> „... to align the taxation of intangibles with the accountancy treatment so far as possible in order to simplify the system and to provide relief for a wider range of business expenses."[584]

Die Umsetzung dieses Zieles erfolgte inzwischen mit dem Finance Act 2002 im Wege einer weitgehenden Ankopplung der steuerrechtlichen Erfolgsermittlung an die handelsrechtlichen Rechnungslegungsvorschriften:[585] Demnach gilt auch steuerlich eine **Aktivierungspflicht**, wobei grundsätzlich keine Einwände gegen die erstmalige Wertermittlung des derivativen Goodwills auf Basis des Rechnungslegungsstandards FRS 7 bestehen.[586] Ebenso werden planmäßige und außerplanmäßige Abschreibungen nach FRS 10 respektive FRS 11 für die steuerliche Gewinnermittlung ohne Vorbehalte anerkannt.[587] Gleichzeitig sind Zuschreibungen steuerpflichtig.[588] Während im Falle der Beanspruchung einer unbestimmten Nutzungsdauer für den derivativen Goodwill im Handelsrecht[589] dem Gesetzentwurf zufolge auch keine steuerlichen Absetzungen gewährt werden sollten,[590] wurde im verabschiedeten Gesetz schließlich ein allgemeines Wahlrecht zugunsten einer Abschreibung in festen Jahressätzen (*write-down on fixed-rate basis*) in Höhe von 4% der Anschaffungskosten

---

582 Vgl. sec. 53 FA 2004 i. V. m. sec. 82A u. 837A ICTA 1988.

583 Vgl. *Inland Revenue*, The New Regime (2001). Diesem Entwurf waren mehrere Diskussionspapiere vorangegangen (vgl. insbesondere *Inland Revenue*, Reform of the Taxation (2000); Inland Revenue, The Next Stage (2000).).

584 *Inland Revenue*, The Next Stage (2000), Par. 2.1. An anderer Stelle heißt es darüber hinaus: „The Government wants to rely on the accounts figures as far as possible: the greater the number of departures the less an accounts based regime delivers simplification and compliance cost benefits.“ (*Inland Revenue*, The Next Stage (2000), Par. 3.2.).

585 Vgl. auch *Inland Revenue*, Regulatory Impact Assessment (2002), Par. 7, wo von einem “accounts-based approach” die Rede ist.

586 Vgl. sec. 4 Sch. 29 FA 2002; *Inland Revenue*, The New Regime (2001), Par. 2.10.

587 Vgl. sec. 9 Sch. 29 FA 2002; *Inland Revenue*, The New Regime (2001), Par. 2.13.

588 Vgl. sec. 17 Sch. 29 FA 2002; *Inland Revenue*, The New Regime (2001), Par. 2.15.

589 Vgl. im Einzelnen S. 98 dieser Arbeit.

590 Vgl. *Inland Revenue*, The New Regime (2001), Par. 2.14.

eingefügt.[591] Bei einer Inanspruchnahme des Wahlrechts ist der derivative Goodwill demnach steuerlich über eine fingierte Nutzungsdauer von 25 Jahren planmäßig abzuschreiben. Die handelsrechtlichen Rechnungslegungsvorschriften sind schließlich auch für einen **negativen Goodwill** im Steuerrecht analog anzuwenden, so dass dessen erfolgswirksame Auflösung ebenfalls steuerpflichtig ist.[592]

Als Konsequenz der Reform sind faktische Rückwirkungen der steuerlichen Behandlung des Goodwills auf die handelsrechtliche Bilanzierungspraxis denkbar. So könnten sich Unternehmen aus dem Motiv des Steuersparens heraus dazu ermutigt sehen, zum Beispiel eine kürzere Nutzungsdauer für den derivativen Goodwill zugrunde zu legen oder auf eine Fortführung des Goodwills mit unbestimmter Nutzungsdauer zu verzichten. Bemerkenswerterweise sieht der britische Gesetzgeber hier jedoch – ungeachtet jederzeit möglicher steuerlicher Bilanzvorbehalte – in der Generalnorm des True and fair view einen ausreichenden Schutzmechanismus.[593]

Abschließend bleibt kritisch anzumerken, dass die Reform der steuerlichen Behandlung des Goodwills ausschließlich im Rahmen der Körperschaftsteuer (*corporation tax*) gilt[594] und damit eine unterschiedliche, weil rechtsformabhängige Bilanzierung gleicher wirtschaftlicher Sachverhalte zur Folge hat.[595] Demgegenüber ergeben sich auch im Falle einer wahlweisen Anwendung der IFRS im britischen Einzelabschluss keine Änderungen für die steuerliche Gewinnermittlung, da die IFRS im Rahmen der Maßgeblichkeit der handelsrechtlichen Rechnungslegung den nationalen Rechnungslegungsstandards gleichgestellt wurden.[596]

III. Bilanzierung des Goodwills in der Rechnungslegung nach IFRS

Wie die UK-GAAP sind auch die International Financial Reporting Standards der angelsächsischen Rechnungslegungskonzeption zuzuordnen. Es handelt sich um privat-

---

591 Vgl. sec. 10 f. Sch. 29 FA 2002.

592 Vgl. sec. 16 Sch. 29 FA 2002.

593 Vgl. *Inland Revenue*, The Next Stage (2000), Par. 3.34 ff. Auf börsennotierte Unternehmen könne darüber hinaus auch der Kapitalmarkt einen disziplinierenden Einfluss haben (vgl. *Inland Revenue*, The Next Stage (2000), Par. 3.27.).

594 Vgl. *Souter, G./Cunningham, K.*, New Intellectual Property rules (Tax Adviser 2002) sowie bereits *Inland Revenue*, The New Regime (2001), Par. 2.3.

595 So ist ein derivativer Goodwill aus der Übernahme einer Personengesellschaft durch eine Kapitalgesellschaft steuerlich absetzbar, während ein Personenunternehmen im Falle einer ökonomisch vergleichbaren Akquisition per se nach wie vor nicht in den Genuss steuerlicher Absetzungen kommt.

596 Vgl. im Einzelnen sec. 50 FA 2004 i. V. m. *HM Revenue & Customs*, UK tax implications (http://www.hmrc.gov.uk/…/int_accounting.htm (07.10.2006)).

rechtliche Normen des Standard-Setters IASB, die im Zuge der Übernahme durch die Europäische Union seit dem Jahr 2005 jedoch eine quasi-gesetzliche Stellung für den Bereich der Konzernrechnungslegung erlangt haben und in einigen Mitgliedsstaaten – so auch in Deutschland – partiell auch im Einzelabschluss angewandt werden können. Entsprechend ihrer übernationalen Aufgabenstellung[597] sind die internationalen Rechnungslegungsstandards seit ihrem Bestehen primär an der Informationsfunktion ausgerichtet: So ist das oberste Ziel der IFRS die Vermittlung einer *fair presentation* über die Vermögens-, Finanz- und Ertragslage eines Unternehmens, um die Rechnungslegungsadressaten mittels nützlicher Informationen in die Lage zu versetzen, bestmöglich ihre wirtschaftlichen Entscheidungen treffen zu können (*Decision-usefulness*-Konzept).[598] Zwar kommt grundsätzlich auch eine Zahlungsbemessungsfunktion der IFRS im nationalen Kontext in Betracht;[599] allerdings lässt sich diese nur indirekt und mit untergeordneter Bedeutung im Rahmenkonzept nachweisen.[600] Einer unmittelbaren Eignung der IFRS für Zahlungsbemessungszwecke stehen zudem wichtige Strukturfestlegungen im Wege.[601] In diesem Zusammenhang führt insbesondere die in den letzten Jahren zu beobachtende Tendenz einer zunehmenden Bewertung von Bilanzgütern zum beizulegenden Zeitwert (Fair Value) bei häufig erfolgswirksamer Erfassung der unrealisierten Neubewertungsgewinne zu gewichtigen Problemen, die zunächst zu lösen sind. Gleichzeitig treten das Vorsichts- und Objektivierungsprinzip der Rechnungslegung mehr und mehr in den Hintergrund.[602]

Die nachfolgende Analyse soll am Beispiel der bilanziellen Behandlung des Goodwills die notwendigen Kenntnisse für eine spätere Beurteilung vermitteln, inwiefern die IFRS im Spannungsfeld zwischen den Grundsätzen der *relevance* und *reliability* dem Konzept einer umfassenden Rechnungslegung nahe kommen.

---

597 Vgl. *IASB*, Preface (2002), Par. 6.

598 Vgl. *IASB*, IAS 1 (2005), Par. 7 u. 13 ff. i. V. m. *IASB*, Framework (2001), Par. 12 ff. u. 46.

599 Dies gilt auch für die steuerliche Gewinnermittlung (so z. B. *Sigloch, J.*, Steuerbilanz und Rechnungslegung, in: *Göbel, S./Heni, B. (Hrsg.)*, Festschrift Scherrer (2004), S. 342.).

600 Vgl. *IASB*, Framework (2001), Par. 16, wo auf die Nützlichkeit von Rechnungslegungsinformationen zur Vorhersage künftiger Ausschüttungsströme an die Anteilseigner hingewiesen wird. An anderer Stelle werden ferner die Festlegung der Steuerpolitik sowie die Bestimmung des ausschüttungsfähigen Gewinns eines Unternehmens als Beispiele für wirtschaftliche Entscheidungen der Rechnungslegungsadressaten genannt (vgl. *IASB*, Framework (2001), Preface sowie Par. 9(a) u. (f).).

601 Zu denken ist hier insbes. an die noch immer fehlende verbindliche Festlegung einer Kapitalerhaltungskonzeption in den IFRS (vgl. *IASB*, Framework (2001), Par. 110.).

602 So auch *Küting, K.*, Hoher Preis für IFRS (FAZ v. 17.10.2005), S. 22.

A. Historische Entwicklung

Im Vergleich zum deutschen und britischen Bilanzrecht erscheint der Zeitraum, seit dem die Bilanzierung des Goodwills in den IFRS geregelt ist, verhältnismäßig kurz. Wie die Ausführungen zeigen werden, war die Bilanzierung des Goodwills gleichwohl einer Vielzahl von Überarbeitungen mit pirouettenhaften Zügen unterworfen.

So wurde **1983** mit dem **IAS 22 Accounting for Business Combinations** der erste Standard verabschiedet, der unter anderem Vorschriften zur Behandlung des derivativen Goodwills enthielt. IAS 22 (1983) sah für den (positiven) derivativen Goodwill ein Wahlrecht zwischen einer Aktivierung und planmäßigen Abschreibung sowie einer sofortigen erfolgsneutralen Verrechnung vor.[603] Im Falle der planmäßigen Abschreibung war keine Höchstgrenze für die wirtschaftliche Nutzungsdauer vorgeschrieben. Gleichwohl lehnte der Standard eine Fortführung des derivativen Goodwills bei Durchführung jährlicher Werthaltigkeitstests ab, da diese Methode der Abnutzung im Zeitablauf nicht Rechnung trage.[604] Ein aktivierter Goodwill war gegebenenfalls außerplanmäßig abzuschreiben;[605] Zuschreibungen waren hingegen nicht geregelt. Auch hinsichtlich der erfolgsneutralen Verrechnung des derivativen Goodwills bestanden keine weitere Vorschriften, so dass Unternehmen zum Beispiel die zu kürzenden Rücklagen frei wählen und selbst bei einer Veräußerung des zugehörigen Tochterunternehmens auf eine erfolgswirksame Erfassung des Goodwills verzichten konnten. Hinzuweisen ist ferner auf das breite Spektrum der Möglichkeiten zur Bilanzierung eines negativen Goodwills, das von einer Hinzurechnung zu den Rücklagen über eine Abstockung des nicht-monetären Vermögens bis zu einer Passivierung und ertragswirksamen Auflösung reichte.[606]

Kritik an den weitreichenden Wahlrechten und dem insgesamt geringen Regelungsumfang zur Bilanzierung des Goodwills sowie im Besonderen an der Methode der erfolgsneutralen Verrechnung führten im Jahre 1993 zu einer grundlegenden Überarbeitung des IAS 22. Der neue Standard **IAS 22 Business Combinations (revised 1993)** schaffte die Methode der erfolgsneutralen Verrechnung für neu entstehende Goodwills ab und schrieb nunmehr eine Aktivierung und planmäßige Abschreibung vor.[607] Die wirtschaftliche Nutzungsdauer sollte dabei gewöhnlich nicht mehr als fünf Jahre betragen, konnte allerdings einen längeren Zeitraum von maximal 20 Jahren umfassen. Zwar stufte das IASC diese Begrenzung selbst als willkürlich ein. Eine längere Periode galt aufgrund der Schwierigkeiten bei der Nutzungsdauer-

603 Vgl. *IASC*, IAS 22 (1983), Par. 19 u. 40.

604 Vgl. *IASC*, IAS 22 (1983), Par. 22.

605 Vgl. *IASC*, IAS 22 (1983), Par. 41.

606 Vgl. *IASC*, IAS 22 (1983), Par. 40 i. V. m. Par. 42.

607 Vgl. *IASC*, IAS 22 (revised 1993), Par. 40 u. 42.

schätzung gleichwohl als nicht statthaft.[608] Bei Anzeichen geringerer als der erwarteten Einzahlungsüberschüsse war der derivative Goodwill zudem außerplanmäßig abzuschreiben. Eine Zuschreibung war hingegen nicht zulässig.[609] Da IAS 22 (revised 1993) keine Reaktivierung zuvor erfolgsneutral verrechneter Goodwills vorschrieb,[610] waren Betriebs- und Zeitvergleiche nur schwer möglich. Hinsichtlich der Bilanzierung eines negativen Goodwills bestand ferner ein Wahlrecht zwischen einer Abstockung des nicht-monetären Vermögens (*Benchmark Treatment*) und einer Passivierung mit ertragswirksamer Auflösung ebenfalls über gewöhnlich fünf und maximal 20 Jahre (*Allowed Alternative Treatment*).[611]

Hinweise zur bilanziellen Behandlung von **Ingangsetzungs- und Erweiterungsaufwendungen** oder vergleichbaren Posten finden sich in den IFRS erst im Standardentwurf **E50 Intangible Assets** vom Juni **1995**. Darin subsumierte das IASC derartige immaterielle Vermögenswerte unter die Rechnungsabgrenzungsposten (*deferred costs and prepaid expenses*) und machte deutlich, dass es sich um Zahlungen handelt, deren Erfolgswirksamkeit sich über mehrere Perioden erstreckt.[612] Da E50 Ausbildungs-, Personal- und weitere Kosten zum Aufbau eines Unternehmens oder einer Produktlinie aus seinem Geltungsbereich ausschloss[613] und diese auch von keinem anderen Standard erfasst wurden, konnte ihre Aktivierung zum Zweck der periodengerechten Erfolgsermittlung als zulässig angesehen werden. Hingegen sprach das IASC Werbeausgaben explizit die Vermögenswerteigenschaft ab, da sie nicht zuverlässig selbstständig bewertbar seien.[614]

Für den **originären Goodwill im engeren Sinne** war demgegenüber bereits seit der Verabschiedung des **IASC-Framework** im Jahre **1989** ein Ansatzverbot zu vermuten, da es dort heißt: „although most enterprises generate goodwill internally over time, it is *usually* difficult to identify or measure that goodwill reliably.“[615] Einen eindeutigen Ausschluss bedeutete dies dem Wortlaut nach jedoch nicht (*usually*).

608 Vgl. *IASC*, IAS 22 (revised 1993), Par. 45.

609 Vgl. *IASC*, IAS 22 (revised 1993), Par. 46 f.

610 Vgl. *IASC*, IAS 22 (revised 1993), Par. 79; *Cairns, D.*, Cope with goodwill (Accountancy 1996), S. 62 ff..

611 Vgl. *IASC*, IAS 22 (revised 1993), Par. 49 u. 51.

612 Nicht unter die Rechnungsabgrenzungsposten fielen Forschungs- und Entwicklungskosten, da sie von *IAS 9 Research and Development Costs* erfasst wurden. Danach war eine aufwandswirksame Behandlung von Forschungskosten vorgeschrieben, während Entwicklungskosten bei Erfüllung bestimmter, strenger Voraussetzungen zu aktivieren waren (vgl. *IASC*, IAS 9 (1993), Par. 15 bzw. 17.).

613 Vgl. *IASC*, E50 (1995), Par. 8.

614 Vgl. *IASC*, E50 (1995), Par. 34. So auch *Hommel, M.*, Immaterielle Vermögensgegenstände (ZfbF 1997), S. 362.

615 *IASB*, Framework (2001), Par. 34; Herv. durch d. Verf.

Zudem ist die Anwendung des Rahmenkonzepts bekanntlich freiwillig.[616] Insoweit war es ebenfalls der Standardentwurf E50, der für den originären Goodwill erstmals eine zweifelsfreie Regelung in Form eines ausdrücklichen Aktivierungsverbots vorsah.[617]

Im Jahre **1997** wurden zwei weitere Standardentwürfe – **E60 Intangible Assets** und **E61 Business Combinations** – veröffentlicht, die sich hinsichtlich der hier betrachteten Punkte jedoch nur marginal von den darauf folgenden IAS unterschieden.[618] Ein Jahr später verabschiedete das IASC mit IAS 22 (revised 1998) schließlich einen Standard, der die bilanzielle Behandlung des derivativen Goodwills ein weiteres Mal überarbeitete. Ferner wurde mit **IAS 38 (1998)** ein neuer Standard zur Bilanzierung immaterieller Einzelwerte und des originären Goodwills aus der Taufe gehoben, der jedoch ebenfalls ein Aktivierungsverbot für letzteren enthielt.[619]

Der derivative Goodwill wurde in **IAS 22 (revised 1998)** ebenfalls gemäß dem Residualansatz definiert.[620] Anders als FRS 10 entzog sich der Standard allerdings einer Diskussion über die Rechtsnatur des derivativen Goodwills und schrieb lediglich dessen zwingende Aktivierung als Vermögenswert vor.[621] Dabei ließ sich aus dem Wortlaut nicht zweifelsfrei entnehmen, ob sich der derivative Goodwill tatsächlich als (immaterieller) Vermögenswert im Sinne der IAS qualifizierte oder ob er lediglich als solcher zu behandeln war.[622] Im Rahmen der erstmaligen Wertermittlung des derivativen Goodwills waren immaterielle Vermögenswerte separat anzusetzen, sofern ihr künftiger Nutzenzufluss wahrscheinlich war und ihr Zeitwert zuverlässig gemessen werden konnte.[623] In diesem Zusammenhang wurden auch Schätzungen auf Basis

---

616 Gemäß *IASB*, Framework (2001), Par. 1 (d) soll das Framework Bilanzerstellern lediglich eine Hilfestellung in Bereichen sein, die noch nicht von den IFRS erfasst sind. Es stellt weder einen Rechnungslegungsstandard dar noch nimmt es eine Vorrangstellung gegenüber einzelnen Bestimmungen der Standards ein (vgl. *IASB*, Framework (2001), Par. 2.).

617 Vgl. *IASC*, E50 (1995), Par. 39.

618 Vgl. *IASC*, IAS 22 (revised 1998), Appendix 1, Basis for Conclusions, Par. 7 ff. u. 43 (c).

619 Vgl. *IASC*, IAS 38 (1998), Par. 36.

620 Vgl. *IASC*, IAS 22 (revised 1998), Par. 41.

621 „... should be described as goodwill and recognised as an asset.“ (*IASC*, IAS 22 (revised 1998), Par. 41.).

622 Anderer Ansicht KÜTING/HAYN, die hierzu ausführen: „Dieser Geschäfts- oder Firmenwert erfüllt die Kriterien eines Vermögensgegenstandes nach IAS 22 und *muss* dementsprechend als solcher aktiviert werden“ (*Küting, K./Hayn, S.*, Angelsächsischer Konzernabschluß (AG 1996), S. 55.). Die Aussage überrascht jedoch insofern, als IAS 22 (revised 1993), auf den sich die Autoren beziehen und der in diesem Punkt mit IAS 22 (revised 1998) identisch ist, gar keine Definition eines Vermögensgegenstands enthält!

623 Vgl. *IASC*, IAS 22 (revised 1998), Par. 26 u. 39 (g) i. V. m. *IASC*, IAS 38 (1998), Par. 31.

anerkannter betriebswirtschaftlicher Methoden anerkannt.[624] Damit war im Zuge eines Unternehmenserwerbs auch eine Aktivierung von Marken, Verlagstiteln, Kundenlisten etc. möglich, wohingegen die gleichen Vermögenswerte im Falle der Selbsterstellung einem strikten Aktivierungsverbot unterlagen.[625] Als weitere generelle Regel bestand zudem ein Verbot, Verpflichtungen im Übernahmezeitpunkt zu berücksichtigen, die auf Absichten oder Plänen des Erwerbers beruhten.[626] Ausgenommen hiervon waren jedoch Restrukturierungsrückstellungen, die unter strengen Voraussetzungen angesetzt werden konnten.[627]

IAS 22 sah als Folgebewertung des derivativen Goodwills einzig die planmäßige Abschreibung über dessen wirtschaftliche Nutzungsdauer vor.[628] Anstelle der absoluten Nutzungsdauerbegrenzung wie noch in IAS 22 (revised 1993) enthielt der Standard eine widerlegbare Vermutung, dass die wirtschaftliche Nutzungsdauer 20 Jahre nicht überschreite.[629] In seltenen Umständen war somit auch eine längere Periode zulässig, sofern hierfür Nachweise erbracht wurden.[630] Die zugrunde gelegte Nutzungsdauer musste allerdings stets endlich sein.[631] Bemerkenswert ist die entsprechende Begründung hierzu im Standard:

> „With the passage of time, goodwill diminishes, reflecting the fact that its service potential is decreasing. In some cases, the value of goodwill may appear not to decrease over time. This is because … the goodwill that was purchased is being replaced by internally generated goodwill. IAS 38 … prohibits the recognition of internally generated goodwill as an asset. Therefore, it is appropriate that goodwill is amortised on a systematic basis over the best estimate of its useful life."[632]

---

624 Vgl. *IASC*, IAS 38 (1998), Par. 30. Als Beispiele für solche Methoden wurden Multiple- und DCF-Verfahren genannt.

625 Vgl. hierzu *IASC*, IAS 38 (1998), Par. 51.

626 Vgl. *IASC*, IAS 22 (revised 1998), Par. 29.

627 So waren die wesentlichen Inhalte von Plänen zur Stilllegung oder Einschränkung der Geschäftsaktivitäten des erworbenen Unternehmens im Übernahmezeitpunkt oder davor offen zu legen. Die Pläne mussten eine rechtsgültige Erwartungshaltung bei den Betroffenen auslösen und innerhalb von drei Monaten nach der Akquisition in Einzelheiten festgelegt sein. Darüber hinaus waren Rückstellungen nur für die im Standard angegebenen Aufwendungen zulässig (vgl. im Einzelnen *IASC*, IAS 22 (revised 1998), Par. 31.). Der Standardentwurf E61 hatte hingegen noch ein Verbot aller Restrukturierungsrückstellungen vorgesehen (vgl. *o. V.*, Limited revisions (Accountancy 1998), S. 123 ff. (S. 2).).

628 Vgl. *IASC*, IAS 22 (revised 1998), Par. 44. Dabei war im Regelfall linear abzuschreiben (vgl. *IASC*, IAS 22 (revised 1998), Par. 45 u. 52.).

629 Vgl. *IASC*, IAS 22 (revised 1998), Par. 44.

630 Vgl. *IASC*, IAS 22 (revised 1998), Par. 50. Zu den Faktoren, die bei der Nutzungsdauerschätzung zu berücksichtigen waren, vgl. *IASC*, IAS 22 (revised 1998), Par. 48.

631 Vgl. *IASC*, IAS 22 (revised 1998), Par. 51.

632 *IASC*, IAS 22 (revised 1998), Par. 47.

IAS 22 (revised 1998) folgte damit klar der Auffassung einer Substitution des derivativen durch den originären Goodwill im Zeitablauf, ohne allerdings einen Nachweis für diese Hypothese zu erbringen. Unklar erschien insbesondere die weitere Erklärung: „The future economic benefits embodied in an intangible asset and goodwill are always consumed. Although there may be *no physical limit* to the useful life of some intangible assets and goodwill, infinite lives do not exist“[633]. Eine unrealistisch kurze Nutzungsdauer lehnte der Standard gleichermaßen ab,[634] womit insbesondere eine Sofortabschreibung wie im deutschen Einzelabschluss ausgeschlossen war. Sofern eine Nutzungsdauer von mehr als 20 Jahren beansprucht wurde, waren zusätzlich jährliche Werthaltigkeitstests (*impairment reviews*) gemäß **IAS 36 Impairment of Assets (1998)** durchzuführen.[635] Außerplanmäßige Abschreibungen auf den derivativen Goodwill waren stets vorzunehmen, wenn der erzielbare Betrag (*recoverable amount*) den Fortführungswert (*carrying amount*) der *cash-generating unit(s)* überstieg, der oder denen der Goodwill zuordenbar war.[636] Im Übrigen unterschied sich der Impairment-Review nach IAS 36 nur marginal von demjenigen nach FRS 11,[637] so dass hier auf die entsprechenden Ausführungen verwiesen werden kann.[638] Eine Wertaufholung war schließlich zulässig, jedoch auf jene Fälle beschränkt, in denen ein spezifisches Ereignis, das zuvor eine außerplanmäßige Abschreibung des derivativen Goodwills verursacht hatte, dauerhaft entfiel.[639] Abschließend sei erwähnt, dass IAS 22 (revised 1998) im Rahmen der Übergangsvorschriften ein Wahlrecht zur Fortführung von Goodwills einräumte, die in Geschäftsjahren beginnend vor dem 1.1.1995 mit den Rücklagen verrechnet wurden.[640] Insofern können noch immer erfolgsneutral verrechnete Goodwills indirekt in einem IFRS-Abschluss enthalten sein.

---

633 *IASC*, IAS 22 (revised 1998), Appendix 1, Basis for Conclusions, Par. 46 (a); Herv. durch d. Verf. Dem Verfasser will nicht recht deutlich werden, welcher physischen, also körperlichen Restriktion die Nutzungsdauer immaterieller (!) Vermögenswerte denn unterliegen sollte.

634 Vgl. *IASC*, IAS 22 (revised 1998), Par. 51.

635 Vgl. *IASC*, IAS 22 (revised 1998), Par. 50 (b) u. 56. Für Goodwills mit einer kürzeren Nutzungsdauer war dies hingegen lediglich bei Anzeichen einer Wertminderung erforderlich (vgl. *IASC*, IAS 22 (revised 1998), Par. 53.).

636 Vgl. *IASC*, IAS 36 (1998), Par. 80 ff. u. Appendix A, Example 7. Ein derivativer Goodwill war regelmäßig nur der mit ihm erworbenen Unternehmensbeteiligung bzw. den jeweiligen Vermögenswerten und Schulden als *cash-generating unit* zuordenbar (ähnlich *Förschle, G./Hoffmann, K.*, in: *Budde, W. u. a. (Hrsg.)*, Beck'scher Bilanz-Kommentar (2006), § 309, Rn. 83.).

637 So auch *ASB*, FRS 11 (1998), Appendix III.

638 Vgl. hierzu *Epstein, B../Mirza, A.*, IAS (2000), S. 421 f. Zu den wenigen Abweichungen von FRS 11 vgl. *ASB*, FRS 11 (1998), Appendix III.

639 Vgl. *IASC*, IAS 36 (1998), Par. 109.

640 Vgl. *IASC*, IAS 22 (revised 1998), Table: Transitional Provisions, 1. (a).

Unter dem Deckmantel einer weiteren weltweiten Harmonisierung der Rechnungslegung wurden die internationalen Standards zur Goodwill-Bilanzierung vom Standard-Setter IASB als Nachfolger des IASC ein weiteres Mal maßgeblich reformiert. Zu diesem Zweck erfolgte im Jahr **2002** die Verabschiedung der Standardentwürfe **ED 3**, **ED IAS 38** und **ED IAS 36**, die bereits deutlich unter dem Einfluss der ebenfalls überarbeiteten US-amerikanischen Rechnungslegung standen.[641] Da die einschlägigen Regelungen bereits weitgehend den aktuellen IFRS entsprachen, kann auf eine gesonderte Darstellung hier verzichtet werden.[642]

B. Gegenwärtige bilanzielle Behandlung des Goodwills in den IFRS

Nach der ausführlichen Analyse der historischen Entwicklung kann im Folgenden die gegenwärtige Behandlung des Goodwills in den IFRS untersucht werden. Die Darstellung bezieht sich dabei zum einen auf den Standard **IFRS 3 Business Combinations** aus dem Jahr 2004, der unter anderem die Bilanzierung des derivativen Goodwills reformierte und IAS 22 (revised 1998) außer Kraft setzte. Zum anderen werden die überarbeiteten Standards **IAS 38 Intangible Assets (revised 2004)** zur bilanziel-

---

641 So hatte der für die US-GAAP zuständige Standard-Setter FASB nach längeren Diskussionen und mehreren Standardentwürfen (vgl. *FASB*, Accounting for Business Combinations (1998); *FASB*, ED Business Combinations (1999) u. *FASB*, ED Accounting for Goodwill (2001).) im Jahr 2001 selbst eine radikale Kehrtwende in der Bilanzierung von Unternehmenszusammenschlüssen vollzogen und ein Verbot der planmäßigen Abschreibung des derivativen Goodwills zugunsten einer jährlichen Werthaltigkeitsprüfung erlassen (sog. *impairment-only approach*) (vgl. *FASB*, SFAS 141 (2001), Par. 43 i. V. m. *FASB*, SFAS 142 (2001), Par. 18 ff.). Einige Autoren werten dies als einen „Paradigmenwechsel in der Firmenwert-Bilanzierung" (*Pellens, B./Sellhorn, T.*, Paradigmenwechsel (FAZ v. 16.12.2002), S. 22.)) oder erwecken den Eindruck, diese Bilanzierungsmethode sei vollkommen neu (vgl. *Hommel, M.*, Neue Goodwillbilanzierung (BB 2001), S. 1943 ff.; *Pfeil, O./Vater, H.*, Neues über Goodwill (Teil 1) (ST 2002), S. 585 ff.; *Eberle, R.*, Bilanzierung von Goodwill (Teil 1) (ST 2002), S. 184 ff.). Tatsache ist jedoch, dass der *Impairment-only*-Ansatz nach US-GAAP – ungeachtet der bestehenden Unterschiede – aus konzeptioneller Sicht eine nicht verkennbare Ähnlichkeit zur Goodwill-Bilanzierung nach UK-GAAP aufweist, die bereits in den Jahren 1997 und 1998 entwickelt wurde. Wie im Rahmen der historischen Entwicklung zur britischen Rechnungslegung ferner gezeigt werden konnte, war der *Impairment-only*-Ansatz zudem bereits seit Anfang des 20. Jahrhunderts in Grundzügen bekannt. Andere Autoren sehen in der Entscheidung des FASB zum Verbot der planmäßigen Goodwill-Abschreibung hingegen einen politischen Kompromiss im Gegenzug zur gleichzeitigen Abschaffung der Pooling-of-interests-Methode in der Konzernrechnungslegung (so z. B. *Sigloch, J.*, Steuerbilanz und Rechnungslegung, in: *Göbel, S./Heni, B. (Hrsg.)*, Festschrift Scherrer (2004), S. 346; *Busse von Colbe, W.*, Bilanzierung des Firmenwerts (DB 2001), S. 877; vgl. zum Hintergrund der Abschaffung der Pooling-Methode im Einzelnen *Rückle, D.*, Konzernrechnungslegung, in: *Wagner, U. (Hrsg.)*, Festschrift Loitlsberger (2001), S. 268 ff.). Ausführlich zur geltenden Bilanzierung des Goodwills nach US-GAAP vgl. statt vieler *Richter, M.*, Bewertung des Goodwill (2004); *Pellens, B./Sellhorn, T.*, Goodwill-Bilanzierung (DB 2001), S. 1681 ff.; *Pellens, B./Sellhorn, T.*, Neue Goodwill-Bilanzierung (DB 2001), S. 713 ff.; *Küting, K. u. a.*, Neue Goodwillbilanzierung (KoR 2001), S. 185 ff.; *Smith, G./Parr, R.*, Valuation of Intellectual Property (2002), S. 9 ff.

642 Vielmehr sollen die wichtigsten Quellen der Entwürfe in den einschlägigen Fußnoten zu den Regelungen der Standards angefügt werden.

len Behandlung des originären Goodwills und **IAS 36 Impairment of Assets (revised 2004)** zur Durchführung von Werthaltigkeitstests betrachtet, die zusammen mit IFRS 3 verabschiedet wurden.[643]

1. Originärer Goodwill

Für den **originären Goodwill im engeren Sinne** sieht IAS 38 nach wie vor ein striktes **Aktivierungsverbot** vor,[644] womit der Standard dem vorausgegangenen Entwurf sowie dem Vorgängerstandard IAS 38 (1998) folgt. Zur Begründung heißt es, dass der originäre Goodwill erstens nicht identifizierbar sei, das heißt vom Unternehmen als Ganzem separiert werden könne oder aus einem vertraglichen oder anderen gesetzlichen Recht resultiere.[645] Zweitens könnten seine Kosten nicht zuverlässig ermittelt werden. Darüber hinaus fehle es beim originären Goodwill an der Verfügungsmacht (*control*) durch das Unternehmen.[646]

Auch **Ingangsetzungs- und Erweiterungskosten** (*start-up costs*) unterliegen in den gegenwärtigen IFRS einem **Ansatzverbot**. So werden Auszahlungen

- zur Eröffnung neuer Produktionsstätten oder Unternehmensteile (*pre-opening costs*),[647]
- zur Einführung neuer Produkte oder Prozesse (*pre-operating costs*),
- für Mitarbeiterschulungen,
- für Werbung und Verkaufsfördermaßnahmen sowie
- für Reorganisationen oder Standortverlagerungen

von IAS 38 ausdrücklich als Beispiele für Aufwendungen genannt, die keine immateriellen Vermögenswerte begründen und daher als Periodenaufwand zu verrechnen

---

643 Aus Gründen der sprachlichen Vereinfachung sind in den nachfolgenden Ausführungen mit IAS 38 und IAS 36 stets die aktuellen Rechnungslegungsstandards gemeint. In den Fußnoten wird hingegen die ausführliche Bezeichnung IAS 38 (revised 2004) und IAS 36 (revised 2004) angegeben.

644 Vgl. *IASB*, IAS 38 (revised 2004), Par. 48 u. bereits *IASB*, ED IAS 38 (2002), Par. 40.

645 Vgl. *IASB*, IAS 38 (revised 2004), Par. 49 i. V. m. Par. 11 f.

646 Vgl. *IASB*, IAS 38 (revised 2004), Par. 49 f. An anderer Stelle führt das IASB zudem beispielhaft an, dass gut geschulte Mitarbeiter oder treue Kunden als Faktoren des originären Goodwills nicht vom Unternehmen zur weiteren Beschäftigung oder zum Kauf gezwungen werden könnten, da sie im Zweifel abwandern (vgl. *IASB*, IFRS 3 (2004), Par. BC132.).

647 Hingegen setzt COENENBERG noch immer fälschlicherweise die *pre-operating costs* mit dem deutschen Begriff der Ingangsetzungs- und Erweiterungsaufwendungen gleich und lässt damit den Teilbereich der außerordentlichen Schulungs-, Werbe-, Organisations- sowie Forschungskosten außer Betracht (vgl. *Coenenberg, A.*, Jahresabschluss (2005), S. 152.).

sind.[648] Ferner ist die Aktivierung von Forschungsausgaben untersagt.[649] Lediglich für Entwicklungskosten ist unter bestimmten Bedingungen ein Bilanzansatz geboten,[650] was zu einem faktischen Aktivierungswahlrecht führt.[651] Damit ist festzuhalten, dass nach den IFRS ein Ansatz von Ingangsetzungs- und Erweiterungsaufwendungen lediglich für den Teilbereich der Entwicklungskosten und dort nur unter restriktiven Bedingungen in Betracht kommt.

2. Derivativer Goodwill

Im Rahmen der Bilanzierung des derivativen Goodwills ist auch in den IFRS zwischen einem Asset Deal und Share Deal zu differenzieren. Im Falle eines Asset Deals finden die Vorschriften zur Bilanzierung von Unternehmenszusammenschlüssen im Einzelabschluss analog Anwendung.[652]

- **Bilanzansatz**

IFRS 3 definiert den **derivativen Goodwill** seiner Wesensart entsprechend als Sammelposten nicht identifizierbarer – und damit nicht einzeln bilanzierbarer – Vermögenswerte und sieht eine **Aktivierungspflicht** vor.[653] Zwar enthält der Standard selbst keine eindeutigen Hinweise zur Rechtsnatur des derivativen Goodwills, sondern ordnet lediglich eine Behandlung als Vermögenswert an.[654] Die Begründung zum Standard (*Basis for Conclusions*) schafft hier jedoch Klarheit: Dort wird im Rahmen der erstmaligen Wertermittlung des derivativen Goodwills auf Basis des Residualansatzes zwischen verschiedenen Goodwill-Komponenten unterschieden, wobei der so genannte Kern-Goodwill (*core goodwill*), bestehend aus dem originären Goodwill des erworbenen Unternehmens und den Synergien aus dem Unternehmenszusammenschluss, ausdrücklich als Vermögenswert im Sinne des IASB-Rahmenkonzepts eingestuft wird. Das für die Qualifikation als Vermögenswert notwendige Kriterium der Verfügungsmacht durch das Unternehmen (*control*)[655] wird laut IASB im Falle des derivativen Goodwills durch die Entscheidungsmacht des Erwerbers über

---

648 Vgl. *IASB*, IAS 38 (revised 2004), Par. 68 f. sowie *IASB*, ED IAS 38 (2002), Par. 60 f.

649 Vgl. *IASB*, IAS 38 (revised 2004), Par. 54 sowie *IASB*, ED IAS 38 (2002), Par. 46.

650 Zu den Aktivierungsvoraussetzungen von Entwicklungskosten vgl. im Einzelnen *IASB*, IAS 38 (revised 2004), Par. 57 u. bereits *IASB*, ED IAS 38 (2002), Par. 49.

651 So z. B. *Sigloch, J.*, Rechnungslegung (2007), S. 271.

652 Vgl. *IASB*, IFRS 3 (2004), Par. 5 i. V. m. Par. 1. Zustimmend auch *Hayn, S./Waldersee, G.*, IFRS/US-GAAP/HGB (2004), S. 111.

653 Vgl. *IASB*, IFRS 3 (2004), Par. 51 f. u. BC129 sowie *IASB*, ED 3 (2002), Par. 50 f.

654 „The acquirer shall, at the acquisition date, recognise goodwill acquired in a business combination *as an asset*" (IASB, IFRS 3 (2004), Par. 51; Herv. durch d. Verf.).

655 Grundlegend hierzu *IASB*, Framework (2001), Par. 57 i. V. m. Par. 49(a).

die Politik und das Management des erworbenen Unternehmens erfüllt.[656] Kritisch anzumerken bleibt jedoch, dass es dem IASB nicht gelingt, den Goodwill auch als immateriellen Vermögenswert einzustufen, da hierfür das Kriterium der Identifizierbarkeit vorausgesetzt wird,[657] was beim Goodwill per Definition nicht erfüllt ist.

- **Bilanzbewertung**

Hinsichtlich der Bilanzbewertung des derivativen Goodwills lassen sich eine Vielzahl von Änderungen gegenüber dem Vorgängerstandard IAS 22 feststellen. So sind im Rahmen der **erstmaligen Wertermittlung** des Goodwills nach dem Residualansatz[658] immaterielle Einzelwerte nunmehr bereits dann separat vom Goodwill zu bilanzieren, wenn ihr Fair Value zuverlässig messbar ist.[659] Das Kriterium des wahrscheinlichen künftigen Nutzens wird im Rahmen eines Unternehmenserwerbs hingegen als automatisch erfüllt angesehen.[660] Die Menge der im Rahmen eines Unternehmenserwerbs getrennt vom Goodwill ansatzpflichtigen immateriellen Werte umfasst damit auch laufende Forschungs- und Entwicklungsprojekte (*in-process research and development projects*), Markenzeichen, Kundenlisten, Verlagstitel, Werbeverträge, Datenbanken etc.,[661] soweit diese die Voraussetzungen eines immateriellen Vermögenswerts nach IAS 38 erfüllen und zuverlässig bewertbar sind.[662] Gemäß der herrschenden Fair-Value-Doktrin der internationalen Rechnungslegung ist die Zeitwertermittlung dabei primär an Marktwerten auszurichten; zulässig sind aber auch anerkannte betriebswirtschaftliche Methoden, insbesondere Multiple- oder Discounted-Cash-flow-Verfahren.[663] Im Rahmen der Wertermittlung des derivativen Goodwills sind nach IFRS 3 ferner auch Eventualverbindlichkeiten separat ansatz-

---

656 Vgl. *IASB*, IFRS 3 (2004), Par. BC130 ff.

657 Zur Definition eines immateriellen Vermögenswerts (*intangible asset*) vgl. *IASB*, IAS 38 (revised 2004), Par. 8.

658 Vgl. in diesem Zusammenhang zur Ermittlung der Fair Values der bilanzierungspflichtigen Einzelwerte *IASB*, IFRS 3 (2004), Par. B16.

659 Im Rahmen des Standardentwurfs ED 3 war dagegen noch vorgesehen, diese Bedingung für immaterielle Einzelwerte mit Ausnahme der Belegschaft eines Unternehmens (*assembled workforce*) im Rahmen eines Unternehmenserwerbs als automatisch erfüllt anzusehen (vgl. *IASB*, ED 3 (2002), Par. 36(c) u. 43 f.). Aufgrund von kritischen Anmerkungen aus der Unternehmenspraxis hatte das IASB jedoch schließlich seine Auffassung geändert (vgl. *IASB*, IFRS 3 (2004), Par. BC97 ff.).

660 Vgl. *IASB*, IFRS 3 (2004), Par. BC95(a).

661 Eine umfangreiche Aufzählung einzeln ansatzpflichtiger immaterieller Werte kann den Illustrative Examples zum Standard entnommen werden, die zwischen den Kategorien *marketing-related intangible assets*, *customer-related intangible assets*, *artistic-related intangible assets*, *contract-based intangible assets* und *technology-based intangibles assets* unterscheiden (vgl. *IASB*, Illustrative Examples IFRS 3 (2004).).

662 Vgl. im Einzelnen *IASB*, IFRS 3 (2004), Par. 45 f. i. V. m. *IASB*, IAS 38 (revised 2004), Par. 33 ff.

663 Vgl. *IASB*, IAS 38 (revised 2004), Par. 39 ff.

pflichtig,[664] wenngleich diese außerhalb eines Unternehmenserwerbs bislang (noch) nicht bilanziert werden dürfen.[665] Begründet wird dies mit der Tatsache, dass sich Eventualschulden ebenso wie unbedingte Schulden bei der Kaufpreisfindung für das erworbene Unternehmen niederschlagen.[666] Überraschend erscheint demgegenüber die Entscheidung des IASB, den Ansatz von Restrukturierungsrückstellungen im Rahmen eines Unternehmenserwerbs demgegenüber im Grundsatz zu verbieten,[667] obwohl die Kosten notwendiger Restrukturierungsmaßnahmen zweifellos ebenfalls im Kaufpreis des erworbenen Unternehmens Berücksichtigung finden. Der Standard-Setter sieht hier jedoch offensichtlich eine Missbrauchsgefahr.[668] Insgesamt zeichnet sich bei der erstmaligen Wertermittlung des derivativen Goodwills nach IFRS klar das Bestreben des IASB ab, die Menge der selbstständig bilanzierungspflichtigen Vermögenswerte und Schulden zulasten des Goodwills auszudehnen.[669]

Auch die **Folgebewertung des derivativen Goodwills** unterlag mit der Verabschiedung des IFRS 3 grundlegenden Änderungen. So gilt in den IFRS nunmehr ebenfalls ein Verbot der planmäßigen Abschreibung des Goodwills zugunsten einer rein außerplanmäßigen Abschreibung im Rahmen von mindestens jährlich durchzuführenden Werthaltigkeitstests (*impairment-only approach*),[670] womit das IASB den einschlägigen Regelungen der US-GAAP folgt.[671] In der Basis for Conclusions zum Standard heißt es hierzu:

> „The Board observed that *the useful life of acquired goodwill* and the pattern in which it diminishes generally are *not possible to predict*, yet its amortisation depends on such predictions. As a result, the amount amortised in any given period can at best be described as an arbitrary estimate of the consumption of acquired goodwill during that period."[672]

Das IASB halt die Nutzungsdauer des derivativen Goodwills damit für nicht bestimmbar und lehnt eine planmäßige Abschreibung über eine letztlich willkürliche Zeitdauer ab. Darüber sei es unverständlich, weshalb im Falle eines Werterhalts des (Gesamt-)Goodwills ein Wertverlust des derivativen Goodwills berücksichtigt wer-

---

664 Vgl. *IASB*, IFRS 3 (2004), Par. 37(c) u. 47 ff.

665 Die entsprechenden Regelungen werden jedoch gerade überarbeitet (vgl. *IASB*, ED IAS 37 (2005), Par. 22 ff.; *IASB*, ED IFRS 3 (2005), Par. 35.).

666 Vgl. *IASB*, ED 3 (2002), Par. BC81.

667 Vgl. *IASB*, IFRS 3 (2004), Par. 41(a). Lediglich für den Fall, dass bereits beim erworbenen Unternehmen selbst eine Restrukturierungsrückstellung angesetzt war, darf diese übernommen werden.

668 Zur nur teilweise überzeugenden Begründung vgl. *IASB*, IFRS 3 (2004), Par. BC78 ff.

669 Dies wird auch in *IASB*, IFRS 3 (2004), Par. BC101 angedeutet.

670 Vgl. *IASB*, IFRS 3 (2004), Par. 54 f. sowie bereits *IASB*, ED 3 (2002), Par. 53 f.

671 Vgl. bereits die Anmerkungen und Literaturhinweise in Fn. 641 auf S. 113 f.

den müsse, während umgekehrt der Wertzuwachs eines originären Goodwills nicht erfasst werden dürfe. Im Ergebnis liefere eine planmäßige Abschreibung des derivativen Goodwills daher keine entscheidungsnützlichen Informationen.[673]

Für den gemäß IAS 36 durchzuführenden **Werthaltigkeitstest** (*impairment test*) des derivativen Goodwills wird – wie bereits im Vorgängerstandard – auf das Konzept Zahlungsmittel generierender Einheiten (cash-generating units) zurückgegriffen. Der derivative Goodwill ist hierzu denjenigen Zahlungsmittel generierenden Einheiten zuzuordnen, die voraussichtlich von den erwarteten Synergien des Unternehmenszusammenschluss profitieren werden.[674] Auf dieser Grundlage ist im Rahmen des Werthaltigkeitstests sodann zu prüfen, ob der Buchwert (*carrying amount*) der Zahlungsmittel generierenden Einheiten deren erzielbaren Betrag (*recoverable amount*) übersteigt. Ist diese Bedingung erfüllt, so ist die festgestellte **außerplanmäßige Abschreibung** zunächst in voller Höhe dem Goodwill anzulasten, bis dieser aufgezehrt ist. Bei einem darüber hinausgehenden Abschreibungsbedarf sind die einzelnen Vermögenswerte der Zahlungsmittel generierenden Einheiten proportional im Wert zu verringern.[675] Die folgende Abbildung fasst den einstufigen Werthaltigkeitstest nach IAS 36 noch einmal zusammen:

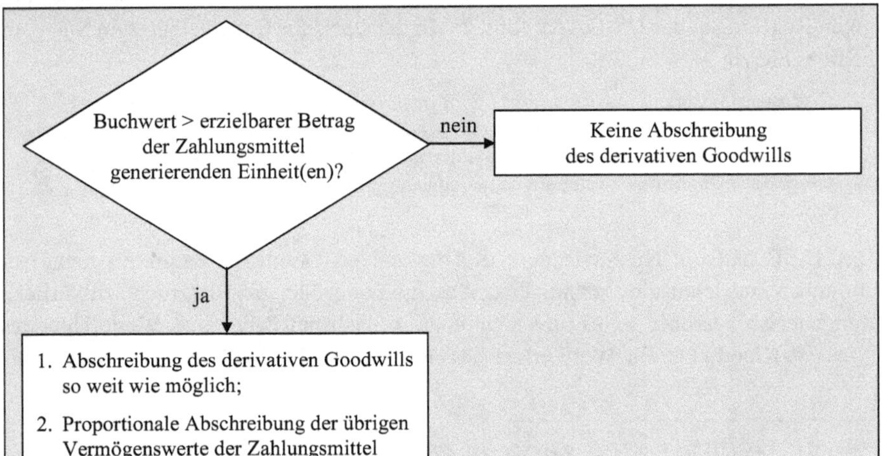

Abb. 11: Einstufiger Werthaltigkeitstest nach IAS 36[676]

---

672 *IASB*, IFRS 3 (2004), Par. 140 ; Herv. durch d. Verf.

673 Vgl. *IASB*, IFRS 3 (2004), Par. 140.

674 Vgl. *IASB*, IAS 36 (revised 2004), Par. 80 ff.

675 Vgl. *IASB*, IAS 36 (revised 2004), Par. 90 i. V. m. Par. 104 f.

676 Ähnliche Abbildungen finden sich auch bei *Bieker, M./Esser, M.*, Impairment-Only-

Zum Werthaltigkeitstest im Allgemeinen sowie zu seiner einstufigen Konzeption in den IFRS im Besonderen[677] lassen sich zahlreiche Kritikpunkte vortragen, die hier nur kurz diskutiert werden sollen: So erweist sich bereits die Verteilung des Goodwills auf Zahlungsmittel generierende Einheiten als Problembereich, da der Goodwill streng genommen nur dem Unternehmen als Ganzem verursachungsgerecht zugerechnet werden kann. Lediglich im Falle des Erwerbs einer abgrenzbaren Unternehmenseinheit, die auch als solche fortgeführt werden soll, erscheint eine Allokation des Goodwills zu dieser Zahlungsmittel generierenden Einheit sinnvoll. Darüber hinaus sei angemerkt, dass ein Wertminderungsbedarf des Goodwills im Rahmen des Impairment-Tests bisweilen gar nicht erkannt wird, sofern stille Reserven in den Einzelgütern der Zahlungsmittel generierenden Einheit bestehen und der erzielbare Betrag daher den Buchwert übersteigt. Ferner ist nicht nachvollziehbar, wieso ein festgestellter Wertminderungsbedarf automatisch, das heißt ohne weiteren Nachweis dem Goodwill zugewiesen wird, obwohl auch andere Vermögenswerte hierfür verantwortlich sein könnten. Im Übrigen kann auf das einschlägige Fachschrifttum verwiesen werden.[678]

Das Pendant zu einer außerplanmäßigen Abschreibung stellt eine konsequente Wertaufholung dar. IAS 36 folgt dieser Diktion jedoch nicht und führt in seiner Neufassung vielmehr ein strenges **Wertaufholungsverbot** für den Goodwill ein, worin eine weitere wesentliche Abweichung gegenüber seinem Vorgängerstandard besteht. Als Begründung führt IAS 36 hierzu aus, dass ein Wertanstieg des (Gesamt-)Goodwills regelmäßig einen Zuwachs an originärem Goodwill widerspiegle und keine Wertaufholung sei.[679] Dabei ist bemerkenswert, wie stark die Argumentation des IASB der Einheitstheorie des deutschen Bilanzsteuerrechts ähnelt:

Ansatz (StuB 2004), S. 451; *Arnsfeld, T./Schremper, R.*, Goodwill-Impairment (KoR 2005), S. 500.

677 In den US-GAAP ebenso wie noch im Standardentwurf ED IAS 36 ist demgegenüber ein zweistufiger Werthaltigkeitstest vorgesehen (vgl. *FASB*, SFAS 142 (2001), Par. 19 ff.; *IASB*, ED IAS 36 (2002), Par. 85 ff.). Ausführlich zum Impairment-Test nach ED IAS 36 vgl. *Bieker, M./Esser, M.*, Goodwill-Bilanzierung (KoR 2003), S. 77 ff.; für einen Vergleich mit den US-GAAP vgl. *Lüdenbach, N./Frowein, N.*, Goodwill-Impairment-Test (DB 2003), S. 217 ff.; *Fladt, G./Feige, P.*, Exposure Draft 3 (WPg 2003), S. 254 ff.

678 Zum Impairment-Test nach IFRS vgl. insbes. *Bieker, M./Esser, M.*, Impairment-Only-Ansatz (StuB 2004), S. 451 ff.; *Wirth, J.*, Firmenwertbilanzierung (2005), S. 198 ff.; *Budde, T.*, Wertminderungstests (BB 2005), S. 2567 ff.; *Pellens, B. u. a.*, Schöne neue Goodwill-Welt (FAZ v. 26.09.2005), S. 24. Für eine Gegenüberstellung des Impairment-Tests nach IFRS und US-GAAP vgl. *Hachmeister, D.*, Impairment-Test, in: *Ballwieser, W. u. a. (Hrsg.)*, Unternehmenskauf (2005), S. 191 ff. Ein empirischer Vergleich findet sich bei *Pellens, B. u. a.*, Goodwill Impairment Test (BB 2005), S. 10 ff.

679 Vgl. *IASB*, IAS 36 (revised 2004), Par. 124 f. sowie *IASB*, ED IAS 36 (2002), Par. 123 f. Ausführlich zur Begründung vgl. *IASB*, IAS 36 (revised 2004), Par. BC187 ff.

„Because the acquired goodwill and internally generated goodwill contribute jointly to the same cash flows, any subsequent increase in the recoverable amount of the acquired goodwill is indistinguishable from an increase in the internally generated goodwill.“[680]

Abschließend ist festzuhalten, dass die IFRS ein begrenztes Wahlrecht vorsehen, die Neuregelungen zur Goodwill-Bilanzierung auch rückwirkend anzuwenden.[681] IFRS-Abschlüsse können damit unter bestimmten Umständen auch Goodwills enthalten, die gemäß den Vorgängerstandards abgebildet wurden.

- **Angabepflichten**

Die finanziellen Auswirkungen von Unternehmenserwerben sind grundsätzlich im Abschluss der Akquisitionsperiode ausführlich zu erläutern.[682] Dabei sind auch die Faktoren anzugeben, die den erstmaligen Wert des Goodwills im Erwerbszeitpunkt wahrscheinlich widerspiegeln.[683] Darüber hinaus ist die Entwicklung des derivativen Goodwills detailliert in Form eines Anlagespiegels darzustellen.[684]

3. Sonderfall: Negativer Goodwill

Stand die Existenz eines negativen Goodwills in IAS 22 (revised 1998) grundsätzlich nicht in Zweifel,[685] so ist seit der Verabschiedung von IFRS 3 lediglich von einem Überschuss der Fair Values der Einzelwerte über die Anschaffungskosten die Rede.[686] Tritt dieser Fall ein, so ordnet IFRS 3 zunächst eine erneute Überprüfung des Bilanzansatzes und der Bilanzbewertung der Einzelwerte des erworbenen Unternehmens an (*reassessment*). Ein auch nach dieser Überprüfung verbleibender Unterschiedsbetrag ist schließlich als sofortiger Gewinn in der Gewinn- und Verlustrechnung zu erfassen.[687] Als mögliche Ursachen für einen negativen Unterschiedsbetrag führt IFRS 3 erstens Messfehler im Rahmen der Ermittlung der Fair Values der Ein-

680 *IASB*, IAS 36 (revised 2004), Par. BC189. An anderer Stelle heißt es zudem: „In many cases, it will not be possible in practice to distinguish future cash inflows from the asset initially recognised from the future cash inflows from internally generated goodwill or a modification of the asset." (Par. BCZ44.).

681 Vgl. *IASB*, IFRS 3 (2004), Par. 85.

682 Vgl. *IASB*, IFRS 3 (2004), Par. 66 ff.

683 Vgl. *IASB*, IFRS 3 (2004), Par. 67(h).

684 Vgl. *IASB*, IFRS 3 (2004), Par. 74 ff.

685 Vgl. *IASC*, IAS 22 (revised 1998), Par. 59. Zum negativen Goodwill gemäß IAS 22 vgl. im Einzelnen *Schmidt, I.*, Goodwill (2002), S. 117 f.

686 Die genaue Bezeichnung im Standard lautet: „excess of acquirer's interest in the net fair value of acquiree's identifiable assets, liabilities and contingent liabilities over cost“ (*IASB*, IFRS 3 (2004), Par. 56.).

687 Vgl. *IASB*, IFRS 3 (2004), Par. 56 sowie *IASB*, ED 3 (2002), Par. 55. Ausführlich zur bilanziellen Behandlung des negativen Unterschiedsbetrag auch *Theile, C./Pawelzik, U.*, Erfolgswirksamkeit des Anschaffungsvorgangs (WPg 2003), S. 316 ff.

zelwerte oder der Anschaffungskosten für den Unternehmenserwerb an. Ferner könnten die Regeln zur Bilanzbewertung in bestimmten Fällen zu Abweichungen von den „tatsächlichen“ Fair Values führen. Als dritte Ursache hält der Standard einen Gelegenheitskauf (*bargain purchase*) für möglich.[688] Etwaige künftige Aufwendungen oder Verluste schließt das IASB hingegen explizit als Ursache aus, da sich diese auch in der Summe der Fair Values der bilanziellen Einzelgüter niederschlagen würden.[689] Hier ist jedoch kritisch einzuwenden, dass in der Realität tatsächlich Fälle auftreten, in denen die beizulegenden Zeitwerte der Einzelgüter die Anschaffungskosten für den Unternehmenserwerb übersteigen, da vom Erwerber künftige Verluste antizipiert werden.[690] Zwar ist – wie aufgezeigt wurde – gemäß IFRS 3 nunmehr auch ein Ansatz von Eventualverbindlichkeiten möglich, so dass ein Teil der bereits konkretisierbaren künftigen Verluste hierauf zurückgeführt werden kann. Gleichwohl verbietet der Standard eine Passivierung von Restrukturierungsrückstellungen sowie vorhersehbaren künftigen Verlusten,[691] so dass hier sehr wohl Raum für einen negativen Goodwill (Badwill) bliebe.[692]

IV. Vergleichende Beurteilung

Nach der ausführlichen Darstellung und kritischen Analyse der Vorschriften zur Goodwill-Bilanzierung in der deutschen und britischen Rechnungslegung sowie in den IFRS soll in diesem Kapitel eine vergleichende Beurteilung erfolgen. Der Vergleich beschränkt sich dabei auf die Vorschriften zum Bilanzansatz und zur Bewertung, die bei der Einzelanalyse ebenfalls im Fokus standen. Als Beurteilungsmaßstab wird der im Ersten Teil der Arbeit aufgestellte Referenzrahmen für eine umfassende Rechnungslegung herangezogen.

---

688 Vgl. *IASB*, IFRS 3 (2004), Par. 57.

689 So ausdrücklich *IASB*, IFRS 3 (2004), Par. BC149 mit einem Beispiel.

690 Man denke z. B. an die Privatisierung ehemaliger Staatsbetriebe der DDR durch die Bundesanstalt für vereinigungsbedingte Sonderaufgaben (ehemals Treuhand-Anstalt), bei der Unternehmen zum Teil für eine symbolische DM veräußert wurden. Wenngleich in einigen Fällen zweifellos Gelegenheitskäufe zu vermuten sind, war der geringe Kaufpreis regelmäßig vor allem auf den hohen Bedarf an Auszahlungen zur Unternehmenssanierung, Teilstilllegung und Mitarbeiterabfindung zurückzuführen.

691 Vgl. *IASB*, IFRS 3 (2004), Par. 41.

692 Als Beispiel stelle man sich ein Unternehmen vor, dessen Summe der Fair Values der Einzelwerte 100 GE betrage. Ein potentieller Käufer, der nur einen Fortführungs-Ertragswert von 80 GE erwartet, würde dann in Höhe von 20 GE einen negativen Goodwill passivieren. Nach IFRS 3 wäre demgegenüber ein sofortiger Gewinn (!) in Höhe von 20 GE auszuweisen.

A. Vergleich des Bilanzansatzes

Stellt man zunächst die Regelungen zum Bilanzansatz des Goodwills in den untersuchten Rechnungslegungssystemen synoptisch gegenüber, so ergibt sich folgendes Bild:

Bilanzansatz	Deutschland		Großbritannien		IFRS
	Handelsrecht	Steuerrecht	Handelsrecht	Steuerrecht	
Originärer Goodwill - im engeren Sinne	Aktivierungsverbot	Aktivierungsverbot	Aktivierungsverbot	Aktivierungsverbot	Aktivierungsverbot
- Ingangsetzungs- und Erweiterungsaufwendungen	Aktivierungswahlrecht	Aktivierungsverbot	Aktivierungsverbot	Aktivierungsverbot	Aktivierungsverbot
Derivativer Goodwill	Aktivierungswahlrecht	Aktivierungspflicht	Aktivierungspflicht	Aktivierungspflicht	Aktivierungspflicht
Negativer Goodwill	Faktisches Passivierungsgebot	Faktisches Passivierungsgebot	Passivierungspflicht	Passivierungspflicht	Passivierungsverbot

Abb. 12: Bilanzansatz des Goodwills im internationalen Vergleich

Hierbei fällt zunächst auf, dass die untersuchten Rechnungslegungssysteme grundsätzlich hohe Ähnlichkeiten bezüglich der Ansatzvorschriften für den originären Goodwill aufweisen. So nimmt das im deutschen Handels- und Steuerrecht verankerte Aktivierungsverbot für den **originären Goodwill im engeren Sinne** keineswegs eine Ausnahmestellung ein, die auf eine Dominanz des Vorsichtsprinzips im Rahmen der Gewinnermittlung zurückgeführt werden könnte. Vielmehr ist diese Regel mit der international vorherrschenden Sichtweise kongruent, da sowohl die UK-GAAP als auch die IFRS eine ähnliche Verbotsvorschrift enthalten, obwohl in beiden Rechnungslegungssystemen der Informationsfunktion eine ungleich höhere Bedeutung zukommt. In Deutschland und Großbritannien war die sofortige Aufwandsverrechnung des originären Goodwills zudem bereits gegen Ende des 19. Jahrhunderts gängige Bilanzierungspraxis und kann daher als eine der ältesten Bilanzierungsregeln dieser Länder bezeichnet werden. Mit der beabsichtigten Objektivierung durch den Verzicht auf einen Bilanzansatz des originären Goodwills wird dabei bewusst eine unvollständige Vermögens- und Erfolgsermittlung in Kauf genommen. Bemerkenswert erscheint allerdings, dass gerade das stark gläubigerschutzorientierte deutsche Handelsrecht[693] einzig ein generelles Aktivierungswahlrecht für **Ingangsetzungs- und Erweiterungsaufwendungen** als lex specialis zum allgemeinen Aktivierungsverbot für den originären Goodwill gewährt.[694] Positiv daran ist zu werten, dass

693 Vgl. z. B. *Hommel, M.*, Immaterielle Vermögensgegenstände (ZfbF 1997), S. 347.

694 Der Ansatz derartiger Auszahlungen als Bilanzierungshilfe kann dabei als Ausfluss der

prinzipiell ein zutreffenderes Bild der Vermögens- und Erfolgslage vermittelt wird, wobei gleichzeitig dem Vorsichtsprinzip auf der Gewinnverwendungsebene durch eine zwingende Ausschüttungssperre Rechnung getragen wird. Konzeptionell problematisch erscheint dagegen, dass das HGB mit der Bilanzierungshilfe einen weiteren Aktivposten kreiert, der nicht unter den Vermögensgegenstandsbegriff subsumierbar ist. Die Ausgestaltung als Wahlrecht birgt ferner die Gefahren bilanzpolitischer Nutzung und eingeschränkter Vergleichbarkeit. Zudem kommt es bei Wahlrechtsausübung zu einer Divergenz von Handels- und Steuerbilanz, da Bilanzierungshilfen im Bilanzsteuerrecht nicht anerkannt werden. Gleichwohl ist festzuhalten, dass das hier vom HGB (!) angewandte „Prinzip gläserner, aber verschlossener Taschen"[695] ein mögliches Fundament einer funktionsadäquaten Ausgestaltung der Goodwill-Bilanzierung bilden könnte.

Die untersuchten Rechnungslegungskonzepte stimmten weiter darin überein, dass ein **derivativer Goodwill** im Einzelabschluss lediglich im Falle eines Asset Deals auftritt. Während im internationalen Vergleich einhellig eine Aktivierungspflicht für den derivativen Goodwill besteht,[696] ist das Ansatzwahlrecht des § 255 Abs. 4 HGB als Ausreißer anzusehen. Aufgrund des beachtlichen bilanzpolitischen Freiraums, den das Wahlrecht verursacht, ist es entschieden abzulehnen. Hinsichtlich der **Rechtsnatur** des derivativen Goodwills besteht hingegen weiterhin sowohl national als auch im internationalen Vergleich ein gewisses Meinungsspektrum. Während die herrschende Meinung in Deutschland den derivativen Geschäfts- oder Firmenwert nach wie vor als Bilanzierungshilfe einstuft, finden sich auch Befürworter für eine Qualifikation als Vermögensgegenstand oder Wert eigener Art. Bemerkenswert erscheint, dass die UK-GAAP gleichermaßen Schwierigkeiten mit der Bestimmung der Rechtsnatur haben, obgleich ihnen ein weiter gefasster Vermögenswertbegriff zugrunde liegt. FRS 10 schafft daher im Ergebnis einen Bilanzposten eigener Art, der als konzeptioneller Fremdkörper die Menge der Vermögenswerte ergänzt. Der verbleibende Interpretationsspielraum fällt hier jedoch wegen der bestehenden Aktivierungspflicht weniger ins Gewicht als im HGB-Einzelabschluss. Einzig das deutsche Steuerrecht sowie die IFRS nehmen eine explizite Einordnung des derivativen Goodwills als Wirtschaftsgut respektive Vermögenswert (Asset) vor.

Wie beim positiven Goodwill ist eine internationale Harmonisierung der bilanziellen Behandlung des **negativen Goodwills** noch in weiter Ferne. So ist die Existenz und

---

dynamischen Bilanztheorie SCHMALENBACHS verstanden werden (vgl. *Coenenberg, A.*, Jahresabschluss (2005), S. 1193.

695 *Kronstein, H./Claussen, C.*, Publizität und Gewinnverteilung (1960), S. 136. Vgl. auch *Siegel, T. u. a.*, Stille Reserven (ZIP 1999), S. 2082.

696 Zwar existiert im britischen Companies Act formal noch immer die Möglichkeit einer erfolgsneutralen Verrechnung des derivativen Goodwills mit den Rücklagen; diese wird jedoch faktisch durch die Rechnungslegungsstandards außer Kraft gesetzt.

bilanzielle Behandlung dieses Postens nicht zuletzt wegen des Fehlens jeglicher gesetzlicher Vorschriften im deutschen handels- und steuerrechtlichen Einzelabschluss weiterhin sehr umstritten. Vor allem im Hinblick auf das Anschaffungswertprinzip wird regelmäßig eine Abstockung des erworbenen Vermögens mit Ausnahme des Bar- und Buchgelds gefordert. Lediglich für den verbleibenden Betrag kann mittlerweile von einem faktischen Passivierungsgebot als negativer Geschäfts- oder Firmenwert ausgegangen werden, das sich – wenn auch nicht in der Bezeichnung – auf die Rechtsprechung des BFH stützen kann. Die zwingende Abstockung ist allerdings wegen der Verzerrung der Vermögens- und Erfolgslage kritisch zu beurteilen[697] und international nicht (mehr) üblich. In den UK-GAAP besteht ebenfalls eine Passivierungspflicht für den negativen Goodwill, der auch im britischen Steuerrecht gefolgt wird. Demgegenüber enthalten die IFRS in ihrer Neuregelung ein striktes Ansatzverbot und schreiben vielmehr eine sofortige erfolgswirksame Erfassung eines negativen Unterschiedsbetrags in der Gewinn- und Verlustrechnung vor.

Insgesamt kann festgestellt werden, dass der Bilanzansatz des Goodwills in keinem der betrachteten Rechnungslegungssysteme umfassend im Sinne des Referenzrahmens ist.

B. Vergleich der Bilanzbewertung

Im Rahmen der Bilanzbewertung des Goodwills zeigen sich im internationalen Vergleich ebenfalls beträchtliche Unterschiede. Zwar folgt die **erstmalige Wertermittlung des derivativen Goodwills** in allen betrachteten Rechnungslegungssystemen dem Residualansatz, nach dem sich die Höhe des derivativen Goodwills als Überschuss der Anschaffungskosten über den Substanzwert des erworbenen Unternehmens ergibt. Allerdings können sich aus ökonomischer Sicht bereits Differenzen bei den Anschaffungskosten für einen Asset Deal aufgrund unterschiedlicher steuerlicher Bilanzierungsregeln ergeben,[698] da die Behandlung des Goodwills in der Steuerbilanz die zukünftigen Cash-flows des Unternehmens unmittelbar beeinflusst.[699] Dem-

697 So kommt es zu einer Unterbewertung der Aktiva mit der Folge zu niedrigerer Abschreibungsbeträge (hierzu bereits *Auler, W.*, Unternehmungsmehr- und -minderwert (ZfB 1927), S. 843 sowie *Bachem, R.*, Berücksichtigung negativer Geschäftswerte (BB 1993), S. 968.). Eine Abstockung bewirkt zudem eine „bilanzmäßige Vermengung des Realvermögens mit immateriellen Vermögensbestandteilen." (*Ernsting, I.*, Negativer Geschäfts- oder Firmenwert (WPg 1998), S. 413.).

698 Vgl. *Lee, C./Choi, F.*, Alternative Goodwill Treatments (JoIFMA 1992), S. 220 ff.

699 Im Falle eines Unternehmenstausches könnten darüber hinaus Abweichungen aufgrund unterschiedlicher Methoden der Zeitwertermittlung entstehen. Ferner sei darauf hingewiesen, dass innerhalb des deutschen Bilanzrechts bei der Zahlung eines sog. „Lästigenzuschlags" zur Abfindung unliebsamer Gesellschafter Wertdifferenzen zwischen einem handels- und steuerrechtlich ermittelten Geschäfts- oder Firmenwert resultieren, da das Bilanzsteuerrecht diesen nicht als Bestandteil der Anschaffungskosten des Goodwills anerkennt.

nach dürfte die maximale Zahlungsbereitschaft eines deutschen Unternehmens für ein Zielunternehmen ceteris paribus höher sein als der Grenzpreis eines Erwerbers, für den die IFRS gleichermaßen im Handels- wie im Steuerrecht gelten, da der Barwert der Steuerzahlungsreihe bei jährlichen Abschreibungen über 15 Jahre höher ist als beim *Impairment-only*-Ansatz.[700] Der Wert des derivativen Goodwills wird darüber hinaus entscheidend vom Substanzwert als Summe der Fair Values der bilanziellen Einzelgüter des erworbenen Unternehmens beeinflusst. Hier wirken sich zum einen die unterschiedlichen Aktivierungs- und Passivierungsgrenzen der Rechnungslegungssysteme aus. Beispielsweise zeigt sich in den IFRS ein Trend zu einer weitgehenden Abspaltung immaterieller Einzelwerte, wie zum Beispiel Marken, vom Goodwill, um diesen als undifferenzierte Residualgröße möglichst gering zu halten. Weiterhin zeigt sich, dass eine Passivierung von Restrukturierungsrückstellungen nach HGB unter bestimmten Bedingungen zulässig ist, während die UK-GAAP und neuerdings auch die IFRS diese verbieten und damit ceteris paribus zu einem niedrigeren positiven Goodwill oder einem höheren negativen Goodwill gelangen. Zum anderen kann der Substanzwert je nach Rechnungslegungssystem aufgrund unterschiedlicher Regeln zur Fair-Value-Bewertung differieren. Während sich die Fair Values nach den UK-GAAP und IFRS primär an Marktwerten orientieren, sind die beizulegenden Zeitwerte nach deutschem Bilanzrecht tendenziell (noch) durch das Vorsichtsprinzip geprägt.

Im Rahmen der **Folgebewertung des derivativen Goodwills** bestehen international signifikante Unterschiede vor allem hinsichtlich der Abschreibungsregeln. So besteht im deutschen Handelsrecht mit dem Wahlrecht zwischen einer pauschalen und planmäßigen Abschreibung des derivativen Geschäfts- oder Firmenwerts ein weit reichender bilanzpolitischer Spielraum. In der kurzen Nutzungsdauer von maximal fünf Jahren, die der pauschalen Abschreibung zugrunde liegt, kommt die Übergewinnauffassung zum Ausdruck, die den Goodwill als flüchtiges Gut ansieht. Die pauschale Abschreibung ist zugleich die einzig zulässige Bewertungsmethode für aktivierte Ingangsetzungs- und Erweiterungsaufwendungen. Demgegenüber erscheint bei Anwendung der planmäßigen Abschreibung des derivativen Geschäfts- oder Firmenwerts insbesondere eine generelle Übernahme der steuerlichen Nutzungsdauerfiktion von 15 Jahren in die Handelsbilanz als problematisch, wie sie von einem Teil der Literatur befürwortet wird und in der Unternehmenspraxis häufig zu beobachten ist.[701] Die UK-GAAP greifen des Weiteren auf eine kombinierte Methode zur Folgebehandlung des Goodwills zurück, die faktisch zu einem Wahlrecht zwischen einer planmäßigen Abschreibung über die vom Unternehmen geschätzte wirtschaftliche Nutzungsdauer des Goodwills und einer lediglich außerplanmäßigen Abschreibung

---

700 Vgl. im Einzelnen *Sigloch, J.*, Unternehmensbewertung, in: *Rathgeber, A. u. a. (Hrsg.)*, Festschrift Steiner (2003), S. 129 f. mit einer Beispielrechnung.

(*Impairment-only*-Ansatz) führt. Für letzteren Fall ist eine gewisse Ähnlichkeit zur ehemals gültigen Einheitstheorie im deutschen Bilanzsteuerrecht unverkennbar. Noch deutlicher zeigt sich dies allerdings für die IFRS, die seit dem Jahr 2004 einzig den *Impairment-only*-Ansatz zur Folgebehandlung des Goodwills zulassen und damit weitgehend den geltenden US-GAAP folgen. Während international weiterhin Einigkeit in Bezug auf eine Pflicht zur Vornahme außerplanmäßiger Abschreibungen besteht, divergieren die Regelungen zur Wertaufholung oder Zuschreibung reichlich. Am konsequentesten erscheint hier das deutsche Einkommensteuerrecht, das ein unbedingtes Wertaufholungsgebot enthält. Zumindest ein eingeschränktes Wertaufholungsgebot lässt sich auch in der britischen Rechnungslegung feststellen. Das deutsche Handelsrecht und die IFRS – ebenso wie die US-GAAP – sehen hingegen ein Wertaufholungsverbot vor.

Für den **negativen Goodwill** weisen die Regelungen zur Folgebehandlung wieder starke Parallelen auf, da übereinstimmend eine Pflicht zur ertragswirksamen Auflösung im Zeitablauf vorgesehen ist.

Der Vollständigkeit halber sei erwähnt, dass in keiner der betrachteten Rechnungslegungskonzeptionen die Möglichkeit zu einer Neubewertung des (derivativen) Goodwills über die (fortgeführten) Anschaffungskosten hinaus besteht. Insgesamt bleibt auch die Bilanzbewertung des Goodwills lückenhaft und von inkonsistenten Regeln geprägt. Abb. 13 stellt die unterschiedlichen Regeln zur Bilanzbewertung noch einmal komprimiert dar:

701 Vgl. S. 75 dieser Arbeit.

Bilanzbewertung	Deutschland Handelsrecht	Deutschland Steuerrecht	Großbritannien Handelsrecht	Großbritannien Steuerrecht	IFRS
Originärer Goodwill - im engeren Sinne	./.	./.	./.	./.	./.
- Ingangsetzungs- und Erweiterungsaufwendungen	Pauschale Abschreibung über max. 5 Jahre	./.	./.	./.	./.
Derivativer Goodwill	Abschreibungs-wahlrecht	Abschreibungs-pflicht	Faktisches Abschreibungs-wahlrecht	Abschreibungs-pflicht	Verbot der planmäßigen Abschreibung
	- pauschal über max. 5 Jahre oder - planmäßig über die wirtschaftliche Nutzungs-dauer	- planmäßig über fingierte Nutzungs-dauer von 15 Jahren	- planmäßige Abschreibung über wirt-schaftliche Nutzungs-dauer oder - *Impairment-only*-Ansatz	- planmäßige Abschreibung über wirt-schaftliche Nutzungs-dauer oder fingierte Nutz-zungsdauer von 25 Jahren	*Impairment-only*-Ansatz
	Pflicht zur außerplan-mäßigen Abschreibung	Pflicht zur Teilwert-abschreibung	Pflicht zur außerplan-mäßigen Abschreibung	Pflicht zur außerplan-mäßigen Abschreibung	Pflicht zur außerplan-mäßigen Abschreibung
	Faktisches Wertauf-holungsverbot	Wert-aufholungs-gebot	Einge-schränktes Wertauf-holungsgebot	Einge-schränktes Wertauf-holungsgebot	Wert-aufholungs-verbot
Negativer Goodwill	Ertragswirk-same Auflösung im Zeitablauf	Ertragswirk-same Auflösung im Zeitablauf	Ertragswirk-same Auflösung im Zeitablauf	Ertragswirk-same Auflösung im Zeitablauf	./.

Abb. 13: Bilanzbewertung des Goodwills im internationalen Vergleich

V. Zwischenergebnis: Keine umfassende Rechnungslegung infolge systembedingter Mängel bei der bilanziellen Behandlung des Goodwills

Im Zweiten Teil der Arbeit wird exemplarisch anhand der bilanziellen Behandlung des Goodwills analysiert, inwiefern das Leitbild einer umfassenden Rechnungslegung bereits in ausgewählten Rechnungslegungskonzeptionen umgesetzt ist. Zu diesem Zweck erfolgt eine Darstellung und kritische Würdigung der historischen Entwicklung und gegenwärtigen bilanziellen Behandlung des Goodwills in der deutschen und britischen Rechnungslegung sowie in der Rechnungslegung nach IFRS.

Die Analyse zeigt dabei im Einzelnen, dass das deutsche Bilanzrecht aus Objektivierungs- und Vorsichtsgründen sowohl handels- als auch steuerrechtlich traditionell durch eine nur eingeschränkte bilanzielle Abbildung des Geschäfts- oder Firmenwerts gekennzeichnet ist. Das geltende Aktivierungsverbot für den originären Goodwill kann gar als eine der ältesten gesetzlichen Bilanzierungsregeln in Deutschland bezeichnet werden. Ein lückenhafter Bilanzansatz muss auch für den derivativen Goodwill konstatiert werden, für den noch immer lediglich ein Aktivierungswahlrecht besteht. Darüber hinaus führt die Bewertung zu fortgeführten Anschaffungskosten regelmäßig zu einer nur eingeschränkten wertmäßigen Abbildung des Goodwills gemessen an seinem tatsächlichen Anteil am Unternehmenswert.

Vergleicht man die bilanzielle Behandlung des Goodwills in Deutschland mit derjenigen in Großbritannien und nach den IFRS, so zeigt sich erstaunlicherweise, dass auch hier keineswegs eine vollständige und symmetrische Abbildung des originären und derivativen Goodwills erfolgt. Vielmehr existieren auch in diesen Normensystemen übereinstimmend Ansatzverbote für den originären Goodwill. Mit Ausnahme einer einheitlichen Aktivierungspflicht für den derivativen Goodwill mangelt es im internationalen Vergleich zudem nach wie vor an einer konsistenten und funktionsadäquaten Folgebehandlung des Goodwills. Betrachtet man die einschlägigen Regelungen in den UK-GAAP, IFRS und US-GAAP, so lässt sich zwar ein gewisser Trend zum so genannten *Impairment-only*-Ansatz feststellen, der lediglich außerplanmäßige Abschreibungen des Goodwills bei nachgewiesenen Wertminderungen vorsieht und bemerkenswerterweise an die bis 1986 geltende Einheitstheorie im deutschen Bilanzsteuerrecht erinnert. Bestehende Inkonsistenzen im Rahmen des Impairment-Tests sowie theoretische Kritikpunkte am gesamten Konzept lassen die angelsächsischen Regelungen zur Goodwill-Bilanzierung gleichwohl nicht als Vorbild für die deutsche Rechnungslegung erscheinen. Es zeigt sich vielmehr ein übergreifender Reformbedarf für die bilanzielle Behandlung des Goodwills, da auch die angelsächsischen Rechnungslegungssysteme diese Werte nur äußerst lückenhaft und asymmetrisch bilanziell abbilden.

Zusammenfassend kann als Ergebnis der beispielhaften Analyse der Goodwill-Bilanzierung festgehalten werden, dass in allen untersuchten Rechnungslegungssystemen systembedingte Mängel sowohl im Bilanzansatz als auch in der Bilanzbewertung des Goodwills bestehen, so dass eine umfassende Rechnungslegung im Sinne des Referenzrahmens nicht erreicht wird. Bezüglich der in der Einführung formulierten **Hypothese**, dass die externe Rechnungslegung in Deutschland in zunehmendem Maße das Ziel der Vermittlung eines True and fair view der Unternehmenslage verfehlt,[702] lässt sich daher Folgendes schlussfolgern:

---

702 Vgl. S. 5 dieser Arbeit.

Unter der Prämisse, dass eine Einheitsbilanz für handels- und steuerliche Zwecke aufgestellt wird und

- der Wert des (Gesamt-)Goodwills im Rahmen des externen Unternehmenswachstums langsamer sinkt als der zugrunde gelegte Abschreibungspfad über 15 Jahre, konstant bleibt oder ansteigt oder
- der Wert des (originären) Goodwills im Rahmen des internen Unternehmenswachstums nicht Null beträgt,

kann die Hypothese für die deutsche Rechnungslegung als analytisch bestätigt gelten. Umgekehrt bedeutet dies: Lediglich im Falle eines niedrigeren beizulegenden Zeitwerts oder einer vollständigen Entwertung des Goodwills stimmt das bilanzielle Abbild der geltenden Rechnungslegung in Deutschland mit der wirtschaftlichen Unternehmensrealität theoretisch überein. Da es sich hierbei um eine geringere Teilmenge handeln dürfte, ist aus konzeptionell-logischer Sicht tendenziell von einer Gültigkeit der Hypothese für die deutsche Rechnungslegung auszugehen. Für eine abschließende Aussage wäre jedoch eine empirische Überprüfung notwendig, die nicht Gegenstand dieser Arbeit ist.

Aufbauend auf diesem Zwischenergebnis gilt es im folgenden Teil, mögliche Lösungsansätze zur Erzielung einer umfassenden Rechnungslegung zu untersuchen und ein geeignetes Reformkonzept für die deutsche Rechnungslegung zu identifizieren.

Dritter Teil: Analyse möglicher Reformkonzepte für eine umfassende Rechnungslegung

Nachdem am Beispiel der bilanziellen Behandlung des Goodwills festgestellt wurde, dass eine umfassende Rechnungslegung gegenwärtig weder in der deutschen noch in der britischen und internationalen Rechnungslegung besteht, soll im Dritten Teil nach alternativen Lösungen gesucht werden. Hierzu wird zunächst das Spektrum möglicher Reformkonzepte für eine umfassende Rechnungslegung aufgezeigt, bevor mit dem Konzept einer multifunktionalen Fair-Value-Bilanz und dem Konzept monofunktionaler Bilanzen für Zahlungsbemessungs- und Informationszwecke zwei innerbilanzielle Reformkonzepte ausführlich analysiert und hinsichtlich ihrer Zweckmäßigkeit beurteilt werden.

I. Überblick über das Spektrum möglicher Reformkonzepte

Das Spektrum grundsätzlich möglicher Reformkonzepte für eine umfassende Rechnungslegung reicht von Ansätzen, die eine Identität von Zahlungsbemessungs- und Informationsfunktion unterstellen, bis hin zu Ansätzen, die beide Funktionen vollständig entkoppeln. Sowohl erst genannte Ansätze, wie etwa das Konzept des ökonomischen Gewinns, als auch letzt genannte Ansätze, die auf eine Abkopplung der Zahlungsbemessungs- und Informationsfunktion abzielen (zum Beispiel eine Einnahmen-Ausgaben-Rechnung für Zahlungsbemessungszwecke bei gleichzeitiger Erstellung einer Bilanz für Informationszwecke) wurden bereits im Referenzrahmen ausgeschlossen und brauchen daher nicht weiter betrachtet zu werden.[703] Vielmehr gilt es, im Kontinuum zwischen diesen Extrempunkten nach Wegen für eine Verbindung der Zahlungsbemessungs- und Informationsfunktion zu suchen. Grundsätzlich bestehen hier **zwei Ansatzpunkte für eine Reform**:

- Erstens kann ausgehend von einer umfassenden Information der Rechnungslegungsadressaten im nächsten Schritt eine Gewinnverwendungseinschränkung für Zahlungsbemessungszwecke vorgenommen werden.
- Zweitens kann die Zahlungsbemessungsfunktion als Ausgangspunkt gewählt werden und anschließend eine umfassende Informationserweiterung erfolgen.

SIGLOCH spricht im ersten Fall von der **deduktiven Methode**, im zweiten Fall von der **ergänzenden Methode**.[704] Bei beiden Methoden besteht wiederum die Möglichkeit, die nachgelagerte Stufe, das heißt die Zahlungsbemessungseinschränkung bezie-

703 Vgl. hierzu S. 18 u. 29 dieser Arbeit.

704 Vgl. *Sigloch, J.*, Einheitliche Gewinnermittlung, in: *Schneider, D. u. a. (Hrsg.)*, Festschrift Siegel (2005), S. 562.

hungsweise die Informationserweiterung, **standardisiert innerhalb der Rechenwerke** (vor allem der Bilanz und Gewinn- und Verlustrechnung) oder **individuell außerhalb der Rechenwerke** durchzuführen. Vereinfachend soll hier auch von innerbilanziellen und außerbilanziellen Anpassungen gesprochen werden. Als Beispiel für eine umfassende Informationsrechnung mit innerbilanzieller Zahlungsbemessungseinschränkung lässt sich die Ermittlung des ausschüttungsfähigen Erfolgs britischer Kapitalgesellschaften anführen, bei der unrealisierte Erfolgskomponenten in einer **standardisierten** Nebenrechnung aus dem handelsrechtlichen Jahresergebnis eliminiert werden.[705] Das Pendant einer **individuellen** außerbilanziellen Zahlungsbemessungseinschränkung zeigt sich hingegen etwa bei US-amerikanischen Kreditverträgen, die mittels Covenants im Falle der Nichteinhaltung bestimmter Bilanzkennzahlen Gewinnausschüttungen an die Anteilseigner verhindern.[706]

Im Rahmen der **ergänzenden Methode** wird der Weg einer Informationserweiterung traditionell außerbilanziell beschritten, indem zusätzliche Informationen gemäß der „Abkopplungsthese" im Anhang oder Lagebericht offen gelegt werden. Als Beispiele für diese Form einer umfassenden Rechnungslegung lassen sich insbesondere Ansätze zur außerbilanziellen Berichterstattung über immaterielle Werte (so genanntes *Intellectual Capital Statement*)[707] oder Ansätze zur externen Kommunikation unter-

---

705 Vgl. *Schmidt, I.*, Goodwill (2002), S. 70 f. und sec. 263 u. 264 CA 1985.

706 Vgl. hierzu *Schildbach, T.*, US-GAAP (2002), S. 15; *Leftwich, R.*, Accounting Information (AR 1983), S. 23 ff. sowie *Löhr, D.*, IAS (IFRS) versus HGB (StuB 2003), S. 649. KAHLE betont hingegen, dass den US-GAAP nicht die Aufgabe einer Ausschüttungsbegrenzung zukomme und dass lediglich im kalifornischen Gesellschaftsrecht für Zwecke der Zahlungsbemessung direkt auf die Rechnungslegungsstandards zurückgegriffen werde (vgl. *Kahle, H.*, Bilanzieller Gläubigerschutz (ZfB 2002), S. 698 f.). Wie der Autor jedoch ebenfalls aufzeigt, geht die Zahlungsbemessungseinschränkung in privatvertraglichen Kreditverträgen regelmäßig von den US-GAAP als Startpunkt aus (vgl. S. 701.), so dass die hier getroffene Einordnung als außerbilanzielle Verbindung der Informations- und Zahlungsbemessungsfunktion und nicht als vollständige Entkopplung sehr wohl begründet ist. Ausführlich zur Stellung der Zahlungsbemessungsfunktion im US-amerikanischen Recht vgl. auch *Emmrich, M.*, Reform der externen Rechnungslegung (1999), S. 85-94.

707 Für einen Literaturüberblick zu Vorschlägen für ein Intellectual Capital Statement, das auch als „Intellectual Property Statement" oder „Intangible Assets Statement" bezeichnet wird und vor allem in der skandinavischen Rechnungslegungspraxis und -forschung entwickelt wurde, vgl. *Larsen, H. u. a.*, Intellectual Capital Statements (AAR 1999), S. 366 ff.; *Mouritsen, J. u. a.*, Intellectual capital supplements (AA&AJ 2001), S. 399 ff. Auch im deutschsprachigen Schrifttum wurden entsprechende Ansätze aufgegriffen und zum Teil weiterentwickelt (vgl. *Arbeitskreis „Immaterielle Werte"*, Freiwillige externe Berichterstattung (2003), S. 1233 ff.; *Daum, J.*, Intellectual Capital Statements (Controlling 2003), S. 143 ff.; *Broda, B.*, Intellektuelles Kapital (ST 2003), S. 729 ff.; *Haller, A./Dietrich, R.*, Intellectual Capital Bericht (DB 2001), S. 1045 ff.; *Haller, A.*, Immaterielle Vermögenswerte, in: *Möller, H./Schmidt, F. (Hrsg.)*, Festschrift Coenenberg (1998), S. 587 ff.; *Pellens, B./Fülbier, R.*, Immaterielle Vermögensgegenstände, in: *Küting, K./Weber, C.-P. (Hrsg.)*, Wertorientierte Konzernführung (2000), S. 146 ff.; *Maul, K.-H./Menninger, J.*, Intellectual Property Statement (DB 2000), S. 529 ff.; *Kasperzak, R. u. a.*, Intellectual Capital (DStR 2001), S. 1494 ff.).

nehmenswertrelevanter Informationen (so genanntes *Value Reporting*)[708] anführen. Darüber hinaus besteht auch im Rahmen der ergänzenden Methode die Möglichkeit, die Informationserweiterung in den Rechenwerken der Bilanz und Erfolgsrechnung selbst vorzunehmen (**innerbilanzielle Reformkonzepte**).

Aus der Forderung, dass Informationen nach dem Grundsatz der Bewertungsrelevanz vorrangig in den Rechenwerken selbst verarbeitet werden sollten, folgt ein Ausschluss der außerbilanziellen Reformkonzepte für die weitere Untersuchung. Übrig bleiben die innerbilanziellen Reformkonzepte der deduktiven und ergänzenden Methode, die beide plausibel und umsetzbar erscheinen. Aufgrund der Tatsache, dass alle Unternehmen für Zwecke der Gewinnverteilung und Besteuerung stets eine zahlungsbemessungsorientierte Rechnung benötigen, erscheint es jedoch zweckmäßig, die ergänzende Methode als Ausgangspunkt für eine umfassende Rechnungslegungsreform zu wählen.[709] Insofern folgt für den weiteren Verlauf der Arbeit eine **Fokussierung** auf innerbilanzielle Reformkonzepte einer zahlungsbemessungsbasierten Bilanz mit Informationserweiterung. Die nachfolgende Abbildung fasst das Spektrum der möglichen Reformkonzepte noch einmal zusammen:

---

708 Für einen Literaturüberblick und Definitionsvorschlag zum Value Reporting, das z. T. auch als *Business Reporting* bezeichnet wird, vgl. *Rudwedel, F./Schultze, W.*, Value Reporting (ZfbF 2002), S. 602 ff. u. *Ruhwedel, F./Schultze, W.*, Value Reporting (Controlling 2004), S. 489 ff. Zur Vertiefung vgl. *Heumann, R.*, Value Reporting (2005); *Nonnenmacher, R.*, Value Reporting, in: *Dirrigl, H. u. a. (Hrsg.)*, Festschrift Wagner (2004), S. 149 ff.; *Wolf, K.*, Value Reporting (UM 2004), S. 420 ff.; *Arbeitskreis „Externe Unternehmensrechnung"*, Value Reporting (DB 2002), S. 2337 ff.; *Saitz, B./Wolbert, J.*, Value Reporting (Controlling 2002), S. 321 ff.; *Günther, T.*, Value Based Reporting (BB 2001), S. 1623 ff.; *Labhart, P.*, Value Reporting (1999); *Böcking, H.-J.*, Rechnungslegung und Kapitalmarkt, in: *Ballwieser, W./Schildbach, T. (Hrsg.)*, Rechnungslegung und Steuern international (1998), S. 17 ff.; *Noll, D./Weygandt, J.*, Business Reporting (JoA 1997), S. 59 ff.

709 Vgl. auch *Sigloch, J.*, Einheitliche Gewinnermittlung, in: *Schneider, D. u. a. (Hrsg.)*, Festschrift Siegel (2005), S. 562.

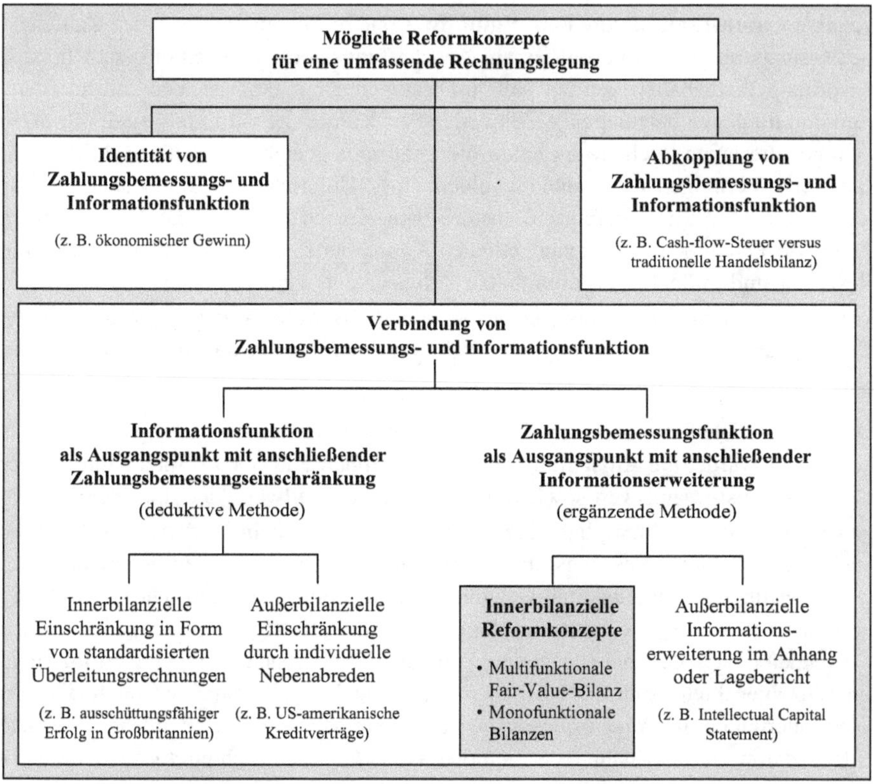

Abb. 14: Systematisierung möglicher Reformkonzepte für eine umfassende Rechnungslegung

Im Rahmen der weiter zu verfolgenden zahlungsbemessungsbasierten Reformmodelle mit innerbilanzieller Informationserweiterung steht neben dem Konzept einer multifunktionalen Fair-Value-Bilanz das Konzept monofunktionaler oder zweckabhängiger Bilanzen zur Diskussion.

II. Konzept einer multifunktionalen Fair-Value-Bilanz

A. Darstellung des Grundkonzepts

Grundidee dieses Konzepts ist die Erfüllung der Zahlungsbemessungsfunktion bei gleichzeitiger umfassender Information der Adressaten über die Vermögens-, Finanz- und Ertragslage des Unternehmens innerhalb eines gemeinsamen Rechenwerks (so genannte **multifunktionale Fair-Value-Bilanz**).[710] Da im Rahmen der Zahlungsbemessungsfunktion insbesondere am Anschaffungswert-, Realisations- und Imparitätsprinzip festgehalten werden soll, im Rahmen einer umfassenden Informationsfunktion hingegen beizulegende Zeitwerte (Fair Values) zu vermitteln sind, gilt es, in dem gemeinsamen Rechenwerk beide Wertmaßstäbe geeignet zu berücksichtigen. Für sämtliche Vermögenswerte und Schulden eines Unternehmens sind daher idealerweise sowohl die (fortgeführten) historischen Kosten als auch die beizulegenden Zeitwerte ersichtlich zu machen mit der Konsequenz, dass auch bestehende stille Reserven und stille Lasten unmittelbar offen gelegt werden. Neben den allgemein kritisierten stillen Wahlrechts-, Ermessens- und Zwangsrücklagen[711] in bilanziellen Einzelgütern schließt dies explizit auch stille Zwangsrücklagen im Gesamtwert ein.[712]

Die Informationsfunktion einer umfassenden Rechnungslegung verlangt, wie bereits ausgeführt wurde, die Aufstellung einer umfassenden Fair-Value-Bilanz, mit der der Unternehmens(gesamt)wert sowie die beizulegenden Zeitwerte der einzelnen Vermögenswerte und Schulden abgebildet werden.[713] Soll nun im gleichen Rechenwerk auch der Zahlungsbemessungsfunktion Rechnung getragen werden, so ist eine Zugriffssperrung der unrealisierten Gewinne vorzunehmen. Zur technischen Umsetzung ist hierfür zunächst eine **kontenmäßige Trennung** der (fortgeführten) historischen Kostendaten von den beizulegenden Zeitwertinformationen zwingend erforderlich. Im Einzelnen bietet sich ein Vorgehen an, das sich an die Buchungsmethodik von Wertänderungen im *Other Comprehensive Income* nach US-GAAP anlehnt: Für jede Bilanzposition mit Ausnahme der liquiden Mittel sind demnach ein historisches Kostenkonto, ein Fair-Value-Ergänzungskonto (Δ-Fair-Value-Konto) und entsprechende

---

710 Der Begriff „multifunktional" lehnt sich an PELLENS/FÜLBIER an, die von multifunktionalen im Gegensatz zu monofunktionalen Regelsystemen sprechen (*Pellens, B./Fülbier, R.*, Rechnungslegungsregulierung (ZGR 2000), S. 587.). HERZIG sieht in der „Multifunktionalität des Einzelabschlusses" das eigentliche Problem einer Internationalisierung der deutschen Rechnungslegung (*Herzig, N.*, Entzauberung (FAZ v. 11.03.2002), S. 27.)

711 Stille Schätzrücklagen z. B. aus der Schätzung der Nutzungsdauer von Anlagegütern oder der Höhe ungewisser Rückstellungen sind bei Unsicherheit über die Zukunft hingegen unvermeidlich und können daher auch im Rahmen einer umfassenden Rechnungslegung nicht verhindert werden.

712 Vgl. zu dieser Systematik *Schmidt, L.*, Maßgeblichkeitsprinzip (1994), S. 158 ff. Zu ähnlichen Systematisierungen sowie zu den Problemen stiller Reserven vgl. *Sigloch, J.*, Einkommensbesteuerung, in: *Elschen, R. u. a. (Hrsg.)*, Festschrift Schneider (1995), S. 693 f.; *Siegel, T.* u. a., Stille Reserven (ZIP 1999), S. 2079 ff. Zur Kritik an der Ambivalenz stiller Reserven, die üblicherweise auch still aufgelöst werden, vgl. statt vieler *Ballwieser, W.*, Nutzen handelsrechtlicher Rechnungslegung, in: *Ballwieser, W. u. a. (Hrsg.)*, Festschrift Clemm (1996), S. 12.

713 Vgl. S. 41 sowie den Bezug im Rahmenkonzept der US-GAAP, wonach die Rechnungslegung zwar nicht auf eine direkte Unternehmensbewertung abzielt, die bereitgestellten Informationen hierfür jedoch nützlich sein können (*FASB*, SFAC 1 (1978), Par. 41 und *FASB*, SFAC 5 (1984), Par. 27.).

Erfolgskonten einzurichten, wobei auf letztere noch im Einzelnen eingegangen wird. Die Passivseite der Bilanz ist darüber hinaus um eine **ausschüttungs- und besteuerungsgesperrte Neubewertungsrücklage** zu ergänzen.[714] Aus Transparenzgründen empfiehlt es sich ferner, die Fair-Value-Ergänzungen offen in der multifunktionalen Bilanz auszuweisen, so dass sich bei Vermögenswerten in der Regel Wertaufstockungen der (fortgeführten) Anschaffungs- oder Herstellungskosten bzw. bei Schuldposten Wertabstockungen der Rückzahlungsbeträge ergeben werden.[715] Zusammenfassend ergibt sich folgende Konzeption einer multifunktionalen Fair-Value-Bilanz:

---

714 Zum Vorschlag, eine solche Rücklage einzurichten, vgl. etwa *Siegel, T. u. a.*, Stille Reserven (ZIP 1999), S. 2080; *Baetge, J./Thiele, S.*, Gläubigerschutz, in: *Budde, W. u. a. (Hrsg.)*, Festschrift Beisse (1997), S. 23; *Ordelheide, D.*, Wettbewerb der Rechnungslegungssysteme, in: *Börsig, C./Coenenberg, A.* (Hrsg.), Controlling und Rechnungswesen (1998), S. 31; *Siegel, T. u. a.*, Stille Reserven (ZIP 1999), S. 2080; *Siegel, T.*, Zeitwertansatz, in: *Göbel, S./Heni, B. (Hrsg.)*, Festschrift Scherrer (2004), S. 312. In den IFRS findet sich für die Neubewertungsrücklage die Bezeichnung *revaluation surplus* (vgl. insbesondere *IASB*, IAS 16 (2004), Par. 39; *IASB*, IAS 38 (2004), Par. 85.), während die US-GAAP den Begriff *Other Comprehensive Income* verwenden (vgl. *FASB*, SFAS 130 (1997), Par. 10.). Ein unmittelbarer Vergleich ist hier jedoch problematisch, da beide Neubewertungskonzepte historisch auf unterschiedliche Kapitalerhaltungskonzepte zurückgehen. So liegt den US-GAAP stets die nominelle Kapitalerhaltung zugrunde, während die erfolgsneutrale Neubewertung nach IAS 16 und IAS 38 mit der substanziellen Kapitalerhaltung in Verbindung steht (vgl. hierzu insbesondere die problematische erfolgsneutrale Umbuchung der Neubewertungsrücklage gemäß *IASB*, IAS 16 (2004), Par. 41 sowie *IASB*, IAS 38 (2004), Par. 87).

715 Auf die Alternative eines Ausweises in einer weiteren Bilanzspalte (so genannte Zwei-Spalten-Rechnungslegung) wird noch näher eingegangen (vgl. S. 141 dieser Arbeit.).

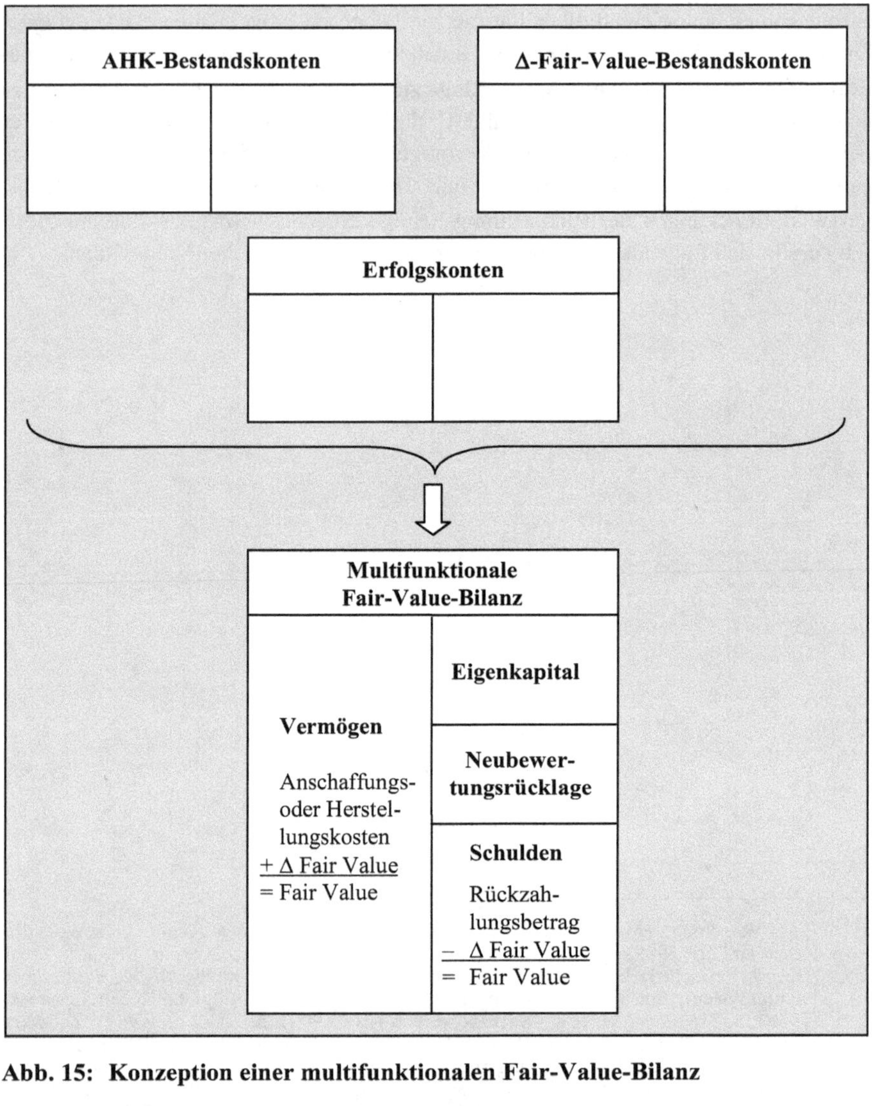

Abb. 15: Konzeption einer multifunktionalen Fair-Value-Bilanz

Neben der Konzeption der Bilanz ist zu klären, ob ein separater Erfolgsausweis für Informations- und Zahlungsbemessungszwecke erfolgen soll, ob also so genannte „duale Erfolgsgrößen“ angestrebt werden.[716] Zunächst ist allerdings festzuhalten,

716 Dies beabsichtigt etwa SIEGEL, indem er den Ausweis eines informativen und eines vorsichtigen (ausschüttungsfähigen) Gewinns vorschlägt (vgl. *Siegel, T.*, Gläubigerschutz, in: *Fischer, T./Hömberg, R. (Hrsg.)*, Festschrift Baetge (1997), S. 140 f.). Zur Trennung

dass nach dem Konzept einer multifunktionalen Fair-Value-Bilanz für jede Bilanzposition wie in der bisherigen Rechnungslegung auch Erfolgskonten für realisierte Gewinne und Verluste sowie für unrealisierte Verluste erforderlich sind. Ergänzend tritt ein Erfolgskonto für unrealisierte Gewinne hinzu, auf dem die mit der Fair-Value-Bewertung in Verbindung stehenden Wertänderungen zu verbuchen sind. Hinsichtlich der technischen Umsetzung des Erfolgsausweises lassen sich hier zwei Alternativen unterscheiden, wobei sich die erste Variante am derzeitigen Vorgehen in der Rechnungslegung nach US-GAAP und IFRS orientiert:

- **Variante 1:** Ausweis eines zahlungsbemessungsorientierten Jahreserfolgs in der Gewinn- und Verlustrechnung (so genannter **Jahreserfolg (1)**) sowie erfolgsneutrale Bilanzierung sämtlicher unrealisierten Gewinne in einer zugriffsgesperrten Neubewertungsrücklage.[717, 718] Theoretischer Hintergrund dieser Erfolgsausweiskonzeption ist das *Current Operating Performance Concept*, nach dem nur ordentliche und hinsichtlich ihrer Höhe und/oder der Häufigkeit ihres Eintretens gewöhnliche Erfolge in die laufende Gewinn- und Verlustrechnung einzubeziehen sind.[719] Der Jahreserfolg 1 sowie die Veränderung der Neubewertungsrücklage bilden zusammen den informationsorientierten **Jahreserfolg (2)**, der als Zusatzinformation ergänzend ausgewiesen wird. Diese Erfolgsgröße ähnelt dem aus der angelsächsischen Rechnungslegung bekannten *Comprehensive Income*, ist allerdings insoweit umfassender, als jede Veränderung des Unternehmenswerts eingeschlossen ist, während ins *Comprehensive Income* nur bestimmte Fair-Value-

---

von erzieltem und entziehbarem Gewinn im älteren deutschen Bilanzrecht vgl. auch *Moxter, A.*, Entziehbarer Gewinn, in: *Ballwieser, W. u. a. (Hrsg.)*, Festschrift Clemm (1996), S. 237 ff.

717 Die unrealisierten Gewinnkonten stellen hierbei nur einen Zwischenschritt dar und empfehlen sich aus Gründen der Übersichtlichkeit und Transparenz. Sie könnten jedoch im Falle einer direkten Buchung an die Neubewertungsrücklage auch weggelassen werden.

718 Die hier getroffene Unterscheidung zwischen Jahreserfolg 1 und der Veränderung der Neubewertungsrücklage erfolgt in Analogie zu den Erfolgsgrößen *Net Income* und *Other Comprehensive Income* in den US-GAAP. Aufgrund der konzeptionellen Unterschiede der im Rahmen dieser Arbeit vorgeschlagenen umfassenden Rechnungslegung gegenüber den US-GAAP (z. B. dem unterschiedlichen Umfang der Fair-Value-Bewertung) sind die Größen jedoch nicht deckungsgleich. Zu den Komponenten des *Other Comprehensive Income* nach US-GAAP vgl. etwa *Leibfried, P./Amann, T.*, Gewinn- und Verlustrechnungen (KoR 2002), S. 191 ff.

719 Zum Teil wird auch die Bezeichnung „Dirty-Surplus Method“ verwandt (vgl. *Holzer, P./Ernst, C.*, Comprehensive Income (WPg 1999), S. 356.).

Änderungen Eingang finden.[720] Im Zuge einer späteren Realisation der Fair-Value-Wertänderungen, spätestens jedoch am Ende der Totalperiode, werden diese von der Neubewertungsrücklage in den Jahreserfolg 1 umgebucht; es kommt zu einem so genannten *income recycling*.[721]

- **Variante 2:** Erfolgswirksame Erfassung der realisierten und unrealisierten Gewinne und Verluste auf getrennten Unterkonten, die jeweils auf ein erweitertes Gewinn- und Verlustrechnungskonto (**multifunktionale Gewinn- und Verlustrechnung**) abgeschlossen werden. Unmittelbar im Anschluss findet eine Ausbuchung – im Falle eines positiven Saldos gewissermaßen eine „Zwangsthesaurierung" – der unrealisierten Gewinne in die Neubewertungsrücklage auf der Passivseite der Bilanz statt. Bei einer späteren Realisation oder beim Wegfall der Fair-Value-Wertänderungen werden diese ebenfalls auf die Gewinn- und Verlustrechnung abgeschlossen. Als primärer Erfolgsmaßstab der hier konzipierten multifunktionalen Gewinn- und Verlustrechnung fungiert damit wie in der bisherigen deutschen Rechnungslegung der zahlungsbemessungsorientierte **Jahreserfolg**.[722] Zusätzlich ist es allerdings vorstellbar, auch bei dieser Erfolgsausweisvariante nachrichtlich einen informationsorientierten **Gesamterfolg** (Pendant zum oben eingeführten Jahreserfolg (2)) als Summe aus Jahreserfolg und Saldo der unrealisierten Gewinnkonten (Veränderung der Neubewertungsrücklage) anzugeben. Zusammenfassend lässt sich der theoretische Hintergrund dieser Variante als eine Modifikation des *All-Inclusive Income Concepts* beschreiben, nach dem im Grundsatz sämtliche Erfolge unabhängig von deren Realisierung in die Erfolgsrechnung eingehen.[723] Die Modifikation besteht jedoch darin, dass nicht der Ausweis eines umfassenden Erfolgs (*Comprehensive Income*) im Fokus

---

720 Zur Definition des *Comprehensive Income* in den US-GAAP vgl. *FASB*, SFAS 130 (1997), Par. 8 i. V. m. *FASB*, SFAC 6 (1985), Par. 70. Ausführlich zum *Comprehensive Income* vgl. *Robinson, L.*, Comprehensive Income (AH 1991), S. 107 ff.; *Linismeier, T. u. a.*, Comprehensive Income (AH 1997), S. 120 ff.; *Johnson, L. u. a.*, Reporting Comprehensive Income (AH 1995), S. 128 ff.; *Holzer, P./Ernst, C.*, Comprehensive Income (WPg 1999), S. 353 ff. Die verschiedenen Ausweismöglichkeiten des *Comprehensive Income* illustrieren insbesondere *Luecke, R./Meeting, D.*, How Companies Report Income (JoA 1998), S. 45 ff. Das IASB verwendet künftig hingegen die Begriffe *total recognised income and expense* und *other recognised income and expense* anstelle der Ausdrücke *comprehensive income* und *other comprehensive income* (vgl. *IASB*, Update (October 2005), S. 3; *IASB*, ED IAS 1 (2006), Par. 82, 90 i. V. m. Par. BC17 f.).

721 Vgl. auch *Holzer, P./Ernst, C.*, Comprehensive Income (WPg 1999), S. 362.

722 Ähnlich auch SIGLOCH, der die Analogie zu den steuerrechtlichen Ergänzungsbilanzen betont (vgl. *Sigloch, J.*, Einheitliche Gewinnermittlung, in: *Schneider, D. u. a. (Hrsg.)*, Festschrift Siegel (2005), S. 563.). Der Vorschlag einer Bilanzbewertung zu Tageswerten mit einer separaten Erfassung von unrealisierten Gewinnen und Verlusten auf besonderen Konten wird laut SCHNEIDER erstmals bereits im 19. Jahrhundert von LÉAUTEY unterbreitet (vgl. *Schneider, D.*, Erfolgsermittlung als Rechnungsziel (ZfbF 1978), S. 344.).

723 Vgl. *Holzer, P./Ernst, C.*, Comprehensive Income (WPg 1999), S. 355 f.

steht, sondern am Primat des zahlungsbemessungsorientierten Jahreserfolgs festgehalten wird.

Zum besseren Verständnis seien beide Erfolgsausweisvarianten im Folgenden grafisch veranschaulicht:

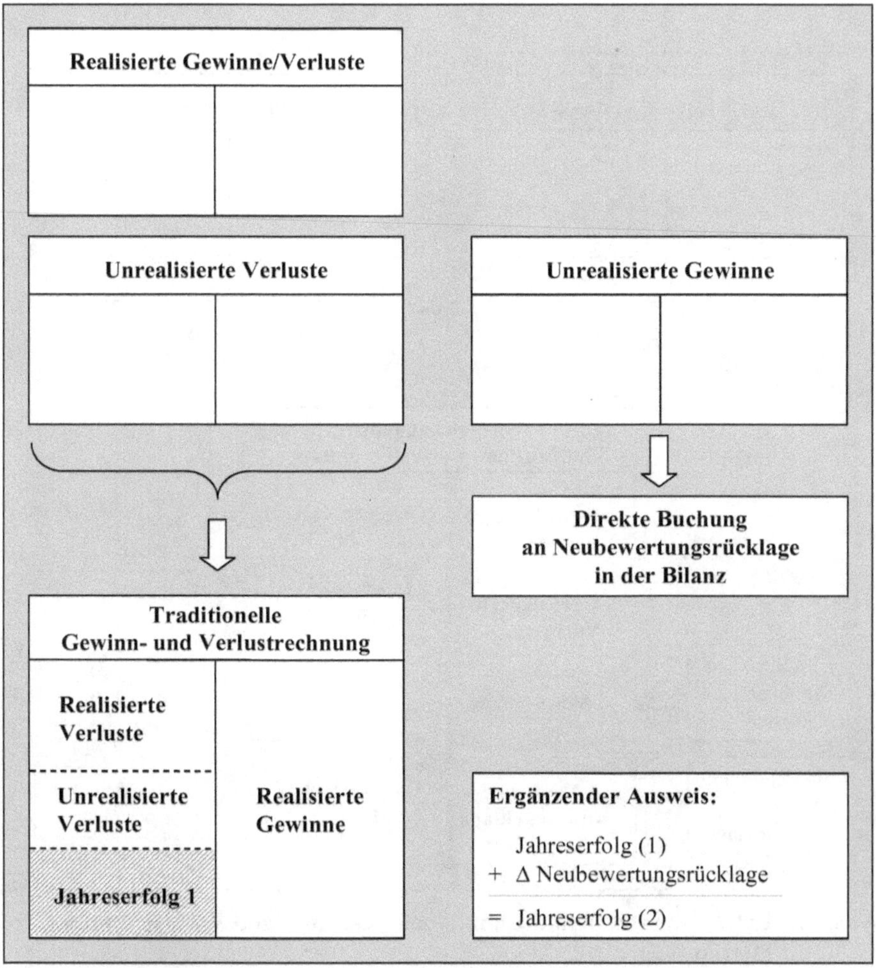

Abb. 16: Erfolgsausweis in traditioneller Gewinn- und Verlustrechnung mit Informationserweiterung (Variante 1)

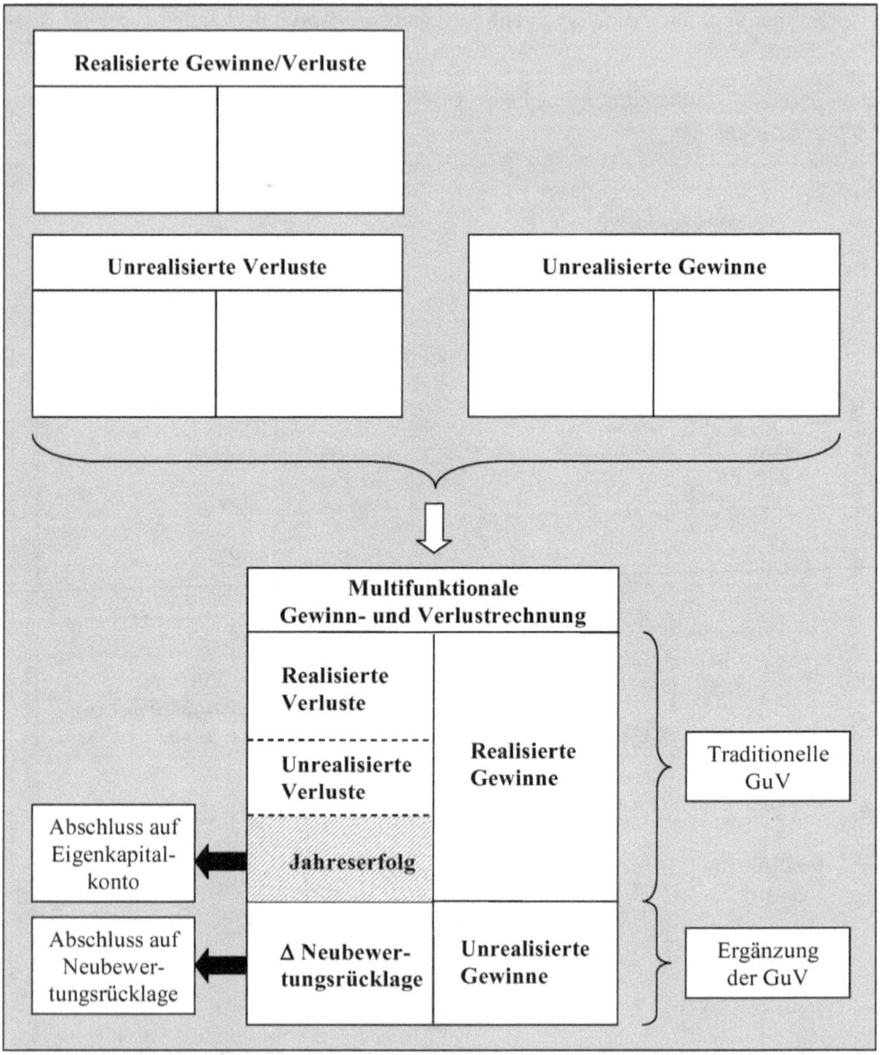

Abb. 17: Erfolgsausweis in multifunktionaler Gewinn- und Verlustrechnung (Variante 2)

Vergleicht man die Vorgehensweise beider Erfolgsausweisvarianten miteinander, so wird unmittelbar deutlich, dass es bei Variante 1 zu einer temporären Durchbrechung des Kongruenzprinzips kommt,[724] da im Zeitpunkt der Entstehung eine direkte

724 Zum Kongruenzprinzip vgl. *Arbeitsgruppe „Normierung der Rechnungslegung,"* Stellungnahme 3 (BB 2002), S. 2599.

Buchung der unrealisierten Gewinne gegen die passivische Neubewertungsrücklage erfolgt, ohne die Gewinn- und Verlustrechnung zu berühren. Demgegenüber vermeidet Variante 2 dieses Problem, indem sämtliche Erfolgsgrößen stets in die (erweiterte) Gewinn- und Verlustrechnung einbezogen werden; es resultiert zu keinem Zeitpunkt eine Durchbrechung des Kongruenzprinzips, da die nicht auf Kapitaltransaktionen beruhenden Veränderungen des Eigenkapitals jeweils dem Jahreserfolg entsprechen. Variante 2 weist zudem den Vorzug einer konsistenten Buchungsmethodik im System der Doppik auf, die die Bilanz und Erfolgsrechnung als zentrale Rechenwerke versteht, und erscheint damit klar vorziehenswürdig. Für die weitere Darstellung und Zweckmäßigkeitsbeurteilung ist daher im Grundkonzept einer multifunktionalen Fair-Value-Bilanz stets auch eine **multifunktionale Gewinn- und Verlustrechnung** eingeschlossen.

Im Rahmen der bisherigen Ausführungen wurde davon ausgegangen, dass eine multifunktionale Bilanz – wie dargelegt – als Ein-Spalten-Rechnung auszugestalten ist, bei der die zahlungsbemessungsorientierten Daten in einer zusätzlichen Zeile um Fair-Value-Informationen erweitert werden. Möglich wäre es aber auch, sowohl die (fortgeführten) historischen Kosten als auch die vollständigen beizulegenden Zeitwerte nebeneinander in zwei Bilanzspalten darzustellen. Eine solche **Zwei-Spalten-Rechnungslegung**, zum Teil auch als Mehrspaltenrechnungslegung (*multi-column reporting*) bezeichnet, wird in der Literatur ebenfalls vereinzelt diskutiert;[725] sie konnte sich jedoch in der Rechnungslegungstheorie und -praxis bislang nicht durchsetzen und erscheint aus der Entwicklungsgeschichte der Bilanzierung heraus schwer vorstellbar. Als wesentliches Argument gegen eine Zwei-Spalten-Rechnungslegung lässt sich die Gefahr der Verwirrung der Rechnungslegungsadressaten durch eine Informationsüberflutung anführen, da nicht weniger als vier Bilanzspalten, nämlich zwei für das abgelaufene Geschäftsjahr und zwei für das aus Vergleichsgründen darzustellende Vorjahr, anzugeben wären. Aus theoretischer Sicht erscheint die Zwei-Spalten-Bilanz darüber hinaus als nur mäßig interessant, da es sich um eine Mischform aus dem Grundkonzept einer (echten) multifunktionalen Bilanz und dem Grundkonzept monofunktionaler Bilanzen für Zahlungsbemessungs- und Informationszwecke handelt und insoweit keine neuen Erkenntnisse zu erwarten sind.[726]

---

725 Vgl. grundlegend *Stamp, E.*, Multi-Column Reporting, in: *Lee, T. (Hrsg.),* Financial Reporting (1981), S. 67 ff.; *Lee, T.*, Company Financial Reporting, in: *Lee, T. (Hrsg.),* Financial Reporting (1981), S. 6 ff. Zu entsprechenden Vorschlägen im deutschsprachigen Schrifttum vgl. *Ballwieser, W.*, Informationsorientierte Jahresabschlußverbesserungen (ZfbF 1982), S. 778; *Siegel, S.*, Emergence of Fair Value (WPK-Mitt. 1997), S. 84; *Ordelheide, D.*, Wettbewerb der Rechnungslegungssysteme, in: *Börsig, C./Coenenberg, A. (Hrsg.),* Controlling und Rechnungswesen (1998), S. 31; *Pellens, B./Fülbier, R.*, Immaterielle Vermögensgegenstände, in: *Küting, K./Weber, C.-P. (Hrsg.),* Wertorientierte Konzernführung (2000), S. 144 ff. sowie jüngst *Baetge, J./Kümmel, J.*, Shareholder Value Reporting, in: *Rathgeber, A. u. a. (Hrsg.),* Festschrift Steiner (2003), S. 54.

726 Auch SIEGEL hält eine Zwei-Spalten-Rechnungslegung mit einer ausschüttungs- und

B. Illustrierendes Zahlenbeispiel

Bevor im nächsten Abschnitt eine Beurteilung der Zweckmäßigkeit einer multifunktionalen Fair-Value-Bilanz erfolgen kann, sei dieses Reformkonzept mitsamt seiner Buchungstechnik anhand zweier **Zahlenbeispiele** illustriert. Gegeben ist zunächst der folgende Sachverhalt (**Fall A**), der später im Fall B variiert wird:[727]

(A1) Bilanzstichtag t_1

Ein Unternehmen, dessen einziger Geschäftszweck im Kauf und späteren Verkauf eines bestimmten Wertpapiers besteht, verfügt in der Ausgangssituation (01.01.01) über eigene Barmittel in Höhe von 50.000 Geldeinheiten (GE). Ein Goodwill besteht nicht und wird während der Totalperiode des Unternehmens auch nicht aufgebaut, so dass der Unternehmenswert an jedem Bilanzstichtag ausschließlich von der Wertentwicklung des Wertpapierbestands sowie vom vorhandenen Kassenvermögen reflektiert wird.

Am 31.12.01 (Bilanzstichtag t_1) erfolgt der Kauf von 10 Einheiten eines börsengehandelten, liquiden Wertpapiers zu Anschaffungskosten von 100 GE/Wertpapier.[728] Der Gesamtbetrag in Höhe von 1.000 GE wird der Kasse belastet.

Abb. 18 gibt einen Überblick über die im weiteren Verlauf des Beispiels relevanten Einzelkonten und stellt die sich in Periode 01 ergebende mulifunktionale Bilanz und Gewinn- und Verlustrechnung dar:

---

einer informationsorientierten Spalte für schwer vorstellbar, begründet seine ablehnende Haltung jedoch nicht (vgl. *Siegel, T.*, Gläubigerschutz, in: *Fischer, T./Hömberg, R. (Hrsg.)*, Festschrift Baetge (1997), S. 135.).

727 Die Betonung des Zahlenbeispiels liegt auf den primären Rechenwerken Bilanz und Gewinn- und Verlustrechnung. Weitere Rechnungslegungsinstrumente, insbesondere eine Kapitalflussrechnung und Eigenkapitalveränderungsrechnung, bleiben im Folgenden außer Betracht.

728 Die Festlegung auf ein börsengehandeltes, liquides Wertpapier im Beispiel dient lediglich der Plausibilisierung der vereinfachten Ermittlung des Fair Value. Für die Darstellung und Analyse des Konzepts einer multifunktionalen Fair-Value-Bilanz spielt die Wahl des neu zu bewertenden Vermögenswerts oder Schuldpostens keinerlei Rolle. Als weitere Vereinfachung werden Transaktionskosten und Erfolgsteuern im Beispiel ausgeblendet.

Beispiel zum Konzept einer multifunktionalen Fair-Value-Bilanz

Fall A und B: Periode 01

AHK-Konto „Wertpapiere"	
(1) AK 1.000	
	EB 1.000

Δ-Fair-Value-Konto „Wertpapiere"	

Realisiertes Gewinnkonto „Wertpapiere"	

Unrealisiertes Gewinnkonto „Wertpapiere"	

Realisiertes Verlustkonto „Wertpapiere"	

Unrealisiertes Verlustkonto „Wertpapiere"	

Aktivkonto „Kasse"	
AB 50.000	(1) AK 1.000
	EB 49.000

Passivkonto „Neubewertungsrücklage"	

Multifunktionale Fair-Value-Bilanz			
Wertpapiere		**Eigenkapital**	
AHK	1.000	AB	50.000
Δ FV	0	+JE	0
FV	1.000	EB	50.000
Kasse		**Neubewertungs-rücklage**	
AB	50.000		
EB	49.000	AB	0
		EB	0
Σ	**50.000**	**Σ**	**50.000**

Multifunktionale Gewinn- und Verlustrechnung			
Realisierte Verluste		**Realisierte Gewinne**	
Unrealisierte Verluste			
Jahreserfolg			
JE	0		
Δ Neubewertungs-rücklage		**Unrealisierte Gewinne**	
Σ	**0**	**Σ**	**0**

Buchungsabfolge:

AB	Buchung der Anfangsbestände
(1)	Barkauf von 10 Wertpapieren zu Anschaffungskosten (AK) von 100 GE/Wertpapier
EB	Buchung der Endbestände

Abb. 18: Beispiel zum Konzept einer multifunktionalen Fair-Value-Bilanz (Fall A und B: Periode 01)

(A2) Bilanzstichtag t_2

Am 31.12.02 (t_2) findet eine Neubewertung des Wertpapierbestands zum Fair Value statt, wobei der Kassakurs zum Bilanzstichtag in Höhe von 150 GE/ Wertpapier an einer zuvor bestimmten Wertpapierbörse herangezogen wird.

Während die Anschaffungskosten auf dem AHK-Bestandskonto „Wertpapiere" zu verbuchen sind und lediglich einen Aktivtausch darstellen, wird die Neubewertung in Höhe von insgesamt 500 GE zunächst auf dem Fair-Value-Ergänzungskonto sowie dem unrealisierten Gewinnkonto „Wertpapiere" erfasst.[729] Letzteres wird dann über die multifunktionale Gewinn- und Verlustrechnung abgeschlossen und im Anschluss als Veränderung der zugriffsgesperrten Neubewertungsrücklage unmittelbar gegengebucht. Der zahlungsbemessungsorientierte Jahreserfolg in Periode 02 beträgt Null. Anschaffungswert und Fair-Value-Ergänzung des Wertpapiers werden ebenso wie die Neubewertungsrücklage in der multifunktionalen Fair-Value-Bilanz separat ausgewiesen. Abb. 19 verdeutlicht die Buchungstechnik in Einzelschritten und gibt die multifunktionale Fair-Value-Bilanz und Gewinn- und Verlustrechnung wieder:

729 Für die Fair-Value-Ergänzung im Rahmen der Neubewertung von Vermögenswerten oder Schuldposten wird in den US-GAAP der Ausdruck *Fair Value Adjustment* verwandt.

Beispiel zum Konzept einer multifunktionalen Fair-Value-Bilanz

Fall A und B: Periode 02

AHK-Konto „Wertpapiere“			
AB	1.000		
		EB	1.000

Δ-Fair-Value-Konto „Wertpapiere“			
(2) NB	500		
		EB	500

Realisiertes Gewinnkonto „Wertpapiere“			

Unrealisiertes Gewinnkonto „Wertpapiere“			
(3)	500	(2) NB	500

Realisiertes Verlustkonto „Wertpapiere“			

Unrealisiertes Verlustkonto „Wertpapiere“			

Aktivkonto „Kasse“			
AB	49.000		
		EB	49.000

Passivkonto „Neubewertungsrücklage“			
		(4)	500
EB	500		

Multifunktionale Fair-Value-Bilanz			
Wertpapiere		**Eigenkapital**	
AHK	1.000	AB	50.000
Δ FV	500	+JE	0
FV	1.500	EB	50.000
Kasse		**Neubewertungs-rücklage**	
AB	49.000	AB	0
EB	49.000	EB	500
Σ	**50.500**	**Σ**	**50.500**

Multifunktionale Gewinn- und Verlustrechnung			
Realisierte Verluste		**Realisierte Gewinne**	
Unrealisierte Verluste			
Jahreserfolg			
JE	0		
Δ Neubewertungs-rücklage		**Unrealisierte Gewinne**	
(4)	500	(3)	500
Σ	**500**	**Σ**	**500**

Buchungsabfolge:

AB	Buchung der Anfangsbestände
(2)	Neubewertung (NB) der Wertpapiere zum Fair Value von 150 GE/Stück zum 31.12.02
(3)	Abschluss des unrealisierten Gewinnkontos auf das GuV-Konto
(4)	Ausbuchung der unrealisierten Gewinne in zugriffsgesperrte Neubewertungsrücklage
EB	Buchung der Endbestände

Abb. 19: Beispiel zum Konzept einer multifunktionalen Fair-Value-Bilanz (Fall A und B: Periode 02)

(A3) Bilanzstichtag t_3

Am 01.01.03 erfolgt ein Teilverkauf des Wertpapierbestands: es werden 5 Wertpapiere zum Preis von 150 GE/Stück zahlungswirksam veräußert. Der Gesamterlös in Höhe von 750 GE führt zu einer Habenbuchung in Höhe von 500 GE auf dem AHK-Konto „Wertpapiere“ sowie zu einem realisierten Gewinn in Höhe von 250 GE. Aufgrund der Realisation eines Teils des vorherigen Neubewertungsbetrags ist das Fair-Value-Ergänzungskonto ebenfalls um 250 GE zu reduzieren; das Gegenkonto stellt wiederum das unrealisierte Gewinnkonto dar.[730] Zum 31.12.03 (t_3) ist der Fair Value der Wertpapiere weiter auf 180 GE/Stück gestiegen. Als Konsequenz findet eine erneute Wertaufstockung (Neubewertung) um insgesamt 150 GE (= 30 GE/Wertpapier) statt. Per saldo weist das unrealisierte Gewinnkonto einen negativen Betrag in Höhe von -100 GE aus, der als Zwischenschritt auf die Gewinn- und Verlustrechnung gebucht und anschließend wieder in die Neubewertungsrücklage transferiert wird. Der Jahreserfolg in Periode 03 entspricht dem realisierten Veräußerungsgewinn in Höhe von 250 GE. Abb. 20 zeigt die entsprechende Buchungsabfolge sowie die Bilanz und Gewinn- und Verlustrechnung.

(A4) Bilanzstichtag t_4

In Periode 04 wird der Restbestand von 5 Wertpapieren zum leicht gesunkenen Preis von 140 GE/Stück veräußert. Dem Veräußerungserlös in Höhe von 700 GE stehen die Ausbuchung der Anschaffungskosten von 500 GE und die Realisation eines Gewinns in Höhe von 200 GE gegenüber. Mit dem vollständigen Verkauf der Wertpapiere ist auch das Fair-Value-Ergänzungskonto zum Bilanzstichtag t_4 gegen das unrealisierte Gewinnkonto auszubuchen; der negative Saldo der unrealisierten Gewinne führt zur Auflösung der restlichen Neubewertungsrücklage. Als Jahreserfolg ergibt sich der realisierte Veräußerungsgewinn aus Wertpapiergeschäften in Höhe von 200 GE. Die jeweiligen Buchungen und primären Rechenwerke im Rahmen einer umfassenden Rechnungslegung sind in Abb. 21 dargestellt.

730 Dieser Umbuchungsvorgang wird in der US-amerikanischen Rechnungslegung als *Reclassification Adjustment* bezeichnet (vgl. *Holzer, P./Ernst, C.*, Comprehensive Income (WPg 1999), S. 362.).

Beispiel zum Konzept einer multifunktionalen Fair-Value-Bilanz

Fall A: Periode 03

AHK-Konto „Wertpapiere“			
AB	1.000	(5) VÄ	500
		EB	500

Δ-Fair-Value-Konto „Wertpapiere“			
AB	500	(6) VÄ	250
(7) NB	150		
		EB	400

Realisiertes Gewinnkonto „Wertpapiere“			
(8)	250	(5) VÄ	250

Unrealisiertes Gewinnkonto „Wertpapiere“			
(6) VÄ	250	(7) NB	150
(9)	-100		

Realisiertes Verlustkonto „Wertpapiere“			

Unrealisiertes Verlustkonto „Wertpapiere“			

Aktivkonto „Kasse“			
AB	49.000		
(5) VÄ	750		
		EB	49.750

Passivkonto „Neubewertungsrücklage“			
		AB	500
		(10)	-100
EB	400		

Multifunktionale Fair-Value-Bilanz			
Wertpapiere		**Eigenkapital**	
AHK	500	AB	50.000
Δ FV	400	+JE	250
FV	900	EB	50.250
		Neubewertungs-rücklage	
Kasse			
AB	49.000	AB	500
EB	49.750	EB	400
Σ	**50.650**	**Σ**	**50.650**

Multifunktionale Gewinn- und Verlustrechnung			
Realisierte Verluste		**Realisierte Gewinne**	
		(8)	250
Unrealisierte Verluste			
Jahreserfolg			
JE	250		
Δ Neubewertungs-rücklage		**Unrealisierte Gewinne**	
(10)	-100	(9)	-100
Σ	**150**	**Σ**	**150**

Buchungsabfolge:

AB Buchung der Anfangsbestände
(5) Veräußerung (VÄ) von 5 Wertpapieren zum Fair Value von 150 GE/Stück per 01.01.03
(6) Anpassung des Fair-Value-Ergänzungskontos um die Teilveräußerung
(7) Neubewertung (NB) der restlichen Wertpapiere zum Fair Value von 180 GE/Stück zum 31.12.03
(8) Abschluss des realisierten Gewinnkontos auf das GuV-Konto
(9) Abschluss des unrealisierten Gewinnkontos auf das GuV-Konto
(10) Minderung der zugriffsgesperrten Neubewertungsrücklage
EB Buchung der Endbestände

Abb. 20: Beispiel zum Konzept einer multifunktionalen Fair-Value-Bilanz (Fall A: Periode 03)

Beispiel zum Konzept einer multifunktionalen Fair-Value-Bilanz

Fall A: Periode 04

AHK-Konto „Wertpapiere“			
AB	500	(11) VÄ	500
		EB	0

Δ-Fair-Value-Konto „Wertpapiere“			
AB	400	(12) VÄ	400
		EB	0

Realisiertes Gewinnkonto „Wertpapiere“			
(13)	200	(11) VÄ	200

Unrealisiertes Gewinnkonto „Wertpapiere“			
(12) VÄ	400		
(14)	-400		

Realisiertes Verlustkonto „Wertpapiere“			

Unrealisiertes Verlustkonto „Wertpapiere“			

Aktivkonto „Kasse“			
AB	49.750		
(11) VÄ	700		
		EB	50.450

Passivkonto „Neubewertungsrücklage“			
		AB	400
		(15)	-400
EB	0		

Multifunktionale Fair-Value-Bilanz			
Wertpapiere		**Eigenkapital**	
AHK	0	AB	50.250
Δ FV	0	+JE	200
FV	0	EB	50.450
		Neubewertungs-rücklage	
Kasse			
AB	49.750	AB	400
EB	50.450	EB	0
Σ	**50.450**	**Σ**	**50.450**

Multifunktionale Gewinn- und Verlustrechnung			
Realisierte Verluste		**Realisierte Gewinne**	
		(13)	200
Unrealisierte Verluste			
Jahreserfolg			
JE	200		
Δ Neubewertungs-rücklage		**Unrealisierte Gewinne**	
(15)	-400	(14)	-400
Σ	**-200**	**Σ**	**-200**

Buchungsabfolge:

AB Buchung der Anfangsbestände
(11) Veräußerung (VÄ) der restlichen 5 Wertpapiere zum Fair Value von 140 GE/Stück per 31.12.04
(12) Auflösung des Fair-Value-Ergänzungskontos wegen der Wertpapierveräußerung
(13) Abschluss des realisierten Gewinnkontos auf das GuV-Konto
(14) Abschluss des unrealisierten Gewinnkontos auf das GuV-Konto
(15) Auflösung der zugriffsgesperrten Neubewertungsrücklage
EB Buchung der Endbestände

Abb. 21: Beispiel zum Konzept einer multifunktionalen Fair-Value-Bilanz (Fall A: Periode 04)

Nachdem mit dem obigen Beispielfall A die Funktionsweise einer multifunktionalen Fair-Value-Bilanz bei steigenden beizulegenden Zeitwerten veranschaulicht wurde, dient die folgende Variation des Zahlenbeispiels (**Fall B**) der näheren Untersuchung einer bilanziellen Behandlung zwischenzeitlich sinkender Fair Values.

(B1) Bilanzstichtag t_1

Die Ausgangsdaten sowie die erste Transaktion zum Kauf der Wertpapiere im Fall B entsprechen denen von Fall A. Am Ende der ersten Periode (Bilanzstichtag t_1) ergibt sich demnach das gleiche Bild wie im Fall A (vgl. Abb. 18).

(B2) Bilanzstichtag t_2

In Periode 02 soll ebenfalls von einem zunächst steigenden Fair Value der Wertpapiere ausgegangen werden. Die Annahmen und Ergebnisse aus Fall A gelten unverändert, so dass an dieser Stelle auf eine erneute grafische Darstellung verzichtet werden kann (vgl. Abb. 19).

(B3) Bilanzstichtag t_3

Auch im Fall B erfolgt am 01.01.03 ein Verkauf von 5 Wertpapieren zum Preis von 150 GE/Stück. Der Gesamterlös in Höhe von 750 GE führt demzufolge zur Ausbuchung der anteiligen Anschaffungskosten von 500 GE (AHK-Konto „Wertpapiere“) sowie zur Realisation eines Gewinns in Höhe von 250 GE. Wie im Fall A erfolgt eine betragsgleiche Reduktion des vorherigen Neubewertungsbetrags auf dem Fair-Value-Ergänzungskonto sowie dem unrealisierten Gewinnkonto (-250 GE). Zum 31.12.03 sinkt der Fair Value der Wertpapiere nunmehr jedoch auf 90 GE/Stück und unterschreitet damit die Anschaffungskosten von 100 GE/Stück. Dies hat zur Folge, dass der verbliebene Neubewertungsbetrag aus Periode 02 vollständig auf dem Fair-Value-Ergänzungskonto auszubuchen ist (-250 GE), als Gegenkonto fungiert wiederum das unrealisierte Gewinnkonto. Darüber hinaus ist eine außerplanmäßige Abschreibung auf den restlichen Wertpapierbestand in Höhe von insgesamt 50 GE (10 GE/Wertpapier) vorzunehmen, wobei das unrealisierte Verlustkonto und das AHK-Bestandskonto „Wertpapiere“ angesprochen werden. Das unrealisierte Verlustkonto wird über die Gewinn- und Verlustrechnung abgeschlossen und geht in den Jahreserfolg ein. Dieser ist entsprechend um 50 GE gemindert und beträgt 200 GE. Der negative Saldo des unrealisierten Gewinnkontos in Höhe von -500 GE wird über die Gewinn- und Verlustrechnung in die Neubewertungsrücklage transferiert, wonach diese aufgezehrt ist. Abb. 22 zeigt die jeweiligen Buchungstableaus und Rechenwerke.

(B4) Bilanzstichtag t_4

In Periode 04 werden die restlichen 5 Wertpapiere wie im Fall A zum Preis von 140 GE/Stück veräußert. Dem Veräußerungserlös in Höhe von 700 GE stehen die Ausbuchung der wertgeminderten Anschaffungskosten von 450 GE und die Realisation eines Gewinns in Höhe von nunmehr 250 GE gegenüber. Der Jahreserfolg beträgt 250 GE; ein Neubewertungserfolg existiert nicht. Die entsprechenden Einzelkonten sowie der Jahresabschluss sind in Abb. 23 dargestellt.

Beispiel zum Konzept einer multifunktionalen Fair-Value-Bilanz

Fall B: Periode 03

AHK-Konto „Wertpapiere"			
AB	0	(5) VÄ	500
		(7) WM	50
		EB	-550

Δ-Fair-Value-Konto „Wertpapiere"			
AB	500	(6) VÄ	250
		(8) WM	250
		EB	0

Realisiertes Gewinnkonto „Wertpapiere"			
(9)	250	(5) VÄ	250

Unrealisiertes Gewinnkonto „Wertpapiere"			
(6) VÄ	250		
(8) WM	250		
(11)	-500		

Realisiertes Verlustkonto „Wertpapiere"			

Unrealisiertes Verlustkonto „Wertpapiere"			
(7) WM	50	(10)	50

Aktivkonto „Kasse"			
AB	49.000		
(5) VÄ	750		
		EB	49.750

Passivkonto „Neubewertungsrücklage"			
		AB	500
		(12)	-500
EB	0		

Multifunktionale Fair-Value-Bilanz			
Wertpapiere		**Eigenkapital**	
AHK	-550	AB	50.000
Δ FV	0	+JE	200
FV	-550	EB	50.200
		Neubewertungsrücklage	
Kasse			
AB	49.000	AB	500
EB	49.750	EB	0
Σ	**49.200**	**Σ**	**50.200**

Multifunktionale Gewinn- und Verlustrechnung			
Realisierte Verluste		**Realisierte Gewinne**	
		(9)	250
Unrealisierte Verluste			
(10)	50		
Jahreserfolg			
JE	200		
Δ Neubewertungsrücklage		**Unrealisierte Gewinne**	
(12)	-500	(11)	-500
Σ	**-250**	**Σ**	**-250**

Buchungsabfolge:

AB Buchung der Anfangsbestände
(5) Veräußerung (VÄ) von 5 Wertpapieren zum Fair Value von 150 GE/Stück per 01.01.03
(6) Anpassung des Fair-Value-Ergänzungskontos um die Teilveräußerung
(7) Außerplanmäßige Abschreibung der Wertpapiere auf den Fair Value von 90 GE/Stück zum 31.12.03
(8) Korrespondierende Wertminderung (WM) auf dem Fair-Value-Ergänzungskonto
(9) Abschluss des realisierten Gewinnkontos auf das GuV-Konto
(10) Abschluss des unrealisierten Verlustkontos auf das GuV-Konto
(11) Abschluss des unrealisierten Gewinnkontos auf das GuV-Konto
(12) Auflösung der zugriffsgesperrten Neubewertungsrücklage
EB Buchung der Endbestände

Abb. 22: Beispiel zum Konzept einer multifunktionalen Fair-Value-Bilanz (Fall B: Periode 03)

Beispiel zum Konzept einer multifunktionalen Fair-Value-Bilanz

Fall B: Periode 04

AHK-Konto „Wertpapiere"			
AB	-550	(13) VÄ	450
		EB	-1.000

Δ-Fair-Value-Konto „Wertpapiere"			
AB	0		
		EB	0

Realisiertes Gewinnkonto „Wertpapiere"			
(14)	250	(13) VÄ	250

Unrealisiertes Gewinnkonto „Wertpapiere"	

Realisiertes Verlustkonto „Wertpapiere"	

Unrealisiertes Verlustkonto „Wertpapiere"	

Aktivkonto „Kasse"			
AB	49.750		
(13) VÄ	700		
		EB	50.450

Passivkonto „Neubewertungsrücklage"			
		AB	0
EB	0		

Multifunktionale Fair-Value-Bilanz			
Wertpapiere		**Eigenkapital**	
AHK	-1000	AB	50.200
Δ FV	0	+JE	250
FV	-1.000	EB	50.450
		Neubewertungs-rücklage	
Kasse			
AB	49.750	AB	0
EB	50.450	EB	0
Σ	**49.450**	**Σ**	**50.450**

Multifunktionale Gewinn- und Verlustrechnung			
Realisierte Verluste		**Realisierte Gewinne**	
		(14)	250
Unrealisierte Verluste			
Jahreserfolg			
JE	250		
Δ Neubewertungs-rücklage	0	**Unrealisierte Gewinne**	0
Σ	**250**	**Σ**	**250**

Buchungsabfolge:
AB Buchung der Anfangsbestände
(13) Veräußerung (VÄ) der restlichen 5 Wertpapiere zum Fair Value von 140 GE/Stück per 31.12.04
(14) Abschluss des realisierten Gewinnkontos auf das GuV-Konto
EB Buchung der Endbestände

Abb. 23: Beispiel zum Konzept einer multifunktionalen Fair-Value-Bilanz (Fall B: Periode 04)

Eine zusammenfassende Gegenüberstellung der Erfolgs- und Eigenkapitalentwicklung beider Beispielfälle liefert folgendes Bild:

Beispiel zum Konzept einer multifunktionalen Fair-Value-Bilanz

– Erfolgs- und Eigenkapitalentwicklung –

Fall A	t_1	t_2	t_3	t_4	Σ
Unternehmenserfolg					
Jahreserfolg (Zahlungsbemessung)	0	+0	+250	+200	+450
+ Δ Neubewertungsrücklage	0	+500	-100	-400	0
= Gesamterfolg (Information)	0	+500	+150	-200	+450
Eigenkapitalbestand					
Eigenkapital (Zahlungsbemessung)	50.000	50.000	50.250	50.450	-
+ Neubewertungsrücklage	0	500	400	0	-
= Gesamt-Eigenkapital (Information)	50.000	50.500	50.650	50.450	-

Fall B	t_1	t_2	t_3	t_4	Σ
Unternehmenserfolg					
Jahreserfolg (Zahlungsbemessung)	0	+0	+200	+250	+450
+ Δ Neubewertungsrücklage	0	+500	-500	+0	0
= Gesamterfolg (Information)	0	+500	-300	+250	+450
Eigenkapitalbestand					
Eigenkapital (Zahlungsbemessung)	50.000	50.000	50.200	50.450	-
+ Neubewertungsrücklage	0	500	0	0	-
= Gesamt-Eigenkapital (Information)	50.000	50.500	50.200	50.450	-

Abb. 24: Beispiel zur multifunktionalen Fair-Value-Bilanz (Ergebnisübersicht)

Betrachtet man zunächst die Erfolgsentwicklung, so zeigt sich in beiden Beispielfällen, dass der Jahreserfolg für Zahlungsbemessungszwecke als Folge einer Anwendung des Anschaffungswert- und Realisationsprinzips tendenziell später im Vergleich zum informationsorientierten Gesamterfolg ausgewiesen wird. Eine frühere Erfolgsentstehung aus Sicht der Informationsfunktion, die aus der periodischen Neubewertung zum höheren Fair Value resultiert, kehrt sich hingegen im Zeitablauf – spätestens jedoch am Ende der Totalperiode – um, so dass der Totalerfolg stets gleich ist (+450 GE); gleichzeitig muss die Summe der Veränderungen der Neubewertungsrücklage über die Totalperiode immer Null ergeben. Fall A zeigt ferner, dass sich trotz eines niedrigen (zahlungsbemessungsorientierten) Jahreserfolgs bei steigenden beizulegenden Zeitwerten ein insgesamt höherer (informationsorientierter) Gesamterfolg ergeben kann (Periode 02). Umgekehrt kann die periodische Neubewertung jedoch auch zu einem per saldo niedrigeren oder gar negativen Gesamterfolg führen (Periode 03 beziehungsweise Periode 04). Fall B, der lediglich in den Perioden 03 und 04 von Fall A abweicht, zeigt des Weiteren auf, dass die Erfolgs- und Eigenkapitalausweise für Zahlungsbemessungs- und Informationszwecke bei steigenden Fair Values zunächst auseinander laufen (Periode 02). Unterschreitet der Fair Value hingegen die (fortgeführten) Anschaffungs- oder Herstellungskosten, so führt dies zuerst zu einer Auflösung der Neubewertungsrücklage und anschließend zu einer außerplanmäßigen Abschreibung der historischen Kosten. Ist die Neubewertungsrücklage vollständig ausgebucht, stimmen auch die Eigenkapitalausweise für Zahlungsbemessungs- und Informationszwecke wieder überein (Periode 03). In Periode 04 decken sich schließlich auch die Erfolgsausweise, da der restliche Wertpapierbestand veräußert wird und der korrespondierende Veräußerungserfolg als realisierte Komponente im Jahresergebnis erfasst wird.

Wenngleich das vorliegende Beispiel aus Vereinfachungsgründen den Fall eines Wertpapiers und damit eines nicht abnutzbaren Vermögenswerts zugrunde legt, um die Funktionsweise einer multifunktionalen Fair-Value-Bilanz zu veranschaulichen, sind das Konzept und die Ergebnisse analog auf den **Fall abnutzbarer Vermögenswerte** übertragbar. In diesem Fall wird neben einer planmäßigen Abschreibung der historischen Kosten des abnutzbaren Vermögenswerts, die auf dem Konto „realisierte Verluste" gegen zu buchen ist, eine periodische Wertanpassung des Fair-Value-Ergänzungskontos im Rahmen der Neubewertung zum jeweiligen beizulegenden Zeitwert am Bilanzstichtag vorgeschlagen. Damit wird grundsätzlich auf eine ebenfalls planmäßige Abschreibung des Neubewertungsbetrags über die Nutzungsdauer verzichtet, da eine jährliche Anpassung an den aktuellen Zeitwert mit einer Gegenbuchung auf dem unrealisierten Gewinnkonto schwankenden Wert- und Nutzungsdauerschätzungen besser gerecht wird und eine Erfolgsglättung (*income smoothing*) gemäß der Fair-Value-Doktrin gerade nicht erwünscht ist. Lediglich im Ausnahmefall mehrjähriger Abstände einer Neubewertung erscheint im Zwischenzeitraum eine planmäßige Abschreibung ersatzweise geboten. Diese ist jedoch ebenfalls stets auf dem unrealisierten Gewinnkonto zu verbuchen und über die Neubewertungsrücklage abzuschließen. Die heftig kritisierte, gleichwohl noch immer zulässige Vorgehensweise in den IFRS, eine Neubewertung bestimmter Vermögenswerte zwar erfolgsneutral durchzuführen, den darauf entfallenden Abschreibungsmehrbetrag jedoch in den (realisierten) Jahreserfolg einzubeziehen,[731] wird hier als höchst widersinnig abgelehnt.[732]

Gemäß dem oben vorgestellten Konzept einer multifunktionalen Fair-Value-Bilanz werden die zahlungsbemessungsorientierten Bilanzdaten von Vermögenswerten und Schulden stets um informationsorientierte Fair-Value-Differenzen ergänzt, wobei

---

731 Vgl. *IASB*, IAS 16 (2004), Par. 39 ff. u. 48.

732 Zur Kritik vgl. auch *Pellens, B. u. a.*, Internationale Rechnungslegung (2006), S. 309 f.; *Küting, K./Dawo, S.*, Anwendungsfälle fair value-Bewertung (KoR 2003), S. 236. Ein ausführliches Buchungsbeispiel findet sich bei *Hoffmann, W.-D./Lüdenbach, N.*, Neubewertungskonzeption nach IAS (DStR 2003), S. 568 ff.

letztere den am Bilanzstichtag vorhandenen (nunmehr aufgedeckten) stillen Reserven entsprechen. Speziell für die Vermögenswerte des Anlagevermögens, wie zum Beispiel Grundstücke und Gebäude, bei denen es der Erfahrung nach im Zeitablauf regelmäßig zu bedeutenden Wertunterschieden zwischen den historischen Kosten und den beizulegenden Zeitwerten kommt, wird aus Gründen der Transparenz und Übersichtlichkeit empfohlen, über die Darstellung in der multifunktionalen Fair-Value-Bilanz hinaus einen **Neubewertungsspiegel** aufzustellen, der die jeweiligen Bestände und Veränderungen beider Bilanzwerte pro Bilanzposten gegenüberstellt. Als Vorbild kann hier der gegenwärtige Anlagespiegel für (fortgeführte) historische Kosten dienen, der um entsprechende Spalten für die Fair-Value-Differenzbeträge zu ergänzen wäre. Da der Fokus dieser Arbeit jedoch auf den primären Rechnungslegungsinstrumenten Bilanz und Gewinn- und Verlustrechnung liegt, kann im Folgenden auf eine weitere Darstellung des Neubewertungsspiegels verzichtet werden.

Abschließend zu dieser Analyse sei angemerkt, dass aus der oben konzipierten multifunktionalen Fair-Value-Bilanz zunächst lediglich der **Gesamtunternehmenswert** (*entity value*) zum Bilanzstichtag als Bilanzsumme unmittelbar ablesbar ist. Der **Ertragswert** aus Eigentümersicht (*equity value*) wurde hingegen bislang nicht direkt ausgewiesen, sondern ist als Summe des Eigenkapitals und der Neubewertungsrücklage jeweils unter Berücksichtigung von Steuerwirkungen zu ermitteln. Da im obigen Beispiel Erfolgsteuern aus Vereinfachungsgründen gänzlich ausgeblendet wurden, sei an dieser Stelle bereits angesprochen, dass unrealisierte Gewinne einen Mischkapitalcharakter haben, da sie eine latente Steuerlast enthalten, die bei der späteren Realisation zur Verbindlichkeit gegenüber dem Fiskus wird. Aus diesem Grund erscheint es zweckmäßig, die Neubewertungsrücklage unter Zwischenschaltung eines Kontos für „latente Ertragsteuern auf unrealisierte Gewinne" stets nach Steuern auszuweisen (Nettoausweis). Ein Nettoausweis würde zudem die Angabe des Zeitwerts des (gesamten) Eigenkapitals und damit den Ertragswert als Zwischensumme in der Bilanz ermöglichen und gegenüber einem Bruttoausweis zugleich die spätere Bilanzanalyse vereinfachen.[733]

C. Beurteilung der Zweckmäßigkeit

Nach der ausführlichen Analyse des Grundkonzepts einer multifunktionalen Fair-Value-Bilanz ist dieses noch im Hinblick auf die Erfüllung der Zahlungsbemessungs- und Informationsfunktion einer umfassenden Rechnungslegung zu beurteilen. Als Beurteilungsmaßstab fungiert dabei der oben aufgestellte Referenzrahmen.[734]

---

733 Ein Ausweis der Neubewertungsrücklage nach Berücksichtigung anteiliger latenter Steuern entspricht auch der herrschenden Vorgehensweise in den IFRS (vgl. z. B. *Pellens, B. u. a.*, Internationale Rechnungslegung (2006), S. 466.). Ausführlich zum Sonderproblem latenter Steuern vgl. S. 303 ff. dieser Arbeit.

734 Vgl. insbesondere Abb. 5 auf S. 45.

1. Vorzüge

Folgende Vorzüge des Konzepts lassen sich anführen:

- **Erfüllung der Zahlungsbemessungs- und Informationsfunktion in einem gemeinsamen Rechenwerk**

  Wichtigster Vorzug des Konzepts einer multifunktionalen Fair-Value-Bilanz ist die Aufstellung jeweils nur einer Bilanz und Erfolgsrechnung, die als Basis zur Erfüllung der Funktionen der umfassenden Rechnungslegung dienen. Wie gezeigt wurde, kollidiert die Zahlungsbemessungsfunktion dabei grundsätzlich nicht mit der umfassenden Informationsfunktion,[735] da unrealisierte Gewinne – etwa aus Zuschreibungen über die (fortgeführten) Anschaffungs- oder Herstellungskosten hinaus – konsequent in einer Neubewertungsrücklage vor Ausschüttungs- und Steuerzugriffen gesperrt werden.

  Für die Adressaten der umfassenden Rechnungslegung ist es damit möglich, aus der multifunktionalen Bilanz für sämtliche Vermögenswerte und Schulden sowohl deren (fortgeführte) historische Kosten für Zwecke der Zahlungsbemessung als auch deren beizulegende Zeitwerte sowie den Unternehmensgesamtwert für Informationszwecke zu entnehmen und diese Werte direkt miteinander zu vergleichen. Im Ergebnis werden damit die in jeder Bilanzposition vorhandenen (ehemals) stillen Reserven offen ausgewiesen, so dass die Allokationseffizienz der an die Rechnungslegung geknüpften wirtschaftlichen Entscheidungen erhöht werden kann. Der Vorteil eines gemeinsamen Rechenwerks für die Zahlungsbemessungs- und Informationsfunktion gilt analog auch für die multifunktionale Erfolgsrechnung.

- **Beibehaltung des Jahreserfolgs als primären Erfolgsmaßstab**

  Durch die Erfassung auch der unrealisierten Gewinnbestandteile in der multifunktionalen Gewinn- und Verlustrechnung und ihre anschließende zwangsweise Thesaurierung ist es ferner möglich, den (zahlungsbemessungsorientierten) Jahreserfolg als primären Erfolgsmaßstab beizubehalten, gleichzeitig jedoch auch ergänzende Informationen über die Veränderung der Neubewertungsrücklage und gegebenenfalls den Gesamterfolg zu vermitteln. Dem für die Zahlungsbemessungsfunktion notwendigen abgeschwächten Vorsichtsprinzip wird damit nicht wie bisher vorrangig auf der Gewinnermittlungsebene, sondern auf der Gewinnverwendungsebene Rechnung getragen.[736] Ein Bruch mit dem Anschaffungswert- und Realisationsprinzip als den tragenden Säulen der Zahlungsbemessungsfunktion ist dabei nicht erkennbar; vielmehr kommt es in diesem Zusammenhang zu

[735] Einen notwendigen Widerspruch zwischen der bilanziellen Ausschüttungsbemessungsfunktion und einem kapitalmarktorientierten Rechenwerk bezweifelt beispielsweise auch LÖHR (vgl. *Löhr, D.*, IAS (IFRS) versus HGB (StuB 2003), S. 648.).

einer konsequenten Anwendung des **Prinzips „gläserner, aber verschlossener Taschen“**[737].

- **Anwendung einer klaren und konsistenten Buchungsmethodik**

  Wie anhand des obigen Zahlenbeispiels demonstriert wurde, liegt dem Konzept einer multifunktionalen Fair-Value-Bilanz und der gewählten Form des Erfolgsausweises eine klare und konsistente Buchungsmethodik zugrunde, aus der insbesondere keine Durchbrechung des Kongruenzprinzips resultiert. Die Aufstellung eines für die Zahlungsbemessungsfunktion geeigneten Abschlusses, der innerbilanziell um Zusatzinformationen erweitert wird, erscheint darüber hinaus als eine eher evolutionäre Fortentwicklung der bestehenden Rechnungslegung grundsätzlich leichter umsetzbar als ein radikaleres Reformmodell, zumal auf hinreichende Erfahrungen aus der Buchungstechnik steuerlicher Ergänzungsbilanzen bei Mitunternehmerschaften zurückgegriffen werden kann.

2. Problembereiche

Den oben genannten Vorzügen einer multifunktionalen Fair-Value-Bilanz stehen folgende wichtige Problembereiche gegenüber:

- **Erhöhung der Darstellungskomplexität durch Verknüpfung zweier Zielsetzungen in einem multifunktionalen Abschluss**

  Bereits das einfache Zahlenbeispiel mit nur einer Bilanzposition („Wertpapiere“) zeigt, dass das Reformkonzept einer multifunktionalen Fair-Value-Bilanz eine ungleich höhere Darstellungskomplexität im Vergleich zur gegenwärtigen deutschen Rechnungslegung mit sich bringt. So erweist sich insbesondere in den Folgejahren einer Neubewertung die gemeinsame Berücksichtigung von historischen Kosten und beizulegenden Zeitwerten in der Bilanz und Erfolgsrechnung als äußerst komplex. HERZIG sieht vor allem Schwierigkeiten bei der Bildung und periodenübergreifenden Fortführung der zugriffsgesperrten Neubewertungsrücklage, die zudem nicht auf Einzelfälle beschränkt bliebe, sondern sich zu einem regulären Anwendungsfall in der Rechnungslegung entwickeln würde.[738] Die Darstellungskomplexität des Reformvorschlags tritt unmittelbar zutage, wenn man sich die zentrale Bedeutung des unrealisierten Gewinnkontos in der obigen Buchungsmethodik noch einmal vor Augen führt: So werden nicht nur unrealisierte Fair-

---

736 Vgl. *Sigloch, J.*, Maßgeblichkeitsprinzip (BFuP 2000), S. 171 f.

737 Dieser Begriff wurde ursprünglich von KRONSTEIN/CLAUSSEN im Zuge der Aktienrechtsreform der 1960er Jahre geprägt *(Kronstein, H./Claussen, C.*, Publizität und Gewinnverteilung (1960), S. 136.) und hat sich im Schrifttum inzwischen als Synonym für eine Verankerung des Vorsichtsprinzips auf der Gewinnverwendungsebene etabliert (vgl. z. B. *Siegel, T. u. a.*, Stille Reserven (ZIP 1999), S. 2082.).

738 Vgl. *Herzig, N.*, Entzauberung (FAZ v. 11.03.2002), S. 27.

Value-Erhöhungen, sondern auch Positionsabgänge und unrealisierte Wertminderungen bis zur Höhe der jeweiligen Neubewertungsrücklage auf diesem Konto verbucht (vgl. Fall B, Periode 03). Unrealisierte Wertminderungen – im Falle abnutzbarer Vermögenswerte gegebenenfalls auch planmäßige Abschreibungen – müssen damit stets in einen ausschließlich für die Zahlungsbemessungsfunktion relevanten und einen rein informatorischen Teil zerlegt werden. Darüber hinaus birgt die Interpretation eines negativen Saldos unrealisierter Gewinne, das heißt einer Verringerung der Neubewertungsrücklage, und des möglicherweise nachrichtlich angegebenen Gesamterfolgs Schwierigkeiten. Als problematisch erweist sich ferner, dass die Fair-Value-Ergänzungskonten nur in Verbindung mit den Anschaffungswertkonten ihre volle Informationswirkung entfalten; dabei vermag das „Denken in Differenzgrößen" selbst dem geübten Bilanzersteller erst nach einer gewissen Praxiserfahrung vollkommen einzuleuchten.

- **Gefahr der Verwirrung und Informationsüberlastung der Rechnungslegungsadressaten**

  Mit der Erhöhung der Darstellungskomplexität eng verbunden ist die Gefahr, die Adressaten der umfassenden Rechnungslegung durch die Fülle an zusätzlichen Informationen sowie die zwangsläufigen Abweichungen zwischen den historischen Kostendaten und den beizulegenden Zeitwertinformationen eher zu verwirren, als sie mit entscheidungsnützlichen Informationen zu versorgen. Dieses auch als Problem des *information overload* bezeichnete Phänomen tritt allgemein auf, wenn unterschiedliche Rechnungslegungssysteme verwendet werden,[739] und ist insbesondere dann relevant, wenn unterschiedliche Rechnungsgrundlagen in einem gemeinsamen Abschluss zur Anwendung kommen.[740]

  Zwar wird in der multifunktionalen Fair-Value-Bilanz zwischen den historischen Kosten und dem Fair Value einer Bilanzposition deutlich unterschieden. In der multifunktionalen Gewinn- und Verlustrechnung wird der Fokus ferner bewusst auf den (zahlungsbemessungsorientierten) Jahreserfolg gelegt und auf den expliziten Ausweis zweier gleichrangiger Erfolgsgrößen verzichtet. Gleichwohl kann eine gewisse Verunsicherung oder gar Beeinflussung der Rechnungslegungsadressaten, welche Informationen für sie als „richtig" anzusehen und bei ihrer Entscheidungsfindung zugrunde zu legen sind, nicht ausgeschlossen werden.

- **Erhöhung des Erstellungs-, Prüfungs- und Publikationsaufwands**

  Bereits die Buchungsmethodik im Zahlenbeispiel verdeutlicht, dass mit einer multifunktionalen Fair-Value-Bilanz und Erfolgsrechnung ein höherer Erstel-

739 Vgl. *Birnberg, J.*, Role of accounting (AOS 1980), S. 77.

740 Vgl. *Stamp, E.*, Multi-Column Reporting, in: *Lee, T. (Hrsg.),* Financial Reporting (1981), S. 75.

lungsaufwand im Vergleich zur gegenwärtigen deutschen Bilanzierung verbunden ist. Dies gilt in gleichem Maße für die Prüfung des multifunktionalen Abschlusses sowie für die Kommunikation an die externen Rechnungslegungsadressaten. Vor allem im Rahmen der Kommunikation ist zur Abmilderung des *Information-overload*-Problems deutlich darauf hinzuweisen, dass die (fortgeführten) historischen Kostendaten ausschließlich zu Zahlungsbemessungszwecken heranzuziehen sind, während die beizulegenden Zeitwerte einzig der umfassenden Informationsvermittlung über die wirtschaftliche Lage des Unternehmens dienen.

Während bei einer multifunktionalen Fair-Value-Bilanz mit steigenden Informationskosten zu rechnen ist, bleibt der zusätzliche Informationsnutzen demgegenüber vor allem dann fraglich, wenn die überwiegende Mehrzahl der Rechnungslegungsadressaten selbst Zugang zu den Daten der internen Unternehmensrechnung hat, wie dies insbesondere bei eignerorientierten Personenunternehmen der Fall sein dürfte. Zwar wären auch im Rahmen einer umfassenden Rechnungslegung Erleichterungen für kleine und mittlerer Unternehmen (KMU) ähnlich dem Diskussionsvorschlag des IASB[741] denkbar, doch dürften sich diese, um systematisch zu bleiben, nur auf die Offenlegung und Aufstellung zusätzlicher Rechnungslegungsinstrumente beziehen; die Ansatz- und Bewertungsregeln hingegen dürften gerade nicht verändert werden, da die „Rechnungslegung in ihrem Kernbereich unteilbar ist."[742]

Neben den hier diskutierten Nachteilen existiert das bereits angesprochene **Grundsatzproblem**, wie die beizulegenden Zeitwerte oder Fair Values der einzelnen Vermögenswerte und Schulden – vor allem bei einem Fehlen liquider Sekundärmärkte – zu bestimmen sind. Dieses Problem besteht aber auch bei der zweiten Reformalternative, dem Konzept einer funktionsspezifischen Zweiteilung der Rechnungslegung, und soll im späteren Verlauf der Arbeit besprochen und exemplarisch für den Goodwill demonstriert werden.[743]

III. Konzept monofunktionaler Bilanzen für Zahlungsbemessungs- und Informationszwecke

A. Darstellung des Grundkonzepts

Kernanliegen dieses Reformkonzepts ist eine funktionsspezifische Zweiteilung der Rechnungslegung zur Erfüllung der Zahlungsbemessungs- und Informationsfunktion.

---

741 Vgl. *IASB*, Accounting Standards for SMEs (2004), Par. 62 f. u. 66 ff.

742 *Sigloch, J./Schmidt, I.*, Stellungnahme (2002), S. 2. Vgl. auch *Sigloch, J.*, Rechnungslegung (2007), S. 75.

743 Vgl. S. 224 ff. zur Fair-Value-Bewertung sowie S. 280 ff. zur Bilanzierung des Goodwills im Rahmen eines Zahlenbeispiels.

Im Unterschied zum Konzept einer multifunktionalen Fair-Value-Bilanz soll den Funktionen der Rechnungslegung zu diesem Zweck nicht in einem gemeinsamen Rechenwerk, sondern mit Hilfe spezifischer Abschlüsse nachgegangen werden (so genannte **monofunktionale Bilanzen für Zahlungsbemessungs- und Informationszwecke**). Das Konzept folgt dabei der Überlegung, dass die Verschiedenartigkeit der Rechnungslegungsfunktionen Informationsvermittlung und Zahlungsbemessung unterschiedliche Rechnungslegungsregeln und damit Bilanzansatz- und Bilanzbewertungsvorschriften erfordert.[744, 745] PELLENS/FÜLBIER sprechen gar von einem „Dualismus von Zahlungsbemessungs- und Informationsfunktion“[746], der in der gegenwärtigen multifunktionalen Rechnungslegung in Deutschland dazu führe, dass keiner Funktion vollständig entsprochen werde. Vielmehr habe sich aus diesem Grund die geltende Zahlungsbemessungsfunktion als Primärfunktion gegenüber der Informationsfunktion durchgesetzt.[747]

Zwar konnte mit dem Konzept einer multifunktionalen Fair-Value-Bilanz gezeigt werden, dass die Zahlungsbemessungs- und Informationsfunktion mit jeweils unterschiedlichen Rechnungslegungsregeln nicht notwendigerweise im Widerspruch zueinander stehen, sondern sich vielmehr in einem gemeinsamen Rechenwerk integrieren lassen. Die anschließende Beurteilung machte allerdings deutlich, dass vor allem mit der Erhöhung der Darstellungskomplexität und der Gefahr einer Informationsüberlastung der externen Adressaten eine Einschränkung der Informationsfunktion

---

744 Vgl. hierzu auch SCHNEIDER, der als obersten Grundsatz eines aussagefähigen Rechnungswesens formuliert: „Aus dem Rechnungszweck folgt der Rechnungsinhalt.“ (*Schneider, D.*, Rechnungswesen (1997), S. 33.). In dieser Hinsicht sind auch PELLENS/GASSEN zu verstehen: „Wenn sich die Bilanzzwecke unterscheiden, müssen auch die Bilanzinhalte voneinander abweichen.“ (*Pellens, B./Gassen, B.*, Internationale Rechnungslegung (2001), S. 29; vgl. auch *Pellens, B./Fülbier, R.*, Rechnungslegungsregulierung (ZGR 2000), S. 586 ff.). Eine noch weiter gehende Trennung fordert BALLWIESER für die eher retrospektive Steuerungs- und Kontrollfunktion und die prospektive Entscheidungsfunktion als Teilbereiche der Informationsfunktion, da „verschiedene Informationsfunktionen verschiedene Informationssysteme bedingen.“ (*Ballwieser, W.*, Informationsfunktion, in: *Stöppler, S. (Hrsg.)*, Festschrift Wittmann (1985), S. 23 ff.). Im Rahmen dieser Arbeit wird jedoch eine Forderung unterschiedlicher Informationsregeln für die Rechenschaftsfunktion einerseits und die Entscheidungsunterstützungsfunktion andererseits abgelehnt, da es sich um lediglich um unterschiedliche Blickrichtungen der gleichen Informationsfunktion handelt (vgl. S. 21 f.).

745 Speziell zu unterschiedlichen Bilanzbewertungsregeln vgl. auch BEAVER u. a., die den Vorzug eines bestimmten bilanziellen Bewertungsmaßstabs als in Abhängigkeit vom jeweils verfolgten Prognosezweck oder Prognosemodell der Rechnungslegung kennzeichnen (vgl. *Beaver, W. u. a.*, Predictive Value (AR 1968), S. 682.).

746 *Pellens, B./Fülbier, R.*, Rechnungslegungsregulierung (ZGR 2000), S. 587.

747 Vgl. *Pellens, B./Fülbier, R.*, Rechnungslegungsregulierung (ZGR 2000), S. 587. So wird auch im herrschenden bilanzrechtlichen Schrifttum regelmäßig eine Separation von Ausschüttungs- und Informationsregeln der Rechnungslegung und damit einhergehend der Zahlungsbemessungs- und Informationsfunktion gefordert, dort allerdings mit der hier verworfenen MOXTERSCHEN Abkopplungsthese begründet (vgl. z. B. *Euler, R.*, Bilanzrechtstheorie, in: Budde, *W. u. a. (Hrsg.)*, Festschrift Beisse (1997), S. 175 ff.).

einhergehen kann. Da im Rahmen der hier zu entwickelnden umfassenden Rechnungslegung die Zahlungsbemessungs- und Informationsfunktion jedoch gleichrangig verfolgt werden sollen, gilt es statt dessen, nach einem gemeinsamen Fundament beider Funktionen zu suchen, auf dem monofunktionale Abschlüsse zur Abdeckung spezifischer Anforderungen aufsetzen können. Konkretes Gestaltungsziel einer umfassenden Rechnungslegungsreform stellt insofern eine Ein-Zweck-Orientierung der Abschlüsse dar, wie sie bereits in den IFRS[748] und den US-GAAP[749] hinsichtlich der Informationsfunktion etabliert ist.[750]

Gemäß der obigen Systematisierung und Eingrenzung möglicher Reformansätze[751] wird dem Weg der ergänzenden Methode gefolgt, der ausgehend von einer Zahlungsbemessungsbilanz eine Informationserweiterung vornimmt. Die Informationserweiterung soll nunmehr jedoch nicht mehr in demselben Rechenwerk, sondern in Form eines zusätzlichen Abschlusses erfolgen. Da die Zahlungsbemessungsfunktion im Kern auf die Ableitung von Rechtsfolgen zum Zweck der Erfolgsverteilung abzielt, basiert sie – wie bereits ausgeführt – wesentlich auf einem hohen Objektivierungsgrad der Rechnungsgrundlagen und der Anwendung des Anschaffungswert-, Realisations- und Imparitätsprinzips. Fair Values werden daher nur im Falle einer Unterschreitung der (fortgeführten) historischen Kosten von Vermögenswerten oder einer Überschreitung der Rückzahlungsbeträge von Schulden relevant. Im Unterschied dazu bildet die Fair-Value-Bewertung im Rahmen des Grundsatzes der Bewertungsrelevanz die tragende Säule der Informationsfunktion einer umfassenden Rechnungslegung. Trotz dieser Unterschiede bestehen jedoch weitgehende Verbindungen zwischen beiden Funktionen und damit auch zwischen den funktionsspezifischen Abschlüssen; es handelt sich insofern nicht um voneinander abgekoppelte Rechenwerke. Vielmehr wird die große Mehrheit der Geschäftsvorfälle und bewertungsrelevanten Ereignisse sowohl in einem Zahlungsbemessungsabschluss als auch in einem Informationsabschluss abzubilden sein, so dass eine **kontenmäßige Trennung** in so genannte Basis- oder Gemeinschaftskonten und (reine) Zahlungsbemessungskonten und

---

748 So betont zum Beispiel das IASB die Vermittlung entscheidungsnützlicher Informationen als einzige Zielsetzung der Rechnungslegung nach IFRS, während von einer Zahlungsbemessungsfunktion explizit nicht die Rede ist (vgl. *IASB*, Framework (2001), Par. 12 ff.). Zwar lassen sich einige indirekte Hinweise auf eine mögliche Zahlungsbemessungsfunktion im Rahmenkonzept nachweisen (vgl. *IASB*, Framework (2001), Par. 6 u. 9 (f).). Die jüngere Entwicklung im Bereich der Fair-Value-Bilanzierung mit einer zunehmend erfolgswirksamen Erfassung unrealisierter Wertzuwächse lässt eine solche zweite Zielsetzung allerdings in weite Ferne rücken.

749 Vgl. z. B. *Schildbach, T.*, US-GAAP (2002), S. 18 ff.

750 So auch PELLENS/FÜLBIER: „Soll die Rechnungslegung – wie z. B. bisher in Deutschland – mehreren Funktionen dienen, so wären entsprechend mehrere monofunktionale Regelsysteme erforderlich.“ (*Pellens, B./Fülbier, R.*, Rechnungslegungsregulierung (ZGR 2000), S. 587.).

751 Vgl. besonders Abb. 14 auf S. 133.

(reine) Informationskonten zweckmäßig erscheint. Während auf den **Basiskonten** ausschließlich Geschäftsvorfälle verbucht werden, die in beiden Abschlüssen Berücksichtigung finden, verarbeiten die reinen Zahlungsbemessungskonten (**AHK-Konten**) und reinen Informationskonten (**Fair-Value-Konten**) jeweils nur funktionsspezifische Rechnungslegungsdaten. Diese Konten- und Aufgabentrennung gilt gleichermaßen für Bestands- wie Erfolgskonten. Darüber hinaus wird hier vorgeschlagen, die Informationskonten in Abweichung zum Konzept der multifunktionalen Fair-Value-Bilanz nicht als Differenz- oder Ergänzungskonten, sondern als vollwertige, für sich aussagekräftige Konten auszugestalten. Zur technischen Umsetzung ist deshalb ein zusätzliches Verrechnungskonto (so genanntes **AHK-FV-Verrechnungskonto**) erforderlich, dass der Einbuchung und späteren Erfassung von Wertänderungen der historischen Kosten eines Bilanzguts im Rechnungskreis der Fair-Value-Konten dient.[752] Eine Besonderheit dieses technischen Verrechnungskontos ist, dass es bis zum vollständigen Abgang der betreffenden Bilanzpostens offen bleibt, spätestens also erst am Ende der Totalperiode abgeschlossen wird.[753]

Im Ergebnis ist unter diesen Voraussetzungen die Erstellung monofunktionaler Abschlüsse möglich, indem neben den Basiskonten jeweils die (reinen) Zahlungsbemessungskonten für den Zahlungsbemessungsabschluss respektive die (reinen) Informationskonten für den Informationsabschluss zur Bilanz und Erfolgsrechnung verdichtet werden. Das Konzept könnte daher – etwas plakativ – auch als **„Ypsilon-Modell einer umfassenden Rechnungslegung“** bezeichnet werden, wie die folgende Abbildung verdeutlicht:

752 Dabei gilt, dass ein reines Fair-Value-Konto zusammen mit den die jeweilige Bilanzposition betreffenden Buchungen auf dem AHK-FV-Verrechnungskonto zusammen wiederum das Δ-Fair-Value-Konto ergibt, das im Konzept einer multifunktionalen Fair-Value-Bilanz eingeführt wurde.

753 Das AHK-FV-Verrechnungskonto entspricht praktisch dem laufend fortgeführten spiegelbildlichen Konto des AHK-Kontos im Zahlungsbemessungsabschluss mit der Ausnahme, dass der Endbestand fehlt.

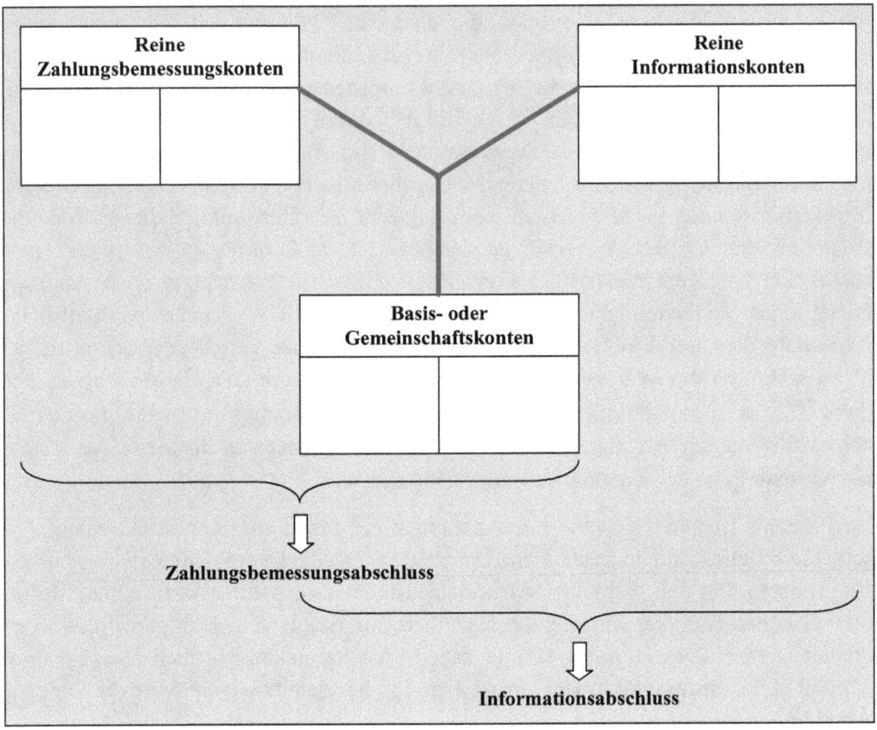

Abb. 25: Konzeption monofunktionaler Bilanzen für Zahlungsbemessungs- und Informationszwecke

Aus dem Konzept monofunktionaler Bilanzen folgt, dass für jedes Unternehmen grundsätzlich zwei Bilanzen und Gewinn- und Verlustrechnungen pro Rechnungsperiode aufzustellen sind. Diese sollen der sprachlichen Klarheit wegen als **Zahlungsbemessungsbilanz** und **Zahlungsbemessungs-Gewinn- und Verlustrechnung** (Zahlungsbemessungs-GuV) sowie **Informationsbilanz** und **Informations-Gewinn- und Verlustrechnung** (Informations-GuV) bezeichnet werden. Hinsichtlich des Erfolgs- und Eigenkapitalausweises ist ferner festzuhalten: Das im Zahlungsbemessungsabschluss ausgewiesene Jahresergebnis wird **Jahreserfolg (1)**, das Reinvermögen **Eigenkapital (1)** genannt. Entsprechend lauten die Bezeichnungen im Informationsabschluss **Jahreserfolg (2)** und **Eigenkapital (2)**. Der Jahreserfolg (2) entspricht dabei dem im Konzept einer multifunktionalen Fair-Value-Bilanz eingeführten Gesamterfolg (*Comprehensive Income*). Da die Informationsbilanz als umfassende Fair-Value-Bilanz ausgestaltet wird, spiegelt das Eigenkapital (2) des Weiteren den Ertragswert des Unternehmens aus Eigentümersicht (*equity value*) wider. Während im Rahmen der multifunktionalen Fair-Value-Bilanz zur Sicherstellung einer Zugriffssperrrung unrealisierter Gewinne noch eine Neubewertungsrücklage auf der Passivseite der Bilanz notwendig war, entfällt diese im Konzept monofunktionaler

Bilanzen. Der Saldo der unrealisierten Gewinnkonten wird hier vielmehr ausschließlich in die Informations-Gewinn- und Verlustrechnung einbezogen und geht unmittelbar in den Jahreserfolg (2) ein, der wiederum auf das Eigenkapital (2) in der Informationsbilanz abgeschlossen wird. Eine gesonderte Sperrung unrealisierter Gewinne für die Gewinnausschüttung und -besteuerung ist nicht erforderlich, da der Informationsabschluss insgesamt nur zu Informationszwecken dient; relevant für die Erfolgsverteilung ist demgegenüber einzig der Zahlungsbemessungsabschluss. Abb. 26 fasst das Grundkonzept monofunktionaler Bilanzen noch einmal zusammen:

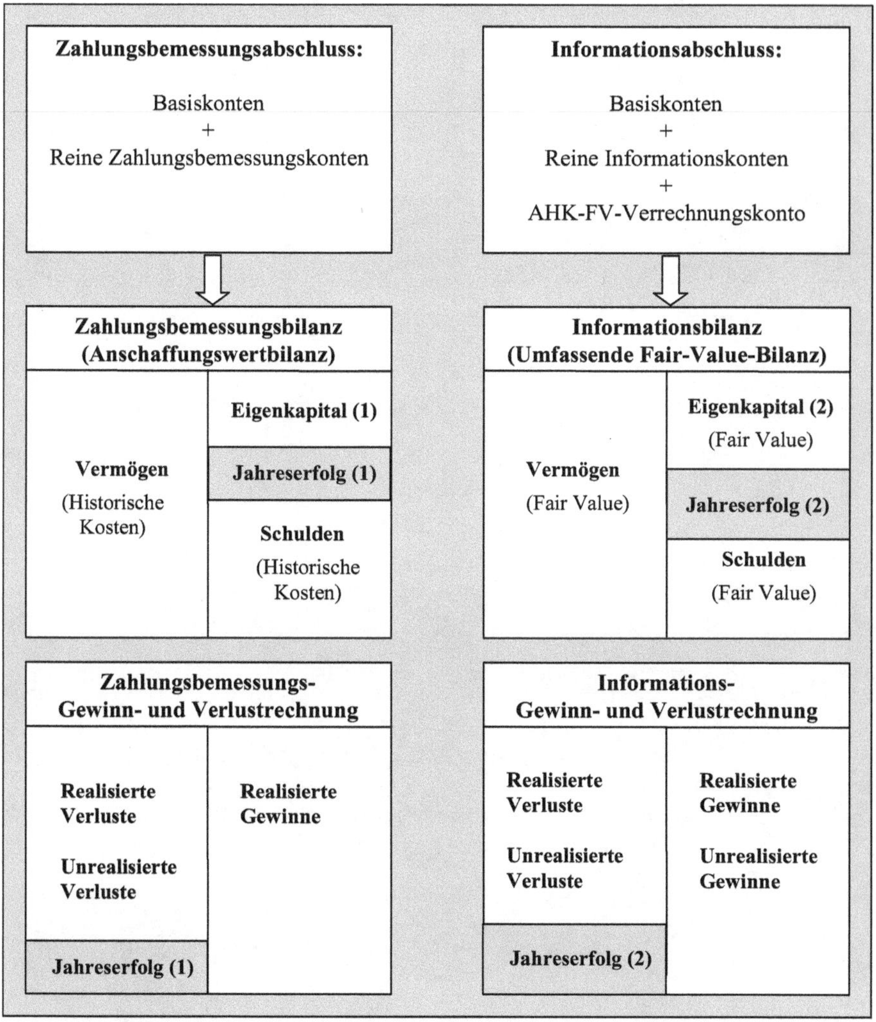

Abb. 26: Monofunktionale Bilanzen und Gewinn- und Verlustrechnungen

B. Illustrierendes Zahlenbeispiel

Um die Funktionsweise und Buchungstechnik des Konzepts monofunktionaler Bilanzen im Einzelnen zu veranschaulichen, soll erneut auf das bereits bekannte Zahlenbeispiel zurückgegriffen werden und eine entsprechende bilanzielle Abbildung der Fälle A und B erfolgen. Bei unveränderten Ausgangsdaten[754] ergeben sich für die Periode 01 folgende Buchungstableaus und monofunktionale Abschlüsse:

[754] Vgl. hierzu S. 142.

Beispiel zum Konzept monofunktionaler Bilanzen

Fall A und B: Periode 01

Basis- oder Gemeinschaftskonten:

Aktivkonto „Kasse“			
AB	50.000	(1a) AK	1.000
		EB	49.000

Realisiertes Gewinnkonto „Wertpapiere“	

Realisiertes Verlustkonto „Wertpapiere“	

Unrealisiertes Verlustkonto „Wertpapiere“	

Reine Zahlungsbemessungskonten:

AHK-Konto „Wertpapiere“			
(1a) AK	1.000		
		EB	1.000

Reine Informationskonten:

Fair-Value-Konto „Wertpapiere“			
AB	0		
(1b) ZG	1.000		
		EB	1.000

Unrealisiertes Gewinnkonto „Wertpapiere“	

AHK-FV-Verrechnungskonto „Wertpapiere“			
		(1b) ZG	1.000

Buchungsabfolge:

AB	Buchung der Anfangsbestände
(1a)	Kauf von 10 Wertpapieren zu Anschaffungskosten (AK) von 100 GE/Stück
(1b)	Zugang (ZG) der Anschaffungskosten auf dem Fair-Value-Konto
EB	Buchung der Endbestände

Abb. 27: Beispiel zum Konzept monofunktionaler Bilanzen (Buchungstechnik Fall A und B: Periode 01)

Zahlungsbemessungsabschluss:

Zahlungsbemessungsbilanz			
Wertpapiere		**Eigenkapital (1)**	
AB	0	AB	50.000
EB	1.000	+JE (1)	0
		EB	50.000
Kasse			
AB	50.000		
EB	49.000		
Σ	**50.000**	**Σ**	**50.000**

Zahlungsbemessungs-Gewinn- und Verlustrechnung			
Realisierte Verluste		**Realisierte Gewinne**	
Unrealisierte Verluste			
Jahreserfolg (1)			
JE 1	0		
Σ	**0**	**Σ**	**0**

Informationsabschluss:

Informationsbilanz			
Wertpapiere		**Eigenkapital (2)**	
AB	0	AB	50.000
EB	1.000	+JE (2)	0
		EB	50.000
Kasse			
AB	50.000		
EB	49.000		
Σ	**50.000**	**Σ**	**50.000**

Informations-Gewinn- und Verlustrechnung			
Relisierte Verluste		**Realisierte Gewinne**	
Unrealisierte Verluste		**Unrealisierte Gewinne**	
Jahreserfolg (2)			
JE 2	0		
Σ	**0**	**Σ**	**0**

Abb. 28: Beispiel zum Konzept monofunktionaler Bilanzen (Abschlüsse Fall A und B: Periode 01)

Mit Ausnahme des AHK-FV-Verrechnungskontos, das als Gegenkonto der Einbuchung der Wertpapiere in den Fair-Value-Rechnungskreis nicht abgeschlossen wird, ergeben sich in der ersten Periode keine buchtechnischen Besonderheiten. Wie Abb. 30 zeigt, werden nunmehr ein separater Zahlungsbemessungs- und Informationsabschluss aufgestellt, die zum Bilanzstichtag t_1 jedoch – mangels Neubewertung – (noch) nicht voneinander abweichen.

Steigt der Fair Value der Wertpapiere im Fall A und B annahmegemäß in der zweiten Periode, so findet am Bilanzstichtag t_2 eine bilanzielle Neubewertung für Informationszwecke statt. Die entsprechenden Buchungstableaus und Abschlüsse sind in den folgenden Abbildungen dargestellt:

Beispiel zum Konzept monofunktionaler Bilanzen

Fall A und B: Periode 02

Basis- oder Gemeinschaftskonten:

Aktivkonto „Kasse“			
AB	49.000		
		EB	49.000

Realisiertes Gewinnkonto „Wertpapiere“	

Realisiertes Verlustkonto „Wertpapiere“	

Unrealisiertes Verlustkonto „Wertpapiere“	

Reine Zahlungsbemessungskonten:

AHK-Konto „Wertpapiere“			
AB	1.000		
		EB	1.000

Reine Informationskonten:

Fair-Value-Konto „Wertpapiere“			
AB	1.000		
(2) NB	500		
		EB	1.500

Unrealisiertes Gewinnkonto „Wertpapiere“			
(3)	500	(2) NB	500

AHK-FV-Verrechnungskonto „Wertpapiere“			
		(1b) ZG	1.000

Buchungsabfolge:

AB	Buchung der Anfangsbestände
(2)	Neubewertung (NB) der Wertpapiere zum Fair Value von 150 GE/Stück zum 31.12.02
(3)	Abschluss des unrealisierten Gewinnkontos auf das GuV-Konto
EB	Buchung der Endbestände

Abb. 29: Beispiel zum Konzept monofunktionaler Bilanzen (Buchungstechnik Fall A und B: Periode 02)

Zahlungsbemessungsabschluss:

Zahlungsbemessungsbilanz			
Wertpapiere		**Eigenkapital (1)**	
AB	1.000	AB	50.000
EB	1.000	+JE (1)	0
		EB	50.000
Kasse			
AB	49.000		
EB	49.000		
Σ	**50.000**	**Σ**	**50.000**

Zahlungsbemessungs-Gewinn- und Verlustrechnung			
Realisierte Verluste		**Realisierte Gewinne**	
Unrealisierte Verluste			
Jahreserfolg (1)			
JE 1	0		
Σ	**0**	**Σ**	**0**

Informationsabschluss:

Informationsbilanz			
Wertpapiere		**Eigenkapital (2)**	
AB	1.000	AB	50.000
EB	1.500	+JE (2)	500
		EB	50.500
Kasse			
AB	49.000		
EB	49.000		
Σ	**50.500**	**Σ**	**50.500**

Informations-Gewinn- und Verlustrechnung			
Relisierte Verluste		**Realisierte Gewinne**	
Unrealisierte Verluste		**Unrealisierte Gewinne**	
		(3)	500
Jahreserfolg (2)			
JE 2	500		
Σ	**500**	**Σ**	**500**

Abb. 30: Beispiel zum Konzept monofunktionaler Bilanzen (Abschlüsse Fall A und B: Periode 02)

Infolge der bilanziellen Neubewertung, die ausschließlich für Informationszwecke durchgeführt wird, weichen der Zahlungsbemessungs- und Informationsabschluss nunmehr voneinander ab. Die jeweiligen Jahreserfolge und Eigenkapitalbestände laufen dementsprechend temporär auseinander.

Für den Fall A sind die Buchungsabfolge und die Abschlüsse der Periode 03 in den nachfolgenden Abbildungen wiedergegeben:

Beispiel zum Konzept monofunktionaler Bilanzen

Fall A: Periode 03

Basis- oder Gemeinschaftskonten:

Aktivkonto „Kasse“			
AB	49.000		
(4) VÄ	750		
		EB	49.750

Realisiertes Gewinnkonto „Wertpapiere“			
(7)	250	(4) VÄ	250

Realisiertes Verlustkonto „Wertpapiere“	

Unrealisiertes Verlustkonto „Wertpapiere“	

Reine Zahlungsbemessungskonten:

AHK-Konto „Wertpapiere“			
AB	1.000	(4) VÄ	500
		EB	500

Reine Informationskonten:

Fair-Value-Konto „Wertpapiere“			
AB	1.500	(5) VÄ	750
(6) NB	150		
		EB	900

Unrealisiertes Gewinnkonto „Wertpapiere“			
(5) VÄ	250	(6) NB	150
(8)	-100		

AHK-FV-Verrechnungskonto „Wertpapiere“			
(5) VÄ	500	(1b) AK	1.000

Buchungsabfolge:

AB Buchung der Anfangsbestände
(4) Veräußerung (VÄ) von 5 Wertpapieren zum Fair Value von 150 GE/Stück per 01.01.03
(5) Anpassung des Fair-Value-Ergänzungskontos um die Teilveräußerung
(6) Neubewertung der Wertpapiere zum Fair Value von 180 GE/Stück zum 31.12.03
(7) Abschluss des realisierten Gewinnkontos auf das GuV-Konto
(8) Abschluss des unrealisierten Gewinnkontos auf das GuV-Konto
EB Buchung der Endbestände

Abb. 31: Beispiel zum Konzept monofunktionaler Bilanzen (Buchungstechnik Fall A: Periode 03)

Zahlungsbemessungsabschluss:

Zahlungsbemessungsbilanz			
Wertpapiere		**Eigenkapital (1)**	
AB	1.000	AB	50.000
EB	500	+JE (1)	250
		EB	50.250
Kasse			
AB	49.000		
EB	49.750		
Σ	**50.250**	**Σ**	**50.250**

Zahlungsbemessungs- Gewinn- und Verlustrechnung			
Realisierte Verluste		**Realisierte Gewinne**	
		(7)	250
Unrealisierte Verluste			
Jahreserfolg (1)			
JE (1)	250		
Σ	**250**	**Σ**	**250**

Informationsabschluss:

Informationsbilanz			
Wertpapiere		**Eigenkapital (2)**	
AB	1.500	AB	50.500
EB	900	+JE (2)	150
		EB	50.650
Kasse			
AB	49.000		
EB	49.750		
Σ	**50.650**	**Σ**	**50.650**

Informations- Gewinn- und Verlustrechnung			
Realisierte Verluste		**Realisierte Gewinne**	
		(7)	250
Unrealisierte Verluste		**Unrealisierte Gewinne**	
		(8)	-100
Jahreserfolg (2)			
JE (2)	150		
Σ	**150**	**Σ**	**150**

Abb. 32: Beispiel zum Konzept monofunktionaler Bilanzen (Abschlüsse Fall A: Periode 03)

Vergleicht man den Zahlungsbemessungs- und Informationsabschluss der Periode 03 miteinander, so wird deutlich, dass die Daten der Gemeinschaftskonten in gewisser Weise zweimal ausgebucht oder abgeschlossen werden, da sie in beide Jahresabschlüsse eingehen. Technisch ist dies leicht umsetzbar, indem die Gemeinschaftskonten dupliziert und anschließend zusammen mit den reinen Zahlungsbemessungs- und Informationskonten zum jeweiligen Abschluss aggregiert werden. Im obigen Fall zeigt sich ferner, dass die Erfolgs- und Eigenkapitalausweise wegen der fortdauernden Steigerung des Fair Value weiter auseinander laufen. Erst in der vierten Periode, in der der vollständige Abgang der restlichen Wertpapiere erfolgt, kehrt sich die Entwicklung um, wie die folgenden Abbildungen zeigen.

Beispiel zum Konzept monofunktionaler Bilanzen

Fall A: Periode 04

Basis- oder Gemeinschaftskonten:

Aktivkonto „Kasse“			
AB	49.750		
(9) VÄ	700		
		EB	50.450

Realisiertes Gewinnkonto „Wertpapiere“			
(11)	200	(9) VÄ	200

Realisiertes Verlustkonto „Wertpapiere“	

Unrealisiertes Verlustkonto „Wertpapiere“	

Reine Zahlungsbemessungskonten:

AHK-Konto „Wertpapiere“			
AB	500	(9) VÄ	500
		EB	0

Reine Informationskonten:

Fair-Value-Konto „Wertpapiere“			
AB	900	(10) VÄ	900
		EB	0

Unrealisiertes Gewinnkonto „Wertpapiere“			
(10) VÄ	400		
(12)	-400		

AHK-FV-Verrechnungskonto „Wertpapiere“			
(5) VÄ	500	(1b) AK	1.000
(10) VÄ	500		

Buchungsabfolge:

AB Buchung der Anfangsbestände
(9) Veräußerung (VÄ) der restlichen 5 Wertpapiere zum Fair Value von 140 GE/Stück per 31.12.04
(10) Anpassung des Fair-Value-Ergänzungskontos um die Wertpapierveräußerung
(11) Abschluss des realisierten Gewinnkontos auf das GuV-Konto
(12) Abschluss des unrealisierten Gewinnkontos auf das GuV-Konto
EB Buchung der Endbestände

Abb. 33: Beispiel zum Konzept monofunktionaler Bilanzen (Buchungstechnik Fall A: Periode 04)

Zahlungsbemessungsabschluss:

Zahlungsbemessungsbilanz			
Wertpapiere		**Eigenkapital (1)**	
AB	500	AB	50.250
EB	0	+JE (1)	200
		EB	50.450
Kasse			
AB	49.750		
EB	50.450		
Σ	**50.450**	**Σ**	**50.450**

Zahlungsbemessungs-Gewinn- und Verlustrechnung			
Realisierte Verluste		**Realisierte Gewinne**	
		(11)	200
Unrealisierte Verluste			
Jahreserfolg (1)			
JE (1)	200		
Σ	**200**	**Σ**	**200**

Informationsabschluss:

Informationsbilanz			
Wertpapiere		**Eigenkapital (2)**	
AB	900	AB	50.650
EB	0	+JE (2)	-200
		EB	50.450
Kasse			
AB	49.750		
EB	50.450		
Σ	**50.450**	**Σ**	**50.450**

Informations-Gewinn- und Verlustrechnung			
Realisierte Verluste		**Realisierte Gewinne**	
		(11)	200
Unrealisierte Verluste		**Unrealisierte Gewinne**	
		(12)	-400
Jahreserfolg (2)			
JE (2)	-200		
Σ	**-200**	**Σ**	**-200**

Abb. 34: Beispiel zum Konzept monofunktionaler Bilanzen (Abschlüsse Fall A: Periode 04)

Nach dem vollständigen Abgang der Wertpapiere in Periode 04 ist das AHK-FV-Verrechnungskonto ebenfalls abgeschlossen. Abb. 34 zeigt ferner, dass der Wert des Eigenkapitals nach der Realisation des Veräußerungserfolgs sowie die Bilanzsumme der Zahlungsbemessungs- und Informationsbilanz wieder übereinstimmen, während die Jahreserfolge notwendigerweise ein letztes Mal differieren, um den gleichen Totalerfolg (+450 GE) zu ermitteln.

Der Vollständigkeit und Vergleichbarkeit wegen seien auch für den Fall B, bei dem sich in der dritten Periode ein zwischenzeitlicher Wertverfall der Wertpapiere ereignet, die entsprechenden Buchungsschemata und Abschlüsse nach dem Konzept monofunktionaler Bilanzen wiedergegeben. Für die Periode 03 ergibt sich dabei folgendes Bild:

Beispiel zum Konzept monofunktionaler Bilanzen

Fall B: Periode 03

Basis- oder Gemeinschaftskonten:

Aktivkonto „Kasse“			
AB	49.000		
(4) VÄ	750		
		EB	49.750

Realisiertes Gewinnkonto „Wertpapiere“			
(8)	250	(4) VÄ	250

Realisiertes Verlustkonto „Wertpapiere“			

Unrealisiertes Verlustkonto „Wertpapiere“			
(6) WM	50	(9)	50

Reine Zahlungsbemessungskonten:

AHK-Konto „Wertpapiere“			
AB	1.000	(4) VÄ	500
		(6) WM	50
		EB	450

Reine Informationskonten:

Fair-Value-Konto „Wertpapiere“			
AB	1.500	(5) VÄ	750
		(7) WM	300
		EB	450

Unrealisiertes Gewinnkonto „Wertpapiere“			
(5) VÄ	250		
(7) WM	250		
(10)	-500		

AHK-FV-Verrechnungskonto „Wertpapiere“			
(5) VÄ	500	(1b) AK	1.000
(7) WM	50		

Buchungsabfolge:

AB Buchung der Anfangsbestände
(4) Veräußerung (VÄ) von 5 Wertpapieren zum Fair Value von 150 GE/Stück per 01.01.03
(5) Anpassung des Fair-Value-Kontos um die Teilveräußerung
(6) Wertminderung (WM) der historischen Kosten der Wertpapiere auf Fair Value von 90 GE/Stück
(7) Korrespondierende Wertminderung (WM) auf dem Fair-Value-Konto
(8) Abschluss des realisierten Gewinnkontos auf das GuV-Konto
(9) Abschluss des unrealisierten Verlustkontos auf das GuV-Konto
(10) Abschluss des unrealisierten Gewinnkontos auf das GuV-Konto

Abb. 35: Beispiel zum Konzept monofunktionaler Bilanzen (Buchungstechnik Fall B: Periode 03)

Zahlungsbemessungsabschluss:

Zahlungsbemessungsbilanz			
Wertpapiere		**Eigenkapital (1)**	
AB	1.000	AB	50.000
EB	450	+JE (1)	200
		EB	50.200
Kasse			
AB	49.000		
EB	49.750		
Σ	**50.200**	**Σ**	**50.200**

Zahlungsbemessungs- Gewinn- und Verlustrechnung			
Realisierte Verluste		**Realisierte Gewinne**	
		(8)	250
Unrealisierte Verluste			
(9)	50		
Jahreserfolg (1)			
JE (1)	200		
Σ	**250**	**Σ**	**250**

Informationsabschluss:

Informationsbilanz			
Wertpapiere		**Eigenkapital (2)**	
AB	1.500	AB	50.500
EB	450	+JE (2)	-300
		EB	50.200
Kasse			
AB	49.000		
EB	49.750		
Σ	**50.200**	**Σ**	**50.200**

Informations- Gewinn- und Verlustrechnung			
Realisierte Verluste		**Realisierte Gewinne**	
		(8)	250
Unrealisierte Verluste		**Unrealisierte Gewinne**	
(9)	50	(10)	-500
Jahreserfolg (2)			
JE (2)	-300		
Σ	**-250**	**Σ**	**-250**

Abb. 36: Beispiel zum Konzept monofunktionaler Bilanzen (Abschlüsse Fall B: Periode 03)

Es zeigt sich in Abb. 35, dass die Wertminderung des Wertpapierbestands nun in jedem Rechnungskreis separat erfasst werden muss. So erfolgt auf dem reinen Zahlungsbemessungskonto „Wertpapiere" eine außerplanmäßige Abschreibung (-50 GE) nur insoweit, als die historischen Anschaffungskosten unterschritten werden (Buchung (6)); als Gegenkonto fungiert, wie aus der derzeitigen deutschen Rechnungslegung bekannt, ein unrealisiertes Verlustkonto. Im Informationsabschluss ist auf dem Fair-Value-Konto „Wertpapiere" hingegen die vollständige Wertminderung (-300 GE) zu erfassen, so dass der spätere Endbestand wieder dem beizulegenden Zeitwert am Bilanzstichtag (450 GE) entspricht. Die Gegenkonten zur Wertminderung bilden hier das AHK-FV-Verrechnungskonto in Höhe der außerplanmäßigen Abschreibung der historischen Kosten (-50 GE) und das unrealisierte Gewinnkonto „Wertpapiere" in Höhe des Differenzbetrags (-250 GE).[755]

Zum Abschluss des Beispiels erfolgt in Periode 04 die Veräußerung des restlichen Wertpapierbestands. Hier stimmen der Zahlungsbemessungs- und Informationsabschluss vollständig überein, da keine weitere Neubewertung erfolgte.

755 Eine solche Aufteilung des Betrags einer Wertminderung ist grundsätzlich auch in der internationalen Rechnungslegung bekannt. So unterscheidet das IASB im Standard IAS 36 zwischen einem *impairment loss* (Wertminderung der historischen Kosten) und einer *revaluation decrease* (Wertminderung einer vorherigen Neubewertung) (vgl. *IASB*, IAS 36 (2004), Par. BCZ112. Gleiches gilt für den umgekehrten Fall einer Wertaufholung (vgl. *IASB*, IAS 36 (2004), Par. BCZ184 (b).).

Beispiel zum Konzept monofunktionaler Bilanzen

Fall B: Periode 04

Basis- oder Gemeinschaftskonten:

Aktivkonto „Kasse“			
AB	49.750		
(11) VÄ	700		
		EB	50.450

Realisiertes Gewinnkonto „Wertpapiere“			
(13)	250	(11) VÄ	250

Realisiertes Verlustkonto „Wertpapiere“	

Unrealisiertes Verlustkonto „Wertpapiere“	

Reine Zahlungsbemessungskonten:

AHK-Konto „Wertpapiere“			
AB	450	(11) VÄ	450
		EB	0

Reine Informationskonten:

Fair-Value-Konto „Wertpapiere“			
AB	450	(12) VÄ	450
		EB	0

Unrealisiertes Gewinnkonto „Wertpapiere“	

AHK-FV-Verrechnungskonto „Wertpapiere“			
(5) VÄ	500	(1b) AK	1.000
(7) WM	50		
(12) VÄ	450		

Buchungsabfolge:

AB Buchung der Anfangsbestände
(11) Veräußerung (VÄ) der restlichen 5 Wertpapiere zum Fair Value von 140 GE/Stück per 31.12.04
(12) Auflösung des Fair-Value-Kontos aufgrund des Wertpapierabgangs
(13) Abschluss des realisierten Gewinnkontos auf das GuV-Konto
EB Buchung der Endbestände

Abb. 37: Beispiel zum Konzept monofunktionaler Bilanzen (Buchungstechnik Fall B: Periode 04)

Zahlungsbemessungsabschluss:

Zahlungsbemessungsbilanz			
Wertpapiere		**Eigenkapital (1)**	
AB	450	AB	50.200
EB	0	+JE (1)	250
		EB	50.450
Kasse			
AB	49.750		
EB	50.450		
Σ	**50.450**	**Σ**	**50.450**

Zahlungsbemessungs- Gewinn- und Verlustrechnung			
Realisierte Verluste		**Realisierte Gewinne**	
		(13)	250
Unrealisierte Verluste			
Jahreserfolg (1)			
JE (1)	250		
Σ	**250**	**Σ**	**250**

Informationsabschluss:

Informationsbilanz			
Wertpapiere		**Eigenkapital (2)**	
AB	450	AB	50.200
EB	0	+JE (2)	250
		EB	50.450
Kasse			
AB	49.750		
EB	50.450		
Σ	**50.450**	**Σ**	**50.450**

Informations- Gewinn- und Verlustrechnung			
Realisierte Verluste		**Realisierte Gewinne**	
		(13)	250
Unrealisierte Verluste		**Unrealisierte Gewinne**	
Jahreserfolg (2)			
JE (2)	250		
Σ	**250**	**Σ**	**250**

Abb. 38: Beispiel zum Konzept monofunktionaler Bilanzen (Abschlüsse Fall B: Periode 04)

Abschließend werden die Entwicklung der Jahreserfolge und Eigenkapitalbestände im Zahlungsbemessungs- und Informationsabschluss noch einmal gegenüber gestellt:

Beispiel zum Konzept monofunktionaler Bilanzen

– Erfolgs- und Eigenkapitalentwicklung –

Fall A	t_1	t_2	t_3	t_4	Σ
Unternehmenserfolg					
Jahreserfolg (1)	0	+0	+250	+200	+450
Jahreserfolg (2)	0	+500	+150	-200	+450
Eigenkapital					
Eigenkapital (1)	50.000	50.000	50.250	50.450	-
Eigenkapital (2)	50.000	50.500	50.650	50.450	-

Fall A	t_1	t_2	t_3	t_4	Σ
Unternehmenserfolg					
Jahreserfolg (1)	0	0	+200	+250	+450
Jahreserfolg (2)	0	+500	-300	+250	+450
Eigenkapital					
Eigenkapital (1)	50.000	50.000	50.200	50.450	-
Eigenkapital (2)	50.000	50.500	50.200	50.450	-

Abb. 39: Beispiel zum Konzept monofunktionaler Bilanzen (Ergebnisübersicht)

Während auf eine ausführliche Diskussion der Erfolgs- und Eigenkapitalentwicklung in den Beispielfällen an dieser Stelle verzichtet werden kann,[756] ist zu betonen, dass die Aussagen und die Funktionsweise des Konzepts monofunktionaler Bilanzen analog auch für den **Fall abnutzbarer Vermögenswerte** gelten. In diesem Fall ist zunächst auf dem Fair-Value-Konto die vollständige Wertminderung oder fiktive planmäßige Abschreibungsrate des Fair Value zu erfassen. Des Weiteren ist in Höhe der auf dem Zahlungsbemessungskonto gebuchten regulären Abschreibung das AHK-FV-Verrechnungskonto zu belasten; für einen eventuell verbleibenden Differenzbetrag (Wertminderung) stellt das unrealisierte Gewinnkonto wiederum das Gegenkonto dar.

Analysiert man die Vorgehensweise des Konzepts monofunktionaler Bilanzen weiter, so fällt auf, dass im Unterschied zum Konzept einer multifunktionalen Fair-Value-Bilanz durch das Fehlen einer Neubewertungsrücklage der Schwerpunkt der Informationsvermittlung nicht auf den (ehemals) stillen Reserven liegt, sonder vielmehr in separaten Abschlüssen für sich aussagekräftige Anschaffungswerte und Fair Values

756 Vgl. hierzu S. 152 f.

ausgewiesen werden. Die stillen Reserven lassen sich gleichwohl leicht als Differenz der Werte der Zahlungsbemessungsbilanz und der Informationsbilanz errechnen und könnten – sofern gewünscht – gesondert in einem **Stille-Reserven-Spiegel** pro Bilanzposten ausgewiesen werden. Eine nähere Darstellung erscheint hier jedoch entbehrlich.[757] Im nächsten Abschnitt soll das Konzept monofunktionaler Bilanzen einer Zweckmäßigkeitsbeurteilung unterzogen werden.

C. Beurteilung der Zweckmäßigkeit

1. Vorzüge

Nach der ausführlichen Darstellung und beispielhaften Anwendung des Grundkonzepts monofunktionaler Bilanzen lassen sich die Vorzüge des Konzepts wie folgt zusammenfassen:

- **Optimale Berücksichtigung der spezifischen Belange der Zahlungsbemessungs- und Informationsfunktion**

  Der Hauptvorzug des Konzepts resultiert unmittelbar aus dessen Kernanliegen und ist in der optimalen Erfüllung der spezifischen Belange der Zahlungsbemessungs- und Informationsfunktion zu sehen. Zwar wurde die Verschiedenartigkeit beider Funktionen einer umfassenden Rechnungslegung bereits im Konzept einer multifunktionalen Fair-Value-Bilanz im Grundsatz erkannt und entsprechend berücksichtigt, letztlich kam es jedoch nur zu einer kompromisshaften Lösung in einem gemeinsamen Rechenwerk, bei der die Informationsfunktion nach wie vor eher im Schatten der Zahlungsbemessungsfunktion stand. Mit dem Konzept monofunktionaler Bilanzen kann hier Abhilfe geschaffen werden, indem eine klare Aufgabentrennung erfolgt, ohne die Verbindungen zwischen beiden Rechnungslegungsfunktionen zu kappen. Als Konsequenz aus der Aufstellung funktionsspezifischer Jahresabschlüsse erweist es sich als weitgehend unproblematisch, unterschiedliche Regeln zum Bilanzansatz (zum Beispiel einen engen im Vergleich zu einem weiten Vermögensbegriff) und zur Bilanzbewertung (insbesondere historische Kosten gegenüber Fair Values) nebeneinander anzuwenden. Auf diese Weise kann zudem die Gefahr einer möglichen Informationsüberlastung und Verwirrung der externen Rechnungslegungsadressaten durch ein zu komplexes multifunktionales Rechenwerk verringert werden.

  Da mit der Koexistenz monofunktionaler Abschlüsse in gewisser Weise eine Wettbewerbssituation unter den Rechnungslegungssystemen von Unternehmen geschaffen wird, ließe sich im Rahmen dieses Konzepts des Weiteren gar die zugrunde gelegte Annahme testen, dass der Informationsabschluss in Form einer umfassenden Fair-Value-Bilanz für die externen Rechnungslegungsadressaten

[757] Vgl. etwa die Überlegungen in *Vater, H.*, Fair Value Accounting (UM 2003), S. 147 f.

entscheidungsnützlicher als der Zahlungsbemessungsabschluss ist. Hierzu wären den Adressaten beide Abschlüsse zur Verfügung zu stellen, um anschließend die Auswahlentscheidung und die tatsächlich erzielte Bewertungsrelevanz der unterschiedlichen Jahresabschlussinformationen untersuchen zu können.[758]

- **Möglichkeit einer zweistufigen Umsetzung der umfassenden Rechnungslegung nach dem Kriterium der Kapitalmarktorientierung**

  Mit der optimalen Erfüllung der Zahlungsbemessungs- und Informationsfunktion eng verbunden ist das zweite Argument, demzufolge eine funktionsspezifische Zweiteilung der Rechnungslegung zugleich eine Differenzierung nach dem Kriterium der Kapitalmarktorientierung von Unternehmen ermöglichen würde.[759] Denkbar wäre folgende zweistufige Umsetzung des Reformkonzepts monofunktionaler Bilanzen:

  Während die Erfüllung der Zahlungsbemessungsfunktion für alle Unternehmen vorzuschreiben ist, um eine rechtssichere Fundierung und zwischenbetriebliche Vergleichbarkeit der Gewinnausschüttung sowie die Gleichmäßigkeit der Gewinnbesteuerung zu gewährleisten, stellt sich die Notwendigkeit eines Informationsabschlusses als umfassende Fair-Value-Rechnung primär bei kapitalmarktorientierten Unternehmen. Die Verpflichtung zur Aufstellung eines Informationsabschlusses könnte daher auf diese Unternehmen beschränkt werden, womit der Zahlungsbemessungsabschluss für nicht kapitalmarktorientierte Unternehmen zugleich eine befreiende Wirkung von weitergehenden Informationspflichten im Rahmen einer umfassenden Rechnungslegung erhielte.[760] Dabei sei ein Unter-

---

758 In der behavioristischen Literatur zur Rechnungslegung wird darüber hinaus als Vorteil eines mehrdimensionalen Rechnungslegungssystems angeführt, dass das Problem der Datenfixierung der Rechnungslegungsadressaten verringert und ein Lernprozess bei den Nutzern in Gang gesetzt wird, sich an veränderte Bilanzierungsmethoden schneller anzupassen (vgl. *Livingstone, J.*, Tax Allocation (AR 1967), S. 551 f.). Dabei ist mit Datenfixierung gemeint, dass der Bilanznutzer die Veränderung einer Kennzahl (z. B. des Jahreserfolgs) nicht auf Abweichungen in den Bilanzierungsmethoden zurückführen kann (vgl. *Chang, D./Birnberg, J.*, Functional Fixity (JoAR 1977), S. 300 ff.; *Ashton, R.*, Accounting Changes (JoAR 1976), S. 1 ff. sowie *Jensen, R./Xiao, J.*, Customized Financial Reporting (AH 2001), S. 211.).

759 Die Notwendigkeit einer Differenzierung der Rechnungslegung nach der Kapitalmarktorientierung leitet sich aus der zentralen Bedeutung organisierter Kapitalmärkte als Allokationsmechanismen einer Volkswirtschaft ab (vgl. insbesondere *Pellens, B./Fülbier, R.*, Rechnungslegungsregulierung (ZGR 2000), S. 579 ff.). Für eine stärkere Ausrichtung der deutschen Rechnungslegung am Kriterium der Kapitalmarktorientierung plädiert auch der *Arbeitskreis „Externe Unternehmensrechnung"*, Zukunft der Rechnungslegung (DB 2001), S. 160.

760 Ein ähnliches Konzept sehen auch die „Saarbrücker Thesen" vor, die den Mittelstand vor einer weiter gehenden Internationalisierung der deutschen Rechnungslegung schützen wollen (vgl. *Küting, K.*, Bilanzierung im Umbruch (StuB 2004), S. 686 sowie *Küting, K.*, Saarbrücker Thesen (BB 2004), S. I.). Zum Vorschlag, kleine und mittlere Unternehmen lediglich zur Erstellung und Veröffentlichung einer Steuerbilanz mit befreiender Informa-

nehmen in Anlehnung an § 2 Abs. 1 u. 5 WpHG vom Kriterium der **Kapitalmarktorientierung** eingeschlossen, wenn seine Wertpapiere – und zwar gleichermaßen Eigenkapital- wie Fremdkapitaltitel – an einem organisierten, öffentlichen Kapitalmarkt gehandelt werden oder die Zulassung zum Handel beantragt wurde.[761] Den kapitalmarktorientierten Unternehmen gleichzustellen sind ferner Unternehmen von besonderer volkswirtschaftlicher Bedeutung unabhängig von ihrer Kapitalmarktorientierung, womit auch Großunternehmen, Banken und Versicherungen erfasst werden. Das Aufstellen eines Informationsabschlusses ist darüber hinaus auch für nicht kapitalmarktorientierte Unternehmen auf freiwilliger Basis oder fallweise (zum Beispiel bei einer bevorstehenden Unternehmensübernahme) möglich. Im Ergebnis ist damit von allen Unternehmen ein Zahlungsbemessungsabschluss als Basisrechnung aufzustellen, der von kapitalmarktorientierten Unternehmen um einen Informationsabschluss als Zusatzrechnung verpflichtend zu erweitern ist.[762]

Durch diese zweistufige Umsetzung des Konzepts monofunktionaler Bilanzen als **Basisrechnung mit eventueller Zusatzrechnung** könnten erhebliche Transaktionskosten insbesondere der Abschlusserstellung, -prüfung und -offenlegung eingespart werden. Gleichzeitig erscheint ein so konzipierter Reformansatz auch für Unternehmen des Mittelstands als zweckmäßig, die den organisierten Kapitalmarkt regelmäßig nicht in Anspruch nehmen und häufig durch eine weitgehende Identität von Unternehmensleitung und Unternehmenseigentümern mit weitgehenden internen Informationsmöglichkeiten gekennzeichnet sind.

---

tionswirkung zu verpflichten, vgl. hingegen *Arbeitskreis „Externe Unternehmensrechnung“*, Zukunft der Rechnungslegung (DB 2001), S. 161. In einer späteren Publikation tritt der ARBEITSKREIS jedoch für eine allgemeine Pflicht zur Aufstellung eines Informationsabschlusses nach IFRS auch im Einzelabschluss neben einem so genannten „Einheitsabschluss“ für Zahlungsbemessungszwecke ein (vgl. *Arbeitskreis „Externe Unternehmensrechnung“*, Einheitsabschluss (DB 2003), S. 1585 ff.

761 Vgl. auch § 315a Abs. 1 u. 2 HGB i. V. m. Art. 4 EU-IAS-VO. Vereinfachend wird daher regelmäßig auch von Börsenorientierung als Synonym zur Kapitalmarktorientierung gesprochen.

762 Die Möglichkeit einer funktionalen Zweiteilung der deutschen Rechnungslegung mit einer gemeinsamen Basisrechung und funktionsspezifischen Erweiterungen wird auch von HERZIG u. a. diskutiert. Im Gegensatz zum hier vorgestellten Konzept monofunktionaler Bilanzen favorisieren die Autoren jedoch die Schaffung eines eigenständigen Steuerbilanzrechts, um die Steuerbemessungsfunktion nicht nur von der Informationsfunktion, sondern auch von der Ausschüttungsbemessungsfunktion zu trennen (vgl. *Herzig, N. u. a.*, IAS/IFRS und steuerliche Gewinnermittlung (BFuP 2004), S. 556 u. 570 sowie bereits *Herzig, N./Dautzenberg, N.*, Internationalisierung der Rechnungslegung (BFuP 1998), S. 36.). Jedoch räumt auch HERZIG an anderer Stelle ein, dass die Aufstellung eines einheitlichen Zahlungsbemessungsabschlusses als Basisrechnung insbesondere für kleine und mittlere Unternehmen und eines (eigenständigen) Informationsabschlusses nur für kapitalmarktorientierte Unternehmen zweckmäßig sein könnte; er begründet dies allerdings ausschließlich mit Wirtschaftlichkeitserwägungen (vgl. *Herzig, N.*, Gespaltenes Rechnungslegungsrecht (KoR 2001), S. 159.).

- **Anwendung einer klaren und konsistenten Buchungsmethodik**

  Auch die im Rahmen des Konzepts monofunktionaler Bilanzen anzuwendende Buchungsmethodik ist logisch und konsistent. Einzig das AHK-FV-Verrechnungskonto als technisches Ausgleichskonto mag mit seinem interperiodisch offenen Saldo auf den ersten Blick ungewöhnlich erscheinen; es erweist sich jedoch bei der Buchung voller beizulegender Zeitwerte anstelle von Fair-Value-Differenzen als unumgänglich. Gleichzeitig ist mit dieser Buchungsweise aber auch eine Erhöhung des Aussagegehalts der reinen Informationskonten verbunden, da diese nunmehr auch für sich betrachtet aussagekräftig sind und losgelöst von den reinen Zahlungsbemessungskonten ausgewertet werden können.

2. Problembereiche

Den obigen Vorzügen des Konzepts stehen im Wesentlichen die folgenden Problembereiche gegenüber:

- **Gefahr der Verwechslung und opportunistischen Verwendung von Abschlussinformationen mit der Folge möglicher Fehlentscheidungen**

  Wenngleich mit der Aufstellung eines Zahlungsbemessungs- und Informationsabschlusses eine klare Aufgabentrennung verbunden ist, besteht auch im Konzept monofunktionaler Bilanzen die grundsätzliche Gefahr eines *information overload*. Dies gilt deshalb, weil die Adressaten der umfassenden, zweigeteilten Rechnungslegung in der Verwendung unterschiedlicher Rechnungslegungsregeln für verschiedene Zwecke überfordert sein könnten.[763] So kann es zum einen zu Verwechslungen der Abschlussinformationen kommen, wenn den Adressaten beide Abschlüsse zur Verfügung gestellt werden und die Funktionstrennung nicht ausreichend verstanden wird. Zum anderen können Fehlentscheidungen und Fehlsteuerungen resultieren, indem die Daten des Zahlungsbemessungs- und Informationsabschlusses, vor allem die ausgewiesenen Erfolgsgrößen, miteinander verglichen und bei abweichenden oder gar gegenläufigen Werten die jeweils vorteilhafteren Daten als Argumentationsbasis verwendet werden. Übersteigt zum Beispiel der Jahreserfolg (2) im Informationsabschluss den Jahreserfolg (1) im Zahlungsbemessungsabschluss in einer Berichtsperiode deutlich, so könnten die Unternehmensteilnehmer mit Verweis darauf geneigt sein, höhere Ausschüttungsquoten des Residualeinkommens zu fordern oder höhere Kontrakteinkommensansprüche zu stellen. Es besteht insoweit die Gefahr, Begehrlichkeiten bei den Unternehmensteilnehmern zu wecken, obgleich ein höherer Erfolg in einem Rechenwerk selbstverständlich nur in zeitlicher Hinsicht vorgezogen ist, da der Totalerfolg beider Abschlüsse – bei Abwesenheit gewinnabhängiger Zahlungen –

763 Vgl. hierzu *Birnberg, J.*, Role of accounting (AOS 1980), S. 77.

stets gleich hoch ist. Die Gefahr von Fehlentscheidungen oder überhöhten Erfolgsverteilungsansprüchen besteht grundsätzlich auch für den residualberechtigten Fiskus, dem mögliche Erfolgsunterschiede zwischen den Abschlüssen ebenfalls auffallen werden und Anlass zu Rechtsänderungen der Steuerbemessungsgrundlage sein könnten. Insofern ist hier zum Schutz des Steuerpflichtigen streng darauf zu achten, dass der Fiskus seine Ansprüche ausschließlich auf Grundlage des Zahlungsbemessungsabschlusses festsetzt und die geforderte Maßgeblichkeit eingehalten wird.[764]

- **Einschränkung der Vergleichbarkeit der Abschlüsse kapitalmarktorientierter und sonstiger Unternehmen**

  Sofern dem Vorschlag der zweistufigen Umsetzung des Konzepts monofunktionaler Bilanzen gefolgt wird, geht mit der funktionalen Zweiteilung der Rechnungslegung zugleich eine Trennung nach der Kapitalmarktorientierung von Unternehmen einher. Während der von allen Unternehmen aufzustellende Zahlungsbemessungsabschluss als Basisrechnung dem Grundsatz der zwischenbetrieblichen Vergleichbarkeit von Abschlüssen ohne weiteres genügt, scheitert ein Vergleich des Informationsabschlusses in der Regel daran, dass dieser als Zusatzrechnung nur von kapitalmarktorientierten Unternehmen verpflichtend zu erstellen ist. Dieser Einschränkung der Vergleichbarkeit sind jedoch die erhebliche Transaktionskostenersparnis und die Fragwürdigkeit eines Informationsnutzens für einen üblicherweise eng begrenzten Eigentümerkreis von nicht kapitalmarktorientierten Unternehmen entgegen zu halten. Lediglich für kapitalistisch ausgestaltete Personengesellschaften mit einem großen Kreis von Residualanspruchsberechtigten, wie zum Beispiel Publikums-Kommanditgesellschaften oder geschlossenen Fonds, sollte im Rahmen der jeweiligen Satzung oder per Gesetz aus Gründen der Transparenz und Vergleichbarkeit ebenfalls die Aufstellung einer Informationsbilanz wie von kapitalmarktorientierten Unternehmen gefordert werden. Für alle übrigen Unternehmen kann die eingeschränkte Vergleichbarkeit mit kapitalmarktorientierten Unternehmen billigend in Kauf genommen werden.

- **Erhöhung des Erstellungs-, Prüfungs- und Publizitätsaufwands für kapitalmarktorientierte Unternehmen**

  Das Konzept monofunktionaler Bilanzen geht – eine zweistufige Umsetzung vorausgesetzt – gegenüber der Aufstellung eines einzelnen Zahlungsbemessungsabschlusses mit erhöhten Transaktionskosten für kapitalmarktorientierte Unternehmen einher. So lassen vor allem die Erstellung, Prüfung und Publizität des zu-

764 SIGLOCH hat hierzu das einprägsame Bild geprägt, dass der „Fiskus an die Kette“ zu legen sei, da dieser als zunehmend „asymmetrischer Teilhaber am Erfolg“ (*Sigloch, J.*, Maßgeblichkeitsprinzip (BFuP 2000), S. 178.) einzuordnen sei.

sätzlichen Informationsabschlusses Mehrkosten entstehen, die dem erzielten zusätzlichen Informationsnutzen der Unternehmensteilnehmer gegenüber stehen, letztlich jedoch unvermeidlich sind.[765] In diesem Zusammenhang ist darauf hinzuweisen, dass die Kapitalmarktkommunikation zur Unterscheidung des Zahlungsbemessungs- und Informationsabschlusses entscheidende Bedeutung erlangen wird: Den (anonymen) Kapitalmarktteilnehmern ist ausdrücklich verständlich zu machen, dass der Informationsabschluss ausschließlich Informationszwecken dient, wohingegen etwaige Ansprüche an das Unternehmen aus dem Zahlungsbemessungsabschluss abzuleiten sind.

IV. Gesamtbeurteilung

Bevor die Reformkonzepte einer multifunktionalen Bilanz und monofunktionaler Bilanzen einer Gesamtbeurteilung unterzogen werden, seien die Charakteristika beider Konzepte noch einmal in komprimierter Form gegenüber gestellt:

765 So heißt es auch in der Begründung zum Entwurf eines Bilanzrechtsreformgesetzes: „Lassen sich […] die divergierenden Zwecke des Einzelabschlusses mit einem Rechenwerk allein nicht optimal erreichen, so bedeutet dies für die Unternehmen, dass eine Kumulation von Rechnungslegungsaufwand bis zu einem gewissen Grade unvermeidlich ist.“ (*Deutscher Bundestag*, Entwurf BilReG, Drucksache 15/3419 v. 24.06.2004, S. 23.)

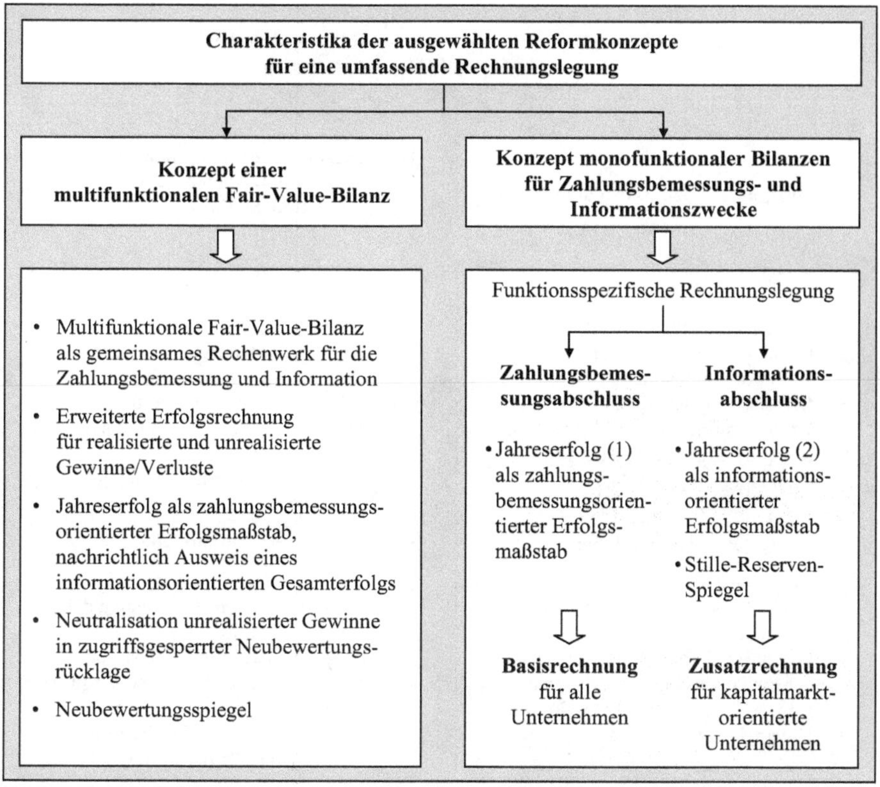

Abb. 40: Charakteristika der ausgewählten Reformkonzepte für eine umfassende Rechnungslegung

Die wichtigsten Vorzüge und Problembereiche der beiden ausgewählten innerbilanziellen Reformkonzepte können wie folgt zusammengefasst werden:

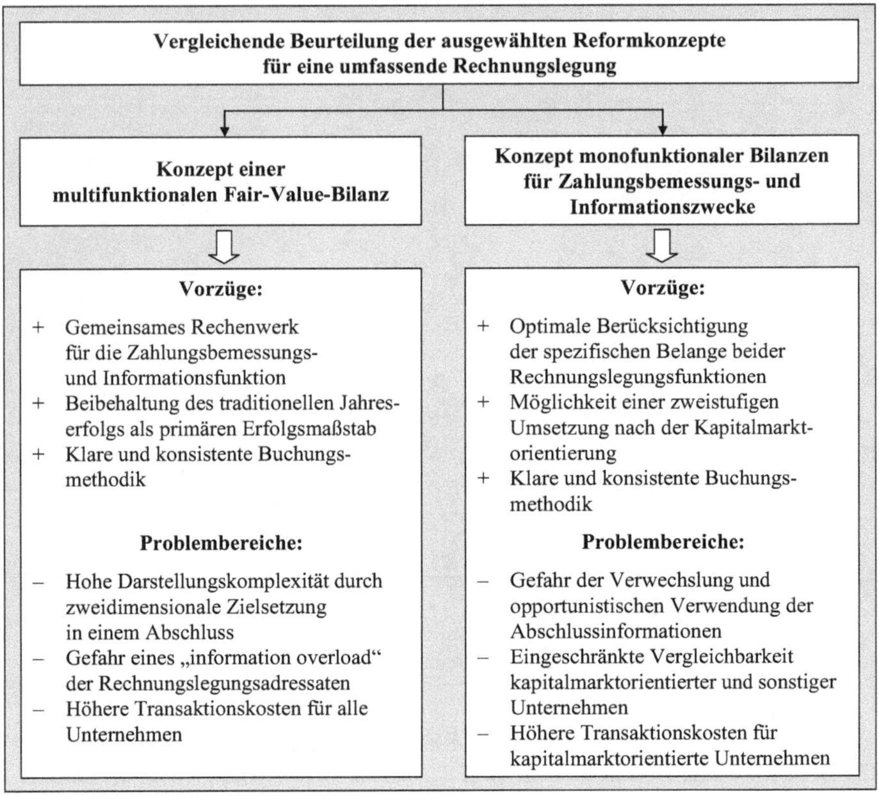

Abb. 41: Vergleichende Beurteilung der ausgewählten Reformkonzepte für eine umfassende Rechnungslegung

In einer **Gesamtbeurteilung** gelangt der Verfasser zu dem Schluss, dass das Konzept einer multifunktionalen Fair-Value-Bilanz mit einem einzigen Rechenwerk für die Zahlungsbemessungs- und Informationsfunktion zwar als theoretisches Ideal für eine umfassende Rechnungslegung gelten kann. Das Problem einer erhöhten Darstellungskomplexität vor allem in den Folgejahren einer Neubewertung und die damit einhergehende suboptimale Erfüllung der (umfassenden) Informationsfunktion lassen dieses Konzept jedoch als insgesamt nachteilig im Vergleich zu monofunktionalen Abschlüssen erscheinen. Gegen eine multifunktionale Fair-Value-Bilanz spricht ferner, dass diese für alle Unternehmen, das heißt auch für kleine und mittlere Unternehmen, zu höheren Transaktionskosten führen würde. Zwar stellen sich das Problem eines *information overload* und die Gefahr der Verwechslung oder gar opportunistischen Verwendung der Abschlussinformationen auch im Konzept monofunktionaler Bilanzen. Hier ist allerdings anzumerken, dass sich die Rechnungslegung zum einen an einen Kreis von geeignet ausgebildeten und sachkundigen Adressaten wendet und insofern die Fähigkeit unterstellt werden kann, funktionsspezifische Rechnungslegungsdaten differenziert zu verarbeiten. Zum anderen ist eine getrennte Auswertung der zahlungsbemessungs- und informationsorientierten Daten im Rahmen einer funktionalen Zweiteilung der Rechnungslegung leichter möglich und eher wahrscheinlich. Schließlich erweist sich die vorgeschlagene zweistufige Umsetzung der funktionsspezifischen Rechnungslegung unter Wirtschaftlichkeitsgesichtspunkten als überlegen, da der zusätzliche Informationsabschluss nur von kapitalmarktorientierten Unternehmen, nicht aber von kleinen und mittleren (nicht kapitalmarktorientierten) Unternehmen verpflichtend aufzustellen ist. Das Konzept monofunktionaler Bilanzen soll daher im weiteren Verlauf der Arbeit als bevorzugtes Reformkonzept für eine umfassende Rechnungslegung in Deutschland weiterverfolgt werden.

Erste Ansätze einer **funktionalen Zweiteilung der Rechnungslegung** lassen sich in Deutschland bereits als Folge des Bilanzrechtsreformgesetzes (BilReG) aus dem Jahre 2004 nachweisen,[766] das eine weitere Öffnung des HGB für die Regelungen der IFRS vornahm, diese jedoch auf den Bereich der Informationsfunktion beschränkte. Demnach besteht im – rein informationsorientierten – Konzernabschluss für kapitalmarktorientierte Unternehmen nunmehr seit dem Jahr 2005 die Pflicht, für nicht kapitalmarktorientierte Unternehmen hingegen ein Wahlrecht, die IFRS anzuwenden.[767] Ferner darf auch der handelsrechtliche Einzelabschluss wahlweise – jedoch lediglich von großen Kapitalgesellschaften und diesen gleich gestellten haftungsbeschränkten Personengesellschaften und nur für Zwecke der Offenlegung im Bundesanzeiger – nach den Regelungen der IFRS aufgestellt werden.[768] Der Einzug internationaler Rechnungslegungsregeln auch für die Ausschüttungs- und Steuerbemessungsfunktion wurde demgegenüber ausdrücklich verhindert, da hier insbesondere Bedenken gegenüber einem möglichen Zugriff auf unrealisierte Gewinne festgestellt wurden.[769]

---

766 Vgl. BGBl. I, Nr. 65 v. 09.12.2004, S. 3166-3182. Zur Umsetzung der IAS-Verordnung der Europäischen Union im Zuge des Bilanzrechtsreformgesetzes vgl. auch *Sigloch, J.*, Rechnungslegung (2007), S. 65 f. Zu den Auswirkungen des Bilanzrechtsreformgesetzes auf die deutsche Rechnungslegung vgl. statt vieler *Hoffmann, W.-D./Lüdenbach, N.*, Bilanzrechtsreformgesetz (GmbHR 2004), S. 145 ff.; *Hüttemann, R.*, Bilanzrechtsreformgesetz (BB 2004), S. 203 ff.

767 Vgl. § 315a HGB i. V. m. Art. 4 f. EU-IAS-VO. Eine Übergangsregelung sieht diese Pflicht unter bestimmten Voraussetzungen erst ab dem Jahr 2007 vor (vgl. Art. 57 EGHGB i. V. m. Art. 9 EU-IAS-VO.).

768 Vgl. § 325 Abs. 2a HGB.

769 Vgl. ausdrücklich die Gesetzesbegründung in *Deutscher Bundestag*, Entwurf BilReG, Drucksache 15/3419 v. 24.06.2004, S. 23 sowie bereits *Bundesregierung*, Maßnahmenkatalog, http://www.bmj.bund.de/.../ Bundesregierung_staerkt_Anlegerschutz_und_Unternehmensintegritaet_ai.html (07.10.2006); *BMF*, Internationalisierung der Rechnungslegung (Monatsbericht 2002), S. 67.

V. Zwischenergebnis: Konzept monofunktionaler Bilanzen als favorisierter Reformansatz für eine umfassende Rechnungslegung in Deutschland

Nachdem eine umfassende Rechnungslegung entsprechend dem Referenzrahmen gegenwärtig weder im nationalen noch im internationalen Bilanzrecht umgesetzt ist, unternimmt der Dritte Teil der Arbeit eine breiter angelegte Suche nach Lösungsalternativen. Zu diesem Zweck wird zunächst das Spektrum möglicher Reformkonzepte zur Schaffung einer umfassenden Rechnungslegung vorgestellt, in dessen Mittelpunkt verschiedene Ansätze zur Verbindung der Zahlungsbemessungs- und Informationsfunktion stehen. Diese lassen sich in Reformkonzepte für eine umfassende Informationsvermittlung mit anschließender Zahlungsbemessungseinschränkung (deduktive Methode) und Ansätze für eine Zahlungsbemessungsbilanz mit anschließender Informationserweiterung (ergänzende Methode) untergliedern. Für die weitere Analyse erfolgt sodann eine Fokussierung auf die Reformkonzepte einer zahlungsbemessungsbasierten Bilanz mit innerbilanzieller Informationserweiterung. Mit dem Konzept einer multifunktionalen Fair-Value-Bilanz und dem Konzept monofunktionaler Bilanzen für Zahlungsbemessungs- und Informationszwecke werden zwei mögliche Ausprägungen innerbilanzieller Reformkonzepte ausgearbeitet, ausführlich erläutert und anhand eines Zahlenbeispiels verdeutlicht. Besondere Bedeutung wird dabei auch der buchtechnischen Abbildung beigemessen. Im Anschluss erfolgt eine kritische Würdigung des jeweiligen Reformkonzepts. Während das Konzept einer multifunktionalen Fair-Value-Bilanz mit der Idee, beide Kernfunktionen der umfassenden Rechnungslegung mittels einer zugriffsgesperrten Neubewertungsrücklage im selben Rechenwerk zu erfüllen, zwar als theoretisches Ideal erscheint, führen vor allem die hohe Darstellungskomplexität und die nur bedingte Eignung eines solchen multifunktionalen Rechenwerks für kleine und mittlere Unternehmen letztlich zu einer Einschränkung der praktischen Anwendbarkeit des Konzepts. Demgegenüber zeichnet sich das Konzept monofunktionaler oder zweckspezifischer Bilanzen durch eine optimale Berücksichtigung der jeweils unterschiedlichen Anforderungen der Zahlungsbemessungs- und Informationsfunktion einer umfassenden Rechnungslegung aus. Ferner überzeugt hier die Möglichkeit einer zweistufigen Umsetzbarkeit des Konzepts, indem die Aufstellung des Zahlungsbemessungsabschlusses als Basisrechenwerk für alle Unternehmen verpflichtend gemacht werden kann, während der Informationsabschluss als Erweiterungsrechnung nur für kapitalmarktorientierte Unternehmen vorgeschrieben wird. Zwar stehen insbesondere mit der Gefahr der Verwechslung oder gar opportunistischen Ausnutzung der zweigeteilten – und möglicherweise widersprüchlichen – Abschlussinformationen auch hier gewichtige Nachteile zu Buche. Im Rahmen einer abschließenden Gegenüberstellung und Abwägung der Vorzüge und Problembereiche beider Reformansätze gelangt der Verfasser jedoch zu dem Ergebnis, dass das Konzept monofunktionaler Bilanzen im Rahmen einer Reform zur Einführung einer umfassenden Rechnungslegung in Deutschland zu favorisieren ist.

Erste Tendenzen in Richtung einer funktionalen Zweiteilung der deutschen Rechnungslegung deuten sich mit dem Bilanzrechtsreformgesetz auch bereits an: So ist es für große Kapitalgesellschaften seit dem Jahr 2005 erstmals möglich, auch im Einzelabschluss einen – beschränkt auf Offenlegungszwecke – befreienden Informationsabschluss nach IFRS aufzustellen. Die Zahlungsbemessungsfunktion ist allerdings nach wie vor dem Jahresabschluss nach HGB und der Steuerbilanz vorbehalten. Wenngleich diese Entwicklung noch nicht abschließend bewertbar ist, muss an dieser Stelle gleichwohl festgehalten werden, dass auch ein Informationsabschluss nach IFRS – wie exemplarisch für die Goodwill-Bilanzierung aufgezeigt – aufgrund systembedingter Mängel nicht zu einer umfassenden Rechnungslegung im Sinne des Referenzrahmens führt. Im weiteren Verlauf der Arbeit gilt es daher vielmehr, das favorisierte Reformkonzept monofunktionaler Bilanzen für Zahlungsbemessungs- und Informationszwecke geeignet zu konkretisieren und Vorschläge für dessen Umsetzung im Rahmen der Einführung einer umfassenden Rechnungslegung in Deutschland zu unterbreiten.

Vierter Teil: Umsetzung des Reformkonzepts monofunktionaler Bilanzen zur Einführung einer umfassenden Rechnungslegung in Deutschland

Nachdem im Dritten Teil das Konzept monofunktionaler Bilanzen für Zahlungsbemessungs- und Informationszwecke als favorisiertes Reformkonzept für eine umfassende Rechnungslegung identifiziert wurde, sollen im Vierten Teil der Arbeit De-lege-ferenda-Vorschläge zur konkreten Ausgestaltung und Umsetzung einer solchen funktionsspezifischen Rechnungslegung in Deutschland unterbreitet werden.

I. Ausgangsüberlegungen

A. Neuordnung der Funktionen der Rechnungslegung

Den Ausgangspunkt für die Einführung einer umfassenden Rechnungslegung in Deutschland stellt eine Neuordnung der Funktionen der Rechnungslegung dar. Es gilt, die multifunktionale Ausrichtung der deutschen Rechnungslegung beizubehalten, jedoch die Zahlungsbemessungs- und Informationsfunktion geeignet zu reformieren, so dass beide Funktionen in separaten Abschlüssen zum Oberziel einer umfassenden Wissensbereitstellung beitragen können.

1. Zusammenführung der Ausschüttungs- und Steuerbemessungsfunktion und Schaffung eines konsequenten Maßgeblichkeitsprinzips

Entsprechend der Forderung im Referenzrahmen für eine umfassende Rechnungslegung[770] sind die Ausschüttungs- und Steuerbemessungsfunktion der deutschen Rechnungslegung in einer allgemeinen Zahlungsbemessungsfunktion zusammenzuführen. Dies ergibt sich vor dem Hintergrund, dass sowohl für die Bemessungsgrundlagenermittlung der Ausschüttungsansprüche als auch der Erfolgsteuern weiterhin auf einen bilanziellen Vermögensvergleich zurückgegriffen werden soll. Dabei gilt es ferner zu beachten, dass der Fiskus als stiller „(Zwangs-)Teilhaber“[771] am Unternehmenserfolg grundsätzlich nicht besser gestellt werden darf als die übrigen Residual-

---

770 Vgl. S. 20 f. dieser Arbeit.

771 *Döllerer, G.*, Maßgeblichkeit in Gefahr (BB 1971), S. 1334.

anspruchsberechtigten.[772] Im Ergebnis ist deshalb für eine Trennung oder Abkopplung der Ausschüttungsbemessungs- von der Steuerbemessungsfunktion kein Raum, was die Schaffung eines eigenständigen Steuerbilanzrechts explizit ausschließt, wie sie von Teilen der Literatur gefordert wird.[773] Das **Ideal eines Zahlungsbemessungsabschlusses** im Rahmen einer umfassenden Rechnungslegung stellt vielmehr eine **Einheitsbilanz** für Zwecke der Ausschüttungs- und Steuerbemessung dar.[774] Zu deren Umsetzung wird hier eine gesetzliche Regulierung im Gegensatz zu einer Regelung durch privatrechtliche Rechnungslegungsstandards empfohlen, da die Prinzipien der Rechtssicherheit und Rechtsstaatlichkeit für die Ableitung von Rechtsfolgen aus dem Zahlungsbemessungsabschluss von zentraler Bedeutung sind.[775]

Der Vorschlag einer Einheitsbilanz für Zahlungsbemessungszwecke entspricht zweifellos einem Ideal; de facto werden mindestens kleine Abweichungen zwischen der handels- und steuerrechtlichen Gewinnermittlung bestehen, die sich regelmäßig aufgrund einer unvollkommenen Einheit der Rechtsordnung ergeben. Als Ursachen hierfür lassen sich zum Beispiel mögliche Pfadabhängigkeiten im Falle eines Rückgriffs auf bestehende rechtliche Strukturen oder mögliche Unterschiede in der praktischen Handhabung und Auslegung des Rechts anführen. Um das Konzept einer Einheitsbilanz gleichwohl vom Grundsatz her umzusetzen, ist daher für den Zahlungsbemessungsabschluss eine konsequente Verbindung zwischen dem Handels- und Steuerbilanzrecht in Gestalt eines **strikten Maßgeblichkeitsprinzips** zu fordern. Als Orientierungspunkt hierfür kann das bestehende Prinzip der (direkten) Maßgeblichkeit des deutschen Steuerbilanzrechts in § 5 Abs. 1 Satz 1 EStG gelten, das eine Anknüpfung

---

772 Somit ist SIEGEL und WEBER-GRELLET entschieden zu widersprechen, die Fiskus und Anteilseignern unterschiedliche Rollen zuweisen und zur Messung der steuerlichen Leistungsfähigkeit einen Rückgriff auf das handelsrechtliche Vorsichtsprinzip – insbesondere für den Fall von Drohverlustrückstellungen – ablehnen (vgl. *Siegel, T.*, Maßgeblichkeitsprinzip (StuB 1999), S. 196 ff.; *Weber-Grellet, H.*, Abschaffung des Maßgeblichkeitsgrundsatzes (StuB 2002), S. 702 f.). Kritisch zu dieser Sichtweise auch *Küting, K./ Kessler, H.*, Imparitätsprinzip und Besteuerung (StuB 2000), S. 21 ff. Für eine kritische Würdigung des steuerlichen Ansatzverbots von Drohverlustrückstellungen vgl. ferner *Egner, T.*, Drohverlustrückstellungen, in: *Meiler, R. (Hrsg.)*, Mittelstand und Betriebswirtschaft (1999), S. 149 ff.

773 So vor allem *Weber-Grellet, H.*, Abschaffung des Maßgeblichkeitsgrundsatzes (StuB 2002), S. 706; *Herzig, N. u. a.*, IAS/IFRS und steuerliche Gewinnermittlung (BFuP 2004), S. 556 ff.

774 In diese Richtung zielt offensichtlich auch der vom ARBEITSKREIS „EXTERNE UNTERNEHMENSRECHNUNG" vorgeschlagene so genannte „Einheitsabschluss" für Zahlungsbemessungszwecke (vgl. *Arbeitskreis „Externe Unternehmensrechnung"*, Einheitsabschluss (DB 2003), S. 1587 f.) Ähnlich auch *Coenenberg, A.*, IFRS nützen dem Mittelstand (FAZ v. 27.09.2004), S. 22. Zur Forderung einer Einheitsbilanz für handels- und steuerrechtliche Zwecke vgl. ferner bereits *Streim, H.*, Einheitsbilanz (BFuP 1990), S. 527 ff.

775 Eine gesetzliche Fundierung beugt insbesondere Bedenken gegen eine Vereinbarkeit privatrechtlicher Normen mit dem Rechtsstaatlichkeits- und Demokratieprinzip entgegen, wie sie regelmäßig den IFRS vorgehalten werden (vgl. z. B. *Herzig, N. u. a.*, IAS/IFRS und steuerliche Gewinnermittlung (BFuP 2004), S. 554 f.).

der steuerrechtlichen Erfolgsermittlung an die handelsrechtlichen Grundsätze ordnungsmäßiger Buchführung vorschreibt.[776] Die zahlreichen Durchbrechungen und Aushöhlungen der geltenden Maßgeblichkeit[777] sind hingegen keinesfalls beizubehalten. Sollen von Seiten des Fiskus aus steuerpolitischen Gründen Abweichungen der steuerrechtlichen von der handelsrechtlichen Erfolgsermittlung etabliert werden, so sind diese vielmehr zunächst zu begründen und bei entsprechender Zustimmung und Systematik durch Hinzurechnungen und Kürzungen in außerbilanziellen Nebenrechnungen vorzunehmen (so genannte **steuerliche Mehr-Weniger-Rechnung**). Offene oder verdeckte Bilanzvorbehalte wie im bestehenden deutschen Steuerbilanzrecht sollten hingegen die Ausnahme sein, da hierdurch die Aufstellung einer einheitlichen Zahlungsbemessungsbilanz wieder konterkariert würde.

Im Gegensatz zur gesetzlichen Verankerung einer (direkten) Maßgeblichkeit der Handels- für die Steuerbilanz ist das geltende **Prinzip der umgekehrten Maßgeblichkeit** in § 5 Abs. 1 Satz 2 EStG **abzuschaffen,** da es dem Zweck einer umfassenden Rechnungslegung zuwiderläuft.[778] Dieses Prinzip verlangt, dass Wahlrechte im Rahmen der steuerrechtlichen Gewinnermittlung in Übereinstimmung mit der handelsrechtlichen Jahresbilanz auszuüben sind. Zwar mag die Umkehrung der Maßgeblichkeit als Reflex auf eine konsequente direkte Maßgeblichkeit angesehen werden.[779] Doch kann im Rahmen eines gemeinsamen Zahlungsbemessungsabschlusses keineswegs befürwortet werden, die Gewährung subventioneller Steuervergünstigungen, wie zum Beispiel Sonderabschreibungen, an die gleichzeitige Übernahme dieser Wertansätze in die ausschüttungsrelevante Handelsbilanz zu knüpfen. Andernfalls wäre hiermit für die Unternehmenseigner eine unberechtigte Kürzung des Residualeinkommens verbunden, die bei nicht kapitalmarktorientierten Unternehmen ohne zusätzlichen Infor-

---

776 HERZIG u. a. betrachten diese Konzeption einer „Maßgeblichkeit der HGB-Kapitalerhaltungsbilanz“ (*Herzig, N./Bär, M.*, Zukunft der steuerlichen Gewinnermittlung (DB 2003), S. 2.) hingegen nur als Übergangsregelung auf dem Weg zu einer weiteren Internationalisierung des Einzelabschlusses und einem eigenständigen Steuerbilanzrecht (vgl. *Herzig, N. u. a.*, IAS/IFRS und steuerliche Gewinnermittlung (BFuP 2004), S. 553.).

777 Vgl. z. B. nur das strikt abzulehnende steuerliche Ansatzverbot von Rückstellungen für drohende Verluste aus schwebenden Geschäften gemäß § 5 Abs. 4 EStG (ausführlich hierzu vgl. *Egner, T.*, Drohverlustrückstellungen, in: *Meiler, R.* (Hrsg.), Mittelstand und Betriebswirtschaft (1999), S. 149 ff.).

778 Die Abschaffung der Umkehrmaßgeblichkeit wird schon seit langem regelmäßig in der Literatur gefordert (vgl. z. B. *Sigloch, J.*, Rechnungslegung (2007), S. 91 und *Herzig, N.*, Maßgeblichkeitsprinzip, in: *Küting, K./Weber, C.-P. (Hrsg.)*, Wertorientierte Konzernführung (2000), S. 82.). Für eine ausführliche kritische Analyse der umgekehrten Maßgeblichkeit vgl. *Wagner, F.*, Umgekehrte Maßgeblichkeit (StuW 1990), S. 3 ff.

779 Vgl. *Sigloch, J.*, Rechnungslegung (2007), S. 86.

mationsabschluss zugleich eine Beeinträchtigung der Informationsfunktion der Rechnungslegung darstellen würde.[780]

Im Ergebnis fungiert der zu schaffende einheitliche Zahlungsbemessungsabschluss als Basisrechenwerk für alle Unternehmen, auf dem gegebenenfalls erforderliche steuerliche Ergänzungsrechnungen sowie ein zusätzlicher Informationsabschluss für kapitalmarktorientierte Unternehmen aufsetzen können.

Ergänzend zu einer konsequenten Verbindung der handels- und steuerrechtlichen Erfolgsermittlung wird eine explizite Verankerung des Konzepts der nominellen Geldkapitalerhaltung im Handelsrecht gefordert.[781] Eine solche Klarstellung würde den in regelmäßiger Wiederkehr aufkeimenden Äußerungen zur Befürwortung einer substanziellen Kapitalerhaltung oder der Verhinderung einer „Scheingewinnbesteuerung"[782] dauerhaft den Nährboden entziehen.[783]

2. Stärkung der Informationsfunktion

Neben der Bündelung und gesetzlichen Regulierung der Ausschüttungs- und Steuerbemessungsfunktion ist eine stärkere Gewichtung der Informationsfunktion im deutschen Bilanzrecht zu fordern. Zu diesem Zweck sollte die Generalnorm des **True and fair view als *overriding principle*** jedoch lediglich **für den Informationsabschluss** verankert werden. Einen Anknüpfungspunkt hierfür bietet der im Jahre 2002 vorgelegte Entwurf eines Rahmenkonzepts „Grundsätze ordnungsmäßiger Rechnungs-

780 Für letztere Verzerrungswirkung der umgekehrten Maßgeblichkeit hat sich der Ausdruck „Deformierung der Handelsbilanz" im Schrifttum eingebürgert (grundlegend hierzu *Karsten, J.-F.*, Deformierung der Rechnungslegung (BB 1967), S. 425 ff.; vgl. auch *Streim, H.*, Einheitsbilanz (BFuP 1990), S. 530 f. m. w. N., der die Handelsbilanz jedoch auch ohne die Umkehrmaßgeblichkeit bereits als reichlich deformiert charakterisiert.).

781 Dies war auch im Rahmenkonzeptentwurf des DSR vorgesehen (vgl. *DSR*, Entwurf Rahmenkonzept (2002), Par. 84.). Eine explizite Aussprache für das Konzept der finanziellen Kapitalerhaltung findet sich auch im US Conceptual Framework (vgl. *FASB*, SFAC 5 (1984), Par. 45.), während die IFRS – historisch geprägt – die Frage der anzuwendenden Kapitalerhaltungskonzeption noch immer offen lassen (vgl. *IASB*, Framework (2001), Par. 104 ff., insbes. Par. 110.).

782 Vgl. hierzu nur den Steuergesetzgebungsprozess zum Lifo-Verfahren im Rahmen der Vorratsbewertung. So wurde die allgemeine Anwendbarkeit des Lifo-Verfahrens mit dem Steuerreformgesetz 1990 ursprünglich zur Verhinderung einer Scheingewinnbesteuerung im Steuerbilanzrecht eingeführt (vgl. *Deutscher Bundestag*, Drucksache 11/2157 (1988), S. 140.) und sollte mit dem Steuervergünstigungsabbaugesetz bemerkenswerterweise aus dem gleichen Grund wieder abgeschafft werden, da die Besteuerung von „Scheingewinnen" nunmehr als allgemeines Unternehmerrisiko angesehen wurde (vgl. Entwurf StVergAbG v. 18.11.2002, Anlage 2, S. 61.). Im Zuge des weiteren Gesetzgebungsprozesses wurde die Abschaffung des Lifo-Verfahrens jedoch wieder fallen gelassen und war im endgültig verabschiedeten Steuervergünstigungsabbaugesetz v. 16.05.2003 nicht mehr enthalten.

783 Zur Kritik an der Substanzerhaltung im Zusammenhang mit dem Lifo-Verfahren vgl. auch *Bareis, P. u. a.*, Lifo (DB 1993), S. 1249 ff.

legung“ des Deutschen Standardisierungsrats, der in Anlehnung an die IFRS[784] eine Vorrangstellung des True and fair view vorsieht.[785] Damit verbunden wäre zugleich eine strikte Ablehnung der „Abkopplungsthese“, wie bereits im Referenzrahmen für eine umfassende Rechnungslegung postuliert wurde.[786]

Das Problem einer möglichen Unbestimmtheit des True and fair view ist wie folgt zu lösen: Der True and fair view wird entsprechend dem Oberziel einer umfassenden Rechnungslegung als umfassende Information über die Vermögens-, Finanz- und Ertragslage eines Unternehmens verstanden und zielt im Einzelnen auf die approximative Ermittlung des Unternehmenswerts und dessen Veränderung ab. Zwar ist naturgemäß keine Rechnungslegung imstande, den „richtigen“ Wert des Reinvermögens oder den „richtigen“ Periodenerfolg zu bestimmen, da aufgrund der Unsicherheit über die Zukunft stets Schätzungen und objektivierungsbedingte Konventionen erforderlich sind. Gleichwohl sollte sich die Rechnungslegung diesem Prognoseproblem stellen und sich zumindest an der bestmöglichen Annäherung an das umfassende Informationsziel orientieren.

Um einen späteren Rückgriff spezieller Informationsvermittlungsnormen auf den True and fair view und seine Vorrangstellung zu ermöglichen, ist die Generalnorm ebenfalls per Gesetz in einem eigenen Abschnitt für den Informationsabschluss nieder zu legen. Eine Anlehnung an den bisherigen Wortlaut in § 264 Abs. 2 HGB erscheint sinnvoll, allerdings ist der einschränkende Zusatz „unter Beachtung der Grundsätze ordnungsmäßiger Buchführung“ (Satz 1) unbedingt zu streichen; gleiches gilt für Satz 2, der die Grundlage für die bisherige „Abkopplungsthese“ darstellt. Darüber hinaus sind – in Anlehnung an die entsprechenden Regelungen im IAS 1 – der außerordentlich seltene Charakter von gesetzlichen Durchbrechungen aufgrund des True and fair view override zu betonen sowie für jeden Einzelfall eine ausführliche Begründung und Darstellung der Auswirkungen von Seiten des Bilanz erstellenden Unternehmens zu verlangen.[787] Als beispielhaftes Motiv für eine Abweichung von gesetzlichen Informationsvermittlungsnormen zum Zweck der Darstellung eines True and fair view kommen noch nicht verbindliche, jedoch bereits beschlossene Rechtsänderungen in Betracht.[788] Auch hier empfiehlt sich allerdings ein Rekurs auf Erfah-

784 Vgl. *IASB*, IAS 1 (2003), Par. 13 ff. sowie für die britische Rechnungslegung *Schmidt, I.*, Goodwill (2002), S. 66 ff. m. w. N.

785 Vgl. DSR, Entwurf Rahmenkonzept (2002), Par. 14 u. 15. Zustimmend auch *Sigloch, J./Schmidt, I.*, Stellungnahme (2002), S. 2; ablehnend dagegen *Arbeitsgruppe „Normierung der Rechnungslegung“*, Stellungnahme 3 (BB 2002), S. 2597.

786 Vgl. S. 36 f.

787 Vgl. *IASB*, IAS 1 (2005), Par. 17 ff.

788 Ein weiteres, aktuelles Beispiel liefert die höchst umstrittene Vorschrift des IAS 32 (2004), Par. 18 (b) wonach Eigenkapital von Personengesellschaften und Genossenschaften in Fremdkapital umzuklassifizieren und in der Folge als Verpflichtung zum Fair

rungen aus dem angelsächsischen, insbesondere dem britischen, Rechtssystem, in dem jeder Fall eines True and fair override vom Financial Reporting Review Panel geprüft und gegebenenfalls vor Gericht verhandelt wird.

B. Schaffung einer konsistenten Normenhierarchie für die deutsche Rechnungslegung

Im Unterschied zu der eher unsystematischen, einzelfallorientierten Regelung von Sachverhalten, wie sie insbesondere in der US-amerikanischen Rechnungslegung bis dato vorherrscht,[789] ist im Rahmen einer Reform der deutschen Rechnungslegung die **Verfolgung eines prinzipienbasierten Ansatzes** (*principles-based approach*) ausdrücklich beizubehalten. SIGLOCH spricht in diesem Zusammenhang von der Notwendigkeit einer Ausrichtung an den Kriterien der Systematik und Transparenz sowie an den Grundsätzen der Abstraktion und Prägnanz.[790] Die Vorteile einer Prinzipienorientierung der Rechnungslegung machen sich laut NOBES in einer höheren Klarheit und geringeren Komplexität sowie in geringeren Anreizen der Bilanzersteller zur Gestaltung von Transaktionen bemerkbar. Weiterhin kann die Anwendung geeigneter Bilanzierungsprinzipien zu einer Verringerung von Bilanzierungswahlrechten beitragen.[791]

Ferner gilt es, im Rahmen der Umsetzung der umfassenden Rechnungslegung ins deutsche Bilanzrecht eine **klare und konsistente Normenhierarchie** (GAAP- oder GoR-Hierarchie)[792] zu schaffen, da diese für ein reibungsloses Zusammenspiel der Zahlungsbemessungs- und Informationsfunktion erforderlich ist. Dabei sollten sich die Reformanstrengungen nicht darauf beschränken, „duale GoB"[793] im Sinne ORDELHEIDES zu formulieren, die ausschließlich eine gleichzeitige Erfüllung der Zah-

---

Value (!) auszuweisen ist, wenn dem Kapitalgeber ein Kündigungsrecht zusteht (so genanntes *puttable investment*) (vgl. auch *Wirth, J.*, Personengesellschaften (FAZ v. 28.11.2005), S. 20.). Kritisch hierzu auch KÜTING, der den Gebrauch des „IFRS override" vorschlägt (vgl. *Noack, H.-C.*, Gift für den Mittelstand (FAZ v. 28.11.2005), S. 20.).

789 Dies ist auch der Grund, weshalb das FASB selbst inzwischen eine stärkere Prinzipienorientierung anstrebt. Vgl. *FASB*, Principles-based approach (2002). Demgegenüber weisen die IFRS (noch) einen etwas stärkeren Prinzipiencharakter auf. Die Einschätzung von DEAN/CLARKE, die IFRS seien die weitestgehende Annäherung an eine prinzipienbasierte Regulierung (vgl. *Dean, G./Clarke, F.*, Principles vs rules (Abacus 2004), S. II.), erscheint jedoch angesichts der jüngeren Entwicklung als sehr gewagt.

790 Vgl. zu dieser Forderung auch *Sigloch, J.*, Rechnungslegung im Umbruch (spektrum 2002), S. 17.

791 Vgl. *Nobes, C.*, Lack of Principles (AH 2005), S. 27 ff.

792 Vgl. *FASB*, ED Hierarchy of GAAP (2005). Dabei steht GoR als Kürzel für Grundsätze ordnungsmäßiger Rechnungslegung, wie sie vom DSR im Rahmenkonzeptentwurf unterbreitet wurden.

793 *Ordelheide, D.*, Wettbewerb der Rechnungslegungssysteme, in: *Börsig, C./Coenenberg, A.* (Hrsg.), Controlling und Rechnungswesen (1998), S. 31.

lungsbemessungs- und Informationsfunktion beabsichtigen.[794] Die funktionale Zweiteilung der Rechnungslegung bietet vielmehr die Möglichkeit, neben allgemeinen, funktionsübergreifenden Rechnungslegungsgrundsätzen spezielle Zahlungsbemessungs- und Informationsvermittlungsgrundsätze zu deduzieren.[795] Ein Orientierungspunkt hierfür wurde mit dem obigen Referenzrahmen bereits vorgestellt. In diesem Zusammenhang sei noch einmal betont, dass das entscheidende Kriterium zur Differenzierung einer umfassenden Rechnungslegung in Deutschland nicht mehr – wie im Rahmen des bestehenden „Dualismus der handelsrechtlichen Rechungslegung" – die Unternehmensrechtsform, sondern die Rechnungslegungsfunktion darstellt. Darüber hinaus wird hier vorgeschlagen, mit der funktionalen Zweiteilung der Rechnungslegung zugleich eine Differenzierung nach der Kapitalmarktorientierung von Unternehmen dergestalt vorzunehmen, dass die zusätzlichen Regelungen zum (umfassenden) Informationsabschluss lediglich von kapitalmarktorientierten und diesen gleichgestellten Unternehmen zu beachten sind. Da dem Konzernabschluss ebenfalls ausschließlich eine Informationsfunktion zukommt, müssen ferner auch alle Konzernunternehmen automatisch die Regelungen zum Informationsabschluss befolgen. Spezielle Probleme der Konzernrechnungslegung fallen jedoch außerhalb des Untersuchungsbereichs dieser Arbeit. Im Ergebnis wird für eine funktional zweigeteilte, umfassende Rechnungslegung in Deutschland die folgende Normenhierarchie vorgeschlagen:[796]

---

794 So aber *Siegel, T. u. a.*, Stille Reserven (ZIP 1999), S. 2080.

795 Auch der Entwurf eines Rahmenkonzepts des DSR sah eine Unterscheidung in Informations- und Gewinnermittlungsgrundsätze vor (vgl. *DSR*, Entwurf Rahmenkonzept (2002), Par. 18 ff. u. 35 ff.). Vgl. auch die Zweiteilung in Informations-GoB und Gewinnanspruchs-GoB bei *Moxter, A.*, Grundsätze ordnungsgemäßer Rechnungslegung (2003), S. 221 f.

796 Die hier vorgeschlagene Normenhierarchie folgt einem Top-down-Ansatz, wie etwa innerhalb des US-amerikanischen Rahmenkonzepts vorgesehen (vgl. *Johnson, L.*, Revisit the Conceptual Framework (FASB Report 2004), Druckseite 3.). Für die gesamte US-amerikanische Rechnungslegung wird hingegen regelmäßig die Darstellung als „House of GAAP" gewählt, wobei den Zielen oder Funktionen der Rechnungslegung nicht die höchste Bedeutung zukommt, sondern den einzelnen Rechnungslegungsverlautbarungen (vgl. z. B. *Pellens, B. u. a.*, Internationale Rechnungslegung (2006), S. 69 ff.).

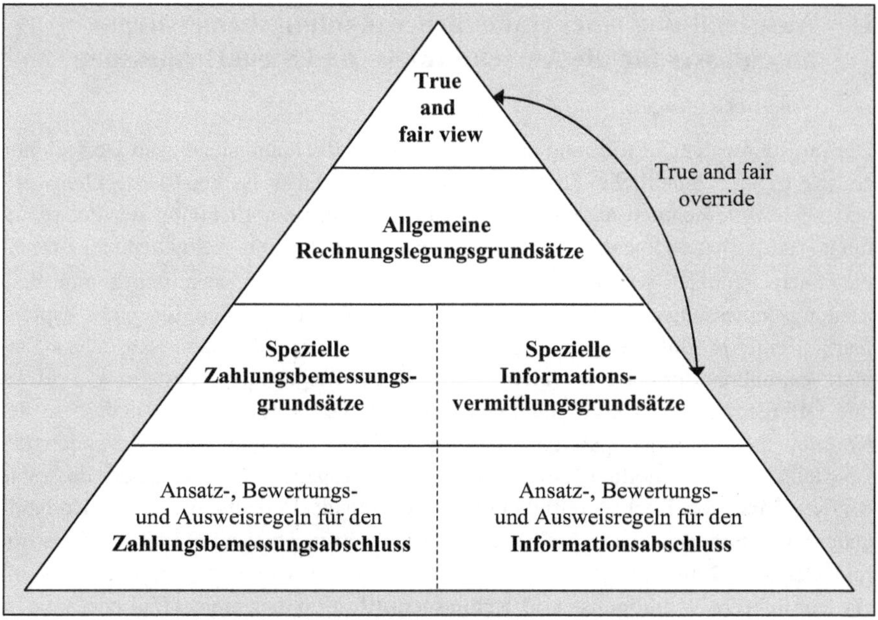

Abb. 42: Normenhierarchie im Rahmen einer reformierten Rechnungslegung in Deutschland

An der Spitze der Normenhierarchie oder -pyramide steht das Oberziel der umfassenden Rechnungslegung, welches in der Vermittlung eines True and fair view besteht. Es folgen funktionsübergreifende, allgemeine Rechnungslegungsgrundsätze, bevor entsprechend der vorzunehmenden funktionalen Zweiteilung der Rechnungslegung spezielle Zahlungsbemessungs- und Informationsvermittlungsgrundsätze anknüpfen. Im Rahmen der speziellen Informationsvermittlungsgrundsätze gilt hierbei auch der Grundsatz des True and fair override – sein Anwendungsbereich ist damit klar auf den Informationsabschluss begrenzt. Aus den speziellen Rechnungslegungsgrundsätzen sind schließlich spezielle Bilanzansatz-, Bilanzbewertungs- und Ausweisvorschriften für den Zahlungsbemessungs- und Informationsabschluss zu entwickeln, die als lex specialis das Fundament der Normenhierarchie bilden.

Nachdem nunmehr der Rahmen für die vorzuschlagende Rechnungslegungsreform in Deutschland gespannt wurde, sollen im Folgenden konkrete Gestaltungsempfehlungen zunächst für den Zahlungsbemessungsabschluss und anschließend für den Informationsabschluss gegeben werden.

II. Ausgestaltung eines einheitlichen Zahlungsbemessungsabschlusses für die Ausschüttungs- und Steuerbemessung

A. Vorüberlegungen

Der im Rahmen der Einführung einer umfassenden Rechnungslegung in Deutschland zu schaffende einheitliche Zahlungsbemessungsabschluss ist als **Basisrechenwerk** von allen Unternehmen aufzustellen und dient primär der Erfüllung der Ausschüttungs- und Steuerbemessungsfunktion, die aufgrund ihrer weitgehenden Zweckgleichheit gebündelt wurden.[797] Ein Informationsvermittlungsanspruch kommt dem Zahlungsbemessungsabschluss nur sekundär zu, da er lediglich für nicht kapitalmarktorientierte Unternehmen zugleich als befreiender Informationsabschluss fungiert; kapitalmarktorientierte Unternehmen werden hingegen zur Erstellung, Prüfung und Offenlegung eines eigenständigen Informationsabschlusses verpflichtet. In der Konsequenz kommt der späteren **Ableitung von Rechtsfolgen**, wie insbesondere der Feststellung und Verteilung des Erfolgs der vergangenen Rechnungsperiode sowie der Regelung von Rechtsstreitigkeiten, entscheidende Bedeutung zu. Die Kernaufgabe des Zahlungsbemessungsabschlusses lässt sich vor diesem Hintergrund als **objektivierte und** im Hinblick auf die Sicherstellung der Kontrakteinkommensansprüche **vorsichtige Vermögens- und Erfolgsermittlung** präzisieren. Mögliche Sonderregelungen zur abweichenden Ermittlung der Bemessungsgrundlagen aus Sicht der (Kapital-)Eigner oder des Fiskus sind hiervon unbenommen.

Gemäß der oben vorgestellten Normenhierarchie nimmt das Oberziel des True and fair view auch für den Zahlungsbemessungsabschluss eine Leit- oder Orientierungsfunktion ein; eine Vorrangstellung, die mit der kodifizierten Rechtstradition zur Ableitung von Rechtsfolgen nur schwer vereinbar wäre, wird hier jedoch nicht etabliert. Mangels einer direkten Informationszielsetzung kommt im Rahmen des Zahlungsbemessungsabschlusses vielmehr den spezifischen Zahlungsbemessungsgrundsätzen sowie dem allgemeinen Rechnungslegungsgrundsatz der Objektivierung eine hervorgehobene Stellung zu. So ist das Spannungsfeld der Rechnungslegung zwischen Vollständigkeit und Objektivierung für Zwecke der Zahlungsbemessung im Zweifel zu Gunsten der Objektivierung aufzulösen, ohne das Oberziel einer umfassenden Wissensbereitstellung aufzugeben. Dem **Objektivierungsgrundsatz** fällt damit die **Rolle einer notwendigen**, jedoch nicht hinreichenden **Bedingung** zu.[798] Da – wie aufgezeigt wurde – im Rahmen einer umfassenden Rechnungslegung Abstufungen bezüglich des Objektivierungsgrads möglich sind,[799] empfiehlt sich die Festlegung, für den Zahlungsbemessungsabschluss nur im Ausnahmefall eine rein formale Objektivie-

797 Vgl. hierzu S. 190 ff.

798 Ähnlich *Moxter, A.*, Grundsätze ordnungsgemäßer Rechnungslegung (2003), S. 16.

799 Vgl. ausführlich S. 27 dieser Arbeit.

rung zuzulassen;[800] im Regelfall sollte hier vielmehr ein höherer Objektivierungsgrad im Sinne einer direkten intersubjektiven Nachprüfbarkeit gefordert werden.[801] Unmittelbar damit verbunden ist ferner eine möglichst weitgehende **Abschaffung der bestehenden handelsrechtlichen Bilanzierungswahlrechte**,[802] da es bei deren Beibehaltung zu einer „Besteuerung oder Ausschüttung nach Wahl“ käme. Während explizite Bilanzansatz- und Bilanzbewertungswahlrechte verhältnismäßig leicht aufgehoben werden können, ist die Abschaffung impliziter Wahlrechte hingegen ungleich schwieriger und letztlich nicht vollständig möglich, da sich diese als Ermessensspielräume des bilanzierenden Unternehmens im Rahmen der Auslegung bestehender Rechnungslegungsnormen nur indirekt ergeben.[803] Gleichwohl gilt es auch hier, durch eine prinzipiengeleitete und konsistente Normensetzung die Ermessensspielräume möglichst gering zu halten.

Der Notwendigkeit einer vorsichtigen Vermögens- und Erfolgsermittlung im Rahmen des Zahlungsbemessungsabschlusses wird schließlich vorrangig durch die Beachtung des Realisations- und Imparitätsprinzips Folge geleistet. Dabei sei noch einmal betont, dass gegenüber der derzeitigen handelsrechtlichen Rechnungslegung eine **Schwerpunktverschiebung des Vorsichtsprinzips** in Richtung einer tendenziell risikoneutralen Darstellung erfolgt,[804] indem die freie und willkürliche Legung stiller Reserven strikt untersagt wird.

Aufbauend auf diesen Vorüberlegungen sollen im folgenden Abschnitt spezifische Reformvorschläge für den Bilanzansatz und die Bilanzbewertung zur Zahlungsbemessung erarbeitet werden.

---

800 Zu denken ist hier beispielsweise an die Schätzung von Rückstellungen, die dem Grund und der Höhe nach unsicher sind.

801 Ähnlich auch *Arbeitskreis „Externe Unternehmensrechnung“*, Einheitsabschluss (DB 2003), S. 1588. Damit deutet sich bereits an dieser Stelle an, dass der Grad der Objektivierung einen der zentralen Unterschiede zwischen dem Zahlungsbemessungs- und Informationsabschluss darstellt. Zur Objektivierung im Informationsabschluss vgl. S. 222 dieser Arbeit.

802 Vgl. hierzu auch *Kahle, H.*, Informationsversorgung des Kapitalmarkts (KoR 2002), S. 105. Ausführlich zur Einschränkung von Bilanzierungswahlrechten vgl. *Schildbach, T.*, Internationale Rechnungslegungsstandards, in: *Ballwieser, W. u. a. (Hrsg.)*, Festschrift Moxter (1994), S. 699 ff.

803 Hingegen handelt es sich bei Schätzspielräumen, wie z. B. der Schätzung der Nutzungsdauern von Anlagegütern oder der Rückstellungshöhe für eine ungewisse Verbindlichkeit, nicht um implizite Wahlrechte, sondern um eine zwangsläufige Folge aus der Unsicherheit über die Zukunft. Solche Schätzspielräume wohnen jeder Rechnungslegung inne, die einen über das Kassenvermögen hinausgehenden Vermögensbegriff zugrunde legt.

804 Dieser Überlegung folgen auch das IASB und das FASB in ihrem gemeinsamen Projekt zur Schaffung eines einheitlichen Rahmenkonzepts, indem sie die Notwendigkeit einer neutralen Abbildung im Rahmen der Rechnungslegung betonen und das Vorsichtsprinzip weiter abschwächen (vgl. *FASB*, Preliminary Views Conceptual Framework (FAS 2006), Par. QC28.).

B. Reform des Bilanzansatzes

1. Aktiva

Im Rahmen des Bilanzansatzes von Aktivpositionen steht die Klärung des Begriffs und Umfangs des zu bilanzierenden Vermögens im Mittelpunkt. Dabei soll der üblichen Vorgehensweise von Rechnungslegungssystemen gefolgt werden, nach der in einem zweistufigen Prozess zwischen der abstrakten und konkreten Aktivierungsfähigkeit eines Guts unterschieden wird.

- **Abstrakte Aktivierungsfähigkeit:**

  Während aus der vorgeschlagenen funktionalen Zweiteilung der umfassenden Rechnungslegung naturgemäß folgt, dass sich die Regeln zum Bilanzansatz für den Zahlungsbemessungs- und Informationsabschluss unterscheiden,[805] bedeutet dies jedoch nicht zwangsläufig, dass auch unterschiedliche Vermögensbegriffe zugrunde gelegt werden müssen. Auf der Ebene der abstrakten Aktivierungsfähigkeit ist vielmehr zunächst festzulegen,

  - ob für den Zahlungsbemessungs- und den Informationsabschluss **spezifische Vermögensbegriffe** verwendet werden sollen
  - oder ob ein für beide Abschlüsse **einheitlicher Vermögensbegriff** zugrunde gelegt werden kann, der erst im Zuge der konkreten Aktivierungsfähigkeit abzustufen ist.

  Da beide Wege grundsätzlich gangbar erscheinen, ist die Entscheidung aufgrund systematischer Überlegungen und Zweckmäßigkeitserwägungen zu treffen. Für die **erste Alternative** lässt sich beispielhaft die Vorgehensweise des DSR anführen, der den Begriff des Vermögenswerts als Obermenge des bestehenden handelsrechtlichen Ausdrucks Vermögensgegenstand in die deutsche Rechnungslegung einführt.[806] Bei konsequenter Umsetzung in einer funktional zweigeteilten Rechnungslegung könnten demnach der Begriff des Vermögensgegenstands im Zahlungsbemessungsabschluss und der weiter gefasste Begriff des Vermögenswerts im Informationsabschluss verwendet werden, so dass zwar jeder Vermögensgegenstand zugleich im Informationsabschluss erfasst würde, nicht aber jeder Vermögenswert im Zahlungsbemessungsabschluss. Diese auf den ersten Blick sinnvoll erscheinende Zweiteilung der Aktivierungskonzeption hält einer kritischen Überprüfung gleichwohl nicht stand, führt sie doch zum einen mit einer sprachlichen Differenzierung der Vermögensbegriffe zu einer weiteren Steigerung

---

805 So auch *Streim, H. u. a.*, Theoretische Fundierung, in: *Schmidt, H. u. a. (Hrsg.)*, Festschrift Stützel (2001), S. 185 f.

806 So definiert der DSR Vermögenswerte als „Vermögensgegenstände und alle sonstigen aktivierbaren Werte, wie z. B. Rechnungsabgrenzungsposten und aktive latente Steuern" (*DSR*, DRS 12 (2002), Par. 7.).

der Komplexität der umfassenden Rechnungslegung. Zum anderen erweist sich der handelsrechtliche Vermögensgegenstand als unbestimmter und daher auslegungsbedürftiger Rechtsbegriff als nicht geeignet, um den Vermögensumfang des Zahlungsbemessungsabschlusses vollständig und widerspruchsfrei abzugrenzen. Dies wird vor allem am Geschäfts- oder Firmenwert deutlich, auf den im Fünften Teil der Arbeit noch ausführlich einzugehen ist:[807] Während für die Existenz eines handelsrechtlichen Vermögensgegenstands nach herrschender Meinung neben dem Vorhandensein eines wirtschaftlichen Vorteils über den Bilanzstichtag hinaus die Charakteristika der selbstständigen Bewertbarkeit[808] und der Einzelverwertbarkeit[809] vorausgesetzt werden,[810] ist der Goodwill per Definition weder selbstständig bewertbar[811] noch unabhängig vom Unternehmen als Ganzem übertragbar.[812] Im reinen Einzelvermögensvergleich stellt der Goodwill daher einen konzeptionellen Fremdkörper dar,[813] dessen Berücksichtigung der herrschenden Vermögensgegenstandsdefinition streng genommen zuwiderläuft. Diese Problematik spiegelt sich nicht zuletzt in der mehrheitlichen Einstufung des Postens als Bilanzierungshilfe wider.[814] Ein Ansatz von Bilanzierungshilfen als technische Hilfsposten auf der Aktivseite der Bilanz erweist sich jedoch wiederum als inkonsistent zu der Zielsetzung, den Bilanzansatz im Zahlungsbemessungsabschluss umfassend durch den Vermögensgegenstandsbegriff zu beschreiben.

---

807 Vgl. S. 257 ff. u. 276 ff.

808 Selbstständige Bewertbarkeit wird hier in der Regel eng definiert als das Vorliegen abgrenzbarer Aufwendungen.

809 So auch STREIM/ESSER, die allerdings von abstrakter Einzelveräußerbarkeit sprechen (vgl. *Streim, H./Esser, M.*, IAS/IFRS zur Zahlungsbemessung: Ansatzfragen (StuB 2003), S. 739.). Einige Autoren fordern hingegen das engere Kriterium der Einzelveräußerbarkeit (vgl. z. B. *Schneider, D.*, Vermögensgegenstände und Schulden, in: *Leffson, U. u. a. (Hrsg.)*, Handwörterbuch unbestimmter Rechtsbegriffe (1986), S. 340 f. sowie noch immer *Coenenberg, A.*, Jahresabschluss (2005), S. 76.).

810 Vgl. etwa *Sigloch, J.*, Rechnungslegung (2007), S. 123 f.; *Rückle, D.*, in: *Busse von Colbe, W./Pellens, B. (Hrsg.)*, Lexikon des Rechnungswesens (1998), S. 726 f.; *Ballwieser, W.*, Maßgeblichkeitsprinzip (BFuP 1990), S. 482 ff.

811 Vielmehr ist der Wert des Goodwills nur im Wege der Residualmethode und daher nicht einzeln bestimmbar (so jüngst auch *IDW*, RS HFA 16 (FN-IDW 2005), Tz. 4 u. 13.). Anderer Ansicht offenbar MOXTER, der den Goodwill als wichtigstes Beispiel einer „Einzelbewertbarkeit durch Saldierung“ (!) bezeichnet (*Moxter, A.*, Grundsätze ordnungsgemäßer Rechnungslegung (2003), S. 24.).

812 So z. B. auch *Böcker, P.*, Bewertung (DB 2002), S. 1954.

813 Vgl. bereits *Schmidt, L.*, Maßgeblichkeitsprinzip (1994), S. 157.

814 Vgl. etwa *Ballwieser, W.*, in: *Busse von Colbe, W./Pellens, B. (Hrsg.)*, Lexikon des Rechnungswesens (1998), S. 284; *Coenenberg, A.*, Jahresabschluss (2005), S. 77. Ausführlich zur Rechtsnatur des derivativen Goodwills im deutschen Handels- und Steuerrecht vgl. auch S. 73 f. u. 79 f. dieser Arbeit.

Unterzieht man demgegenüber die **zweite Alternative** einer kritischen Betrachtung, so lässt sich Folgendes schlussfolgern: Zum einen erscheint es gegenüber der ersten Variante als weniger komplex, wenn nur ein einziger, umfassender Vermögensbegriff für beide Abschlüsse verwendet wird; hierfür bietet sich der im Allgemeinen weitgefasste und informationsorientierte Begriff des Vermögenswerts (*asset*) an. Zum anderen wird hierdurch eine vollständige und zugleich konsistente Beschreibung der jeweiligen Aktivseite der Zahlungsbemessungs- und Informationsbilanz möglich, indem der Aktivierungsumfang der Vermögenswerte – technisch gesehen – im Zahlungsbemessungsabschluss gegenüber dem Informationsabschluss auf der nachgelagerten Ebene der konkreten Aktivierungsfähigkeit eingeschränkt wird.[815] Im Ergebnis soll daher dieser zweiten Vorgehensweise gefolgt werden.

Im Hinblick auf eine spätere Eignung des Vermögenswertbegriffs auch im Rahmen des Informationsabschlusses gilt es, die Begriffsextension möglichst weit zu fassen und idealerweise sämtliche bewertungsrelevanten Ertragswertbestandteile eines Unternehmens zu berücksichtigen.[816] Für die Qualifikation als **Vermögenswert** soll daher die kumulative Erfüllung der folgenden Kriterien vorausgesetzt werden:

1. Ressource als Ergebnis einer vergangenen Transaktion oder eines vergangenen Ereignisses,[817]
2. wirtschaftlicher Nutzen im Sinne einer zukünftigen Einzahlungserwartung über den Bilanzstichtag hinaus,[818]

---

815 Dabei handelt es sich allerdings nicht, wie man auf den ersten Blick meinen könnte, um einen Bruch mit dem grundsätzlich gewählten Lösungskonzept der ergänzenden Methode einer innerbilanziellen Informationserweiterung (vgl. S. 131 f.), da es lediglich in begrifflicher oder sprachlicher Hinsicht, nicht aber von der buchtechnischen Abbildungsform her zu einer „Informationserweiterung des Vermögensumfangs mit anschließender Zahlungsbemessungseinschränkung" kommt.

816 So auch *Kahle, H.*, Zukunft der Rechnungslegung (WPg 2003), S. 264; *Streim, H. u. a.*, Theoretische Fundierung, in: *Schmidt, H. u. a. (Hrsg.)*, Festschrift Stützel (2001), S. 192; *Pellens, B./Fülbier, R.*, Rechnungslegungsregulierung (ZGR 2000), S. 584. Vgl. ferner *Moxter, A.*, Grundsätze ordnungsgemäßer Rechnungslegung (2003), S. 20; *Brönner, H. u. a.*, Konvergenz der Rechnungslegungsstandards, in: *Siegel, T. u. a. (Hrsg.)*, Festschrift Bareis (2005), S. 30 ff.

817 Dieses Kriterium lehnt sich an den Wortlaut der Asset-Definition der IFRS an (vgl. *IASB*, Framework (2001), Par. 49 (a).) und findet sich in ähnlicher Form auch im Conceptual Framework der US-GAAP sowie implizit in den Aktivierungsvoraussetzungen des HGB und EStG.

818 Ein wirtschaftlicher Nutzen über den Bilanzstichtag hinaus wird übereinstimmend in den Aktivierungskonzeptionen des HGB, des EStG, der US-GAAP und der IFRS verlangt (vgl. z. B. *Streim, H./Esser, M.*, IAS/IFRS zur Zahlungsbemessung: Ansatzfragen (StuB 2003), S. 739 f.).

3. Verfügungsmacht (*control*) und damit Verwertbarkeit im Rahmen des Gesamtunternehmens (Gesamtverwertbarkeit)[819] sowie
4. zuverlässige Bewertbarkeit im Sinne einer intersubjektiven Nachprüfbarkeit der Wertermittlung.[820]

Mit der Voraussetzung einer vergangenen Transaktion oder eines vergangenen Ereignisses wird der Ansatz bloßer Hoffnungswerte (zum Beispiel zukünftig geplanter Geschäftsabschlüsse oder Unternehmensübernahmen) verhindert.[821]

Aus dem allgemeinen Bezug auf einen wirtschaftlichen Nutzen ergibt sich, dass insbesondere die physische Form eines Vermögenswerts unerheblich für dessen Aktivierung ist. Materielle und immaterielle Güter qualifizieren sich bei Erfüllung sämtlicher Voraussetzungen daher gleichermaßen als Vermögenswerte im Rahmen einer umfassenden Rechnungslegung.[822]

Das sehr weit gefasste Kriterium der Gesamtverwertbarkeit hat darüber hinaus zur Folge, dass auch der Goodwill von der Menge der Vermögenswerte eingeschlossen ist, da dieser bekanntlich ebenfalls einen Ertragswertbestandteil darstellt.

Aus dem Kriterium der zuverlässigen Bewertbarkeit kann schließlich abgeleitet werden, dass abgrenzbare Aufwendungen oder gar ein entgeltlicher Erwerbsvorgang nicht notwendigerweise vorliegen müssen, so dass auch nicht entgeltlich erworbene Vermögenswerte – das heißt sowohl selbst erstellte als auch unentgeltlich erworbene Vermögenswerte – bilanziell zu berücksichtigen sind.[823]

Da die vorgeschlagene Definition eines Vermögenswerts zugleich aktive Rechnungsabgrenzungsposten und die im geltenden deutschen Handelsrecht als Bilan-

819 Das Kriterium der Gesamtverwertbarkeit wird beispielsweise im deutschen Steuerbilanzrecht und in den US-GAAP zugrunde gelegt und geht noch über die abstrakte Einzelverwertbarkeit hinaus, indem auch lediglich im Rahmen einer Gesamtunternehmensübertragung nutzbare wirtschaftliche Vorteile erfasst werden, z. B. Wettbewerbsverbote oder Baukostenzuschüsse der öffentlichen Hand (vgl. zur Abgrenzung auch *Streim, H./ Esser, M.*, IAS/IFRS zur Zahlungsbemessung: Ansatzfragen (StuB 2003), S. 740.).

820 Das Charakteristikum der zuverlässigen Bewertbarkeit lehnt sich an die konkrete Ansatzvoraussetzung der US-GAAP und IFRS an, wonach ein *asset* bezüglich seiner Kosten oder seines Wertes zuverlässig messbar sein muss (vgl. *IASB*, Framework (2001), Par. 83 (b); explizit auch *DSR*, DRS 12 (2002), Par. 8 b).).

821 Ein ähnlicher Grundsatz ist auch im Rahmen der Unternehmensbewertung anzuwenden (vgl. *IDW*, S 1 (FN-IDW 2005), Tz. 42.).

822 So auch *DSR*, Entwurf Rahmenkonzept (2002), Par. 67.

823 Im Falle eines unentgeltlich erworbenen Vermögenswerts fällt das Gut z. B. im Wege der Schenkung, des Erbfalls oder einer staatlichen Überlassung an das Unternehmen, so dass aus Sicht des Empfängers keine getätigten Anschaffungs- oder Herstellungskosten vorliegen. In diesem Fall ist notwendigerweise der Fair Value als objektivierter Wertmaßstab heranzuziehen, um die Vermögens- und Erfolgslage zutreffend darzustellen (so bereits *Arnett, H.*, Objectivity (JoA 1961), S. 67.).

zierungshilfen eingestuften aktiven latenten Steuern und Geschäfts- oder Firmenwerte einschließt,[824] finden sich auf der Aktivseite sowohl der Zahlungsbemessungs- als auch der Informationsbilanz letztlich ausschließlich Vermögenswerte. Die Aktivierungskonzeption lehnt sich damit an den so genannten ***asset and liability view*** der internationalen Standard-Setter an, wonach *assets* und *liabilities* die Kernelemente der Rechnungslegung darstellen und alle weiteren Elemente, wie zum Beispiel das Eigenkapital, hieraus abgeleitet werden können.[825]

- **Konkrete Aktivierungsfähigkeit:**

  Im Rahmen der konkreten Aktivierungsfähigkeit ist nunmehr eine Einschränkung des Umfangs der tatsächlich im Zahlungsbemessungsabschluss anzusetzenden Vermögenswerte zu prüfen, da für die spätere Ableitung von Rechtsfolgen eine stärker objektivierte und zugleich vorsichtige Vermögens- und Erfolgsermittlung erforderlich ist. Zu diesem Zweck sind gegebenenfalls konkrete Bilanzansatzverbote für einzelne Gruppen von Vermögenswerten aufzustellen, deren Aktivierung für Zwecke der Zahlungsbemessung als nicht geeignet erscheint. Die Einräumung von Aktivierungswahlrechten wird hingegen als mit den Grundsätzen der Gleichmäßigkeit der Besteuerung und der Vergleichbarkeit der Rechnungslegung nicht konform abgelehnt. Unter Objektivierungs- und Vorsichtsgesichtspunkten sind insbesondere **mögliche Aktivierungsverbote** für folgende Vermögenspositionen im Rahmen des Zahlungsbemessungsabschlusses kritisch zu prüfen:

  - originäre immaterielle Vermögenswerte sowie
  - schwebende Geschäfte, bei denen Leistung und Gegenleistung ausgeglichen sind.

  Für **originäre immaterielle Vermögenswerte** besteht in Deutschland traditionell sowohl im Handelsbilanzrecht als auch im Steuerbilanzrecht ein allgemeines Aktivierungsverbot,[826] während ein Bilanzansatz selbst erstellter immaterieller Einzelwerte in der angelsächsischen Rechnungslegung zumindest teilweise möglich oder gar verpflichtend ist.[827] Vor dem Hintergrund der Vermittlung eines True

---

824 Die Einordnung von aktiven Rechnungsabgrenzungsposten sowie latenten Steuern unter die Vermögenswerte (*assets*) folgt zugleich der gängigen internationalen Rechnungslegungspraxis (vgl. auch *Streim, H./Esser, M.*, IAS/IFRS zur Zahlungsbemessung: Ansatzfragen (StuB 2003), S. 738 f.).

825 Vgl. hierzu *Bullen, H./Crook, K.*, New Conceptual Framework (2005), S. 7 m. w. N.; *Johnson, L.*, Conceptual Framework (FASB Report 2004), Druckseite 1; *Bryer, R.*, Traditional financial accounting (2003), S. 1 f. Für eine kritische Analyse des *asset and liability approach* im Vergleich zur traditionellen Rechnungslegung vgl. *Bryer, R.*, FASB's Conceptual Framework (CPoA 1999), S. 551 ff.

826 Vgl. § 248 Abs. 2 HGB u. § 5 Abs. 2 EStG.

827 So gewähren die britischen Rechnungslegungsstandards dem Bilanzersteller ein Aktivierungswahlrecht, sofern der Marktwert eines originären immateriellen Einzelwerts leicht

and fair view als Oberziel einer umfassenden Rechnungslegung wird allerdings unmittelbar deutlich, dass grundsätzlich auch für den Zahlungsbemessungsabschluss eine Ansatzpflicht für selbst geschaffene immaterielle Vermögenswerte zu prüfen ist, da die Art und Weise der Güterentstehung keinen Einfluss auf die Vermögens- und Erfolgsmessung nehmen sollte. Ein Festhalten am bestehenden Aktivierungsverbot würde hingegen weiterhin – und mit wachsender Bedeutung der immateriellen Werte in zunehmendem Maße – zu einem unvollständigen bilanziellen Abbild und einer fehlerhaften Erfolgsermittlung[828] im Rahmen der Rechnungslegung führen. Damit blieben gerade die Kernprobleme der geltenden Rechtslage ungelöst, die in der bilanziellen Ungleichbehandlung von selbst erstellten materiellen und immateriellen Vermögenswerten einerseits sowie von selbst erstellten immateriellen Werten des Anlagevermögens und des Umlaufvermögens andererseits bestehen. Im Ergebnis ist daher im Rahmen des Zahlungsbemessungsabschlusses auf die Formulierung eines konkreten Ansatzverbots für originäre immaterielle Einzelwerte zu verzichten.[829] Die Tatsache, dass immateriellen Einzelwerten regelmäßig eine höhere Unsicherheit hinsichtlich des Bestehens und der Höhe ihres künftigen wirtschaftlichen Nutzens anhaftet als vielen materiellen oder monetären Gütern, ist vielmehr erst auf der nachgelagerten Stufe der Bilanzbewertung zu berücksichtigen.[830] Den entsprechenden Reformvorschlägen insbesondere des IDW[831] und des DSR[832] zur Streichung des § 248 Abs. 2 HGB im Zuge einer weiteren Internationalisierung des deutschen Handelsbilanz-

---

feststellbar ist (vgl. *ASB*, FRS 10 (1997), Par. 14 i. V. m. Appendix III, Par. 25 ff.). Die IFRS sehen demgegenüber eine Aktivierungspflicht für bestimmte immaterielle Einzelgüter vor, sofern eine Reihe von Kriterien kumulativ erfüllt wird (vgl. *IASB*, IAS 38 (2004), Par. 57.). Faktisch handelt es sich hierbei jedoch ebenfalls um ein Ansatzwahlrecht, da es dem Bilanzersteller obliegt, die Erfüllung der Kriterien nachzuweisen (vgl. hierzu auch ausführlich *Sigloch, J.*, Rechnungslegung (2007), S. 269 ff.). Sowohl in den UK-GAAP als auch in den IFRS sind jedoch bestimmte originäre immaterielle Werte, wie z. B. Marken, Verlagstitel und Kundenlisten, aufgrund ihrer Einzigartigkeit bzw. ihrer konzeptionellen Ähnlichkeit zum originären Goodwill von einer Aktivierung ausgeschlossen (vgl. *IASB*, IAS 38 (2004), Par. 63 sowie *ASB*, FRS 10 (1997), Par. 12.).

828 Insbesondere käme es im Zeitpunkt der Schaffung eines originären immateriellen Vermögenswerts zu einem zu niedrigen Erfolgsausweis und damit zu einer ungerechtfertigten Minderung des verteilbaren Erfolgs, wohingegen die späteren Periodenerfolge mangels nach zu verrechnender Abschreibungen zu hoch ausgewiesen würden.

829 So auch *Arbeitskreis „Immaterielle Werte“*, Erfassung immaterieller Werte (DB 2001), S. 991 f. Kritisch zum Aktivierungsverbot vgl. ferner *Küting, K./Hayn, S.*, Angelsächsischer Konzernabschluß (AG 1996), S. 52 sowie die weiterführende Literatur bei *Keitz, I. v.*, Immaterielle Güter (1997), S. 3. Hingegen hält EULER eine Beschränkung der Aktivierung auf entgeltlich erworbene immaterielle Einzelwerte in einer zahlungsbemessungsorientierten Bilanz nach wie vor für angemessen (vgl. *Euler, R.*, Paradigmenwechsel (BB 2002), S. 876.).

830 Ähnlich auch *IASB*, IAS 38 (2004), Par. 35.

831 Vgl. *IDW*, Internationalisierung im Mittelstand (2005), S. 53

832 Vgl. *DSR*, Vorschläge zum Bilanzrechtsmodernisierungsgesetz (2005), S. 32 sowie be-

rechts ist daher im Grundsatz zuzustimmen.[833, 834] Klärungsbedürftig bleibt allerdings, wo im Rahmen einer umfassenden Rechnungslegung die Grenze zwischen originären immateriellen Einzelwerten und dem **originären Goodwill** zu ziehen ist und ob für letzteren gegebenenfalls doch ein konkretes Aktivierungsverbot im Zahlungsbemessungsabschluss zu fordern ist. Diese Fragen sollen ausführlich im Rahmen der speziellen Reformempfehlungen für die Goodwill-Bilanzierung behandelt werden.[835]

Während für selbst geschaffene immaterielle Güter demnach im Grundsatz kein konkretes Aktivierungsverbot abgeleitet werden konnte, ist im Zahlungsbemessungsabschluss auf einen Ansatz schwebender Geschäfte, bei denen Leistung und Gegenleistung ausgeglichen sind, zu verzichten. Zwar stellen **schwebende Geschäfte**, wie zum Beispiel abgeschlossene Verkaufsaufträge, bei denen die Leistungsverpflichtung des Unternehmens noch nicht erbracht wurde, unter Informationsgesichtspunkten unbestritten bewertungsrelevante Einzahlungspotentiale dar, die auch die Kriterien eines Vermögenswerts erfüllen.[836] Gleichwohl würde ein Ausweis im Zahlungsbemessungsabschluss insbesondere bei anteiliger Erfassung eines unrealisierten Gewinns zusätzliches Ermessen in der Bilanzierung eröffnen und in Höhe des erwarteten Gewinnanteils gegen das Realisationsprinzip verstoßen. Im Falle eines Verzichts auf den anteiligen Gewinnausweis entspräche die Bilanzierung schwebender Geschäfte schlicht einer Bilanzverlängerung ohne Ergebniswirkung, die aufgrund der angesprochenen Ermessensspielräume jedoch problematisch bleibt.[837]

---

reits die De-lege-ferenda-Empfehlungen in *DSR*, DRS 12 (2002), Par. A2 ff.).

833 Nicht nachvollziehbar erscheint demgegenüber die Anmerkung von STRUNK, „dass jede Lockerung des § 248 Abs. 2 HGB gegen das Gläubigerschutzprinzip verstößt" und zu einem Ausweis nicht realisierter Gewinne führt (*Strunk, G.*, Immaterielle Wirtschaftsgüter (StuB 2004), S. 645.). Folgte man dieser Logik, so müsste auch die Aktivierung einer selbst erstellten Maschine als Verstoß gegen das Realisationsprinzip gebrandmarkt werden.

834 Beachtenswert ist in diesem Zusammenhang ferner die Überlegung des DSR, die Aktivierung selbst erstellter immaterieller Güter an die Einrichtung einer Ausschüttungssperre zu koppeln. Keineswegs geteilt werden kann dagegen die Empfehlung, die Aufhebung des Aktivierungsverbots auf das Handelsbilanzrecht zu beschränken mit der Folge einer weiteren Durchbrechung der Maßgeblichkeit (vgl. im Einzelnen *DSR*, Vorschläge zum Bilanzrechtsmodernisierungsgesetz (2005), S. 32.).

835 Vgl. S. 257 ff. im Fünften Teil der Arbeit.

836 Die Ausführungen gelten analog auch für schwebende Beschaffungsgeschäfte, bei denen sich ein erwarteter Nutzen aus dem zu beschaffenden Gut sowie eine Leistungsverpflichtung des Unternehmens gegenüberstehen.

837 Ähnlich MOXTER, der gar von einer „Bilanzaufblähung" spricht (*Moxter, A.*, Grundsätze ordnungsgemäßer Rechnungslegung (2003), S. 51.). Anderer Ansicht hingegen SIGLOCH, der den Grundsatz der Nichtbilanzierung schwebender Geschäfte kritisiert und am Beispiel von Humanvermögen (namentlich Profifußballspielern) für den zahlungsbemessungsorientierten Einzelabschluss vorschlägt, den Barwert der kumulierten Gehaltszah-

Aus der abschließenden Aufzählung der konkreten Aktivierungsverbote folgt, dass die restlichen Vermögenswerte zwingend auch im Zahlungsbemessungsabschluss anzusetzen sind.

2. Passiva

Die Passivseite sowohl der Zahlungsbemessungs- als auch der Informationsbilanz setzen sich aus dem jeweiligen Eigenkapital (Eigenkapital (1) und (2)) und den Schulden zusammen. Da sich das Eigenkapital stets als Residualgröße aus der Summe der aktivierten Vermögenswerte abzüglich der Schulden ergibt, ist hier eine Begriffs- und Umfangsbestimmung der Schulden ausreichend. Dabei soll ebenfalls zwischen einer abstrakten und konkreten Passivierungsfähigkeit unterschieden werden.

- **Abstrakte Passivierungsfähigkeit:**

  Analog zur Vorgehensweise bei den Aktiva ist im Rahmen der abstrakten Passivierungsfähigkeit ein umfassender Schuldbegriff zu definieren, der auf der Ebene der konkreten Passivierungsfähigkeit gegebenenfalls einzuschränken ist. In grober Anlehnung an die bestehenden Definitionen einer Schuld im Handelsrecht, eines negativen Wirtschaftsguts im Steuerrecht und einer *liability* nach den IFRS und US-GAAP wird hier vorgeschlagen, das Vorliegen einer **Schuld** an die kumulative Erfüllung der folgenden Bedingungen zu knüpfen:[838]

  1. gegenwärtige oder bedingte Verpflichtung als Ergebnis einer vergangenen Transaktion oder eines vergangenen Ereignisses,[839]
  2. wirtschaftliche Belastung (Ressourcenabfluss) im Sinne einer zukünftigen Auszahlungserwartung über den Bilanzstichtag hinaus,[840]

---

lungen einerseits als erwarteten Nutzen zu aktivieren sowie andererseits als künftige Auszahlungsverpflichtung zu passivieren (vgl. *Sigloch, J.*, Fußballspieler in der Bilanz, in: *Brehm, W. u. a. (Hrsg.)*, Sportökonomie (2005), S. 63.). Während dieser Vorgehensweise für den Informationsabschluss einer umfassenden Rechnungslegung vorbehaltlos zugestimmt werden kann, sieht der Verfasser vor allem bei unbefristeten oder unbestimmten Vertragslaufzeiten und variablen Vergütungen demgegenüber erhebliche Objektivierungsprobleme, die gegen einen Bilanzansatz im Zahlungsbemessungsabschluss sprechen.

838 Anstelle einer Schuld könnte auch von einem negativen Vermögenswert gesprochen werden (vgl. etwa *Moxter, A.*, Grundsätze ordnungsgemäßer Rechnungslegung (2003), S. 20.). Diese Bezeichnung ist allerdings vor allem im englischsprachigen Schrifttum unüblich und soll daher im Weiteren nicht verwendet werden.

839 Die IFRS und US-GAAP unterscheiden zwischen *liabilites,* für die stets eine gegenwärtige Verpflichtung vorausgesetzt wird (vgl. z. B. *IASB*, Framework (2001), Par. 49 (b).), und *contingent liabilities* (Eventualschulden), die vom Eintritt eines oder mehrerer unsicherer Ereignisse in der Zukunft abhängig sind.

840 Dieses Kriterium findet sich übereinstimmend in den Passivierungskonzeptionen des HGB, des EStG, der US-GAAP und der IFRS (vgl. z. B. *IASB*, IAS 37 (2004), Par. 10 u. *Sigloch, J.*, Rechnungslegung (2007), S. 126 u. 146.).

3. rechtliche oder faktische Verpflichtung gegenüber einem Dritten (Außenverpflichtung)[841] sowie
4. zuverlässige Bewertbarkeit im Sinne einer intersubjektiven Nachprüfbarkeit der Wertermittlung.[842]

Bereits das erste Kriterium geht auf den ersten Blick scheinbar über den geltenden Schuldbegriff der IFRS hinaus, indem neben gegenwärtigen Verpflichtungen auch bedingte Verpflichtungen (so genannte Eventualschulden)[843] einbezogen werden. Gleichwohl lässt sich ein ähnliches Vorgehen auch in den IFRS nachweisen: So unterscheidet das IASB unter dem Oberbegriff der *obligations* zwischen bedingten (*conditional obligations*) und unbedingten Verpflichtungen (*unconditional obligations*) und spricht sich zwar nur für eine bilanzielle Erfassung der unbedingten Schulden aus. Gleichwohl soll der bedingte Charakter einer Schuld zukünftig Eingang in die Bilanzbewertung finden;[844] ferner sollen Eventualschulden (*contingencies)* auch künftig wie im bestehenden IFRS 3 im Zuge von Unternehmenserwerben passiviert werden,[845] so dass im Ergebnis dem hier unterbreiteten Vorschlag sehr nahe gekommen wird. Ein weit gefasster Schuldbegriff, der auch Eventualschulden einschließt, vermeidet damit zugleich die bisherige Inkonsistenz der IFRS, wonach Eventualschulden als kaufpreisbeeinflussende Wertbestandteile in Folge einer Unternehmensakquisition zwingend zu bilanzieren sind,[846] wohingegen in allen übrigen Fällen ein Ansatzverbot für diese Posten gilt.[847]

Aus dem abstrakten Bezug auf eine wirtschaftliche Belastung im Sinne einer künftigen Auszahlungserwartung lässt sich schlussfolgern, dass sowohl Sach- als auch Geldleistungsverpflichtungen zu berücksichtigen sind. Gemäß dem Stichtagsprinzip in seiner weiten Auslegung sind dabei alle künftigen Auszahlungserwartungen zu berücksichtigen, deren Ursachen in der Vergangenheit gelegt wurden. Verpflichtungen, die ausschließlich durch den künftigen Geschäftsbetrieb entstehen, qualifizieren sich hingegen nicht als einzelne bilanzielle Schuld.

Die dritte Bedingung für das Vorliegen einer Schuld setzt zunächst das Prinzip der wirtschaftlichen Betrachtungsweise um, indem nicht auf den rechtlichen, son-

---

841 Vgl. *IASB*, IAS 37 (2004), Par. 10 u. 14 (a); *IASB*, ED IAS 37 (2005), Par. 10 u. 14 f.

842 Vgl. *IASB*, IAS 37 (2004), Par. 14 (c); *IASB*, ED IAS 37 (2005), Par. 11 (b) u. 27 f.

843 Für Eventualschulden wurde in den IFRS bislang der Begriff *contingent liabilities* verwendet (vgl. *IASB*, IAS 37 (2004), Par. 10.), der im Zuge einer Überarbeitung des Standards durch den Ausdruck *contingencies* ersetzt werden soll (vgl. *IASB*, ED IAS 37 (2005), Par. 22 ff.).

844 Vgl. *IASB*, ED IAS 37 (2005), Par. 22 ff.

845 Vgl. hierzu *IASB*, ED IFRS 3 (2005), Par. 35.

846 So *IASB*, IFRS 3 (2004), Par. 37 (c)

847 Vgl. *IASB*, IAS 37 (2004), Par. 27.

dern auf den wirtschaftlichen Gehalt einer Verpflichtung abgestellt wird.[848] Der so genannte Drittschuldcharakter beschränkt darüber hinaus den Umfang der Schulden auf Außenverpflichtungen. Reine Innenverpflichtungen, die lediglich auf Absichten oder Plänen der Unternehmensführung basieren, wie insbesondere die so genannten (echten) Aufwandsrückstellungen, sind hingegen selbst dann vom Schuldbegriff ausgeschlossen, wenn sich das Unternehmen der späteren Auszahlungserwartungen aus wirtschaftlichen Gründen nicht entziehen kann.

Aus dem Kriterium der zuverlässigen Bewertbarkeit folgt, dass gleichermaßen sichere wie unsichere Verpflichtungen in Bezug auf die wirtschaftliche Belastung für das Unternehmen einzubeziehen sind. Die Wahrscheinlichkeit der Inanspruchnahme und damit eines tatsächlichen Zahlungsmittelabflusses in der Zukunft ist insofern erst im Rahmen der Bilanzbewertung zu berücksichtigen.[849]

Im Ergebnis schließt der hier vorgeschlagene Schuldbegriff insbesondere auch Rückstellungen für drohende Verluste aus schwebenden Geschäften, Rückstellungen für Restrukturierungsmaßnahmen, sofern diese eine tatsächliche Außenverpflichtung darstellen,[850] sowie passive Rechnungsabgrenzungsposten ein[851] und folgt darin wiederum dem *asset and liability view* der angelsächsischen Rechnungslegung.

- **Konkrete Passivierungsfähigkeit:**

  Auf der Ebene der konkreten Passivierungsfähigkeit ist zu prüfen, ob der Bilanzansatz der insgesamt möglichen Schuldposten im Rahmen des Zahlungsbemessungsabschlusses gegebenenfalls einzuschränken ist. Während sich für die konkrete Aktivierungsfähigkeit hier vor dem Hintergrund einer vorsichtigen und stärker objektivierten Vermögens- und Erfolgsermittlung eine Reihe von Ansatzverboten ergaben, fällt das Ergebnis für die konkrete Passivierungsfähigkeit deutlich knapper aus. So ist zunächst festzuhalten, dass ein explizites Passivierungsverbot für Selbstverpflichtungen, wie insbesondere (echte) Aufwandsrückstellungen, nicht erforderlich ist, da diese bereits durch das Definitionsmerkmal einer Drittschuldverpflichtung ausgeschlossen sind. Darüber hinaus sind Ansatzvorbehalte in Form von Passivierungseinschränkungen von Rückstellungen für Jubiläumsaufwendungen und Patentrechtsverletzungen sowie von Drohverlustrückstellungen,

---

848 Vgl. auch *Moxter, A.*, Grundsätze ordnungsgemäßer Rechnungslegung (2003), S. 97.

849 So sieht neuerdings auch das IASB vor, die Unsicherheit in Bezug auf den Grund, die Höhe und/oder den zeitlichen Anfall einer Verpflichtung erst im Rahmen der Bilanzbewertung zu berücksichtigen (vgl. *IASB*, ED IAS 37 (2005), Par. 23 u. 35 ff.).

850 Vgl. hierzu auch die Voraussetzungen gemäß *IASB*, ED IAS 37 (2005), Par. 61 ff.

851 So auch STREIM/ESSER für den geltenden Schuldbegriff der IFRS (vgl. *Streim, H./Esser, M.*, IAS/IFRS zur Zahlungsbemessung: Ansatzfragen (StuB 2003), S. 740.).

wie sie etwa im geltenden deutschen Bilanzsteuerrecht vorgesehen sind,[852] im Rahmen des hier vorgeschlagenen Zahlungsbemessungsabschlusses strikt abzulehnen. Dies ergibt sich vor dem Hintergrund, dass es sich um zu erwartende tatsächliche wirtschaftliche Belastungen handelt, die die Definition von Schulden erfüllen und im Rahmen einer vorsichtigen und stärker objektivierten Vermögens- und Erfolgsermittlung zwingend zu berücksichtigen sind.

Einzig für Eventualschulden könnte unter Umständen eine Passivierungseinschränkung im Zahlungsbemessungsabschluss erforderlich sein, da die bestehenden Ermessenspielräume hier möglicherweise zu groß sind. Gleichwohl wird hier der geplanten Vorgehensweise des IASB gefolgt, wonach Unsicherheit bezüglich des Grundes und/oder der Höhe einer Schuld erst im Rahmen der Bilanzbewertung zu berücksichtigen ist.[853] Zusammenfassend ergeben sich daher **keine Ansatzverbote im Rahmen der konkreten Passivierungsfähigkeit**; mögliche Einschränkungen sind hier vielmehr auf der Ebene der Bilanzbewertung zu prüfen.

Nachdem damit konkrete Vorschläge für den Bilanzansatz von Aktiva und Passiva im Rahmen des Zahlungsbemessungsabschlusses unterbreitet wurden, ist im Folgenden die Bilanzbewertung zu klären.

C. Reform der Bilanzbewertung

Hinsichtlich der Reform der Bilanzbewertung soll dem üblichen zweistufigen Bewertungsschema von Rechnungslegungssystemen gefolgt werden, wonach zwischen der erstmaligen Bewertung und der Folgebewertung von Vermögenswerten und Schulden unterschieden wird.

1. Erstmalige Bewertung

Im Rahmen der erstmaligen Bewertung[854] wird den ansatzpflichtigen Vermögenswerten und Schulden zum Zeitpunkt ihres Zugangs beim Bilanz erstellenden Unternehmen ein Wert beigemessen. Der Zugang von Vermögenswerten erfolgt dabei regelmäßig im Zuge eines Anschaffungs- oder Herstellungsprozesses gegen Entgelt, kann aber auch aus einer unentgeltlichen Übertragung resultieren (zum Beispiel im

---

852 Vgl. § 5 Abs. 3-4b EStG.

853 Hierzu bemerken LÜDENBACH/HOFFMANN prägnant, dass „die Betrachtung dem Grunde nach nur die spezielle und aggregierte Form der Betrachtung der Höhe nach darstellt“, und leiten einen „Vorrang der Bewertung als der allgemeineren Betrachtungsweise“ ab (*Lüdenbach, N./Hoffmann, W.-D.*, Imparitätische Wahrscheinlichkeit (KoR 2003), S. 8.).

854 Im Schrifttum werden zum Teil auch abweichende Bezeichnungen verwandt, etwa „Feststellung der primären Wertarten“ (*Sigloch, J.*, Rechnungslegung (2007), S. 151) oder „Zugangsbewertbarkeit“ (*Moxter, A.*, Grundsätze ordnungsgemäßer Rechnungslegung (2003), S. 82.).

Schenkungs- oder Erbfall). Dies gilt analog für Schulden. Der Schwerpunkt der folgenden Darstellung liegt jedoch auf Vermögenswerten.

Allgemein lässt sich aus dem Grundsatz der Einzelabbildung folgern, dass Vermögenswerte und Schulden im Regelfall einzeln zu bewerten sind. Lediglich in Ausnahmefällen kommt eine Durchbrechung des Einzelbewertungsgrundsatzes in Frage (zum Beispiel im Rahmen der Bildung von Bewertungseinheiten für Hedgepositionen[855] oder Kuppelprodukte sowie bei der Anwendung von Bewertungsvereinfachungsverfahren für Güter des Vorratsvermögens). Ferner wird eine Anwendung des Konzepts Zahlungsmittel generierender Einheiten (*cash-generating units*), wie es in bestimmten Fällen in der internationalen Rechnungslegung vorgesehen ist,[856] für Zwecke der Bilanzbewertung abgelehnt, da es zum einen der geforderten Einzelabbildung zuwiderlaufen würde. Zum anderen wäre dieses Konzept mit der für die Zahlungsbemessungsfunktion notwendigen stärkeren Objektivierung nur schwer vereinbar.

Als **Ausgangswerte** für die erstmalige Bewertung sowohl von entgeltlich erworbenen als auch von selbst geschaffenen (originären) Bilanzgütern fungieren die **historischen Kosten** (*historical costs*), die sich für Vermögenswerte als Anschaffungs- oder Herstellungskosten und für Schulden als Rückzahlungsbeträge konkretisieren.[857] Gemäß der Bewertungshypothese gilt dabei die widerlegbare Vermutung, dass die historischen Kosten eines aktiven (passiven) Bilanzguts im Zugangszeitpunkt zugleich seinem beizulegenden Zeitwert entsprechen oder diesen approximieren.[858] Mit anderen Worten bilden die historischen Kosten bei rationaler Betrachtung denjenigen Wert ab, den ein Unternehmen aus einem Vermögenswert mindestens in Form von künftigen Einzahlungen oder aus einer Schuld höchstens in Form von künftigen Auszahlungen erwartet;[859] sie stellen daher bereits eine erste vorsichtige

---

855 Vgl. hierzu etwa *Herzig, N.*, Derivatebilanzierung, in: *Fischer, T./Hömberg, R. (Hrsg.)*, Festschrift Baetge (1997), S. 41 ff.

856 Unter einer Zahlungsmittel generierenden Einheit versteht man die kleinste abgrenzbare Gruppe von Vermögenswerten, der isolierbare Zahlungsüberschüsse zurechenbar sind (vgl. zur Definition *IASB*, IAS 36 (2004), Par. 6.). Die Bildung und Zugrundelegung von Zahlungsmittel generierenden Einheiten erfolgt nach den IFRS und US-GAAP im Rahmen von Unternehmenserwerben bei der Allokation eines derivativen Goodwills sowie allgemein im Rahmen der Werthaltigkeitsprüfung (*impairment test*) von Vermögenswerten (vgl. *IASB*, IAS 36 (2004), Par. 80 ff. u. 66 ff.). Zur neueren Tendenz einer Bildung von Vermögenseinheiten in der US-amerikanischen Rechnungslegung vgl. bereits *Baetge, J. u. a.*, Außerplanmäßige Abschreibung (BB 2000), S. 2459 ff.

857 Hierdurch wird zugleich das Anschaffungswertprinzip als spezieller Zahlungsbemessungsgrundsatz des obigen Referenzrahmens umgesetzt.

858 Kleinere Wertunterschiede können sich insbesondere durch Transaktionskosten ergeben, während größere Wertabweichungen auf Informationsasymmetrien oder unterschiedliche Wertschätzungen von Gütern hindeuten.

859 Vgl. *Sigloch, J.*, Rechnungslegung (2007), S. 151.

Schätzung des (Einzel-)Ertragswerts eines Bilanzguts dar.[860] Allerdings kann es bei langfristigen Vermögenswerten und Schulden – etwa bei langfristigen Ausleihungen oder Forderungen und Schulden – aufgrund von Zinseffekten zu erheblichen Abweichungen zwischen dem Zugangswert und dem beizulegenden Zeitwert in Form des Barwerts kommen. In einem solchen Fall erscheint daher eine erstmalige Bewertung zum **beizulegenden Zeitwert** mit späterer zinsanteiliger Zuschreibung geboten, um dem Zeitwert des Geldes (*time value of money*) sowie dem eingegangenen Risiko adäquat Rechnung zu tragen. Dieses Vorgehen ist international üblich[861] und auch im deutschen Steuerbilanzrecht vom Abzinsungsgebot für langfristige Verbindlichkeiten und Rückstellungen[862] sowie von der Nettobilanzierung von Nullkuponanleihen[863] her bekannt. Fehlt eine explizite Zinsvereinbarung bei einem langfristigen Vermögenswert oder einer Schuld, so ist anstelle einer unternehmensspezifischen Ermittlung des Diskontierungszinssatzes aus Objektivierungsgründen im Rahmen des Zahlungsbemessungsabschlusses eine allgemeine Festlegung (Konvention) erforderlich. Eine erste Orientierung hierfür bietet das Steuerrecht, das etwa für Pensionsrückstellungen einen Rechnungszinssatz von 6% und für sonstige langfristige Schulden einen Zinssatz von 5,5% vorschreibt.[864]

Der Umfang der **Anschaffungskosten** sollte sich für entgeltlich erworbene Vermögenswerte wie in der geltenden deutschen Rechnungslegung nach den Einzelkosten des Erwerbs zuzüglich eventueller Nebenkosten bemessen.[865] Entgegen der bisheri-

860 So auch *Ordelheide, D.*, Kaufmännischer Periodengewinn, in: *Domsch, M. u. a. (Hrsg.)*, Festschrift Busse von Colbe (1988), S. 280.

861 Vgl. etwa *IASB*, IAS 37 (2004), Par. 45 ff. sowie *IASB*, ED IAS 37 (2005), Par. 38 ff.

862 Vgl. § 6 Abs. 1 Nr. 3 u. 3a EStG sowie *BMF*, Schreiben v. 26.05.2005. Demgegenüber gilt im Handelsbilanzrecht für langfristige Rückstellungen gemäß § 253 Abs. 1 Satz 2 HGB noch immer ein Abzinsungsverbot, es sei denn, dass eine explizite Zinsvereinbarung getroffen wurde.

863 Abweichend von der gesetzlichen Regelung in § 250 Abs. 3 HGB sind Nullkuponanleihen oder Zerobonds auch im Handelsbilanzrecht nicht zum Rückzahlungsbetrag unter Aktivierung eines Disagios (Bruttomethode), sondern zum Verfügungsbetrag bei jährlicher Zinszuschreibung (Nettomethode) auszuweisen (vgl. ausführlich *Sigloch, J.*, Rechnungslegung (2007), S. 346 f. u. 394.).

864 Vgl. § 6a Abs. 3 Satz 3 EStG beziehungsweise § 6 Abs. 1 Nr. 3 u. 3a EStG. Hierbei ist allerdings zu beachten, dass der zu verwendende Rechnungszinssatz nicht zu hoch gewählt werden darf, da die Vermögenswerte und Schulden sonst nicht in vollem Umfang bilanziert werden. So weisen etwa deutsche Unternehmen in ihren nach internationalen Bilanzregeln erstellten Konzernabschlüssen aktuell zu niedrige Pensionsverpflichtungen aus, da mit zu hohen Zinssätzen diskontiert wurde (vgl. *Hussla, G.*, Pensionslasten (HB v. 08.12.2005), S. 34.).

865 Vgl. § 255 Abs. 1 HGB sowie *Streim, H./Esser, M.*, IAS/IFRS zur Zahlungsbemessung: Bewertungsfragen (StuB 2003), S. 782.

gen Vorgehensweise empfiehlt sich jedoch eine explizite Ansatzpflicht für zurechenbare Fremdkapitalzinsen, da auch diese Nebenkosten des Erwerbs darstellen.[866]

Die Bilanzbewertung selbst erstellter Vermögenswerte richtet sich demgegenüber nach den **Herstellungskosten**, deren Abgrenzung im bisherigen deutschen Handelsbilanzrecht weitgehende Ermessensspielräume für das bilanzierende Unternehmen eröffnet. So kann der Umfang der Herstellungskosten gemäß § 255 Abs. 2-4 HGB von den Einzelkosten als Wertuntergrenze bis zu den Vollkosten als Wertobergrenze frei gewählt werden;[867] lediglich das Stetigkeitsgebot ist zu beachten. Dieses Wertansatzwahlrecht ist im Rahmen einer Reform der deutschen Rechnungslegung aufzuheben und durch eine Pflichtregelung zu ersetzen. In Anlehnung an die internationale Rechnungslegungspraxis wird hier für eine Bewertung zu Vollkosten plädiert. Zwar lassen sich gewichtige theoretische Argumente auch für eine Bewertung zu Teilkosten im Sinne von variablen Kosten finden,[868] doch approximieren Vollkosten den beizulegenden Zeitwert eines Vermögenswerts besser[869] und führen in der Folge zu einem realistischeren Vermögens- und Erfolgsausweis im Rahmen einer umfassenden Rechnungslegung. Da jedoch auch hinsichtlich des Umfangs der Vollkosten unterschiedliche Vorstellungen bestehen, ist eine genauere Festlegung erforderlich. Hierzu wird vorgeschlagen, wie in der internationalen Rechnungslegung die **produktionsbezogenen Vollkosten** zugrunde zu legen, die neben den Einzelkosten auch die variablen

---

866 Demzufolge sehen die IFRS in ihrer geltenden Regelung unter bestimmten Bedingungen ein Ansatzwahlrecht für Fremdkapitalkosten vor (vgl. *IASB*, IAS 16 (2004), Par. 22 i. V. m. *IASB*, IAS 23 (2004), Par. 7 u. 10 f.). Jüngste Konvergenzbemühungen des IASB und FASB deuten jedoch ebenfalls in Richtung einer baldigen Aktivierungspflicht anteiliger Fremdkapitalkosten (vgl. *IASB*, Update (October 2005), S. 2.).

867 Im Bilanzsteuerrecht wird hingegen mit einer zwingenden Bewertung zu Vollkosten mit nur wenigen Wahlrechten eine höhere Wertuntergrenze statuiert (vgl. R 6.3 EStR).

868 So wird im Rahmen einer marginalanalytischen Betrachtung unmittelbar deutlich, dass eine Bewertung zu Vollkosten lediglich im Falle ausgelasteter Kapazitäten die Opportunitätskosten oder den Grenzabsatzpreis eines Unternehmens widerspiegelt. Bei freien Kapazitäten wird ein Unternehmen hingegen auch bereit sein, zu Grenzkosten im Sinne von variablen Kosten zu produzieren. Eine Bewertung zu variablen Kosten, wie sie noch im Aktiengesetz 1965 vorgesehen war, weist darüber hinaus den Vorzug auf, dass die Höhe des Periodenerfolgs stets unabhängig von der Lagerproduktion ist, so dass das Problem einer (temporären) Gewinnerhöhung durch „Silvesterproduktion" vermieden wird (vgl. hierzu *Siegel, T.*, Vollkostenrechnung (WiSt 1981), S. 390 ff. u. *Siegel, T.*, Herstellungskosten und Einkommensmessung, in: *Meffert, H./Krawitz, N. (Hrsg.)*, Festschrift Börner (1998), S. 151 ff.). Schließlich kann eine Bewertung zu variablen Kosten das Problem der „Gemeinkostenschlüsselung" zumindest für Zwecke der externen Rechnungslegung umgehen.

869 So wird ein Unternehmen im Einkaufspreis für einen angeschafften Vermögenswert regelmäßig auch anteilige Gemeinkosten vergüten. Zu diesem Argument, das auf eine Entscheidungsneutralität hinsichtlich der Bewertung von angeschafften und hergestellten Gütern abstellt, vgl. auch *Streim, H./Esser, M.*, IAS/IFRS zur Zahlungsbemessung: Bewertungsfragen (StuB 2003), S. 782.

und fixen Gemeinkosten des Herstellungsprozesses einschließen.[870] Das dabei entstehende Problem der „Gemeinkostenzurechnung", die per Definition nie verursachungsgerecht sein kann, ist letztlich in Kauf zu nehmen und im Wege einer nachprüfbaren, auf Konventionen basierenden Kostenrechnung zu „lösen". Für selbst verursachte Schulden (insbesondere Rückstellungen) sind im Falle von Sachleistungsverpflichtungen analog die Herstellungskosten heranzuziehen; für Geldleistungsverpflichtungen ist ein Schätzwert erforderlich, der entgegen dem geltenden Recht nicht „nach vernünftiger kaufmännischer Beurteilung"[871], das heißt im Zweifel vorsichtig, sondern auf Basis des Erwartungswertprinzips zu ermitteln ist.

Während für entgeltlich erworbene und selbst erstellte Vermögenswerte Auszahlungen getätigt werden, die als Grundlage für die Bilanzbewertung herangezogen werden können, fehlen derartige Ausgangswerte für **unentgeltlich zugegangene Vermögenswerte und Schulden** völlig. Gleichwohl darf auf eine bilanzielle Berücksichtigung auch dieser Güter keineswegs verzichtet werden, da auch sie die Definitionen eines Vermögenswerts und einer Schuld erfüllen und für die Vermittlung eines True and fair view unerlässlich sind. So deutet bereits das Definitionsmerkmal der zuverlässigen Bewertbarkeit eines Vermögenswerts oder einer Schuld an, dass nicht notwendigerweise ein entgeltlicher Erwerbsvorgang vorliegen muss. Im Falle des unentgeltlichen Erwerbs, wie zum Beispiel durch Schenkung, Erbschaft oder staatliche Zuwendung, ist für Zwecke der Bilanzbewertung sodann auf den **beizulegenden Zeitwert** (Fair Value) zurückzugreifen, der insofern als Surrogat für den nicht vorhandenen Auszahlungswert fungiert. Da die Wertermittlung des beizulegenden Zeitwerts im Rahmen des Informationsabschlusses eine zentrale Bedeutung erlangt und in diesem Zusammenhang ausführlich behandelt werden soll, kann an dieser Stelle auf die einschlägigen Ausführungen verwiesen werden.[872] Die erstmalige Bewertung von Vermögenswerten lässt sich damit wie folgt zusammenfassen:

---

[870] Vgl. z. B. *IASB*, IAS 16 (2004), Par. 16 ff sowie *Streim, H./Esser, M.*, IAS/IFRS zur Zahlungsbemessung: Bewertungsfragen (StuB 2003), S. 781 f.

[871] § 253 Abs. 1 Satz 2 HGB.

[872] Vgl. S. 224 ff. dieser Arbeit.

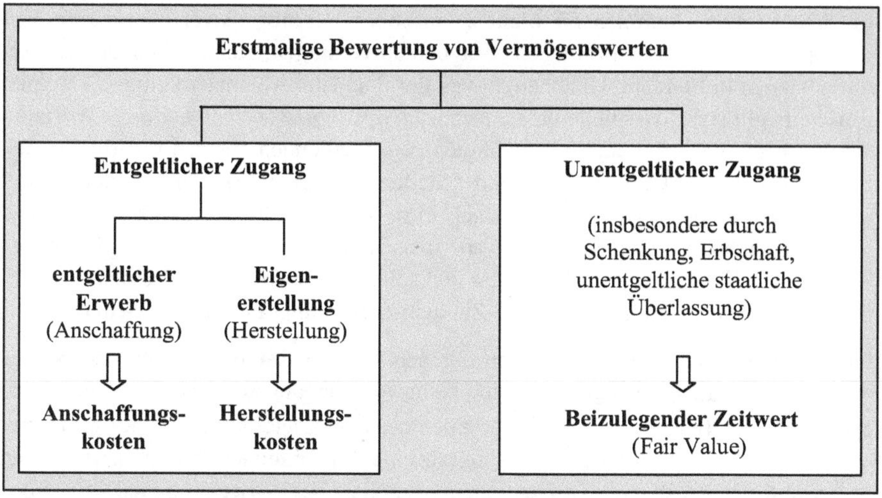

Abb. 43: Erstmalige Bewertung von Vermögenswerten

Im Ergebnis kann festgehalten werden, dass die historischen Kosten auch weiterhin den Regelmaßstab für die erstmalige Bilanzbewertung von Vermögenswerten und Schulden im Zahlungsbemessungsabschluss darstellen, während beizulegende Zeitwerte nur in Einzelfällen zum Tragen kommen.[873]

2. Folgebewertung

Im Rahmen der Folgebewertung[874] von Bilanzgütern erlangt vor allem die Unterscheidung zwischen abnutzbaren und nichtabnutzbaren Vermögenswerten zentrale Bedeutung.[875] Während **abnutzbares Anlagevermögen** planmäßigen Abschreibungen unterliegt, welche die historischen Kosten systematisch auf die erwartete wirtschaftliche Nutzungsdauer verteilen und zugleich dem regelmäßigen Wertverzehr

[873] Demgegenüber zeichnet sich in der internationalen Rechnungslegung eine neue Entwicklung ab, den beizulegenden Zeitwert (Fair Value), verstanden als hypothetischen Marktpreis, zum Regelmaß der erstmaligen Bilanzbewertung zu erheben und im Rahmen einer Bewertungshierarchie nur noch im Ausnahmefall auf die historischen Kosten zurückzugreifen (vgl. *IASB*, Discussion Paper „Measurement Bases" (2005), S. 13 u. 66 f.). Mag diese Entwicklung aus der Perspektive der Informationsfunktion zwar verständlich sein, ist sie im Rahmen der Zahlungsbemessungsfunktion hingegen strikt abzulehnen, da hier die Transaktionsorientierung und pagatorische Fundierung der Rechnungslegung aufgegeben werden und damit eine weitere Entobjektivierung Raum greift.

[874] Im Schrifttum finden sich hierfür auch die Begriffe „sekundäre Wertarten" (*Sigloch, J.*, Rechnungslegung (2007), S. 151.) oder „Folgebewertbarkeit" (*Moxter, A.*, Grundsätze ordnungsgemäßer Rechnungslegung (2003), S. 85.).

[875] Diese Unterscheidung spielt auch im Rahmen der Diskussion zur Folgebewertung des Goodwills eine wichtige Rolle.

Rechnung tragen, kommen für **nicht abnutzbare Vermögenswerte**, wie zum Beispiel Grundstücke, Finanzanlagen und Umlaufvermögen, keine planmäßigen Abschreibungen in Betracht. Unabhängig von der Frage der Abnutzbarkeit eines Vermögenswerts gilt stets, dass ungeplante, technisch oder wirtschaftlich bedingte Wertminderungen im Wege von außerplanmäßigen Abschreibungen auf den niedrigeren beizulegenden Zeitwert zu erfassen sind (**Niederstwertprinzip**). Für Schulden greift analog das **Höchstwertprinzip**, wonach diese auf einen über dem Rückzahlungsbetrag liegenden beizulegenden Zeitwert zuzuschreiben sind. Beide Prinzipien stellen Unterformen des Imparitätsprinzips dar und sollen eine vorsichtige, das heißt verlustfreie Folgebewertung im Rahmen des Zahlungsbemessungsabschlusses sicherstellen.

Für das abnutzbare Anlagevermögen ergeben sich im Rahmen der umzusetzenden Rechnungslegungsreform grundsätzlich keine Abweichungen gegenüber dem geltenden deutschen Bilanzrecht.[876] Aus Gründen der Objektivierung und Operationalisierung wird daher im Zahlungsbemessungsabschluss insbesondere befürwortet, wie im gegenwärtigen Recht auf Konventionen bezüglich der wirtschaftlichen Nutzungsdauern einzelner Kategorien von Vermögenswerten zurückzugreifen;[877] im Einzelfall muss allerdings bei entsprechender Begründung auch eine Abweichung von der typisierten zugunsten einer unternehmensspezifischen Nutzungsdauer möglich sein. Die weitere bilanzielle Behandlung von planmäßigen Abschreibungen bei Vermögenswerten sowie von Amortisationszahlungen (Tilgungen) bei Schulden kann an dieser Stelle als bekannt vorausgesetzt werden.

Hinsichtlich der Berücksichtigung außerplanmäßiger Abschreibungen ist demgegenüber abweichend vom geltenden Recht das so genannte **strenge Niederstwertprinzip** als allgemeine Bewertungsnorm einzuführen,[878] wonach eine außerplanmäßige Abschreibung auf den niedrigeren beizulegenden Zeitwert unabhängig von der erwarteten Dauer der Wertminderung vorzunehmen und erfolgsmindernd zu verbuchen

---

876 Vgl. § 253 Abs. 1 u. 2 HGB; § 6 Abs. 1 i. V. m. § 7 EStG. Die bilanzielle Folgebehandlung des Geschäfts- oder Firmenwerts kann an dieser Stelle ausgeblendet werden und ist vielmehr im Fünften Teil ausführlich zu klären.

877 Vgl. hierzu die amtlichen AfA-Tabellen der Finanzverwaltung.

878 So sieht das Handelsbilanzrecht das strenge Niederstwertprinzip lediglich im Umlaufvermögen vor (§ 253 Abs. 3 HGB), während im Anlagevermögen das so genannte gemilderte Niederstwertprinzip mit einem Wahlrecht zur außerplanmäßigen Abschreibung bei temporären Wertminderungen gilt (§ 253 Abs. 2 HGB). Letzteres ist für Kapitalgesellschaften und gleichgestellte haftungsbeschränkte Personengesellschaften allerdings auf den Bereich des Finanzanlagevermögens beschränkt (§ 279 Abs. 1 Satz 2 HGB). Im Steuerrecht gilt über das Maßgeblichkeitsprinzip eine Pflicht zur Abschreibung auf den niedrigeren Teilwert nur bei voraussichtlich dauernder Wertminderung (§ 6 Abs. 1 Nr. 1 u. 2 EStG); bei vorübergehenden Wertminderungen ist eine Teilwertabschreibung hingegen seit 1999 verboten. Der Teilwert in der Steuerbilanz wird allgemein als deckungsgleich mit dem Tageswert in der Handelsbilanz angesehen (vgl. *Beiser, R.*, Teilwert (DStR 2002), S. 1777 m. w. N.). Zur Kritik an der Einschränkung der Teilwertabschreibung vgl. z. B. *Küting, K./Kessler, H.*, Verluste werden negiert (FAZ v. 16.11.1998).

ist.[879] Dieser Vorschlag ist bereits in der internationalen Rechnungslegung umgesetzt[880] und weist den Vorzug auf, dass auf die nicht unproblematische Grenzziehung zwischen einer voraussichtlich dauerhaften und einer lediglich vorübergehenden Wertminderung verzichtet werden kann.[881] Gleichzeitig ist jedoch ein **strenges Wertaufholungsgebot** zu verankern, um eine vorherige Wertminderung bei einer Erholung des beizulegenden Zeitwerts unmittelbar ergebniswirksam korrigieren zu können. Für die in der Folge vorzunehmenden Zuschreibungen gelten im Zahlungsbemessungsabschluss stets die fortgeführten historischen Kosten als Wertobergrenze. Während hierüber auch im geltenden Recht Einigkeit besteht, ist im Schrifttum umstritten, ob eine Wertaufholung den Wegfall der ursprünglich maßgebenden Gründe für die außerplanmäßige Abschreibung erfordert oder nicht. So verweist eine Reihe von Autoren auf den Wortlaut der entsprechenden handelsrechtlichen Vorschrift, der die Notwendigkeit eines Wegfalls der tatsächlichen Gründe nahe zu legen scheint;[882] zudem bestehe andernfalls die Gefahr der Erfassung inflationärer Wertsteigerungen, weshalb eine Wertaufholung unabhängig von der Werterholungsursache abzulehnen sei.[883] Andere, nicht weniger gewichtige Vertreter des bilanzrechtlichen Schrifttums betonen demgegenüber die zutreffende Darstellung der Vermögenslage als Funktion der Wertaufholung[884] sowie die Tatsache, dass für eine niedrigere Folgebewertung ausschließlich die Verhältnisse des Abschlussstichtages[885] maßgebend seien. Zwar wird die Gefahr inflationärer Preissteigerungen ebenfalls gesehen, doch spreche die allgemeine Festlegung der Rechnungslegung auf das Nominalprinzip gegen einen Nichtausweis inflationärer „Scheingewinne", da diese system-

879 Diesen Schluss legt auch die Analyse von LÜDENBACH/HOFFMANN nahe, die jeglichen Versuch einer Objektivierung des gemilderten Fair-Value- oder Niederstwertprinzips als unmöglich einstufen (vgl. *Lüdenbach, N./Hoffmann, W.-D.*, Gemildertes Fair-Value-Prinzip (DB 2004), S. 89.).

880 Vgl. *IASB*, IAS 36 (2004), Par. 59 ff. u. BCZ95 ff. Das IASB spricht hier von einem Niederstwertprinzip auf Basis eines wirtschaftlichen Kriteriums (vgl. *IASB*, IAS 36 (2004), Par. BCZ105 ff.).

881 Zur Abgrenzung der Dauerhaftigkeit einer Wertminderung im deutschen (Steuer-)Bilanzrecht vgl. insbesondere *BMF*, Schreiben v. 25.02.2000 sowie die kritischen Anmerkungen in *Dietrich, J.*, Teilwertabschreibung (DStR 2000), S. 1629 ff. Eine kritische Analyse des gemilderten Niederstwertprinzips für Finanzanlagen mit einem internationalen Vergleich findet sich bei *Lüdenbach, N./Hoffmann, W.-D.*, Gemildertes Fair-Value-Prinzip (DB 2004), S. 85 ff.

882 So heißt es in § 280 Abs. 1 Satz 1 HGB, „daß die Gründe dafür nicht mehr bestehen".

883 Vgl. *Biener, H.*, Konzerne (1979), S. 128; *Küting, K./Zündorf, H.*, in: *Küting, K./Weber, C.-P. (Hrsg.)*, Handbuch der Rechnungslegung (2002/2006), § 280, Rn. 11; *Hofbauer, M.*, in: *Hofbauer, M./Kupsch, P. (Hrsg.)*, Bonner Handbuch der Rechnungslegung (1986/2006), § 280 HGB, Rn. 6.

884 Vgl. *Taetzner, T./Winkeljohann, N.*, in: *Ellrott, H. u. a. (Hrsg.)*, Beck'scher Bilanz-Kommentar (2006), § 280, Rn. 6.

885 Vgl. *Adler, H./Düring, W./Schmaltz, K. (Hrsg.)*, Rechnungslegung und Prüfung (1995/2000), § 280 HGB, Anm. 13.

immanent seien.[886] Schließlich wird eine Differenzierung nach den Gründen für eine Wertaufholung aus praktischen Überlegungen abgelehnt, da die Ursachen für eine außerplanmäßige Abschreibung regelmäßig weder detailliert erfasst würden noch in der Folgezeit überprüfbar seien.[887] Weitere Hinweise für eine abschließende Beurteilung liefert einmal mehr das Steuerrecht, das sich klar für eine Wertaufholung unabhängig von den Gründen der Wertsteigerung ausspricht.[888] In der Tat kommt es bei rein wirtschaftlicher Betrachtung ausschließlich auf die Höhe des beizulegenden Zeitwerts als Maß für den erwarteten künftigen Nutzen eines Guts und nicht auf die konkreten Gründe für die Wertaufholung an. Insofern ist der letztgenannten Auffassung zuzustimmen und ein striktes Wertaufholungsgebot unabhängig von der Werterholungsursache zu fordern. Inwiefern jedoch für den Goodwill gegebenenfalls besondere Regeln zu vereinbaren sind, wird im späteren Verlauf der Arbeit noch zu untersuchen sein.[889]

Im Ergebnis stärkt das hier vorgeschlagene Wertaufholungsgebot sowohl den Grundsatz der Leistungsfähigkeit der Besteuerung als auch die Informationsfunktion der Rechnungslegung.[890] Erfreulicherweise ist eine strenge Wertaufholung in Deutschland inzwischen zumindest weitgehend umgesetzt[891] und lässt sich auch in der internationalen Rechnungslegung – wenngleich mit Ausnahmen – nachweisen.[892]

---

886 Vgl. *Herzig, N.*, Wertaufholungsgebot (WPg 1999), S. 311.

887 Vgl. *Taetzner, T./Winkeljohann, N.*, in: *Ellrott, H. u. a. (Hrsg.)*, Beck'scher Bilanz-Kommentar (2006), § 280, Rn. 6.

888 Dies ergibt sich bereits aus dem abweichenden Wortlaut der einschlägigen Vorschrift in § 6 Abs. 1 Nr. 1 Satz 4 EStG. Vgl. auch *Herzig, N.*, Wertaufholungsgebot (WPg 1999), S. 311.

889 Vgl. hierzu S. 272 im Fünften Teil. Für immaterielle Werte spielt die Trennung zwischen originären und derivativen Werte traditionell eine besondere Bedeutung im Rahmen der Rechnungslegung. Bei genauerer Betrachtung stellt sich dieses Problem jedoch nur für den Goodwill, da bei immateriellen Einzelwerten ein Übergang von derivativen in originäre Güter kaum vorstellbar ist (vgl. im Einzelnen S. 256 ff.).

890 Vgl. *Herzig, N.*, Wertaufholungsgebot (WPg 1999), S. 315.

891 So ist seit dem Steuerentlastungsgesetz 1999/2000/2002 ein generelles Wertaufholungsgebot im deutschen Steuerbilanzrecht verankert (vgl. § 6 Abs. 1 Nr. 1 Satz 4, Nr. 2 Satz 3 sowie explizit § 7 Abs. 1 Satz 7 EStG.). Im Handelsbilanzrecht gilt dies jedoch gemäß § 280 Abs. 1 HGB nur für Kapitalgesellschaften und gleichgestellte Personengesellschaften, während für alle übrigen Kaufleute noch immer ein Wertaufholungswahlrecht besteht (§ 253 Abs. 5 HGB), so dass für diese Unternehmen im Ergebnis die Möglichkeit einer fakultativen Durchbrechung der Maßgeblichkeit besteht.

892 Vgl. *IASB*, IAS 36 (2004), Par. 114 ff. u. BCZ184 ff. Eine wichtige Ausnahme hiervon stellt der Goodwill dar, für den gemäß Par. 124 ein Wertaufholungsverbot gilt (vgl. ausführlich hierzu S. 119 dieser Arbeit.). Während die IFRS demnach bei Vermögenswerten und Zahlungsmittel generierenden Einheiten im Regelfall Zuschreibungen bis zur Höhe der fortgeführten historischen Kosten vorsehen, lassen die US-GAAP entgegen aller Systematik grundsätzlich keine Wertaufholungen zu. So ordnet etwa der Standard SFAS 144 ohne nähere Begründung (!) an: „Restoration of a previously recognized impairment loss is prohibited." (*FASB*, SFAS 144 (2001), Par. 15.).

In der Darstellung und Diskussion der Folgebewertung wurde bisher bewusst offen gelassen, wie der beizulegende Zeitwert oder Fair Value eines Vermögenswerts oder einer Schuld im Rahmen des Imparitätsprinzips zu ermitteln ist. Da jedoch der „imparitätische Fair Value“ für den Zahlungsbemessungsabschluss auf Basis der gleichen Regeln wie der „Full Fair Value“ für den Informationsabschluss ermittelt wird,[893] kann hier für die Wertermittlung auf die entsprechenden Ausführungen zum Informationsabschluss verwiesen werden.[894] Allgemein ist jedoch bereits an dieser Stelle festzuhalten, dass im Rahmen der Folgebewertung gemäß dem Going-concern-Grundsatz in der Regel von einer Fortführung der Unternehmenstätigkeit und nicht von einer Unternehmensliquidation[895] auszugehen ist und sich die Ermittlung des beizulegenden Zeitwerts insofern daran zu orientieren hat.

D. Zahlungsbemessungs-Gewinn- und Verlustrechnung

Im Unterschied zur Bilanz ergeben sich im Bereich der Gewinn- und Verlustrechnung des reformierten Zahlungsbemessungsabschlusses nur geringfügige Änderungen gegenüber der derzeitigen Rechtslage. Aus der konsequenten Anwendung des **Realisationsprinzips**, nach dem Gewinne erst im Zeitpunkt des Übergangs der wirtschaftlichen Verfügungsmacht zu berücksichtigen sind, folgt im Umkehrschluss ein Nichtausweis unrealisierter Gewinne in der Zahlungsbemessungs-Gewinn- und Verlustrechnung. Dies gilt auch für den Fall langfristiger Fertigungsaufträge. So dürfen bei Projekten mit mehrperiodiger Fertigung während der Fertigungsdauer lediglich die produktionsbezogenen Vollkosten als Herstellungskosten aktiviert werden. Eine Realisation von Teilgewinnen ist hingegen nur bei tatsächlich abgenommenen und abrechenbaren Teilleistungen vorzunehmen. Im Ergebnis kommt es ceteris paribus bis zur abschließenden Übergabe des langfristigen Fertigerzeugnisses in Höhe der nicht aktivierbaren Kosten zu einem zwischenzeitlichen Verlustausweis, der jedoch in Kauf zu nehmen ist und den externen Rechnungslegungsadressaten unter Hinweis auf den längerfristigen Produktionszyklus des Unternehmens erklärt werden kann.

Der Saldo der Zahlungsbemessungs-Gewinn- und Verlustrechnung wird als **Jahreserfolg (1)** bezeichnet und gleicht weitgehend dem traditionellen Jahresüberschuss oder -verlust; Ergebnisunterschiede ergeben sich freilich aus den oben postulierten Bilanzansatz- und Bilanzbewertungsänderungen. Gemäß dem Kongruenzprinzip entspricht der Jahreserfolg (1) zugleich der Veränderung des Eigenkapitals, die nicht auf Einlagen und Entnahmen basiert. Nach Abzug der Ertragsteuern dient der Jahres-

---

893 Grundlegend zu dieser begrifflichen Unterscheidung vgl. *Baetge, J./Zülch, H.*, Fair Value-Accounting (BFuP 2001), S. 545 ff.

894 Vgl. S. 224 ff.

895 Für den Fall einer Abkehr vom Going-concern-Grundsatz vgl. *IDW*, ERS HFA 17 (2004).

erfolg (1) als Basis für die Bemessung von Ausschüttungen an die Eigentümer des Unternehmens.

Hinsichtlich der Struktur der Gewinn- und Verlustrechnung kann auf die einschlägigen Grundsätze zur Gewinngliederung und Erfolgsspaltung zurückgegriffen werden, die hier nicht ausgeführt werden sollen.[896] Als Darstellungsformat bietet sich schließlich das Umsatzkostenverfahren an, das in der internationalen Rechnungslegungspraxis üblich ist und im Vergleich zum Gesamtkostenverfahren eine absatzmarktorientierte Ergebnisanalyse des Unternehmens ermöglicht.[897]

Nachdem die Reformvorschläge zum Zahlungsbemessungsabschluss im Einzelnen dargelegt wurden, ist im Folgenden die Ausgestaltung des Informationsabschlusses zu konkretisieren.

III. Ausgestaltung eines umfassenden Informationsabschlusses

A. Vorüberlegungen

Während der Wert des Eigenkapitals eines Unternehmens im Zahlungsbemessungsabschluss in Folge des Vorsichtsprinzips und des höheren Objektivierungsgrades als vorsichtig geschätzter Konventionswert ermittelt wird, ist der Informationsabschluss einer umfassenden Rechnungslegung speziell auf die möglichst weitgehende **Approximation des Unternehmenswerts** ausgerichtet.[898] Da eine umfassende Informationsvermittlung in dieser Form vorrangig für die aktuellen und potentiellen Anteilseigner von Publikumsgesellschaften notwendig und zweckmäßig erscheint, ist der Informationsabschluss nur von kapitalmarktorientierten Unternehmen[899] und Unternehmen von besonderer volkswirtschaftlicher Bedeutung[900] zwingend als **Erweiterungs- oder Zusatzrechenwerk** zum Zahlungsbemessungsabschluss aufzustellen.

---

896 Vgl. z. B. *Coenenberg, A.*, Jahresabschluss (2005), S. 478 ff.

897 Dies ergibt sich aus der Tatsache, dass den jeweiligen Umsatzerlösen nach Produktgruppen die dazu aufgewendeten Umsatzkosten gegenübergestellt und somit die Ergebnisse je Produktgruppe ersichtlich werden. Vgl. ausführlich *Coenenberg, A.*, Jahresabschluss (2005), S. 479 ff.

898 Ähnlich auch *Pellens, B./Fülbier, R.*, Rechnungslegungsregulierung (ZGR 2000), S. 584; *Löhr, D.*, IAS (IFRS) versus HGB (StuB 2003), S. 646; *Streim, H. u. a.*, Theoretische Fundierung, in: *Schmidt, H. u. a. (Hrsg.)*, Festschrift Stützel (2001), S. 192; *Streim, H. u. a.*, Fair Values (BFuP 2003), S. 472.

899 Hierunter werden all jene Unternehmen verstanden, die den organisierten (Kapital-)Markt im Sinne des § 2 Abs. 5 WpHG durch die Ausgabe von Wertpapieren im Sinne des § 2 Abs. 1 WpHG in Anspruch nehmen oder eine entsprechende Zulassung beantragt haben.

900 Vgl. hierzu auch das Konzept der *public accountability* im Diskussionspapier des IASB zur Rechnungslegung von kleinen und mittleren Unternehmen (*IASB*, Accounting Standards for SMEs (2004), Par. 28.).

Für nicht kapitalmarktorientierte Unternehmen wird die Informationsfunktion hingegen befreiend vom Zahlungsbemessungsabschluss miterfüllt.[901]

Vor dem Hintergrund der angestrebten Ertragswertapproximation ist der Informationsabschluss konsequent an den **speziellen Informationsgrundsätzen** auszurichten, die als True-and-fair-override-Prinzip, Grundsatz der Bewertungsrelevanz und Grundsatz der Einzelabbildung (Feinheitsgrundsatz) bereits ausführlich dargestellt wurden.[902] Eine zentrale Rolle spielen dabei vor allem das Zeitwert- und das Gesamtwertprinzip, die als Unterprinzipien des Grundsatzes der Bewertungsrelevanz herausgearbeitet wurden. Da hiernach sämtliche Vermögenswerte und Schulden eines Unternehmens für Informationszwecke zum beizulegenden Zeitwert (Fair Value) anzusetzen sind, wird unmittelbar deutlich, dass dem Vorsichtsprinzip im Unterschied zum Zahlungsbemessungsabschluss insofern eine nachrangige Bedeutung zukommt.[903] Im Rahmen des Informationsabschlusses wird vielmehr auf eine **symmetrische Darstellung der Chancen und Risiken** eines Unternehmens abgezielt.[904]

Hinsichtlich der Objektivierung der mit dem Informationsabschluss vermittelten Daten ist ergänzend festzuhalten, dass aufgrund der Fokussierung auf das Ziel der Informationsvermittlung ohne Ableitung von Rechtsfolgen **weniger strenge Anforderungen an die Objektivierung** der Rechnungslegung zu stellen sind als im Zahlungsbemessungsabschluss. In der Konsequenz erscheint eine formale Objektivierbarkeit der bereitgestellten Informationen im Regelfall als hinreichend.

Analog zum Zahlungsbemessungsabschluss gilt es schließlich, mit dem Informationsabschluss eine **möglichst wahlrechts- und ermessensfreie informationsorientierte Rechnungslegung** zu etablieren, um die Entscheidungsunterstützungs- und Rechenschaftsfunktion der Rechnungslegung nicht einzuschränken.[905] Wie im weiteren Verlauf der Arbeit noch deutlich wird, erweist sich die Abschaffung von Ermessensspielräumen allerdings als schwierig.

Im Folgenden werden konkrete Reformempfehlungen zur Ausgestaltung des Informationsabschlusses abgeleitet.

---

901 So kann die Gewinngröße selbst bereits als erste Information über die wirtschaftliche Lage des Unternehmens verstanden werden (vgl. etwa *Schneider, D.*, Rechnungswesen (1997), S. 10.). Kritisch hierzu *Moxter, A.*, Grundsätze ordnungsgemäßer Rechnungslegung (2003), S. 221 f.

902 Vgl. ausführlich S. 36 ff. dieser Arbeit.

903 BALLWIESER spricht in diesem Zusammenhang auch vom „Grundsatz der Unbeachtlichkeit des Vorsichtsprinzips“ als eigenständigem Informationsgrundsatz (*Ballwieser, W.*, Informations-GoB (KoR 2002), S. 117.).

904 In diese Richtung zielt auch die mit dem Bilanzrechtsreformgesetz geänderte Lageberichterstattung deutscher Unternehmen (vgl. § 289 Abs. 1 Satz 4 HGB.).

905 Vgl. auch *Kahle, H.*, Zukunft der Rechnungslegung (WPg 2003), S. 266.

B. Reform des Bilanzansatzes

Hinsichtlich der Regelung des Bilanzansatzes im Informationsabschluss kann weitgehend auf die entsprechenden Ausführungen zum Zahlungsbemessungsabschluss verwiesen werden, da dort bereits die Grundsatzentscheidung getroffen wurde, für beide Abschlüsse einer umfassenden Rechnungslegung einheitliche Vermögens- und Schuldbegriffe zugrunde zu legen und diese erst auf der Ebene der konkreten Bilanzierungsfähigkeit zu differenzieren.[906]

1. Aktiva

Aktive Bilanzpositionen lassen sich im Kern als **positive Beiträge zum Unternehmensgesamtwert** charakterisieren,[907] dessen Abbildung gerade das vorrangige Ziel des Informationsabschlusses ist. Auf der Ebene der abstrakten Aktivierungsfähigkeit findet daher der oben definierte weit gefasste Vermögenswertbegriff Anwendung, nach dem ein Vermögenswert eine Ressource als Ergebnis einer vergangenen Transaktion oder eines vergangenen Ereignisses darstellt, die in der Verfügungsmacht des Unternehmens steht, einen künftigen wirtschaftlichen Nutzen aufweist und zuverlässig bewertbar ist. Während im Zahlungsbemessungsabschluss vor dem Hintergrund einer vorsichtigen und stärker objektivierten Vermögens- und Erfolgsermittlung eine teilweise Einschränkung des bilanzierungspflichtigen Vermögensumfangs durch konkrete Aktivierungsverbote vorgenommen wurde, ist im Informationsabschluss auch hier der weit gefasste Vermögensumfang beizubehalten; die konkreten Aktivierungsverbote des Zahlungsbemessungsabschlusses sind daher nicht zu übernehmen. Insbesondere ist das für Zahlungsbemessungszwecke befürwortete **Ansatzverbot für schwebende Geschäfte**, bei denen Leistung und Gegenleistung ausgeglichen sind, nicht in den Informationsabschluss zu übertragen, da schwebende Geschäfte als unmittelbare Einflussgrößen auf den Unternehmenswert im Rahmen einer umfassenden Informationsbilanz stets abzubilden sind.[908]

2. Passiva

Im Rahmen des Bilanzansatzes von Passivpositionen im Informationsabschluss kann analog zu den Aktiva auf die Ausführungen zum Zahlungsbemessungsabschluss verwiesen werden. Lässt man die Residualgröße des Eigenkapitals zunächst einmal außen vor, so stellen die Passiva Schuldposten dar, die sich verkürzt als **negative Bei-**

---

906 Vgl. hierzu S. 203 ff. u. 208 f. dieser Arbeit.

907 So auch *Streim, H. u. a.*, Informationsbilanz, in: *Dirrigl, H. u. a. (Hrsg.)*, Festschrift Wagner (2004), S. 231; *Streim, H./Esser, M.*, Informationsvermittlung (StuB 2003), S. 837; *Kahle, H.*, Informationsversorgung des Kapitalmarkts (KoR 2002), S. 99; *Hoffmann, W.-D.*, Grenzen einer Bilanz (StuB 2000), S. 824.

908 Vgl. auch bereits die Hinweise in Fn. 837 auf S. 207.

träge zum Unternehmensgesamtwert umschreiben lassen.[909] Die weit gefasste Definition einer Schuld, bei der es sich um eine gegenwärtige oder bedingte Verpflichtung als Ergebnis einer vergangenen Transaktion oder eines vergangenen Ereignisses handelt, die aufgrund einer rechtlichen oder faktischen Grundlage zu einer wirtschaftlichen Belastung für das Unternehmen führt und zuverlässig bewertbar ist,[910] gilt daher auch für den Informationsabschluss. Ferner gilt, dass auf der Ebene der konkreten Passivierungsfähigkeit wie bereits im Zahlungsbemessungsabschluss keine Ansatzverbote zu fordern sind.

Im Ergebnis kommt es im Informationsabschluss gegenüber dem Zahlungsbemessungsabschluss zu einer **Erweiterung des Bilanzansatzes,**[911] da bei konstantem Schuldenumfang der Bereich des bilanzierungspflichtigen Vermögens ausgeweitet wird.

C. Reform der Bilanzbewertung

Nachdem der Umfang der in die Informationsbilanz aufzunehmenden Vermögenswerte und Schulden festgelegt wurde, ist im Folgenden die Ausgestaltung der Bilanzbewertung zu regeln. Zu diesem Zweck gilt es, die im Referenzrahmen aufgestellte Forderung nach einer generellen Zeitwert- oder Fair-Value-Bewertung zu fundieren und im Einzelnen umzusetzen. Im Mittelpunkt der weiteren Ausführungen stehen dabei folgende Fragen:

- Wie wird der abstrakte und immer bedeutender werdende[912] Begriff des Fair Value oder beizulegenden Zeitwerts in den wichtigsten Rechnungslegungskonzeptionen definiert, und welche theoretische Grundlage verbirgt sich dahinter? (**Geltendes Verständnis der Fair-Value-Bewertung**)
- Welche konkreten Ausprägungen des Fair Value existieren in der Realität, und in welcher Bewertungsabfolge sollten diese de lege ferenda bei der Fair-Value-

---

909 Vgl. auch *Streim, H. u. a.*, Informationsbilanz, in: *Dirrigl, H. u. a. (Hrsg.)*, Festschrift Wagner (2004), S. 231; *Streim, H./Esser, M.*, Informationsvermittlung (StuB 2003), S. 837; *Kahle, H.*, Zukunft der Rechnungslegung (WPg 2003), S. 265; *Hoffmann, W.-D.*, Grenzen einer Bilanz (StuB 2000), S. 824.

910 Vgl. S. 208.

911 So auch STREIM u. a., die hier von einer „informative[n] Bilanzierung dem Grunde nach" sprechen (*Streim, H. u. a.*, Informationsbilanz, in: *Dirrigl, H. u. a. (Hrsg.)*, Festschrift Wagner (2004), S. 231 f.; Ergänzg. durch d. Verf.).

912 Vgl. hierzu bereits Fn. 15 auf S. 3 dieser Arbeit. Beschwichtigend, gleichwohl kaum überzeugend hingegen das ASB, das Folgendes ausführt: „The truth is that different IASB members probably take different views: some would probably agree that, in any given situation, fair value is the most promising accounting treatment to be considered. But *there is no formal proposal that financial reporting should* – either in theory or at the standards level – *move to a comprehensive fair value system.*" (*ASB*, Fair value (Inside Track 2005), S. 2; Herv. durch d. Verf.).

Bewertung von Vermögenswerten und Schulden im Informationsabschluss zugrunde gelegt werden? (**Vorschlag einer Fair-Value-Konzeption**)

– Welche Vor- und Nachteile ergeben sich aus dem vorgeschlagenen Konzept einer umfassenden Fair-Value-Bewertung für Informationszwecke? (**Zusammenfassende Beurteilung der Fair-Value-Bewertung**)

1. Zum geltenden Verständnis der Fair-Value-Bewertung in der internationalen Rechnungslegung

a) Begriff und Konzept des Fair Value

Der Begriff des Fair Value stammt aus der angelsächsischen Rechnungslegung und wird im deutschen Fachschrifttum regelmäßig synonym zum Ausdruck beizulegender Zeitwert verwandt.[913, 914] Das **IASB** definiert den Fair Value einheitlich in allen betroffenen Rechnungslegungsstandards wie folgt:

> „The amount for which an asset could be exchanged, or a liability settled, between knowledgeable, willing parties in an arm's length transaction."[915]

In den jüngeren Standards der **US-GAAP** findet sich hingegen folgende, inhaltlich und sprachlich leicht abweichende Definition:

> „The amount at which an asset (or liability) could be bought (or incurred) or sold (or settled) in a current transaction between willing parties, that is, other than in a forced or liquidation sale."[916]

Vor dem Hintergrund der Schaffung eines einheitlichen und konsistenten Vorgehens bei der Fair-Value-Bewertung nach US-GAAP hat das FASB jüngst einen eigenen Rechnungslegungsstandard zur Fair-Value-Messung verabschiedet. Demnach wird nunmehr folgende einheitliche Fair-Value-Definition verwendet:

---

913 Dies folgt bereits aus den einschlägigen Definitionen des DSR, die bloßen Übersetzungen des Fair-Value-Begriffs der IFRS entsprechen (vgl. *DSR*, DRS 4 (2005), Par. 7 sowie gelungener *DSR*, Entwurf Rahmenkonzept (2002), Par. 87.).

914 Zur Entstehung des Konzepts der Fairness in der Rechnungslegung vgl. bereits *Arnett, H.*, Concept of Fairness (AR 1967), S. 291 ff. ARNETT weist dabei auf die unterschiedlichen Bedeutungen des Begriffs „fair" in der englischen Sprache hin, der einerseits als „beautiful, or … blond" und andererseits als „honest, frank, impartial, just" ausgelegt werden kann (S. 292.). Ähnlich auch *Bryer, R.*, Fair values in global accounting (2004), S. 6 f.

915 *IASB*, IFRS 3 (2004), Appendix A. Eine Begriffsdefinition und konzeptionelle Fundierung des Fair Value im Rahmenkonzept der IFRS fehlt hingegen noch immer.

916 *FASB*, SFAS 141 (2001), Appendix F oder *FASB*, SFAS 144 (2001), Par. 22. Die gleiche Definition wurde auch in den konzeptionellen Rahmen der US-GAAP aufgenommen (vgl. *FASB*, SFAC 7 (2000), Glossary of Terms.).

> „Fair value is the price that would be received to sell an asset or paid to transfer a liability in an orderly transaction between market participants at the reference date.“[917]

Auch in Deutschland wurde der Ausdruck beizulegender Zeitwert inzwischen mit dem Bilanzrechtsreformgesetz ins **Handelsgesetzbuch** eingeführt,[918] wobei der Gesetzgeber allerdings auf eine Begriffsdefinition verzichtet und stattdessen nur eine Wertermittlungsvorschrift formuliert hat. Gemäß § 285 Satz 1 Nr. 18 u. 19 HGB gilt damit nunmehr für Kapitalgesellschaften und diesen gleichgestellte Personengesellschaften die Pflicht, den beizulegenden Zeitwert von Finanzinstrumenten, einschließlich derivativer Finanzinstrumente, im Anhang anzugeben.[919]

Ein dem beizulegenden Zeitwert der internationalen Rechnungslegung vergleichbares Wertkonzept stellt ferner der gemeine Wert im **deutschen Steuerrecht** dar.[920] In § 9 Abs. 2 BewG wird dieser wie folgt definiert:

> „Der gemeine Wert wird durch den Preis bestimmt, der im gewöhnlichen Geschäftsverkehr nach der Beschaffenheit des Wirtschaftsgutes bei einer Veräußerung zu erzielen wäre. Dabei sind alle Umstände, die den Preis beeinflussen, zu berücksichtigen. Ungewöhnliche oder persönliche Verhältnisse sind nicht zu berücksichtigen.“

Die Gemeinsamkeit der vorgestellten Definitionen liegt darin, dass sie den Fair Value oder beizulegenden Zeitwert als einen fiktiven Transaktionswert begreifen, zu dem sachverständige, vertragswillige und voneinander unabhängige Geschäftspartner einen Vermögenswert oder eine Schuld tauschen würden. Der Fair Value lässt sich damit in seiner Grundform als ein **hypothetischer oder synthetischer Marktwert**[921] kennzeichnen und ist strikt von einem beobachtbaren Marktpreis aus einer tatsächlich abgeschlossenen Transaktion zu unterscheiden.[922] Als zentrale theoretische Grundlage des Fair Value kann hierbei die neoklassische Markttheorie (*neoclassical theory*

---

917 *FASB*, SFAS 157 (2006), Par. 5. Ähnlich bereits *FASB*, WD Fair Value Measurements (2005), Par. 5.

918 Das BilReG transformierte damit die Pflichtregelungen der so genannten Fair-Value-Richtlinie der Europäischen Union (vgl. *EU*, Fair-Value-Richtlinie v. 27.09.2001.) in nationales deutsches Recht. Zuvor existierte der beizulegende Zeitwert in der deutschen Rechnungslegung amtlich nur in den DRS (vgl. Fn. 913.). Jedoch weist auch der am Abschlussstichtag beizulegende Wert nach § 253 Abs. 2 u. 3 HGB eine große inhaltliche Nähe zum Fair Value auf (so auch *Streim, H. u. a.*, Fair Values (BFuP 2003), S. 460.).

919 Für den Konzernabschluss gilt analog § 314 Vgl. § 285 Abs. 1 Nr. 10 u. 11 HGB.

920 So auch *Schneider, D.*, Fair value, in: *Tietje, C. u. a. (Hrsg.)*, Beiträge zum Transnationalen Wirtschaftsrecht (2003), S. 13.

921 In Anlehnung an HITZ/KUHNER, die jedoch weniger präzise von einem hypothetischen oder synthetischen Marktpreis sprechen (vgl. *Hitz, J.-M./Kuhner, C.*, Barwertermittlung (WPg 2000), S. 889 u. 892.). Ähnlich auch *Starbatty, N.*, Fair Value Accounting (WPg 2001), S. 544.

922 So nachdrücklich auch *Schneider, D.*, Fair-Value-Bewertung (2003), S. 2.

of value), vor allem die Kapitalmarktgleichgewichtstheorie,[923] angeführt werden, die die angelsächsische Rechnungslegung wesentlich geprägt hat:[924]

In der neoklassischen Markttheorie wird für jedes Bewertungsobjekt ein **vollkommener und vollständiger Markt** unterstellt,[925] auf dem insbesondere keine Informationsasymmetrien und damit heterogenen Erwartungen der Marktteilnehmer, keine Transaktionskosten und Steuern sowie keine sonstigen Marktunvollkommenheiten bestehen.[926] In einer solchen „Modellwelt“ existiert – bei Sicherheit[927] – nur „ein“ einziger Wert (Fair Value), der zugleich dem Preis im Marktgleichgewicht entspricht.[928] Durch die rigiden Modellannahmen würde allerdings auch jegliche Form von Wettbewerb wegdefiniert.[929] Zugleich wäre aufgrund der jederzeitigen vollkommenen und kostenlosen Information aller Marktteilnehmer eine Rechnungslegung an sich überflüssig.[930] Der Fair Value im Sinne eines eindeutigen Werts stellt damit ein theoretisches Ideal dar,[931] das unter realistischen Bedingungen wohl nicht einmal auf aktiven, liquiden Kapitalmärkten erreicht werden kann.[932] Vielmehr gilt, dass mit zu-

---

923 Die Kapitalmarktgleichgewichtstheorie hat ihre theoretischen Wurzeln wiederum in hedonistischen Kalkülen sowie in der Lehre vom objektiven Tauschwert (vgl. *Schneider, D.*, Fair value, in: *Tietje, C. u. a. (Hrsg.)*, Beiträge zum Transnationalen Wirtschaftsrecht (2003)). S. 14 f.; *Ekholm, B.-G./Troberg, P.*, Quo Vadis True and Fair View? (JoIAA&T 1998), S. 119 f.

924 Kaum überraschen dürfte daher auch, dass das erste Anwendungsgebiet der Fair-Value-Bewertung in der angelsächsischen Rechnungslegung Finanzinstrumente waren.

925 Vgl. etwa *Barth, M./Landsman, W.*, Fair value accounting (AH 1995), S. 99 f.; *Ernst & Young (Hrsg.)*, Fair value (2005), S. 4.

926 Zu den Formen und Voraussetzungen vollkommener und vollständiger Märkte vgl. im Einzelnen *Beaver, W./Demski, J.*, Income Measurement (AR 1979), S. 39 ff.; *Ballwieser, W. u. a.*, Fair value (BFuP 2004), S. 530 f.; *Fehl, U./Oberender, P.*, Mikroökonomie (2004), S. 18 f. Speziell zu vollkommenen und vollständigen Kapitalmärkten, die eine besondere Bedeutung für die Investitions- und Finanzierungstheorie einnehmen, vgl. *Schmidt, R./Terberger, E.*, Investitions- und Finanzierungstheorie (1997), S. 90 ff.; *Perridon, L./Steiner, M.*, Finanzwirtschaft (2007), S. 20 u. 74.

927 Bei Unsicherheit gibt es hingegen für jeden unsicheren Umweltzustand einen eigenen festen und bekannten Preis (vgl. *Ballwieser, W. u. a.*, Fair value (BFuP 2004), S. 530 f.).

928 Ökonomen sprechen hier auch vom Prinzip der Preiseinheitlichkeit, wonach es auf vollkommenen Märkten zur Beseitigung von Preisdifferenzen kommt (vgl. etwa *Fehl, U./ Oberender, P.*, Mikroökonomie (2007), S. 16 u. 19.).

929 Vgl. *Schneider, D.*, Fair value, in: *Tietje, C. u. a. (Hrsg.)*, Beiträge zum Transnationalen Wirtschaftsrecht (2003), S. 15.

930 Vgl. *Beaver, W./Demski, J.*, Income Measurement (AR 1979) , S. 38; *Hitz, J.-M./Kuhner, C.*, Barwertermittlung (WPg 2000), S. 899.

931 Ähnlich auch KÜTING, der den Fair Value als „theoretisches Modell für Lehrbücher und Vorlesungen“, jedoch für die Praxis als „in dieser Form völlig unbrauchbar“ beurteilt (*Küting, K.*, Fair value (FAZ v. 22.08.2005), S. 20.).

932 Die Tatsache, dass auch aktive Kapitalmärkte allenfalls teilweise effizient sind, kann leicht mit dem Hinweis auf spekulative Blasen und die Wirkungen von Insidergeschäften belegt werden. Kritisch zur Verwendung rein marktorientierter Bewertungen auch *Ball-*

nehmender Aufgabe der engen Voraussetzungen vollkommener und vollständiger Märkte verschiedene Ausprägungen des Fair Value möglich sind. Im Ergebnis handelt es sich daher beim Fair Value nicht um einen einheitlichen Wertmaßstab, sondern um eine **abstrakte Wertkategorie oder** ein **Wertebündel**, das für den jeweiligen Anwendungsfall der Bewertung zu konkretisieren ist.[933] Die nachfolgende Abbildung versucht das Spannungsfeld des Fair Value zu veranschaulichen:

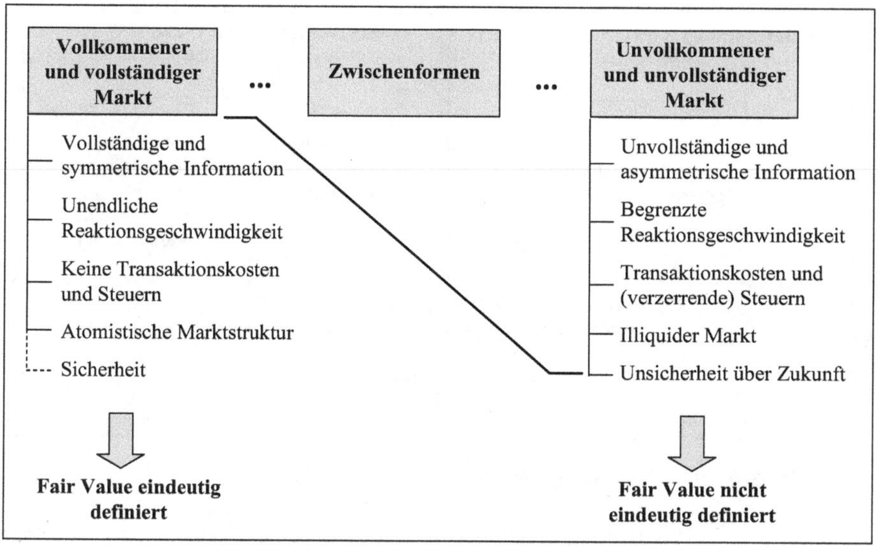

Abb. 44: Fair Value im Spannungsfeld zwischen Eindeutigkeit und Mehrdeutigkeit

b) Ausprägungen des Fair Value und Bewertungsabfolge

Ausgehend von der Tatsache, dass in der Realität keine vollkommenen und vollständigen Märkte für alle Güter existieren, ist im Folgenden zu klären, wie das Ziel einer generellen Fair-Value-Bewertung für Informationszwecke dennoch geeignet umgesetzt werden kann. Zu diesem Zweck sind zunächst die möglichen Ausprägungen des Fair Value zu systematisieren, wobei das Spektrum von beschaffungsmarktorien-

---

wieser, W. u. a., Fair value (BFuP 2004), S. 535 f. Laut SCHREMPER deuten jedoch die Ergebnisse der empirischen Kapitalmarktforschung darauf hin, dass sich der Grad der Informationseffizienz der Kapitalmärkte im Zeitablauf tendenziell verbessere (vgl. *Schremper, R.*, Informationseffizienz (WiSt 2002), S. 691.).

933 STREIM u. a. sprechen von einem abstrakten bewertungstechnischen Oberbegriff und betonen die konzeptionelle Ähnlichkeit zum beizulegenden Wert des HGB gemäß § 253 Abs. 2 u. 3 HGB (vgl. *Streim, H. u. a.*, Fair Values (BFuP 2003), S. 460.).

tierten Werten (*entry values*) bis zu absatzmarktorientierten Werten (*exit values*) reicht:[934]

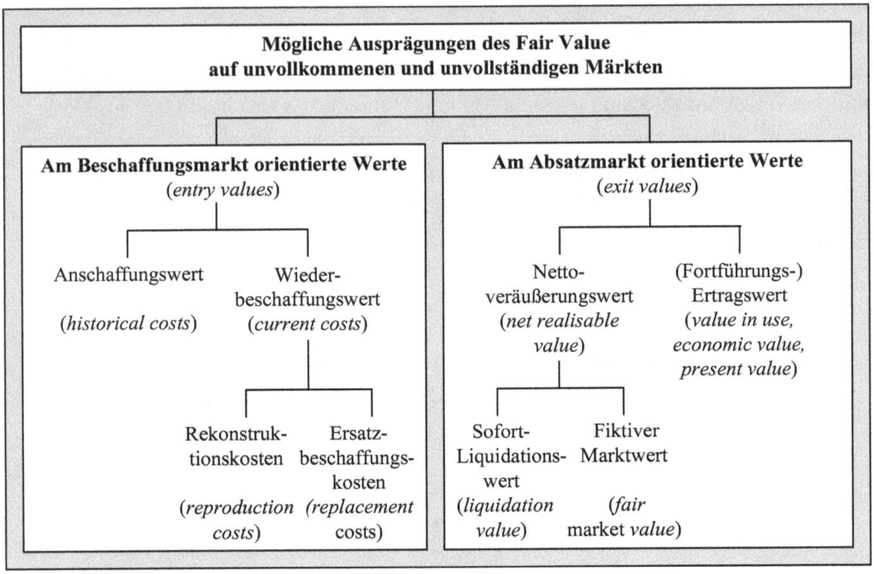

Abb. 45: Mögliche Ausprägungen des Fair Value[935]

Da je nach Bewertungssituation alle der oben aufgeführten Werte als Fair Values in Betracht kommen, wird üblicherweise eine Bewertungsabfolge oder **Fair-Value-Hierarchie** aufgestellt, die zu beachten ist. Zentrale Bedeutung erlangt in diesem Zusammenhang die Frage, ob bei der Konkretisierung des Fair Value vorrangig auf Marktwerte oder auf Ertragswerte abgestellt werden sollte.

---

934 Vgl. grundlegend zur Bilanzbewertung bereits *Gutenberg, E.*, Struktur der Bilanzwerte (ZfB 1926), S. 499 ff.

935 In grober Anlehnung an *Sigloch, J.*, Fußballspieler in der Bilanz, in: *Brehm, W. u. a. (Hrsg.)*, Sportökonomie (2005), S. 59. Weitere Systematisierungen finden sich bei *Streim, H. u. a.*, Fair Values (BFuP 2003), S. 460 sowie *Ballwieser, W. u. a.*, Fair value (BFuP 2004), S. 533 mit jeweils stärkerem Bezug zu den IFRS. Demgegenüber werden vor allem im angloamerikanischen Fachschrifttum häufig nur der *entry value*, *exit value* und *value in use* einander gegenübergestellt (vgl. z. B. *Searfoss, D./Fellner Weiss, J.*, Current value reporting (JoA 1990), S. 75; *Shim, E./Larkin, J.*, Mark-to-Market Accounting (JoABR 1998), S. 38 sowie *Kümmel, J.*, Fair Value-Ermittlung (2002), S. 48 ff.). Diese letztere Systematisierung verkennt jedoch zum einen, dass auch der *value in use* ein Veräußerungswert (*exit value*) ist, da naturgemäß am Ende der Nutzungsdauer eine Liquidation erfolgt. Zum anderen lässt eine Gleichsetzung des *entry value* mit den Wiederbeschaffungskosten außer Acht, dass auch die historischen Kosten eine Fair-Value-Schätzung darstellen (vgl. S. 32 f. u. 212 f. dieser Arbeit.).

So besteht in den **internationalen Rechnungslegungskonzeptionen** eine klare Tendenz, den Fair Value als Marktwert (*fair market value*) zu interpretieren und diesen vom Absatzmarkt her abzuleiten.[936] Im Rahmen der Wertermittlung existieren allerdings im Einzelnen wichtige Unterschiede zwischen den IFRS und den US-GAAP, da letztere im Gegensatz zu den IFRS eine Berücksichtigung unternehmensspezifischer Faktoren vollständig ausschließen.[937] In beiden Rechnungslegungskonzeptionen spielen letztlich sowohl Markt- als auch Ertragswerte im Rahmen der Fair-Value-Bewertung eine Rolle, wobei stets von Marktwerten auszugehen ist und lediglich hilfsweise auf Vergleichswerte ähnlicher Märkte oder auf Barwertschätzungen auf Basis anerkannter betriebswirtschaftlicher Modelle[938] zurückgegriffen wird.[939]

Auch die **deutsche Rechnungslegung** hat sich im Rahmen der Ermittlung des beizulegenden Zeitwerts von Finanzinstrumenten der Fair-Value-Hierarchie der IFRS angeschlossen, so dass die obigen Aussagen analog gelten. Zur Verdeutlichung des Vorgehens im Rahmen einer grundsätzlich marktorientierten Fair-Value-Bewertung kann daher beispielhaft die neue Wertermittlungsvorschrift des § 285 Satz 3-6 HGB angeführt werden. Darin heißt es:

> „Der beizulegende Zeitwert [...] entspricht dem *Marktwert*, sofern ein solcher ohne weiteres verlässlich feststellbar ist. Ist dies nicht der Fall, so ist der beizulegende Zeitwert, sofern dies möglich ist, aus den *Marktwerten der einzelnen Bestandteile* des Finanzinstruments oder aus dem *Marktwert eines gleichwertigen Finanzinstruments* abzuleiten, anderenfalls mit Hilfe *allgemein anerkannter Bewertungsmodelle und -methoden* zu bestimmen, sofern diese eine angemessene Annäherung an den Marktwert gewährleisten. Bei der Anwendung allgemein anerkannter Bewertungsmodelle

---

936 Vgl. statt vieler *Baetge, J./Zülch, H.*, Fair Value-Accounting (BFuP 2001), S. 545; *Baetge, J. u. a.*, Fair Value-Accounting (Teil A) (StuB 2002), S. 366; *Ernst & Young (Hrsg.)*, Fair value (2005), S. 3 f. Eine so verstandene Fair-Value-Bilanzierung wird daher auch als *mark-to-market accounting* bezeichnet (vgl. z. B. *Wyatt, A.*, Mark to Market (AH 1991), S. 80 ff.; *Shim, E./Larkin, J.*, Mark-to-Market Accounting (JoABR 1998), S. 33 ff.). Kritisch zur synonymen Verwendung der Begriffe Fair Value und Marktwert hingegen *Dorchester, J.*, Market Value (AJ 2004), S. 30 f.

937 Vgl. *FASB*, SFAC 7 (2000), Par. 36 im Vergleich zu *IASB*, IAS 36 (2004), Par. 33 ff. u. BC 60 f. Ausführlich auch *Hitz, J.-M./Kuhner, C.*, Barwertermittlung (WPg 2000), S. 893 sowie *Streim, H. u. a.*, Fair Values (BFuP 2003), S. 463 ff.

938 In diesem Fall wird daher auch von einem *mark-to-model accounting* gesprochen. Ausführlich zur Fair-Value-Ermittlung mit Hilfe von Barwerten gemäß SFAC 7 vgl. *Kümmel, J.*, Fair Value-Ermittlung (2002), S. 83 ff.

939 Als Anwendungsfälle des Fair-Value-Stufenkonzepts können exemplarisch die Folgebewertungen von Finanzinstrumenten nach IAS 39 und von Finanzanlagen in Immobilien nach IAS 40 angeführt werden (vgl. hierzu *Baetge, J. u. a.*, Fair Value-Accounting (Teil A) (StuB 2002), S. 368 ff.; *Baetge, J. u. a.*, Fair Value-Accounting (Teil B) (StuB 2002), S. 417 ff.). Für weitere Beispiele zur Fair-Value-Bewertung bei nicht-finanziellen Vermögenswerten vgl. *Küting, K./Dawo, S.*, Anwendungsfälle fair value-Bewertung (KoR 2003), S. 228 ff. Allgemein zur Fair-Value-Hierarchie in der internationalen Rechnungslegung vgl. auch *Ernst & Young (Hrsg.)*, Fair value (2005), S. 3 ff.; *Ballwieser, W. u. a.*, Fair value (BFuP 2004), S. 534.

> und -methoden sind die tragenden Annahmen anzugeben, die jeweils der Bestimmung des beizulegenden Zeitwerts zugrunde gelegt wurden. Kann der beizulegende Zeitwert nicht bestimmt werden, sind die Gründe dafür anzugeben.“[940]

Die hiernach anzuwendenden Ausprägungen des beizulegenden Zeitwerts sind letztlich jedoch auch für die deutsche Rechnungslegung nicht neu, weisen sie doch eine große Ähnlichkeit zu den bekannten Wertbegriffen

- des aus einem Börsen- oder Marktpreis am Abschlussstichtag abgeleiteten Werts,[941]
- des am Abschlussstichtag beizulegenden Werts,[942]
- des Barwerts[943] sowie
- des nach vernünftiger kaufmännischer Beurteilung notwendigen Werts[944]

auf, die an anderer Stelle bereits im Handelsrecht verankert sind. Ähnliches gilt auch für das **deutsche Steuerrecht**, in dem – neben dem bereits vorgestellten gemeinen Wert – vor allem der so genannte Teilwert[945] zur Anwendung gelangt, der vom Konzept her ebenfalls einen (Einzel-)Ertragswert darstellt.[946]

Als Zwischenergebnis lässt sich für die US-GAAP und IFRS sowie – letzteren folgend – auch für den neu gefassten Anwendungsbereich des HGB ein „Primat des Marktpreises“[947] konstatieren. Lediglich hilfsweise kommen auch Ertragswerte zum Einsatz, wobei nur die IFRS und das HGB unternehmensspezifische oder subjektive Einflüsse zulassen. Demgegenüber erwecken die US-GAAP gar den Eindruck einer allgemeingültigen und jederzeit „objektiven“ Fair-Value-Bewertung, die theoretisch höchst fragwürdig ist[948] und an die überkommene Lehre vom „objektiven“ oder

---

940 § 285 Satz 3-6 HGB; Herv. durch d. Verf.

941 Vgl. § 253 Abs. 3 Satz 1 HGB.

942 Vgl. § 253 Abs. 2 Satz 2 u. Abs. 3 Satz 2 HGB.

943 Vgl. § 253 Abs. 1 Satz 2 HGB.

944 Vgl. § 253 Abs. 1 Satz 2 u. Abs. 4 HGB.

945 Vgl. § 10 Satz 2 BewG sowie § 6 Abs. 1 Nr. 1 Satz 3 EStG. Ausführlich zum Teilwert auch *Schmidt, L. (Hrsg.)*, Einkommensteuergesetz (2005), § 6, Rn. 215 ff.

946 Wie SCHNEIDER verdeutlicht, kann der Teilwert darüber hinaus als konzeptioneller Vorläufer des so genannten *deprival value* der angelsächsischen Rechnungslegung verstanden werden (vgl. *Schneider, D.*, Asset Valuation (Abacus 1998), S. 31 f. m. w. N.). Dabei entspricht der *deprival value* demjenigen Wertverlust, den ein Subjekt erleidet, wenn man ihm das Bewertungsobjekt entzieht. Vgl. hierzu auch *Mattessich, R.*, Framework for Deprival Value (Abacus 1998), S. 4 ff.; *Whittington, G.*, Deprival Value (Abacus 1998), S. 28 ff.

947 *Streim, H. u. a.*, Fair Values (BFuP 2003), S. 463.

948 Kritisch auch *Hitz, J.-M./Kuhner, C.*, Barwertermittlung (WPg 2000), S. 893; *Streim, H. u. a.*, Fair Values (BFuP 2003), S. 462 f. u. 470 f.

„wahren" Unternehmenswert erinnert.[949] Die vorstehende Kritik gibt Anlass, im folgenden Abschnitt einen eigenständigen Vorschlag zur Neugestaltung der Fair-Value-Bewertung im Informationsabschluss zu unterbreiten.

2. Vorschlag einer Fair-Value-Konzeption zur erstmaligen Bewertung und zur Folgebewertung im Informationsabschluss

a) Ertragswertermittlung als Referenzpunkt einer neu gestalteten Fair-Value-Hierarchie

Vor dem Hintergrund der Abbildung des Unternehmenswerts als oberstem Zweck einer umfassenden Rechnungslegung und unter Beachtung des aufgestellten Feinheitsgrundsatzes ist die Kenntnis der unternehmensspezifischen positiven und negativen Ertragswertkomponenten von besonderem Interesse für die Kapitalgeber. Für eine solch umfassende Informationsvermittlung im Sinne einer Approximation des Gesamtertragswerts eines Unternehmens sind die bilanzierten Vermögenswerte und Schulden bei Geltung der Going-concern-Prämisse idealerweise zu ihren Einzelertragswerten zu bewerten. Denn nur der Einzelertragswert, gemessen als Barwert der künftig erwarteten Ein- und Auszahlungsüberschüsse eines Gutes, ist letztlich als Maßstab für den Wert eines Gutes theoretisch zu rechtfertigen.[950] Daher stellt nicht die Marktwertermittlung, sondern die **Ertragswertermittlung das Ideal einer Fair-Value-Bewertung** auf unvollkommenen und unvollständigen Märkten dar. Als Konsequenz ist im Rahmen des hier konzipierten Informationsabschlusses eine Umkehrung der geltenden Fair-Value-Hierarchie dergestalt vorzunehmen, dass **betriebsnotwendige Vermögenswerte und Schulden**[951] primär zu ihren unternehmensspezi-

---

949 Zur Kritik hieran vgl. etwa *Sigloch, J.*, Unternehmensbewertung (Jura 1987), S. 586.

950 Vgl. grundlegend bereits *Rieger, W.*, Privatwirtschaftslehre (1964), S. 213: Der ‚heutige Wert' „bedeutet den echten, tatsächlich für das betreffende Objekt einmal eintretenden Geldwert, bezogen auf den heutigen, den Bilanzstichtag." Vgl. RIEGER folgend auch *Ordelheide, D.*, Kaufmännischer Periodengewinn, in: *Domsch, M. u. a. (Hrsg.)*, Festschrift Busse von Colbe (1988), S. 276. Ebenfalls für die Ertragsbewertung als Referenzpunkt plädiert *Sigloch, J.*, Einkommensbesteuerung, in: *Elschen, R. u. a. (Hrsg.)*, Festschrift Schneider (1995), S. 693; *Sigloch, J.*, Fußballspieler in der Bilanz, in: *Brehm, W. u. a. (Hrsg.)*, Sportökonomie (2005), S. 61 u. 65. Vgl. ferner *Streim, H. u. a.*, Fair Values (BFuP 2003), S. 470. Interessanterweise finden sich auch im angelsächsischen Fachschrifttum Vertreter einer Fair-Value-Bewertung zum Ertragswert (so etwa *Barth, M./ Landsman, W.*, Fair value accounting (AH 1995), S. 101; *Ekholm, B.-G./Troberg, P.*, Quo Vadis True and Fair View? (JoIAA&T 1998), S. 120 ff.). Kritisch zur Ertragsbewertung hingegen *Rosenfield, P.*, Discounted Future Cash Receipts (Abacus 2003), S. 233 ff.

951 Auf die speziellen Probleme einer Fair-Value-Bewertung von Schulden soll hier nicht näher eingegangen werden (vgl. hierzu etwa *Schildbach, T.*, Zeitbewertung (WPg 1999), S. 181 f.; *Kahle, H.*, Informationsversorgung des Kapitalmarkts (KoR 2002), S. 100 f.; *Gray, R.*, Revisiting Fair Value Accounting (Abacus 2003), S. 250 ff. sowie *Barth, M./Landsman, W.*, Fair value accounting (AH 1995), S. 103 f. mit Bezug zur Optionspreistheorie.). Es sei allerdings darauf hingewiesen, dass sich der Ausweis eines unrealisierten Gewinns aus der Verringerung des Fair Values eigener Schuldtitel infolge einer Bonitätsverschlechterung des Unternehmens im Rahmen des hier vorgeschlagenen

fischen Einzelertragswerten zu bewerten sind, sofern diese objektiviert ermittelt werden können, und nur sekundär auf Marktwerte oder Vergleichswerte ähnlicher Märkte zurück zu greifen ist. Im Falle der Verwendung von fiktiven Marktwerten sind die zu erwartenden Veräußerungskosten zu subtrahieren;[952] der Fair Value stellt insofern einen Nettoveräußerungswert (*net realisable value*) dar.[953] Für **nicht betriebsnotwendige Vermögenswerte**, wie zum Beispiel zur Veräußerung gehaltene Unternehmensteile (*discontinued operations*) oder Finanzanlagen in Immobilien (*investment property*), ist hingegen gemäß der günstigsten Verwendungsprämisse der höhere Wert aus dem Fortführungsertragswert und dem Liquidationswert als Fair Value heranzuziehen, wobei in der Regel mit der Ermittlung des Liquidationswerts begonnen wird.[954]

Die Bestimmung der Einzelertragswerte zahlreicher – vor allem nichtfinanzieller – Bilanzgüter ist jedoch zwangsläufig zum Scheitern verurteilt, da deren Beiträge zum Gesamtertragswert des Unternehmens nicht nur aufgrund der Unsicherheit über die Zukunft, sondern auch aufgrund der Interdependenz der Zahlungsströme nur unzureichend geschätzt werden können.[955] Aufgrund dieses so genannten **Interdependenzproblems**[956] muss auch der umgekehrte Weg einer vollständigen Zerlegung des Gesamtertragswerts in die Ertragswerte einzelner Bilanzgüter gleichermaßen fehl-

umfassenden Fair-Value-Konzepts als Scheinproblem herausstellt, da mit den gesunkenen künftigen Einzahlungserwartungen zugleich eine Verringerung des Unternehmenswerts und damit des (originären) Goodwills einhergeht, die als außerplanmäßige Wertminderung ebenfalls im Jahreserfolg (2) zu berücksichtigen ist. Eine solche Lösung wird auch von THIELE angedeutet (vgl. *Thiele, K.*, Partielles Endorsement von IAS 39 (DStR 2004), S. 2165.).

952 Auch bei der Ermittlung von Fortführungsertragswerten sind grundsätzlich Transaktionskosten in Abzug zu bringen. Da eine Veräußerung des Bilanzguts hier jedoch regelmäßig erst am Ende der Nutzungsdauer erfolgt, dürften sie durch die Diskontierung tendenziell weniger stark ins Gewicht fallen. Demgegenüber ist die geltende internationale Rechnungslegung durch eine unsystematische und inkonsistente Behandlung von Transaktionskosten geprägt (vgl. kritisch hierzu *Ballwieser, W. u. a.*, Fair value (BFuP 2004), S. 538.).

953 Die vorgeschlagene Bewertungsabfolge gilt grundsätzlich auch für Vermögenswerte des Umlaufvermögens, für die eine Veräußerungsabsicht besteht. In diesem Fall wird der Ertragswert allerdings regelmäßig dem Nettoveräußerungswert entsprechen, da eine Verkaufsabsicht für die nahe Zukunft besteht. Für eine Bewertung zum Marktwert plädieren hier auch *Streim, H. u. a.*, Fair Values (BFuP 2003), S. 471.

954 Vgl. zu dieser Problematik unter Einschluss von Steuerwirkungen *Sigloch, J.*, Unternehmensbewertung, in: *Rathgeber, A. u. a. (Hrsg.)*, Festschrift Steiner (2003), S. 131 f.

955 So auch *Streim, H. u. a.*, Informationsbilanz, in: *Dirrigl, H. u. a. (Hrsg.)*, Festschrift Wagner (2004), S. 239.

956 Zum Teil wird auch die Bezeichnung Verbund- oder Zurechnungsproblem verwandt (vgl. etwa *Kahle, H.*, Informationsversorgung des Kapitalmarkts (KoR 2002), S. 99 sowie *Haller, A.*, Immaterielle Vermögenswerte, in: *Möller, H./Schmidt, F. (Hrsg.)*, Festschrift Coenenberg (1998), S. 567 f. m. w. N.).

schlagen,[957] so dass die Fair-Value-Bewertung in diesen Fällen nicht ohne Hilfskonstrukte und Konventionen auskommt. Als eine solche **„Hilfslösung" des Interdependenzproblems** wird hier vorgeschlagen, die Ermittlung von Einzelertragswerten auf jene Vermögenswerte und Schulden zu beschränken, deren künftig erwartete Cash-flows auf Basis einer formalen Objektivierung[958] isoliert und im Anschluss risikoadäquat diskontiert werden können.[959] Ist dies hingegen nicht möglich, so ist zu prüfen, ob für die Bilanzgüter selbst oder für ähnliche Güter aggregierte Cash-flow-Schätzungen in Form von Marktwerten an aktiven und liquiden Märkten existieren,[960] die als Surrogat herangezogen werden können.[961] Kommt auch diese Möglichkeit nicht in Betracht, weil keine vergleichbaren Marktwerte existieren, so sind die (fortgeführten) historischen Kosten der Bewertung zugrunde zu legen, da diese gemäß der Bewertungshypothese ebenfalls als vorsichtige Ertragswertschätzung unter Unsicherheit verstanden werden können.[962] Die für Zwecke des Informationsabschlusses **vorgeschlagene Fair-Value-Hierarchie** für einzelne Vermögenswerte und Schulden kann damit wie folgt zusammengefasst werden:[963]

---

957 Hierzu führt bereits GUTENBERG prägnant aus: „Den Ertragswert der Einzelteile eines Unternehmens feststellen zu wollen, ähnelt dem Versuch zu einer Quadratur des Kreises, da wir es bei den Gegenständen der Unternehmung mit hochgradig komplementären Gütern zu tun haben." (*Gutenberg, E.*, Struktur der Bilanzwerte (ZfB 1926), S. 499.).

958 Eine formale Objektivierung verlangt, dass neben den Eingangsdaten und der angewandten Bewertungsmethode sämtliche getroffenen Annahmen über künftige Entwicklungen angegeben, – wenn nötig – erläutert und von einem sachverständigen Dritten nachvollzogen werden können (vgl. ausführlich S. 25 f. dieser Arbeit.).

959 Vgl. hierzu auch die Ausführungen zur Markenbewertung auf S. 252 f. m. w. H. Speziell zum Problem der Bestimmung des Diskontierungszinssatzes vgl. ferner *Freiberg, J./ Lüdenbach, N.*, Diskontierungszinssatz nach IAS 36 (KoR 2005), S. 479 ff.

960 Für weitere konkrete Hinweise zur marktorientierten Fair-Value-Ermittlung einzelner Vermögenswerte und Schulden kann, mutatis mutandis, auf die einschlägigen Regeln zur Abbildung und Werthaltigkeitsprüfung von Unternehmenserwerben nach IFRS 3 und IAS 36 verwiesen werden (vgl. *IASB*, IFRS 3 (2004), Par. B16; *IDW*, RS HFA 10 (FN-IDW 2005).

961 PELLENS/FÜLBIER sprechen hier von einer „heuristischen Annäherung an den Ertragswert" (Pellens, B./Fülbier, R., Rechnungslegungsregulierung (ZGR 2000), S. 584.). Auch das FASB bezeichnet Marktwerte als aggregierte Ertragswertschätzungen der individuellen Marktteilnehmer, sieht jedoch bei deren Vorliegen keine Notwendigkeit, von Seiten des Unternehmens einen Ertragswert zu ermitteln (vgl. *FASB*, SFAC 7 (2000), Par. 17.).

962 Eine ähnliche „Lösung" des Verbundproblems der einzelnen Bilanzgüter deutet SCHNEIDER an (vgl. *Schneider, D.*, Bilanzgewinn (ZfhF 1963), S. 471 mit Verweis auf *Hansen, P.*, Accounting concept of profit (1972).). Alternativ ist auch die Bildung von Zahlungsmittel generierenden Einheiten denkbar, denen künftige Zahlungsstromerwartungen möglicherweise leichter zurechenbar sind (vgl. hierzu *Streim, H. u. a.*, Informationsbilanz, in: *Dirrigl, H. u. a. (Hrsg.)*, Festschrift Wagner (2004), S. 235 ff.). Dieser Zwischenschritt wird hier jedoch bewusst ausgeklammert, da letztlich ohnehin nur dem Gesamtunternehmen als größter Zahlungsmittel generierender Einheit sämtliche Zahlungsströme zugerechnet werden können (so auch *Streim, H. u. a.*, Fair Values (BFuP 2003), S. 471 f.).

963 Da der Fair Value, wie aufgezeigt, kein einheitlicher Wertmaßstab ist, könnte man ge-

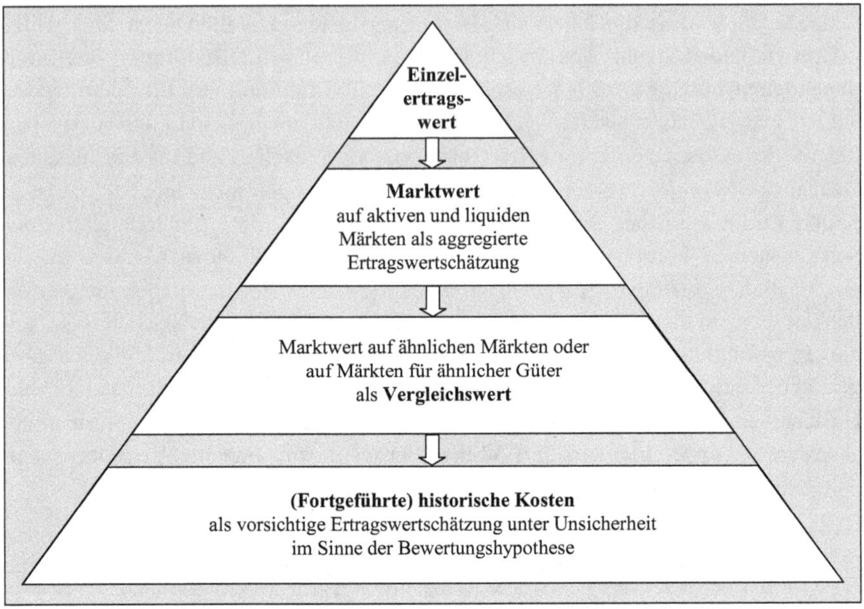

Abb. 46: Vorgeschlagene Fair-Value-Hierarchie im Rahmen des Informationsabschlusses

Neben der Fair-Value-Bewertung der einzeln bilanzierten Vermögenswerte und Schulden ist im Informationsabschluss der **Fair Value des Gesamtunternehmens** im Wege einer Unternehmensbewertung zu ermitteln. Dabei findet die obige Bewertungsabfolge analog Anwendung, so dass zunächst eine direkte Schätzung des Ertragswerts (Zukunftserfolgswerts) des Unternehmen vorzunehmen ist, hilfsweise ein Rückgriff auf Marktwerte (etwa die Börsenkapitalisierung) oder vergleichbare Marktwerte möglich ist und erst als letzte („schlechteste") Schätzung die (fortgeführten) historischen Kosten (in der Regel also der Beteiligungsbuchwert) herangezogen werden.[964] Das Residuum aus dem so ermittelten Fair Value oder Wert des Eigenkapitals eines Unternehmens und der Summe der Fair Values der einzelnen

neigt sein, auch die hier vorgeschlagene Bewertungskonzeption als *mixed accounting model* zu bezeichnen (z. B. in Anlehnung an *Löhr, D.*, IAS (IFRS) versus HGB (StuB 2003), S. 646 in Bezug auf die IFRS.). Dem ist allerdings nicht so. Vielmehr handelt es sich um ein „Full Fair Value Accounting" im Sinne von BAETGE/ZÜLCH, da sich der Anwendungsbereich der Fair-Value-Bewertung im Informationsabschluss auf sämtliche Vermögenswerte und Schulden des Unternehmens erstreckt (vgl. *Baetge, J./Zülch, H.*, Fair Value-Accounting (BFuP 2001), S. 546 f.).

964 Zum Vorgehen im Rahmen der Unternehmensbewertung vgl. insbesondere die einschlägigen Grundsätze und Regeln im *IDW*, S 1 (FN-IDW 2005).

Vermögenswerte abzüglich der Schulden entspricht schließlich dem **beizulegenden Zeitwert (Fair Value) des Goodwills.**[965, 966]

b) Erstmalige Bewertung und Folgebewertung im Informationsabschluss

Nachdem die Ertragsbewertung als Referenzpunkt der Fair-Value-Bewertung festgelegt und eine reformierte Fair-Value-Hierarchie aufgestellt wurde, sind in diesem Abschnitt Konsequenzen zur konkreten Ausgestaltung der Bilanzbewertung im Informationsabschluss abzuleiten.

Der Forderung nach einer generellen Zeitbewertung folgend, wird hier für Zwecke der Informationsvermittlung zunächst die **Grundregel** aufgestellt, dass sowohl die erstmalige Bewertung als auch die Folgebewertung sämtlicher bilanzierter Vermögenswerte und Schulden zum Fair Value vorzunehmen sind. Dieser Idee, die dem Konzept einer umfassenden Fair-Value-Bilanz konsequent folgt, scheint sich auch die internationale Rechnungslegung zunehmend anzunähern, worauf ein aktuelles Diskussionspapier des Canadian Accounting Standards Board hindeutet, das für das IASB erstellt wurde.[967] Sofern vorhanden, kann damit jedoch im Rahmen der **erstmaligen Bilanzbewertung** im Regelfall zunächst auf die historischen Kosten, das heißt auf die Anschaffungs- oder Rückzahlungswerte aus der Zahlungsbemessungsbilanz, zurückgegriffen werden, da diese im Zugangszeitpunkt bekanntlich ebenfalls eine Fair-Value-Schätzung darstellen und sie zudem eine Objektivierung durch den Beschaffungsmarkt erfahren haben. Eine eigenständige und unter Umständen zusätzliche (Einzel-)Ertragsbewertung ist hingegen in diesem Zeitpunkt normalerweise nicht erforderlich, was nicht zuletzt aus Wirtschaftlichkeitsgründen zu begrüßen ist. Lediglich bei einem offenkundigen Missverhältnis zwischen Anschaffungswert und Fair Value ist im Zugangszeitpunkt eine direkte Fair-Value-Ermittlung im Sinne der neu gestalteten Fair-Value-Hierarchie durchzuführen. Anders als im Zahlungsbemessungsabschluss, bei dem es lediglich im Falle niedrigerer beizulegender Zeitwerte zu Abweichungen kommen kann, ist damit in Ausnahmefällen auch eine sofortige

---

965 Dabei gilt, dass der Goodwill als Residuum in seinem Wert umso kleiner wird, je zutreffender es gelingt, die Ertragswerte der einzelnen Vermögenswerte und Schulden zu ermitteln. Gelänge dies im Extremfall gar vollständig, so wäre der Wert des Goodwills Null (vgl. *Ballwieser, W. u. a.*, Fair value (BFuP 2004), S. 531.).

966 In diesem Zusammenhang kann auch bereits darauf hingewiesen werden, dass im Rahmen einer umfassenden Fair-Value-Bilanz nicht nur ein bestehender originärer Goodwill, sondern auch festgestellte Wertsteigerungen eines originären oder derivativen Goodwills zu berücksichtigen sind (vgl. auch *Kahle, H.*, Informationsversorgung des Kapitalmarkts (KoR 2002), S. 106.). Zustimmend ferner *Löhr, D.*, IAS (IFRS) versus HGB (StuB 2003), S. 647, der jedoch im Ergebnis für eine Unternehmensbewertung außerhalb der Bilanz plädiert.

967 Vgl. *IASB*, Discussion Paper „Measurement Bases“ (2005). Hierbei gilt es allerdings zu beachten, dass von der derzeit vorherrschenden marktwertorientierten Fair-Value-Hierarchie ausgegangen wird.

Zuschreibung eines Bilanzguts mit der Folge eines unrealisierten Wertsteigerungsgewinns nicht nur möglich, sondern gar zwingend. Als auf den ersten Blick problematisch erweist sich ferner die Berücksichtigung von **Transaktionskosten** im Zugangszeitpunkt, die – wie oben ausgeführt – im Zahlungsbemessungsabschluss als Nebenkosten bei Vermögenswerten zusätzlich zu aktivieren beziehungsweise bei Schuldposten in Abzug zu bringen sind. Gemäß der Bewertungshypothese kann jedoch auch hier davon ausgegangen werden, dass ein Unternehmen von einem Vermögenswert, bewertet zu historischen Kosten inklusive Nebenkosten, mindestens ein gleich hohes Einzahlungspotential erwartet, so dass der erstmalige Bilanzwert aus dem Zahlungsbemessungsabschluss tatsächlich eine gute Schätzung des Ertragswerts und damit des Fair Value darstellt. Im Ergebnis können damit im Regelfall die Zugangswerte der Zahlungsbemessungsbilanz auch in die Informationsbilanz übernommen werden.

Hinsichtlich der **Folgebewertung** ist zunächst festzuhalten, dass die für Zahlungsbemessungszwecke als notwendig erachtete imparitätische oder asymmetrische[968] Zeitbewertung im Informationsabschluss aufgegeben und durch eine vollständige, umfassende oder symmetrische Fair-Value-Bewertung sämtlicher Bilanzgüter ersetzt wird. In Anlehnung an BAETGE/ZÜLCH soll daher auch von einer **„Full-Fair-Value-Bewertung“** gesprochen werden.[969] Darüber hinaus nimmt die ebenfalls im Zahlungsbemessungsabschluss gleichsam bedeutende Unterscheidung zwischen abnutzbaren und nichtabnutzbaren Vermögenswerten im Informationsabschluss nur eine untergeordnete Stellung ein, da ohnehin sämtliche Bilanzgüter zum Fair Value am Bilanzstichtag ausgewiesen werden und Wertveränderungen in positiver und negativer Hinsicht über die entsprechenden Erfolgskonten in die Informations-Gewinn- und Verlustrechnung zu überführen sind. Die planmäßigen Abschreibungsraten aus dem Zahlungsbemessungsabschluss sind insofern lediglich auf dem AHK-FV-Verrechnungskonto zu erfassen und erklären damit einen Teil eines möglichen Absinkens des Fair Value.[970]

Zusammenfassend handelt es sich bei der entstehenden **Informationsbilanz** um eine umfassende Gegenüberstellung von Vermögenswerten einerseits sowie dem Eigenkapital und den Schulden andererseits, wobei die Bilanzsumme jeweils dem Unternehmensgesamtwert entspricht. Die Informationsbilanz folgt damit dem so genannten *asset and liability view*[971] der angelsächsischen Rechnungslegung und enthält neben den selbstständig bewertbaren Einzelvermögenswerten und Schulden den Goodwill

---

968 Zur Kritik an der ungleichmäßigen bilanziellen Behandlung niedrigerer und höherer Zeitwerte vgl. bereits *Arnett, H.*, Objectivity (JoA 1961), S. 67.

969 Vgl. *Baetge, J./Zülch, H.*, Fair Value-Accounting (BFuP 2001), S. 546 f. u. 552.

970 Vgl. hierzu auch S. 178 dieser Arbeit.

971 So auch *Ernst & Young* (Hrsg.), Fair value (2005), S. 1.

als Residualgröße zum Wert des Eigenkapitals (Ertragswert) des Unternehmens. Wie noch zu zeigen sein wird, ist der Goodwill im Informationsabschluss stets ansatzpflichtig, worin sich der Kernbereich einer **Erweiterung des Bilanzansatzes** gegenüber dem Zahlungsbemessungsabschluss ausdrückt. Die Bilanzbewertung geht ebenfalls über die in der Zahlungsbemessungsbilanz verwandten (fortgeführten) historischen Kosten hinaus und zielt grundsätzlich auf eine Darstellung der Vermögenswerte und Schulden zum beizulegenden Zeitwert (Fair Value) ab. Da nicht nur niedrigere (imparitätische), sondern auch höhere Fair Values Eingang in den Informationsabschluss finden, kommt es im Vergleich zum Zahlungsbemessungsabschluss ebenfalls zu einer **Erweiterung der Bilanzbewertung**.[972] Das Ergebnis stellt eine **umfassende Fair-Value-Bilanz** im Sinne des Referenzrahmens dar.[973] Abb. 47 unternimmt den Versuch, den Weg von der Zahlungsbemessungsbilanz zur Informationsbilanz nochmals grafisch zu verdeutlichen:

---

972 STREIM u. a. sprechen hier von einer „informative[n] Bilanzierung der Höhe nach" (*Streim, H. u. a.*, Informationsbilanz, in: *Dirrigl, H. u. a. (Hrsg.)*, Festschrift Wagner (2004), S. 232; Ergänzg. durch d. Verf.).

973 Vgl. S. 42.

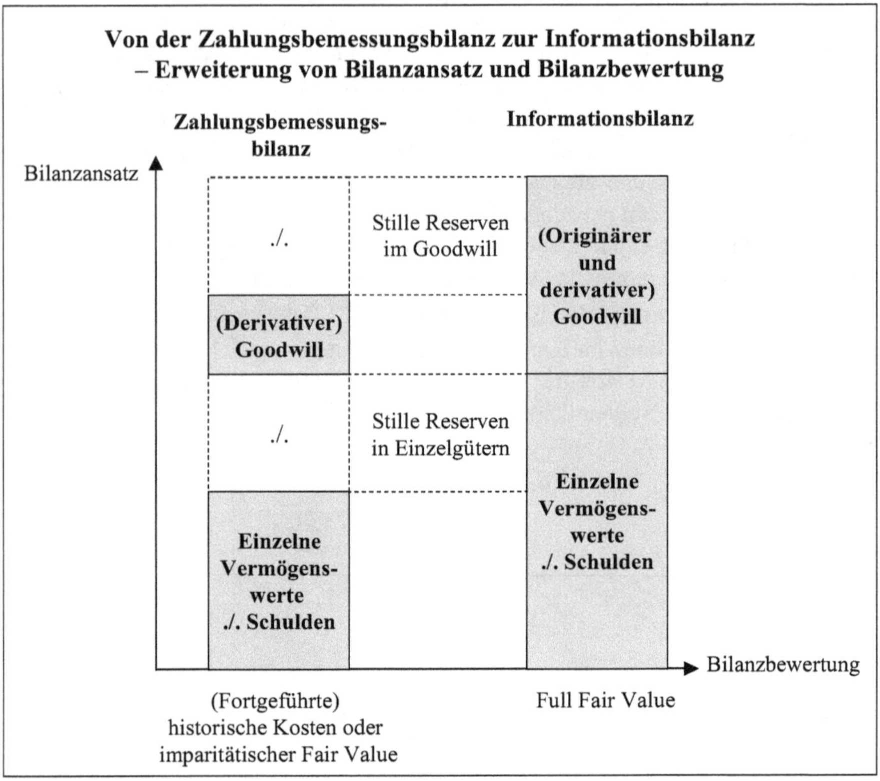

Abb. 47: Von der Zahlungsbemessungsbilanz zur Informationsbilanz – Erweiterung von Bilanzansatz und Bilanzbewertung

3. Kritische Beurteilung einer Bilanzbewertung zum Fair Value

Nach der ausführlichen Ableitung und Konkretisierung des Fair-Value-Konzepts zur Bilanzbewertung im Informationsabschluss soll im Folgenden eine zusammenfassende kritische Würdigung vorgenommen werden. Hierzu werden die wichtigsten in der Literatur diskutierten Vorzüge und Problembereiche der Fair-Value-Bewertung auf das vorgestellte Konzept übertragen und einander gegenübergestellt.

a) Vorzüge

Als wesentliche Vorzüge der hier vorgeschlagenen umfassenden Fair-Value-Bewertung lassen sich folgende Argumente anführen:

- **Umfassende Informationsbereitstellung durch weitgehende Offenlegung stiller Reserven**

  Die weitgehende Offenlegung stiller Reserven sowohl in den bilanziellen Einzelgütern als auch im Goodwill kann zweifelsohne als der Hauptvorzug der hier vorgeschlagenen umfassenden Fair-Value-Bilanzierung angesehen werden.[974] Durch die Abkehr von der imparitätischen Zeitbewertung zugunsten einer Full-Fair-Value-Bewertung kommt es zum Abbau von Informationsasymmetrien zwischen dem Management und den Eigentümern des Unternehmens sowie den übrigen Adressaten der externen Rechnungslegung. Den bereitgestellten Fair Values zum Bilanzstichtag kommt dabei nach weit verbreiteter Auffassung eine höhere Entscheidungsrelevanz als den (fortgeführten) historischen Kosten zu;[975] gleichzeitig nimmt jedoch auch der Objektivierungsgrad und damit die Zuverlässigkeit ab.[976]

- **Hohe Kompatibilität mit Shareholder-Value-Zielsetzung und interner Unternehmenssteuerung**

  Mit der Offenlegung der stillen Reserven und dem Abbau von Informationsasymmetrien eng verbunden ist auch das zweite Argument für eine umfassende Fair-Value-Bilanzierung. Danach erweist sich der umfassende Informationsabschluss durch die Ermittlung und Aufgliederung des Unternehmenswerts und seiner Veränderung im Periodenablauf als in hohem Maße kompatibel mit der Zielsetzung der Shareholder-Value-Steigerung.[977] Darüber hinaus findet mit der Bewertung

---

974 Hierauf verweisen auch z. B. *Schildbach, T.*, Zeitwertbilanzierung (BFuP 1998), S. 586 f.; *Siegel, T.*, Zeitwertbilanzierung (BFuP 1998), S. 595; *Kley, K.-L.*, Fair Value-Bilanzierung (DB 2001), S. 2258; *Europäische Zentralbank (Hrsg.)*, Auswirkungen der Zeitwertbilanzierung (Monatsbericht 2004), S. 82.

975 Vgl. etwa *Streim, H. u. a.*, Fair Values (BFuP 2003), S. 470 ff.; *Vater, H.*, Fair Value Accounting (UM 2003), S. 143; *Baetge, J./Zülch, H.*, Fair Value-Accounting (BFuP 2001), S. 558; *Shim, E./Larkin, J.*, Mark-to-Market Accounting (JoABR 1998), S. 40; *Barth, M./Landsman, W.*, Fair value accounting (AH 1995), S. 98 sowie speziell zur Fair-Value-Bewertung von Finanzinstrumenten *Willis, D.*, Fair Value or Historical Cost (WPg 1998), S. 855 und zur Immobilienbewertung *Searfoss, D./Fellner Weiss, J.*, Current value reporting (JoA 1990), S. 69 ff. Anderer Ansicht hingen *Kley, K.-L.*, Fair Value-Bilanzierung (DB 2001), S. 2258 und *Küting, K./Reuter, M.*, Einfluss internationaler Standards (DSWR 2005), S. 105, die die Kriterien der Entscheidungsrelevanz und Zuverlässigkeit von Informationen miteinander verknüpfen. Entgegen der theoretischen Argumentation fallen die empirische Nachweise einer höheren Entscheidungsrelevanz allerdings vergleichsweise bescheiden aus (für einen Literaturüberblick vgl. *Ballwieser, W. u. a.*, Fair value (BFuP 2004), S. 546 f.).

976 So auch *Ernst & Young (Hrsg.)*, Fair value (2005), S. 7 ff., die aus Objektivierungsgründen für eine bilanzielle Fair-Value-Bewertung nur von marktgängigen Gütern plädieren. In einer empirischen Untersuchung zum britischen Immobilienmarkt gelangen DIETRICH u. a. hingegen zu dem interessanten Ergebnis, dass die Fair-Value-Schätzungen von Gutachtern weniger verzerrte und genauere Approximationen des Nettoveräußerungswerts darstellen als die entsprechenden historischen Kosten (vgl. *Dietrich, J. u. a.*, Investment property fair value estimates (JoAaE 2001), S. 125 ff.).

977 Vgl. auch *Löhr, D.*, IAS (IFRS) versus HGB (StuB 2003), S. 646 f., der von einem

zum beizulegenden Zeitwert oder Fair Value eine stärkere Entscheidungsorientierung und Opportunitätskostenbetrachtung Eingang in die externe Rechnungslegung,[978] die zugleich eine Konvergenz mit Konzepten der internen Unternehmenssteuerung erleichtert. So wird das Management einerseits stärker zur Offenlegung und Begründung seiner internen Entscheidungen in Bezug auf die Verwendung der ihm anvertrauten Ressourcen angehalten. Andererseits erhalten die Kapitalgeber mehr Informationen über die Planungen und Erwartungen des Managements, können die tatsächlich erfolgten Entscheidungen daran messen und werden auf diese Weise in die Lage versetzt, ihre eigenen Entscheidungen – etwa in Bezug auf eine weitere Unternehmensbeteiligung oder die Auswechslung der Unternehmensleitung – besser zu fundieren.

- **Bessere zeitliche Vergleichbarkeit am Bilanzstichtag**

  Die einheitliche Verwendung beizulegender Zeitwerte zum Bilanzstichtag, die nur in wenigen Fällen durch die (fortgeführten) historischen Kosten approximiert werden, führt schließlich zu einer besseren zeitlichen Vergleichbarkeit unterschiedlicher Bilanzposten im Vergleich zur Zahlungsbemessungsbilanz.[979] So werden beispielsweise Grundstücke, die zu unterschiedlichen Zeitpunkten angeschafft wurden, nicht zu ihren (veralteten) Anschaffungskosten, sondern jeweils zum Fair Value am Bilanzstichtag ausgewiesen.[980] Durch die realistischere Abbildung wirtschaftlich gleicher Sachverhalte werden auch Zeit- und Unternehmensvergleiche verbessert.

b) Problembereiche

Den genannten Vorzügen stehen im Wesentlichen folgende Problembereiche gegenüber:

- **Schwierigkeit der Ermittlung der beizulegenden Zeitwerte mit der Folge einer „Entobjektivierung" der Bilanz und Gewinn- und Verlustrechnung**

  In der Literatur finden sich zahlreiche Stimmen, die die Fair-Value-Bewertung massiv kritisieren oder gar völlig ablehnen, da mit ihr erhebliche Ermittlungs-

---

Shareholder-Value-bezogenen Rechenwerk spricht. Ähnlich auch *Baetge, J./Kümmel, J.*, Shareholder Value Reporting, in: *Rathgeber, A. u. a. (Hrsg.)*, Festschrift Steiner (2003), S. 52 ff. Vgl. ferner *Moxter, A.*, Rechnungslegungsmythen (BB 2000), S. 2143 f.

978 Vgl. *Vater, H.*, Fair Value Accounting (UM 2003), S. 141; *Heyd, R.*, Fair Value (Controlling 2003), S. 209,

979 So wohl auch *Siegel, T.*, Zeitwertbilanzierung (BFuP 1998), S. 598, der von der Überwindung der „materiellen Ungleichnamigkeit" von Bilanzwerten spricht. Vgl. ferner *Europäische Zentralbank (Hrsg.)*, Auswirkungen der Zeitwertbilanzierung (Monatsbericht 2004), S. 82.

980 Ähnlich auch *Willis, D.*, Fair Value or Historical Cost (WPg 1998), S. 855.

schwierigkeiten verbunden sind[981] und sie zu einer „Entobjektivierung“[982] der Bilanz und Gewinn- und Verlustrechnung führe. KÜTING/WIRTH etwa verweisen in diesem Zusammenhang explizit auf die barwertorientierte Fair-Value-Ermittlung, in der sie „eine eindeutige Abwendung vom Gedanken der Bilanzobjektivierung hin zu einer zahlungsstromorientierten Betrachtung mit Zukunftsbezug“[983] sehen. Aber auch Marktwerte lassen sich laut SIEGEL nur in wenigen Fällen objektiv ermitteln.[984] Der Fair Value stelle vielmehr einen subjektiven Wert dar,[985] der mit mehr oder weniger starken zufälligen oder bewussten Messfehlern behaftet sei.[986] Im letzteren Fall ist die Grenze zwischen einer bilanzpolitischen Verzerrung und einer Bilanzmanipulation fließend, was nicht zuletzt die „kreative Fair-Value-Bewertung“ im Bilanzskandal Enron illustriert.[987]

Obgleich diese Argumentation auf den ersten Blick unmittelbar nachvollziehbar ist, erweist sie sich bei genauerer Betrachtung als nur bedingt richtig und überzeugend. Denn zum einen ist das darin zum Ausdruck kommende Objektivierungsverständnis problematisch, da die Rechnungslegung – wie bereits aufgezeigt wurde – gerade nicht nach vollkommener Objektivität strebt, sondern stets nur auf einen mehr oder weniger hohen Objektivierungsgrad ausgerichtet ist.[988] Folgt man dieser Überlegung, so stellt sich ein Teil der Kritik in der Literatur als eine Verwechslung der Bedeutung von Objektivierung (Objektivität) mit Sicherheit heraus.[989] Zum anderen erweist sich die oben nachgezeichnete Argumentation als inkonsistent, da niedrigere beizulegende Zeitwerte, die letztlich nach den gleichen Regeln der Fair-Value-Bewertung ermittelt werden, offensichtlich als ausreichend

---

981 Vgl. z. B. *Schildbach, T.*, Zeitwertbilanzierung (BFuP 1998), S. 587 f.; *Deutsche Bundesbank (Hrsg.)*, Rechnungslegungsstandards (Monatsbericht 2002), S. 52 ff.; *Kahle, H.*, Zukunft der Rechnungslegung (WPg 2003), S. 265; *Ballwieser, W. u. a.*, Fair value (BFuP 2004), S. 535 ff.

982 *Küting, K./Reuter, M.*, Einfluss internationaler Standards (DSWR 2005), S. 105. Jüngst erneut *Küting, K.*, Preis ist zu hoch (FAZ v. 12.03.2007), S. 20.

983 *Küting, K./Wirth, J.*, Eigenkapitalquoten (FAZ v. 06.10.2003), S. 22.

984 Vgl. *Siegel, T.*, Zeitwertbilanzierung (BFuP 1998), S. 598. Auf die Probleme einer Verwendung beobachtbarer Marktpreise als „faire“ Werte weist auch SCHNEIDER nachdrücklich hin (vgl. *Schneider, D.*, Fair-Value-Bewertung (2003), S. 2.).

985 So z. B. *Vater, H.*, Fair Value Accounting (UM 2003), S. 143; *Demski, J. u. a.*, Intellectual Foundations of Accounting (AH 2002), S. 160

986 Vgl. *Barth, M./Landsman, W.*, Fair value accounting (AH 1995), S. 101.

987 Vgl. hierzu *Lüdenbach, N./Hoffmann, W.-D.*, Enron (DB 2002), S. 1172 ff.; *Hoffmann, W.-D./Lüdenbach, N.*, Internationale Rechnungslegung (StuB 2002), S. 446 f.

988 So ist bekanntlich jede Gewinnermittlung durch Vermögensvergleich notwendigerweise subjektiv, da für alle Nichtkassenpositionen Zukunftsschätzungen erforderlich sind (ähnlich auch *Hoffmann, W.-D.*, Grenzen einer Bilanz (StuB 2000), S. 824.).

989 So insbesondere *Demski, J. u. a.*, Intellectual Foundations of Accounting (AH 2002), S. 160 sowie *Küting, K./Wirth, J.*, Eigenkapitalquoten (FAZ v. 06.10.2003), S. 22.

objektiv eingestuft werden, während höheren Fair Values dieses Attribut abgesprochen wird.[990] Hier ist vielmehr festzuhalten, dass sämtliche Fair Values, die auf der Basis der oben vorgeschlagenen Regeln ermittelt werden, das für den Informationsabschluss geforderte Kriterium der formalen Objektivierbarkeit erfüllen.[991] Die Tatsache, dass es sich sowohl um subjektbezogene Werte, die die Perspektive der Eigenkapitalgeber des Unternehmens widerspiegeln, als auch um subjektive Werte handelt, das heißt um Werte, die auf den Einschätzungen und Erwartungen des Managements (Bewertungssubjekt) basieren,[992] ändert hieran ebenfalls grundsätzlich nichts. Jedoch darf das Problem möglicher zufälliger und/oder bewusster Informationsverzerrungen aufgrund von Schätz- und Ermessensspielräumen keinesfalls als trivial angesehen werden. Vielmehr ist hier mit Nachdruck die flankierende Einführung einer umfassenden Offenlegungs- und Prüfungspflicht des Informationsabschlusses zu fordern,[993] wodurch eine Abmilderung, wenngleich keine vollständige Behebung des Problems erreicht werden kann.

Das hier entwickelte Konzept monofunktionaler Bilanzen verfügt allerdings darüber hinaus über eine gewisse „Abschirmwirkung", da im Informationsabschluss ausgewiesene unrealisierte Gewinne nicht zur Zahlungsbemessung herangezogen werden können. In der Konsequenz können zwar mögliche Fehlentscheidungen der aktuellen und potentiellen Kapitalgeber aufgrund eventueller Verzerrungen der höheren Fair Values im Informationsabschluss nicht gänzlich ausgeschlossen werden; diese ziehen jedoch keine Zahlungsbemessungskonsequenzen nach sich. Aus Sicht des Verfassers überwiegen zudem die Vorteile der zusätzlichen Informationsvermittlung im Rahmen eines umfassenden Fair-Value-Abschlusses die möglichen Risiken für die Entscheidungsfindung, so dass einer Ablehnung der Fair-Value-Bewertung aus Objektivierungsgründen im Ergebnis nicht zugestimmt werden kann.

---

990 Zu dieser widersprüchlichen Argumentation vgl. bereits *Arnett, H.*, Objectivity (JoA 1961), S. 67.

991 Für eine gewisse Entobjektivierung von Rechnungslegungsdaten zur Informationsvermittlung plädiert auch *Moxter, A.*, Rechnungslegungsmythen (BB 2000), S. 2145.

992 Zur Unterscheidung zwischen Subjektbezogenheit und Subjektivität vgl. *Sigloch, J.*, Unternehmensbewertung (Jura 1987), S. 586.

993 Vgl. näher hierzu am Beispiel des Goodwills S. 319 ff. dieser Arbeit. STREIM u. a. schlagen daher auch eine Aufwertung ergänzender Berichtsinstrumente, wie z. B. des Lageberichts, vor (vgl. *Streim, H. u. a.*, Informationsbilanz, in: *Dirrigl, H. u. a. (Hrsg.)*, Festschrift Wagner (2004), S. 242.).

- **Höhere Volatilität von Bilanzwerten und Periodenerfolgen sowie Gefahr des Ausweises von Zufallskomponenten und „Scheingewinnen"**

  Aus der vorgeschlagenen Abfolge der Fair-Value-Bewertung sowie den damit im Zusammenhang stehenden Ermittlungsschwierigkeiten folgt im Regelfall, dass die Bilanzwerte und Periodenerfolge eines Unternehmens im Informationsabschluss eine höhere Volatilität im Vergleich zum Zahlungsbemessungsabschluss aufweisen werden.[994] Denn während letzterer lediglich niedrigere Fair Values als Ausfluss des Imparitätsprinzips berücksichtigt und durch die periodengerechte Verteilung von Auszahlungen und Einzahlungen eine mehr oder weniger starke Erfolgsglättung (*income smoothing*) herbeiführt, findet im Informationsabschluss eine symmetrische Fair-Value-Bewertung und -Erfolgserfassung statt, die den Fokus auf eine Abbildung der wirtschaftlichen Realität des Unternehmens am Bilanzstichtag legt. STREIM u. a. weisen in diesem Zusammenhang auf die eingeschränkte Prognoseeignung von Fair-Value-Informationen hin.[995] Darüber hinaus besteht die Gefahr des Ausweises von Zufallskomponenten[996] sowie von inflationären „Scheingewinnen",[997] welche die Aussagekraft der Abschlussinformationen jeweils mindern könnten. Allerdings gilt, dass der Ausweis möglicher „Scheingewinne" spätestens im Realisationszeitpunkt bei Zugrundelegung der nominellen Geldkapitalerhaltungskonzeption systemimmanent ist und daher kein spezielles Problem der Fair-Value-Bewertung darstellt. Zu den weiteren Kritikpunkten ist ferner anzumerken, dass eine stärker stichtagsbezogene und damit auch volatilere Bilanzierung im Informationsabschluss nicht kategorisch abgelehnt werden sollte, da diese vor allem in diskontinuierlichen Umwelten zu einer realistischeren Abbildung der wirtschaftlichen Lage des Unternehmens beiträgt.[998] Um trotz schwankender beizulegender Zeitwerte eine genaue Erfolgsanalyse und -prognose der nachhaltigen im Unterschied zu den nicht nachhaltigen Ergebniskomponenten zu erleichtern, sollten vielmehr eine konsequente Erfolgsspaltung und erweiterte Offenlegung im Rahmen des Informationsabschlusses

---

994 Vgl. bereits *Ballwieser, W./Kuhner, C.*, Rechnungslegungsvorschriften (1994), S. 94 f.; *Kahle, H.*, Informationsversorgung des Kapitalmarkts (KoR 2002), S. 100.

995 Vgl. *Streim, H. u. a.*, Fair Values (BFuP 2003), S. 475 ff.

996 Zufallsbestimmte Komponenten in der Rechnungslegung würden die Beurteilung des Anstrengungsniveaus der Unternehmensleitung deutlich erschweren (vgl. *Schildbach, T.*, Zeitwertbilanzierung (BFuP 1998), S. 589.). Darüber hinaus kann es insbesondere im Fall der Ertragswertermittlung zum Problem einer Vermengung oder Kompensation unterschiedlicher Erfolgswirkungen aus den zu diskontierenden Überschussgrößen und dem Diskontierungssatz kommen (vgl. *Kahle, H.*, Zukunft der Rechnungslegung (WPg 2003), S. 265 m. w. N.).

997 Vgl. *Schildbach, T.*, Zeitwertbilanzierung (BFuP 1998), S. 589 f.

998 Ähnlich auch STREIM: „Der im Zeitablauf ‚glattere' Erfolgsausweis sagt aber bei variablen Umweltbedingungen nichts über die zukünftige Entwicklung aus." (*Streim, H.*, Entscheidungsnützliche Informationen (BFuP 2000), S. 126.).

erfolgen.[999] Unter diesen Voraussetzungen kann auch dem Argument führender Zentralbanken in Europa, die Fair-Value-Bewertung könne aufgrund der volatileren Unternehmensergebnisse gar mögliche negative Effekte auf die Finanzmarktstabilität haben,[1000] nur teilweise zugestimmt werden.

- **Eingeschränkte methodische Vergleichbarkeit der Fair Values**

  Dem unter den Vorzügen angeführten Argument einer besseren zeitlichen Vergleichbarkeit von Zeitwertinformationen ist entgegenzuhalten, dass aus den heterogenen Bewertungsregeln im Rahmen der Fair-Value-Hierarchie eine Einschränkung der methodischen Vergleichbarkeit der Jahresabschlussdaten resultieren kann.[1001] Da es auf unvollkommenen und unvollständigen Märkten nie „den" Fair Value eines Bilanzpostens gibt, sondern stets auf den Einzelfall abzustellen ist, welche Wertermittlungsgrundlage und gegebenenfalls welche Prämissen dabei anzuwenden sind, werden sich sowohl bei verschiedenen Bilanzposten innerhalb eines Unternehmens als auch bei identischen Bilanzposten verschiedener Unternehmen regelmäßig abweichende beizulegende Zeitwerte ergeben. Insofern geht mit der umfassenden Fair-Value-Bewertung eine gewisse Einschränkung von Bilanzpostenvergleichen und zwischenbetrieblichen Vergleichen einher. Allerdings ist denkbar, dass im Rahmen der Bewertungspraxis und der späteren Wirtschaftsprüfung standardisierte Verfahren im Sinne von Best-practice-Regeln entwickelt und vorgegeben werden, die die Vergleichbarkeit der Fair Values wieder erhöhen.[1002]

- **Beschleunigte Datenalterung und höherer Erstellungs-, Prüfungs- und Offenlegungsaufwand des Informationsabschlusses**

  Da beizulegende Zeitwerte am Bilanzstichtag im Vergleich zu historischen Kosten naturgemäß relativ schnell veralten und folglich an Aussagekraft verlieren können,[1003] ergibt sich für Unternehmen die Notwendigkeit einer zeitnahen Bereitstellung der Jahresabschlussinformationen. Zugleich dürften hierdurch die im Zu-

---

999 Vgl. hierzu auch *Streim, H. u. a.*, Fair Values (BFuP 2003), S. 477.

1000 Vgl. *Europäische Zentralbank (Hrsg.)*, Auswirkungen der Zeitwertbilanzierung (Monatsbericht 2004), S. 82 ff.; *Deutsche Bundesbank (Hrsg.)*, Stabilität des Finanzsystems (Monatsbericht 2003), S. 35. Ähnlich auch bereits *Ballwieser, W./Kuhner, C.*, Rechnungslegungsvorschriften (1994), S. 99 ff.

1001 So. auch *Europäische Zentralbank (Hrsg.)*, Auswirkungen der Zeitwertbilanzierung (Monatsbericht 2004), S. 84; *Vater, H.*, Fair Value Accounting (UM 2003), S. 144.

1002 Eine solche Entwicklung zeichnet sich z. B. im Bereich der Bewertung nicht betriebsnotwendiger Immobilien ab (vgl. *Hinrichs, K.*, Abschied vom Handelsrecht (FAZ v. 11.10.2002), S. 43; *Archner, G.*, Marktwerte statt Buchwerte (FAZ v. 10.09.2004), S. 43; *Zülch, H.*, Immobilienbewertung (UM 2004), S. 213 ff.).

1003 Vgl. *Schildbach, T.*, Zeitwertbilanzierung (BFuP 1998), S. 587; *Vater, H.*, Fair Value Accounting (UM 2003), S. 143.

ge der jährlichen Ermittlung, Prüfung und Offenlegung der Fair Values ohnehin bereits gestiegenen Kosten auf Unternehmensseite weiter zunehmen. Sofern diesen zusätzlichen Kosten nur geringe oder im Extremfall gar keine Nutzenzuwächse auf Seiten der externen Rechnungslegungsadressaten gegenüberstehen, ist das Wirtschaftlichkeitsprinzip als Nebenbedingung der umfassenden Rechnungslegung nicht gewahrt. Allerdings kann diesen Bedenken teilweise entgegengetreten werden, da im Rahmen der hier vorgeschlagenen Bilanzreform ein Zwei-Stufen-Modell zur Anwendung kommt, wonach der umfassende Informationsabschluss zum Fair Value nur von kapitalmarktorientierten und diesen gleichgestellten Unternehmen zwingend aufzustellen ist. Gerade diese Unternehmen zeichnen sich jedoch zum einen durch einen oftmals anonymen Kreis zahlreicher Kapitalgeber aus, für welche die im Vergleich zum Zahlungsbemessungsabschluss zusätzlichen Informationen wünschenswert oder gar notwendig erscheinen. Zum anderen verfügen große kapitalmarktorientierte Unternehmen in der Regel über eine ausreichende Ressourcenbasis, so dass die zusätzlichen Informationskosten weniger ins Gewicht fallen dürften.

In einer zusammenfassenden Beurteilung der hier vorgeschlagenen umfassenden Fair-Value-Bewertung für Informationszwecke gelangt der Verfasser zu dem Ergebnis, dass die genannten Vorzüge des Konzepts die bestehenden Problembereiche überwiegen. Im Rahmen einer möglichen Umsetzung in der deutschen Rechnungslegung sind mit einer **Pflicht zur erweiterten Offenlegung und Prüfung der beizulegenden Zeitwerte** allerdings flankierende Maßnahmen zu ergreifen, die den Problemen bezüglich der Ermittlung und methodischen Vergleichbarkeit der Fair Values teilweise begegnen können. Hierbei gilt, dass die Anforderungen an eine begleitende Offenlegung und Prüfung der Jahresabschlussinformationen umso größer sind, je geringer der Objektivierungsgrad der Fair Values ist.[1004] Für eine abschließende Würdigung des Reformkonzepts monofunktionaler Abschlüsse ist allerdings ein empirischer Test erforderlich, aus dem auch Rückschlüsse auf die Eignung des umfassenden Fair-Value-Abschlusses für Informationszwecke gewonnen werden könnten.

D. Informations-Gewinn- und Verlustrechnung

Nachdem die Ausgestaltung des Ansatzes und der Bewertung in der Informationsbilanz ausführlich dargelegt wurden, ist in diesem Abschnitt eine weitere Konkretisierung der Informations-Gewinn- und Verlustrechnung vorzunehmen.

Für den Bereich der Informations-Gewinn- und Verlustrechnung gilt gemäß dem *Asset-and-liability*-Konzept grundsätzlich, dass die positiven und negativen Erfolgskomponenten jeweils aus den Veränderungen der bilanzierten Vermögenswerte und

1004 Ähnlich *Ernst & Young* (Hrsg.), Fair value (2005), S. 3.

Schulden resultieren.[1005] Eine eigenständige Definition der Erfolgsbestandteile im Informationsabschluss ist daher streng genommen nicht erforderlich,[1006] sie kann jedoch Kontrollzwecken dienen und eine weitergehende Erfolgsquellenanalyse ermöglichen. Von zentraler Bedeutung ist vor diesem Hintergrund die **Aufrechterhaltung der kontenmäßigen Trennung von realisierten und unrealisierten Erfolgen** auch im Informationsabschluss.[1007] So könnte man zwar geneigt sein, die Kenntnis, ob ein Erfolg realisiert oder unrealisiert ist, aus einer reinen Informationsperspektive als nachrangig oder gar irrelevant einzuschätzen. Dies folgt etwa, wenn ein Investor betrachtet wird, der indifferent bezüglich der Entscheidungen „Halten eines Vermögenswerts mit unrealisierten Gewinnen" und „Realisation der Gewinne durch Veräußerung mit anschließendem sofortigen Rückkauf des Vermögenswerts" ist. Gleichwohl unterstellt dieses Beispiel zum einen die Möglichkeit einer wertneutralen Vermögensumschichtung, indem insbesondere von Transaktionskosten und Steuerwirkungen abgesehen wird. Zum anderen weisen BARTH/LANDSMAN darauf hin, dass den Rechnungslegungsadressaten mit der separaten Angabe der realisierten Erfolge eine zusätzliche Informationsquelle zur Abschätzung oder Verifikation der unrealisierten Erfolge ähnlicher Vermögenswerte und Schulden zur Verfügung steht.[1008] Ferner ermöglicht die Trennung von realisierten und unrealisierten Erfolgskomponenten im Informationsabschluss eine leichtere und genauere Prognose des nachhaltigen Erfolgs sowie des künftigen Ausschüttungsstroms an die Residualanspruchsberechtigten, für den bekanntlich nur der (realisierte) Jahreserfolg (1) des Zahlungsbemessungsabschluss herangezogen wird.[1009] Eine kontenmäßige Trennung realisierter und unrealisierter Erfolge ist zu guter Letzt schon deswegen notwendig, da der Informationsabschluss als Erweiterungsrechenwerk auf dem Zahlungsbemessungs-

---

1005 Hiervon ausgenommen bleiben selbstverständlich Transaktionen mit den Eigenkapitalgebern, wie Kapitalzuflüsse und -abflüsse.

1006 Vgl. auch *Ernst & Young (Hrsg.)*, Fair value (2005), S. 2.

1007 So wohl auch *Streim, H. u. a.*, Fair Values (BFuP 2003), S. 477.

1008 Vgl. *Barth, M./Landsman, W.*, Fair value accounting (AH 1995), S. 102 f. Allerdings bestehen hier gewisse Einschränkungen, da das Management möglicherweise nur ausgewählte Gewinne und Verluste realisiert („cherry-picking").

1009 In diese Richtung zielt inzwischen bemerkenswerterweise auch das IASB mit seinem Projekt „Financial Statement Presentation" zur Neugestaltung der Darstellung der Vermögens-, Finanz- und Ertragslage von Unternehmen. Dort soll in Form einer Matrixdarstellung unter anderem zwischen Aufwendungen und Erträgen einerseits und „bloßen" Bewertungsanpassungen andererseits differenziert werden, was stark an die Unterscheidung zwischen realisierten und unrealisierten Erfolgen erinnert. Für einen Überblick zum IASB-Projekt vgl. *Gröner, S./Zeimer, M.*, Gewinn- und Verlust-Rechnung (FAZ v. 04.08.2003), S. 17; *o. V.*, Neue Gewinn- und Verlustrechnung (FAZ v. 29.09.2003), S. 19; ausführlich vgl. *Ballwieser, W./Hettich, S.*, Reporting Comprehensive Income (ZfCM 2004), S. 79 ff. und *Haller, A./Schloßgangl, M.*, Performance Reporting (KoR 2003), S. 317 ff. Zum aktuellen Projektstand vgl. *IASB*, Financial Statement Presentation (http://www.fasb.org/.../financial_statement_presentation.shtml (07.10.2006)).

abschluss basiert und die buchtechnische Entwicklung des Informationsabschlusses sowie die Vergleichbarkeit beider Abschlüsse damit erleichtert werden.

Der in der Informations-Gewinn- und Verlustrechnung ausgewiesene **Jahreserfolg (2)** oder Informationserfolg umfasst damit analytisch den Jahreserfolg (1) der Zahlungsbemessungs-Gewinn- und Verlustrechnung sowie die aufsummierten Salden der unrealisierten Gewinnkonten. Er entspricht wiederum zugleich der Eigenkapitalveränderung in der Informationsbilanz, die nicht aus Transaktionen mit den Gesellschaftern resultiert. Zugleich spiegelt der Jahreserfolg (2) im umfassenden Informationsabschluss die **Veränderung des Unternehmenswerts** in der abgelaufenen Rechnungsperiode wider.

IV. Zwischenergebnis: Bessere Funktionserfüllung durch funktionale Zweiteilung der deutschen Rechnungslegung in einen Zahlungsbemessungs- und Informationsabschluss

Im Vierten Teil der Arbeit wird gezeigt, wie für das deutsche Bilanzrecht eine zweckmäßige und konsequente Lösung des Spannungsverhältnisses zwischen Vollständigkeit und Objektivierung durch eine funktionale Zweiteilung der Rechnungslegung in einen Zahlungsbemessungs- und Informationsabschluss umgesetzt werden kann. Zu diesem Zweck wird zunächst eine Neuordnung der Funktionen der Rechnungslegung vorgeschlagen: Diese sieht erstens eine Zusammenführung der Ausschüttungs- und Steuerbemessungsfunktion, flankiert durch ein striktes Maßgeblichkeitsprinzip, vor; zudem ist das bestehende Prinzip der umgekehrten Maßgeblichkeit abzuschaffen. Zweitens ist die Informationsfunktion zu stärken, indem die Generalnorm des True and fair view entsprechend der Forderung im Referenzrahmen als *overriding principle* für den Informationsabschluss auszugestalten ist. Die Neuordnung der Funktionen der Rechnungslegung ist ferner durch die Schaffung einer klaren und konsistenten Normenhierarchie zu unterstützen, die aus den allgemeinen und funktionsspezifischen Grundsätzen und Regeln der umfassenden Rechnungslegung gebildet wird.

Nach diesen Ausgangsüberlegungen werden konkrete Reformempfehlungen für die Ausgestaltung eines Zahlungsbemessungs- und Informationsabschlusses gegeben. Da der Zahlungsbemessungsabschluss als einheitliches Basisrechenwerk für alle Unternehmen letztlich auf die Ableitung von Rechtsfolgen ausgerichtet ist, steht im Mittelpunkt der Reformbemühungen für einen einheitlichen Zahlungsbemessungsabschluss die Schaffung einer stärker objektivierten und vorsichtigen Vermögens- und Erfolgsermittlung. Im Einzelnen wird in einem ersten Schritt ein umfassender Vermögens- und Schuldbegriff eingeführt, um eine spätere Eignung für den Informationsabschluss zu ermöglichen. In einem zweiten Schritt erfolgt für Zahlungsbemessungszwecke jedoch eine gewisse Einschränkung der konkreten Bilanzierungsfähigkeit, um etwaige Ermessensspielräume im Rahmen der Bilanzaufstellung möglichst gering zu halten. Aus den gleichen Gründen wird zudem grundsätzlich an einer Bilanzbewertung zu (fortgeführten) historischen Kosten im Zuge des Realisations- und Anschaffungswertprinzips festgehalten, wobei ergänzend das Niederstwertprinzip Anwendung findet. Im Rahmen der Ausgestaltung eines umfassenden Informationsabschlusses als Zusatzrechenwerk nur für kapitalmarktorientierte Unternehmen erfolgt schließlich eine Erweiterung sowohl des Bilanzansatzes als auch der Bilanzbewertung. Hier werden insbesondere die Einschränkungen des Zahlungsbemessungsabschlusses auf der Ebene der konkreten Bilanzierungsfähigkeit von Vermögens- und Schuldobjekten aufgehoben, so dass im Ergebnis alle hinreichend objektivierbaren positiven und negativen Beiträge zum Unternehmenswert in die Informationsbilanz eingehen. Die Erweiterung im Rahmen der Bilanzbewertung sieht ferner eine Umsetzung des Fair-Value- und Gesamtwertprinzips entsprechend dem Referenzrahmen vor.

In diesem Zusammenhang wird eine neu gestaltete Fair-Value-Hierarchie vorgeschlagen, die sich primär am Einzelertragswert, sofern verfügbar, und nur hilfsweise am Marktwert oder an den (fortgeführten) historischen Kosten orientiert. Letztere bilden dabei gemäß der Bewertungshypothese den Auffangmaßstab der Bilanzbewertung für alle Güter, denen keine isolierbaren Einzahlungsüberschüsse zugerechnet werden können. Auch im Rahmen der Erfolgsrechnung wird eine Erweiterung der Zahlungsbemessungs-Gewinn- und Verlustrechnung (GuV (1)) zur Informations-Gewinn- und Verlustrechnung (GuV (2)) vorgenommen, wobei letztere neben den realisierten Erfolgskomponenten sowie den unrealisierten Verlusten zusätzlich auch unrealisierte Gewinne aus der Zeitbewertung enthält.

Im Ergebnis führt das vorgeschlagene Reformkonzept monofunktionaler Abschlüsse zu einer besseren, weil spezifischen Erfüllung der jeweiligen Anforderungen der Zahlungsbemessungs- und Informationsfunktion in der deutschen Rechnungslegung. Ferner wird deutlich, dass zwischen dem Zahlungsbemessungs- und Informationsabschluss eine enge Verbindung besteht, da es sich zwar um unterschiedliche, jedoch aufeinander aufbauende Rechenwerke handelt. Der Informationsabschluss stellt insofern „lediglich" eine Erweiterungsrechnung des Zahlungsbemessungsabschlusses dar, mit der zugleich eine zweistufige Umsetzung der Reform im deutschen Bilanzrecht begünstigt wird. Insgesamt erscheint die vorgeschlagene Lösung damit als geeignet, eine umfassende Rechnungslegung in Deutschland funktionsadäquat und konsistent umzusetzen.

Aufbauend auf diesen allgemeinen Reformvorschlägen zur Einführung einer umfassenden Rechnungslegung in Deutschland gilt es im folgenden Teil der Arbeit nunmehr, spezielle Reformempfehlungen für die Bilanzierung des Goodwills als besonderen Untersuchungsgegenstand zu erarbeiten.

Fünfter Teil: Spezielle Reformempfehlungen für eine umfassende, funktionsspezifische Bilanzierung des Goodwills in Deutschland

Aufbauend auf den allgemeinen De-lege-ferenda-Vorschlägen zur Schaffung einer umfassenden, funktionsspezifischen Rechnungslegung in Deutschland sollen im Fünften Teil konkrete Reformempfehlungen für die Goodwill-Bilanzierung als speziellen Untersuchungsgegenstand der Arbeit entwickelt werden. Dabei gilt es, den Goodwill sowohl im Zahlungsbemessungs- als auch im Informationsabschluss geeignet und konsistent abzubilden.

I. Ausgangsüberlegungen

Vor diesem Hintergrund ist der Goodwill zunächst zweckgerichtet und möglichst operational von der Menge der immateriellen Einzelwerte abzugrenzen. Darüber hinaus ist zur Unterscheidung zwischen einem originären und einem derivativen Goodwill Stellung zu nehmen, die – wie herausgearbeitet wurde – die gegenwärtige bilanzielle Behandlung des Goodwills in der nationalen und internationalen Rechnungslegung maßgeblich prägt.

A. Zur ökonomischen Abgrenzung des Goodwills von immateriellen Einzelwerten

Bereits im Ersten Teil der Arbeit erfolgte eine grundlegende Begriffsbestimmung des Goodwills und erste Abgrenzung von der Menge der immateriellen Einzelwerte. Im Rahmen einer Arbeitsdefinition wurde der Goodwill als ein Konglomerat einzelner, nicht identifizierbarer immaterieller Faktoren bezeichnet, mit denen in der Regel positive – zum Teil aber auch negative – Ertragswertbeiträge verbunden sind. Das Definitionsmerkmal der Identifizierbarkeit wurde dabei an der selbstständigen Verwertbarkeit einer Ressource festgemacht, so dass nur solche Faktoren im Residual-Vermögenswert Goodwill aufgingen, die lediglich gesamtverwertbar sind, also ausschließlich mit dem Unternehmen als Ganzem verwertet werden können.[1010] Vor dem Hintergrund des im Vierten Teil entwickelten allgemeinen Reformkonzepts für eine umfassende Rechnungslegung in Deutschland ist diese ursprüngliche Abgrenzung des Goodwills von immateriellen Einzelwerten nunmehr kritisch zu hinterfragen und – falls notwendig – zu modifizieren.

[1010] Vgl. S. 49 ff. dieser Arbeit.

Führt man sich die oben vorgeschlagene Vermögenswertdefinition des allgemeinen Reformkonzepts noch einmal vor Augen,[1011] so wird deutlich, dass für die Qualifikation als Vermögenswert im Rahmen einer umfassenden Rechnungslegung nicht die Einzelverwertbarkeit oder gar Einzelveräußerbarkeit einer Ressource als relevant angesehen wurde, sondern – im Rahmen einer lediglich notwendigen Gesamtverwertbarkeit – vielmehr die Möglichkeit einer zuverlässigen Wertermittlung von entscheidender Bedeutung war. Für die Menge der immateriellen Vermögenswerte bedeutet dies zunächst, dass Rechte und wirtschaftliche Werte, die einzelverwertbar und zuverlässig bewertbar sind, wie bisher als selbstständige immaterielle Vermögenswerte gelten und entsprechend in den Zahlungsbemessungs- und Informationsabschluss aufzunehmen sind; sie stellen konzeptionell keine Bestandteile des Goodwills dar. Darüber hinaus kommt es jedoch zu einer Ausweitung der Menge der immateriellen Einzelwerte respektive zu einer Einschränkung des Residualpostens Goodwill insofern,[1012] als sich nunmehr auch jene immateriellen Ressourcen als Einzel-Vermögenswerte qualifizieren, die zwar zuverlässig selbstständig bewertet werden können, sich jedoch im Grenzbereich zwischen der Einzel- und Gesamtverwertbarkeit befinden. Beispiele für derartige „immaterielle Grenzgüter" sind Marken, Kundenstämme oder -listen, Verlagstitel und ähnliche Werte. Die Tatsache, dass sie zuweilen auch einzeln veräußert oder zur Nutzung überlassen werden,[1013] spricht klar für ihre Qualifikation als Einzel-Vermögenswerte. Gleichwohl ist eine selbstständige Verwertbarkeit in einigen Fällen aus rechtlichen oder faktischen Gründen nicht gegeben.[1014]

Die **zuverlässige Bewertbarkeit immaterieller Einzelwerte** ist stets und nur dann gegeben, wenn eine Wertfeststellung gemäß der im Vierten Teil aufgestellten Fair-

1011 Vgl. S. 203 ff.

1012 Die Verschiebung der Grenze der abstrakten Aktivierungsfähigkeit geht für die deutsche Rechnungslegung unterschiedlich weit, je nachdem, ob zuvor die Einzelveräußerbarkeit oder Einzelverwertbarkeit als relevantes Kriterium angesehen wurde.

1013 Vgl. etwa *Fries, H.*, Marken und Patente (HB v. 28.09.2005), S. B5.

1014 Als Praxisbeispiel hierfür lassen sich die im Jahr 2000 in Deutschland versteigerten UMTS-Mobilfunklizenzen anführen, die zwar einer selbstständigen Bewertung zugänglich sind, jedoch – offensichtlich aus Gründen der nationalen Versorgungssicherheit – nur einer eingeschränkten Verfügungsmacht durch die Unternehmen unterliegen. So darf eine Weiterveräußerung der Lizenzen rechtlich nicht ohne staatliche Eingriffe erfolgen; ferner fallen die Lizenzen bei einer Aufgabe der Geschäftstätigkeit des Unternehmens unentgeltlich an den Staat zurück. Neben rechtlichen Hürden dürfte aus faktischen Gründen z. B. bei einem Unternehmen, das nur über eine Marke verfügt, deren selbstständige Verwertung allenfalls hypothetisch möglich sein, da andernfalls keine Geschäftstätigkeit des Unternehmens übrig bliebe (vgl. *Davies, M. u. a.*, UK GAAP (1999), S. 737, ähnlich auch *ASB*, Statement of principles (1999), Par. 4.21.). Für weitere Beispiele immaterieller Vermögenswerte mit eingeschränkter Verwertbarkeit vgl. *IASB*, IAS 38 (2004), Par. 36 f.

Value-Hierarchie möglich ist.[1015] Dabei ist primär auf den Einzelertragswert abzustellen, der vor allem bei immateriellen Vermögenswerten mit vertraglich vereinbarten Zahlungsströmen, wie zum Beispiel Lizenzen oder Nutzungsrechten, verhältnismäßig leicht ermittelt werden kann.[1016] Darüber hinaus sind vor allem zur Bewertung von **Marken** zahlreiche betriebswirtschaftlich anerkannte Verfahren entwickelt worden, die auf unterschiedliche Wegen eine Isolierung der markenspezifischen Zahlungsströme im Vergleich zu einem unmarkierten Produkt bezwecken und diese dann risikoadäquat diskontieren, um einen Markenwert zu ermitteln.[1017] Obgleich die hier angesprochenen outputorientierten Verfahren der Markenbewertung bislang vorwiegend zur internen Markensteuerung[1018] und zur Wertfindung bei Markentransaktionen zur Anwendung gelangen, steht ihrem Einsatz auch für Zwecke der externen Rechnungslegung grundsätzlich nichts entgegen, zumal eine weitere Vernachlässigung vor allem selbst geschaffener Marken in der Bilanzierung angesichts

---

1015 Vgl. S. 234 f. dieser Arbeit. Ausführlich zur Bewertung immaterieller Vermögenswerte vgl. *Jäger, R./Himmel, H.*, Fair Value-Bewertung (BFuP 2003), S. 417 ff.; *Smith, G. /Parr, R.*, Valuation of Intellectual Property (2000), insbes. S. 175 ff.; *Mullen, M.*, How to value intangibles (Accountancy 1993), S. 92 ff. (S. 3 ff.). Speziell zur Bewertung von Patenten, Technologien und Lizenzen vgl. auch *Menninger, J./Kunowski, S.*, Wertermittlung von Patenten (DStR 2003), S. 1180 ff. sowie am Beispiel von Mobilfunklizenzen *Schmachtenberg, F. u. a.*, Folgebewertung von Mobilfunklizenzen (KoR 2005), S. 512 ff.

1016 Eine Ertragsbewertung immaterieller Einzelwerte ist auch in den britischen und internationalen Standards zulässig, dort allerdings zum einen beschränkt auf die erstmalige Bewertung im Rahmen eines Unternehmenserwerbs (*purchase price allocation*). Zum anderen kommt der Ertragswert gemäß der international vorherrschenden Fair-Value-Doktrin nur sekundär zur Anwendung, sofern kein Marktwert auf einem aktiven Markt feststellbar ist (vgl. *ASB*, FRS 10 (1997), Par. 12 sowie *IASB*, IAS 38 (2004), Par. 33 f. u. 39 ff. i. V. m. *IASB*, IFRS 3 (2004), Par. 37 (a).).

1017 Zu nennen sind hier insbesondere die Ansätze von SATTLER, INTERBRAND und NIELSEN (für eine kritische Analyse vgl. z. B. *Aders, C./Wiedemann, F.*, Brand Valuation (FB 2001), S. 469 ff. Ein ausführlicher tabellarischer Vergleich zahlreicher Markenbewertungsmodelle findet sich ferner bei *Bentele, G. u. a.*, Markenwert (2005), S. 43 ff.). Allgemein wird – wie in der Unternehmensbewertung üblich – zwischen kostenorientierten, marktorientierten und ertragsorientierten Markenbewertungsverfahren unterschieden, die zusammenfassend auch als finanzorientierte monetäre Verfahren bezeichnet und verhaltensorientierten monetären Ansätzen gegenübergestellt werden (vgl. z. B. *Havenstein, M./Heiden, M.*, Markenwertmessung (BB 2003), S. 1276.). Einen Überblick über den aktuellen Stand der Markenbewertung gibt *Sattler, H.*, Markenbewertung (RP 2005), S. 1 ff. Ausführlich zur Anwendung ertrags- oder outputorientierter Verfahren zur Markenbewertung vgl. *Greinert, M.*, Bilanzielle Behandlung von Marken (2002), S. 166 ff. m. w. N. Zu rechtlichen Fragestellungen im Rahmen der Markenbewertung sowie zur Markenbilanzierung vgl. *Repenn, W./Weidenhiller, G.*, Markenbewertung (2005).

1018 Zur Markensteuerung im Rahmen der wertorientierten Unternehmensführung vgl. z. B. *Greinert, M.*, Verbesserung des Markencontrolling (ZfCM 2003), S. 123 ff.; *Fiedler, R.*, Wertorientiertes Markenmanagement (Controlling 2003), S. 185 ff.; *Koob, C./Feige, S.*, Steigerung des Markenwerts (UM 2003), S. 181 ff. Allgemein zum Problemfeld immaterieller Werte im Rahmen der Unternehmenssteuerung vgl. etwa *Schmidt, A.*, Immaterielle Vermögenswerte, in: *Küting, K./Weber, C.-P. (Hrsg.)*, Business Reporting (2002), S. 295 ff.; *Weber, C.-P.*, Intangibles, in: *Küting, K./Weber, C.-P. (Hrsg.)*, Business Reporting (2002), S. 319 ff.

der zunehmenden Bedeutung des Markenwerts als Werttreiber und Bestandteil des Unternehmenswerts[1019] den Zielen einer umfassenden Rechnungslegung nicht gerecht würde. Besteht die Möglichkeit einer objektivierten und plausiblen Zahlungsstromprognose und -bewertung immaterieller Einzelwerte hingegen nicht, so kommt hilfsweise ein Marktwert als aggregierter (Einzel-)Ertragswert in Betracht. Insbesondere das IASB und ASB verweisen auf diese Möglichkeit der marktorientierten Fair-Value-Bewertung, lehnen jedoch für Marken, Verlagstitel, Musik- und Filmrechte sowie Patente explizit die Existenz aktiver Märkte ab, da es sich bei diesen immateriellen Vermögenswerten allesamt um einzigartige (*unique*) und damit nicht vergleichbare Assets handele.[1020] Dem ist allerdings entgegenzuhalten, dass sich auch für immaterielle Vermögenswerte – insbesondere für Filmrechte, Internet-Domains, pharmazeutische Patente oder auch Konsumgütermarken – in den letzten Jahren rege Sekundärmärkte entwickelt haben, auf die im Rahmen der Fair-Value-Ermittlung zurückgegriffen werden könnte. Erscheint auch eine marktorientierte Ermittlung des beizulegenden Zeitwerts eines immateriellen Guts als nicht objektivierbar, so kommen als heuristische Näherung schließlich die (fortgeführten) historischen Kosten in Betracht.[1021]

Alle übrigen immateriellen Faktoren, die einer zuverlässigen selbstständigen Bewertung nicht zugänglich sind, gehen im Rahmen einer umfassenden Rechnungslegung schließlich im **Goodwill** auf.[1022] Der Goodwill ist somit – unabhängig von seiner Entstehungsursache – **als (Gesamt-)Vermögenswert** zu verstehen,[1023] da sein Wert

---

1019 So ist einer aktuellen empirischen Studie zufolge der Anteil des Markenwerts am Unternehmenswert zwischen 1999 und 2005 von durchschnittlich 56% auf 67% gestiegen (vgl. *PricewaterhouseCoopers u. a. (Hrsg.)*, Markenbewertung (2006), S. 8 f. sowie die Erstfassung der Studie *Sattler, H./PwC Deutsche Revision (Hrsg.)*, Markenbewertung (1999), S. 11 f.). Die Stichprobe setzte sich bei beiden Studien aus den 100 umsatzstärksten deutschen Unternehmen sowie den Mitgliedsunternehmen des Deutschen Markenverbands zusammen. Ein aktueller Überblick über die 100 teuersten Marken der Welt, bewertet nach dem INTERBRAND-Verfahren, findet sich bei *Hovanesian, M. u. a.*, Global Brands (BW 2005), S. 86 ff. Der Wert der teuersten Marke Coca-Cola betrug demnach im Jahr 2005 67,5 Mrd. US-Dollar.

1020 Vgl. *ASB*, FRS 10 (1997), Par. 12 sowie *IASB*, IAS 38 (2004), Par. 78.

1021 Auf die bei originären immateriellen Werten in erhöhtem Maße zu erwartenden Ermittlungsschwierigkeiten im Rahmen der Herstellungskostenbewertung, insbes. die Abgrenzung der Herstellungskosten in zeitlicher und sachlicher Hinsicht, kann an dieser Stelle nur hingewiesen werden (vgl. hierzu am Beispiel von Marken *Greinert, M.*, Herstellungskosten einer Marke (KoR 2003), S. 328 ff.).

1022 Ähnlich auch HALLER, der jedoch eine außerbilanzielle Berücksichtigung im Rahmen eines „Intangible Assets Statement" vorschlägt (vgl. *Haller, A.*, Immaterielle Vermögenswerte, in: *Möller, H. /Schmidt, F. (Hrsg.)*, Festschrift Coenenberg (1998), S. 587 ff.).

1023 In Anlehnung an *BFH* v. 12.08.1982, BStBl. II 1982, S. 652, der von einem „Gesamtwirtschaftsgut" spricht. Vgl. auch *Zimmermann, J.*, Goodwill-Bilanzierung (DB 2002), S. 387 u. 390 sowie *Brönner, H. u. a.*, Konvergenz der Rechnungslegungsstandards, in: *Siegel, T. u. a. (Hrsg.)*, Festschrift Bareis (2005), S. 43, die den originären Goodwill ebenfalls explizit als Vermögenswert einstufen.

im Wege des Residualansatzes objektiviert ermittelt werden kann und damit auch das Kriterium der zuverlässigen Bewertbarkeit erfüllt ist. Abb. 48 fasst die vorgeschlagene modifizierte Abgrenzung des Goodwills von der Menge der immateriellen Einzelwerte noch einmal zusammen und zeigt die vorgenommene Grenzverschiebung:

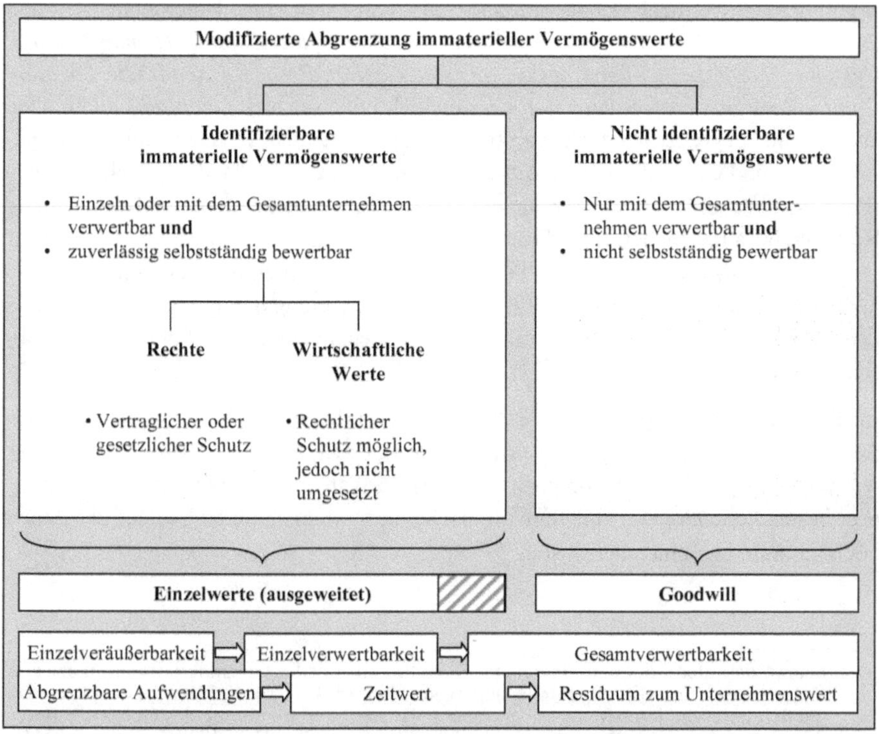

Abb. 48: Modifizierte Abgrenzung immaterieller Vermögenswerte[1024]

Neben der Abgrenzung des Goodwills von immateriellen Einzelwerten ist grundsätzlich auch eine weitere Zerlegung oder Disaggregation des Goodwills in seine Bestandteile (Goodwill-Faktoren) denkbar, wie bereits im Ersten Teil angedeutet wurde.[1025] Eine solche Zerlegung in Goodwill-Faktoren kann jedoch definitionsgemäß nur qualitativer Natur sein, da alle selbstständig bewertbaren Ressourcen losgelöst vom Goodwill bilanziell zu erfassen sind.[1026] Sie muss darüber hinaus unvollständig

---

1024 Vgl. auch die Ausgangsgrafik auf S. 47.

1025 Vgl. insbes. Abb. 8 auf S. 59. RICHTER spricht hier von einer Bottom-up-Ermittlung oder -Erklärung des Goodwills (vgl. *Richter, M.*, Bewertung des Goodwill (2004), S. 25 ff.)

1026 Vgl. hierzu bereits *Schmidt, I.*, Goodwill (2002), S. 144 f. sowie MOXTER, der zu Recht bleiben, da es kaum möglich erscheint, alle Einzelfaktoren der Residualgröße Goodwill zu kennen und zu beschreiben.[1027] Zwar sind Typisierungen oder Kategorisierungen von Goodwill-Faktoren – wie bereits gezeigt – möglich und illustrativ. Als jüngeres Beispiel aus dem deutschsprachigen Schrifttum kann hierfür die Einteilung des ARBEITSKREISES „IMMATERIELLE WERTE" DER SCHMALENBACH-GESELLSCHAFT angeführt werden, nach der das immaterielle Vermögen eines Unternehmens – und damit auch der Goodwill – in die Kategorien *Innovation Capital*, *Human Capital*, *Customer Capital*, *Supplier Capital*, *Investor Capital*, *Process Capital* und *Location Capital* untergliedert werden kann. Letztendlich erweisen sich derartige Einteilungen aber als nur begrenzt hilfreich, da die Kategorien oft nicht überschneidungsfrei gewählt sind und eine vollständige Aufzählung der Kategoriebestandteile nicht gewährleistet ist.[1028] Ferner ist kritisch anzumerken, dass Versuche, den Goodwill in seine Bestandteile aufzuspalten, um diese möglicherweise gar einzeln zu bewerten, einer „Renaissance des Substanzwerts"[1029] nahe kämen, indem eine Unternehmensbewertung faktisch im Wege einer (erweiterten) Einzelbewertung durchgeführt würde. Dies kann jedoch im Rahmen einer umfassenden Rechnungslegung keineswegs beabsichtigt sein.

Im Ergebnis wird daher auf eine systematische Zerlegung und qualitative Beschreibung des vorhandenen (originären) Goodwills eines Unternehmens verzichtet.[1030] Inwiefern hingegen eine Dekomposition eines derivativen Goodwills in seine Kaufpreisbestandteile möglich und sinnvoll erscheint, wird im weiteren Verlauf der Arbeit noch gesondert zu untersuchen sein.[1031]

---

betont, dass der Goodwill „in seinem Kern bei bilanzieller Gewinnermittlung nicht auflösbar" ist (*Moxter, A.*, Rechnungslegungsmythen (BB 2000), S. 2145.). Demgegenüber plädiert eine Mindermeinung gar für eine vollständige Eliminierung des Goodwills durch den Ansatz und die Bewertung sämtlicher immaterieller Einzelfaktoren (sog. *hidden assets view*) (vgl. *Tearney, M.*, Accounting for goodwill (JoA 1973), S. 41 ff. sowie *Colley, J./Volkan, A.*, Accounting for Goodwill (AH 1988), S. 36.).

1027 Andernfalls wäre schließlich auch eine Replikation des Goodwills eines Unternehmens durch die Konkurrenz leicht möglich. Der Goodwill hat damit in gewisser Weise den Charakter einer „black box", wenngleich die zentralen Goodwillfaktoren eines Unternehmens von dessen Management bekannt sein dürften.

1028 So auch *Ballwieser, W.*, Rechnungslegung im Umbruch (ST 2002), S. 300. Der ARBEITSKREIS „IMMATERIELLE WERTE" räumt ebenfalls ein, dass die von ihm vorgeschlagenen sieben Kategorien immaterieller Werte nicht überschneidungsfrei sind. Zudem werden nur wenige Beispiele für einzelne Elemente der Kategorien gegeben (vgl. *Arbeitskreis „Immaterielle Werte"*, Erfassung immaterieller Werte (DB 2001), S. 991.).

1029 *Schildbach, T.*, Zeitwertbilanzierung (BfuP 1998), S. 587 mit Bezug zur Aufdeckung stiller Reserven im Rahmen der Fair-Value-Bewertung.

1030 Eine solche undifferenzierte Betrachtung des Goodwills wird auch als Top-down-Erklärung bezeichnet (vgl. *Richter, M.*, Bewertung des Goodwill (2004), S. 23 ff.)

1031 Vgl. S. 264 ff.

B. Zur Unterscheidung in einen originären und derivativen Goodwill

Im Rahmen einer umfassenden Rechnungslegung gilt es insbesondere, die allgemeinen Bilanzierungsgrundsätze der wirtschaftlichen Betrachtungsweise und der Vergleichbarkeit[1032] dergestalt umzusetzen, dass erstens materielle und immaterielle Werte weitgehend gleichbehandelt werden. Da ein materielles Pendant zum (immateriellen) Goodwill jedoch nicht existiert, scheidet ein Analogieschluss hier aus; vielmehr sind weitergehende Überlegungen anzustellen.

Zweitens kann aus den allgemeinen Grundsätzen abgeleitet werden, dass auch eine weitgehende bilanzielle Gleichbehandlung von originären und derivativen immateriellen Werten zu erfolgen hat.[1033] In Bezug auf den Goodwill bedeutet dies im Kern, dass internes und externes Unternehmenswachstum gleich abgebildet werden sollten.[1034] Daher stellt sich die Frage, ob – und gegebenenfalls warum – eine Unterscheidung in einen originären und derivativen Goodwill auch im Rahmen einer umfassenden Rechnungslegung weiterhin notwendig sein könnte.

Bereits im Ersten Teil konnte gezeigt werden, dass die traditionelle Abgrenzung zwischen einem originären und derivativen Goodwill problematisch ist, sofern der Ausdruck „derivativ" ausschließlich auf einen entgeltlichen Erwerbsvorgang bezogen wird. Für Zwecke dieser Arbeit wurde der Begriff **„derivativ"** deshalb erweitert und mit der Bedeutung „aus einem Erwerbsvorgang abgeleitet" versehen, um so auch Fälle eines unentgeltlichen Goodwill-Erwerbs einzuschließen.[1035]

Doch auch nach dieser modifizierten Abgrenzung bleibt noch immer die Frage, ob die begriffliche Unterscheidung mit der Folge einer divergenten bilanziellen Behandlung überhaupt aufrechterhalten werden sollte. Aus dem Blickwinkel der **Informationsfunktion** einer umfassenden Rechnungslegung, die letztlich auf eine Abbildung des (Gesamt-)Unternehmenswerts abzielt, erscheint diese Trennung nämlich als künstlich, überflüssig oder gar willkürlich, existiert doch zu jedem Zeitpunkt stets nur ein (!) Goodwill eines Unternehmens, der als einheitlicher Gesamt-Vermögenswert und Unternehmenswertbestandteil anzusehen ist.[1036] Aus dem Primat des True and fair view folgt für den umfassenden Informationsabschluss daher die Forderung nach

---

1032 Vgl. S. 23 f. u. 27 f. dieser Arbeit.

1033 So auch *Moxter, A.*, Rechnungslegungsmythen (BB 2000), S. 2145 m. w. N.

1034 Vgl. bereits *Lee, T.*, Goodwill (ABR 1971), S. 321.

1035 Vgl. S. 60.

1036 Diese Überlegung greift – wie unmittelbar ersichtlich ist – auf die vom deutschen Steuerrecht geprägte Einheitstheorie der Goodwill-Bilanzierung zurück (vgl. S. 69.). Zustimmend auch *Brönner, H. u. a.*, Konvergenz der Rechnungslegungsstandards, in: *Siegel, T. u. a. (Hrsg.)*, Festschrift Bareis (2005), S. 43 ff., die von einem „untrennbaren Knäuel" aus derivativem und originärem Goodwill sprechen (S. 43).

einer unterschiedslosen Bilanzierung des originären und derivativen Goodwills,[1037] um auf diese Weise eine ökonomisch gleiche Behandlung von internem und externem Unternehmenswachstum in der Rechnungslegung zu ermöglichen.

Während der originäre und derivative Goodwill im Informationsabschluss also gleich zu behandeln sind und damit eine Trennung der Erscheinungsformen streng genommen nicht erforderlich ist, sind im **Zahlungsbemessungsabschluss** ergänzend die speziellen Rechnungslegungsgrundsätze insbesondere der Zugriffssperrung unrealisierter Gewinne und der Verlustvorsorge zu beachten, die zu einer objektivierungs- und vorsichtsbedingten Einschränkung der umfassenden Wissensvermittlung führen können. Da dem originären Goodwill aufgrund der fehlenden marktlichen Bestätigung regelmäßig ein höherer Unsicherheitsgrad und/oder ein niedrigerer Objektivierungsgrad im Vergleich zu seinem derivativen Pendant beizumessen ist, erscheint hier eine Beibehaltung der begrifflichen Trennung sowie eine divergente bilanzielle Behandlung beider Erscheinungsformen für Zahlungsbemessungszwecke unumgänglich.[1038] Im Ergebnis gilt die traditionell getroffene Unterscheidung zwischen einem originären und einem derivativen Goodwill daher – unter Berücksichtigung der erweiterten Bedeutung des Begriffs derivativ – auch im Rahmen der umfassenden Rechnungslegung fort.

Aufbauend auf diesen Grundüberlegungen sind in den folgenden Kapiteln nunmehr konkrete Reformempfehlungen für die bilanzielle Behandlung eines originären und derivativen Goodwills im Zahlungsbemessungs- und Informationsabschluss zu unterbreiten.

II. Reformempfehlungen zur Bilanzierung des Goodwills im Zahlungsbemessungsabschluss

A. Bilanzansatz

1. Originärer Goodwill

Analog zum traditionellen Ansatzverbot des **originären Geschäfts- oder Firmenwerts** im Jahresabschluss spricht aus Sicht der umfassenden Rechnungslegung gegen eine Aktivierung im Zahlungsbemessungsabschluss bereits, dass der Wert des Goodwills lediglich formal objektivierbar ist und starken Schwankungen unterliegt,[1039] so

---

1037 Vgl. hierzu auch bereits *Greendlinger*, zitiert nach: *Preinreich, G.*, Goodwill in Accountancy (JoA 1937), S. 34: „If there are two similar companies and one has changed hands, there is no reason why one balance-sheet should state goodwill and the other not."

1038 Vgl. demgegenüber *Doralt, W.*, Firmenwert (1976), S. 51, der eine unterschiedliche bilanzielle Behandlung beider Arten des Goodwills für prinzipiell widersprüchlich hält.

1039 Vgl. z. B. *Diamond, M./Nicolaisen, D.*, Intangibles, in: *Choi, F. (Hrsg.)*, International Accounting (1997), Chapter 14, S. 5 sowie das ASC: „...inherent goodwill may have different values from the standpoint of different parties." (*ASC*, Discussion paper dass ein Bilanzansatz erhebliche Ermessensspielräume für die Ausschüttungs- und Steuerbemessung eröffnen würde.[1040] Zwar haben Auszahlungen für Marketing, Aus- und Weiterbildung oder Öffentlichkeitsarbeit durchaus Investitionscharakter, da ein Unternehmen im Normalfall nicht mehr für etwas ausgibt, als es mindestens in der Zukunft daraus einzunehmen erwartet. Doch existiert keine für die externe Rechnungslegung verlässliche Beziehung zwischen der Höhe der getätigten Goodwill-Investitionen und einem tatsächlichen Zuwachs an originärem Goodwill.[1041] Zur Verdeutlichung sei angeführt, dass selbst beträchtliche Summen, die in Werbekampagnen,[1042] Weiterbildungsmaßnahmen oder Forschungs- und Entwicklungsprojekte[1043] investiert werden, oft nicht den gewünschten Effekt erzielen. Insofern besteht ein Abgrenzungsproblem zwischen wirksamen und nicht wirksamen Auszahlungen zur Schaffung eines originären Goodwills,[1044] das aus der Unsicherheit über die Zukunft resultiert.[1045] Allenfalls ex post lässt sich daher ein Wertanstieg des Goodwills nachweisen, der mit einer gewissen Wahrscheinlichkeit im Zusammenhang mit den vorhergehenden Investitionen steht. Doch selbst bei einer am Geschäftsjahresende festgestellten tatsächlichen Wertsteigerung des Goodwills und einer denkbaren nachträglichen Aktivierung von Aufwendungen in gleicher Höhe wäre es nicht möglich, die bestehenden Aufwandskonten aufgrund von Zuordnungsschwierigkeiten verursachungsgerecht und willkürfrei zu entlasten; es bliebe nur der Ausweis eines Ertrags

(Accountancy 1980), Par. 5.1.).

1040 Zu den Bedenken gegenüber einer Aktivierung des originären Goodwills vgl. auch bereits *Owens, R.*, Goodwill (UJoB 1923), S. 286 f.; *Preinreich, G.*, Goodwill in Accountancy (JoA 1937), S. 35 sowie ausführlich *Walker, G.*, Nonpurchased goodwill (AR 1938), S. 253 ff.

1041 Ähnlich auch bereits *Walker, G.*, Nonpurchased goodwill (AR 1938), S. 254. DIAMOND/NICOLAISEN bezeichnen den originären Goodwill daher auch als „Nebenprodukt der normalen Geschäftsaktivitäten“ (*Diamond, M./Nicolaisen, D.*, Intangibles, in: *Choi, F. (Hrsg.)*, International Accounting (1997), Chapter 14, S. 5; eigene Übersetzung.).

1042 Nach Schätzungen des INSTITUTS FÜR MARKEN- UND KOMMUNIKATIONSFORSCHUNG der Universität Gießen verfehlen ca. 90% der Werbeanstrengungen die gewünschte Wirkung (vgl. *Esch, F.-R.*, Werbung (FAZ v. 19.04.2004), S. 20.). Als Beispiele für effektive und wertschaffende Werbung können demgegenüber der Relaunch des Mini von BMW und die Neupositionierung der Likörmarke Jägermeister angeführt werden (vgl. *Poppe, P.*, Kult durch Werbung (HB v. 31.03.2003), S. 18.).

1043 So besteht einer Studie von BOOZ ALLEN HAMILTON zufolge kein positiver Zusammenhang zwischen der Höhe der FuE-Investitionen und dem Gewinn eines Unternehmens oder der Steigerung des Unternehmenswerts (vgl. *o. V.*, F&E-Investitionen (FAZ v. 24.10.2005), S. 22.). Auch Praxisbeispiele aus der Pharmabranche belegen immer wieder, dass nur ein Bruchteil der begonnenen FuE-Projekte zu erfolgreichen Medikamenten wird.

1044 Vgl. *Take, F.*, Geschäfts- oder Firmenwert (1938), S. 94; *Lee, T.*, Goodwill (ABR 1971), S. 321.

1045 Bei vollständiger Kenntnis der Zukunft würde sich das Problem der Goodwill-Bilanzierung hingegen überhaupt nicht stellen, da sämtliche Bestandteile des Goodwills bekannt wären und separat bewertet werden können (vgl. *Gynther, R.*, Conceptualizing (AR 1969), S. 248.).

übrig. Ein solcher unrealisierter Ertrag würde jedoch gegen das Realisationsprinzip verstoßen – zumindest insoweit, als der Goodwill auch teilweise auf Faktoren außerhalb des Unternehmens ohne zuvor getätigte Auszahlungen entstanden ist. Zwar wäre es grundsätzlich möglich, die notwendige Erfolgsneutralität alternativ durch einen passivischen Korrekturposten – etwa eine Gesamtwertrücklage – herzustellen.[1046] Ein solcher innerbilanzieller Ausgleichsposten ist im „reinen" Konzept monofunktionaler Bilanzen jedoch gerade nicht vorgesehen, so dass diese Möglichkeit ebenfalls ausscheidet.

Im Ergebnis ist daher im Zahlungsbemessungsabschluss ein **konkretes Ansatzverbot** für den originären Goodwill zu verankern, das sich mit analoger Begründung auch auf **die Ingangsetzungs- und Erweiterungsaufwendungen** erstrecken sollte,[1047] die ja als Teil eines auf Auszahlungen basierenden originären Goodwills angesehen werden.[1048] Darüber hinaus wird hier für den Zahlungsbemessungsabschluss ein striktes Aktivierungsverbot für **Forschungs- und Entwicklungskosten** empfohlen. Zwar machen die Kosten für Forschung und Entwicklung regelmäßig einen erheblichen Teil der immateriellen Investitionen eines Unternehmens aus.[1049] Doch widersprechen die wiederum nur formal mögliche Objektivierung ihrer Wertermittlung[1050] und die zum Teil schwierige Abgrenzbarkeit von allgemeinen Auszahlungen zur Schaffung eines originären Goodwills einer vorsichtigen und stärker objektivierten Vermögens- und Erfolgsermittlung. Ferner lässt sich konstatieren, dass die im Schrifttum vereinzelt befürwortete (nachträgliche) Aktivierung von Entwicklungskosten zumeist auf eine zutreffendere Informationsvermittlung der Rechnungslegung abstellt.[1051] Darüber hinaus gilt: Ist die Forschungs- und Entwicklungsprojekten naturgemäß über lange Zeit

---

1046 Bemerkenswerterweise wurde die Einrichtung einer zugriffsgesperrten Neubewertungsrücklage zum Schutz vor einer Ausschüttung und Besteuerung unrealisierter Gewinne aufgrund der Aktivierung eines originären Goodwills bereits von AULER im Jahre 1927 vorgeschlagen (vgl. *Auler, W.*, Unternehmungsmehr- und -minderwert (ZfB 1927), S. 842.).

1047 Vgl. *IDW*, Internationalisierung im Mittelstand (2005), S. 53. Zwar führt ein Totalverzicht auf die Aktivierung derartiger Auszahlungen im Zahlungsbemessungsabschluss zu einer grundsätzlich gegensätzlichen Abbildung von internem und externem Unternehmenswachstum (ablehnend auch *Gynther, R.*, Conceptualizing (AR 1969), S. 253.). Jedoch erscheint die vom Verfasser einmal selbst vorgeschlagene Aktivierung nur von besonderen Ausgaben zur Schaffung eines originären Goodwills (vgl. *Schmidt, I.*, Goodwill (2002), S. 140 f.) aufgrund der neuen Abgrenzungs- und Operationalisierungsprobleme als nicht mehr verfolgenswert.

1048 Zur grundlegenden Einordnung vgl. S. 60 f. dieser Arbeit m. w. N.

1049 Vgl. *o. V.*, F&E-Investitionen (FAZ v. 24.10.2005), S. 22.

1050 Ähnlich auch *Euler, R.*, Paradigmenwechsel (BB 2002), S. 877.

1051 Vgl. etwa *Lev, B./Zarowin, P.*, Boundaries of Financial Statements (JoAR 1999), S. 377; *Høegh-Krohn, N./Knivsflå, K.*, Intangible Assets (IJoA 2000), S. 259 f.; hingegen auch für steuerliche Zwecke *Sigloch, J.*, Steuerbilanz und Rechnungslegung, in: *Göbel, S./ Heni, B. (Hrsg.)*, Festschrift Scherrer (2004), S. 345.

innewohnende Erfolgsunsicherheit erst einmal weitgehend verschwunden, indem zum Beispiel ein entsprechendes Schutzrecht (Patent, Geschmacksmuster, Markenzeichen etc.) angemeldet oder bei wirtschaftlichen Werten wie Prototypen, Geheimrezepten und ähnlichen Vermögenswerten der Beginn eines kommerziellen Produktionsprozesses verbindlich beschlossen wurde,[1052] so gehen die Entwicklungskosten in einen originären immateriellen Einzelwert über, gegen dessen Bilanzansatz im Rahmen einer umfassenden Rechnungslegung auch für Zahlungsbemessungszwecke keine Einwände bestehen.[1053] Im Gegenteil ist hier erneut zu betonen, dass sich die vorgeschlagene Aktivierungskonzeption gerade durch den Verzicht auf ein generelles Aktivierungsverbot für selbst erstellte und unentgeltlich erworbene immaterielle Vermögenswerte zentral vom geltenden deutschen Handels- und Steuerbilanzrecht unterscheidet.

Vor diesem Hintergrund sind die bestehenden Aktivierungsverbote des § 248 Abs. 2 HGB und § 5 Abs. 2 EStG für Zahlungsbemessungszwecke zu präzisieren und auf den originären Goodwill zu beschränken. Der Wortlaut einer **einheitlichen Ansatzvorschrift für den originären Goodwill im Zahlungsbemessungsabschluss** könnte wie folgt lauten:

> „Ein selbst erstellter Geschäfts- oder Firmenwert (Goodwill) darf im Rahmen des Jahresschlusses für Zwecke der Ausschüttungs- und Steuerbemessung nicht aktiviert werden."

Der Geltungsbereich dieser Verbotsvorschrift umfasst dabei sowohl einen auf Auszahlungen des Unternehmens basierenden, selbst erstellten Goodwill als auch eine Goodwillentstehung oder -erhöhung, die ausnahmsweise ohne eigene Auszahlungen zustande kommt. Um die Intention der Vorschrift nicht an anderer Stelle zu unterminieren, ist zudem das handelsrechtliche Aktivierungswahlrecht des § 269 HGB für Ingangsetzungs- und Erweiterungsaufwendungen außer Kraft zu setzen. Hinsichtlich der buchtechnischen Abwicklung ist schließlich festzuhalten, dass das Aktivierungsverbot einer sofortigen Aufwandsverrechnung der vom Unternehmen geleisteten Auszahlungen zur Schaffung oder Steigerung eines originären Goodwills entspricht,[1054]

[1052] Detaillierte Ansatzregeln für originäre immaterielle Einzelwerte sind jedoch nicht Gegenstand dieser Arbeit. Sie sollten vielmehr gesondert – vermutlich unter Berücksichtigung branchenspezifischer Einflussfaktoren und Best-practice-Erfahrungen – analysiert und ausgearbeitet werden.

[1053] Vgl. bereits S. 205 ff. dieser Arbeit. Anderer Ansicht hingegen *Euler, R.*, Paradigmenwechsel (BB 2002), S. 876.

[1054] Ob es sich hierbei aus ökonomischer Sicht um realisierte oder unrealisierte Verluste handelt, hängt von der Wirksamkeit oder Wertschaffung der entsprechenden Goodwill-Investitionen ab und kann daher nicht ex ante beantwortet werden. Entscheidend ist jedoch nur, dass im Zahlungsbemessungsabschluss stets eine sofortige Aufwandsverrechnung vorgeschrieben ist.

wobei je nach Art des Aufwands die einschlägigen Aufwandskonten zu belasten sind.[1055]

2. Derivativer Goodwill

Für den **derivativen Goodwill** ist im Sinne einer umfassenden Rechnungslegung eine einheitliche Vorschrift zur **zwingenden Aktivierung** im Zahlungsbemessungsabschluss einzuführen. Die Begründung hierfür liegt darin, dass der Goodwill erstens zweifelsfrei die Definitionsmerkmale eines Vermögenswerts erfüllt,[1056]

- da er einen künftigen wirtschaftlichen Vorteil und damit Unternehmenswertbestandteil verkörpert,
- der aus einer vergangenen Transaktion, nämlich einer Unternehmensakquisition, resultiert,
- durch die nunmehr bestehende Beherrschungsmöglichkeit des erworbenen Unternehmens in der Verfügungsmacht des Erwerbers liegt
- und einer zuverlässigen Bewertung zugänglich ist.

Zwar wäre im System eines reinen Einzelvermögensvergleichs streng genommen eine sofortige Aufwandsverrechnung des derivativen Goodwills geboten, da der Goodwill per definitionem nur gesamtbewertbar ist und mithin einen konzeptionellen Fremdkörper darstellt. Jedoch ist mit der hier vorgeschlagenen Konzeption einer umfassenden Rechnungslegung im Kern ein Systemwechsel in Richtung eines Gesamtvermögensvergleichs verbunden, mit dem gerade auf eine Abbildung des (Gesamt-) Unternehmenswerts abgezielt wird.[1057]

Zweitens ist durch das Vorhandensein eines Unternehmenserwerbs, infolgedessen der derivative Goodwill entsteht, ein im Vergleich zum originären Goodwill zumindest etwas höherer Objektivierungs- sowie geringerer Unsicherheitsgrad gegeben, der eine Aktivierung des derivativen Goodwills rechtfertigt und gar erfordert. Im Falle eines Ansatzverbots für den derivativen Goodwill müsste nämlich ein oft erheblicher Teil des Kaufpreises eines Unternehmens sofort aufwandswirksam verrechnet werden, was zu einer grob unzutreffenden Darstellung der Vermögens- und Ertragslage füh-

---

[1055] Als Beispiele seien hier Werbe-, Schulungs- und Kommunikationsaufwendungen genannt.

[1056] Vgl. bereits S. 202 ff. dieser Arbeit.

[1057] An dieser grundsätzlichen Aussage ändert auch die Tatsache nichts, dass im Zahlungsbemessungsabschluss auf eine Aktivierung des originären Goodwills verzichtet wird. Der im Zahlungsbemessungsabschluss ermittelte Wert des Eigenkapitals entspricht vielmehr einer vorsichtig geschätzten und stärker objektivierten Ausprägung des Unternehmenswerts. Zur grundlegenden Systematik der verschiedenen Vermögensvergleiche vgl. *Sigloch, J.*, Einkommensbesteuerung, in: *Elschen, R. u. a. (Hrsg.)*, Festschrift Schneider (1995), S. 680 ff.

ren würde.[1058] Steuerpolitisch hätte dies zudem die Konsequenz, dass ceteris paribus – unabhängig von der Werthaltigkeit des derivativen Goodwills – ein sofortiger Steuerrückerstattungsanspruch auf einen Teil des Kaufpreises entstünde und so punktuelles externes Unternehmenswachstum gegenüber einem schrittweisen organischen Wachstum begünstigt würde.

Um das bestehende handelsrechtliche Aktivierungswahlrecht des § 255 Abs. 4 HGB zu ersetzen und die bereits kritisierte handels- und steuerrechtliche Regelungslücke für einen unentgeltlich erworbenen Goodwill zu schließen, wird daher folgende neu gefasste **Ansatzvorschrift für derivativen Goodwill im Zahlungsbemessungsabschluss** vorgeschlagen:

> „Ein Geschäfts- oder Firmenwert (Goodwill), der aus einem Erwerbsvorgang resultiert, ist im Rahmen des Jahresabschlusses für Zwecke der Ausschüttungs- und Steuerbemessung zu aktivieren."

Im Ergebnis wird damit im Zahlungsbemessungsabschluss eine Aktivierungspflicht für den derivativen Goodwill etabliert, während der originäre Goodwill weiterhin einem Ansatzverbot unterliegt.

B. Bilanzbewertung des derivativen Goodwills

1. Erstmalige Bewertung

Die erstmalige Bewertung des derivativen Goodwills im engeren Sinne erfolgt – wie für alle übrigen entgeltlich erworbenen Güter auch – zu historischen Kosten; für einen unentgeltlich erworbenen derivativen Goodwill ist hingegen der beizulegende Zeitwert (Fair Value) im Zugangszeitpunkt zu ermitteln. Da es sich beim Goodwill dem Wesen nach um einen nicht selbstständig bewertbaren (Gesamt-)Vermögenswert handelt, sind seine Anschaffungskosten beziehungsweise sein Fair Value ausschließlich im Wege des **Residualansatzes** ermittelbar. Die dabei bestehenden bilanziellen Bewertungs- und Gestaltungsspielräume vor allem bei der Bestimmung des Fair Values des erworbenen Unternehmens und der Zeitbewertung der einzelnen erworbenen Vermögenswerte und Schulden im Rahmen der **Kaufpreisallokation** (*purchase price allocation*) sind offenkundig. Die folgende Abbildung verdeutlicht den Zusammenhang:

[1058] Lediglich im Falle einer Überzahlung oder einer aus anderen Gründen gesunkenen Werthaltigkeit ist der derivative Goodwill in der Regel am Ende eines Geschäftsjahres außerplanmäßig abzuschreiben.

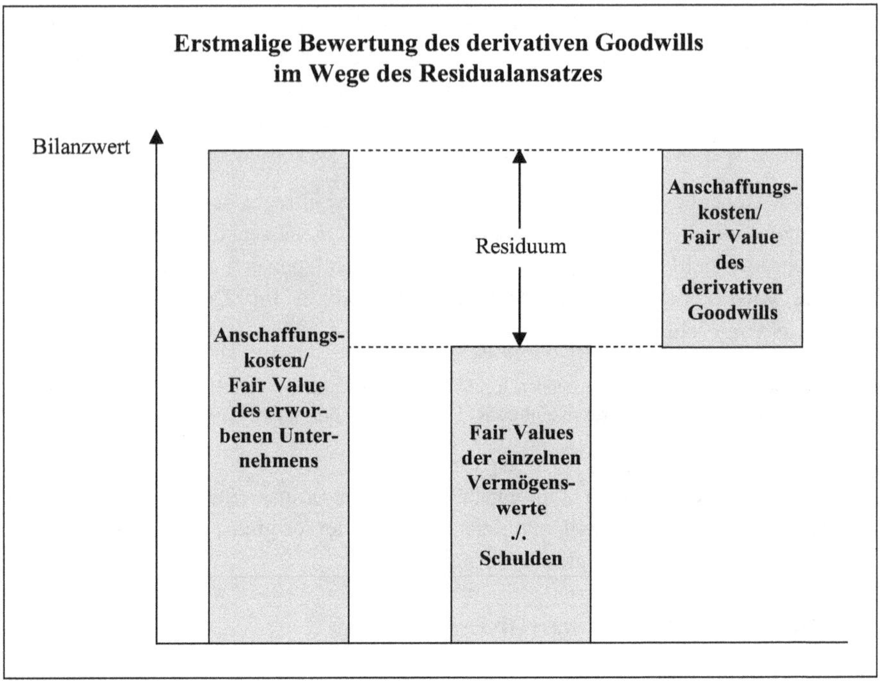

Abb. 49: Erstmalige Bewertung des derivativen Goodwills

Da sich die Bestimmung der Anschaffungskosten eines abgeschlossenen Unternehmenserwerbs in der Regel als unproblematisch erweist, erleichtert sich die erstmalige Wertermittlung eines **derivativen Goodwills im engeren Sinne** gegenüber einem unentgeltlich erworbenen Goodwill erheblich. Sofern es sich um eine Transaktion zwischen sachverständigen und vertragswilligen Parteien handelt (*arm's length transaction*), gelten die Anschaffungskosten als „gute" Näherung des „wahren" Unternehmenswerts zum Zeitpunkt der Akquisition und sollten daher unverändert in die Berechnung der Höhe des Goodwills eingehen. Eine eventuelle Überzahlung („à fonds perdu"[1059]) oder Überbewertung der Gegenleistung über den Fair Value des erworbenen Unternehmens hinaus[1060] stellt hingegen konzeptionell keinen Bestandteil des Goodwills dar.[1061] Es handelt sich vielmehr um **Messfehler**, die im Ideal als sofor-

1059 *Wöhe, G.*, Bilanzierung und Bewertung (StuW 1980), S. 99. Abweichend von WÖHE fallen m. E. ein Lästigenzuschlag oder eine strategische Prämie gerade nicht unter diese Kategorie.

1060 Auf den umgekehrten Fall einer Unterzahlung oder Unterbewertung der Gegenleistung wird im Rahmen der Diskussion zum negativen Goodwill noch einzugehen sein.

1061 Vgl. auch *Johnson, L./Petrone, K.*, Goodwill (AH 1998), S. 295 f.

tiger Verlust zu verbuchen sind,[1062] sich faktisch aber auch im Wert des Goodwills niederschlagen können.[1063]

JOHNSON/PETRONE schlagen eine weitere **Disaggregation oder Dekomposition des derivativen Goodwills** in eine Going-concern- und eine Synergien-Komponente vor.[1064] Der **Going-concern-Goodwill** entspricht dabei dem bereits vor der Akquisition vorhandenen originären Goodwill des erworbenen Unternehmens.[1065] Unter dem **Synergien-Goodwill** sind hingegen zusätzliche Ertragschancen zu verstehen, die sich erst aus dem Unternehmenszusammenschluss ergeben. Wie SELLHORN richtig feststellt, muss es sich hierbei nicht zwingend um Synergien im Sinne von Verbundeffekten handeln. Zusätzliche Ertragschancen können vielmehr auch zum Beispiel in Restrukturierungsmaßnahmen oder neuen strategischen Optionen bedingt sein.[1066] Aus diesem Grund wird hier der allgemeinere Ausdruck **Zusammenschluss-Goodwill** präferiert.[1067] In Analogie zu den Anschaffungsnebenkosten beim Erwerb einzelner Vermögenswerte sollten dem Zugangswert eines derivativen Goodwills meines Erachtens auch jene Transaktionskosten zugerechnet werden, die zur Durch-

---

1062 Anderer Ansicht hingegen *Wöhe, G.*, Bilanzierung und Bewertung (StuW 1980), S. 99, der eine Verteilung auf mehrere Perioden befürwortet.

1063 So dürfte eine Überzahlung oder Überbewertung der Gegenleistung in der Bilanzierungspraxis schon aus politischen Gründen nur selten unmittelbar nach einem Unternehmenserwerb aufgedeckt werden und daher regelmäßig zunächst im Wert des Goodwills aufgehen. Gleiches gilt auch für stille Reserven in bilanzierten und nicht bilanzierten Einzelgütern, obwohl diese bekanntlich einzeln angesetzt werden müssten (vgl. *Küting, K.*, Geschäfts- oder Firmenwert (AG 2000), S. 100 f.; *Küting, K.*, Geschäfts- oder Firmenwert (DB 2005), S. 2757 u. 2759.).

1064 Vgl. *Johnson, L./Petrone, K.*, Goodwill (AH 1998), S. 295 f. Diesen folgend auch *FASB*, ED Business Combinations (1999), Par. 171 ff. u. *IASB*, IFRS 3 (2004), Par. BC130 ff.

1065 Dessen Wert lässt sich bei einer Stand-alone-Betrachtung des erworbenen Unternehmens errechnen. WÖHE nimmt eine weitere Zerlegung dieses Werts in nicht bilanzierungsfähige immaterielle Werte und einen Kapitalisierungsmehrwert vor. Letzterer deckt sich allerdings nicht mit dem Begriff SCHMALENBACHS, sondern repräsentiert den Betrag, um den die Einzelertragswerte der bilanzierten Vermögenswerte und Schulden deren Zeitwerte übersteigen (vgl. im Einzelnen *Wöhe, G.*, Bilanzierung und Bewertung (StuW 1980), S. 99.). Wie der Autor jedoch selbst einräumt, dürfte diese Unterscheidung in der Praxis nur in seltenen Fällen durchführbar sein; sie wird daher nicht weiter betrachtet.

1066 SELLHORN selbst unterscheidet daher zwischen einem Synergien-, Restrukturierungs-, Strategie- und Flexibilitäts-Goodwill (vgl. *Sellhorn, T.*, Goodwill (DB 2000), S. 889 ff.). Dieser Einteilung wird jedoch nicht gefolgt, da sie ebenfalls als nicht operational erscheint.

1067 JOHNSON/PETRONE sprechen wörtlich ebenfalls von einem Zusammenschluss-Goodwill (*combination goodwill*), beschreiben diesen allerdings ausschließlich als Synergie-Komponente (vgl. *Johnson, L./Petrone, K.*, Goodwill (AH 1998), S. 295 f.). Die Going-concern- und Zusammenschlusskomponente des derivativen Goodwills werden gemeinsam auch als Kern-Goodwill („core goodwill“) bezeichnet (z. B. *IASB*, IFRS 3 (2004), Par. BC131.).

führung der Gesamttransaktion des Unternehmenserwerbs erforderlich sind.[1068] Die nachstehende Abbildung verdeutlicht die vorgeschlagene Disaggregation oder Dekomposition des derivativen Goodwills:

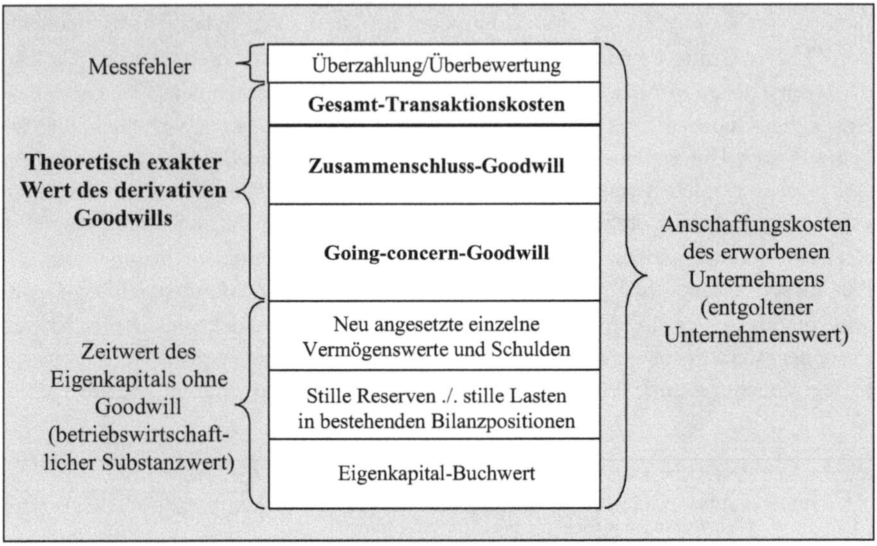

Abb. 50: Disaggregation des derivativen Goodwills[1069]

Wenngleich eine Disaggregation des derivativen Goodwills im Zeitpunkt der erstmaligen Wertermittlung unter Informations- und Argumentationsgesichtspunkten hilfreich und zweckmäßig erscheint, um beispielsweise den Kaufpreis für ein Unternehmen zu begründen, dürfte eine willkürfreie Bewertung der einzelnen Goodwill-Komponenten in den folgenden Rechnungsperioden nicht mehr möglich sein,[1070] worauf im Rahmen der Folgebewertung noch einzugehen ist.

Die erstmalige Wertermittlung eines **unentgeltlich erworbenen Goodwills** weist demgegenüber den zentralen Unterschied auf, dass das Anschaffungswertprinzip zwangsläufig keine Anwendung findet, da kein entgeltlicher Erwerbsvorgang zugrunde liegt. Vielmehr ist eine Unternehmensbewertung erforderlich, um den Fair Value

---

1068 Hierunter fallen etwa die Kosten der Kapitalmarktkommunikation der Unternehmensübernahme sowie die Kosten der Beratung durch Investmentbanken. Explizit ausgenommen sind hingegen solche Transaktionskosten, die sich einzelnen Vermögenswerten oder Schulden zurechnen lassen, wie z. B. Grundbuch- und Notargebühren für die Übertragung von Immobilien.

1069 Die Höhe der einzelnen Goodwill-Komponenten in der Abbildung ist lediglich beispielhaft und keinesfalls allgemeingültig.

1070 Ähnlich auch *Ballwieser, W.*, Rechnungslegung im Umbruch (ST 2002), S. 300.

des erworbenen Unternehmens zu ermitteln. Im Vergleich zum entgeltlichen Unternehmenserwerb ergeben sich daraus größere Bewertungsspielräume für den Bilanzierungspflichtigen, da eine marktliche Bestätigung nicht stattgefunden hat.

Im Ergebnis stellt der Wert des derivativen Goodwills damit eine in hohem Maße subjektive, jedoch objektivierbare Größe dar, auf dessen bilanzielle Berücksichtigung im Rahmen einer umfassenden Rechnungslegung nicht verzichtet werden kann.

2. Folgebewertung

Im Rahmen der Folgebewertung des derivativen Goodwills im Zahlungsbemessungsabschluss ist im Kern die Frage zu klären, ob der Goodwill planmäßig über seine geschätzte wirtschaftliche Nutzungsdauer abzuschreiben ist oder ob – wie derzeit in den angelsächsischen Rechnungslegungssystemen bevorzugt – ausschließlich eine außerplanmäßige Abschreibung im Bedarfsfall zugelassen werden sollte (*impairment-only approach, non-amortisation approach*).[1071] Die nachfolgende Abbildung gibt einen Überblick über die wichtigsten, in diesem Zusammenhang genannten Argumente für und wider eine planmäßige Abschreibung, bevor diese im Anschluss erörtert werden:

[1071] Eine erfolgsneutrale Verrechnung des derivativen Goodwills mit den Rücklagen, wie sie im deutschen Konzernbilanzrecht gemäß § 309 Abs. 1 Satz 3 HGB noch immer möglich ist, wird hingegen von vornherein aus der weiteren Betrachtung ausgeschlossen, da eine solche Vorgehensweise als nicht mit den Grundsätzen ordnungsmäßiger Buchführung konform erscheint (so bereits *Schmidt, I.*, Goodwill (2002), S. 57; zustimmend auch *Küting, K.*, Geschäfts- oder Firmenwert (DB 2005), S. 2762 m. w. N.).

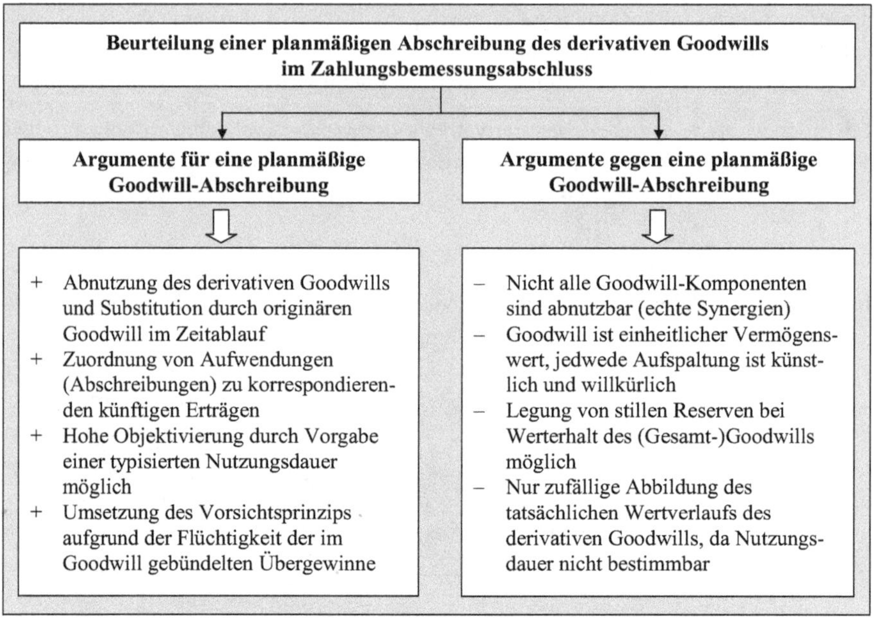

Abb. 51: Beurteilung einer planmäßigen Abschreibung des derivativen Goodwills im Zahlungsbemessungsabschluss[1072]

Für eine planmäßige Abschreibung des derivativen Goodwills spricht insbesondere dessen **Einstufung als abnutzbaren Vermögenswert** des Anlagevermögens. So ist der Erfahrung nach grundsätzlich ein Wertverlust des derivativen Goodwills im Zeitablauf zu erwarten, da die im Akquisitionszeitpunkt wertbegründenden Goodwill-Faktoren nach und nach schwinden.[1073] Zum Beispiel lässt sich nach einem Unternehmenserwerb regelmäßig beobachten, dass ein Teil des Kundenstamms abwandert, dass Mitarbeiter sowie Mitglieder des Managementteams das Unternehmen verlassen oder dass sich ein zuvor über längere Zeit aufgebautes Ansehen eines Unternehmens – vor allem bei einer starken Prägung durch den Inhaber – nur teilweise oder für begrenzte Zeit auf den Erwerber übertragen lässt. Eine planmäßige Abschreibung trägt diesem laufenden Wertverzehr des derivativen Goodwills daher zutreffend Rechnung und bewirkt durch die Nachverrechnung der ursprünglichen Investitionsauszahlung zugleich eine **Zuordnung der Abschreibungen zu den korrespon-**

[1072] Für eine Sammlung von Argumenten für und gegen eine planmäßige Abschreibung des derivativen Goodwills vgl. auch *IASB*, IFRS 3 (2004), Par. BC139 ff.

[1073] So auch *Deubner, P.*, Aktivierung und Abschreibung (1971), S. 10. Nach ZIMMERMANN ist es gar allgemein anerkannt, dass der Goodwill in seiner Nutzungsdauer begrenzt ist (vgl. *Zimmermann, J.*, Goodwill-Bilanzierung (DB 2002), S. 388.). Dem kann jedoch nach umfassender Auswertung des Schrifttums nur eingeschränkt zugestimmt werden.

dierenden künftigen Erträgen, die mit dem derivativen Goodwill abgegolten wurden (*matching principle*).[1074] Um dem eintretenden Wertverzehr des Goodwills entgegenzuwirken, wird das erwerbende Unternehmen in aller Regel laufende oder einmalige Reinvestitionen – etwa in Kundenbindungsmaßnahmen, in die Imagepflege und in die Kapitalmarktbeziehungen – tätigen. Entsprechende Auszahlungen zur Aufrechterhaltung oder gar Steigerung des (Gesamt-)Goodwills entsprechen jedoch aus ökonomischer Sicht einem neu geschaffenen (originären) Goodwill und sind demzufolge im Zahlungsbemessungsabschluss nicht aktivierungsfähig. Letztlich findet damit eine kontinuierliche, allerdings nicht zwingend gleichmäßige Substitution des derivativen Goodwills durch originären Goodwill statt, indem die ursprünglich wertbegründenden Goodwill-Faktoren im Zeitablauf durch originäre Faktoren ersetzt und erweitert werden.[1075] Die folgende Abbildung stellt diesen auch als **Substitutionsthese** bezeichneten Zusammenhang idealtypisch dar: [1076]

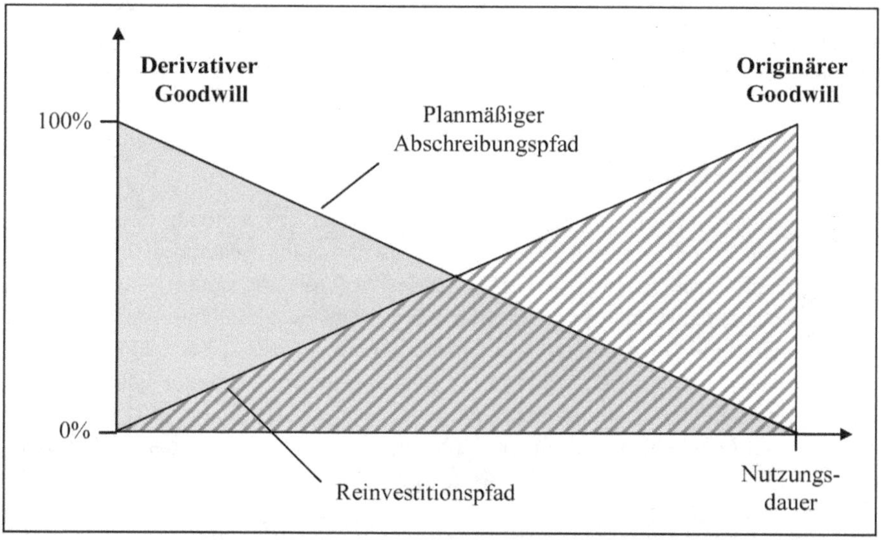

Abb. 52: Substitution des derivativen Goodwills durch originären Goodwill im Zeitablauf

Kritiker einer planmäßigen Abschreibung wenden allerdings ein, dass nicht alle Komponenten eines derivativen Goodwills abnutzbar seien.[1077] Eine weitgehend unstrit-

---

1074 Vgl. *Walker, G.*, Purchased Goodwill (JoA 1953), S. 213.

1075 So bereits *Emery, K.*, Should goodwill be written off? (AR 1951), S. 565.

1076 Vgl. zu dieser Bezeichnung bereits *Schmidt, I.*, Goodwill (2002), S. 150.

1077 Vgl. *FASB*, ED Business Combinations (1999), Par. 221.

tige Ausnahme stellen erwartete **Synergien** im Rahmen eines Zusammenschluss-Goodwills dar, die im Falle ihrer Nachhaltigkeit bis zum Ende der Totalperiode eines Unternehmens andauern und damit – bei theoretisch angenommener unendlicher Lebensdauer des Unternehmens – dem Barwert einer ewigen Rente entsprechen. Da eine selbstständige Bewertung der zu erwartenden Synergien und weiteren Goodwill-Bestandteile aus einem Unternehmenserwerb allerdings nur im Akquisitionszeitpunkt als durchführbar und praktikabel eingeschätzt wird,[1078] scheidet eine komponentenbezogene Folgebehandlung und teilweise Nichtabschreibung des derivativen Goodwills im Ergebnis aus.[1079] Befürworter eines Verzichts auf eine planmäßige Goodwill-Abschreibung führen ferner an, dass der Goodwill einen **einheitlichen Vermögenswert** darstelle und dass jedweder Versuch einer Trennung in einen originären und derivativen Goodwill künstlich und willkürlich sei. Im Falle des Werterhalts des (Gesamt-)Goodwills komme es durch die planmäßige Abschreibung außerdem zu einer **Legung stiller Reserven** und einem zu niedrigen Erfolgsausweis,[1080] was mit dem Oberziel einer umfassenden Rechnungslegung nicht vereinbar sei. Schließlich gelinge es – selbst bei unterstellter Abnutzbarkeit des derivativen Goodwills – nicht, den tatsächlichen Wertverlauf desselben abzubilden,[1081] da die **Nutzungsdauer** des heterogenen Bewertungskonglomerats Goodwill **unbestimmbar** sei.[1082]

Den vorstehenden Argumenten gegen eine planmäßige Abschreibung des derivativen Goodwills ist entgegenzuhalten, dass der Goodwill aus Informationssicht zwar einen einheitlichen Vermögenswert darstellt, der keiner Trennung bedarf. Aus Sicht der Zahlungsbemessungsfunktion wurde die Notwendigkeit einer Unterscheidung zwischen einem derivativen und einem originären Goodwill jedoch bereits abgeleitet, da letzterer einem Aktivierungsverbot in der Zahlungsbemessungsbilanz unterliegt. Aus dem gleichen Grund lässt sich auch die gegebenenfalls stattfindende Legung stiller Reserven im Goodwill rechtfertigen, die bei einem gleichzeitig bestehenden Ansatz-

---

1078 So auch *Johnson, L./Petrone, K.*, Goodwill Amortization (FASB Viewpoints 2001), S. 5.

1079 Zu dieser Schlussfolgerung gelangt auch das FASB, obgleich es eine komponentenbezogene Folgebehandlung des Goodwills (sog. *discernible-elements approach*) als Ideal bezeichnet (vgl. *FASB*, SFAS 142 (2001), Par. B71 ff.).

1080 So bereits *Emery, K.*, Should goodwill be written off? (AR 1951), S. 562; *Lee, T.*, Goodwill (ABR 1971), S. 323 f.

1081 Vgl. z. B. *Emery, K.*, Should goodwill be written off? (AR 1951), S. 566.

1082 Vgl. *Walker, G.*, Purchased Goodwill (JoA 1953), S. 214; *Johnson, L./Petrone, K.*, Goodwill Amortization (FASB Viewpoints 2001), S. 5 sowie jüngst *Brönner, H. u. a.*, Konvergenz der Rechnungslegungsstandards, in: *Siegel, T. u. a. (Hrsg.)*, Festschrift Bareis (2005), S. 44 f. Letztere leiten aus der Unbestimmtheit der Nutzungsdauer des Goodwills ab, dass es sich offensichtlich um einen Zeitraum „eher jenseits eines kurzfristigen Betrachtungshorizontes“ handelt (S. 44.).

verbot für den selbst geschaffenen Goodwill unvermeidbar ist.[1083] Hinsichtlich einer möglichen Unbestimmtheit der Nutzungsdauer des derivativen Goodwills ist weiterhin zu erwidern, dass das Problem der Nutzungsdauerschätzung auch für andere Anlagegüter besteht und stets mit Unsicherheit und Schätzspielräumen behaftet ist.[1084] Der Verzicht auf eine planmäßige Abschreibung des Goodwills vermag daher nicht zu überzeugen, da es nur auf die grundsätzliche Abnutzbarkeit dieses Bilanzguts ankommt.[1085] Aus Objektivierungsgründen empfiehlt sich vielmehr die **Vorgabe einer typisierten Nutzungsdauer**, die zu einer Einschränkung des Gestaltungsspielraums der Bilanzersteller führen kann. Darüber hinaus kann aus Zahlungsbemessungssicht als weiteres Argument das Vorsichtsprinzip ins Feld geführt werden, das auf die Unsicherheit und Flüchtigkeit der im Goodwill gebündelten Übergewinne abstellt und diesem Posten – aufgrund der dynamischen Wirtschaftsentwicklung sowie bei ausgeprägter Personengebundenheit des Geschäfts – eine tendenziell kurze Nutzungsdauer einräumen will.[1086]

Als Ergebnis der kritischen Diskussion wird hier gefordert, im Zahlungsbemessungsabschluss eine **Pflicht zur planmäßigen Abschreibung des derivativen Goodwills** über eine endliche wirtschaftliche Nutzungsdauer einzuführen.[1087] Zwar bleibt damit das Grundproblem der Schätzung der Nutzungsdauer des Goodwills bestehen,[1088] jedoch besteht dieses Schätzproblem – wie aufgezeigt wurde – grundsätzlich bei allen abnutzbaren Vermögenswerten und darf nicht dadurch umgangen werden, indem von

---

1083 Im Übrigen führt auch der Impairment-only-Ansatz keineswegs zur vollständigen Offenlegung stiller Reserven, da bei Fortführung der Anschaffungskosten des derivativen Goodwills stets nur ein bestimmter Teil des neu geschaffenen Goodwills in der Bilanz ausgewiesen wird (zur Kritik hieran vgl. insbesondere *Siegel, T.*, Zur unsinnigen Bilanzierung (DB 2002), S. 749 ff.).

1084 So ist die Schätzung der wirtschaftlichen Nutzungsdauer von technischen Anlagen oder Patenten ebenfalls mit einer mehr oder weniger großen Unsicherheit verbunden, da z. B. ungeplante Marktentwicklungen eintreten können, die die weitere Nutzung der Anlagegüter verhindern oder verkürzen. Eine längere physikalische oder rechtliche Nutzungsmöglichkeit spielt in diesem Fall dann keine Rolle.

1085 Zur Kritik an der vermeintlichen Unbestimmtheit der Nutzungsdauer des Goodwills vgl. auch HENSELMANN, der prägnant ausführt: „Lässt sich eine für die Rechnungslegung erforderliche Größe nicht eindeutig bestimmen, so muss sie eben möglichst sachgerecht geschätzt werden." (*Henselmann, K.*, DRS 1a (StuB 2002), S. 285.).

1086 Vgl. *Emery, K.*, Should goodwill be written off? (AR 1951), S. 562 f. u. 566. HENSELMANN plädiert ebenfalls für eine typisierte Nutzungsdauer des derivativen Goodwills, die eher bei fünf als bei zehn Jahren liegen sollte (vgl. *Henselmann, K.*, DRS 1a (StuB 2002), S. 285.). Ähnlich auch *Arbeitsgruppe „Normierung der Rechnungslegung"*, Stellungnahme 1 (BB 2002), S. 881 mit dem Vorschlag einer Nutzungsdauer von fünf bis maximal zehn Jahre.

1087 Ähnlich *Sigloch, J.*, Steuerbilanz und Rechnungslegung, in: Göbel, S./Heni, B. (Hrsg.), Festschrift Scherrer (2004), S. 345 f. Zur Notwendigkeit einer planmäßigen Abschreibung des derivativen Goodwills vgl. auch *Kahle, H.*, Goodwill-Bilanzierung (Teil B) (StuB 2002), S. 900 ff.

einer unbestimmten Nutzungsdauer mit der Folge einer nur außerplanmäßigen Abschreibung ausgegangen wird. De facto käme es hier bei kontinuierlicher Pflege und Investition in den Goodwill nämlich zu einer verdeckten Aktivierung von originärem Goodwill. Die **Bestimmung der Nutzungsdauer** und damit des Abschreibungspfads für den derivativen Goodwill sollte sich aus Gründen einer möglichst wirklichkeitsgetreuen Bilanzierung idealerweise nach unternehmensspezifischen Faktoren richten und wäre demnach der Beurteilung des Managements zu überlassen. In der Literatur wird zum Teil vorgeschlagen, die Abschreibungsdauer für den derivativen Goodwill nach der Anzahl der Jahre zu bemessen, für die Übergewinne entgolten wurden.[1089] Dies stellt sich jedoch als problematisch heraus, da zum einen ein „Normalgewinn" oder eine „normale" (branchenübliche) Verzinsung des gebundenen Kapitals festgelegt werden müsste, was nicht ohne Willkür möglich ist.[1090] Zum anderen wird der Wert des Goodwills gemäß dem Residualansatz gerade nicht eigenständig, sondern als Teil des Unternehmenswerts ermittelt, so dass weder alle Goodwill-Faktoren noch deren Dauerhaftigkeit im Einzelnen bekannt sind. Alternativ wird zum Teil gefordert, bei der Festlegung der wirtschaftlichen Nutzungsdauer des derivativen Goodwills eine Reihe von Einflussfaktoren, wie das Geschäftsmodell des Unternehmens, das rechtliche, ökonomische und technologische Umfeld der Branche oder die typische Produktlebensdauer des Unternehmens, zu berücksichtigen.[1091] Ein solcher Ansatz kann zwar vom Grundsatz her überzeugen, allerdings verbleiben auch hier nicht unerhebliche Ermessensspielräume für das Management. Im Ergebnis wird hier daher – aus Gründen einer stärkeren Objektivierung im Zahlungsbemessungsabschluss – empfohlen, standardisierte Vorgaben in Form von Nutzungsdauerkonventionen festzulegen, die zwar nicht unternehmensspezifisch, jedoch branchenabhängig sein könnten. In Anlehnung an die ehemals in den US-GAAP geltende Regelung des APB Opinion 17 zur planmäßigen Abschreibung eines derivativen Goodwills und die ergänzenden Verlautbarungen der SEC zu branchenspezifischen Nutzungsdauern[1092] kommt **für die deutsche Rechnungslegung** zum Beispiel folgende **Neuregelung** in Betracht:

[1088] Vgl. auch *Gynther, R.*, Conceptualizing (AR 1969), S. 251.

[1089] Vgl. statt vieler *Bryer, R.*, Goodwill (2005), S. 7 ff.

[1090] Vgl. hierzu bereits die kritische Diskussion auf S. 54 f. dieser Arbeit.

[1091] Vgl. im Einzelnen *ASB*, FRS 10 (1997), Par. 20; *FASB*, ED Business Combinations (1999), Par. 44 i. V. m. Par. 42.

[1092] Vgl. *Heckler, B.*, Accounting for Goodwill (JoCAF 1997), S. 17.

„Der Geschäfts- oder Firmenwert (Goodwill) ist im Einzelabschluss für Zwecke der Ausschüttungs- und Steuerbemessung planmäßig über die wirtschaftliche Nutzungsdauer abzuschreiben. Für die wirtschaftliche Nutzungsdauer gelten folgende Konventionen, von denen nur in begründeten Ausnahmefällen abgewichen werden darf:

Freie Berufe:	5 Jahre,
Dienstleistungsunternehmen:	10 Jahre,
Industrieunternehmen:	15 Jahre.“

Selbstverständlich sind hierbei auch feinere Branchenunterteilungen denkbar. Insgesamt erscheint es auf diese Weise möglich, einen angemessenen Ausgleich zwischen den Zielen einer möglichst wirklichkeitsgetreuen Abbildung der Unternehmenslage einerseits und einer stärker objektivierten und vorsichtigen Erfolgsermittlung andererseits herbeizuführen.

Neben der planmäßigen Abschreibung des Goodwills über seine fingierte wirtschaftliche Nutzungsdauer ist dieser Bilanzposten – wie alle übrigen Vermögenswerte auch – einem jährlichen Wertminderungstest am Bilanzstichtag zu unterziehen und gegebenenfalls **außerplanmäßig abzuschreiben**. Hierbei erweist sich allerdings die oben beschriebene Vermengung von originärem und derivativem Goodwill nach einem Unternehmenserwerb als Problem, da eine exakte Wertermittlung nur für den Goodwill insgesamt, nicht aber separat für die derivativen Goodwill-Faktoren möglich ist. Wie GLANEGGER richtig feststellt, ist daher eine außerplanmäßige Abschreibung des derivativen Goodwills überhaupt nur auf Basis der Einheitstheorie durchführbar.[1093] Da einer außerplanmäßigen Abschreibung des derivativen Goodwills im Informationsabschluss eine besondere Bedeutung zukommt, kann an dieser Stelle auf die entsprechenden Ausführungen verwiesen werden.[1094] Ausdrücklich zu erwähnen ist demgegenüber, dass das allgemeine **Wertaufholungsgebot** im Zahlungsbemessungsabschluss **auch für den derivativen Goodwill** gelten sollte, da sich zum einen die Ursache der Werterhöhung des Goodwills oftmals nicht zweifelsfrei identifizieren lässt. Zum anderen wurde bereits oben abgeleitet, dass es lediglich auf das Vorliegen einer Wertaufholung an sich ankommt und der Wegfall der exakten Gründe für die vorherige außerplanmäßige Abschreibung nicht entscheidend ist.[1095] Im Ergebnis kommen im Rahmen der nicht planmäßigen Folgebehandlung des derivativen Goodwills damit die allgemeinen Bilanzierungsregeln für Vermögenswerte uneingeschränkt zur Anwendung.

1093 Vgl. *Glanegger, P.*, in: *Schmidt, L. (Hrsg.)*, Einkommensteuergesetz (2006), § 6, Rn. 242.

1094 Vgl. S. 278 f. sowie das Zahlenbeispiel zur Goodwill-Bilanzierung ab S. 280.

1095 Vgl. ausführlich S. 217 f. dieser Arbeit.

Nach diesen Reformempfehlungen zum Bilanzansatz und zur Bilanzbewertung des positiven Goodwills im Zahlungsbemessungsabschluss ist im folgenden Abschnitt der Sonderfall eines negativen Goodwills zu behandeln.

C. Sonderfall: Negativer Goodwill

Akzeptiert man die Tatsache, dass der Fortführungsertragswert eines Unternehmens auch unter den Substanzwert sinken kann,[1096] so ist die formale Existenz eines negativen Goodwills unstrittig. Offen bleibt jedoch, auf welche Weise ein solcher „Unternehmungsminderwert" bilanziell zu berücksichtigen ist. Zur Klärung soll wiederum auf die Wesensart beziehungsweise auf mögliche Ursachen eines negativen Goodwills abgestellt werden. Da im hier konzipierten Zahlungsbemessungsabschluss nur ein derivativer Goodwill bilanziert werden darf, beschränkt sich die nachfolgende Analyse auf den negativen Goodwill im Rahmen eines Unternehmenserwerbs.[1097]

Als Entstehungsursachen für einen (derivativen) negativen Goodwill kommen – wie bereits ausgeführt wurde – ein Gelegenheitskauf sowie antizipierte zukünftige Verluste oder Aufwendungen des erworbenen Unternehmens infrage. Ein **Gelegenheitskauf** (*bargain purchase, lucky buy*) beruht auf einer überlegenen Verhandlungsposition des Erwerbers im Vergleich zum Veräußerer. So ist zum Beispiel der Zwangsverkauf eines Unternehmens aufgrund von Liquiditätsengpässen des Veräußerers denkbar, wenn eine Unternehmenszerschlagung aus rechtlichen oder faktischen Gründen nicht durchführbar ist.[1098] Der Erwerber zahlt dann einen Kaufpreis (Anschaffungskosten) unterhalb der Summe der Einzelgüter, erhält im ökonomischen Sinne also einen Rabatt. Bei einem „reinen" Gelegenheitskauf[1099] ist der „wahre" Unternehmenswert damit jedoch mindestens so hoch wie der betriebswirtschaftliche

---

[1096] Selbst Kritiker des bilanziellen Ansatzes eines negativen Goodwills räumen dies ein (vgl. *Siegel, T./Bareis, P.*, Zum „negativen Geschäftswert" (BB 1994), S. 317.). Zur Existenz eines negativen Goodwills vgl. im Übrigen bereits *Auler, W.*, Unternehmungsmehr- und -minderwert (ZfB 1927), S. 657.

[1097] Zwar ließe sich mit Hilfe des Vorsichtsprinzips grundsätzlich auch die Passivierung eines originären negativen Goodwills zur Antizipation künftiger Verlusterwartungen begründen. Der dabei entstehende Prognose- und Ermessensspielraum für den Bilanzersteller erscheint jedoch mit den strengeren Objektivierungserfordernissen des Zahlungsbemessungsabschlusses keineswegs vereinbar, weshalb hier von einem Bilanzansatz abgeraten wird.

[1098] Vgl. hierzu *Ernsting, I.*, Negativer Geschäfts- oder Firmenwert (WPg 1998), S. 408.

[1099] Von einem „teilweisen" Gelegenheitskauf könnte demgegenüber gesprochen werden, wenn der Kaufpreis zwar unterhalb des „tatsächlichen" Fortführungsertragswerts des Unternehmens liegt, letzterer jedoch noch immer den Substanzwert unterschreitet. Für die verbleibende Lücke zum Substanzwert sind dann antizipierte künftige Verluste des erworbenen Unternehmens als zweite mögliche Ursache eines negativen Goodwills verantwortlich.

Substanzwert, so dass realiter gar kein negativer Goodwill besteht.[1100] Nach Auffassung des Verfassers ist es daher auch nicht sinnvoll, in diesem Fall einen negativen Goodwill in der Bilanz auszuweisen. Ebenso wenig kann jedoch eine Abstockung der bilanzierten Vermögenswerte mit gleichzeitiger Aufstockung der Schulden überzeugen, da es hierbei zu erheblichen Verzerrungen der Vermögens- und Ertragslage kommt. In Anlehnung an die aktuelle Regelung in den internationalen Rechnungslegungsstandards wird hier vielmehr für eine **sofortige Gewinnerfassung** des Differenzbetrags aus dem Unternehmenswert abzüglich der Summe der bilanziellen Einzelgüter, bewertet zu beizulegenden Zeitwerten, plädiert. Ein solches Vorgehen führt zwar zu einer Durchbrechung des Grundsatzes der erfolgsneutralen Anschaffungsbilanzierung.[1101] Darüber hinaus ist problematisch, dass für das erwerbende Unternehmen nicht unerhebliche bilanzpolitische Gestaltungsmöglichkeiten entstehen insbesondere, sofern die Höhe des auszuweisenden Sofortgewinns nicht begrenzt wird. Gleichwohl muss betont werden, dass es nur dann zu einem „zutreffenden" Vermögens- und Erfolgsausweis kommen kann, wenn keine Deckelung durch das Anschaffungswertprinzip greift.[1102] Dies sei an einem einfachen Zahlenbeispiel illustriert: Unternehmen U_1, das über eigene Barmittel in Höhe von 100 GE verfügt, erwerbe in t_1 das Vermögen von U_2 im Wege eines Asset Deals zu Anschaffungskosten von 50 GE. Der Substanzwert von U_2 betrage 70 GE, es liegen ausschließlich Vermögenswerte vor. Der „tatsächliche" Unternehmenswert von U_2 wird im Fall a) auf 70 GE, im Fall b) auf 90 GE geschätzt. Abb. 53 zeigt die entsprechenden Zahlungsbemessungsbilanzen von U_1 nach dem Unternehmenserwerb:

a) U_1

V	100	EK	100
	-50	JÜ	20
U_2	+70		
	120		120

b) U_1

GW	20	EK	100
V	100	JÜ	40
	-50		
U_2	+70		
	140		140

Abb. 53: Beispiel Gelegenheitskauf

1100 Ähnlich wohl auch *Emmrich, M.*, Reform der externen Rechnungslegung (1999), S. 274 f. Tatsächlich kann sogar ein positiver Goodwill bestehen, sofern der „tatsächliche" Unternehmenswert den Substanzwert übersteigt.

1101 Vgl. *Ernsting, I.*, Negativer Geschäfts- oder Firmenwert (WPg 1998), S. 418.

1102 Vgl. zu dieser Problematik bereits *Schmidt, I.*, Goodwill (2002), S. 52 mit einem Beispiel. SIEGEL/BAREIS halten es hingegen für ein „marktwirtschaftliches Fehlverständnis ... an die Stelle der Marktbewertung subjektive Werte für die Bilanz als maßgebend anzusehen." (*Siegel, T./Bareis, P.*, Der „negative Geschäftswert" (BB 1993), S. 1482.). Im Falle eines Gelegenheitskaufs liegt jedoch ein offensichtliches Missverhältnis von Transaktionswert und „tatsächlichem" Wert vor, das es m. E. zu berücksichtigen gilt. In diesem Sinne wurde mit dem Transparenz- und Publizitätsgesetz vom 19.07.2002 inzwischen auch die Vorschrift des § 301 Abs. 1 Satz 4 HGB a. F. aufgehoben, die im Rahmen der Erwerbsmethode noch eine Begrenzung durch das Anschaffungswertprinzip vorsah.

Während der „richtige“ Wert des Goodwills im Fall a) damit Null beträgt, entsteht im Fall b) sogar ein positiver derivativer Goodwill in Höhe von 20 GE. Bei strikter Anwendung des Anschaffungswertprinzips käme es im Fall b) hingegen nicht zum Ausweis eines positiven Goodwills; der Jahresüberschuss wäre entsprechend um 20 GE geringer.

Nachdem ein Gelegenheitskauf als Ursache eines „echten“ negativen Goodwills ausgeschlossen werden konnte, ist die **Antizipation künftiger Verluste oder Aufwendungen** als zweite mögliche Ursache zu überprüfen. In diesem Fall liegt tatsächlich ein niedrigerer Unternehmenswert im Vergleich zum Substanzwert vor, der sich auch beim entgeltlichen Erwerb nicht durch einen Rabatt erklären lässt. Dem Wesen nach ist der negative Goodwill hier vielmehr als Spiegelbild eines positiven Goodwills zu verstehen,[1103] nämlich als ein Konglomerat von nicht selbstständig bewertbaren immaterieller Faktoren, mit denen künftige „Mehrauszahlungen bzw. Wenigereinzahlungen“[1104] verbunden sind. Als Beispiele für derartige Faktoren können ein schlechter Ruf bei den Kunden, eine ineffiziente Organisation, unterqualifiziertes Personal und ein negatives Image am Kapitalmarkt genannt werden. Aufgrund der fehlenden Zurechenbarkeit der Verlusterwartungen zu einzelnen Verträgen oder anderen bilanzierungsfähigen Sachverhalten handelt es sich beim negativen Goodwill – im Unterschied zu einer Rückstellung für drohende Verluste aus schwebenden Geschäften – um die Antizipation drohender Gesamtverluste[1105] und damit um einen **(Gesamt-)Schuldposten**, der nur mit dem Unternehmen als Ganzes übertragbar und bewertbar ist. Dabei ist zu beachten, dass insbesondere Restrukturierungsrückstellungen sowie Eventualverbindlichkeiten konzeptionell keine Bestandteile eines negativen Goodwills darstellen,[1106] da sie sich auf konkrete, geplante Ereignisse oder Handlungen beziehen, einen Drittschuldcharakter aufweisen und – auch in der Folge – selbstständig bewertet werden können.[1107] Restrukturierungsrückstellungen und Eventualverbindlichkeiten sind daher gemäß den oben aufgestellten allgemeinen Bilanzierungsregeln separat zu passivieren und bei der Wertermittlung des Goodwills entsprechend zu berücksichtigen.

Im Ergebnis umfasst der negative Goodwill damit ausschließlich nicht selbstständig bewertbare immaterielle Faktoren, die in der Summe künftige Netto-Auszahlungen erwarten lassen. Aufgrund seines spiegelbildlichen Wesens sollte er konsequenterweise analog zu einem positiven Goodwill bilanziert werden. Es wird daher eine

1103 Vgl. auch *Ernsting, I.*, Negativer Geschäfts- oder Firmenwert (WPg 1998), S. 419.

1104 *Geiger, A.*, Interpretation des negativen Geschäftswerts (DB 1996), S. 1533.

1105 Vgl. *Bachem, R.*, Berücksichtigung negativer Geschäftswerte (BB 1993), S. 969.

1106 Dies wurde bereits in der vergleichenden Beurteilung angedeutet.

1107 Als Beispiele seien Sozialplanrückstellungen, Rückstellungen zur Sanierung des Maschinenparks und Stilllegungsrückstellungen für Betriebsteile genannt.

Passivierungspflicht für den derivativen negativen Goodwill im Zahlungsbemessungsabschluss vorgeschlagen,[1108] die sich auf das True-and-fair-view-Gebot und das bilanzielle Vorsichtsprinzip stützen kann.[1109] Hinsichtlich der Folgebehandlung wird darüber hinaus eine **planmäßige ertragswirksame Auflösung** über die Zeitdauer empfohlen, in der die antizipierten künftigen Verluste voraussichtlich eintreten werden. Aus Objektivierungsgründen sollten hier für den Zahlungsbemessungsabschluss wiederum Konventionen analog zu den Nutzungsdauerfiktionen für den positiven derivativen Goodwill herangezogen werden.

Nach der ausführlichen Ableitung von Reformvorschlägen zur Goodwill-Bilanzierung im Zahlungsbemessungsabschluss sind im nächsten Kapitel weitergehende Überlegungen zur Reform eines umfassenden Informationsabschlusses anzustellen.

III. Reformempfehlungen zur Bilanzierung des Goodwills im umfassenden Informationsabschluss

Im Rahmen der Reformempfehlungen zur Goodwill-Bilanzierung im Informationsabschluss soll – entsprechend der Vorgehensweise im Zahlungsbemessungsabschluss – ebenfalls zwischen Bilanzansatz und Bilanzbewertung unterschieden werden. Da es sich beim Informationsabschluss dem Charakter nach um ein Erweiterungsrechenwerk für kapitalmarktorientierte und diesen gleichgestellte Unternehmen handelt, kann bei der nachfolgenden Darstellung und Analyse grundsätzlich auf die Ausführungen zum Zahlungsbemessungsabschluss zurückgegriffen werden. Die Reformempfehlungen beschränken sich daher auf wesentliche Punkte sowie Besonderheiten im Informationsabschluss.

A. Bilanzansatz

1. Originärer Goodwill

Während im Zahlungsbemessungsabschluss ein striktes Aktivierungsverbot für den originären Goodwill gilt, das im Wesentlichen auf Objektivierungs- und Vorsichtsmotiven beruht, ist das aus der Vernachlässigung dieses Postens resultierende Informationsdefizit[1110] durch einen erweiterten Bilanzansatz im Informationsabschluss abzubauen. Für Zwecke einer umfassenden Informationsvermittlung ist daher eine **Aktivierungspflicht für den originären Goodwill** zu fordern, die sich auf die Qualifikation dieses Postens als Vermögenswert und vollwertigen Unternehmenswertbe-

---

1108 Für die Passivierung eines negativen Goodwills plädiert auch *Emmrich, M.*, Reform der externen Rechnungslegung (1999), S. 275 f., der allerdings auch einen originären negativen Goodwill ausweisen will.

1109 Ähnlich *Auler, W.*, Unternehmungsmehr- und -minderwert (ZfB 1927), S. 843.

1110 Vgl. etwa *Moxter, A.*, Rechnungslegungsmythen (BB 2000), S. 2143 f.; *Kahle, H.*, Zukunft der Rechnungslegung (WPg 2003), S. 264.

standteil stützen kann. Einer Aktivierung des originären Goodwills auf einem speziellen Fair-Value-Konto „Goodwill“ steht dabei eine Gegenbuchung auf einem eigenen unrealisierten Gewinnkonto gegenüber, das zum Geschäftsjahresende auf die Informations-Gewinn- und Verlustrechnung (GuV (2)) abgeschlossen wird.

Ebenfalls von der Ansatzpflicht für den originären Goodwill erfasst werden **Ingangsetzungs- und Erweiterungsaufwendungen** sowie **Forschungs- und Entwicklungskosten**. Jedoch wird ein separater Bilanzansatz für diese immateriellen Werte aufgrund ihrer im Regelfall fehlenden selbstständigen Bewertbarkeit nicht befürwortet.[1111] Wertsteigernde Faktoren sollten daher vielmehr im Sammelposten des originären Goodwills aufgehen. Eine allgemeine Ansatzregel für den originären Goodwill im Informationsabschluss könnte daher wie folgt lauten:

> „Ein selbst erstellter Geschäfts- oder Firmenwert (Goodwill) ist im Rahmen des Jahresschlusses für Zwecke der Informationsvermittlung zwingend zu aktivieren.“

2. Derivativer Goodwill

Für den derivativen Goodwill bedarf es im Informationsabschluss bereits aufgrund der gebotenen ökonomischen Gleichbehandlung mit dem originären Goodwill einer **Aktivierungspflicht**. Da eine gleich lautende Ansatzregel bereits für den Zahlungsbemessungsabschluss ausführlich abgeleitet wurde, kann an dieser Stelle auf die entsprechenden Ausführungen verwiesen werden.[1112] Mit nur leicht verändertem Wortlaut ergibt sich für den Informationsabschluss daher folgende Ansatzregel:

> „Ein Geschäfts- oder Firmenwert (Goodwill), der aus einem Erwerbsvorgang resultiert, ist im Rahmen des Jahresabschlusses für Zwecke der Informationsvermittlung zwingend zu aktivieren.“

B. Bilanzbewertung

Im Unterschied zum Zahlungsbemessungsabschluss umfasst die Bilanzbewertung im Informationsabschluss sowohl den originären als auch den derivativen Goodwill. Dabei wird ebenfalls zwischen der erstmaligen und der Folgebewertung unterschieden.

1. Erstmalige Bewertung

Die erstmalige Bewertung sowohl des originären als auch des derivativen Goodwills erfolgt im Wege des Residualansatzes, da der Goodwill einer selbstständigen Bewer-

---

[1111] Ist eine selbstständige Bewertung hingegen im Ausnahmefall möglich (z. B. bei zur Veräußerung bestimmten Entwicklungsprojekten), so ist hingegen ein vom Goodwill separater Bilanzansatz geboten.

[1112] Vgl. im Einzelnen S. 261 ff.

tung nicht zugänglich ist. Während Investitionen in den **originären Goodwill** im Zahlungsbemessungsabschluss auf den einschlägigen Aufwandskonten zu verbuchen sind, ist im Informationsabschluss die tatsächliche Wertsteigerung des originären Goodwills zu messen und auf dem Fair-Value-Konto „Goodwill" sowie dem korrespondierenden unrealisierten Gewinnkonto zu erfassen. Dabei kann es zu Abweichungen zwischen den Goodwill-Investitionen und der tatsächlichen Wertsteigerung des Goodwills kommen, da zum einen nicht alle Investitionen erfolgreich sein werden. Zum anderen können Wertsteigerungen des Goodwills aus externen Faktoren ohne entsprechende Auszahlungen des Unternehmens resultieren.

Beim **derivativen Goodwill** ergeben sich im Rahmen der erstmaligen Bewertung hingegen ceteris paribus keine Abweichungen gegenüber dem Zahlungsbemessungsabschluss. Hier wird der Wert des derivativen Goodwills aus dem Zahlungsbemessungsabschluss dem Fair-Value-Konto „Goodwill" zugeführt; die Gegenbuchung erfolgt wiederum auf dem AHK-FV-Verrechnungskonto.

2. Folgebewertung

Im Rahmen der Folgebewertung des Goodwills im Informationsabschluss ergeben sich wesentliche Abweichungen gegenüber dem Zahlungsbemessungsabschluss. So kommt es als Ausfluss des Fair-Value- und des Gesamtwertprinzips zu einer **vollständigen Zeitbewertung des Goodwills** mit der Folge, dass der Goodwill in der umfassenden Fair-Value-Bilanz als einheitlicher Vermögenswert ausgewiesen wird.[1113] Im Rahmen einer periodischen Neubewertung ist hierzu der Fair Value des Gesamt-Goodwills am Bilanzstichtag zu ermitteln und mit dem Anfangsbestand auf dem Fair-Value-Konto „Goodwill" zu vergleichen. Eingetretene Wertveränderungen sind dann auf dem Fair-Value-Konto sowie grundsätzlich auf dem korrespondierenden unrealisierten Gewinnkonto zu erfassen. Für den Fall eines **derivativen Goodwills** ist ferner die Besonderheit zu beachten, dass zunächst die planmäßigen Abschreibungen sowie gegebenenfalls vorgenommene außerplanmäßige Wertkorrekturen und Wertaufholungen aus dem Zahlungsbemessungsabschluss in den Rechnungskreis der reinen Informationskonten zu übertragen sind. Nur der verbleibende Saldo aus dem so fortgeführten Anfangsbestand und dem aktuellen Fair Value des Goodwills wird als Zeitwertänderung auf das unrealisierte Gewinnkonto „Goodwill" transferiert.

[1113] Eine konsequente Fair-Value-Bilanzierung schließt damit den Ansatz des originären Goodwills eines Unternehmens ein (vgl. *Siegel, T.*, Zur unsinnigen Bilanzierung (DB 2002), S. 749.) und berücksichtigt insbesondere auch Wertsteigerungen des (Gesamt-) Goodwills im Zeitablauf (vgl. *Pellens, B./Sellhorn, T.*, Goodwill-Bilanzierung (DB 2001), S. 1685.). Prinzipiell zustimmend auch *Zimmermann, J.*, Objektivierte originäre Geschäftswerte (DB 2002), S. 752, der im Ergebnis jedoch nur für eine Teilaktivierung des originären Goodwills plädiert.

Im Ergebnis wird der Goodwill in der umfassenden Informationsbilanz stets als einheitlicher Vermögenswert zum Fair Value ausgewiesen, womit sich der Informationsabschluss fundamental vom Zahlungsbemessungsabschluss unterscheidet. Die Trennung zwischen einem originären und einem derivativen Goodwill spiegelt sich hingegen in der Informations-Gewinn- und Verlustrechnung nach wie vor wider, da hier die Zahlungsbemessungs-Erfolgskonten des originären und derivativen Goodwills um ein unrealisiertes Gewinnkonto für den (originären) Goodwill erweitert werden. Auf diese Weise wird insbesondere ein Vergleich zwischen der realisierten planmäßigen Abschreibung eines derivativen Goodwills aus dem Zahlungsbemessungsabschluss und der unrealisierten Wertsteigerung an originärem Goodwill möglich. Für Einzelheiten sei an dieser Stelle jedoch auf das spätere Zahlenbeispiel verwiesen, das die bilanzielle Behandlung des Goodwills im Rahmen einer funktionsspezifischen Rechnungslegung ausführlich darstellt.[1114]

C. Sonderfall: Negativer Goodwill

Hinsichtlich des Sonderfalls eines negativen Goodwills ist zunächst in Erinnerung zu rufen, dass ein Gelegenheitskauf als mögliche Entstehungsursache bereits ausgeschlossen wurde. Die folgende Analyse kann sich daher auf den Fall der **Antizipation künftiger Verlusterwartungen** beschränken. Abweichend vom Zahlungsbemessungsabschluss ist dabei im Informationsabschluss jedoch nicht nur ein derivativer, sondern auch ein originärer negativer Goodwill bilanziell relevant.

Wie bereits postuliert wurde, ist der negative Goodwill im Rahmen einer umfassenden Rechnungslegung spiegelbildlich zum positiven Goodwill zu behandeln. Hieraus folgt, dass für den negativen Goodwill im Informationsabschluss ein spezielles Fair-Value-Bestandskonto und ein unrealisiertes Gewinnkonto einzurichten sind. Auch der Fair Value des negativen Goodwills wird als Differenzbetrag im Rahmen des Residualansatzes ermittelt. Für den Fall eines **originären negativen Goodwills** ist dieser sodann auf dem Fair-Value-Konto und auf dem unrealisierten Gewinnkonto im Soll zu verbuchen. Letzteres stellt sich damit während der Entstehung des negativen Goodwills faktisch als ein unrealisiertes Verlustkonto dar; erst mit der späteren ertragswirksamen Auflösung des negativen Goodwills wird hier tatsächlich ein unrealisierter Gewinn ausgewiesen.

Ein eventueller **derivativer negativer Goodwill** ist – analog zu seinem positiven Pendant – über das AHK-FV-Verrechnungskonto aus dem Kreis der reinen Zahlungsbemessungskonten in den Fair-Value-Rechnungskreis zu überführen. Dabei gilt wiederum, dass die im Zahlungsbemessungsabschluss vorzunehmende planmäßige Auflösung im Zeitablauf zunächst auf dem Verrechnungskonto und dem Fair-Value-

---

1114 Vgl. S. 280 ff.

Konto „Negativer Goodwill“ zu erfassen ist, bevor eine Anpassung an den aktuellen beizulegenden Zeitwert des negativen Goodwills über das spezielle unrealisierte Gewinnkonto erfolgen kann.

Im Ergebnis bereitet die bilanzielle Behandlung des negativen Goodwills im Informationsabschluss damit keine besonderen Probleme, so dass die oben unterbreiteten Reformvorschläge zum positiven Goodwill analog angewandt werden können.

IV. Vergleichendes Zahlenbeispiel zur Bilanzierung des Goodwills

Im Folgenden sollen die oben entwickelten Reformempfehlungen zur Goodwill-Bilanzierung im Zahlungsbemessungs- und Informationsabschluss anhand eines praxisorientierten Zahlenbeispiels veranschaulicht werden. Im Fokus steht dabei eine vergleichende Darstellung von internem und externem Unternehmenswachstum. Besondere Bedeutung soll ferner der Verdeutlichung der Buchungstechnik im System einer funktionsspezifischen Rechnungslegung beigemessen werden.

A. Ausgangsdaten

Gegeben sind **zwei ökonomisch gleiche, kapitalmarktorientierte Unternehmen U_1 und U_2**, die sich lediglich in ihrer Wachstumsstrategie unterscheiden. Während U_1 ausschließlich organisches oder internes Wachstum verfolgt, wächst U_2 einzig durch den Erwerb des weiteren Unternehmens U_3 extern.

1. Annahmen

Im Einzelnen gelten folgende, zum Teil stark vereinfachende **Annahmen**:

- Bei U_1 und U_2 handelt es sich um neu gegründete Industrieunternehmen mit einem Kassenbestand in Höhe von 1.990 GE, die in der Ausgangssituation (Bilanzstichtag t_0) für insgesamt 740 GE jeweils folgende Bilanzgüter erwerben: Patent (100 GE), Produktionsgrundstück (200 GE), Produktionsgebäude (400 GE), Wertpapiere (40 GE). Der Restbetrag in Höhe von 1.250 GE verbleibt in der Kasse.
- U_3 ist ein Beratungsunternehmen, das mit Ausnahme eigener Barmittel in Höhe von 100 GE in t_0 nur über nicht identifizierbare immaterielle Werte (insbesondere Mitarbeiter-Know-how) verfügt.
- Die Totalperiode aller Unternehmen beträgt 5 Jahre.
- Die Nutzungsdauer der abnutzbaren bilanziellen Einzelgüter beträgt jeweils 5 Jahre.
- Die fortgeführten historischen Kosten des Patents, des Produktionsgrundstücks und des Produktionsgebäudes gelten zugleich als bestmögliche Schätzer der Fair Values dieser Güter.

- Der Fair Value der Wertpapiere steigt, ausgehend von den Anschaffungskosten, jährlich um 5%.
- Der jeweilige Bestand an liquiden Mitteln der Unternehmen wird zinslos gehalten.[1115] Am Ende der Totalperiode sind alle Geldumwandlungsprozesse abgeschlossen, so dass das gesamte Unternehmensvermögen in Form von liquiden Mitteln vorliegt.
- Die Unternehmen sind vollständig eigenfinanziert.
- Ertragsteuern werden an dieser Stelle ausgeblendet.
- Es erfolgen keine Ausschüttungen, das heißt sämtliche Periodenerfolge werden thesauriert.[1116]
- Der risikoangepasste Alternativzinssatz der Unternehmen ist konstant und beträgt einheitlich 10% p. a.
- In t_0 werden für den Planungszeitraum der Unternehmen folgende Einzahlungsüberschüsse (Cash-flows) prognostiziert, die stets zum Periodenende anfallen und in voller Höhe erfolgswirksam sind:

Erwartete Cash-flows	t_0	t_1	t_2	t_3	t_4	t_5	Σ
- U_1 und U_2	-740	+180	+200	+200	+200	+200	+240
- U_3	+0	+100	+200	+277	+310	+360	+1.247

Abb. 54: Erwartete Cash-flows der Unternehmen U_1, U_2 und U_3 (Bilanzstichtag t_0)

2. Ergebnisübersicht vor Unternehmenswachstum

Einführend in das Zahlenbeispiel soll zunächst die Ausgangssituation der Unternehmen U_1 und U_2 vor internem beziehungsweise externem Wachstum veranschaulicht werden. Stellt man am Bilanzstichtag t_0 auf Basis der vorliegenden Daten die Ist- und Planabschlüsse der Unternehmen auf, so lassen sich daraus folgende wesentliche Bilanz- und Erfolgsgrößen für die Zahlungsbemessung und Informationsvermittlung extrahieren:

1115 Diese Annahme ist zweifelsohne höchst unrealistisch. Sie vereinfacht jedoch die Berechnung und ändert nichts an den grundsätzlichen Aussagen und Ergebnissen des Beispiels, da bei einer verzinslichen Anlage des Geldvermögens Unternehmenswert und Substanzwert in gleichem Maße steigen und somit die Höhe des Goodwills unberührt bleibt.

1116 Eine Doppelberücksichtigung thesaurierter Erfolge und der aus ihnen generierten Überschüsse in den künftigen Perioden wird gleichwohl vermieden, da die thesaurierten Mittel in der Kasse gehalten werden, die annahmegemäß nicht verzinst wird.

Beispiel zur Goodwill-Bilanzierung im Konzept monofunktionaler Bilanzen

– Ausgangsdaten –

U_1 und U_2 vor Unternehmenswachstum	t_0	t_1	t_2	t_3	t_4	t_5	Σ
Cash-flows	**-740**	**+180**	**+200**	**+200**	**+200**	**+200**	**+240**
Fair Values							
Patent	100	80	60	40	20	0	-
Produktionsgrundstück	200	200	200	200	200	0	-
Produktionsgebäude	400	320	240	160	80	0	-
Wertpapiere	40	42	44	46	49	0	-
Liquide Mittel	1.250	1.430	1.630	1.830	2.030	2.230	-
Summe (Einzelgüter)	1.990	2.072	2.174	2.276	2.379	2.230	-

Goodwill (Zahlungsbemessung)	**0**	**0**	**0**	**0**	**0**	**0**	-
Liquide Mittel	1.250	1.430	1.630	1.830	2.030	2.230	-
+ Ertragswert (EW_t)	740	634	497	347	182	0	-
= Unternehmenswert	1.990	2.064	2.127	2.177	2.212	2.230	-
./. Σ Fair Values (Einzelgüter)	1.990	2.072	2.174	2.276	2.379	2.230	-
= Goodwill (Information)	**0**	**-8**	**-47**	**-99**	**-167**	**0**	-

Jahreserfolg (1)	**+0**	**+80**	**+100**	**+100**	**+100**	**-140**	**+240**
+ Δ unrealisierte Gewinnkonten	-0	-6	-37	-50	-65	+158	+0
= Jahreserfolg (2)	**-0**	**+74**	**+63**	**+50**	**+35**	**+18**	**+240**

Eigenkapital (1)	**1.990**	**2.070**	**2.170**	**2.270**	**2.370**	**2.230**	-
Eigenkapital (2)	**1.990**	**2.064**	**2.127**	**2.177**	**2.212**	**2.230**	-

Abb. 55: Wichtige Bilanz- und Erfolgsgrößen von U_1 und U_2 vor Unternehmenswachstum (Ausgangsdaten)

Hierzu ist zunächst anzumerken, dass vor Unternehmenswachstum sowohl die Zahlungsbemessungs- als auch die Informationsabschlüsse von U_1 und U_2 identisch sind, so dass sich die Darstellung auf eine gemeinsame Ergebnisübersicht beschränken kann. Wie aus dieser hervorgeht, weisen beide Unternehmen **am Bilanzstichtag t_0 keinen Goodwill** auf. Der Unternehmenswert, der sich als Summe aus dem Bestand an liquiden Mitteln und dem Ertragswert (= Barwert der künftig erwarteten Cash-flows) berechnet, spiegelt mit 1.990 GE vielmehr exakt die Summe der Fair Values der bilanziellen Einzelgüter (= Substanzwert) wider. In den Folgeperioden laufen der Unternehmenswert und Substanzwert hingegen auseinander. Da der Unternehmenswert den Substanzwert an den Bilanzstichtagen t_1 bis t_4 unterschreitet, entsteht unter den gegebenen Annahmen ein **originärer negativer Goodwill**, der in den Informationsbilanzen von U_1 und U_2 auszuweisen ist. Erst in t_5, wenn alle Geldumwandlungsprozesse abgeschlossen sind, löst sich der negative Goodwill wieder auf; der Unternehmenswert wird dann vollständig durch den Kassenbestand beschrieben.

Abb. 55 zeigt weiterhin die jeweiligen **Jahreserfolge (1)** aus dem Zahlungsbemessungsabschluss **und Jahreserfolge (2)** aus dem Informationsabschluss, die während des Betrachtungszeitraums zum Teil deutlich divergieren. Der Grund hierfür liegt in der Veränderung der unrealisierten Gewinnkonten aus der Informations-Gewinn- und Verlustrechnung, die zum einen auf die Wertentwicklung des nicht betriebsnotwendigen Grundstücks und zum anderen auf die Veränderung des negativen Goodwills zurückgeht. Über die Totalperiode ist die Summe der Jahreserfolge (1) und (2) sowie der Einzahlungsüberschüsse der Unternehmen mit 240 GE allerdings notwendigerweise gleich. Abschließend sind die Bestände des **Eigenkapitals (1) und (2)** aufgeführt, die den jeweiligen Wert des Reinvermögens in der Zahlungsbemessungs- und Informationsbilanz unter Einschluss der Jahreserfolge der laufenden Periode wiedergeben.

Insgesamt konnte mit der obigen Darstellung der Ausgangsdaten an den Bilanzstichtagen t_1 bis t_5 zugleich der Sonderfall eines originären negativen Goodwills und die dafür vorgeschlagene bilanzielle Behandlung im Konzept einer funktionsspezifischen Rechnungslegung illustriert werden. Die weitere Untersuchung der Auswirkungen von internem und externem Unternehmenswachstum setzt jedoch in der ersten Periode an, in der noch kein Goodwill besteht.

B. Auswirkungen von internem und externem Unternehmenswachstum ohne Planrevisionen (Fall A)

Nach der Darstellung und Diskussion wichtiger Bilanz- und Erfolgsgrößen von U_1 und U_2 in der Ausgangssituation sind die Auswirkungen von Unternehmenswachstum auf die Goodwill-Bilanzierung im Rahmen einer umfassenden Rechnungslegung zu analysieren. Dabei soll zwischen zwei Fällen (Fall A und B) unterschieden werden, wobei zunächst **Fall A** untersucht wird.

1. Ergänzende Annahmen

Hinsichtlich der verschiedenen Arten des Unternehmenswachstums gelten im Fall A folgende **ergänzende Annahmen**:

- U_1, das ausschließlich intern wächst, tätigt unmittelbar nach dem Erwerb der bilanziellen Einzelgüter in t_0 eine einmalige Erweiterungsinvestition in Höhe von 900 GE zum Aufbau eines originären Goodwills.
- U_2 erwirbt demgegenüber im gleichen Zeitpunkt das Unternehmen U_3 im Wege eines Asset Deals für 1.000 GE. Wegen der Vereinnahmung des Kassenbestands von U_3 in Höhe von 100 GE beträgt die Erweiterungsinvestition in einen derivativen Goodwills ebenfalls 900 GE.

- Aus den von U_1 und U_2 jeweils durchgeführten Erweiterungsinvestitionen in einen originären respektive derivativen Goodwill werden folgende zusätzliche Cash-flows erwartet [in GE]:[1117]

Cash-flows Goodwill-Investitionen	t_0	t_1	t_2	t_3	t_4	t_5	Σ
Ist/Prognose in t_0	-900	+100	+200	+277	+310	+360	+347
Ist/Prognose in t_1	-900	+100	+200	+277	+310	+360	+347
Ist/Prognose in t_2	-900	+100	+200	+277	+310	+360	+347
Ist/Prognose in t_3	-900	+100	+200	+277	+310	+360	+347
Ist/Prognose in t_4	-900	+100	+200	+277	+310	+360	+347
Ist in t_5	-900	+100	+200	+277	+310	+360	+347

Abb. 56: Ist- und Plan-Cash-flows der Goodwill-Investitionen von U_1 und U_2 (Fall A)

- Es treten keine Abweichungen zwischen Plangrößen und Istgrößen ein (Fall ohne Planrevisionen).[1118]

2. Auswirkungen von internem Unternehmenswachstum (U_1, Fall A)

Zunächst sollen die Auswirkungen von internem Unternehmenswachstum am Beispiel des Unternehmens U_1 verdeutlicht werden. Bildet man zu diesem Zweck – auf Basis der Ausgangsdaten sowie der ergänzenden Annahmen – die Geschäftsvorfälle der ersten Periode im Konzept einer funktionsspezifischen Rechnungslegung ab, so ergibt sich folgendes Bild:

[1117] Die schraffierten Felder kennzeichnen dabei Prognosegrößen, während die übrigen Felder die Istgrößen am jeweiligen Bilanzstichtag wiedergeben. An dieser Stelle sei nochmals ausdrücklich betont, dass eine isolierte Bewertung der Cash-flows aus einer Goodwill-Investition in der Folge nicht (mehr) möglich ist. Die separate Darstellung im Beispiel erfolgt allein der besseren Erklärung halber.

[1118] Hierin unterscheidet sich Fall A maßgeblich vom später darzustellenden Fall B.

Beispiel zur Goodwill-Bilanzierung im Konzept monofunktionaler Bilanzen

Unternehmen U_1 (internes Wachstum)

Fall A: Bilanzstichtag t_0

Basis- oder Gemeinschaftskonten:

Aktivkonto „Liquide Mittel“			
AB	1.990	(1a) AK	740
UE	0	(2) GW	900
		EB	350

Realisiertes Gewinnkonto „Umsatzerlöse“			

Realisiertes Gewinn-/Verlustkonto „Sonstige betriebliche Erfolge“			

Realisiertes Verlustkonto „Planmäßige Abschreibungen“			

Realisiertes Verlustkonto „Außerplanmäßige Abschreibungen“			

Unrealisiertes Verlustkonto „Außerplanmäßige Abschreibungen“			

Unrealisiertes Verlustkonto „Goodwill-Aufwand“			
(2) GW	900	(4) GuV	900

Reine Zahlungsbemessungskonten:

AHK-Konto „Produktionsgrundstück“			
(1a) AK	200		
		EB	200

AHK-Konto „Produktionsgebäude“			
(1a) AK	400		
		EB	400

AHK-Konto „Wertpapiere“			
(1a) AK	40		
		EB	40

AHK-Konto „Patent“			
(1a) AK	100		
		EB	100

AHK-Konto „Goodwill“			
AK	0		
		EB	0

AHK-Konto „Eigenkapital (1)“			
		AB	1.990
			-900
EB	1.090		

Abb. 57: Buchtechnische Behandlung von internem Unternehmenswachstum im Konzept monofunktionaler Bilanzen (Fall A, Bilanzstichtag t_0) (I)

Reine Informationskonten:

FV-Konto „Produktionsgrundstück“			
(1b) AK	200		
		EB	200

FV-Konto „Produktionsgebäude“			
(1b) AK	400		
		EB	400

FV-Konto „Wertpapiere"			
(1b) AK	40		
		EB	40

FV-Konto „Patent“			
(1b) AK	100		
		EB	100

FV-Konto „Goodwill“			
(3) NB	900		
		EB	900

FV-Konto „Eigenkapital (2)“			
		AB	1.990
		JE (2)	0
EB	1.990		

Unrealisiertes Gewinnkonto „Wertpapiere"			

Unrealisiertes Gewinnkonto „Goodwill“			
(5) GuV	900	(3) NB	900

AHK-FV-Sammelverrechnungskonto			
		(1b) ZG	40
		(1b) ZG	200
		(1b) ZG	400
		(1b) ZG	100

Buchungsabfolge:

AB	Buchung der Anfangsbestände
(1a)	Erwerb der einzelnen Vermögenswerte zu Anschaffungskosten (AK) von insgesamt 740 GE
(1b)	Zugang (ZG) der Vermögenswerte im Rechnungskreis der reinen Fair-Value-Konten
(2)	Investition in einen originären Goodwill (GW)
(3)	Neubewertung (NB) des Goodwills im Informationsabschluss
(4)	Abschluss des Goodwill-Aufwands auf die Zahlungsbemessungs-GuV
(5)	Abschluss des unrealisierten Gewinnkontos "Goodwill" auf die Informations-GuV
EB	Buchung der Endbestände

Abb. 58: Buchtechnische Behandlung von internem Unternehmenswachstum im Konzept monofunktionaler Bilanzen (Fall A, Bilanzstichtag t_0) (II)

Hierbei wird insbesondere deutlich, dass der sofortigen Aufwandsverrechnung des originären Goodwills im Zahlungsbemessungsabschluss (Buchung (2)) eine betragsgleiche Erfassung als unrealisierter Gewinn im Informationsabschluss gegenübersteht (Buchung (3)). Der Abschluss der einzelnen Bestands- und Erfolgskonten führt zu folgendem Zahlungsbemessungs- und Informationsabschluss von U_1 am Bilanzstichtag t_0:

Zahlungsbemessungsabschluss:
(Bilanzstichtag t_0)

Zahlungsbemessungsbilanz

Goodwill		**Eigenkapital (1)**	
AB	0	AB	1.990
EB	0	+JE (1)	-900
Patent		EB	1.090
AB	100		
EB	100		
Produktionsgrundst.			
AB	200		
EB	200		
Produktionsgebäude			
AB	400		
EB	400		
Wertpapiere			
AB	40		
EB	40		
Liquide Mittel			
AB	1.990		
EB	350		
Σ	**1.090**	**Σ**	**1.090**

Zahlungsbemessungs-Gewinn- und Verlustrechnung

Realisierte Verluste		**Realisierte Gewinne**	
Unrealisierte Verluste			
(4) GW	900		
Jahreserfolg (1)			
JE (1)	-900		
Σ	**0**	**Σ**	**0**

Abb. 59: Zahlungsbemessungsabschluss von U_1 (Fall A, Bilanzstichtag t_0)

Informationsabschluss:
(Bilanzstichtag t_0)

Informationsbilanz

Goodwill		**Eigenkapital (2)**	
AB	0	AB	1.990
EB	900	+JE (2)	0
Patent		EB	1.990
AB	0		
EB	100		
Produktionsgrundst.			
AB	0		
EB	200		
Produktionsgebäude			
AB	0		
EB	400		
Wertpapiere			
AB	0		
EB	40		
Liquide Mittel			
AB	1.990		
EB	350		
Σ	**1.990**	**Σ**	**1.990**

Informations-Gewinn- und Verlustrechnung

Realisierte Verluste		**Realisierte Gewinne**	
Unrealisierte Verluste		**Unrealisierte Gewinne**	
(4) GW	900	(5) GW	900
Jahreserfolg (2)			
JE (2)	0		
Σ	**900**	**Σ**	**900**

Abb. 60: Informationsabschluss von U_1 (Fall A, Bilanzstichtag t_0)

Nach der gleichen Vorgehensweise lassen sich auch die Abschlüsse für die Folgeperioden aufstellen, worauf hier aus Platzgründen jedoch verzichtet wird. Insgesamt lassen sich die Auswirkungen der Investition von U_1 zur Schaffung eines originären Goodwills auf die wichtigsten Bilanz- und Erfolgsgrößen wie folgt zusammenfassen:

Beispiel zur Goodwill-Bilanzierung im Konzept monofunktionaler Bilanzen

– Fall A –

U_1 (= internes Wachstum)	t_0	t_1	t_2	t_3	t_4	t_5	Σ
Cash-flows vor Goodwill-Investition	-740	+180	+200	+200	+200	+200	+240
+Δ Investition originärer Goodwill	-900	+100	+200	+277	+310	+360	+347
= Cash-flows gesamt	**-1.640**	**+280**	**+400**	**+477**	**+510**	**+560**	**+587**
Fair Values							
Patent	100	80	60	40	20	0	-
Produktionsgrundstück	200	200	200	200	200	0	-
Produktionsgebäude	400	320	240	160	80	0	-
Wertpapiere	40	42	44	46	49	0	-
Liquide Mittel	350	630	1.030	1.507	2.017	2.577	-
Summe (Einzelgüter)	1.090	1.272	1.574	1.953	2.366	2.577	-

Goodwill (Zahlungsbemessung)	**0**	**0**	**0**	**0**	**0**	**0**	-
Liquide Mittel	350	630	1.030	1.507	2.017	2.577	-
+ Ertragswert	1.640	1.524	1.276	926	509	0	-
= Unternehmenswert	1.990	2.154	2.306	2.433	2.526	2.577	-
./. Σ Fair Values (Einzelgüter)	1.090	1.272	1.574	1.953	2.366	2.577	-
= Goodwill (Information)	**900**	**882**	**732**	**480**	**160**	**0**	-

Jahreserfolg (1)	**-900**	**+180**	**+300**	**+377**	**+410**	**+220**	**+587**
+ Δ unrealisierte Gewinnkonten	+900	-16	-148	-249	-317	-169	+0
= Jahreserfolg (2)	**-0**	**+164**	**+152**	**+128**	**+93**	**+51**	**+587**

Eigenkapital (1)	**1.090**	**1.270**	**1.570**	**1.947**	**2.357**	**2.577**	-
Eigenkapital (2)	**1.990**	**2.153**	**2.306**	**2.433**	**2.526**	**2.577**	-

Abb. 61: Wichtige Bilanz- und Erfolgsgrößen von U_1 nach Investition in einen originären Goodwill (Fall A)

Gemäß den obigen Reformvorschlägen zur Goodwill-Bilanzierung im Rahmen einer umfassenden Rechnungslegung erfolgt im **Zahlungsbemessungsabschluss** keine Aktivierung des originären Goodwills. U_1 weist daher in t_0 einen Jahreserfolg (1) in Höhe von -900 GE aus, der aus der sofortigen Aufwandsverrechnung der Goodwill-Investition rührt. Im **Informationsabschluss** wird dieser unrealisierte Verlust hingegen durch einen unrealisierten Gewinn aus der bilanziellen Erfassung des originären Goodwills zum Fair Value von 900 GE kompensiert, so dass der Jahreserfolg (2) in t_0 Null beträgt. In den Folgeperioden ist der **Goodwill** im Informationsabschluss dann stets an den entsprechenden Fair Value am Bilanzstichtag anzupassen, der nach der Residualmethode ermittelt wird. Eine selbstständige Bewertung des Goodwills zum Barwert scheitert hingegen an der fehlenden Isolierbarkeit der künftigen Cash-flows aus der Goodwill-Investition.[1119] Da es sich um einen endlichen Betrachtungszeitraum handelt, sinken der Ertragswert sowie der Goodwill im Zeitablauf. Am Ende der Totalperiode beträgt der Wert des Goodwills in der Informationsbilanz schließlich ebenfalls Null. Abb. 62 stellt die Wertentwicklung des Goodwills von U_1 in der Zahlungsbemessungs- und Informationsbilanz grafisch dar:

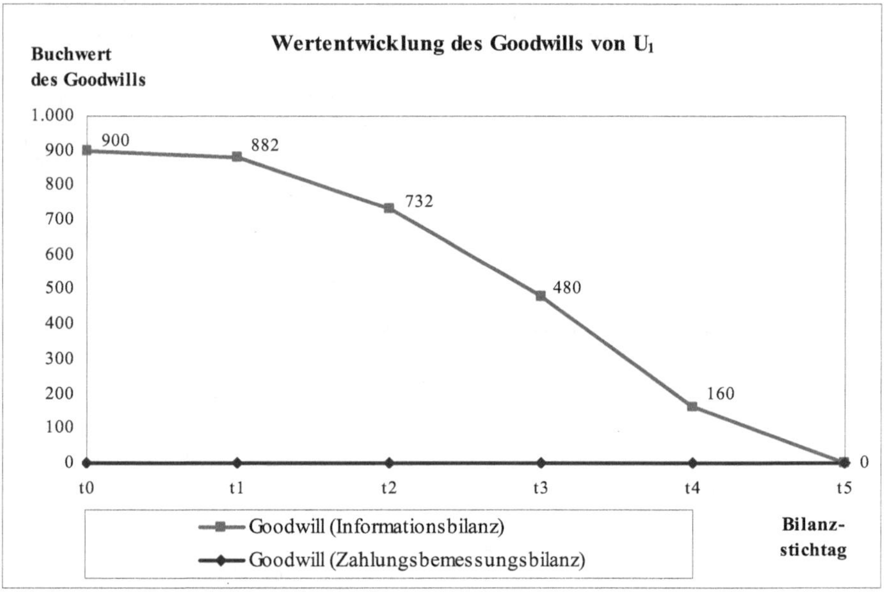

Abb. 62: Wertentwicklung des Goodwills von U_1 (Fall A)

3. Auswirkungen von externem Unternehmenswachstum (U_2, Fall A)

Die Auswirkungen von externem Unternehmenswachstum auf die bilanzielle Behandlung des (derivativen) Goodwills werden am Beispiel von Unternehmen U_2 untersucht. Im Zuge des Erwerbs von Unternehmen U_3 im Zeitpunkt t_0 entsteht bei U_2 ein derivativer Goodwill in Höhe von 900 GE, der sowohl im Zahlungsbemessungs- als auch im Informationsabschluss zu aktivieren ist. Da sich in der ersten Rechnungsperiode insofern keine besonderen Schwierigkeiten ergeben, soll an dieser Stelle die zweite Periode mit dem Bilanzstichtag t_1 herausgegriffen und ausführlich dokumentiert werden. Die buchtechnische Behandlung im Konzept monofunktionaler Bilanzen stellt sich dabei wie folgt dar:

1119 Vgl. auch Fn. 1117 auf S. 284.

Beispiel zur Goodwill-Bilanzierung im Konzept monofunktionaler Bilanzen

Unternehmen U_2 (externes Wachstum)

Fall A: Bilanzstichtag t_1

Basis- oder Gemeinschaftskonten:

Aktivkonto „Liquide Mittel“			
AB	350		
(1) UE	280		
		EB	630

Realisiertes Gewinnkonto „Umsatzerlöse“			
(6) GuV	280	(1)	280

Realisiertes Gewinn-/Verlustkonto „Sonstige betriebliche Erfolge“			

Realisiertes Verlustkonto „Planmäßige Abschreibungen“			
(2a) AfA	100	(7) GuV	280
(3a) GW	180		

Realisiertes Verlustkonto „Außerplanmäßige Abschreibungen“			

Unrealisiertes Verlustkonto „Außerplanmäßige Abschreibungen“			

Unrealisiertes Verlustkonto „Goodwill-Aufwand“			

Reine Zahlungsbemessungskonten:

AHK-Konto „Produktionsgrundstück“			
AB	200		
		EB	200

AHK-Konto „Produktionsgebäude“			
AB	400	(2a) AfA	80
		EB	320

AHK-Konto „Wertpapiere“			
AB	40		
		EB	40

AHK-Konto „Patent“			
AB	100	(2a) AfA	20
		EB	80

AHK-Konto „Goodwill“			
AB	900	(3a) AfA	180
		EB	720

AHK-Konto „Eigenkapital (1)“			
		AB	1.990
		JE (1)	0
EB	1.990		

Abb. 63: Buchtechnische Behandlung von externem Unternehmenswachstum im Konzept monofunktionaler Bilanzen (Fall A, Bilanzstichtag t_1) (I)

Reine Informationskonten:

FV-Konto „Produktionsgrundstück"			
AB	200		
		EB	200

FV-Konto „Produktionsgebäude"			
AB	400	(2b) AfA	80
		EB	320

FV-Konto „Wertpapiere"			
AB	40		
(4) NB	2		
		EB	42

FV-Konto „Patent"			
AB	100	(2b) AfA	20
		EB	80

FV-Konto „Goodwill"			
AB	900	(3a) AfA	180
(5) NB	162		
		EB	882

FV-Konto „Eigenkapital (2)"			
		AB	1.990
		JE (2)	164
EB	2.154		

Unrealisiertes Gewinnkonto „Wertpapiere"			
(8) GuV	2	(4) NB	2

Unrealisiertes Gewinnkonto „Goodwill"			
(9) GuV	162	(5) NB	162

AHK-FV-Sammelverrechnungskonto			
		BW	40
		BW	200
(2b) AfA	80	BW	400
(2b) AfA	20	BW	100
(3a) AfA	180	BW	900

Buchungsabfolge:

AB	Buchung der Anfangsbestände
(1)	Buchung der Umsatzerlöse (UE)
(2a)	Planmäßige Abschreibung (AfA) der abnutzbaren Vermögenswerte im ZB-Abschluss
(2b)	Buchung der planmäßigen Abschreibungen im Informationsabschluss
(3a)	Planmäßige Abschreibung (AfA) des derivativen Goodwills im ZB-Abschluss
(3b)	Buchung der planmäßigen Goodwill-Abschreibung im Informationsabschluss
(4)	Neubewertung (NB) der Wertpapiere im Informationsabschluss
(5)	Neubewertung (NB) des Goodwills im Informationsabschluss
(6)	Abschluss der Umsatzerlöse auf das Gewinn- und Verlustrechnungskonto
(7)	Abschluss des Abschreibungskontos auf die Gewinn- und Verlustrechnung
(8)	Abschluss des unrealisierten Gewinnkontos "Wertpapiere" auf die GuV (2)
(9)	Abschluss des unrealisierten Gewinnkontos "Goodwill" auf die GuV (2)
EB	Buchung der Endbestände

Abb. 64: Buchtechnische Behandlung eines derivativen Goodwills im Konzept monofunktionaler Bilanzen (Fall A, Bilanzstichtag t_1) (II)

Besonders hinzuweisen ist hierbei auf die planmäßige Abschreibung des derivativen Goodwills im Zahlungsbemessungsabschluss (Buchung (3a)), die über das AHK-FV-Verrechnungskonto auch auf dem Fair-Value-Konto „Goodwill" im Informationsabschluss zu verbuchen ist (Buchung (3b)). Dies ist notwendig, um den unrealisierten Gewinn aus der anschließenden Neubewertung des (Gesamt-)Goodwills zum Fair

Value korrekt ermitteln zu können (Buchung (5)). Der Zahlungsbemessungs- und Informationsabschluss von U_2 am Bilanzstichtag t_1 trägt folgendes Aussehen:

Zahlungsbemessungsabschluss:
(Bilanzstichtag t_1)

Zahlungsbemessungsbilanz			
Goodwill		**Eigenkapital (1)**	
AB	900	AB	1.990
EB	720	+JE (1)	0
Patent		EB	1.990
AB	100		
EB	80		
Produktionsgrundst.			
AB	200		
EB	200		
Produktionsgebäude			
AB	400		
EB	320		
Wertpapiere			
AB	40		
EB	40		
Liquide Mittel			
AB	350		
EB	630		
Σ	**1.990**	**Σ**	**1.990**

Zahlungsbemessungs- Gewinn- und Verlustrechnung			
Realisierte Verluste		**Realisierte Gewinne**	
(7) AfA	280	(6) UE	280
Unrealisierte Verluste			
Jahreserfolg (1)			
JE (1)	0		
Σ	**280**	**Σ**	**280**

Abb. 65: Zahlungsbemessungsabschluss von U_2 (Fall A, Bilanzstichtag t_1)

Informationsabschluss:
(Bilanzstichtag t_1)

Informationsbilanz			
Goodwill		**Eigenkapital (2)**	
AB	900	AB	1.990
EB	882	+JE (2)	164
Patent		EB	2.154
AB	100		
EB	80		
Produktionsgrundst.			
AB	200		
EB	200		
Produktionsgebäude			
AB	400		
EB	320		
Wertpapiere			
AB	40		
EB	42		
Liquide Mittel			
AB	350		
EB	630		
Σ	**2.154**	**Σ**	**2.154**

Informations- Gewinn- und Verlustrechnung			
Realisierte Verluste		**Realisierte Gewinne**	
(7) AfA	280	(6) UE	280
Unrealisierte Verluste		**Unrealisierte Gewinne**	
		(9) GW	162
		(8) WP	2
Jahreserfolg (2)			
JE (2)	164		
Σ	**444**	**Σ**	**444**

Abb. 66: Informationsabschluss von U_2 (Fall A, Bilanzstichtag t_1)

Die wesentlichen Bilanz- und Erfolgsgrößen von U_2 für den gesamten Planungszeitraum sind schließlich in Abb. 67 in der bereits bekannten Form zusammengefasst.

Wie die Ergebnisübersicht zeigt, kommt es bei U_2 am Stichtag t_0 bereits im **Zahlungsbemessungsabschluss** zum Bilanzansatz eines derivativen Goodwills in Höhe von 900 GE, der zugleich dem Wertansatz im **Informationsabschluss** entspricht. Während der Goodwill im letzteren Abschluss erneut an den jeweiligen Fair Value am Bilanzstichtag anzupassen ist und etwaige Wertänderungen auf einem unrealisierten Gewinnkonto zu verbuchen sind, findet im Zahlungsbemessungsabschluss eine planmäßige Abschreibung des **derivativen Goodwills** über die Nutzungsdauer statt. Der Wert des derivativen Goodwills sinkt daher an den Stichtagen t_1 bis t_3 jeweils um die Abschreibungsrate von 180 GE, wobei im Beispiel aus Darstellungs- und Vereinfachungsgründen eine wirtschaftliche Nutzungsdauer von fünf Jahren unterstellt wird.[1120] Da der Fair Value des Gesamt-Goodwills, wie aus dem Informationsabschluss hervorgeht, in t_4 mit 160 GE unter die fortgeführten Anschaffungskosten des derivativen Goodwills im Zahlungsbemessungsabschluss von 180 GE sinkt, kommt es im Zahlungsbemessungsabschluss zu einer zusätzlichen außerplanmäßigen Abschreibung in Höhe von 20 GE.

1120 Streng genommen hätte hier der oben vorgeschlagene branchenabhängige Wert von 20 Jahren für Industrieunternehmen herangezogen werden müssen mit der Folge, dass es am Ende des Planungszeitraums (hier in t_5) zu einer größeren außerplanmäßigen Abschreibung gekommen wäre.

Beispiel zur Goodwill-Bilanzierung im Konzept monofunktionaler Bilanzen

– Fall A –

U_2 (= externes Wachstum)	t_0	t_1	t_2	t_3	t_4	t_5	Σ
Cash-flows vor Goodwill-Investition	-740	+180	+200	+200	+200	+200	+240
+Δ Investition derivativer Goodwill	-900	+100	+200	+277	+310	+360	+347
= Cash-flows gesamt	**-1.640**	**+280**	**+400**	**+477**	**+510**	**+560**	**+587**
Fair Values							
Patent	100	80	60	40	20	0	-
Produktionsgrundstück	200	200	200	200	200	0	-
Produktionsgebäude	400	320	240	160	80	0	-
Wertpapiere	40	42	44	46	49	0	-
Liquide Mittel	350	630	1.030	1.507	2.017	2.577	-
Summe (bilanzielle Einzelgüter)	1.090	1.272	1.574	1.953	2.366	2.577	-
Goodwill (Zahlungsbemessung)	**900**	**720**	**540**	**360**	**160**	**0**	-
Liquide Mittel	350	630	1.030	1.507	2.017	2.577	-
+ Ertragswert	1.640	1.524	1.276	926	509	0	-
= Unternehmenswert	1.990	2.154	2.306	2.433	2.526	2.577	-
./. Σ Fair Values (Einzelgüter)	1.090	1.272	1.574	1.953	2.366	2.577	-
= Goodwill (Information)	**900**	**882**	**732**	**480**	**160**	**0**	-
Jahreserfolg (1)	**+0**	**+0**	**+120**	**+197**	**+211**	**+60**	**+587**
+ Δ unrealisierte Gewinnkonten	-0	+164	+32	-69	-118	-9	-0
= Jahreserfolg (2)	**-0**	**+164**	**+152**	**+128**	**+93**	**+51**	**+587**
Eigenkapital (1)	**1.990**	**1.990**	**2.110**	**2.307**	**2.518**	**2.577**	**-**
Eigenkapital (2)	**1.990**	**2.154**	**2.306**	**2.434**	**2.526**	**2.577**	**-**

Abb. 67: Wichtige Bilanz- und Erfolgsgrößen von U_2 nach Investition in einen derivativen Goodwill (Fall A)

Abschließend sei wiederum die Wertentwicklung des Goodwills von U_2 in der Zahlungsbemessungs- und Informationsbilanz grafisch veranschaulicht:

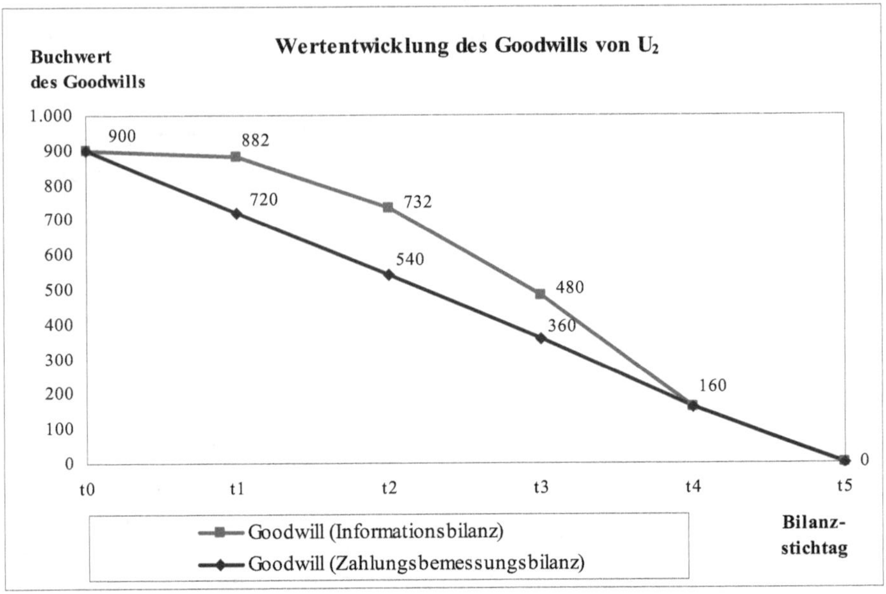

Abb. 68: Wertentwicklung des Goodwills von U_2 (Fall A)

4. Vergleichende Beurteilung

Vergleicht man die Auswirkungen von internem und externem Unternehmenswachstum auf die Bilanzierung des Goodwills, so zeigt sich Folgendes:

Die bilanzielle Behandlung sowohl des originären als auch des derivativen Goodwills im **Zahlungsbemessungsabschluss** führt tendenziell zur Legung stiller Reserven im Vergleich zum **Informationsabschluss**, in welchem stets der Fair Value des Gesamt-Goodwills ausgewiesen wird und damit kein Unterschied zwischen internem und externem Wachstum mehr besteht. Lediglich im Falle einer vollständigen Entwertung des originären Goodwills oder einer Wertminderung des derivativen Goodwills über die fortgeführten Anschaffungskosten hinaus stimmen die Bestandswerte des Goodwills im Zahlungsbemessungs- und Informationsabschluss überein. Die Legung stiller Reserven läuft dem Oberziel einer umfassenden Rechnungslegung streng genommen zuwider. Gleichwohl werden die sofortige Aufwandsverrechnung von Auszahlungen zur Schaffung eines originären Goodwills ebenso wie die planmäßige Abschreibung des derivativen Goodwills über eine vorgegebene Nutzungsdauer aufgrund einer stärkeren Objektivierung und Vorsicht im Zahlungsbemessungsabschluss für notwendig erachtet. Die Konsequenz ist regelmäßig ein (temporär) zu geringer Vermögens-, Erfolgs- und Eigenkapitalausweis im Vergleich zum Informationsabschluss.

Neben dem wertgleichen Ausweis des Goodwills in der Informationsbilanz führen internes und externes Unternehmenswachstum auch zu einem **jeweils gleichen Jahreserfolg (2)**, da dieser neben dem Jahreserfolg (1) aus dem Zahlungsbemessungsabschluss auch den Saldo der unrealisierten Gewinnkonten umfasst. Der Jahreserfolg (1) differiert allerdings notwendigerweise aufgrund der unterschiedlichen Bilanzierungsregeln für den originären und derivativen Goodwill im Zahlungsbemessungsabschluss. Im Vergleich zum Jahreserfolg (1) findet der Erfolgsausweis im Informationsabschluss sowohl beim internen als auch beim externen Unternehmenswachstum tendenziell zeitlich früher statt, wie aus der folgenden Abbildung noch einmal hervorgeht:

Beispiel zur Goodwill-Bilanzierung im Konzept monofunktionaler Bilanzen

– Erfolgs- und Eigenkapitalentwicklung im Fall A –

U_1 (internes Wachstum)	t_0	t_1	t_2	t_3	t_4	t_5	Σ
Unternehmenserfolg							
Jahreserfolg (1)	-900	+180	+300	+377	+410	+220	**+587**
Jahreserfolg (2)	**0**	**+164**	**+152**	**+128**	**+93**	**+51**	**+587**
Eigenkapital							
Eigenkapital (1)	1.090	1.270	1.570	1.947	2.357	2.577	-
Eigenkapital (2)	**1.990**	**2.154**	**2.306**	**2.434**	**2.527**	**2.577**	-

U_2 (externes Wachstum)	t_0	t_1	t_2	t_3	t_4	t_5	Σ
Unternehmenserfolg							
Jahreserfolg (1)	0	0	+120	+197	+211	+59	**+587**
Jahreserfolg (2)	**0**	**+164**	**+152**	**+128**	**+93**	**+51**	**+587**
Eigenkapital							
Eigenkapital (1)	1.990	1.990	2.110	2.307	2.518	2.577	-
Eigenkapital (2)	**1.990**	**2.154**	**2.306**	**2.434**	**2.527**	**2.577**	-

Abb. 69: Erfolgs- und Eigenkapitalentwicklung von U_1 und U_2 (Fall A)

Im folgenden Abschnitt sollen nunmehr die Auswirkungen von internem und externem Unternehmenswachstum bei Planrevisionen untersucht wurden.

C. Auswirkungen von internem und externem Unternehmenswachstum mit Planrevisionen (Fall B)

Während im Fall A vereinfacht davon ausgegangen wurde, dass keine Abweichungen zwischen den Plangrößen und Istgrößen der Unternehmen auftreten, wird diese Annahme nunmehr gelockert und stärker an die Unternehmensrealität angenähert. So wird im **Fall B** explizit das Auftreten von Planrevisionen zugelassen, die sich jedoch nur auf die Cash-flow-Schätzungen hinsichtlich der Goodwill-Investition von U_1 und U_2 beziehen. Alle übrigen Daten und Annahmen bleiben unverändert. Die am jeweiligen Bilanzstichtag bereits angefallenen Cash-flows sowie die Cash-flow-Schätzungen für die Folgeperioden beider Goodwill-Investitionen können der nachfolgenden Abbildung entnommen werden:

Cash-flows Goodwill-Investitionen	t_0	t_1	t_2	t_3	t_4	t_5	Σ
Ist/Prognose in t_0	-900	+100	+200	+277	+310	+360	+347
Ist/Prognose in t_1	-900	+100	-150	+120	+220	+220	-390
Ist/Prognose in t_2	-900	+100	-160	+240	+280	+280	-160
Ist/Prognose in t_3	-900	+100	-160	+280	+320	+300	-60
Ist/Prognose in t_4	-900	+100	-160	+280	+340	+320	-20
Ist in t_5	-900	+100	-160	+280	+340	+360	+20

Abb. 70: Ist- und Plan-Cash-flows der Goodwill-Investitionen von U_1 und U_2 (Fall B)

Wie aus Abb. 70 hervorgeht, entsprechen die im Ausgangszeitpunkt t_0 prognostizierten Cash-flows den ursprünglichen Werten aus Fall A.[1121] Auch am Bilanzstichtag t_1 gibt es noch keine Abweichung beim Ist-Cash-flow gegenüber dem Planwert, jedoch stellen sich die Zukunftsaussichten für die Perioden 02 bis 05 überraschend schlechter dar. Mögliche Ursachen hierfür können zum Beispiel geringere Umsatzerwartungen oder höhere Kosten im Vergleich zur ursprünglichen Investitionsrechnung sein. Als Konsequenz sind die Planwerte nach unten zu korrigieren. Tatsächlich liegt der Cash-flow am Bilanzstichtag t_2 sogar unter dem revidierten Planwert aus der Vorperiode. Dank frühzeitig eingeleiteter Gegenmaßnahmen des Managements zeichnet sich jedoch für die Folgeperioden eine Verbesserung der Finanz- und Ertragslage ab, so dass die erwarteten Cash-flows nach oben angepasst werden. An den Bilanzstichtagen t_3 bis t_5 erweisen sich die erneut angepassten Cash-flow-Prognosen schließlich als zu konservativ und werden jeweils leicht übertroffen.

1. Auswirkungen von internem Unternehmenswachstum (U_1, Fall B)

Unter den geänderten Voraussetzungen lassen sich die Auswirkungen des internen Unternehmenswachstums von U_1 auf die bilanzielle Behandlung des Goodwills in folgender Ergebnisübersicht zusammenfassen:[1122]

1121 Vgl. hierzu Abb. 56 auf S. 284.

1122 Auf die Wiedergabe der Zahlungsbemessungs- und Informationsabschlüsse der einzelnen Perioden soll hier aus Platzgründen verzichtet werden.

Beispiel zur Goodwill-Bilanzierung im Konzept monofunktionaler Bilanzen

– Fall B –

U_1 (= internes Wachstum)	t_0	t_1	t_2	t_3	t_4	t_5	Σ
Cash-flows vor Goodwill-Investition	-740	+180	+200	+200	+200	+200	+240
+Δ Investition originärer Goodwill	-900	+100	-160	+280	+340	+360	+20
= Cash-flows gesamt	**-1.640**	**+280**	**+40**	**+480**	**+540**	**+560**	**+260**
Fair Values							
Patent	100	80	60	40	20	0	-
Produktionsgrundstück	200	200	200	200	200	0	-
Produktionsgebäude	400	320	240	160	80	0	-
Wertpapiere	40	42	44	46	49	0	-
Liquide Mittel	350	630	670	1.150	1.690	2.250	-
Summe (Einzelgüter)	1.090	1.272	1.214	1.596	2.039	2.250	-
Goodwill (Zahlungsbemessung)	**0**	**0**	**0**	**0**	**0**	**0**	-
Liquide Mittel	350	630	670	1.150	1.690	2.250	-
+ Ertragswert	1.640	912	1.157	886	473	0	-
= Unternehmenswert	1.990	1.542	1.827	2.036	2.163	2.250	-
./. Σ Fair Values (Einzelgüter)	1.090	1.272	1.214	1.596	2.039	2.250	-
= Goodwill (Information)	**900**	**270**	**613**	**440**	**124**	**0**	-
Jahreserfolg (1)	**-900**	**+180**	**-60**	**+380**	**+440**	**+220**	**+260**
+ Δ unrealisierte Gewinnkonten	+900	-627	+345	-171	-313	-133	+0
Jahreserfolg (2)	**-0**	**-447**	**+285**	**+209**	**+127**	**+87**	**+260**
Eigenkapital (1)	**1.090**	**1.270**	**1.210**	**1.590**	**2.030**	**2.250**	-
Eigenkapital (2)	**1.990**	**1.542**	**1.827**	**2.036**	**2.163**	**2.250**	-

Abb. 71: Wichtige Bilanz- und Erfolgsgrößen von U_1 nach Investition in einen originären Goodwill (Fall B)

Für die Ermittlung der **Ertragswerte** wurden dabei die am jeweiligen Bilanzstichtag vorliegenden Cash-flow-Schätzungen für die Folgeperioden zugrunde gelegt, die in Abb. 70 aufgeführt sind, und mit dem risikoadäquaten Alternativzinssatz des Unternehmens von 10% p. a. diskontiert. Insgesamt ergibt sich im Vergleich zum Fall A nicht nur ein niedrigerer Totalerfolg (+260 GE); auch die Volatilität der Periodenerfolge sowohl im Zahlungsbemessungs- als auch im Informationsabschluss steigt deutlich an. Es gilt jedoch weiterhin, dass der **Jahreserfolg (2)** – bei gleichem Totalerfolg – tendenziell früher im Vergleich zum **Jahreserfolg (1)** ausgewiesen wird.

Hinsichtlich der Wertentwicklung des originären Goodwills zeigt sich in der Zahlungsbemessungsbilanz kein Unterschied zum Fall A, da hier ein Bilanzansatz nach wie vor durch die einschlägige Verbotsvorschrift verhindert wird. Hingegen erfolgt im Informationsabschluss erneut ein Bilanzausweis des (originären) Goodwills entsprechend dem jeweiligen Fair Value am Bilanzstichtag. Die folgende Grafik veranschaulicht die Wertentwicklung noch einmal und zeigt deutlich den Einbruch des Goodwills in Folge der reduzierten Cash-flow-Erwartungen am Bilanzstichtag t_1 sowie die anschließende Wertaufholung in t_2:

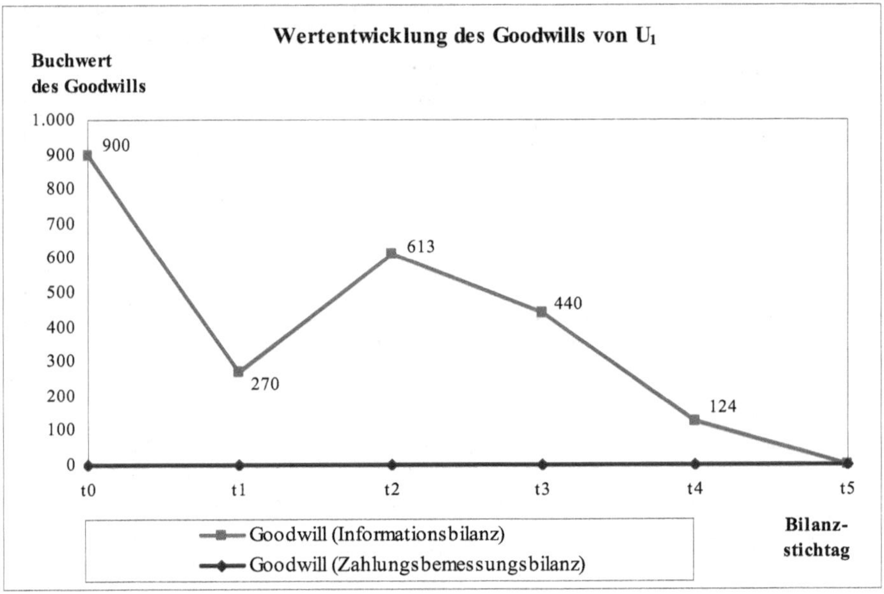

Abb. 72: Wertentwicklung des Goodwills von U_1 (Fall B)

2. Auswirkungen von externem Unternehmenswachstum (U_2, Fall B)

Die Auswirkungen von externem Unternehmenswachstum mit Planrevisionen können unter sonst gleichen Bedingungen anhand von Unternehmen U_2 herausgearbeitet werden. Abb. 73 zeigt die wichtigsten Bilanz- und Ergebnisgrößen von U_2 im Fall B in der bekannten Ergebnisübersicht:

Beispiel zur Goodwill-Bilanzierung im Konzept monofunktionaler Bilanzen

– Fall B –

U_2 (= externes Wachstum)	t_0	t_1	t_2	t_3	t_4	t_5	Σ
Cash-flows vor Goodwill-Investition	-740	+180	+200	+200	+200	+200	+240
+Δ Investition derivativer Goodwill	-900	+100	-160	+280	+340	+360	+20
= Cash-flows gesamt	**-1.640**	**+280**	**+40**	**+480**	**+540**	**+560**	**+260**
Fair Values							
Patent	100	80	60	40	20	0	-
Produktionsgrundstück	200	200	200	200	200	0	-
Produktionsgebäude	400	320	240	160	80	0	-
Wertpapiere	40	42	44	46	49	0	-
Liquide Mittel	350	630	670	1.150	1.690	2.250	-
Summe (Einzelgüter)	1.090	1.272	1.214	1.596	2.039	2.250	-

Goodwill (Zahlungsbemessung)	**900**	**270**	**540**	**360**	**124**	**0**	-
Liquide Mittel	350	630	670	1.150	1.690	2.250	-
+ Ertragswert	1.640	912	1.157	886	473	0	-
= Unternehmenswert	1.990	1.542	1.827	2.036	2.163	2.250	-
./. Σ Fair Values (Einzelgüter)	1.090	1.272	1.214	1.596	2.039	2.250	-
= Goodwill (Information)	**900**	**270**	**613**	**440**	**124**	**0**	-

Jahreserfolg (1)	**+0**	**-449**	**+209**	**+200**	**+204**	**+96**	**+260**
+ Δ unrealisierte Gewinnkonten	-0	+2	+76	+9	-77	-9	+0
= Jahreserfolg (2)	**-0**	**-447**	**+285**	**+209**	**+127**	**+87**	**+260**

Eigenkapital (1)	**1.990**	**1.541**	**1.750**	**1.950**	**2.155**	**2.250**	-
Eigenkapital (2)	**1.990**	**1.543**	**1.828**	**2.036**	**2.163**	**2.250**	-

Abb. 73: Wichtige Bilanz- und Erfolgsgrößen von U_2 nach Investition in einen derivativen Goodwill (Fall B)

Die Abbildung zeigt, dass die Wertansätze des derivativen Goodwills in t_0 und t_1 in den Zahlungsbemessungs- und Informationsbilanzen von U_2 gleich hoch sind. Der Grund hierfür liegt in der Notwendigkeit einer außerplanmäßigen Wertberichtigung infolge des Imparitätsprinzips, die zu einem niedrigeren beizulegenden Zeitwert unterhalb der fortgeführten Anschaffungskosten führt. In t_2 erholt sich der Wert des Goodwills schließlich wieder mit der Konsequenz, dass in beiden Abschlüssen eine Wertaufholung oder Zuschreibung geboten ist. Im Zahlungsbemessungsabschluss wird diese jedoch auf den Betrag der fortgeführten Anschaffungskosten des derivativen Goodwills begrenzt (540 GE) und liegt damit unterhalb des Fair Values in der Informationsbilanz (613 GE). Im weiteren Verlauf wird die planmäßige Abschreibung des derivativen Goodwills im Zahlungsbemessungsabschluss wieder aufgenommen. In t_4 und t_5 kommt es allerdings erneut zu insgesamt höheren Abschreibungen infolge außerplanmäßiger Wertminderungen. Abb. 74 stellt die Wertentwicklung des

Goodwills von U_2 in der Zahlungsbemessungs- und Informationsbilanz gegenüber. Zusätzlich ist der ursprüngliche Abschreibungspfad des derivativen Goodwills aufgeführt, der sich bei Abwesenheit von Planrevisionen ergeben hätte:

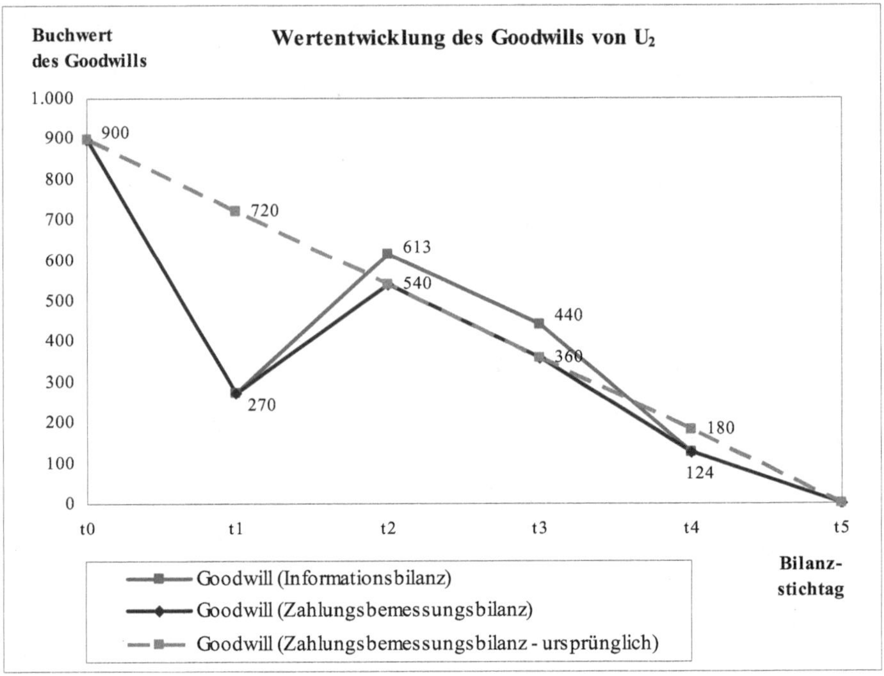

Abb. 74: Wertentwicklung des Goodwills von U_2 (Fall B)

3. Vergleichende Beurteilung

Stellt man die Ergebnis- und Eigenkapitalentwicklung von U_1 und U_2 einander gegenüber, so zeigt sich, dass der Jahreserfolg (2) sowie das Eigenkapital (2) beider Unternehmen wie im Fall A übereinstimmen und internes und externes Unternehmenswachstum damit im Informationsabschluss gleich abgebildet werden. Die entsprechenden Jahreserfolge (1) und das Eigenkapital (1) im Zahlungsbemessungsabschluss laufen hingegen erneut temporär auseinander, bis am Ende der Totalperiode alle Geldumwandlungsprozesse abgeschlossen und die Eigenkapitalbestände sowie die Totalerfolge notwendigerweise gleich sind.

Beispiel zur Goodwill-Bilanzierung im Konzept monofunktionaler Bilanzen
– Erfolgs- und Eigenkapitalentwicklung im Fall B –

U_1 (internes Wachstum)	t_0	t_1	t_2	t_3	t_4	t_5	Σ
Unternehmenserfolg							
Jahreserfolg (1)	-900	+180	-60	+380	+440	+220	**+260**
Jahreserfolg (2)	**0**	**-447**	**+285**	**+209**	**+127**	**+87**	**+260**
Eigenkapital							
Eigenkapital (1)	1.090	1.270	1.210	1.590	2.030	2.250	-
Eigenkapital (2)	**1.990**	**1.543**	**1.828**	**2.036**	**2.163**	**2.250**	-

U_2 (externes Wachstum)	t_0	t_1	t_2	t_3	t_4	t_5	Σ
Unternehmenserfolg							
Jahreserfolg (1)	0	-449	+209	+200	+204	+95	**+260**
Jahreserfolg (2)	**0**	**-447**	**+285**	**+209**	**+127**	**+87**	**+260**
Eigenkapital							
Eigenkapital (1)	1.990	1.541	1.750	1.950	2.155	2.250	-
Eigenkapital (2)	**1.990**	**1.543**	**1.828**	**2.036**	**2.163**	**2.250**	-

Abb. 75: Erfolgs- und Eigenkapitalentwicklung von U_1 und U_2 (Fall B)

Insgesamt zeigt das Zahlenbeispiel, dass die oben entwickelten theoretischen Reformvorschläge zur Goodwill-Bilanzierung im Konzept einer funktionsspezifischen Rechnungslegung geeignet sind, sowohl den Anforderungen der Zahlungsbemessungs- als auch der Informationsfunktion zu genügen. Dem Oberziel einer umfassenden Rechnungslegung durch Unternehmenswertapproximation wird dabei primär durch den Informationsabschluss Rechnung getragen, in welchem internes und externes Unternehmenswachstum bilanziell sowie vom Gesamterfolg (Jahreserfolg (2)) her gleich abgebildet werden.

V. Sonderprobleme

Nachdem die Kernaussagen der oben entwickelten Reformvorschläge zur Bilanzierung des Goodwills ausführlich erläutert und in einem Zahlenbeispiel veranschaulicht wurden, widmet sich dieses Kapitel der Diskussion wichtiger Sonderprobleme der umfassenden Rechnungslegung, die bei der Goodwill-Bilanzierung in besonderer Weise zu Tage treten. Im Mittelpunkt steht dabei die Einbeziehung von Ertragsteuern in die umfassende Rechnungslegung. Darüber hinaus wird die Notwendigkeit einer detaillierten Offenlegung und Prüfung von Unternehmensprognosen abgeleitet.

A. Einbeziehung von Ertragsteuern in die umfassende Rechnungslegung

1. Grundzüge und Problembereiche

Die Notwendigkeit einer Einbeziehung von Ertragsteuern in die umfassende Rechnungslegung ergibt sich unmittelbar aus der Steuerbemessungsfunktion, die den Zahlungsbemessungsabschluss eines Unternehmens als Grundlage für die Erfolgsbesteuerung der abgelaufenen Periode heranzieht. Darüber hinaus lässt sich eine Berücksichtigung von Steuern mittelbar aus der Informationsfunktion ableiten: Da Steuersubjekte stets nach Nettogrößen streben,[1123] setzt eine umfassende Informationsvermittlung auch Kenntnisse über die laufende sowie – bei Fortschreibung der Ergebnisse – zukünftig erwartete Steuerbelastung voraus. Hieraus folgt, dass Ertragsteuern im Rahmen einer umfassenden, funktional zweigeteilten Rechnungslegung sowohl im Zahlungsbemessungs- als auch im Informationsabschluss zu berücksichtigen sind. Nachfolgend sollen hierfür konkrete Vorschläge erarbeitet und diese anhand des bekannten Ausgangsbeispiels zur Goodwill-Bilanzierung veranschaulicht werden (Fall A mit Steuern).

Legt man ein einfaches Gewinnsteuersystem mit einem Steuersatz von 50% und einem sofortigen und vollständigen Verlustausgleich als **ergänzende Annahme** zugrunde, so kann zunächst festgehalten werden, dass die Aufstellung des **Zahlungsbemessungsabschlusses** auch bei Einbeziehung von Ertragsteuern keine Probleme bereitet. Gemäß dem oben postulierten konsequenten Maßgeblichkeitsprinzip dient der Jahreserfolg (1) vor Steuern als Steuerbemessungsgrundlage und ist entsprechend um die Ertragsteuerbelastung zu mindern. Der in der laufenden Periode angefallene Steueraufwand respektive Steuerertrag ist auf dem realisierten Erfolgskonto „Ertragsteuern" zu verbuchen, das als Gemeinschaftskonto zusätzlich anzulegen ist. Da die Ertragsteuern annahmegemäß sofort zahlungswirksam werden, fungieren die liquiden Mittel als Gegenkonto.

Demgegenüber erweist sich die Einbeziehung von Ertragsteuern im **Informationsabschluss** als ungleich komplexere Aufgabe. **Zentrale Problembereiche** stellen hierbei

- die Berücksichtigung latenter Steuern,
- die Veränderung des Kapitalwerts einer Investition in den Goodwill in Abhängigkeit von dessen steuerlicher Behandlung sowie
- die Interdependenz des Werts des Goodwills in der Informations- und Zahlungsbemessungsbilanz aufgrund von Steuerwirkungen

dar.

- **Berücksichtigung latenter Steuern im Informationsabschluss**

  Neben den realisierten oder effektiven Ertragsteuern, die aus dem Zahlungsbemessungsabschluss zu übernehmen sind, treten im Informationsabschluss auch latente Steuern auf, die der Anpassung des effektiven Steueraufwands/-ertrags an den Jahreserfolg (2) dienen. Zur Abgrenzung latenter Steuern soll mutatis mutan-

[1123] Vgl. *Sigloch, J.*, Unternehmensbewertung, in: *Rathgeber, A. u. a. (Hrsg.)*, Festschrift Steiner (2003), S. 126.

dis auf das Temporary-Konzept der internationalen Rechnungslegung zurückgegriffen werden.[1124] Demnach sind latente Steuern im Grundsatz für jede Bilanzposition mit einer temporären Differenz zwischen dem Bestandswert in der Zahlungsbemessungs- und Informationsbilanz zu bilden. Dabei ist nochmals zu betonen, dass auch der Goodwill im Rahmen der hier konzipierten umfassenden Rechnungslegung als Gesamtvermögenswert respektive Gesamtschuldposten qualifiziert wurde.[1125] Folglich sind – in Abweichung zu IAS 12 – **auch für temporäre Differenzen im Goodwill latente Steuern anzusetzen**. Dem Argument, dass latente Steuern hier zu einer Aufblähung des Goodwills führen würden,[1126] kann insofern nicht gefolgt werden; vielmehr sind sie aus systematischen Gründen für eine korrekte Wertermittlung des Goodwills unerlässlich.[1127]

Es ist offenkundig, dass die Bedeutung latenter Steuern zunimmt, je weiter sich die Informationsbilanz von der Steuerbilanz (hier: Zahlungsbemessungsbilanz) entfernt. Für die in dieser Arbeit vorgeschlagene Konzeption einer umfassenden, funktional zweigeteilten Rechnungslegung ist demzufolge eine im Vergleich zum geltenden deutschen Bilanzrecht **zunehmende Bedeutung latenter Steuern** zu erwarten, die aus den konzeptionellen Unterschieden beider Abschlüsse – Anschaffungswert- und Niederstwertprinzip versus Full-Fair-Value- und Gesamtwertprinzip – resultiert.

Zur technischen Einführung latenter Steuern sind im Konzept monofunktionaler Bilanzen über das realisierte Erfolgskonto „Ertragsteuern" hinaus im Kreis der reinen Informationskonten ein Fair-Value-Konto „Latente Steuern" sowie ein korrespondierendes unrealisiertes Erfolgskonto einzurichten, die auf die Informa-

---

1124 Vgl. *IASB*, IAS 12 (2004), Par. 15 ff. Ein einführender Überblick zu den verschiedenen Konzepten und Methoden der Abgrenzung latenter Steuern findet sich bei *Arians, G.*, Handelsrechtliche Steuerabgrenzung (StuB 2000), S. 290 ff. Für eine Gegenüberstellung des Timing- und Temporary-Konzeptes vgl. *Küting, K./Gattung, A.*, Abgrenzung latenter Steuern (StuB 2005), S. 241 ff. Ausführlich zur Problematik latenter Steuern vgl. *Coenenberg, A.*, Jahresabschluss (2005), S. 430 ff. Zu besonderen Problembereichen latenter Steuern vgl. *Rabeneck, J./Reichert, G.*, Latente Steuern (I) (DStR 2002), S. 1366 ff.; *Rabeneck, J./Reichert, G.*, Latente Steuern (II) (DStR 2002), S. 1409 ff.; *Loitz, R./Rössel, C.*, Diskontierung von latenten Steuern (DB 2002), S. 645 ff. Lesenswert ist auch die Grundsatzkritik von *Schildbach, T.*, Latente Steuern (WPg 1998), S. 939 ff., wenngleich sich dessen Vorschlag, die Entstehung latenter Steuern durch eine übereinstimmende Handels- und Steuerbilanz von vornherein zu vermeiden (S. 947), im Rahmen des Konzepts monofunktionaler Bilanzen nicht verwirklichen lässt.

1125 Vgl. S. 253 u. 275 dieser Arbeit.

1126 Vgl. *Coenenberg, A.*, Jahresabschluss (2005), S. 733 sowie *IASB*, IAS 12 (2004), Par. 21 i. V. m. Par. 15 (a). Allerdings räumt auch COENENBERG ein, dass das Gebot latenter Steuerabgrenzung dem Grunde nach auch für einen Goodwill gelten müsste (S. 733.).

1127 Zu diesem Ergebnis gelangt auch *Pawelzik, K.*, Latente Steuern auf Goodwilldifferenzen (KoR 2006), S. 13 ff., der die Bildung latenter Steuern auf Goodwilldifferenzen bei der Konsolidierung von Personengesellschaften nach IFRS untersucht.

tionsbilanz respektive Gewinn- und Verlustrechnung (2) abzuschließen sind. Für die Buchungstechnik sei auf das spätere Zahlenbeispiel verwiesen.

- **Veränderung des Kapitalwerts einer Investition in den Goodwill in Abhängigkeit von dessen steuerlicher Behandlung**

  Ein weiterer Problembereich bei der Einbeziehung von Ertragsteuern in den Informationsabschluss stellt die Tatsache dar, dass der Kapitalwert einer Investition in den Goodwill von dessen steuerlicher Behandlung beeinflusst wird. Zur Erläuterung sei auf das bekannte Zahlenbeispiel zum Vergleich von internem und externem Unternehmenswachstum zurückgegriffen, bei dem Unternehmen U_1 und U_2 jeweils 900 GE in einen originären respektive derivativen Goodwill investieren:

  Während die von U_1 und U_2 im Fall A getätigte Investition in den Goodwill bei Abwesenheit von Steuern einen Kapitalwert von Null aufweist, da die Investitionsauszahlung exakt dem Vermögensbarwert der zusätzlich erwarteten Cashflows entspricht,[1128] führt die Einführung von Ertragsteuern zu positiven und voneinander abweichenden Kapitalwerten für einen originären und derivativen Goodwill. So steigt der Kapitalwert der Investition von U_1 in den originären Goodwill ceteris paribus nach Steuern auf +76,52 GE, was maßgeblich durch die sofortige Aufwandsverrechnung der Investitionsauszahlung im Zahlungsbemessungsabschluss und die dadurch ausgelöste Steuererstattung begründet ist. Für U_2 gilt hingegen, dass der derivative Goodwill im Zahlungsbemessungsabschluss grundsätzlich planmäßig über die Folgeperioden abzuschreiben ist. Die Steuererstattungen fließen damit später als beim originären Goodwill, so dass der Kapitalwert der Goodwill-Investition lediglich auf +16,17 GE steigt. Die entsprechenden Zahlungsreihen der Investitionen vor und nach Steuern sind in Abb. 76 aufgeführt:

1128 Vgl. S. 283 f.

Erwartete Cash-flows	t_0	t_1	t_2	t_3	t_4	t_5	Σ	i	C_0
Originärer Goodwill									
Vor Steuern	-900	+100	+200	+277	+310	+360	+347	10%	-0
Nach Steuern	-450	+50	+100	+138,5	+155	+180	+174	5%	+76,5
Derivativer Goodwill									
Vor Steuern	-900	+100	+200	+277	+310	+360	+347	10%	-0
Nach Steuern	-900	+140	+190	+228,5	+245	+270	+174	5%	+16,2

Abb. 76: Erwartete Cash-flows der Goodwill-Investitionen von U_1 und U_2 vor und nach Steuern (Fall A)

Im Ergebnis wirkt die Einführung von Ertragsteuern keineswegs neutral auf die Art des Unternehmenswachstums, sondern führt ceteris paribus – wie im bestehenden Recht – zu einer steuerlichen Begünstigung von Investitionen in einen originären Goodwill im Zuge des organischen Wachstums, die aus Objektivierungs- und Vorsichtsgründen in Kauf genommen wird. Der Steuervorteil des originären Goodwills drückt sich entweder bei gegebener Anschaffungsauszahlung in einem höheren Kapitalwert der Investition oder in einem höheren Grenzpreis (Vermögensbarwert) der Investition aus, den ein Investor zu zahlen bereit ist, ohne seine Vermögensposition schlechter zu stellen.[1129] Für die Bilanzierung im Informationsabschluss hat dies zur Folge, dass der Fair Value des Goodwills nach Steuern im Ausgangszeitpunkt t_0 nicht mehr der gegebenen Anschaffungsauszahlung von 900 GE entspricht, sondern aufgrund von Steuerwirkungen steigt. Der Wert des Goodwills im Zahlungsbemessungsabschluss verändert sich hingegen nur ausnahmsweise, was unmittelbar zum nächsten Problembereich überleitet.

- **Interdependenz des Werts des Goodwills in der Informations- und Zahlungsbemessungsbilanz aufgrund von Steuerwirkungen**

  Als besonderes Problemfeld bei der Einbeziehung von Ertragsteuern in die umfassende Rechnungslegung erweist sich, dass die Werte des Goodwills im Zahlungsbemessungs- und Informationsabschluss wechselseitig voneinander abhängen. Das dabei zu Tage tretende **Zirkularitätsproblem** stellt sich folgendermaßen dar:

  Da für die Fair-Value-Ermittlung des Goodwills im Informationsabschluss einerseits der Unternehmenswert unter Einbeziehung von Ertragsteuern und andererseits die Summe der Fair Values der Einzelgüter erforderlich sind, beeinflussen sowohl die aus der bilanziellen Behandlung des Goodwills im Zahlungsbemessungsabschluss resultierenden Steuerzahlungen als auch etwaige latente Steuern auf den Goodwill im Informationsabschluss dessen Fair Value. Denn erstere

1129 Ausführlich zur Problematik einer steuerinduzierten Veränderung des Vermögensbarwerts einer Investition vgl. *Sigloch, J.*, Unternehmensbewertung, in: *Rathgeber, A. u. a. (Hrsg.)*, Festschrift Steiner (2003), S. 125 f.

gehen in den Bestand der liquiden Mittel sowie in die künftig erwarteten Cashflows ein, während die latenten Steuern als aktive oder passive Bilanzpositionen im Informationsabschluss die Summe der bilanziellen Einzelgüter verändern. Darüber hinaus wirkt sich ein niedrigerer Fair Value des Goodwills im Informationsabschluss infolge des Imparitätsprinzips umgekehrt auch auf den Wertansatz des Goodwills im Zahlungsbemessungsabschluss aus und beeinflusst damit – über die ausgelösten steuerlichen Effekte – wiederum sich selbst.

Das hier skizzierte Zirkularitätsproblem wird auch vom IASB im Rahmen der Diskussion des Impairment-Tests für den Goodwill und andere Vermögenswerte erkannt und angesprochen. Während der Standard-Setter dabei einräumt, dass prinzipiell eine Nach-Steuer-Betrachtung erfolgen müsste, entscheidet er sich im Ergebnis allerdings für eine Vor-Steuer-Rechnung und begründet dies mit der hohen Komplexität und der nur iterativ möglichen Lösbarkeit des Problems.[1130] Da der im Rahmen dieser Arbeit vorgeschlagene Informationsabschluss jedoch einer möglichst weitgehenden Approximation des Unternehmenswerts dienen soll und dieser nach allgemein anerkannter Auffassung nach Steuern zu ermitteln ist,[1131] sollte auch die Fair-Value-Ermittlung des Goodwills im Informationsabschluss auf einer Nach-Steuer-Berechnung basieren. Der Auffassung des IASB kann daher nicht zugestimmt werden; vielmehr ist die Wertermittlung des Goodwills gegebenenfalls im Wege einer iterativen Lösung nach Steuern durchzuführen.

Die dargelegten Problembereiche im Rahmen einer Einbeziehung von Ertragsteuern sollen im nächsten Abschnitt anhand des bekannten Zahlenbeispiels zur Goodwill-Bilanzierung noch einmal veranschaulicht werden.

2. Auswirkungen von internem Unternehmenswachstum (U_1, Fall A) mit Ertragsteuern

Für die nachfolgende Analyse werden die Ausgangsdaten des Falls A zugrunde gelegt. Ergänzend werden ein einfaches Gewinnsteuersystem mit einem Steuersatz von 50% sowie ein sofortiger und vollständiger Verlustausgleich unterstellt. Nach der Durchführung der gegebenen Investition in einen originären Goodwill in Höhe von 900 GE ergibt sich für U_1 folgende Ergebnisübersicht, die im Anschluss zu erläutern ist:

1130 Vgl. *IASB*, IAS 36 (2004), Par. BCZ84 i. V. m. Par. 50 f.

1131 Vgl. *IDW*, S 1 (FN-IDW 2005), Tz. 32 ff. Die Grundsätze des IDW S1 sind auch auf die Bewertung von Beteiligungen und sonstigen Unternehmensanteilen im Einzelabschluss nach HGB anzuwenden (vgl. *IDW*, RS HFA 10 (FN-IDW 2005), Tz. 1.), was ebenfalls eine Nach-Steuer-Berechnung zur Folge hat (vgl. Tz. 8 ff.). Wenngleich dies grundsätzlich auch für die Einbeziehung von Steuern bei der erstmaligen Wertermittlung und Werthaltigkeitsprüfung des Goodwills spricht, folgt der IDW hier dem IASB und verzichtet ohne jegliche Begründung auf eine Steuerberücksichtigung (vgl. *IDW*, RS

Beispiel zur Goodwill-Bilanzierung im Konzept monofunktionaler Bilanzen

– Fall A mit Ertragsteuern –

U_1 (= internes Wachstum)	t_0	t_1	t_2	t_3	t_4	t_5	Σ
Cash-flows vor Goodwill-Investition	-740	+180	+200	+200	+200	+200	+240
+Δ Investition originärer Goodwill	-900	+100	+200	+277	+310	+360	+347
./. Steuerzahlung (s = 50%)	*+450*	*-90*	*-150*	*-189*	*-205*	*-110*	*-294*
= Cash-flows nach Steuern	**-1.190**	**+190**	**+250**	**+289**	**+305**	**+450**	**+294**
Fair Values							
Patent	100	80	60	40	20	0	-
Produktionsgrundstück	200	200	200	200	200	0	-
Produktionsgebäude	400	320	240	160	80	0	-
Wertpapiere	40	42	44	46	49	0	-
Liquide Mittel	800	990	1.240	1.529	1.834	2.284	-
Latente Steuern	*-520*	*-493*	*-400*	*-259*	*-89*	*0*	-
Summe Einzelgüter	1.020	1.139	1.384	1.716	2.094	2.284	-
Goodwill (Zahlungsbemessung)	**0**	**0**	**0**	**0**	**0**	**0**	-
Liquide Mittel	800	990	1.240	1.529	1.834	2.284	-
+ Ertragswert (nach Steuern)	1.260	1.133	940	699	429	0	-
= Unternehmenswert (nach Steuern)	2.060	2.123	2.180	2.227	2.262	2.284	-
./. Σ Einzelgüter	1.020	1.139	1.384	1.716	2.094	2.284	-
= Goodwill (Information)	**1.041**	**985**	**796**	**511**	**169**	**0**	-
Jahreserfolg (1) vor Steuern	-900	+180	+300	+377	+410	+220	+587
./. Ertragsteuern	*+450*	*-90*	*-150*	*-189*	*-205*	*-110*	*-294*
= Jahreserfolg (1)	**-450**	**+90**	**+150**	**+189**	**+205**	**+110**	**+294**
+ Δ Unrealisierte Gewinnkonten	+1.041	-54	-187	-283	-340	-177	+0
./. Δ Latente Steuern	*-520*	*+27*	*+93*	*+141*	*+170*	*+89*	*+0*
= Jahreserfolg (2)	**+70**	**+63**	**+57**	**+47**	**+35**	**+21**	**+294**
Eigenkapital (1)	**1.540**	**1.630**	**1.780**	**1.969**	**2.174**	**2.284**	**-**
Eigenkapital (2)	**2.060**	**2.123**	**2.180**	**2.227**	**2.262**	**2.284**	**-**

Abb. 77: Wichtige Bilanz- und Erfolgsgrößen von U_1 (Fall A mit Ertragsteuern)

Die zusammenfassende Ergebnisübersicht zeigt die bekannten Bilanz- und Erfolgsgrößen von U_1 im Zeitablauf. Dabei sind die aus der Einbeziehung von Ertragsteuern resultierenden zusätzlichen Daten kursiv dargestellt. Neben dem Steueraufwand/-ertrag, der aufgrund des sofortigen Verlustausgleichs zugleich den Zahlungsüberschuss der Periode mindert, sind dies die (passiven) latenten Steuern in der Informations-

HFA 16 (FN-IDW 2005), Tz. 108.).

bilanz sowie die Veränderung der latenten Steuern in der Informations-Gewinn- und Verlustrechnung.

Wie Abb. 77 weiter zeigt, beträgt der Wert des Goodwills in der Zahlungsbemessungsbilanz nach wie vor Null, da hier eine sofortige Aufwandsverrechnung vorgeschrieben ist. In der Informationsbilanz steigt der Fair Value des Goodwills hingegen im Zeitpunkt t_0 auf 1.041 GE[1132] und liegt damit – aufgrund von Steuerwirkungen – über der Investitionsauszahlung von 900 GE. Die Wertermittlung erfolgt dabei wiederum als Residuum aus Unternehmenswert nach Steuern und der Summe der Fair Values der Einzelgüter mit der Besonderheit, dass zwischen dem Fair Value des Goodwills und den Fair Values der Einzelgüter, namentlich den latenten Steuern, die oben angesprochene Zirkelbeziehung besteht, die im Falle des originären Goodwills noch verhältnismäßig leicht iterativ gelöst werden kann. In der Konsequenz ist der Goodwill im Informationsabschluss zu seinem Fair Value zu aktivieren und als unrealisierter Gewinn auf dem korrespondierenden Erfolgskonto gegen zu buchen. Parallel ist eine passive latente Steuern in Höhe von 520 GE auf den unrealisierten Gewinn zu bilden, die den Steueraufwand an den Jahreserfolg (2) anpasst und in der Informationsbilanz fortzuführen ist. In den nachfolgenden Abbildungen ist die buchtechnische Behandlung noch einmal im Detail nachgezeichnet, bevor der Zahlungsbemessungs- und Informationsabschluss am Bilanzstichtag t_0 aufgestellt werden:

1132 Der Wert des Goodwills ergibt sich dabei, indem zunächst jeweils die Summe der Fair Values der Einzelgüter vor latenten Steuern (1.540 GE) vom Unternehmenswert nach Steuern (2.060 GE) abgezogen und das Ergebnis durch den Term (1-s) dividiert wird. Ähnlich auch das Beispiel bei *Coenenberg, A.*, Jahresabschluss (2005), S. 733.

Beispiel zur Goodwill-Bilanzierung im Konzept monofunktionaler Bilanzen

Unternehmen U_1 (internes Wachstum)

Fall A: Bilanzstichtag t_0

Basis- oder Gemeinschaftskonten:

Aktivkonto „Liquide Mittel“			
AB	1.990	(1a) AK	740
UE	0	(2) GW	900
(5a) StZ	450	EB	800

Realisiertes Gewinn-/Verlustkonto „Ertragsteuern“			
(5b) GuV	450	(5a) StZ	450

Realisiertes Gewinnkonto „Umsatzerlöse“	

Realisiertes Gewinn-/Verlustkonto „Sonstige betriebliche Erfolge“	

Realisiertes Verlustkonto „Planmäßige Abschreibungen“	

Realisiertes Verlustkonto „Außerplanmäßige Abschreibungen“	

Unrealisiertes Verlustkonto „Außerplanmäßige Abschreibungen“	

Unrealisiertes Verlustkonto „Goodwill-Aufwand“			
(2) GW	900	(4) GuV	900

Reine Zahlungsbemessungskonten:

AHK-Konto „Produktionsgrundstück“			
(1a) AK	200		
		EB	200

AHK-Konto „Produktionsgebäude“			
(1a) AK	400		
		EB	400

AHK-Konto „Wertpapiere“			
(1a) AK	40		
		EB	40

AHK-Konto „Patent“			
(1a) AK	100		
		EB	100

AHK-Konto „Goodwill“			
AK	0		
		EB	0

AHK-Konto „Eigenkapital (1)“			
		AB	1.990
		JE (1)	-450
EB	1.540		

Abb. 78: Buchtechnische Behandlung von internem Unternehmenswachstum bei Einbeziehung von Ertragsteuern (Fall A, Bilanzstichtag t_0) (I)

Reine Informationskonten:

FV-Konto „Produktionsgrundstück"			
(1b) AK	200		
		EB	200

FV-Konto „Produktionsgebäude"			
(1b) AK	400		
		EB	400

FV-Konto „Wertpapiere"			
(1b) AK	40		
		EB	40

FV-Konto „Patent"			
(1b) AK	100		
		EB	100

FV-Konto „Goodwill"			
(3) NB	1.041		
		EB	1.041

FV-Konto „Eigenkapital (2)"			
		AB	1.990
		JE (2)	70
EB	2.060		

Unrealisiertes Gewinnkonto „Wertpapiere"			

Unrealisiertes Gewinnkonto „Goodwill"			
(6) GuV	1.041	(3) NB	1.041

FV-Konto "Latente Steuern"			
		AB	0
EB	520	(7a) ZG	520

Unrealisiertes Gewinn-/Verlustkonto „Latente Steuern"			
(7a) Lat. Steueraufw.	520	(7b) GuV	520

AHK-FV-Sammelverrechnungskonto			
		(1b) ZG	40
		(1b) ZG	200
		(1b) ZG	400
		(1b) ZG	100

Buchungsabfolge:

AB	Buchung der Anfangsbestände
(1a)	Erwerb der einzelnen Vermögenswerte zu Anschaffungskosten (AK) von insgesamt 740 GE
(1b)	Zugang (ZG) der Vermögenswerte im Rechnungskreis der reinen Fair-Value-Konten
(2)	Investition in einen originären Goodwill (GW)
(3)	Neubewertung (NB) des Goodwills im Informationsabschluss
(4)	Abschluss des Goodwill-Aufwands auf die Zahlungsbemessungs-GuV
(5a)	Buchung der Steuererstattung auf den Goodwill-Aufwand
(5b)	Abschluss des Erfolgskontos "Ertragsteuern" auf die Zahlungsbemessungs-GuV
(6)	Abschluss des unrealisierten Gewinnkontos "Goodwill" auf die Informations-GuV
(7a)	Buchung des latenten Steueraufwands im Informationsabschluss
(7b)	Abschluss des unrealisierten Gewinnkontos "Latente Steuern" auf die GuV (2)
EB	Buchung der Endbestände

Abb. 79: Buchtechnische Behandlung von internem Unternehmenswachstum bei Einbeziehung von Ertragsteuern (Fall A, Bilanzstichtag t_0) (II)

Zahlungsbemessungsabschluss:
(Bilanzstichtag t_0)

Zahlungsbemessungsbilanz			
Goodwill		**Eigenkapital (1)**	
AB	0	AB	1.990
EB	0	+JE (1)	-450
Patent		EB	1.540
AB	100		
EB	100		
Produktionsgrundst.			
AB	200		
EB	200		
Produktionsgebäude			
AB	400		
EB	400		
Wertpapiere			
AB	40		
EB	40		
Liquide Mittel			
AB	1.990		
EB	800		
Σ	**1.540**	**Σ**	**1.540**

Zahlungsbemessungs-Gewinn- und Verlustrechnung			
Realisierte Verluste		**Realisierte Gewinne**	
		(5b) StZ	450
Unrealisierte Verluste			
(4) GW	900		
Jahreserfolg (1)			
JE (1)	-450		
Σ	**450**	**Σ**	**450**

Abb. 80: Zahlungsbemessungsabschluss von U_1 bei Einbeziehung von Ertragsteuern (Fall A, Bilanzstichtag t_0)

Informationsabschluss:
(Bilanzstichtag t_0)

Informationsbilanz			
Goodwill		**Eigenkapital (2)**	
AB	0	AB	1.990
EB	1.041	+JE (2)	70
Patent		EB	2.060
AB	0		
EB	100	**Latente Steuern**	
Produktionsgrundst.		AB	0
AB	0	EB	520
EB	200		
Produktionsgebäude			
AB	0		
EB	400		
Wertpapiere			
AB	0		
EB	40		
Liquide Mittel			
AB	1.990		
EB	800		
Σ	**2.581**	**Σ**	**2.581**

Informations-Gewinn- und Verlustrechnung			
Realisierte Verluste		**Realisierte Gewinne**	
		(5b) StZ	450
Unrealisierte Verluste		**Unrealisierte Gewinne**	
(4) GW	900	(6) GW	1.041
(7b) Lat. Steueraufw.	520		
Jahreserfolg (2)			
JE (2)	70		
Σ	**1.491**	**Σ**	**1.491**

Abb. 81: Informationsabschluss von U_1 bei Einbeziehung von Ertragsteuern (Fall A, Bilanzstichtag t_0)

Die Wertentwicklung des Goodwills im Zeitablauf im Fall mit Ertragsteuern kann der folgenden Abbildung entnommen werden:

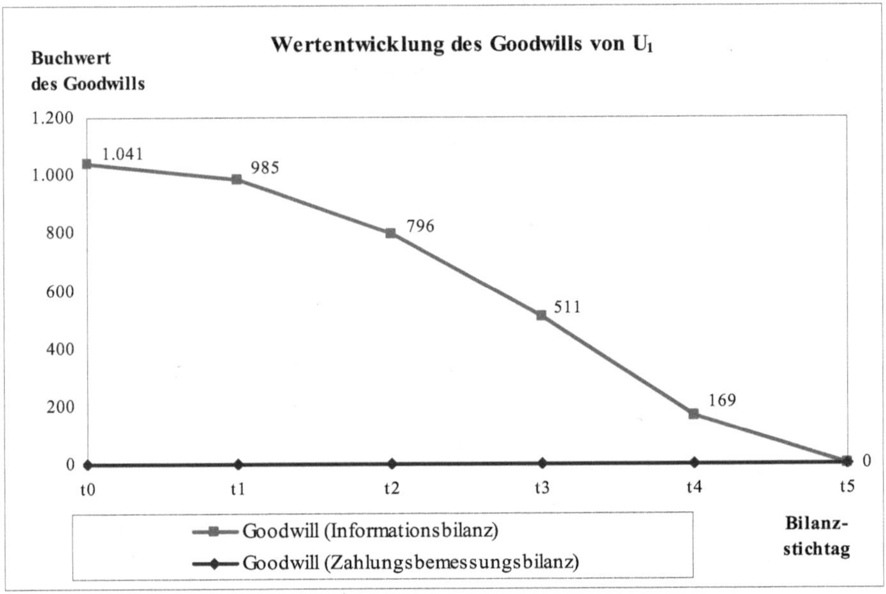

Abb. 82: Wertentwicklung des Goodwills von U_1 mit Ertragsteuern (Fall A)

3. Auswirkungen von externem Unternehmenswachstum (U_2, Fall A) mit Ertragsteuern

Analog zum internen Wachstum sollen in diesem Abschnitt die Auswirkungen von externem Unternehmenswachstum unter Einbeziehung von Ertragsteuern verdeutlicht werden. Zu diesem Zweck sei zunächst wiederum die zusammenfassende Ergebnisübersicht von U_2 dargestellt:

U_2 (= externes Wachstum)	t_0	t_1	t_2	t_3	t_4	t_5	Σ
Cash-flows vor Goodwill-Investition	-740	+180	+200	+200	+200	+200	+240
+Δ Investition derivativer Goodwill	-900	+100	+200	+277	+310	+360	+347
./. Steuerzahlung (s = 50%)	*+0*	*+0*	*-60*	*-99*	*-105*	*-30*	*-294*
= Cash-flows vor Steuern	**-1.640**	**+280**	**+340**	**+379**	**+405**	**+530**	**+294**
Fair Values							
Patent	100	80	60	40	20	0	-
Produktionsgrundstück	200	200	200	200	200	0	-
Produktionsgebäude	400	320	240	160	80	0	-
Wertpapiere	40	42	44	46	49	0	-
Liquide Mittel	350	630	970	1.349	1.754	2.284	-
Latente Steuern	*-10*	*-93*	*-106*	*-66*	*-5*	*0*	-
Summe Einzelgüter	1.080	1.179	1.408	1.728	2.097	2.284	-
Goodwill (Zahlungsbemessung)	**900**	**720**	**540**	**360**	**160**	**0**	-
Liquide Mittel	350	630	970	1.349	1.754	2.284	-
+ Ertragswert (nach Steuern)	1.650	1.453	1.186	866	505	0	-
= Unternehmenswert (nach Steuern)	2.000	2.083	2.156	2.215	2.258	2.284	-
./. Σ Einzelgüter	1.080	1.179	1.408	1.728	2.097	2.284	-
= Goodwill (Information)	**921**	**904**	**747**	**487**	**161**	**0**	-
Jahreserfolg (1) vor Steuern	+0	+0	+120	+197	+210	+60	+587
./. Ertragsteuern	*+0*	*+0*	*-60*	*-99*	*-105*	*-30*	*-294*
= Jahreserfolg (1)	**+0**	**+0**	**+60**	**+99**	**+105**	**+30**	**+294**
+ Δ unrealisierte Gewinnkonten	+21	+165	+25	-78	-123	-10	-0
./. Δ Latente Steuern	*-10*	*-83*	*-13*	*+39*	*+62*	*+5*	*+0*
= Jahreserfolg (2)	**+10**	**+83**	**+73**	**+59**	**+43**	**+25**	**+294**
Eigenkapital (1)	**1.990**	**1.990**	**2.050**	**2.149**	**2.254**	**2.284**	-
Eigenkapital (2)	**2.000**	**2.083**	**2.156**	**2.215**	**2.258**	**2.284**	-

Abb. 83: Wichtige Bilanz- und Erfolgsgrößen von U_2 (Fall A mit Ertragsteuern)

Die Abbildung zeigt zunächst, dass im Unterschied zum internen Wachstum eine Aktivierung des entgeltlich erworbenen Goodwills auch im Zahlungsbemessungsabschluss vorgenommen wird (900 GE) und dieser Wert in den Folgeperioden planmäßig fortgeführt wird. Der Fair Value des Goodwills im Informationsabschluss weicht aufgrund von Steuerwirkungen erneut gegenüber dem Zahlungsbemessungswert nach oben hin ab (921 GE); in der umfassenden Fair-Value-Bilanz kommt es damit zu einer umgehenden Neubewertung in Höhe von 21 GE. Wie bei Unternehmen U_1 ist auch hier entsprechend eine passive latente Steuern auf den unrealisierten Gewinn in Höhe von 10 GE zu bilden, die in den Folgeperioden zunächst weiter ansteigt und später ertragswirksam aufgelöst wird. Die einzelnen Buchungsschritte sowie der Zahlungsbemessungs- und Informationsabschluss sind nachfolgend wiedergegeben:

Beispiel zur Goodwill-Bilanzierung im Konzept monofunktionaler Bilanzen

Unternehmen U_2 (externes Wachstum)

Fall A: Bilanzstichtag t_0

Basis- oder Gemeinschaftskonten:

Aktivkonto „Liquide Mittel"			
AB	1.990	(1a) AK	740
UE	0	(2a) GW	900
		(4a) StZ	0
		EB	350

Realisiertes Gewinn-/Verlustkonto „Ertragsteuern"			
(4b) GuV	0	(4a) StZ	0

Realisiertes Gewinnkonto „Umsatzerlöse"	

Realisiertes Gewinn-/Verlustkonto „Sonstige betriebliche Erfolge"	

Realisiertes Verlustkonto „Planmäßige Abschreibungen"	

Realisiertes Verlustkonto „Außerplanmäßige Abschreibungen"	

Unrealisiertes Verlustkonto „Außerplanmäßige Abschreibungen"	

Unrealisiertes Verlustkonto „Goodwill-Aufwand"	

Reine Zahlungsbemessungskonten:

AHK-Konto „Produktionsgrundstück"			
(1a) AK	200		
		EB	200

AHK-Konto „Produktionsgebäude"			
(1a) AK	400		
		EB	400

AHK-Konto „Wertpapiere"			
(1a) AK	40		
		EB	40

AHK-Konto „Patent"			
(1a) AK	100		
		EB	100

AHK-Konto „Goodwill"			
(2a) AK	900		
		EB	900

AHK-Konto „Eigenkapital (1)"			
		AB	1.990
			0
EB	1.990		

Abb. 84: Buchtechnische Behandlung von externem Unternehmenswachstum bei Einbeziehung von Ertragsteuern (Fall A, Bilanzstichtag t_0) (I)

Reine Informationskonten:

FV-Konto „Produktionsgrundstück“			
(1b) AK	200		
		EB	200

FV-Konto „Produktionsgebäude“			
(1b) AK	400		
		EB	400

FV-Konto „Wertpapiere“			
(1b) AK	40		
		EB	40

FV-Konto „Patent“			
(1b) AK	100		
		EB	100

FV-Konto „Goodwill“			
(2b) ZG	900		
(3) NB	21		
		EB	921

FV-Konto „Eigenkapital (2)“			
		AB	1.990
		JE (2)	10
EB	2.000		

Unrealisiertes Gewinnkonto „Wertpapiere“			

Unrealisiertes Gewinnkonto „Goodwill“			
(5) GuV	21	(3) NB	21

FV-Konto "Latente Steuern"			
		AB	0
EB	10	(6a) ZG	10

Unrealisiertes Gewinn-/Verlustkonto „Latente Steuern“			
(6a) Lat. Steueraufw.	10	(6b) GuV	10

AHK-FV-Sammelverrechnungskonto			
		(1b) ZG	40
		(1b) ZG	200
		(1b) ZG	400
		(1b) ZG	100
		(2b) ZG	900

Buchungsabfolge:

AB	Buchung der Anfangsbestände
(1a)	Erwerb der einzelnen Vermögenswerte zu Anschaffungskosten (AK) von insgesamt 740 GE
(1b)	Zugang (ZG) der Vermögenswerte im Rechnungskreis der reinen Fair-Value-Konten
(2a)	Investition in einen originären Goodwill (GW)
(2b)	Zugang (ZG) des derivativen Goodwills in den Informationsabschluss
(3)	Neubewertung (NB) des Goodwills im Informationsabschluss
(4a)	Buchung der Steuererstattung auf den Goodwill-Aufwand
(4b)	Abschluss des Erfolgskontos "Ertragsteuern" auf die Zahlungsbemessungs-GuV
(5)	Abschluss des unrealisierten Gewinnkontos "Goodwill" auf die Informations-GuV
(6a)	Buchung des latenten Steueraufwands im Informationsabschluss
(6b)	Abschluss des unrealisierten Gewinnkontos "Latente Steuern" auf die GuV (2)
EB	Buchung der Endbestände

Abb. 85: Buchtechnische Behandlung von externem Unternehmenswachstum bei Einbeziehung von Ertragsteuern (Fall A, Bilanzstichtag t_0) (II)

Zahlungsbemessungsabschluss:
(Bilanzstichtag t_0)

Zahlungsbemessungsbilanz			
Goodwill		**Eigenkapital (1)**	
AB	900	AB	1.990
EB	900	+JE (1)	0
Patent		EB	1.990
AB	100		
EB	100		
Produktionsgrundst.			
AB	200		
EB	200		
Produktionsgebäude			
AB	400		
EB	400		
Wertpapiere			
AB	40		
EB	40		
Liquide Mittel			
AB	1.990		
EB	350		
Σ	**1.990**	**Σ**	**1.990**

Zahlungsbemessungs-Gewinn- und Verlustrechnung			
Realisierte Verluste		**Realisierte Gewinne**	
		(4b) StZ	0
Unrealisierte Verluste			
Jahreserfolg (1)			
JE 1	0		
Σ	**0**	**Σ**	**0**

Abb. 86: Zahlungsbemessungsabschluss von U_2 bei Einbeziehung von Ertragsteuern (Fall A, Bilanzstichtag t_0)

Informationsabschluss:
(Bilanzstichtag t_0)

Informationsbilanz			
Goodwill		**Eigenkapital (2)**	
AB	0	AB	1.990
EB	921	+JE (2)	10
Patent		EB	2.000
AB	0		
EB	100	**Latente Steuern**	
Produktionsgrundst.		AB	0
AB	0	EB	10
EB	200		
Produktionsgebäude			
AB	0		
EB	400		
Wertpapiere			
AB	0		
EB	40		
Liquide Mittel			
AB	1.990		
EB	350		
Σ	**2.011**	**Σ**	**2.011**

Informations-Gewinn- und Verlustrechnung			
Realisierte Verluste		**Realisierte Gewinne**	
		(4b) StZ	0
Unrealisierte Verluste		**Unrealisierte Gewinne**	
(6b) Lat. Steueraufw.	10	(5) GW	21
Jahreserfolg (2)			
JE 2	10		
Σ	**21**	**Σ**	**21**

Abb. 87: Informationsabschluss von U_2 bei Einbeziehung von Ertragsteuern (Fall A, Bilanzstichtag t_0)

Ferner sei darauf hingewiesen, dass sich bei U_2 das Zusatzproblem einer Interdependenz des Werts des Goodwills im Zahlungsbemessungs- und Informationsabschluss zeigt: So ist der Fair Value des Goodwills im Informationsabschluss einerseits abhängig von der steuerlichen Behandlung im Zahlungsbemessungsabschluss, die sich bis zum Bilanzstichtag t_3 zunächst leicht aus der planmäßigen Abschreibung des Goodwills in Höhe von 180 GE darstellen lässt. In t_4 tritt jedoch der Fall ein, dass der Fair Value (160 GE) unter die fortgeführten Anschaffungskosten sinkt (180 GE), woraus sich eine Wertminderung auch im Zahlungsbemessungsabschluss in Höhe von 20 GE ergibt. Diese wiederum löst wiederum in t_4 sowie in der Folgeperiode Steuerwirkungen aus, die per saldo zu einem Anstieg des Fair Values des Goodwills auf 161 GE führen. Die Wertentwicklung des Goodwills in der Zahlungsbemessungs- und Informationsbilanz von U_2 sei abschließend noch einmal grafisch dargestellt:

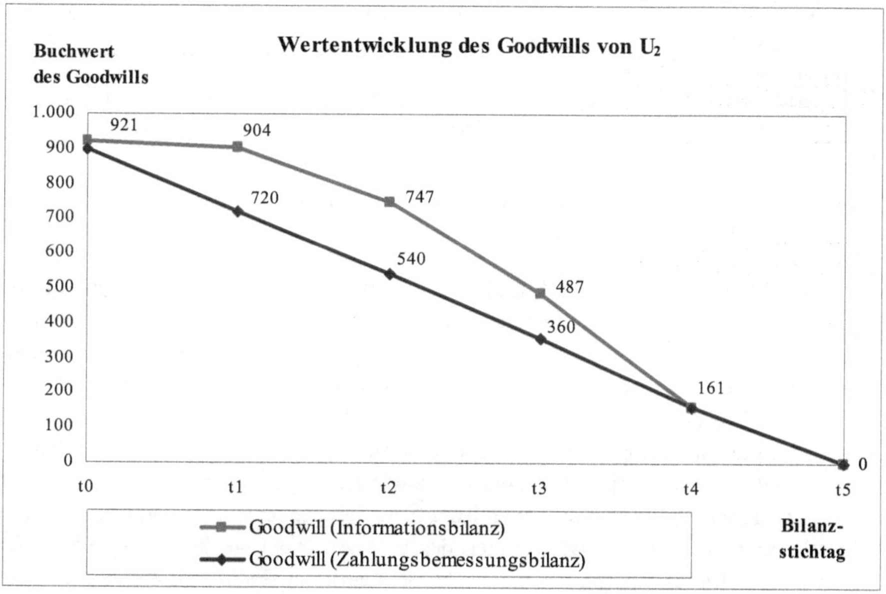

Abb. 88: Wertentwicklung des Goodwills von U_2 mit Ertragsteuern (Fall A)

4. Vergleichende Beurteilung

Eine Gegenüberstellung der Erfolgs- und Eigenkapitalentwicklung von Unternehmen U_1 und U_2 im Fall A mit Steuern liefert folgendes Bild:

Beispiel zur Goodwill-Bilanzierung im Konzept monofunktionaler Bilanzen
– Erfolgs- und Eigenkapitalentwicklung im Fall A –

U_1 (internes Wachstum)	t_0	t_1	t_2	t_3	t_4	t_5	Σ
Unternehmenserfolg							
Jahreserfolg (1)	-450	+90	+150	+189	+205	+110	**+294**
Jahreserfolg (2)	**70**	**+63**	**+57**	**+47**	**+35**	**+21**	**+294**
Eigenkapital							
Eigenkapital (1)	1.540	1.630	1.780	1.969	2.174	2.284	-
Eigenkapital (2)	**2.060**	**2.123**	**2.180**	**2.227**	**2.262**	**2.284**	-

U_2 (externes Wachstum)	t_0	t_1	t_2	t_3	t_4	t_5	Σ
Unternehmenserfolg							
Jahreserfolg (1)	0	0	+60	+99	+105	+30	**+294**
Jahreserfolg (2)	**10**	**+83**	**+73**	**+59**	**+43**	**+25**	**+294**
Eigenkapital							
Eigenkapital (1)	1.990	1.990	2.050	2.149	2.254	2.284	-
Eigenkapital (2)	**2.000**	**2.083**	**2.156**	**2.215**	**2.258**	**2.284**	-

Abb. 89: Erfolgs- und Eigenkapitalentwicklung von U_1 und U_2 (Fall A mit Steuern)

Im Unterschied zu den Fällen A und B vor Steuern stimmen bei Einbeziehung von Ertragsteuern im Fall A der Jahreserfolg (2) und das Eigenkapital (2) von Unternehmen U_1 und U_2 nicht mehr in jeder Periode überein. Zwar spiegelt das Eigenkapital (2) nach wie vor den jeweiligen Unternehmenswert nach Steuern am Bilanzstichtag wider; dieser unterscheidet sich jedoch aufgrund der im Zahlungsbemessungsabschluss ausgelösten Steuerwirkungen auf den originären respektive derivativen Goodwill. Lediglich der Totalerfolg sowie der Eigenkapitalstand am Ende der Totalperiode von U_1 und U_2 sind identisch. Auch bei Einbeziehung von Ertragsteuern gilt allerdings, dass die Abweichungen der Erfolgs- und Eigenkapitalgrößen beider Unternehmen im Informationsabschluss deutlich geringer sind als im Zahlungsbemessungsabschluss. Insoweit kann mit gewissen Einschränkungen auch hier an der grundsätzlichen Aussage festgehalten werden, dass die hier entwickelten Reformempfehlungen zu einer weitgehend gleichen bilanziellen Abbildung von internem und externem Unternehmenswachstum führen.

B. Notwendigkeit einer detaillierten Offenlegung und Prüfung von Unternehmensprognosen

Wie anhand des vergleichenden Zahlenbeispiels zur Goodwill-Bilanzierung deutlich wurde, basiert der hier konzipierte umfassende Informationsabschluss zu einem erheblichen Teil auf Prognosen hinsichtlich der künftigen Entwicklung des bilanzierenden Unternehmens. So müssen im Rahmen der für die Fair-Value-Ermittlung des Goodwills notwendigen Unternehmensbewertung die künftig erwarteten Einzahlungsüberschüsse des Unternehmens nach Steuern geschätzt und mit dem risikoadäquaten Zinssatz diskontiert werden. Zu diesem Zweck ist auch die künftige Entwicklung des Jahreserfolgs (1) im Zahlungsbemessungsabschluss zu planen, da nur so die zu erwartende Ertragsteuerbelastung der künftigen Perioden abgeschätzt werden kann. Neben der Gesamtbewertung des Unternehmens ist auch im Rahmen der Fair-Value-Bewertung der bilanziellen Einzelgüter regelmäßig auf Zahlungsstrom- oder Marktprognosen zurückzugreifen.[1133]

Mit zunehmender Abhängigkeit der externen Rechnungslegung von Unternehmensprognosen[1134] kommt es zwangsläufig zur Aggregation einer Vielzahl von einzelnen prognoserelevanten Daten; schließlich werden bei der Unternehmensbewertung mehrwertige Erwartungen zu einem einwertigen Erwartungswert und mehrperiodige Zahlungsströme zu einem Barwert verdichtet. Da die bloßen Ergebnisse dieses Aggregations- oder Verdichtungsprozesses insbesondere von externen Bilanzadressaten nur schwer nachvollzogen und plausibilisiert werden könnten und es somit – trotz der Zweckmäßigkeit der Datenverdichtung – zu einem Informationsverlust käme, wird hier eine **detaillierte Offenlegungspflicht der wichtigsten Unternehmensprognosen** für den Informationsabschluss vorgeschlagen.[1135] Demnach sollten kapitalmarktorientierte Unternehmen im Rahmen der Aufstellung des Informationsabschlusses zur Angabe und hinreichenden Erläuterung der **Annahmen und Bewertungsmodelle sowie idealerweise der Modellsensitivitäten** ihrer wichtigsten Prognosen verpflichtet werden. Auf diese Weise würden auch externe Bilanzadressaten in die Lage versetzt, eine zumindest formale Objektivierung der mit der umfassenden Rechnungslegung vermittelten Informationen vornehmen zu können. Dabei kann festgehalten werden, dass Unternehmensprognosen insbesondere dann von hoher Entscheidungsrelevanz für externe Bilanzadressaten sind, wenn sie über eine bloße Trendextrapolation hinausgehen und wahrscheinliche, strukturverändernde Entwicklungen im Unternehmen berücksichtigen.[1136] Gleichwohl ist auch hier die im Referenzrahmen

---

1133 Ausführlich zur Bedeutung und Ermittlung von Unternehmensprognosen vgl. *Arbeitskreis „Externe und interne Überwachung"*, Probleme der Prognoseprüfung (DB 2003), S. 105-108. Zum Einfluss sowie zur Durchführung von Prognosen und Planungen im Rahmen der US-GAAP und IFRS vgl. *Kirsch, H.*, Cashflow-Planungen (BB 2003), S. 1775 ff. u. *Kirsch, H.*, Prognosen und Planungen (StuB 2003), S. 241 ff.

1134 Zur Prognoseabhängigkeit vgl. auch *Henselmann, K.*, DRS 1a (StuB 2002), S. 286, der zutreffend darauf hinweist, dass bereits geringe Änderungen der Eingangsdaten gravierende Ergebniswirkungen nach sich ziehen können.

1135 Kritisch hingegen HOFFMANN/LÜDENBACH, die die hohe Parametersensitivität auch anerkannter betriebswirtschaftlicher Bewertungsmethoden betonen (vgl. *Hoffmann, W.-D./Lüdenbach, N.*, Internationalisierung der Rechnungslegung (DStR 2002), S. 875.) und die Ermessensspielräume im Rahmen der Jahresabschlusserstellung an einem Beispiel zeigen (vgl. *Hoffmann, W.-D./Lüdenbach, N.*, Offenlegung der Ermessensspielräume (DB 2003), S. 1965 ff.).

1136 Vgl. *Arbeitskreis „Externe und interne Überwachung"*, Probleme der Prognoseprüfung (DB 2003), S. 106.

zum Ausdruck gebrachte Interpretation des Stichtagsprinzips zu beachten, wonach die geplante künftige Entwicklung auf bereits getroffenen Entscheidungen des Managements basieren muss und keine bloßen Hoffnungswerte antizipieren darf.[1137]

Hinsichtlich **möglicher Wettbewerbsnachteile** aufgrund einer zu weitgehenden Offenlegungspflicht interner Unternehmensdaten bedarf es allerdings auch im Rahmen der umfassenden Rechnungslegung einer Abwägung des Geheimhaltungsinteresses eines Unternehmens gegenüber dem Publizitätsinteresse der Allgemeinheit.[1138] Bei kapitalmarktorientierten Unternehmen, die üblicherweise eine Vielzahl von anonymen Kapitalgebern haben, sollte meines Erachtens jedoch das allgemeine Publizitätsinteresse im Zweifel höher gewichtet werden, da die obigen Offenlegungsregeln in der Regel einen ausreichenden Schutz vor Wettbewerbsnachteilen ermöglichen dürften.

Die Abgabe von Prognosen über künftige Zahlungsströme, Steuerwirkungen und Zinssätze führt bei grundsätzlich bestehender Unsicherheit über die Zukunft zwangsläufig zu **Irrtümern und schätzbedingten Prognosefehlern**,[1139] die nicht zu vermeiden sind,[1140] sondern durch die umfassende Offenlegungspflicht der Prognosen nur abgemildert werden können.

Aufgrund des bestehenden Prinzipal-Agenten-Verhältnisses zwischen den Eigentümern und der Leitung eines Unternehmens sowie der damit einhergehenden Informationsasymmetrien und möglichen Zielkonflikte besteht bei der Verwendung von Unternehmensprognosen für Rechnungslegungszwecke darüber hinaus das **Problem der *hidden action***.[1141] Hierunter versteht man die Tatsache, dass die Handlungen der Unternehmensleitung (= Agent) von Außenstehenden (= Prinzipale) regelmäßig nur

---

1137 Vgl. S. 27 f. dieser Arbeit sowie *Arbeitskreis „Externe und interne Überwachung"*, Probleme der Prognoseprüfung (DB 2003), S. 106. Dies bedeutet auch, dass eine geplante Unternehmensübernahme erst dann bei der Aufstellung der Prognosen für die umfassende Rechnungslegung berücksichtigt werden darf, wenn die Zustimmung sämtlicher Aufsichtsgremien der betroffenen Unternehmen sowie der Wettbewerbsbehörden vorliegt und die Transaktion lediglich noch vollzogen zu werden braucht.

1138 Vgl. *Ekholm, B.-G./Troberg, P.*, Quo Vadis True and Fair View? (JoIAA&T 1998), S. 124 ff. Zu möglichen Wettbewerbsnachteilen im Rahmen einer marktorientierten Bilanzbewertung vgl. auch *Kirk, D.*, Competitive Disadvantage (AH 1991), S. 98 ff.

1139 Dieses Problem wurde bereits bei der theoretischen Diskussion zum ökonomischen Gewinnkonzept im Fachschrifttum ausführlich beleuchtet und führte häufig zur Ablehnung einer praktischen Anwendung des Konzepts für die Unternehmensbesteuerung (vgl. *Sigloch, J.*, Unternehmenserfolgsbesteuerung, in: *Dirrigl, H. u. a. (Hrsg.)*, Festschrift Wagner (2004), S. 215 f.).

1140 Im Übrigen sei darauf hingewiesen, dass jede Rechnungslegung mit Ausnahme der Kassenrechnung auf Zukunftsschätzungen basiert und damit zwangsläufig auch Schätzfehler auftreten (z. B. bei der Nutzungsdauer von Maschinen oder der notwendigen Höhe von Rückstellungen).

1141 Vgl. grundlegend *Richter, R./Furubotn, E.*, Neue Institutionenökonomik (2003), S. 174 f.

teilweise beobachtet und/oder beurteilt werden können, so dass die Unternehmensleitung geneigt sein wird, im Falle der Nichterreichung der kommunizierten Pläne die Verantwortung von sich zu weisen und externe Einflüsse zu bemühen. Umgekehrt wird sich das Management eine Übererfüllung von Plänen und Erwartungen tendenziell auch dann zugute halten, wenn sie auf günstigen Umweltfaktoren, nicht aber auf guten Entscheidungen des Managements beruhen.

Neben diesem Problem des Verfehlens „richtiger“ Prognosen aufgrund nicht ausreichender Leistungen des Managements besteht grundsätzlich die **Gefahr der bewussten Verfälschung von Prognosen**, das heißt der Manipulation, wie die Bilanzskandale der jüngeren Unternehmensgeschichte zum Beispiel von Enron, Worldcom und Comroad zeigen. MOXTER merkt in diesem Zusammenhang an, dass eine bewusste Verfälschung von Prognosen künftig erwarteter Zahlungsströme bei detaillierten Berichtspflichten zu einer Gefährdung oder gar dem Verlust der Vertrauenswürdigkeit des bilanzierenden Unternehmens (*disclosure credibility*) führt.[1142] Detaillierte Offenlegungspflichten, die einen späteren Vergleich der tatsächlich eingetretenen mit der prognostizierten Unternehmensentwicklung ermöglichen, dürften demnach zumindest einen gewissen Schutz vor nicht neutralen oder gar manipulierten Unternehmensprognosen gewähren. Zwar können Fehlentscheidungen von Investoren mit der Folge von Werteinbußen oder Opportunitätskosten hierdurch nicht vermieden werden, da mögliche Sanktionen immer nur ex post zu erwarten sind.[1143] Allerdings ist infolge des Verlusts der Vertrauenswürdigkeit eines bilanzierenden Unternehmens unmittelbar nach Bekanntwerden gefälschter Prognosedaten regelmäßig eine signifikante Erhöhung der Risikoprämie zu erwarten, da die Kapitalgeber ein weiteres Fehlverhalten in der Zukunft unterstellen. Einmal verlorenes Vertrauen eines Unternehmens lässt sich dann erfahrungsgemäß nur langfristig und mit hohem Aufwand zurückgewinnen, so dass ex ante zumindest von einer gewissen Schutzwirkung ausgegangen werden kann. Schließlich ist anzumerken, dass die Mehrzahl der Unternehmensprognosen ausschließlich im Informationsabschluss zur Anwendung gelangt, da im **Zahlungsbemessungsabschluss** eine stärker objektivierte und vorsichtige Vermögens- und Erfolgsermittlung greift. Lediglich im Falle niedrigerer beizulegender Zeitwerte finden die Prognosen des Informationsabschlusses zugleich Eingang in den Zahlungsbemessungsabschluss. Es besteht damit eine **weitere Schutzwirkung**, da

[1142] Vgl. *Moxter, A.*, Rechnungslegungsmythen (BB 2000), S. 2145. Ausführlich zur Beurteilung der *disclosure credibility* aus Investorensicht vgl. *Mercer, M.*, Credibility of Management Disclosures (AH 2004), S. 185 ff.; *Rogers, J./Stocken, P.*, Management Forecasts (WP 2002), S. 1 ff.

[1143] Die Erfahrungen aus den Fällen EM-TV in Deutschland oder ENRON in den USA zeigen ferner, dass auch im Falle einer späteren strafrechtlichen Verfolgung von Bilanzmanipulationen allenfalls teilweise mit adäquaten Schadenersatzzahlungen an die Geschädigten gerechnet werden kann.

unrealisierte Gewinne aus der Fair-Value-Bewertung im Informationsabschluss nicht zur Ausschüttung oder Besteuerung gelangen können.

Die Pflicht zur detaillierten Offenlegung und Erläuterung der Unternehmensprognosen ist in jedem Fall durch eine **Prognoseprüfung von unabhängiger Seite** zu flankieren.[1144] Diese Aufgabe kommt einerseits der Internen Revision als internem Kontrollorgan sowie andererseits dem Wirtschaftsprüfer als externem Überwachungsorgan des Unternehmens zu.[1145] Während mit den Begriffen „Prüfung" oder „Kontrolle" jedoch in der Regel der Vergleich eines Istzustands mit dem Sollzustand eines Objekts verbunden wird, ist die Prüfung von Prognosen weiter zu fassen, da hier ein Istzustand im Vorhinein naturgemäß noch nicht vorliegt. Im Fokus der Prognoseprüfung stehen daher vielmehr die **formale Objektivierung und Plausibilisierung der Unternehmensprognosen**, worunter insbesondere die kritische Hinterfragung der zugrunde gelegten Prämissen, Modelle und Daten fällt.[1146] Besondere Bedeutung kommt in diesem Zusammenhang auch den **Prinzipien ordnungsgemäßer Prognosen** zu, zu denen im Kern die „Wahrheit", Vollständigkeit, Klarheit, Vergleichbarkeit und Stetigkeit von Prognosen gezählt werden.[1147] Ihre Einhaltung ist durch die interne und externe Prüfung der Unternehmensprognosen zu bestätigen.[1148]

Im Ergebnis wird mit der hier vorgeschlagenen Offenlegungs- und Prüfungspflicht von Unternehmensprognosen die bereits gegenwärtig im Rahmen des Lageberichts vorgeschriebene Einschätzung und Prüfung der Chancen und Risiken der künftigen Geschäftsentwicklung[1149] konkretisiert, erweitert und in den Informationsabschluss der umfassenden Rechnungslegung verlagert. Der Rechnungslegung kapitalmarkt-

---

1144 Zur Notwendigkeit einer Kontrolle (Prüfung) und Bestätigung der im Rahmen der Rechnungslegung vermittelten Informationen vgl. auch *Ekholm, B.-G./Troberg, P.*, Quo Vadis True and Fair View? (JoIAA&T 1998), S. 124 ff. sowie *Ng, D./Stoeckenius, J.*, Incentives and Truthful Reporting (JoAR 1979), S. 1 ff.

1145 So auch *Arbeitskreis „Externe und interne Überwachung"*, Probleme der Prognoseprüfung (DB 2003), S. 105.

1146 Da sich Prognosen naturgemäß im Vorhinein nicht als richtig oder falsch beurteilen lassen, sind Befürchtungen „über eine neue ‚Erwartungslücke' über die Reichweite des Prüfungsurteils" (*Schurbohm, A./Ganssauge, K.*, Erwartungslücke (FAZ v. 27.01.2003), S. 23.) nicht unberechtigt. RUHNKE befürchtet infolge der Einführung des *Impairment-only*-Ansatzes für den Goodwill gar eine Überforderung der Abschlussprüfung und sagt neue Bilanzskandale voraus (vgl. *Ruhnke, K.*, Neue Bilanzregeln (FAZ v. 20.01.2003), S. 21.)

1147 Vgl. *Arbeitskreis „Externe und interne Überwachung"*, Probleme der Prognoseprüfung (DB 2003), S. 108 m. w. N.

1148 Vgl. *Arbeitskreis „Externe und interne Überwachung"*, Probleme der Prognoseprüfung (DB 2003), S. 108 ff. Speziell zur Prüfung von beizulegenden Zeitwerten vgl. *Ruhnke, K./Schmidt, M.*, Prüfung von beizulegenden Zeitwerten (WPg 2003), S. 1037 ff. sowie *IDW*, EPS 315 (WPg 2004), S. 80 ff.

1149 Vgl. § 289 Abs. 1 Satz 4 u. § 317 Abs. 2 HGB

orientierter Unternehmen kommt damit im Vergleich zum bisherigen Recht eine noch stärkere Zukunftsorientierung und Prognoseabhängigkeit zu.

VI. Zwischenergebnis: Umfassende, funktionsspezifische Bilanzierung des Goodwills als geeignete und umsetzbare Lösung für die deutsche Rechnungslegung

Aufbauend auf den allgemeinen Reformvorschlägen zur Einführung einer umfassenden, funktional zweigeteilten Rechnungslegung in Deutschland werden im Fünften Teil der Arbeit spezielle Reformempfehlungen für die Bilanzierung des Goodwills entwickelt. Gemäß dem Konzept monofunktionaler Bilanzen werden daher spezifische Regeln für den Bilanzansatz und die Bilanzbewertung des Goodwills im Zahlungsbemessungs- und Informationsabschluss aufgestellt.

Im Rahmen von Ausgangsüberlegungen für eine Reform des geltenden deutschen Bilanzrechts wird der Goodwill zunächst neu von der Menge der immateriellen Einzelwerte abgegrenzt, indem ausschließlich solche immaterielle Faktoren im Goodwill aufgehen, die nicht selbstständig zuverlässig bewertet werden können. Das Kriterium der selbstständigen Verwertbarkeit spielt demgegenüber für den eigenständigen Bilanzansatz eines immateriellen Einzelwerts keine Rolle mehr. Zudem wird der (positive) Goodwill zweifelsfrei als (Gesamt-)Vermögenswert im Sinne des allgemeinen Reformkonzepts einer umfassenden Rechnungslegung identifiziert. Ferner wird die Notwendigkeit einer Beibehaltung der Unterscheidung zwischen einem originären und derivativen Goodwill abgeleitet, die in den unterschiedlichen Aufgabenstellungen und Anforderungen der Zahlungsbemessungs- und Informationsfunktion begründet liegt.

Infolge der hohen Bedeutung des Objektivierungs- und Vorsichtsprinzip im Rahmen des Zahlungsbemessungsabschlusses ergibt sich demzufolge keine Änderung des Aktivierungsverbots für den originären Goodwill. Hingegen wird für den derivativen Goodwill eine Aktivierungspflicht gefordert, wobei sich die erstmalige Wertermittlung nach dem Residualansatz richtet. Es folgt eine ausführliche Diskussion über die Frage der geeigneten Folgebewertung des derivativen Goodwills im Zahlungsbemessungsabschluss. Der planmäßigen Abschreibung des Goodwills auf Basis der Substitutionsthese wird dabei eine nur außerplanmäßige Abschreibung (*Impairment-only*-Ansatz) auf Grundlage der Einheitstheorie gegenübergestellt. Im Ergebnis wird für eine planmäßige Goodwill-Abschreibung über eine vorgegebene, idealerweise branchenabhängige Nutzungsdauer plädiert, da nur eine solche Vorgehensweise eine konsistente erfolgsmäßige Behandlung mit dem originären Goodwill im Zahlungsbemessungsabschluss sicherzustellen vermag.

Spiegelbildlich zum positiven Goodwill kann der negative Goodwill als (Gesamt-) Schuldposten charakterisiert werden, wobei sich die Antizipation künftiger Verluste als einzige Entstehungsursache für einen negativen Goodwill (Badwill) herauskristallisiert, da der Fortführungsertragswert eines Unternehmens nur in diesem Fall unter den Substanzwert sinkt. Entsprechend wird für den Zahlungsbemessungsabschluss eine ertragswirksame Auflösung des negativen Goodwills analog zur Nutzungsdauervorgabe für einen positiven Goodwill vorgeschlagen.

Im Rahmen der Neuregelung der Goodwill-Bilanzierung im Informationsabschluss wird zunächst eine Aktivierungspflicht sowohl für den originären als auch den derivativen Goodwill postuliert, die sich auf die Vermögenswerteigenschaft beider Güter im Rahmen der umfassenden Rechnungslegung stützen kann. Hinsichtlich der Folgebehandlung wird gemäß dem Fair-Value- und Gesamtwertprinzip eine konsequente und vollständige Fair-Value-Bewertung des (Gesamt-)Goodwills zu jedem Bilanzstichtag abgeleitet. Als Besonderheit der Folgebewertung des Goodwills im Informationsabschluss ergibt sich die Notwendigkeit einer Trennung von realisierten und unrealisierten Gewinnen und Verlusten. Sie wird durch eine getrennte Fortführung des Goodwills in der Zahlungsbemessungs- und Informationsbilanz und die Erweiterung der Zahlungsbemessungs-Gewinn- und Verlustrechnung zur Informations-Gewinn- und Verlustrechnung erzielt.

Die bilanzielle Behandlung des negativen Goodwills richtet sich wiederum, mutatis mutandis, nach der Bilanzierung eines positiven Goodwills, so dass ebenfalls eine vollständige Zeitbewertung im Informationsabschluss zur Anwendung kommt.

Die Reformempfehlungen zur bilanziellen Behandlung des originären und derivativen Goodwills im Zahlungsbemessungs- und Informationsabschluss werden anschließend anhand eines Zahlenbeispiels zum Vergleich von internem und externem Unternehmenswachstum ausführlich veranschaulicht. Als Ergebnis lässt sich im Ausgangsfall eine ökonomisch gleiche Bilanzierung von internem und externem Wachstum im Hinblick auf den Bilanzwert des Goodwills, das Eigenkapital (2) und den Jahreserfolg (2) im Informationsabschluss zeigen, während die Zahlungsbemessungsabschlüsse der betrachteten Unternehmen notwendigerweise infolge der unterschiedlichen Bilanzregeln für den originären und derivativen Goodwill differieren.

Die Darstellung und Analyse wird anschließend um die Betrachtung ausgewählter Sonderprobleme erweitert. Im Fokus steht hierbei die Einbeziehung von Ertragsteuern in die umfassende Rechnungslegung. Diese führt im Zahlungsbemessungsabschluss zu keinen neuen Problemen; im Informationsabschluss wird hingegen zusätzlich die Abgrenzung latenter Steuern notwendig. Weiterhin treten Zirkularitätsprobleme auf, die sich aus der Interdependenz von steuerinduzierten Cash-flow-Veränderungen und der residualen Wertermittlung des Goodwills ergeben und die Komplexität der Berechnung erheblich ansteigen lassen. Im Ergebnis zeigt sich allerdings, dass auch nach einer Einbeziehung von Steuern eine weitgehende Gleichbehandlung von internem und externem Wachstum im Informationsabschluss gegeben ist, wenngleich die Ergebnisse hier aufgrund von verzerrenden Einflüssen der Steuern nicht mehr identisch sind.

Als zweites Sonderproblem wird schließlich die Notwendigkeit einer detaillierten Offenlegungspflicht für Unternehmensprognosen abgeleitet, die zwar keinen vollständigen Schutz der Bilanzadressaten vor zufälligen oder bewussten Prognosefehlern des Managements gewährleistet, jedoch zumindest eine formale Objektivierung und damit Plausibilisierung der Prognoseergebnisse ermöglicht. Abschließend wird vorgeschlagen, die zusätzliche Offenlegung durch eine Pflicht zur Prüfung der zugrunde gelegten Unternehmensprognosen von Seiten der Internen Revision und des externen Wirtschaftsprüfers zu flankieren.

Die wesentlichen **Vorzüge** der hier entwickelten speziellen Reformempfehlungen für die Goodwill-Bilanzierung lassen sich schließlich wie folgt prägnant zusammenfassen:

- Konsequente Umsetzung einer stärker objektivierten und vorsichtigen Bilanzierung des Goodwills im Zahlungsbemessungsabschluss;
- bessere Vergleichbarkeit intern und extern wachsender Unternehmen durch einheitliche Fair-Value-Bilanzierung des originären und derivativen Goodwills im Informationsabschluss;
- umfassende Informationsvermittlung gegenüber internen und externen Bilanzadressaten durch konsequente Unternehmenswertorientierung der Rechnungslegung;
- Möglichkeit einer Harmonisierung von internem und externem Rechnungswesen auf Basis einer unternehmenswertorientierten Rechnungslegung;
- Möglichkeit einer zweistufigen Umsetzung des Reformvorschlags im deutschen Bilanzrecht mit voller Informationsverpflichtung nur für kapitalmarktorientierte Unternehmen und befreiendem Zahlungsbemessungsabschluss für alle übrigen Unternehmen.

Den oben genannten Vorzügen des Reformvorschlags stehen folgende **Problembereiche** gegenüber:

- Beibehaltung der traditionell unterschiedlichen und aus Informationssicht inkonsistenten bilanziellen Behandlung des Goodwills im Zahlungsbemessungsabschluss;
- höhere Volatilität des Bilanzwerts (Fair Values) des Goodwills sowie des Jahreserfolgs (2) und Eigenkapitals (2) im Informationsabschluss;
- hohe Prognoseabhängigkeit und damit erhöhte Gefahr von Messfehlern und bewussten Verzerrungen (Manipulationen) der im Informationsabschluss vermittelten Werte;
- höherer Abschlusserstellungs-, Offenlegungs- und Prüfungsaufwand für kapitalmarktorientierte und diesen gleichgestellte Unternehmen.

Wägt man die Vorzüge und Problembereiche abschließend gegeneinander ab, so erscheint der hier entwickelte Reformvorschlag für eine umfassende, funktionsspezifische Goodwill-Bilanzierung als eine geeignete und umsetzbare Lösung, die bestehenden Mängel des deutschen Bilanzrechts zu überwinden und das im Referenzrahmen postulierte Leitbild einer umfassenden Rechnungslegung umzusetzen.

Ergebnisse und Ausblick

„Damit das Mögliche entstehe, muss immer wieder das Unmögliche versucht werden!"[1150]

Hermann Hesse

Jede Rechnungslegung steht vor dem Dilemma zwischen Vollständigkeit (umfassender Abbildung) und Objektivierung (Nachprüfbarkeit) des Bilanzinhalts und der Bilanzbewertung. Während es in der internen Unternehmensrechnung seit langer Zeit als gesicherte Erkenntnis gelten kann, dass unterschiedliche Aufgabenstellungen oder Rechnungsanforderungen unterschiedliche Rechenkalküle erfordern, wurde in der externen Rechnungslegung in Deutschland traditionell der Weg einer standardisierten, multifunktionalen Rechnung beschritten, die sowohl zur Erfüllung der Zahlungsbemessungs- als auch der Informationsfunktion herangezogen wird. Die historisch geprägte Rechnungslegung in Deutschland muss aus heutiger Sicht daher als Kompromiss zwischen unterschiedlichen Rechnungslegungsfunktionen und ihren Anforderungen betrachtet werden. Nicht zuletzt unter dem Einfluss aktueller Entwicklungen, insbesondere einer weiter voranschreitenden Shareholder-Value-Orientierung der Unternehmen, einer wachsenden Bedeutung immaterieller Werte sowie einer zunehmenden Fair-Value-Bewertung von Bilanzgütern im Rahmen der Internationalisierung der Rechnungslegung, befindet sich die deutsche Rechnungslegung derzeit in mehrfacher Weise im Umbruch.

Vor diesem Hintergrund steht zu Beginn dieser Arbeit die **Hypothese**, dass die geltende Rechnungslegung in Deutschland in zunehmendem Maße das Ziel der Vermittlung eines True and fair view im Sinne einer umfassenden, realitätsgetreuen Abbildung der Vermögens-, Finanz- und Ertragslage von Unternehmen verfehlt. Die **Zielsetzung der Untersuchung** richtet sich daher auf die Entwicklung und kritische Analyse einer Reformkonzeption zur Einführung einer umfassenden Rechnungslegung in Deutschland. Als spezieller Untersuchungsgegenstand wird dabei die bilanzielle Behandlung des Goodwills gewählt, da das Spannungsverhältnis zwischen Vollständigkeit und Objektivierung der Rechnungslegung bei immateriellen Werten und insbesondere beim Goodwill traditionell in besonderem Maße zu Tage tritt. Der **Gang der Untersuchung** in den fünf (Haupt-)Teilen folgt einem typisierten betriebswirtschaftlichen Entscheidungsprozess aus den Phasen Sollkonzeption, Istanalyse, Lösungssuche, Lösungsauswahl und Lösungsumsetzung.

Im **Ersten Teil** der Arbeit wird zunächst ein Referenzrahmen für eine umfassende Rechnungslegung zur Zahlungsbemessung und Informationsvermittlung aufgestellt,

---

1150 *Hesse, H.*, Gesammelte Briefe (1973), S. 386.

der im weiteren Verlauf als Beurteilungsbasis und Leitbild (Sollkonzept) für eine Reform von Rechnungslegungsregeln dient. Die wichtigsten Strukturfestlegungen im Referenzrahmen lassen sich wie folgt zusammenfassen:

(1) Ausgehend vom abstrakten Oberziel einer umfassenden Wissensbereitstellung im Sinne eines True and fair view über die Vermögens-, Finanz- und Ertragslage eines Unternehmens erfolgt die normative Festlegung, dass der True and fair view im Rahmen einer umfassenden Rechnungslegung als möglichst weitgehende Approximation des Unternehmenswerts auszulegen ist.

(2) Gleichzeitig wird an der bestehenden mehrdimensionalen Zielsetzung der Rechnungslegung festgehalten, indem die Zahlungsbemessungs- und Informationsfunktion als konkrete Unterziele einer umfassenden Rechnungslegung verankert werden. Im Rahmen der Aufstellung des Referenzrahmens wird entsprechend zwischen funktionsübergreifenden und spezifischen Rechnungslegungsgrundsätzen für die Zahlungsbemessung und Informationsvermittlung unterschieden.

(3) Im Kern wird für die Zahlungsbemessungsfunktion eine stärker objektivierte und vorsichtige Vermögens- und Erfolgsermittlung gefordert, die in der Notwendigkeit einer späteren Ableitung von Rechtsfolgen insbesondere für die Ausschüttung und Erfolgsbesteuerung begründet liegt. Als Konsequenz geht damit eine weniger umfassende Bilanzierung einher, die vor allem aus der Beibehaltung des Anschaffungswert-, Realisations- und Imparitätsprinzips resultiert.

(4) Die Informationsfunktion wird demgegenüber konsequent an der Vermittlung eines True and fair view als overriding principle ausgerichtet. Demzufolge werden für Zwecke der Informationsvermittlung die Einhaltung des Gesamtwertprinzips und des Grundsatzes einer möglichst vollständigen Bewertung zum beizulegenden Zeitwert (Fair-Value-Prinzip) postuliert, während das Objektivierungsprinzip hier lediglich im Sinne einer formalen Objektivierbarkeit ausgelegt wird.

Im Anschluss an den Referenzrahmen werden die Grundlagen der Goodwill-Bilanzierung dargestellt. So wird das Spektrum der immateriellen Vermögenswerte veranschaulicht, das von konkreten Einzelwerten bis hin zum abstrakten Goodwill reicht. Letzterer wird – der herrschenden Auffassung im deutschen Schrifttum nach – als Sammelposten aller nicht identifizierbaren, das heißt nicht selbstständig bewertbaren und/oder nur mit dem Gesamtunternehmen übertragbaren immateriellen Werte definiert. Der Ursprung des Begriffs Goodwill kann bis in den kaufmännischen Geschäftsverkehr des 16. Jahrhunderts in Großbritannien zurückverfolgt werden.

Im Rahmen einer Analyse des Wesens des Goodwills wird der dynamischen Auffassung von einem im Zeitablauf veränderlichen Bewertungskonglomerat gefolgt. Hiervon unterschieden wird der Wert des Goodwills, der sich gemäß dem Residualansatz als Differenz aus dem Ertragswert und der Summe der beizulegenden Zeitwerte der bilanziellen Einzelgüter eines Unternehmens ermittelt. Abschließend werden mit einem originären und derivativen, einem positiven und negativen sowie einem Konsolidierungs- und Nicht-Konsolidierungs-Goodwill verschiedene Arten des Goodwills vorgestellt, wobei für den weiteren Verlauf der Arbeit eine Eingrenzung auf den Nicht-Konsolidierungs-Goodwill erfolgt.

Im **Zweiten Teil** der Arbeit wird eine Bestandsaufnahme der bilanziellen Behandlung des Goodwills in ausgewählten Rechnungslegungskonzeptionen unternommen. Zu diesem Zweck werden die historische Entwicklung und der geltende Stand der Goodwill-Bilanzierung in der deutschen und britischen Rechnungslegung sowie in der Rechnungslegung nach IFRS ausführlich dargestellt und kritisch analysiert. Die wichtigsten Ergebnisse lauten wie folgt:

(1) Sowohl im deutschen und britischen Bilanzrecht als auch in den IFRS kann übereinstimmend ein Aktivierungsverbot für den originären Goodwill nachgewiesen werden. Das gesetzliche Aktivierungsverbot für den selbst erstellten Geschäfts- oder Firmenwert kann als eine der ältesten kodifizierten Bilanzregeln in Deutschland identifiziert werden.

(2) Bemerkenswert ist zudem, dass das deutsche Bilanzsteuerrecht mit der Einheitstheorie bis zum Jahr 1986 ein Verbot der planmäßigen Abschreibung des derivativen Geschäfts- oder Firmenwerts zugunsten einer lediglich außerplanmäßigen Abschreibung vorsieht. Erst mit dem Bilanzrichtlinien-Gesetz wird diese Regelung zugunsten einer zwingenden planmäßigen Abschreibung über eine fingierte Nutzungsdauer von 15 Jahren aufgegeben.

(3) Für das deutsche Handelsbilanzrecht können systembedingte Mängel und Inkonsistenzen sowohl im Bilanzansatz als auch in der Bilanzbewertung des derivativen Goodwills aufgezeigt werden.

(4) Seit den Anfängen der modernen britischen Rechnungslegung existiert für den derivativen Goodwill eine Pluralität von unterschiedlichen Methoden der Folgebehandlung, wobei die historische Entwicklung zahlreiche Reformschritte und Schleifen durchläuft. Auch eine der deutschen Einheitstheorie ähnliche Methode ist bereits seit Beginn des 20. Jahrhunderts bekannt. Nachhaltige Bedeutung kommt ferner der Methode der sofortigen erfolgsneutralen Verrechnung des Goodwills mit den Rücklagen zu, deren Anwendung bis zur Verabschiedung der geltenden Rechtslage im Jahr 1997 zulässig ist.

(5) Der aktuelle britische Standard FRS 10 enthält ein faktisches Wahlrecht zwischen einer planmäßigen Abschreibung des derivativen Goodwills über die wirtschaftliche Nutzungsdauer und einer lediglich außerplanmäßigen Abschreibung. Letztere Wahlmöglichkeit, die auch als Impairment-only-Ansatz bezeichnet wird, übernimmt eine Vorreiterrolle für die spätere Reform sowohl der US-GAAP als auch der IFRS.

(6) Die relativ junge historische Entwicklung der Goodwill-Bilanzierung in den IFRS ist ebenfalls von zahlreichen Irrungen und Wendungen gekennzeichnet, wobei der Einfluss der britischen Rechnungslegung unverkennbar ist. Die für den derivativen Goodwill zuletzt präferierte planmäßige Abschreibung über eine geschätzte, jedoch begrenzte Nutzungsdauer wird unter dem Einfluss der US-GAAP (und UK-GAAP) im Jahr 2004 zugunsten des *Impairment-only*-Ansatzes aufgegeben.

(7) Ein anschließender Vergleich der Regelungen zum Bilanzansatz und zur Bilanzbewertung in den untersuchten Rechnungslegungssystemen zeigt einen übergreifenden Reformbedarf, da keines der Normensysteme eine umfassende Rechnungslegung im Sinne des Referenzrahmens ermöglicht. Insofern kann auch die obige Hypothese einer zunehmenden Verfehlung der Vermittlung eines True and fair view durch die deutsche Rechnungslegung aus konzeptionell-logischer Sicht tendenziell bestätigt werden. Lediglich im Falle niedrigerer beizulegender Zeitwerte oder einer vollständigen Entwertung des Goodwills kann von einer theoretischen Übereinstimmung zwischen dem bilanziellen Buchwert und dem tatsächlichen Anteil des Goodwills am Unternehmenswert ausgegangen werden.

Der **Dritte Teil** dient einer breiter angelegten Suche nach alternativen Lösungsansätzen für eine umfassende Rechnungslegung. Nach einem Überblick über das Spektrum der grundsätzlich möglichen Reformkonzepte erfolgt entsprechend den konkreten Anforderungen des Referenzrahmens eine Eingrenzung der Lösungssuche auf Reformansätze für eine Verbindung der Zahlungsbemessungs- und Informationsfunktion. Diese werden erstens in Ansätze einer umfassenden Informationsfunktion mit anschließender Zahlungsbemessungseinschränkung und zweitens Ansätze einer Zahlungsbemessungsfunktion mit anschließender Informationserweiterung unterteilt. Zweckmäßigkeitsüberlegungen führen schließlich zu einer weiteren Fokussierung auf innerbilanzielle Reformkonzepte einer zahlungsbemessungsbasierten Bilanz mit Informationserweiterung. Als mögliche Ausprägungen werden in der Folge das Konzept einer multifunktionalen Fair-Value-Bilanz und das Konzept monofunktionaler Bilanzen für Zahlungsbemessungs- und Informationszwecke ausgearbeitet, anhand eines Zahlenbeispiels veranschaulicht und kritisch gewürdigt. Folgende Ergebnisse lassen sich ableiten:

(1) Das Konzept einer multifunktionalen Fair-Value-Bilanz basiert auf der Grundidee, die Zahlungsbemessungs- und Informationsfunktion der Rechnungslegung innerhalb eines gemeinsamen Rechenwerks zu erfüllen. Hierzu wird gemäß dem „Prinzip gläserner, aber verschlossener Taschen" erstens eine Erweiterung der Zahlungsbemessungsbilanz zu einer multifunktionalen Fair-Value-Bilanz vorgenommen, indem für jede Bilanzposition mit Ausnahme der liquiden Mittel ein zusätzliches Fair-Value-Ergänzungskonto eingerichtet sowie die Passivseite um eine ausschüttungs- und besteuerungsgesperrte Neubewertungsrücklage erweitert wird. Zweitens erfolgt eine korrespondierende Ergänzung der traditionellen

Erfolgsrechnung zu einer multifunktionalen Gewinn- und Verlustrechnung, in die neben den realisierten Erfolgsgrößen sowie den unrealisierten Verlusten auch die unrealisierten Gewinne aus der Fair-Value-Bewertung eingehen.

(2) Das Konzept monofunktionaler Bilanzen für Zahlungsbemessungs- und Informationszwecke ist im Kern durch die Schaffung eigenständiger, jedoch aufeinander aufbauender Abschlüsse zur spezifischen Erfüllung beider Funktionen der umfassenden Rechnungslegung geprägt. Zur technischen Umsetzung erfolgt die Unterscheidung zwischen Basis- oder Gemeinschaftskonten und reinen Zahlungsbemessungs- und reinen Informationskonten, wobei erstere in beide Abschlüsse, letztere hingegen nur in den Zahlungsbemessungs- respektive Informationsabschluss eingehen. Da die reinen Informationskonten als vollwertige Konten und nicht als bloße Ergänzungen geführt werden, ergibt sich im Rahmen der buchtechnischen Behandlung die Notwendigkeit eines technischen Verrechnungskontos (so genanntes AHK-FV-Verrechnungskonto), das als Bindeglied zwischen dem Rechnungskreis der reinen Zahlungsbemessungs- und der reinen Informationskonten fungiert. Die Besonderheit dieses Kontos ist, dass es erst am Ende der Totalperiode eines Unternehmens zum Abschluss gelangt. Im Rahmen der Aufstellung monofunktionaler Bilanzen und Gewinn- und Verlustrechnungen werden die jeweiligen Erfolgs- und Eigenkapitalgrößen im Zahlungsbemessungsabschluss als Jahreserfolg (1) und Eigenkapital (1) und im Informationsabschluss als Jahreserfolg (2) und Eigenkapital (2) bezeichnet.

(3) Eine vergleichende Beurteilung beider Reformkonzepte macht deutlich, dass das Konzept einer multifunktionalen Fair-Value-Bilanz mit einem einzigen (gemeinsamen) Rechenwerk zwar als theoretisches Ideal gelten kann, da hier sämtliche Informationen für beide Funktionen der Rechnungslegung enthalten sind. Die hohe Darstellungskomplexität vor allem in den Folgeperioden einer Neubewertung, die Gefahr eines *information overload* und die nur bedingte Tauglichkeit für kleine und mittlere Unternehmen schränken die praktische Anwendbarkeit dieses Reformkonzepts jedoch erheblich ein. Demgegenüber zeichnet sich das Konzept monofunktionaler Bilanzen vor allem durch eine optimale, weil spezifische Erfüllung der Funktionen der Rechnungslegung sowie durch die Möglichkeit einer zweistufigen Umsetzung in Abhängigkeit von der Kapitalmarktorientierung der Unternehmen aus. Der Hauptnachteil einer Gefahr der Verwechslung oder gar opportunistischen Ausnutzung der unterschiedlichen Abschlussinformationen erscheint dagegen als tragbar. Im Ergebnis wird daher das Konzept monofunktionaler Bilanzen als Reformkonzept zur Umsetzung einer umfassenden Rechnungslegung in Deutschland favorisiert. Die in der Einführung aufgeworfene **erste Grundfrage**, ob die Rechnungslegung in Deutschland künftig auch weiterhin als multifunktionales Rechenwerk durchgeführt werden sollte, kann demnach zugunsten einer zweckabhängigen Rechnungslegung verneint werden.

Der **Vierte Teil** dient der Umsetzung des Reformkonzepts monofunktionaler Bilanzen in der deutschen Rechnungslegung. Folgende wesentliche Reformvorschläge werden dabei erarbeitet:

(1) Im Rahmen einer Neuordnung der Funktionen der deutschen Rechnungslegung wird erstens eine Zusammenführung der Ausschüttung- und Steuerbemessungsfunktion, flankiert durch die Schaffung eines konsequenten Maßgeblichkeitsprinzips, empfohlen. Das Prinzip der umgekehrten Maßgeblichkeit wird aufgehoben. Zweitens wird – gemäß dem Referenzrahmen – für eine Stärkung der Informationsfunktion durch die Verankerung des True and fair view als *overriding principle* plädiert. Ferner wird ein Vorschlag für eine klare und konsistente Normenhierarchie der deutschen Rechnungslegung unterbreitet.

(2) Im Rahmen der Einführung einer umfassenden, funktional zweigeteilten Rechnungslegung in Deutschland wird der Zahlungsbemessungsabschluss als Basisrechenwerk für alle Unternehmen verankert. Dem Informationsabschluss kommt hingegen die Rolle eines zwingenden Erweiterungs- oder Zusatzrechenwerks nur für kapitalmarktorientierte Unternehmen und diesen gleichgestellte Unternehmen von besonderer volkswirtschaftlicher Bedeutung zu.

(3) Kern des Zahlungsbemessungsabschlusses bildet eine stärker objektivierte und vorsichtige Vermögens- und Erfolgsermittlung im Hinblick auf eine Ableitung von Rechtsfolgen. Im Rahmen der Regelung des Bilanzansatzes wird hierbei zunächst ein weit gefasster Vermögens- und Schuldbegriff gewählt, um eine spätere Verwendung im Informationsabschluss zu ermöglichen. Die notwendige Objektivierung erfolgt sodann auf der Ebene der konkreten Bilanzierungsfähigkeit, indem für bestimmte Vermögenswerte (insbesondere schwebende Geschäfte, bei denen Leistung und Gegenleistung ausgeglichen sind), ein Aktivierungsverbot besteht. Im Unterschied zum geltenden Recht wird allerdings ausdrücklich für eine Aktivierung auch originärer immaterieller Einzelwerte im Zahlungsbemessungsabschluss plädiert. Hinsichtlich der Bilanzbewertung wird weitgehend den geltenden Prinzipien einer Bewertung zu historischen Kosten gefolgt, wobei insbesondere am Anschaffungswert- und Realisationsprinzip festgehalten wird. Die heterogenen Regeln zum Imparitätsprinzip werden dagegen durch ein strenges und allgemeingültiges Niederstwertprinzip vereinheitlicht; gleichzeitig wird ein konsequentes Wertaufholungsgebot eingeführt

(4) Im Rahmen des Informationsabschlusses wird das Objektivierungsprinzip zugunsten einer möglichst weitgehenden Approximation des Unternehmenswerts abgeschwächt und als lediglich formale Objektivierbarkeit interpretiert. Aus diesem Grund werden die Einschränkungen der Bilanzierungsfähigkeit aus dem Zahlungsbemessungsabschluss aufgehoben, so dass im Ergebnis alle positiven und negativen Beiträge zum Unternehmenswert in der Informationsbilanz anzusetzen sind. Für Zwecke der Bilanzbewertung wird eine neu gestaltete Fair-Value-Hierarchie vorgeschlagen, die sich primär an Ertragswerten – sofern ver-

fügbar – und nur sekundär an Marktwerten oder (fortgeführten) historischen Kosten orientiert. Das Interdependenzproblem wird dabei gelöst, indem alle Vermögenswerte und Schulden, denen keine isolierbaren Cash-flows zurechenbar sind, auch im Informationsabschluss zu (fortgeführten) historischen Kosten bewertet werden. Infolge der vollständigen Fair-Value-Bewertung im Informationsabschluss wird eine weitgehende Offenlegung stiller Reserven sowohl in den Einzelgütern als auch im Gesamtwert erzielt. Gleichzeitig kommt es zwangsläufig zu einer „Entobjektivierung" und höheren Volatilität der Rechnungslegungsinformationen sowie zu einer signifikanten Steigerung der Rechnungslegungskosten.

(5) Insgesamt ermöglicht das Konzept einer umfassenden, funktional zweigeteilten Rechnungslegung eine im Vergleich zum geltenden deutschen Bilanzrecht bessere Funktionserfüllung. Die Ergebnisse des Vierten Teils beantworten damit zugleich die **zweite** in der Einführung gestellte **Grundfrage**, wie ein geeignetes Reformkonzept für eine umfassende Rechnungslegung in Deutschland aussehen könnte.

Im **Fünften Teil** werden spezielle Reformempfehlungen für eine umfassende, funktionsspezifische Bilanzierung des Goodwills gegeben. Die wichtigsten Ergebnisse, die zugleich die **speziellen Forschungsfragen** der Einführung beantworten, lauten wie folgt:

(1) Im Rahmen einer Neuabgrenzung der immateriellen Einzelwerte vom Goodwill werden erstere um jene Faktoren ausgeweitet, die zwar selbstständig bewertet werden können, jedoch aus rechtlichen oder faktischen Gründen nur mit dem Gesamtunternehmen übertragbar sind und daher zuvor dem Goodwill zugerechnet wurden. Von einer weiteren Zerlegung des Goodwills in einzelne Goodwill-Faktoren, die definitionsgemäß nur qualitativer Natur sein kann, wird hingegen Abstand genommen. Der Goodwill wird vielmehr als Gesamt-Vermögenswert im Sinne des allgemeinen Reformkonzepts einer umfassenden Rechnungslegung eingestuft, dessen formale Objektivierung im Wege des Residualansatzes möglich ist.

(2) Die für Bilanzierungszwecke traditionell bedeutsame Unterscheidung zwischen einem originären und derivativen Goodwill wird aus Sicht der Informationsfunktion als künstlich, überflüssig oder gar willkürlich beurteilt, da der Goodwill unabhängig von seiner Entstehungsart einen vollwertigen Bestandteil des Unternehmenswerts darstellt. Gleichwohl erweist sich die Aufrechterhaltung dieser begrifflichen Unterscheidung aus Sicht der Zahlungsbemessungsfunktion als unerlässlich, da einem originären Goodwill im Vergleich zu seinem derivativen Pendant regelmäßig ein niedrigerer Objektivierungs- und höherer Unsicherheitsgrad zukommt, was möglicherweise zu einer divergenten bilanziellen Behandlung führt.

(3) Für die bilanzielle Behandlung im Zahlungsbemessungsabschluss wird daher – wie im bestehenden Recht – an einem Aktivierungsverbot für den originären Goodwill festgehalten, um auf diese Weise eine stärker objektivierte und vorsichtige Vermögens- und Erfolgsermittlung sicherzustellen. Aus den gleichen Gründen wird ergänzend ein Ansatzverbot für Forschungs- und Entwicklungskosten sowie eine Streichung des handelsrechtlichen Aktivierungswahlrechts für Ingangsetzungs- und Erweiterungsaufwendungen gefordert.

(4) Für den derivativen Goodwill im Zahlungsbemessungsabschluss wird hingegen eine Aktivierungspflicht formuliert, wobei die erstmalige Wertermittlung dem Residualansatz folgt. Eine Disaggregation eines entgeltlich erworbenen Goodwills in einzelne Komponenten wird nur im Akquisitionszeitpunkt für möglich gehalten und daher nicht weiterverfolgt. Im Rahmen der Folgebewertung des derivativen Goodwills wird eine Pflicht zur planmäßigen Abschreibung über eine vorzugebende Nutzungsdauer gefordert, da diese insbesondere einer zu erwartenden Abnutzung des derivativen Goodwills im Zeitablauf Rechnung tragen kann und zudem eine vergleichsweise hohe Objektivierung der Vermögens- und Erfolgsermittlung ermöglicht. Konkret wird eine branchenabhängige Stufung der Nutzungsdauer mit 5 Jahren für freie Berufe, 10 Jahren für Dienstleistungsunternehmen und 20 Jahren für Industrieunternehmen aufgeworfen.

(5) Spiegelbildlich zum positiven Goodwill wird der negative Goodwill als Gesamt-Schuldposten einer umfassenden Rechnungslegung definiert. Eine genauere Analyse dieses Sonderfalls zeigt, dass ein negativer Goodwill (zum Teil auch Badwill genannt) ausschließlich im Falle der Antizipation künftiger Verluste gerechtfertigt ist, da nur hier der Fortführungsertragswert eines Unternehmens tatsächlich unter dem Substanzwert liegt. Analog zur Nutzungsdauervorgabe für einen positiven Goodwill wird für einen negativen Goodwill im Zahlungsbemessungsabschluss eine ertragswirksame Auflösung im Zeitablauf vorgeschlagen.

(6) Für den Informationsabschluss wird eine Aktivierung sowohl des originären als auch des derivativen Goodwills gefordert. Der erstmalige Wertansatz erfolgt dabei jeweils gemäß dem Residualansatz zum beizulegenden Zeitwert (Fair Value). Für den originären Goodwill setzt dies eine sachgerecht durchgeführte Unternehmensbewertung und Fair-Value-Bewertung sämtlicher bilanziellen Einzelgüter des Unternehmens streng genommen an jedem Bilanzstichtag voraus.

(7) Hinsichtlich der Folgebehandlung im Informationsabschluss wird eine jährliche Fair-Value-Bewertung des Residuums Goodwill mit einer korrespondierenden (außerplanmäßigen) Zu- oder Abschreibung vorgeschlagen. Die planmäßigen Abschreibungen eines derivativen Goodwills aus dem Zahlungsbemessungsabschluss werden damit im Falle eines konstanten oder gestiegenen Fair Values des (Gesamt-)Goodwills durch unrealisierte Gewinne kompensiert. Für den negativen Goodwill wird eine analoge Bewertung zum beizulegenden Zeitwert empfohlen.

In einem anschließenden Zahlenbeispiel zum Vergleich von internem und externem Unternehmenswachstum werden die speziellen Reformempfehlungen für die Goodwill-Bilanzierung noch einmal verdeutlicht. Dabei werden folgende Ergebnisse erzielt:

(1) Zunächst kann bei Abwesenheit von Ertragsteuern gezeigt werden, dass der originäre und derivative Goodwill sowie der Jahreserfolg (2) und das Eigenkapital (2) im Informationsabschluss identisch ausgewiesen und damit internes und externes Unternehmenswachstum bilanziell gleich abgebildet werden.

(2) Eine zusätzliche Einbeziehung von Ertragsteuern führt in Bezug auf die bilanzielle Behandlung des Goodwills im Zahlungsbemessungsabschluss zu keinen neuen Problemen. Hingegen wird im Informationsabschluss die Abgrenzung von latenten Steuern notwendig. Ferner tritt hier ein Zirkularitätsproblem auf, das sich aus der Interdependenz von steuerinduzierten Cash-flows und der residualen Wertermittlung des Goodwills ergibt. Wenngleich hier eine iterative Lösung möglich ist, verkompliziert sich die Berechnung erheblich. Im Ergebnis kann gezeigt werden, dass auch nach der Einbeziehung von Steuern internes und externes Wachstum im Informationsabschluss sehr viel ähnlicher abgebildet werden als im Zahlungsbemessungsabschluss. Kleinere Abweichungen hierbei sind auf die unterschiedliche steuerbilanzielle Behandlung des originären und derivativen Goodwills zurückzuführen.

(3) Als weiteres Sonderproblem wird schließlich die Notwendigkeit einer detaillierten Offenlegung und Prüfung von Unternehmensprognosen abgeleitet, die sich aus der besonderen Abhängigkeit der umfassenden Rechnungslegung von Zahlungsstromprognosen ergibt. In diesem Zusammenhang wird insbesondere auf die aus der Unternehmensbewertung resultierenden Bewertungssensitivitäten und Manipulationsgefahren für eine umfassende Rechnungslegung eingegangen. Wenngleich ein vollständiger Schutz der externen Bilanzadressaten hiervor nicht möglich ist, gelingt es mit dem vorgeschlagenen Konzept einer umfassenden, funktional zweigeteilten Rechnungslegung gleichwohl, die genannten Probleme weitgehend auf den Bereich des Informationsabschlusses zu beschränken und möglicherweise irreversible Zahlungsbemessungsfolgen zu vermeiden.

Insgesamt stellt die im Rahmen dieser Arbeit vorgeschlagene Reformkonzeption einer umfassenden, funktional zweigeteilten Rechnungslegung einen Versuch dar, das Spannungsfeld einer jeden Rechnungslegung zwischen Vollständigkeit und Objektivierung auf eine für das deutsche Bilanzrecht ungewohnte Weise zu lösen. Dabei erscheint eine zukünftige funktionale Zweiteilung der Rechnungslegung auch im Einzelabschluss als nicht unwahrscheinlich, ist diese doch in den angelsächsischen Rechnungslegungssystemen bereits seit langer Zeit bekannt und auch in Deutschland infolge des Bilanzrechtsreformgesetzes inzwischen in Ansätzen erkennbar. Als sehr viel offener erweist sich hingegen die Frage, ob die externe Rechnungslegung in der Zukunft jemals zu einer umfassenden Informationsvermittlung im Sinne einer vollständigen Fair-Value-Bewertung sämtlicher Bilanzgüter inklusive des Goodwills übergehen wird. Neue Impulse könnten hier jedoch von der internen Unternehmensrechnung und dem Controlling ausgehen, in denen Unternehmenswertrechnungen längst Anwendung finden. Zudem wäre es nicht das erste Mal, dass die externe Rechnungslegung im Sinne eines *management approach* auf Entwicklungen der internen Unternehmenssteuerung zurückgreift.

Weitere Implikationen ergeben sich schließlich für den Bereich der Managementvergütung. So entsteht im Rahmen einer funktional zweigeteilten Rechnungslegung mit unterschiedlichen Erfolgs- und Eigenkapitalgrößen die Frage, woran eine erfolgsabhängige Managementvergütung gekoppelt werden sollte. Eine einseitige Orientierung am Jahreserfolg (2) des Informationsabschlusses vermag hier aufgrund der möglichen Manipulationsgefahren durch das Management kaum zu überzeugen. Umgekehrt wäre aber auch eine ausschließliche Orientierung am Jahreserfolg (1) des Zahlungsbemessungsabschlusses kaum zu begründen, könnten hier doch notwendige Investitionen etwa in einen originären Goodwill unterbleiben, da sie den Gewinn unmittelbar mindern würden. Es erscheint daher überlegenswert, die erfolgsabhängige Vergütung des Managements an beide Erfolgsgrößen zu knüpfen. Hier besteht jedoch weiterer Forschungsbedarf.

Die im Rahmen dieser Arbeit vorgeschlagene Reformkonzeption mag von manchen als unkonventionelle, radikale oder gar unmögliche Veränderung des deutschen Bilanzrechts angesehen werden. Sie stellt jedoch den Versuch einer geschlossenen und konsistenten Lösung des Spannungsverhältnisses zwischen Vollständigkeit und Objektivierung dar, das jeder Rechnungslegung innewohnt. Die Zukunft wird zeigen, ob der theoretischen Lösung einer umfassenden, funktional zweigeteilten Rechnungslegung in Deutschland auch eine praktische Umsetzungschance von Seiten der Politik und der Standard-Setzung eingeräumt wird. Im Sinne des Eingangszitats von HESSE bleibt jedoch zu hoffen, dass immer wieder das Unmögliche versucht wird, damit das Mögliche entsteht!

Literaturverzeichnis

Aders, Christian/Hebertinger, Martin/Schaffer, Christian/Wiedemann, Florian: Shareholder Value-Konzepte – Umsetzung bei den DAX100-Unternehmen, Finanz Betrieb, 11/2003, S. 719-725 (zit.: Shareholder Value-Konzepte).

Aders, Christian/Wiedemann, Florian: Brand Valuation: Errechnen die bekannten Ansätze der Markenbewertung entscheidungsrelevante Markenwerte?, Finanz Betrieb, 9/2001, S. 469-478 (zit.: Brand Valuation).

Adler, Hans/Düring, Walther/Schmaltz, Kurt (Hrsg.): Rechnungslegung und Prüfung der Aktiengesellschaft, 4. Aufl., Bd. 1, Stuttgart 1968; Bd. 2, Stuttgart 1971; Bd. 3, Stuttgart 1972; 5. Aufl., unter dem Titel „Rechnungslegung und Prüfung der Unternehmen", Stuttgart 1987/1993; 6. Aufl., Stuttgart 1995/2000 (zit.: Rechnungslegung und Prüfung).

Afhüppe, Sven/Wildhagen, Andreas: Bis in alle Ewigkeit, Wirtschaftswoche vom 17.06.2006, S. 30-32 (zit.: Bis in alle Ewigkeit).

Alexander, David: A benchmark for the adequacy of published financial statements, Accounting and Business Research, Vol. 29, No. 3, 1999, S. 239-253 (zit.: Adequacy of published financial statements).

Allen, Charles E.: The Law Relating to Goodwill, London 1889 (zit.: Law Relating to Goodwill).

Arbeitsgruppe „Normierung der Rechnungslegung" der Wissenschaftlichen Kommission Rechnungswesen im Verband der Hochschullehrer für Betriebswirtschaft e. V.: Stellungnahme Nr. 1: Bilanzierung des Goodwill nach DRS 1a, Der Betriebs-Berater, 17/2002, S. 880 f. (zit.: Stellungnahme 1).

Arbeitsgruppe „Normierung der Rechnungslegung" der Wissenschaftlichen Kommission Rechnungswesen im Verband der Hochschullehrer für Betriebswirtschaft e. V.: Stellungnahme Nr. 3: Zum Entwurf der Grundsätze ordnungsmäßiger Rechnungslegung des DRSC, Der Betriebs-Berater, 2002, S. 2595-2599 (zit.: Stellungnahme 3).

Arbeitskreis „Externe und interne Überwachung der Unternehmung" der Schmalenbach-Gesellschaft für Betriebswirtschaft e. V.: Probleme der Prognoseprüfung, Der Betrieb, 3/2003, S. 105-111 (zit.: Probleme der Prognoseprüfung).

Arbeitskreis „Externe Unternehmensrechnung" der Schmalenbach-Gesellschaft e. V.: International Financial Reporting Standards im Einzel- und Konzernabschluß unter der Prämisse eines Einheitsabschlusses für unter anderem steuerliche Zwecke, Der Betrieb, 30/2003, S. 1585-1588 (zit.: Einheitsabschluss).

Arbeitskreis „Externe Unternehmensrechnung" der Schmalenbach-Gesellschaft für Betriebswirtschaft: Die Zukunft der Rechnungslegung aus Sicht von Wissenschaft und Praxis – Fachprogramm des Arbeitskreises Externe Unternehmensrechnung im Rahmen des 54. Deutschen Betriebswirtschafter-Tags, Der Betrieb, 4/2001, S. 160-161 (zit.: Zukunft der Rechnungslegung).

Arbeitskreis „Externe Unternehmensrechnung“ der Schmalenbach-Gesellschaft für Betriebswirtschaft e. V.: Grundsätze für das Value Reporting, Der Betrieb, 45/2002, S. 2337-2340 (zit.: Value Reporting).

Arbeitskreis „Immaterielle Werte im Berichtswesen“ der Schmalenbach-Gesellschaft für Betriebswirtschaft e. V.: Freiwillige externe Berichterstattung über immaterielle Werte, Der Betrieb, 23/2003, S. 1233-1237 (zit.: Freiwillige externe Berichterstattung).

Arbeitskreis „Immaterielle Werte im Rechnungswesen“ der Schmalenbach-Gesellschaft für Betriebswirtschaft e. V.: Kategorisierung und bilanzielle Erfassung immaterieller Werte, Der Betrieb, 19/2001, S. 989-995 (zit.: Erfassung immaterieller Werte).

Archner, Gernot: Marktwerte statt Buchwerte, Frankfurter Allgemeine Zeitung vom 10.09.2004, S. 43 (zit.: Marktwerte statt Buchwerte).

Arians, Georg: Das Konzept der handelsrechtlichen Steuerabgrenzung im Überblick, Steuern und Bilanzen, 6/2000, S. 290-297 (zit.: Handelsrechtliche Steuerabgrenzung).

Arnett, Harold E.: The Concept of Fairness, The Accounting Review, Vol. 42, No. 2, April 1967, S. 291-297 (zit.: Concept of Fairness).

Arnett, Harold E.: What Does “Objectivity” Mean to Accountants?, Journal of Accountancy, May 1961, S. 63-68 (zit.: Objectivity).

Arnold, John u. a.: Goodwill and Other Intangibles: Theoretical Considerations and Policy Issues, London 1992 (zit.: Goodwill).

Arnsfeld, Torsten/Schremper, Ralf: Konsequenzen des Goodwill-Impairment nach IFRS 3 für die wertorientierte Unternehmenssteuerung, Zeitschrift für kapitalmarktorientierte Rechnungslegung, 11/2005, S. 498-503 (zit.: Goodwill-Impairment).

ASB: Fair value – let the debate begin!, Inside Track, No. 46, December 2005, S. 2-3 (zit.: Fair value).

Ashton, Robert H.: Cognitive Changes Induced by Accounting Changes: Experimental Evidence on the Functional Fixation Hypothesis, Journal of Accounting Research, Vol. 14, Studies on Human Information Processing in Accounting, 1976, S. 1-17 (zit.: Accounting Changes).

Auer, Kurt V.: Mythos und Realität von US-GAAP und IAS, Zeitschrift für Betriebswirtschaft, 9/1999, S. 979-1002 (zit.: Mythos und Realität).

Auler, Wilhelm: Der Unternehmungsmehr- und -minderwert in der Bilanz, Zeitschrift für Betriebswirtschaft, 1927, S. 653-659, 727-736, 839-850 (zit.: Unternehmungsmehr- und -minderwert).

Bachem, Rolf G.: Berücksichtigung negativer Geschäftswerte in Handels-, Steuer- und Ergänzungsbilanz, Der Betriebs-Berater, 14/1993, S. 967-973 (zit.: Berücksichtigung negativer Geschäftswerte).

Bachem, Rolf G.: Der „negative Geschäftswert" – eine Schimäre als Steuersparmodell?, Der Betriebs-Berater, 1993, S. 1976-1978 (zit.: Der „negative Geschäftswert").

Baetge, Jörg: Möglichkeiten der Objektivierung des Jahreserfolgs, Düsseldorf 1970; zugl.: Diss., Münster, Univ. 1968 (zit.: Objektivierung).

Baetge, Jörg: Rechnungslegungszwecke des aktienrechtlichen Jahresabschlusses, in: *Baetge, Jörg/Moxter, Adolf/Schneider, Dieter (Hrsg.)*, Bilanzfragen. Festschrift zum 65. Geburtstag von Prof. Dr. Ulrich Leffson, Düsseldorf 1976, S. 11-30 (zit.: Rechnungslegungszwecke).

Baetge, Jörg/Brakensiek, Sonja/Wirth, Johannes: Außerplanmäßige Abschreibung: Neue Tendenzen in der US-amerikanischen Rechnungslegung, Der Betriebs-Berater, 48/2000, S. 2459-2465 (zit.: Außerplanmäßige Abschreibung).

Baetge, Jörg/Kirsch, Hans-Jürgen/Thiele, Stefan: Bilanzen, 7. Aufl., Düsseldorf 2003 (zit.: Bilanzen).

Baetge, Jörg/Kümmel, Jens: Shareholder Value Reporting mit Hilfe wertorientierter Unternehmenskennzahlen, in: *Rathgeber, Andreas/Tebroke, Hermann-Josef/Wallmeier, Martin (Hrsg.)*, Finanzwirtschaft, Kapitalmarkt und Banken. Festschrift für Professor Dr. Manfred Steiner zum 60. Geburtstag, Stuttgart 2003, S. 47-66 (zit.: Shareholder Value Reporting).

Baetge, Jörg/Noelle, Jennifer: Shareholder-Value-Reporting sowie Prognose- und Performancepublizität, Zeitschrift für kapitalmarktorientierte Rechnungslegung, 4/2001, S. 174-180 (zit.: Shareholder-Value-Reporting).

Baetge, Jörg/Thiele, Stefan: Gesellschafterschutz versus Gläubigerschutz – Rechenschaft versus Kapitalerhaltung, in: *Budde, Wolfgang D./Moxter, Adolf/Offerhaus, Klaus (Hrsg.)*, Handelsbilanzen und Steuerbilanzen. Festschrift zum 70. Geburtstag von Prof. Dr. h. c. Heinrich Beisse, Düsseldorf 1997, S. 11-24 (zit.: Gläubigerschutz).

Baetge, Jörg/Zülch, Henning: Fair Value-Accounting, Betriebswirtschaftliche Forschung und Praxis, 6/2001, S. 543-562 (zit.: Fair Value-Accounting).

Baetge, Jörg/Zülch, Henning/Matena, Sonja: Fair Value-Accounting – Ein Paradigmenwechsel auch in der kontinentaleuropäischen Rechnungslegung? (Teil A) –, Steuern und Bilanzen, 8/2002, S. 365-372 (zit.: Fair Value-Accounting (Teil A)).

Baetge, Jörg/Zülch, Henning/Matena, Sonja: Fair Value-Accounting – Ein Paradigmenwechsel auch in der kontinentaleuropäischen Rechnungslegung? (Teil B) –, Steuern und Bilanzen, 9/2002, S. 417-422 (zit.: Fair Value-Accounting (Teil B)).

Ballwieser, Wolfgang: Ergebnisse der Informationsökonomie zur Informationsfunktion der Rechnungslegung, in: *Stöppler, Siegmar (Hrsg.)*, Information und Produktion. Beiträge zur Unternehmenstheorie und Unternehmensplanung. Festschrift zum 60. Geburtstag von Prof. Dr. Waldemar Wittmann, Stuttgart 1985, S. 21-40 (zit.: Informationsfunktion).

Ballwieser, Wolfgang: Geschäftswert, in: *Busse von Colbe, Walther/Pellens, Bernhard (Hrsg.)*, Lexikon des Rechnungswesens, 4. Aufl., München u. Wien 1998, S. 283-286 (zit.: Geschäftswert).

Ballwieser, Wolfgang: Informations-GoB – auch im Lichte von IAS und US-GAAP, Zeitschrift für kapitalmarktorientierte Rechnungslegung, 3/2002, S. 115-121 (zit.: Informations-GoB).

Ballwieser, Wolfgang: Ist das Maßgeblichkeitsprinzip überholt?, Betriebswirtschaftliche Forschung und Praxis, 6/1990, S. 477-498 (zit.: Maßgeblichkeitsprinzip).

Ballwieser, Wolfgang: Rechnungslegung im Umbruch, Der Schweizer Treuhänder, 4/2002, S. 295-304 (zit.: Rechnungslegung im Umbruch).

Ballwieser, Wolfgang: Unternehmensbewertung, Stuttgart 2004 (zit.: Unternehmensbewertung).

Ballwieser, Wolfgang: Zum Nutzen handelsrechtlicher Rechnungslegung, in: *Ballwieser, Wolfgang/Moxter, Adolf/Nonnenmacher, Rolf (Hrsg.)*, Rechnungslegung – Warum und wie. Festschrift für Hermann Clemm zum 70. Geburtstag, München 1996, S. 1-25 (zit.: Nutzen handelsrechtlicher Rechnungslegung).

Ballwieser, Wolfgang: Zur Begründbarkeit informationsorientierter Jahresabschlußverbesserungen, Zeitschrift für betriebswirtschaftliche Forschung, 8-9/1982, S. 772-793 (zit.: Informationsorientierte Jahresabschlußverbesserungen).

Ballwieser, Wolfgang/Hettich, Silvia: Das IASB-Projekt „Reporting Comprehensive Income“: Bedeutung für das Controlling, Zeitschrift für Controlling & Management, Sonderheft 2/2004, S. 79-88 (zit.: Reporting Comprehensive Income).

Ballwieser, Wolfgang/Kuhner, Christoph: Rechnungslegungsvorschriften und wirtschaftliche Stabilität, Bergisch Gladbach 1994 (zit.: Rechnungslegungsvorschriften).

Ballwieser, Wolfgang/Küting, Karlheinz/Schildbach, Thomas: Fair value – erstrebenswerter Wertansatz im Rahmen einer Reform der handelsrechtlichen Rechnungslegung?, Betriebswirtschaftliche Forschung und Praxis, 6/2004, S. 529-549 (zit.: Fair value).

Bamberg, Günter/Coenenberg, Adolf G.: Betriebswirtschaftliche Entscheidungslehre, 12. Aufl., München 2004 (zit.: Entscheidungslehre).

Bareis, Peter/Elschen, Rainer/Siegel, Theodor/Sigloch, Jochen/Streim, Hannes: Lifo, Jahresabschlußziele und Grundsätze ordnungsmäßiger Buchführung, Der Betrieb, 25/1993, S. 1249-1252 (zit.: Lifo).

Barth, Kuno: Die Entwicklung des deutschen Bilanzrechts und der auf ihm beruhenden Bilanzauffassungen, handelsrechtlich und steuerrechtlich, Band I: Handelsrechtlich, Stuttgart 1953 (zit.: Deutsches Bilanzrecht I).

Barth, Mary E./Beaver, William H./Landsman, Wayne R.: The relevance of the value relevance literature for financial accounting standard setting: another view, Journal of Accounting and Economics, Vol. 31, September 2001, S. 77-104 (zit.: Value-relevance literature).

Barth, Mary/Landsman, Wayne R.: Fundamental issues related to using fair value accounting for financial reporting, Accounting Horizons, Vol. 9, No. 4, December 1995, S. 97-107 (zit.: Fair value accounting).

Barwise, Patrick/Higson, Christopher/Likierman, Andrew/Marsh, Paul: Accounting for Brands, London 1989 (zit.: Accounting for Brands).

Bassan, Bruno u. a.: Positive value of information in games, international Journal of Game Theory, Vol. 32, 2003, S. 17-31 (zit.: Positive value of information).

Beaver, William: Perspectives on Recent Capital Market Research, The Accounting Reviews, Vol. 77, No. 2, April 2002, S. 453-474 (zit.: Capital Market Research).

Beaver, William H.: The Information Content of Annual Earnings Announcements, Journal of Accounting Research, Vol. 6, Supplement, 1968, S. 67-92 (zit.: Information Content).

Beaver, William H./Demski, Joel S.: The Nature of Income Measurement, The Accounting Review, Vol. 54, No. 1, January 1979, S. 38-46 (zit.: Income Measurement).

Beaver, William/Kennelly, John W./Voss, William M.: Predictive Value as a Criterion for the Evaluation of Accounting Data, The Accounting Review, Vol. 43, No. 4, October 1968, S. 675-683 (zit.: Predictive Value).

Becker, Enno: Das Einkommensteuergesetz vom 10. August 1925, Band 1, §§ 1-18, Stuttgart 1928 (zit.: Einkommensteuergesetz 1925).

Becker, Enno: Zur Rechtsprechung. Einkommensteuerrecht. Reichsabgabenordnung, Steuer und Wirtschaft, 1931, Sp. 1405-1426 (zit.: Einkommensteuerrechtliche Behandlung).

Beiser, Reinhold: Der Teilwert im Wechsel zwischen Substanz- und Ertragswert, Deutsches Steuerrecht, 41/2002, S. 1777-1782 (zit.: Teilwert).

Bentele, Günter/Buchele, Mark-Steffen/Hoepfner, Jörg/Liebert, Tobias: Markenwert und Markenwertermittlung, 2. Aufl., Wiesbaden 2005 (zit.: Markenwert).

Bieker, Marcus/Esser, Maik: Der Impairment-Only-Ansatz des IASB: Goodwillbilanzierung nach IFRS 3 „Business Combinations", Steuern und Bilanzen, 10/2004, S. 449-458 (zit.: Impairment-Only-Ansatz).

Bieker, Marcus/Esser, Maik: Goodwill-Bilanzierung nach ED 3 „Business Combinations", Zeitschrift für kapitalmarktorientierte Rechnungslegung, 2/2003, S. 75-84 (zit.: Goodwill-Bilanzierung).

Biener, Herbert: AG, KGaA, GmbH, Konzerne, Köln 1979 (zit.: Konzerne).

Birnberg, Jacob G.: The role of accounting in financial disclosure, Accounting, Organizations and Society, Vol. 5, No. 1, 1980, S. 71-80 (zit.: Role of accounting).

Blackwell, David/Girshick, M. A.: Theory of Games and Statistical Decisions, New York 1954 (zit.: Statistical Decisions).

Böcker, Philipp: Bewertung und Bilanzerfordernis, Der Betrieb, 38/2002, S. 1949-1955 (zit.: Bewertung).

Böcking, Hans-Joachim: Zum Verhältnis von Rechnungslegung und Kapitalmarkt: Vom „financial accounting“ zum „business reporting“, in: *Ballwieser, Wolfgang/ Schildbach, Thomas (Hrsg.)*: Rechnungslegung und Steuern international, ZfbF-Sonderheft 40, Düsseldorf 1998, S. 17-53 (zit.: Rechnungslegung und Kapitalmarkt).

Broda, Björn M.: Alternative Ansätze zur Messung des intellektuellen Kapitals, Der Schweizer Treuhänder, 9/2003, S. 729-740 (zit.: Intellektuelles Kapital).

Brönner, Herbert/Kolm, Lars-Olaf/Poll, Jens: Die Konvergenz der Rechnungslegungsstandards: Eine stille Revolution, in: *Siegel, Theodor/Kirchhof, Paul/ Schneeloch, Dieter/Schramm, Uwe (Hrsg.)*, Steuertheorie, Steuerpolitik und Steuerpraxis. Festschrift für Peter Bareis zum 65. Geburtstag, Stuttgart 2005, S. 25-49 (zit.: Konvergenz der Rechnungslegungsstandards).

Browne, E. A.: Goodwill: Its Ascertainment and Treatment in Accounts, The Accountant, December 20, 1902, S. 1339-1344 (zit.: Goodwill).

Bryer, Rob: 'Mirror, mirror, on the wall, which is the fairest value of all?' [With apologies to Jacob and Wilhelm Grimm.] Fair values in global accounting – ideal way or wrong track?, Manuskript zum Festakt der Ludwig-Erhard-Stiftungsprofessur an der Universität Bayreuth am 28.10.2004, S. 1-31 (zit.: Fair values in global accounting).

Bryer, Rob: The choice in international accounting – decision usefulness or accountability? A traditional Anglo-Saxon view of the challenges posed by IAS to German GAAP, Working Paper zum Vortrag am 06.02.2003 an der Universität Bayreuth, S. 1-116 (zit.: Decision usefulness or accountability).

Bryer, Robert A.: A Marxist Critique of the FASB's Conceptual Framework, Critical Perspectives on Accounting, Vol. 10, 1999, S. 551-589 (zit.: FASB's Conceptual Framework).

Bryer, Robert A.: A Political Economy of SSAP22: Accounting for Goodwill, British Accounting Review, Vol. 27, No. 4/1995, S. 283-310 (zit.: Accounting for Goodwill).

Bryer, Robert A.: Financial Reporting: Chapter 1. Traditional financial accounting, Warwick Business School, Lecture Notes “Financial Reporting”, Autumn Term 2003/2004, S. 1-47 (zit.: Traditional financial accounting).

Bryer, Robert A.: Goodwill and other intangible fixed assets, Warwick Business School, Lecture Notes “Advanced Financial Reporting”, Autumn Term 2005/ 2006, S. 1-55 (zit.: Goodwill).

Bryer, Robert A.: The history of accounting and the transition to capitalism in England. Part one: theory, Accounting, Organizations and Society, Vol. 25, No. 2/2000, S. 131-162 (zit.: History of accounting. Part one).

Bryer, Robert A.: The laws of accounting in late nineteenth century Britain, Accounting History, Vol. 3, No. 1, 1998, S. 55-94 (zit.: Laws of accounting).

Budde, Thomas: Wertminderungstests nach IAS 36: komplexe Rechenwerke nicht nur für die Bewertung des Goodwill, Der Betriebs-Berater, 47/2005, S. 2567-2573 (zit.: Wertminderungstests).

Budde, Wolfgang D./Förschle, Gerhart: Immaterielles Vermögen, in: *Chmielewicz, Klaus/Schweitzer, Marcell (Hrsg.)*: Handwörterbuch des Rechnungswesens, 3. Aufl., Stuttgart, 1993, Sp. 897-901 (zit.: Immaterielles Vermögen).

Bullen, Halsey G./Crook, Kimberley: A New Conceptual Framework Project, May 2005, S. 1-18 (zit.: New Conceptual Framework).

Bundesministerium der Finanzen: Internationalisierung der Rechnungslegung: Konsequenzen für die deutsche Steuerpolitik, Monatsbericht, 10/2002, S. 63-70 (zit.: Internationalisierung der Rechnungslegung).

Busse von Colbe, Walther: Goodwill: eine unendliche Geschichte, Der Betriebs-Berater, 2/2004, S. I (zit.: Goodwill).

Busse von Colbe, Walther: Aufbau und Informationsgehalt von Kapitalflußrechnungen, Ergänzungsheft 1, ZfB 1966, S. 82-114 (zit.: Kapitalflußrechnungen).

Busse von Colbe, Walther: Die Entwicklung des Jahresabschlusses als Informationsinstrument, in: *Wagner, Franz W. (Hrsg.)*, Ökonomische Analyse des Bilanzrechts – Entwicklungslinien und Perspektiven –, ZfbF-Sonderheft 32, Düsseldorf u. Frankfurt am Main 1993, S. 11-29 (zit.: Jahresabschluß als Informationsinstrument).

Busse von Colbe, Walther: Entwicklungsperspektiven der Rechnungslegung in Deutschland, Zeitschrift für betriebswirtschaftliche Forschung, März 2002, S. 159-172 (zit.: Entwicklungsperspektiven).

Busse von Colbe, Walther: Ist die Bilanzierung des Firmenwerts nach dem Nonamortization-Impairment-Ansatz des SFAS-Entwurfs von 2001 mit § 292 a HGB vereinbar?, Der Betrieb, 17/2001, S. 877-879 (zit.: Bilanzierung des Firmenwerts).

Busse von Colbe, Walther/Pellens, Bernhard (Hrsg.): Lexikon des Rechnungswesens, 4. Aufl., München u. Wien 1998 (zit.: Lexikon des Rechnungswesens).

Cairns, David: Can the IASC cope with goodwill?, Accountancy, Vol. 117, Issue 1232, April 1996, S. 62-64 (zit.: Cope with goodwill).

Carsberg, Bryan V.: The Contribution of P. D. Leake to the Theory of Goodwill Valuation, Journal of Accounting Research, Spring 1966, S. 1-15 (zit.: Goodwill Valuation).

Castan, Edgar/Heymann, Gerd/Ordelheide, Dieter/Pfitzer, Norbert/Scheffler, Eberhard (Hrsg.): Beck'sches Handbuch der Rechnungslegung, München 1987/2006 (zit.: Beck'sches HdR).

Catlett, George R./Olson, Norman O.: Accounting for Goodwill, AICPA Accounting Research Study No. 10, New York 1968 (zit.: Accounting for Goodwill).

Chambers, R. J./Wolnizer, P. W.: A true and fair view of position and results: the historical background, Accounting, Business and Financial History, Vol. 1, No. 2, 1991, S. 197-213 (zit.: True and fair view).

Chang, Davis L./Birnberg, Jacob G.: Functional Fixity in Accounting Research: Perspective and New Data, Journal of Accounting Research, Vol. 15, No. 2, Autumn 1977, S. 300-312 (zit.: Functional Fixity).

Chartered Institute of Taxation: Tax nothings – Schedule D, London 1997 (zit.: Tax nothings).

Chastney, J. G.: True and fair view – history, meaning and the impact of the 4th Directive, ICAEW Research Committee Occasional Paper No. 6, Sheffield 1975 (zit.: True and fair view).

Coenenberg, Adolf G.: IFRS nützen dem Mittelstand, Frankfurter Allgemeine Zeitung vom 27.09.2004, S. 22 (zit.: IFRS nützen dem Mittelstand).

Coenenberg, Adolf G.: Jahresabschluss und Jahresabschlussanalyse, 20. Aufl., Stuttgart 2005 (zit.: Jahresabschluss).

Coenenberg, Adolf G.: Unternehmensexterne Jahresabschlußinformationen. Eine Untersuchung zum Informationswert des Jahresabschlusses, Habil., Köln, Univ., 1969 (zit.: Unternehmensexterne Jahresabschlußinformationen).

Colley, J. Ron/Volkan, Ara G.: Accounting for Goodwill, Accounting Horizons, Vol. 2, No. 1, March 1988, S. 35-41 (zit.: Accounting for Goodwill).

Cotting, René/Boemle, Max: True and fair View-Konzept versus Fair Presentation, Der Schweizer Treuhänder, 8/2000, S. 788-794 (zit.: True and fair View-Konzept).

Cyert, Richard M./March, James G.: A Behavioral Theory of the Firm, Englewood Cliffs, New Jersey 1963 (zit.: Behavioral Theory).

Daum, Jürgen H.: Intellectual Capital Statements: Basis für ein Rechnungswesen- und Reportingmodell der Zukunft?, Controlling, 3-4/2003, S. 143-153 (zit.: Intellectual Capital Statements)

Davies, Mike/Paterson, Ron/Wilson, Allister: UK GAAP, Sixth edition, Croydon Surrey 1999 (zit.: UK GAAP).

Davis, Michael: Goodwill Accounting: Time for an Overhaul, Journal of Accountancy, Vol. 173, No. 6, June 1992, S. 75-83 (zit.: Goodwill Accounting).

Davis-Friday, Paquita Y./Folami, L. Buky/Liu, Chao-Shin/Mittelstaedt, H. Fred: The Value Relevance of Financial Statement Recognition vs. Disclosure: Evidence from SFAS No. 106, The Accounting Review, Vol. 74, No. 4, October 1999, S. 403-423 (zit.: Recognition vs. Disclosure).

Dean, Graeme/Clarke, Frank: Principles vs rules: true and fair view and IFRSs, Abacus 2004, S. I-IV (zit.: Principles vs rules).

Deloitte & Touche (Hrsg.): European Comparison: UK & Germany, London 2001 (zit.: UK & Germany).

Demski, Joel S/Fellingham, John C./Ijiri, Yuji/Sunder, Shyam: Some Thoughts on the Intellectual Foundations of Accounting, Accounting Horizons, Vol. 16, No. 2, 2002, S. 157-168 (zit.: Intellectual Foundations of Accounting).

Deubner, Peter: Die Aktivierung und Abschreibung des Geschäftswerts in der Steuerbilanz, Köln, Univ., Diss., 1971 (zit.: Aktivierung und Abschreibung).

Deutsche Bundesbank (Hrsg.), Bericht zur Stabilität des deutschen Finanzsystems, Monatsbericht, Dezember 2003, S. 5-53 (zit.: Stabilität des Finanzsystems).

Deutsche Bundesbank (Hrsg.), Rechnungslegungsstandards für Kreditinstitute im Wandel, Monatsbericht, Juni 2002, S. 41-57 (zit.: Rechnungslegungsstandards).

Diamond, Michael A./Nicolaisen, Donald T.: Intangibles, in: *Choi, Frederick D. S. (Hrsg.)*: International Accounting and Finance Handbook, Second Edition, New York u. a. 1997, Chapter 14, S. 1-26 (zit.: Intangibles).

Dicksee, Lawrence R./Stevens, T. M.: Goodwill and Its Treatment in Accounts, London 1897 (zit.: Goodwill).

Dicksee, Lawrence R./Tillyard, Frank: Goodwill and Its Treatment in Accounts, Third Edition, London 1906 (zit.: Goodwill).

Dietrich, J. Richard/Harris, Mary S./Muller III, Karl A.: The reliability of investment property fair value estimates, Journal of Accounting and Economics, Vol. 30, S. 125-158 (zit.: Investment property fair value estimates).

Dietrich, Jörg: Teilwertabschreibung, Wertaufholungsgebot und „voraussichtlich dauernde Wertminderung" im Spiegel des BMF-Schreibens vom 25.2.2000, Deutsches Steuerrecht, 39/2000, S. 1629-1635, (zit.: Teilwertabschreibung).

Döhling, Erich: Der ideelle Geschäftswert, Saarbrücken 1950 (zit.: Der ideelle Geschäftswert).

Döllerer, Georg: Maßgeblichkeit der Handelsbilanz in Gefahr, Der Betriebs-Berater, 1971, S. 1333-1335 (zit.: Maßgeblichkeit in Gefahr).

Doralt, Werner: Der Firmenwert in der Handels- und Steuerbilanz, Berlin 1976 (zit.: Firmenwert).

Dorchester, John D.: Market Value for Financial Reporting: The Premise, The Appraisal Journal, Winter 2004, S. 20-34 (zit.: Market Value).

Döring, Ulrich: Goodwill, in: *Chmielewicz, Klaus/Schweitzer, Marcell (Hrsg.)*: Handwörterbuch des Rechnungswesens, 3. Aufl., Stuttgart 1993, Sp. 810-818 (zit.: Goodwill).

Drukarczyk, Jochen: Unternehmensbewertung, 4. Aufl., München 2003 (zit.: Unternehmensbewertung).

Drukarczyk, Jochen: Zur Brauchbarkeit der Konzeption des „ökonomischen Gewinns", Die Wirtschaftsprüfung, 7/1973, S. 183-188 (zit.: Brauchbarkeit des „ökonomischen Gewinns").

Eberle, Reto: Neue Standards zur Bilanzierung von Goodwill (Teil 1), Der Schweizer Treuhänder, 3/2002, S. 184-190 (zit.: Bilanzierung von Goodwill (Teil 1)).

Edwards, John R.: A History of Financial Accounting, London u. New York 1989 (zit.: History of Financial Accounting).

Egner, Thomas: Steuerliches Ansatzverbot von Drohverlustrückstellungen – Abbau einer Steuersubvention?, in: *Meiler, Rudolf R. (Hrsg.)*: Mittelstand und Betriebswirtschaft, Wiesbaden 1999, S. 149-164 (zit.: Drohverlustrückstellungen).

Eibelshäuser, Manfred: Abschreibungen und Realisationsprinzip, in: *Budde, Wolfgang D./Moxter, Adolf/Offerhaus, Klaus (Hrsg.)*: Handelsbilanzen und Steuerbilanzen. Festschrift zum 70. Geburtstag von Prof. Dr. h. c. Heinrich Beisse, Düsseldorf 1997, S. 153-169 (zit.: Realisationsprinzip).

Ekholm, Bo-Goran/Troberg, Pontus: Quo Vadis True and Fair View?, Journal of International Accounting, Auditing & Taxation, Vol. 7, Issue 1, 1998, S. 113-129 (zit.: Quo Vadis True and Fair View?).

Elliott, Barry/Elliott, Jamie: Financial Accounting and Reporting, Nineth Edition, Harlow u. a. 2005 (zit.: Financial Accounting).

Elliott, Robert K./Jacobson, Peter D.: Costs and Benefits of Business Information Disclosure, Accounting Horizons, Vol. 8, No. 4, S. 80-96 (zit.: Costs and Benefits).

Ellrott, Helmut/Förschle, Gerhart/Hoyos, Martin/Winkeljohann, Norbert (Hrsg.): Beck'scher Bilanz-Kommentar. Handels- und Steuerbilanz, 6. Aufl., München 2006 (zit.: Beck'scher Bilanz-Kommentar).

Elschen, Rainer: Principal-Agent, in: *Busse von Colbe, Walther/Pellens, Bernhard (Hrsg.)*: Lexikon des Rechnungswesens, 4. Aufl., München u. Wien 1998, S. 557-560 (zit.: Principal-Agent).

Elschen, Rainer: Shareholder Value und Agency-Theorie – Anreize und Kontrollsysteme für Zielsetzungen der Anteilseigner, Betriebswirtschaftliche Forschung und Praxis, 3/1991, S. 209-220 (zit.: Shareholder Value und Agency Theorie).

Emery, Kenneth G.: Should goodwill be written off?, The Accounting Review, Vol. 26, No. 4, October 1951, S. 560-567 (zit.: Should goodwill be written off?).

Emmrich, Markus: Ansätze und Perspektiven einer Reform der externen Rechnungslegung in Deutschland, Aachen 1999; zugl.: Bayreuth, Univ., Diss., 1998 (zit.: Reform der externen Rechnungslegung).

Epstein, Barry J./Mirza, Abbas A.: IAS 2000, New York u. a. 2000 (zit.: IAS).

Ernst & Young (Hrsg.): GAAP news, issue 16, August 2000 (zit.: GAAP news).

Ernst & Young (Hrsg.): How fair is fair value?, May 2005, S. 1-9 (zit.: Fair value).

Ernst, Edgar/Gassen, Joachim/Pellens, Bernhard: Verhalten und Präferenzen deutscher Aktionäre, Studien des Deutschen Aktieninstituts, Heft 29, Frankfurt 2005 (zit.: Verhalten und Präferenzen deutscher Aktionäre).

Ernsting, Ingo: Zur Bilanzierung eines negativen Geschäfts- oder Firmenwerts nach Handels- und Steuerrecht, Die Wirtschaftsprüfung, 9/1998, S. 405-421 (zit.: Negativer Geschäfts- oder Firmenwert).

Esch, Franz-Rudolf: Werbung – eine Spielwiese für Manager?, Frankfurter Allgemeine Zeitung vom 19.04.2004, S. 20 (zit.: Werbung).

Euler, Roland: Bilanzrechtstheorie und internationale Rechnungslegung, in: *Budde, Wolfgang D./Moxter, Adolf/Offerhaus, Klaus (Hrsg.)*: Handelsbilanzen und Steuerbilanzen. Festschrift zum 70. Geburtstag von Prof. Dr. h. c. Heinrich Beisse, Düsseldorf 1997, S. 171-188 (zit.: Bilanzrechtstheorie).

Euler, Roland: Paradigmenwechsel im handelsrechtlichen Einzelabschluss: Von den GoB zu den IAS?, Der Betriebs-Berater, 17/2002, S. 875-880 (zit.: Paradigmenwechsel).

Europäische Zentralbank (Hrsg.): Die Auswirkungen der Zeitwertbilanzierung auf den europäischen Bankensektor im Hinblick auf die Finanzmarktstabilität, Monatsbericht, 2/2004, S. 77-91 (zit.: Auswirkungen der Zeitwertbilanzierung).

Evans, Lisa: The true and fair view and the 'fair presentation' override of IAS 1, Accounting and Business Research, Vol. 33, No. 4, 2003, S. 311-325 (zit.: True and fair view).

Ewert, Ralf: Rechnungslegung, Gläubigerschutz und Agency-Probleme, Wiesbaden 1986; zugl.: Passau, Univ., Diss. 1985 (zit.: Agency-Probleme).

Fama, Eugene F.: Efficient capital markets: A review of theory and empirical work, The Journal of Finance, Vol. 25, 1970, S. 383-417 (zit.: Efficient capital markets).

Federmann, Rudolf: Bilanzierung nach Handelsrecht und Steuerrecht, 11. Aufl., Berlin 2000 (zit.: Handelsrecht und Steuerrecht).

Fehl, Ulrich/Oberender, Peter: Grundlagen der Mikroökonomie,9. Aufl., München 2004 (zit.: Mikroökonomie).

Feltham, Gerald A.: The Value of Information, The Accounting Review, Vol. 43, No. 4, October 1968, S. 684-696 (zit.: Value of Information).

Fiedler, Ronald: Wertorientiertes Markenmanagement, Controlling, 3-4/2003, S. 185-190 (zit.: Wertorientiertes Markenmanagement).

Fitzgibbon, Christopher: United Kingdom, international Tax Review, Vol. 9, Issue 3/1998, S. IX-XV (zit.: United Kingdom).

Fladt, Guido/Feige, Peter: Der Exposure Draft 3 „Business Combinations" des IASB – Konvergenz mit den US-GAAP?, Die Wirtschaftsprüfung, 6/2003, S. 249-262 (zit.: Exposure Draft 3).

Freiberg, Jens/Lüdenbach, Norbert: Ermittlung des Diskontierungszinssatzes nach IAS 36, Zeitschrift für kapitalmarktorientierte Rechnungslegung, 11/2005, S. 479-487 (zit.: Diskontierungszinssatz nach IAS 36).

Fries, Helmut: Marken und Patente bieten der Branche gute Wachstumsaussichten, Handelsblatt vom 28.09.2005, S. B5 (zit.: Marken und Patente).

Geiger, Andreas: Interpretation des negativen Geschäftswerts im Rahmen einer ökonomischen Analyse, Der Betrieb, 31/1996, S. 1533-1535 (zit.: Interpretation des negativen Geschäftswerts).

Giersberg, Georg: Die Bilanzpolizei sucht noch ihre Rolle, Frankfurter Allgemeine Zeitung vom 29.03.2006, S. 24 (zit.: Bilanzpolizei).

Gießler, Oliver S.: Der negative Geschäftswert in Handels-, Steuer- und Ergänzungsbilanz, Frankfurt/Main u. a. 1996 (zit.: Der negative Geschäftswert).

Gjesdal, Frøystein: Accounting for Stewardship, Journal of Accounting Research, Vol. 19, No. 1, Spring 1981, S. 208-231 (zit.: Accounting for Stewardship).

Gräber, Hermann: Die handelsrechtliche Geschäftswertbilanzierung im Blickfeld des Abschlußprüfers, Würzburg, Univ., Diss., 1981 (zit.: Geschäftswertbilanzierung).

Gray, Robert P.: Research Note: Revisiting Fair Value Accounting – Measuring Commercial Banks' Liabilities, Abacus, Vol. 39, No. 2, /2003, S. 250-261 (zit.: Revisiting Fair Value Accounting).

Greinert, Markus: Die bilanzielle Behandlung von Marken, Lohmar u. Köln 2002; zugl.: Gießen, Univ., Diss. 2001 (zit.: Bilanzielle Behandlung von Marken).

Greinert, Markus: Herstellungskosten einer Marke, Zeitschrift für kapitalmarktorientierte Rechnungslegung, 7-8/2003, S. 328-335 (zit.: Herstellungskosten einer Marke).

Greinert, Markus: Verbesserung des Markencontrolling durch neuere Rechnungslegungsnormen, Zeitschrift für Controlling & Management, 2/2003, S. 123-128 (zit.: Verbesserung des Markencontrolling).

Grinyer, J. R./Russell, A./Walker, M.: The Rationale for Accounting for Goodwill, The British Accounting Review, Vol. 22, No. 3, 1990, S. 223-235 (zit.: Accounting for Goodwill).

Gröner, Susanne/Zeimes, Markus: Gewinn- und Verlust-Rechnung verändert ihr Gesicht, Frankfurter Allgemeine Zeitung vom 04.08.2003, S. 17 (zit.: Gewinn- und Verlust-Rechnung).

Günther, Thomas: Value Based Reporting – Entwicklungspotenziale der externen Unternehmensberichterstattung, Der Betriebs-Berater, 32/2001, S. 1623-1630 (zit.: Value Based Reporting).

Gutenberg, Erich: Die Struktur der Bilanzwerte, Zeitschrift für Betriebswirtschaft, 1926, S. 497-511 (zit.: Struktur der Bilanzwerte).

Gynther, Reg S.: Some "Conceptualizing" on Goodwill, The Accounting Review, Vol. 44, April 1969, S. 247-255 (zit.: Conceptualizing).

Hachmeister, Dirk: Impairment-Test nach IFRS und US-GAAP, in: *Ballwieser, Wolfgang/Beyer, Sven/Zelger, Hansjörg (Hrsg.)*: Unternehmenskauf nach IFRS und US-GAAP, Stuttgart 2005, S. 191-223 (zit.: Impairment-Test).

Haller, Axel: Immaterielle Vermögenswerte – Wesentliche Herausforderung für die Zukunft der Unternehmensrechnung, in: *Möller, Hans Peter/Schmidt, Franz (Hrsg.)*: Rechnungswesen als Instrument für Führungsentscheidungen. Festschrift für Prof. Dr. Dr. h. c. Adolf G. Coenenberg zum 60. Geburtstag, Stuttgart 1998, S. 561-596 (zit.: Immaterielle Vermögenswerte).

Haller, Axel/Dietrich, Ralph: Intellectual Capital Bericht als Teil des Lageberichts, Der Betrieb, 20/2001, S. 1045-1052 (zit.: Intellectual Capital Bericht).

Haller, Axel/Schloßgangl, Maria: Notwendigkeit einer Neugestaltung des Performance Reporting nach International Accounting (Financial Reporting) Standards, Zeitschrift für kapitalmarktorientierte Rechnungslegung, 7-8/2003, S. 317-327 (zit.: Performance Reporting).

Hansen, Polle: The accounting concept of profit, 2. edition, Kopenhagen 1972 (zit.: Accounting concept of profit).

Harris, Trevor S./Lang, Mark/Möller, Hans P.: Zur Relevanz der Jahresabschlußgrößen Erfolg und Eigenkapital für die Aktienbewertung in Deutschland und den USA, Zeitschrift für betriebswirtschaftliche Forschung, 11/1995, S. 996-1028 (zit.: Relevanz der Jahresabschlußgrößen).

Hasenack, Wilhelm: Die betriebswirtschaftliche Unhaltbarkeit des Verbotes, den translativen Firmenwert in der Steuerbilanz regelmäßig abzuschreiben, Betriebswirtschaftliche Forschung und Praxis, 5/1958, S. 297-304 (zit.: Unhaltbarkeit).

Havenstein, Moritz/Heiden, Matthias: Markenwertmessung im betrieblichen Rechnungswesen – Entscheidungshilfe oder Sorgenkind?, Der Betriebs-Berater, 24/2003, S. 1272-1277 (zit.: Markenwertmessung).

Hax, Herbert: Der Bilanzgewinn als Erfolgsmaßstab, Zeitschrift für Betriebswirtschaft, 1964, S. 642-651 (zit.: Bilanzgewinn als Erfolgsmaßstab).

Hax, Herbert: Rechnungslegungsvorschriften – Notwendige Rahmenbedingungen für den Kapitalmarkt?, in: *Domsch, Michel/Eisenführ, Franz/Ordelheide, Dieter/Perlitz, Manfred (Hrsg.)*: Unternehmungserfolg – Planung – Ermittlung – Kontrolle. Walther Busse von Colbe zum 60. Geburtstag, Wiesbaden 1988, S. 187-201 (zit.: Rechnungslegungsvorschriften).

Hayn, Sven/Waldersee, Georg Graf: IFRS/US-GAAP/HGB im Vergleich, 5. Aufl., Stuttgart 2004 (zit.: IFRS/US-GAAP/HGB).

Heckler, Brian L.: Accounting for Goodwill in an Age of Mergers, The Journal of Corporate Accounting and Finance, Vol. 8, No. 3, Spring 1997, S. 13-24 (zit.: Accounting for Goodwill).

Heinz, Carsten A.: Vermögensübergänge im Spannungsfeld von Erbschaftsteuer und Einkommensteuer, Aachen 2003; zugl.: Diss., Bayreuth, Univ. 2002 (zit.: Erbschaftsteuer und Einkommensteuer).

Henselmann, Klaus: Böcke als Gärtner? – Vorgeschichte und Stand von DRS 1a, Steuern und Bilanzen, 6/2002, S. 283-287 (zit.: DRS 1a).

Henselmann, Klaus: Erfolgsmessung und Steuerbelastung, Heidelberg 1994; zugl.: Diss., Bayreuth, Univ. 1994 (zit.: Erfolgsmessung und Steuerbelastung).

Henselmann, Klaus: Unternehmensrechnungen und Unternehmenswert, Aachen 1999; zugl.: Bayreuth, Univ., Habil.-Schr., 1997 (zit.: Unternehmensrechnungen).

Herzig, Norbert: Bilanzsteuerliche Aspekte des Wertaufholungsgebotes im Steuerentlastungsgesetz, Die Wirtschaftsprüfung, 8/1999, S. 305-318 (zit.: Wertaufholungsgebot).

Herzig, Norbert: Das Maßgeblichkeitsprinzip – eine zukunftsträchtige Konzeption?, in: *Küting, Karlheinz/Weber, Claus-Peter (Hrsg.)*: Wertorientierte Konzernführung. Kapitalmarktorientierte Rechnungslegung und integrierte Unternehmenssteuerung, Stuttgart 2000, S. 57-89 (zit.: Maßgeblichkeitsprinzip).

Herzig, Norbert: Derivatebilanzierung und GoB-System, in: *Fischer, Thomas R./Hömberg, Reinhold (Hrsg.)*: Jahresabschluß und Jahresabschlußprüfung. Festschrift zum 60. Geburtstag von Jörg Baetge, Düsseldorf 1997, S. 37-63 (zit.: Derivatebilanzierung).

Herzig, Norbert: Die Entzauberung der amerikanischen Rechnungslegungsvorschriften, Frankfurter Allgemeine Zeitung vom 11.03.2002, S. 27 (zit.: Entzauberung).

Herzig, Norbert: Notwendigkeit und Umsetzungsmöglichkeiten eines gespaltenen Rechnungslegungsrechts (Handels- und Steuerbilanz), Zeitschrift für kapitalmarktorientierte Rechnungslegung, 4/2001, S. 154-159 (zit.: Gespaltenes Rechnungslegungsrecht).

Herzig, Norbert/Bär, Michaela: Die Zukunft der steuerlichen Gewinnermittlung im Licht des europäischen Bilanzrechts, Der Betrieb, 1/2003, S. 1-8 (zit.: Zukunft der steuerlichen Gewinnermittlung).

Herzig, Norbert/Dautzenberg, Norbert: Auswirkungen der Internationalisierung der Rechnungslegung auf die Steuerbilanz, Betriebswirtschaftliche Forschung und Praxis, 1/1998, S. 23-37 (zit.: Internationalisierung der Rechnungslegung).

Herzig, Norbert/Gellrich, Kai M./Jensen-Nissen, Lars: IAS/IFRS und steuerliche Gewinnermittlung, Betriebswirtschaftliche Forschung und Praxis, 6/2004, S. 550-577 (zit.: IAS/IFRS und steuerliche Gewinnermittlung).

Herzig, Norbert/Hausen, Guido: Steuerliche Gewinnermittlung durch modifizierte Einnahmenüberschussrechnung – Konzeption nach Aufgabe des Maßgeblichkeitsprinzips, Der Betrieb, 1-2/2004, S. 1-10 (zit.: Modifizierte Einnahmenüberschussrechnung).

Hesse, Hermann: Brief an Wilhelm Gundert, Gesammelte Briefe, Vierter Band 1949-1962, Frankfurt am Main 1986, S. 382-386; zuerst erschienen unter dem Titel „Yüan Wus Niederschrift von der smaragdenen Felswand", Neue Zürcher Zeitung vom 03.10.1960 (zit.: Gesammelte Briefe).

Heumann, Rainer: Value Reporting in IFRS-Abschlüssen und Lageberichten, Düsseldorf 2005; zugl.: Münster, Univ., Diss., 2005 (zit.: Value Reporting).

Heurung, Rainer: Der negative Geschäftswert im Bilanzrecht, Der Betrieb, 8/1995, S. 385-392 (zit.: Der negative Geschäftswert).

Heurung, Rainer: Kapitalkonsolidierungsmethoden für verbundene Unternehmen im Vergleich zwischen IAS und US-GAAP, Der Betrieb, 36/2000, S. 1773-1781 (zit.: Kapitalkonsolidierungsmethoden).

Heyd, Reinhard: Fair Value, Controlling, 3-4/2003, S. 209-210 (zit.: Fair Value).

Higson, Chris: Goodwill, British Accounting Review, Vol. 30, 1998, S. 141-158 (zit.: Goodwill).

Hinrichs, Karsten: Abschied vom deutschen Handelsrecht, Frankfurter Allgemeine Zeitung vom 11.10.2002, S. 43 (zit.: Abschied vom Handelsrecht).

Hitz, Jörg-Markus/Kuhner, Christoph: Erweiterung des US-amerikanischen conceptual framework um Grundsätze der Barwertermittlung, Die Wirtschaftsprüfung, 18/2000, S. 889-902 (zit.: Barwertermittlung).

Høegh-Krohn, Nils E. J./Knivsflå, Kjell H.: Accounting for Intangible Assets in Scandinavia, the UK, the US, and by the IASC: Challenges and a Solution, The International Journal of Accounting, Vol. 35, No. 2, 2000, S. 243-265 (zit.: Intangible Assets).

Hofbauer, Max A./Kupsch, Peter (Hrsg.): Bonner Handbuch der Rechnungslegung, Bonn 1986/2006 (zit.: Bonner Handbuch der Rechnungslegung).

Hoffmann, Wolf-Dieter: Die ökonomischen Grenzen der Aussagekraft einer Bilanz, Steuern und Bilanzen, 16/2000, S. 822-828 (zit.: Grenzen einer Bilanz).

Hoffmann, Wolf-Dieter/Lüdenbach, Norberg: Beschreiten wir bei der Internationalisierung der Rechnungslegung den Königsweg?, Deutsches Steuerrecht, 20-21/ 2002, S. 871-878 (zit.: Internationalisierung der Rechnungslegung).

Hoffmann, Wolf-Dieter/Lüdenbach, Norbert: Bilanzrechtsreformgesetz – Seine Bedeutung für den Einzel- und Konzernabschluß der GmbH, GmbH Rundschau, 3/2004, S. 145-150 (zit.: Bilanzrechtsreformgesetz).

Hoffmann, Wolf-Dieter/Lüdenbach, Norbert: Internationale Rechnungslegung: kapitalmarkt- oder managementorientiert?, Steuern und Bilanzen, 11/2002, S. 541-548 (zit.: Internationale Rechnungslegung).

Hoffmann, Wolf-Dieter/Lüdenbach, Norbert: Praxisprobleme der Neubewertungskonzeption nach IAS, Deutsches Steuerrecht, 14/2003, S. 565-570 (zit.: Neubewertungskonzeption nach IAS).

Hoffmann, Wolf-Dieter/Lüdenbach, Norbert: Zur Offenlegung der Ermessensspielräume bei der Erstellung des Jahresabschlusses, Der Betrieb, 37/2003, S. 1965-1969 (zit.: Offenlegung der Ermessensspielräume).

Holgate, Peter A.: The history and regulation of goodwill accounting, in: *Power, Michael (Hrsg.)*: Brand and Goodwill Accounting Strategies, New York u. a. 1990, S. 9-19 (zit.: History and regulation).

Holthausen, Robert W./Watts, Ross L.: The relevance of the value-relevance literature for financial accounting standard setting, Journal of Accounting and Economics, Vol. 31, September 2001, S. 3-75 (zit.: Value-relevance literature).

Holzer, Peter/Ernst, Christian: (Other) Comprehensive Income und Non-Ownership Movements in Equity – Erfassung und Ausweis des Jahresergebnisses und des Eigenkapitals nach US-GAAP und IAS, Die Wirtschaftsprüfung 9/1999, S. 353-370 (zit.: Comprehensive Income).

Hommel, Michael: Internationale Bilanzrechtskonzeptionen und immaterielle Vermögensgegenstände, Zeitschrift für betriebswirtschaftliche Forschung, 4/1997, S. 345-369 (zit.: Immaterielle Vermögensgegenstände).

Hommel, Michael: Neue Goodwillbilanzierung – das FASB auf dem Weg zur entobjektivierten Bilanz?, Der Betriebs-Berater, 38/2001, S. 1943-1949 (zit.: Neue Goodwillbilanzierung).

Hopcroft, Terry: Rechnungslegung und Grundsätze der Abschlußprüfung in Großbritannien und Deutschland: Ein Vergleich, Düsseldorf 1995 (zit.: Rechnungslegung in Großbritannien und Deutschland).

Hovanesian, Mara Der/Rowley, Ian/Arndt, Michael: Global Brands, Special Report, Business Week, August 1. 2005, S. 86-94 (zit.: Global Brands).

Hughes, Hugh P.: Goodwill in Accounting: A History of the Issues and Problems, Research Monograph No. 80, Atlanta, Georgia 1982 (zit.: Goodwill in Accounting).

Hulle, Karel Van: The true and fair view override in the European Accounting Directives, The European Accounting Review, Vol. 6, No. 4, 1997, S. 711-720 (zit.: True and fair override).

Hussla, Gertraud: Pensionslasten steigen stark, Handelsblatt vom 08.12.2005, S. 34 (zit.: Pensionslasten).

Hüttemann, Rainer: BB-Gesetzgebungsreport: Internationalisierung des deutschen Handelsbilanzrechts im Entwurf des Bilanzrechtsreformgesetzes, Der Betriebs-Berater, 4/2004, S. 203-209 (zit.: Bilanzrechtsreformgesetz).

IASB: Update, October 2005, S. 1-6 (zit.: Update).

IDW: Internationalisierung der Rechnungslegung im Mittelstand, Düsseldorf 2005 (zit.: Internationalisierung im Mittelstand).

Ijiri, Yuji/Jaedicke, Robert K.: Reliability and Objectivity of Accounting Measurements, The Accounting Review, Vol. 41, No. 3, July 1966, S. 474-483 (zit.: Reliability and Objectivity).

Inanga, Eno L/Schneider, Wm. Bruce: Cost with time can yield reliable and relevant financial accounting information, Corporate Ownership & Control, Vol. 2, No. 1, Fall 2004, S. 60-72 (zit.: Cost with time).

Jacobs, O. H./Scheffler, W.: Unternehmensbewertung, in: *Chmielewicz, Klaus/ Schweitzer, Marcell (Hrsg.)*: Handwörterbuch des Rechnungswesens, 3. Aufl., Stuttgart 1993, Sp. 1977-1988 (zit.: Unternehmensbewertung).

Jäger, Rainer/Himmel, Holger: Die Fair Value-Bewertung immaterieller Vermögenswerte vor dem Hintergrund der Umsetzung internationaler Rechnungslegungsstandards, Betriebswirtschaftliche Forschung und Praxis, 4/2003, S. 417-440 (zit.: Fair Value-Bewertung).

Jensen, Michael C./Meckling, William H.: Theory of the Firm: Managerial Behavior, Agency Costs and Ownership Structure, Journal of Financial Economics, Vol. 3, Issue 4, October 1976, S. 305-360 (zit.: Theory of the Firm).

Jensen, Robert E./ Xiao, Jason Z.: Customized Financial Reporting, Networked Databases, and Distributed File Sharing, Accounting Horizons, Vol. 15, No. 3/2001, S. 209-222 (zit.: Customized Financial Reporting).

John, Kose/Kalay, Avner: Costly Contracting and Optimal Payout Constraints, Journal of Finance, Vol. 37, No. 2, May 1982, S. 457-470 (zit.: Costly Contracting).

Johnson, L. Todd: Relevance and Reliability, FASB Report, February 28, 2005, Druckseiten 1-4 (zit.: Relevance and Reliability).

Johnson, L. Todd: The Project to Revisit the Conceptual Framework, FASB Report, December 28, 2004, Druckseiten 1-4 (zit.: Revisit the Conceptual Framework).

Johnson, L. Todd: Understanding the Conceptual Framework, FASB Report, December 28, 2004, Druckseiten 1-4 (zit.: Conceptual Framework).

Johnson, L. Todd/Petrone, Kimberley R.: Viewpoints: Why Did the Board Change Its Mind on Goodwill Amortization?, FASB Viewpoints, 2001, S. 1-6 (zit.: Goodwill Amortization).

Johnson, L. Todd/Petrone, Kimberly R.: Is Goodwill an Asset?, Accounting Horizons, Vol. 12, No. 3, September 1998, S. 293-303 (zit.: Goodwill).

Johnson, L. Todd/Reither, Cheri L./Swieringa, Robert J.: Toward Reporting Comprehensive Income, Accounting Horizons, Vol. 9, No. 4, December 1995, S. 128-137 (zit.: Reporting Comprehensive Income).

Kahle, Holger: Bilanzieller Gläubigerschutz und internationale Rechnungslegungsstandards, Zeitschrift für Betriebswirtschaft, 7/2002, S. 695-711 (zit.: Bilanzieller Gläubigerschutz).

Kahle, Holger: Der kapitaltheoretische Gewinn als entscheidungsneutrale Steuerbemessungsgrundlage, Wirtschaftswissenschaftliches Studium, 4/1995, S. 214-218 (zit.: Kapitaltheoretischer Gewinn).

Kahle, Holger: Die neue Goodwill-Bilanzierung nach US-GAAP – Bilanzierung nach Belieben? (Teil A), Steuern und Bilanzen, 17/2002, S. 849-858 (zit.: Goodwill-Bilanzierung (Teil A)).

Kahle, Holger: Die neue Goodwill-Bilanzierung nach US-GAAP – Bilanzierung nach Belieben? (Teil B), Steuern und Bilanzen, 18/2002, S. 900-905 (zit.: Goodwill-Bilanzierung (Teil B)).

Kahle, Holger: Informationsversorgung des Kapitalmarkts über internationale Rechnungslegungsstandards, Zeitschrift für kapitalmarktorientierte Rechnungslegung, 2/2002, S. 95-107 (zit.: Informationsversorgung des Kapitalmarkts).

Kahle, Holger: Zur Zukunft der Rechnungslegung in Deutschland: IAS im Einzel- und Konzernabschluss?, Die Wirtschaftsprüfung, 6/2003, S. 262-275 (zit.: Zukunft der Rechnungslegung).

Karsten, Johann-Friedrich: Die Deformierung der handelsrechtlichen Rechnungslegung durch steuerliche Maßnahmen der Wirtschaftsförderung, Der Betriebs-Berater, 1967, S. 425-428 (zit.: Deformierung der Rechnungslegung).

Kasperzak, Rainer/Krag, Joachim/Wiedenhofer, Marco: Konzepte zur Erfassung und Abbildung von Intellectual Capital, Deutsches Steuerrecht, 35/2001, S. 1494-1500 (zit.: Intellectual Capital).

Keitz, Isabel v.: Immaterielle Güter in der internationalen Rechnungslegung, Düsseldorf 1997; zugl.: Münster, Univ., Diss., 1996 (zit.: Immaterielle Güter).

Kirchner, Christian: Bilanzrecht und neue Institutionenökonomik: Interdisziplinäre Überlegungen, in: *Budde, Wolfgang D./Moxter, Adolf/Offerhaus, Klaus (Hrsg.)*: Handelsbilanzen und Steuerbilanzen. Festschrift zum 70. Geburtstag von Prof. Dr. h. c. Heinrich Beisse, Düsseldorf 1997, S. 267-283 (zit.: Bilanzrecht).

Kirk, Donald J.: Competitive Disadvantage and Mark-To-Market Accounting, Accounting Horizons, Vol. 5, No. 2, June 1991, S. 98-106 (zit.: Competitive Disadvantage).

Kirsch, Hanno: Cashflow-Planungen zur Durchführung des Asset Impairment Test nach US-GAAP, Der Betrieb-Berater, 34/2003, S. 1775-1781 (zit.: Cashflow-Planungen).

Kirsch, Hanno: Einfluss unternehmerischer Prognosen und Planungen auf den IAS-Jahresabschluss, Steuern und Bilanzen, 6/2003, S. 241-247 (zit.: Prognosen und Planungen.)

Kirsch, Hanno: Zukunft der HGB-Rechnungslegung und des steuerlichen Maßgeblichkeitsprinzips im Zeitalter der IFRS-Rechnungslegung?, Deutsche Steuerzeitung, 14/2004, S. 470-476 (zit.: Zukunft der HGB-Rechnungslegung).

Klein, Gabriele: Die Erfassung des Goodwill in unterschiedlichen Rechnungslegungssystemen unter Berücksichtigung grenzüberschreitender Fusionen, Deutsches Steuerrecht, 18/2000, S. 788-796 (zit.: Erfassung des Goodwill).

Kley, Karl-Ludwig: Die Fair Value-Bilanzierung in der Rechnungslegung nach den International Accounting Standards (IAS), Der Betrieb, 43/2001, S. 2257-2262 (zit.: Fair Value-Bilanzierung).

Klinger, K.: Zum Verbot der steuerlichen Abschreibung des derivativen Firmenwertes, Der Betrieb, 2/1959, S. 29-31 (zit.: Verbot der steuerlichen Abschreibung).

Koch, Hans-Dieter/Schmidt, Reinhard H.: Ziele und Instrumente des Anlegerschutzes, Betriebswirtschaftliche Forschung und Praxis, 3/1981, S. 231-250 (zit.: Anlegerschutz).

Kohler, Eric L.: Why Not Retain Historical Cost?, Journal of Accountancy, October 1963, S. 35-41 (zit.: Historical Cost).

Kolbe, Kurt: Theorie und Praxis des Gesamtwertes und Geschäftswertes der Unternehmung, 3. Aufl., Düsseldorf 1967 (zit.: Theorie und Praxis).

Koob, Clemens/Feige, Stephan: Im Dreisprung zur Steigerung des Markenwerts, Unternehmensbewertung & Management, 5/2003, S. 181-187 (zit.: Steigerung des Markenwerts).

Kort, Katharina: AOL Time Warner: 99 Milliarden Miese, Handelsblatt vom 31.01./ 01.02.2003, S. 11 (zit.: AOL Time Warner).

Kosiol, Erich: Bilanzreform und Einheitsbilanz, 2. Aufl., Berlin u. Stuttgart 1949 (zit.: Bilanzreform).

Kossack, Eberhard: Die immateriellen Wirtschaftsgüter und ihre Behandlung in der Bilanz, Wiesbaden 1960 (zit.: Die immateriellen Wirtschaftsgüter).

Krawitz, Norbert/Klotzbach, Daniela: Anwendungsvoraussetzungen und Aussagefähigkeit der Fresh-Start-Methode bei der Bilanzierung von Unternehmenszusammenschlüssen, Die Wirtschaftsprüfung, 23-24/2000, S. 1164-1180 (zit.: Fresh-Start-Methode).

Kriete, Thomas/Padberg, Thomas: IAS/IFRS-Bilanzierung: Einfluss der neuen Goodwill-Abschreibungen auf den Jahresüberschuss, Unternehmensbewertung & Management, 6/2004, S. 232-234 (zit.: Goodwill-Abschreibungen).

Kronstein, Heinrich/Claussen, Carsten P.: Publizität und Gewinnverteilung im neuen Aktienrecht, Frankfurt am Main 1960 (zit.: Publizität und Gewinnverteilung).

Kübler, Friedrich: Institutioneller Gläubigerschutz oder Kapitalmarkttransparenz?: Rechtsvergleichende Untersuchung zu den „stillen Reserven", Zeitschrift für das gesamte Handels- und Wirtschaftsrecht, 159/1995, S. 550-566 (zit.: Institutioneller Gläubigerschutz).

Kümmel, Jens: Grundsätze für die Fair Value-Ermittlung mit Barwertkalkülen, Düsseldorf 2002; zugl.: Münster, Univ., Diss., 2002 (zit.: Fair Value-Ermittlung).

Küting, Karlheinz: Der Geschäfts- oder Firmenwert – ein Spielball der Bilanzpolitik in deutschen Konzernen, Die Aktiengesellschaft, 3/2000, S. 97-106 (zit.: Geschäfts- oder Firmenwert).

Küting, Karlheinz: Der Geschäfts- oder Firmenwert als Schlüsselgröße der Analyse von Bilanzen deutscher Konzerne, Der Betrieb, 51-52/2005, S. 2757-2765 (zit.: Geschäfts- oder Firmenwert).

Küting, Karlheinz: Der Preis ist zu hoch, Frankfurter Allgemeine Zeitung vom 12.03.2007, S. 20 (zit.: Preis ist zu hoch).

Küting, Karlheinz: Die Bilanzierung im Umbruch, Steuern und Bilanzen, 15/2004, S. 683-686 (zit.: Bilanzierung im Umbruch).

Küting, Karlheinz: Die Merkmale einer Unternehmensanalyse am Neuen Markt, Frankfurter Allgemeine Zeitung vom 23.10.2000, S. 32 (zit.: Unternehmensanalyse).

Küting, Karlheinz: Fair value – ein Garant für Fair play, Frankfurter Allgemeine Zeitung vom 22.08.2005, S. 20 (zit.: Fair value).

Küting, Karlheinz: Saarbrücker Thesen zur Fortentwicklung des deutschen Bilanzrechts, Der Betriebs-Berater, 30/2004, S. I (zit.: Saarbrücker Thesen).

Küting, Karlheinz: Wurde ein zu hoher Preis für IFRS bezahlt?, Frankfurter Allgemeine Zeitung vom 17.10.2005, S. 22 (zit.: Hoher Preis für IFRS).

Küting, Karlheinz/Dawo, Sascha: Anwendungsfälle der fair value-Bewertung bei nicht finanziellen Vermögenswerten im Rahmen der International Financial Reporting Standards (IFRS), Zeitschrift für kapitalmarktorientierte Rechnungslegung, 5/2003, S. 228-241 (zit.: Anwendungsfälle fair value-Bewertung).

Küting, Karlheinz/Gattung, Andreas: Abgrenzung latenter Steuern auf timing und temporary differences, Steuern und Bilanzen, 6/2005, S. 241-248 (zit.: Abgrenzung latenter Steuern).

Küting, Karlheinz/Harth, Hans-Jörg: Die Behandlung einer negativen Aufrechnungsdifferenz im Rahmen der Purchase-Methode nach APB 16 und nach IAS 22, Die Wirtschaftsprüfung, 13/1999, S. 489-500 (zit.: Negative Aufrechnungsdifferenz).

Küting, Karlheinz/Hayn, Sven: Der Aussagewert eines angelsächsischen Konzernabschlusses im Vergleich zum HGB-Abschluß, Die Aktiengesellschaft, 2/1996, S. 49-71 (zit.: Angelsächsischer Konzernabschluß).

Küting, Karlheinz/Kessler, Harald: Einige Bemerkungen zum Verhältnis von Imparitätsprinzip und Besteuerung nach der Leistungsfähigkeit, Steuern und Bilanzen, 1/2000, S. 21-29 (zit.: Imparitätsprinzip und Besteuerung).

Küting, Karlheinz/Kessler, Harald: Verluste werden negiert und Gewinne kassiert, Frankfurter Allgemeine Zeitung vom 16.11.1998, S. 35 (zit.: Verluste werden negiert).

Küting, Karlheinz/Reuter, Michael: Einfluss internationaler Standards auf die deutsche Rechnungslegung, DSWR – Datenverarbeitung – Steuer – Wirtschaft – Recht, 4/2005, S. 104-106 (zit.: Einfluss internationaler Standards).

Küting, Karlheinz/Weber, Claus-Peter (Hrsg.): Handbuch der Rechnungslegung – Einzelabschluss, 5. Aufl., Stuttgart 2002/2005 (zit.: Handbuch der Rechnungslegung).

Küting, Karlheinz/Weber, Claus-Peter/Wirth, Johannes: Die neue Goodwillbilanzierung nach SFAS 142, Zeitschrift für kapitalmarktorientierte Rechnungslegung, 5/2001, S. 185-198 (zit.: Neue Goodwillbilanzierung).

Küting, Karlheinz/Wirth, Johannes: Wenn die Eigenkapitalquoten stärker schwanken, Frankfurter Allgemeine Zeitung vom 06.10.2003, S. 22 (zit.: Eigenkapitalquoten).

Labhart, Peter A.: Value Reporting, Zürich 1999 (zit.: Value Reporting).

Lamb, Margaret: Defining 'profits' for British income tax purposes: A contextual study of the depreciation cases, 1875-1897,Paper prepared for presentation at the Interdisciplinary Perspectives on Accounting Conference, Manchester, July 2000, S. 1-54; auch zum Download unter http://les.man.ac.uk/IPA/papers/78.pdf, Stand: 07.10.2006 (zit.: Defining 'profits').

Larsen, Heine T./Bukh, Per N. D./Mouritsen, Jan: Intellectual Capital Statements and Knowledge Management: 'Measuring', 'Reporting', 'Acting', Australian Accounting Review, Vol. 9, No. 3, 1999, S. 15-26 (zit.: Intellectual Capital Statements).

Leake, P. D.: Goodwill: Its Nature and How to Value it, The Accountant, January 17, 1914, S. 81-90 (zit.: Goodwill).

Lee, Changwoo/Choi, Frederick D. S.: Effects of Alternative Goodwill Treatments on Merger Premia: Further Empirical Evidence, Journal of International Financial Management and Accounting, Vol. 4, No. 3, 1992, S. 220-236 (zit.: Alternative Goodwill Treatments).

Lee, Thomas A.: Accounting for Goodwill, Accounting and Business Research, Summer 1973, S. 175-196 (zit.: Accounting for Goodwill).

Lee, Thomas A.: Developments in Company Financial Reporting: a History and an Introduction, in: *Lee, Thomas A. (Hrsg.)*: Developments in Financial Reporting, Oxford 1981, S. 1-26 (zit.: Company Financial Reporting).

Lee, Thomas A.: Goodwill. An Example of Will-o'-the-Wisp Accounting, Accounting and Business Research, Autumn 1971, S. 318-328 (zit.: Goodwill).

Leffson, Ulrich: Die Grundsätze ordnungsmäßiger Buchführung, 7. Aufl., Düsseldorf 1987 (zit.: Grundsätze ordnungsmäßiger Buchführung).

Leftwich, Richard: Accounting Information in Private Markets: Evidence from Private Lending Agreements, The Accounting Review, Vol. 58, No. 1, January 1983, S. 23-42 (zit.: Accounting Information).

Leibfried, Peter/Amann, Thomas: Ein Schatten über den Gewinn- und Verlustrechnungen des DAX 100?, Zeitschrift für kapitalmarktorientierte Rechnungslegung, 4/2002, S. 191-197 (zit.: Gewinn- und Verlustrechnungen).

Lev, Baruch: On the Usefulness of Earnings and Earnings Research: Lessons and Directions from Two Decades of Empirical Research, Journal of Accounting Research, Vol. 27, Supplement 1989, S. 153-192 (zit.: Usefulness of Earnings).

Lev, Baruch: Sharpening the Intangibles Edge, Harvard Business Review, June 2004, S. 109-116 (zit.: Intangibles Edge).

Lev, Baruch/Zambon, Stefano: Intangibles and intellectual capital: an introduction to a special issue, European Accounting Review, Vol. 12, No. 4, 2003, S. 597-603 (zit.: Intangibles).

Lev, Baruch/Zarowin, Paul: The Boundaries of Financial Statements and How to Extend Them, Journal of Accounting Research, Vol. 37, No. 2, Autumn 1999, S. 353-385 (zit.: Boundaries of Financial Statements).

Linsmeier, Thomas J./Gribble, John/Jennings, Ross G./Lang, Mark H./Penman, Stephen H./Petroni, Kathy R./Shores, D./Smith, John H./Warfield, Terry D.: An Issues Paper on Comprehensive Income, Accounting Horizons, Vol. 11, No. 2, June 1997, S. 120-126 (zit.: Comprehensive Income).

Livingstone, John L.: A Behavioral Study of Tax Allocation in Electric Utility Regulation, The Accounting Review, July 1967, S. 544-552 (zit.: Tax Allocation).

Löhr, Dirk: IAS (IFRS) versus HGB – Einzelwirtschaftspolitischer Paradigmenwechsel als Fortschritt?, Steuern und Bilanzen, 14/2003, S. 643-651 (zit.: IAS (IFRS) versus HGB).

Loitz, Rüdiger/Rössel, Carsten: Die Diskontierung von latenten Steuern, Der Betrieb, 13/2002, S. 645-651 (zit.: Diskontierung von latenten Steuern).

Lopatta, Kerstin: Erfassung des Goodwill in unterschiedlichen Rechnungslegungssystemen unter Berücksichtigung grenzüberschreitender Fusionen, Recht der internationalen Wirtschaft, 5/2000, S. 354-363 (zit.: Erfassung des Goodwill).

Lorson, Peter: Auswirkungen von Shareholder-Value-Konzepten auf die Bewertung und Steuerung ganzer Unternehmen, Herne/Berlin 2004; zugl.: Saarbrücken, Univ., Habil.-Schrift, 2003 (zit.: Shareholder-Value-Konzepte).

Lorson, Peter C./Heiden, Matthias: Intellectual Capital Statement und Goodwill-Impairment, in: *Seicht, Gerhard (Hrsg.)*: Jahrbuch für Controlling und Rechnungswesen, Wien 2002, S. 369-403 (zit.: Intellectual Capital Statement).

Lüdenbach, Norbert/Frowein, Nils: Der Goodwill-Impairment-Test aus Sicht der Rechnungslegungspraxis, Der Betrieb, 5/2003, S. 217-223 (zit.: Goodwill-Impairment-Test).

Lüdenbach, Norbert/Hoffmann, Wolf-Dieter: Enron und die Umkehrung der Kausalität bei der Rechnungslegung, Der Betrieb, 23/2002, S. 1169-1175 (zit.: Enron).

Lüdenbach, Norbert/Hoffmann, Wolf-Dieter: Gemildertes Fair-Value-Prinzip bei der Bilanzierung von Wertpapiervermögen, Der Betrieb, 3/2004, S. 85-89 (zit.: Gemildertes Fair-Value-Prinzip).

Lüdenbach, Norbert/Hoffmann, Wolf-Dieter: Imparitätische Wahrscheinlichkeit – Zukunftswerte im IAS-Regelwerk, Zeitschrift für kapitalmarktorientierte Rechnungslegung, 1/2003, S. 5-14 (zit.: Imparitätische Wahrscheinlichkeit).

Luecke, Randall W./Meeting, David T.: How Companies Report Income, Journal of Accountancy, May 1998, S. 45-52 (zit.: How Companies Report Income).

Ma, Ronald: A Note on the Use of Selling Prices – Some Examples from the Nineteenth Century, Abacus, Vol. 18, No. 2, 1982, S. 129-138 (zit.: Ma, R., Use of Selling Prices (Abacus 1982)

Mattessich, Richard: In Search of a Framework for Deprival Value and Other Purpose-Oriented Valuation Methods, Abacus, Vol. 34, No. 1, 1998, S. 4-7 (zit.: Framework for Deprival Value).

Maul, Karl-Heinz/Menninger, Jutta: Das „Intellectual Property Statement“ – eine notwendige Ergänzung des Jahresabschlusses?, Der Betrieb, 11/2000, S. 529-533 (zit.: Intellectual Property Statement).

McGee, Andrew: The 'True and Fair View' Debate: A Study in the Legal Regulation of Accounting, The Modern Law Review, Vol. 54, No. 6, November 1991, S. 874-888 (zit.: True and Fair View Debate).

Mellerowicz, Konrad: Der Wert der Unternehmung als Ganzes, Essen 1952 (zit.: Wert der Unternehmung).

Menninger, Jutta/Kunowski, Stefan: Wertermittlung von Patenten, Technologien und Lizenzen vor dem Hintergrund von Optimierungsstrategien, Deutsches Steuerrecht, 28/2003, S. 1180-1184 (zit.: Wertermittlung von Patenten).

Mercer, Molly: How Do Investors Assess the Credibility of Management Disclosures?, Accounting Horizons, Vol. 18, No. 3, September 2004, S. 185-196 (zit.: Credibility of Management Disclosures).

Michalski, Lutz (Hrsg.): Kommentar zum Gesetz betreffend die Gesellschaften mit beschränkter Haftung (GmbH-Gesetz), Band II, §§ 35-86 GmbHG, München 2002 (zit.: Kommentar zum GmbHG).

Möller, Hans Peter/Hüfner, Bernd/Kavermann, Markus: Zur Tauglichkeit unterschiedlicher Rechnungslegungssysteme für den deutschen Aktienmarkt, in: *Rathgeber, Andreas/Tebroke, Hermann-Josef/Wallmeier, Martin (Hrsg.)*: Finanzwirtschaft, Kapitalmarkt und Banken. Festschrift für Professor Dr. Manfred Steiner zum 60. Geburtstag, Stuttgart 2003, S. 195-220 (zit.: Tauglichkeit unterschiedlicher Rechnungslegungssysteme).

More, Francis: Goodwill, The Accountant, April 11, 1891, S. 282-287 (zit.: Goodwill).

Mouritsen, Jan/Larsen, Heine T./Bukh, Per N. : Valuing the future: intellectual capital supplements at Skandia, Accounting, Auditing & Accountability Journal, Vol. 14, No. 4, 2001, S. 399-422 (zit.: Intellectual capital supplements).

Moxter, Adolf: Aktivierungsgrenzen bei „immateriellen Anlagewerten“, Der Betriebs-Berater, 17/1978, S. 821-825 (zit.: Aktivierungsgrenzen).

Moxter, Adolf: Bilanzlehre. Band I: Einführung in die Bilanztheorie, 3. Aufl., Wiesbaden 1984 (zit.: Bilanzlehre I).

Moxter, Adolf: Bilanzlehre. Band II: Einführung in das neue Bilanzrecht, 3. Aufl., Wiesbaden 1986 (zit.: Bilanzlehre II).

Moxter, Adolf: Bilanzrechtliche Probleme beim Geschäfts- oder Firmenwert, in: *Bierich, Marcus/Hommelhoff, Peter/Kropff, Bruno (Hrsg.)*: Festschrift für Johannes Semler zum 70. Geburtstag am 28. April 1993. Unternehmen und Unternehmensführung im Recht, Berlin u. a. 1993, S. 853-861 (zit.: Geschäfts- oder Firmenwert).

Moxter, Adolf: Das Realisationsprinzip – 1884 und heute, Der Betriebs-Berater, 28/1984, S. 1780-1786 (zit.: Realisationsprinzip).

Moxter, Adolf: Die Aktivierungsvoraussetzung „entgeltlicher Erwerb" im Sinne von § 5 Abs. 2 EStG, Der Betrieb, 38/1978, S. 1804-1809 (zit.: Entgeltlicher Erwerb).

Moxter, Adolf: Die Geschäftswertbilanzierung in der Rechtsprechung des Bundesfinanzhofs und nach EG-Bilanzrecht, Der Betriebs-Berater, 15/1979, S. 741-747 (zit.: Geschäftswertbilanzierung).

Moxter, Adolf: Entziehbarer Gewinn?, in: *Ballwieser, Wolfgang/Moxter, Adolf/Nonnenmacher, Rolf (Hrsg.)*: Rechnungslegung – Warum und wie. Festschrift für Hermann Clemm zum 70. Geburtstag, München 1996, S. 231-241 (zit.: Entziehbarer Gewinn).

Moxter, Adolf: Grundsätze ordnungsgemäßer Rechnungslegung, Düsseldorf 2003 (zit.: Grundsätze ordnungsgemäßer Rechnungslegung).

Moxter, Adolf: Grundsätze ordnungsmäßiger Unternehmensbewertung, 2. Aufl., Wiesbaden 1983 (zit.: Unternehmensbewertung).

Moxter, Adolf: Immaterielle Anlagewerte im neuen Bilanzrecht, Der Betriebs-Berater, 22/1979, S. 1102-1109 (zit.: Immaterielle Anlagewerte).

Moxter, Adolf: Rechnungslegungsmythen, Der Betriebs-Berater, 42/2000, S. 2143-2149 (zit.: Rechnungslegungsmythen).

Mujkanovic, Robin: Die Vorschläge des Deutschen Standardisierungsrates zur Abbildung von Unternehmenserwerben im Konzernabschluss, Die Wirtschaftsprüfung, 14/2000, S. 637-647.

Mujkanovic, Robin: Fair Value im Financial Statement nach International Accounting Standards, Stuttgart 2002 (zit.: Fair Value).

Mullen, Maggie: How to value intangibles, Accountancy, November 1993, S. 92-94 (zit.: How to value intangibles).

Münstermann, Hans: Die Bedeutung des ökonomischen Gewinns für den externen Jahresabschluß der Aktiengesellschaft, Die Wirtschaftsprüfung, 20-21/1966, S. 579-586 (zit.: Bedeutung des ökonomischen Gewinns).

Mutze, Otto: Aktivierung und Bewertung immaterieller Wirtschaftsgüter nach Handels- und Steuerrecht, Berlin 1960 (zit.: Aktivierung und Bewertung

Nelson, Robert H.: The Momentum Theory of Goodwill, The Accounting Review, Vol. 28, October 1953, S. 491-499 (zit.: Momentum Theory).

Ng, David S.: An Information Economics Analysis of Financial Reporting and External Auditing, The Accounting Review, Vol. 53, No. 4/1978, S. 910-920 (zit.: Information Economics Analysis).

Ng, David S./Stoeckenius, Jan: Auditing: Incentives and Truthful Reporting, Journal of Accounting Research, Vol. 17, Supplement, 1979, S. 1-24 (zit.: Incentives and Truthful Reporting).

Niemann, Ursula: Immaterielle Wirtschaftsgüter im Handels- und Steuerrecht, Bielefeld 1999 (zit.: Immaterielle Wirtschaftsgüter).

Noack, Hans-Christoph: „Diese Regelung ist Gift für den Mittelstand", Ein Gespräch mit Professor Karlheinz Küting und dem Haniel-Finanzvorstand Klaus Trützschler, Frankfurter Allgemeine Zeitung vom 28.11.2005, S. 20 (zit.: Gift für den Mittelstand).

Nobes, Christopher: A Conceptual Framework for the Taxable Income of Businesses, and How to Apply it under IFRS, London 2004 (zit.: Taxable Income of Businesses).

Nobes, Christopher: Is true and fair of over-riding importance?: a comment on Alexander's benchmark, Accounting and Business Research, Vol. 30, No. 4, 2000, S. 307-312 (zit.: Over-riding importance).

Nobes, Christopher: Rules-Based Standards and the Lack of Principles in Accounting, Accounting Horizons 2005, S. 25-34 (zit.: Lack of Principles).

Nobes, Christopher: The True and Fair View Requirement: Impact on and of the Fourth Directive, Accounting and Business Research, Vol. 24, No. 93, 1993, S. 35-48 (zit.: True and Fair View).

Nobes, Christopher/Norton, Julie: International Variations in the Accounting and Tax Treatments of Goodwill and the Implications for Research, Journal of International Accounting, Auditing & Taxation, Vol. 5, No. 2, 1996, S. 179-196 (zit.: Treatments of Goodwill).

Noll, Daniel J./Weygandt, Jerry J. : Business Reporting: What Comes Next?, Journal of Accountancy, February 1997, S. 59-62 (zit.: Business Reporting).

Nonnenmacher, Rolf: Value Reporting als Erweiterung der internationalen Rechnungslegung? – Zur finanziellen Berichterstattung deutscher Unternehmen –, in: *Dirrigl, Hans/Wellisch, Dietmar/Wenger, Ekkehard (Hrsg.)*: Steuern, Rechnungslegung und Kapitalmarkt. Festschrift für Franz W. Wagner zum 60. Geburtstag, Wiesbaden 2004, S. 149-161 (zit.: Value Reporting).

o. V.: Deutschland bei F&E-Investitionen vorn, Frankfurter Allgemeine Zeitung vom 24.10.2005, S. 22 (zit.: F&E-Investitionen).

o. V.: Gewinnsprünge nur mit Vorsicht zu genießen, Frankfurter Allgemeine Zeitung vom 15.01.2005, S. 19 (zit.: Gewinnsprünge).

o. V.: Limited revisions to IAS 22, Accountancy, Vol. 122, Issue 1262, October 1998, S. 123 (zit.: Limited revisions).

o. V.: Neue Gewinn- und Verlustrechnung heftig umstritten, Frankfurter Allgemeine Zeitung vom 29.09.2003, S. 19 (zit.: Neue Gewinn- und Verlustrechnung).

o. V.: Vodafone schreibt bis zu 41 Milliarden Euro ab, Frankfurter Allgemeine Zeitung vom 28.02.2006, S. 11 (zit.: Vodafone schreibt 41 Milliarden Euro ab).

o. V.: Vodafone verdankt neuen Bilanzregeln Ergebnissprung von 20 Milliarden Euro, Frankfurter Allgemeine Zeitung vom 13.07.2005, S. 15 (zit.: Ergebnissprung von 20 Milliarden Euro).

Obermüller, Albrecht: Der Goodwill und seine Bewertung beim Zugewinnausgleich, Regensburg, Univ., Diss., 1999 (zit.: Goodwill beim Zugewinnausgleich).

Ordelheide, Dieter: Kaufmännischer Periodengewinn als ökonomischer Gewinn, in: *Domsch, Michel/Eisenführ, Franz/Ordelheide, Dieter/Perlitz, Manfred (Hrsg.)*: Unternehmungserfolg. Planung – Ermittlung – Kontrolle. Walther Busse von Colbe zum 60. Geburtstag, S. 275-302 (zit.: Kaufmännischer Periodengewinn).

Ordelheide, Dieter: True and fair view: A European and a German perspective, The European Accounting Review, Vol. 2, No. 1, 1993, S. 81-90 (zit.: True and fair view).

Ordelheide, Dieter: True and Fair View: A European and a German perspective II, The European Accounting Review, Vol. 5, No. 3, 1996, S. 495-506 (zit.: True and Fair View).

Ordelheide, Dieter: Wettbewerb der Rechnungslegungssysteme IAS, US-GAAP und HGB, in: *Börsig, Clemens/Coenenberg, Adolf G. (Hrsg.)*: Controlling und Rechnungswesen im internationalen Wettbewerb. Kongress-Dokumentation 51. Deutscher Betriebswirtschafter-Tag 1997, Stuttgart 1998, S. 15-53 (zit.: Wettbewerb der Rechnungslegungssysteme).

Ordelheide, Dieter: Zu einer neoinstitutionalistischen Theorie der Rechnungslegung, in: *Budäus, Dietrich/Gerum, Elmar/Zimmermann, Gebhard (Hrsg.)*: Betriebswirtschaftslehre und Theorie der Verfügungsrechte, Wiesbaden 1988, S. 269-295 (zit.: Neoinstitutionalistische Theorie).

Owens, Richard N.: Goodwill in the Accounts, The University Journal of Business, Vol. 1, No. 3, May 1923, S. 282-299 (zit.: Goodwill).

Paterson, Ron: Will FRS 10 hit the target?, Accountancy, February 1998, S. 74-75 (zit.: FRS 10).

Paton, William A./Littleton, Ananias C.: An Introduction to Corporate Accounting Standards, American Accounting Association Monograph No. 3, Nachdruck der Ausgabe von 1940, Ann Arbor 1967 (zit.: Corporate Accounting Standards).

Pawelzik, Kai U.: Latente Steuern auf Goodwilldifferenzen bei der Konsolidierung von Personengesellschaften nach IFRS, Zeitschrift für kapitalmarktorientierte Rechnungslegung, 1/2006, S. 13-19 (zit.: Latente Steuern auf Goodwilldifferenzen).

Pellens, Bernhard: Shareholder Value – Was ist nach dem Börsencrash davon geblieben?, Die Betriebswirtschaft, 1/2003, S. 1-4 (zit.: Shareholder Value).

Pellens, Bernhard/Crasselt, Nils/Ruhwedel, Peter: Schöne neue Goodwill-Welt, Frankfurter Allgemeine Zeitung vom 26.09.2005, S. 24 (zit.: Schöne neue Goodwill-Welt).

Pellens, Bernhard/Epstein, Rolf/Barth, Daniela/Ruhwedel, Peter/Sellhorn, Thorsten: Goodwill Impairment Test – ein empirischer Vergleich der IFRS- und US-GAAP-Bilanzierer im deutschen Prime Standard, Der Betriebs-Berater, 39/2005, Beilage 10, S. 10-18 (zit.: Goodwill Impairment Test).

Pellens, Bernhard/Fülbier, Rolf U.: Differenzierung der Rechnungslegungsregulierung nach Börsenzulassung, Zeitschrift Unternehmens- und Gesellschaftsrecht, 4-5/2000, S. 572-593 (zit.: Rechnungslegungsregulierung).

Pellens, Bernhard/Fülbier, Rolf U.: Immaterielle Vermögensgegenstände in der internen und externen Unternehmensrechnung, in: *Küting, Karlheinz/Weber, Claus-Peter (Hrsg.)*: Wertorientierte Konzernführung. Kapitalmarktorientierte Rechnungslegung und integrierte Unternehmenssteuerung, Stuttgart 2000, S. 119-155 (zit.: Immaterielle Vermögensgegenstände).

Pellens, Bernhard/Fülbier, Rolf U./Gassen, Joachim: Internationale Rechnungslegung, 6. Aufl., Stuttgart 2006 (zit.: Internationale Rechnungslegung).

Pellens, Bernhard/Gassen, Joachim: Die internationale Rechnungslegung, Frankfurter Allgemeine Zeitung vom 03.12.2001, S. 29 (zit.: Internationale Rechnungslegung).

Pellens, Bernhard/Richard, Marc/Sellhorn, Thorsten: Solvenztest statt Handelsbilanz, Frankfurter Allgemeine Zeitung vom 05.12.2005, S. 26 (zit.: Solvenztest statt Handelsbilanz).

Pellens, Bernhard/Sellhorn, Thorsten: Goodwill-Bilanzierung nach SFAS 141 und 142 für deutsche Unternehmen, Der Betrieb, 32/2001, S. 1681-1689 (zit.: Goodwill-Bilanzierung).

Pellens, Bernhard/Sellhorn, Thorsten: Neue Goodwill-Bilanzierung nach US-GAAP, Der Betrieb, 14/2001, S. 713-720 (zit.: Neue Goodwill-Bilanzierung).

Pellens, Bernhard/Sellhorn, Thorsten: Paradigmenwechsel in der Firmenwert-Bilanzierung, Frankfurter Allgemeine Zeitung vom 16.12.2002, S. 22 (zit.: Paradigmenwechsel).

Pellens, Bernhard/Tomaszewski, Claude: Kapitalmarktreaktionen auf den Rechnungslegungswechsel zu IAS bzw. US-GAAP, in: *Gebhardt, Günther/Pellens, Bernhard (Hrsg.)*: Rechnungswesen und Kapitalmarkt, ZfbF-Sonderheft 41, Düsseldorf u. Frankfurt 1999, S. 199-228 (zit.: Rechnungslegungswechsel).

Pellens, Bernhard/Tomaszewski, Claude/Weber, Nicolas: Wertorientierte Unternehmensführung in Deutschland, Der Betrieb, 37/2000, S. 1825-1833 (zit.: Wertorientierte Unternehmensführung).

Perridon, Louis/Steiner, Manfred: Finanzwirtschaft der Unternehmung, 14. Aufl., München 2007 (zit.: Finanzwirtschaft).

Pfeil, Oliver P./Vater, Hendrik J.: Neues über Goodwill und immaterielle Werte – Analyse der SFAS No. 141/142 (Teil 1), Der Schweizer Treuhänder, 6-7/2002, S. 585-590 (zit.: Neues über Goodwill (Teil 1)).

Phipps, Eric: Peace and goodwill to all accountants?, Accountancy, Vol. 118, Issue 1239, Nov. 1996, S. 69 (zit.: Peace and goodwill).

Plückebaum, Rudolf: Der Geschäftswert und geschäftswertähnliche immaterielle Wirtschaftsgüter, Der Betrieb, 43/1964, Beilage Nr. 18/64, S. 1-8 (zit.: Geschäftswert).

Poppe, Peter: Kult durch Werbung, Handelsblatt vom 31.03.2003, S. 18 (zit.: Kult durch Werbung).

Popper, Karl: Alles Leben ist Problemlösen, 8. Aufl., München 2004 (zit.: Problemlösen).

Powling, Hazel/Rigelsford, Ken: The first season of goodwill, Accountancy, August 1999, S. 84-85 (zit.: First season of goodwill).

Preinreich, Gabriel A. D.: Goodwill in Accountancy, The Journal of Accountancy, July 1937, S. 28-50 (zit.: Goodwill in Accountancy).

Preinreich, Gabriel A. D.: The law of goodwill, The Accounting Review, Vol. 11, No. 4, December 1936, S. 317-329 (zit.: Law of goodwill).

PricewaterhouseCoopers (Hrsg.): Student's Manual of Accounting, London 1999 (zit.: Student's Manual of Accounting).

PricewaterhouseCoopers/GfK Marktforschung/Sattler, Henrik/Markenverband e. V. (Hrsg.): Praxis von Markenbewertung und Markenmanagement in deutschen Unternehmen, Neue Befragung 2005, Frankfurt am Main, Januar 2006 (zit.: Markenbewertung).

PricewaterhouseCoopers/Günther, Thomas/Beyer, Dirk (Hrsg.): Immaterielle Werte und andere weiche Faktoren in der Unternehmensberichterstattung – eine Bestandsaufnahme, Frankfurt am Main 2003 (zit.: Immaterielle Werte).

Rabeneck, Jasmin/Reichert, Gudrun: Latente Steuern im Einzelabschluss (Teil I), Deutsches Steuerrecht, 32/2002, S. 1366-1372 (zit.: Latente Steuern (I)).

Rabeneck, Jasmin/Reichert, Gudrun: Latente Steuern im Einzelabschluss (Teil II), Deutsches Steuerrecht, 33/2002, S. 1409-1416 (zit.: Latente Steuern (II)).

Rappaport, Alfred: Creating Shareholder Value – A Guide for Managers and Investors, 2nd edition, New York u. a. 1998 (zit.: Shareholder Value).

Remer, Andreas/Snethlage, Tim: Der Stakeholder-Ansatz als notwendige Ergänzung des Shareholder Value-Denkens, in: *Rathgeber, Andreas/Tebroke, Hermann-Josef/Wallmeier, Martin (Hrsg.)*: Finanzwirtschaft, Kapitalmarkt und Banken. Festschrift für Professor Dr. Manfred Steiner zum 60. Geburtstag, Stuttgart 2003, S. 25-46 (zit.: Stakeholder-Ansatz).

Renshall, Michael/Aldis, John: The Companies Act 1985, London 1987 (zit.: Companies Act).

Repenn, Wolfgang/Weidenhiller, Gabriele: Markenbewertung und Markenverwertung, 2. Aufl., München 2005 (zit.: Markenbewertung).

Richard, Jacques: The concept of fair value in French and German accounting regulations from 1673 to 1914 and its consequences for the interpretation of the stages of development of capitalist accounting, Critical Perspectives on Accounting, Vol. 16, 2005, S. 825-850 (zit.: Concept of fair value).

Richter, Michael: Die Bewertung des Goodwill nach SFAS No. 141 und SFAS No. 142, Düsseldorf 2004; zugl.: Münster, Univ., Diss., 2003 (zit.: Bewertung des Goodwill).

Richter, Rudolf/Furubotn, Eirik G.: Neue Institutionenökonomik, 3. Aufl., Tübingen 2003 (zit.: Neue Institutionenökonomik).

Rieger, Wilhelm: Einführung in die Privatwirtschaftslehre, 3. Aufl., Erlangen 1964 (zit.: Privatwirtschaftslehre).

Robinson, Loudell E.: The Time Has Come to Report Comprehensive Income, Accounting Horizons, Vol. 5, No. 2, June 1991, S. 107-112 (zit.: Comprehensive Income).

Rogers, Jonathan L./Stocken, Phillip C.: Credibility of Management Forecasts, Working Paper, The Wharton School, University of Pennsylvania, Philadelphia, February 2002, S. 1-35 (zit.: Management Forecasts).

Rosenfield, Paul: Presenting Discounted Future Cash Receipts and Payments in Financial Statements, Abacus 2003, Vol. 39, No. 2, 2003, S. 233-249 (zit.: Discounted Future Cash Receipts).

Rückle, Dieter: Entwicklungslinien und Aussagekraft der Konzernrechnungslegung, in: *Wagner, Udo (Hrsg.)*: Zum Erkenntnisstand der Betriebswirtschaftslehre am Beginn des 21. Jahrhunderts. Festschrift für Erich Loitlsberger zum 80. Geburtstag, Berlin 2001, S. 249-271 (zit.: Konzernrechnungslegung).

Ruhnke, Klaus: Neue Bilanzregeln stellen Prüfer vor kaum lösbare Aufgaben, Frankfurter Allgemeine Zeitung vom 20.01.2003, S. 21 (zit.: Neue Bilanzregeln).

Ruhnke, Klaus/Schmidt, Martin: Überlegungen zur Prüfung von beizulegenden Zeitwerten, Die Wirtschaftsprüfung, 19/2003, S. 1037-1051 (zit.: Prüfung von beizulegenden Zeitwerten).

Ruhwedel, Franca/Schultze, Wolfgang: Konzeption des Value Reporting und Beitrag zur Konvergenz im Rechnungswesen, Controlling, 8-9/2004, S. 489-495 (zit.: Value Reporting).

Ruhwedel, Franca/Schultze, Wolfgang: Value Reporting: Theoretische Konzeption und Umsetzung bei den DAX 100-Unternehmen, Zeitschrift für betriebswirtschaftliche Forschung, November 2002, S. 602-632 (zit.: Value Reporting).

Rütte, Marc v./Hoenes, Raimund C.: Rechnungslegung immaterieller Werte, St. Gallen, Hochschule, Gemeinschaftsdiss., 1995 (zit.: Rechnungslegung immaterieller Werte).

Rutteman, Paul: Accounting for brands and separability, in: *Power, Michael (Hrsg.)*: Brand and Goodwill Accounting Strategies, New York u. a. 1990, S. 51-68 (zit.: Accounting for brands).

Saitz, Bernd/Wolbert, Joachim: Value Reporting – Einstieg in eine neue Dimension der kapitalmarktorientierten Unternehmensberichterstattung, Controlling, 6/2002, S. 321-326 (zit.: Value Reporting).

Sattler, Henrik: Markenbewertung: State of the Art, Research Papers on Marketing and Retailing, University of Hamburg, No. 27, Juni 2005 (zit.: Markenbewertung).

Sattler, Henrik/PwC Deutsche Revision (Hrsg.): Praxis von Markenbewertung und Markenmanagement in deutschen Unternehmen, Frankfurt am Main, April 1999 (zit.: Markenbewertung).

Schildbach, Thomas: Ansatz und Bewertung immaterieller Anlagewerte, in: *Ballwieser, Wolfgang (Hrsg.)*: US-amerikanische Rechnungslegung, 4. Aufl., Stuttgart 2000, S. 99-113 (zit.: Immaterielle Anlagewerte).

Schildbach, Thomas: Die neue Generalklausel für den Jahresabschluß von Kapitalgesellschaften – zur Interpretation des Paragraphen 264 Abs. 2 HGB, Betriebswirtschaftliche Forschung und Praxis, 1/1987, S. 1-15 (zit.: Neue Generalklausel).

Schildbach, Thomas: Inflation Accounting – Verfahren, Beurteilung und aktuelle Situation (I), Das Wirtschaftsstudium, 3/1984, S. 46-49 (zit.: Inflation Accounting (I)).

Schildbach, Thomas: Inflation Accounting – Verfahren, Beurteilung und aktuelle Situation (II), Das Wirtschaftsstudium, 5/1984, S. 71-76 (zit.: Inflation Accounting (II)).

Schildbach, Thomas: Internationale Rechnungslegungsstandards auch für deutsche Einzelabschlüsse?, in: *Ballwieser, Wolfgang/Böcking, Hans-Joachim/Drukarczyk, Jochen/Schmidt, Reinhard H. (Hrsg.)*: Bilanzrecht und Kapitalmarkt. Festschrift zum 65. Geburtstag von Professor Dr. Dr. h. c. Dr. h. c. Adolf Moxter, Düsseldorf 1994, S. 699-721 (zit.: Internationale Rechnungslegungsstandards).

Schildbach, Thomas: Kapital- und Substanzerhaltung, in: *Wittmann, Waldemar/Kern, Werner/Köhler, Richard/Küpper, Hans-Ulrich/Wysocki, Klaus v.(Hrsg.)*: Handwörterbuch der Betriebswirtschaft, 5. Aufl., Stuttgart 1993, Sp. 2088-2101 (zit.: Kapitalerhaltung).

Schildbach, Thomas: Latente Steuern auf permanente Differenzen und andere Kuriositäten – Ein Blick in das gelobte Land jenseits der Maßgeblichkeit, Die Wirtschaftsprüfung, 21/1998, S. 939-947 (zit.: Latente Steuern).

Schildbach, Thomas: US-GAAP, 2. Aufl., München 2002 (zit.: US-GAAP).

Schildbach, Thomas: Zeitbewertung, Gewinnkonzeptionen und Informationsgehalt – Stellungnahme zu „Financial Assets and Liabilities – Fair Value or Historical Cost?“, Die Wirtschaftsprüfung, 5/1999, S. 177-185 (zit.: Zeitbewertung).

Schildbach, Thomas: Zeitwertbilanzierung in USA und nach IAS, Betriebswirtschaftliche Forschung und Praxis, 5/1998, S. 580-592 (zit.: Zeitwertbilanzierung).

Schildbach, Thomas: Zur Eignung des ökonomischen Gewinnes im Rahmen der Rechnungslegung von Aktiengesellschaften, Die Wirtschaftsprüfung, 2/1972, S. 40-42 (zit.: Eignung des ökonomischen Gewinnes).

Schmachtenberg, Frederik/Meixner, Philipp/Schäfer, Dirk: Die Folgebewertung von Mobilfunklizenzen nach HGB, IFRS und US-GAAP, Zeitschrift für kapitalmarktorientierte Rechnungslegung, 11/2005, S. 512-523 (zit.: Folgebewertung von Mobilfunklizenzen).

Schmalenbach, Eugen: Dynamische Bilanz, 9. Aufl., Leipzig 1948 (zit.: Dynamische Bilanz).

Schmalenbach, Eugen: Dynamische Bilanz, 6. Aufl., Leipzig 1933 (zit.: Dynamische Bilanz).

Schmidt, Andreas: Immaterielle Vermögenswerte als Werttreiber der Unternehmen, in: *Küting, Karlheinz/Weber, Claus-Peter (Hrsg.)*: Vom Financial Accounting zum Business Reporting, Stuttgart 2002, S. 295-318 (zit.: Immaterielle Vermögenswerte).

Schmidt, Ingo M.: Bilanzierung des Goodwills im internationalen Vergleich, Wiesbaden 2002 (zit.: Goodwill).

Schmidt, Ludwig (Hrsg.): Einkommensteuergesetz, 25. Aufl., München 2006 (zit.: Einkommensteuergesetz).

Schmidt, Lutz: Maßgeblichkeitsprinzip und Einheitsbilanz, Heidelberg 1994; zugl. Bayreuth, Univ., Diss. 1993 (zit.: Maßgeblichkeitsprinzip).

Schmidt, Reinhard H.: Neuere Property Rights-Analysen in der Finanzierungstheorie, in: *Budäus, Dietrich/Gerum, Elmar/Zimmermann, Gebhard (Hrsg.)*: Betriebswirtschaftslehre und Theorie der Verfügungsrechte, Wiesbaden 1988, S. 239-267 (zit.: Neuere Property Rights-Analysen).

Schmidt, Reinhard H./Terberger, Eva: Grundzüge der Investitions- und Finanzierungstheorie, 4. Aufl., Wiesbaden 1997 (zit.: Investitions- und Finanzierungstheorie).

Schneider, Dieter: „Freimütige, lustige und ernsthafte, jedoch vernunft- und gesetzmäßige Gedanken" (Thomasius) über die Entwicklung der Lehre vom gerechten Preis und fair value, in: *Tietje, Christian/Kraft, Gerhard/Sethe, Rolf (Hrsg.)*: Beiträge zum Transnationalen Wirtschaftsrecht, 16/2003, S. 3-18 (zit.: Fair value).

Schneider, Dieter: Aktienrechtlicher Gewinn und ausschüttungsfähiger Betrag, Die Wirtschaftsprüfung, 23/1971, S. 607-617 (zit.: Aktienrechtlicher Gewinn).

Schneider, Dieter: Allgemeine Betriebswirtschaftslehre, 3. Aufl., München u. a. 1987, 2. Nachdruck 1994 (zit.: Allgemeine Betriebswirtschaftslehre).

Schneider, Dieter: Betriebswirtschaftliche Gewinnermittlung oder ökonomische Analyse des Bilanzrechts?, Zeitschrift für betriebswirtschaftliche Forschung, 11-12/ 1983, S. 1040-1065 (zit.: Betriebswirtschaftliche Gewinnermittlung).

Schneider, Dieter: Betriebswirtschaftslehre. Band 2: Rechnungswesen, 2. Aufl., München u. Wien 1997 (zit.: Rechnungswesen).

Schneider, Dieter: Bilanzgewinn und ökonomische Theorie, Zeitschrift für handelswissenschaftliche Forschung, 1963, S. 457-474 (zit.: Bilanzgewinn).

Schneider, Dieter: Entwicklungsstufen der Bilanztheorie, Wirtschaftswissenschaftliches Studium, 4/1974, S. 158-164 (zit.: Bilanztheorie).

Schneider, Dieter: Erfolgsermittlung als Rechnungsziel – ein empirischer und wissenschaftsgeschichtlicher Test, Zeitschrift für betriebswirtschaftliche Forschung, 1978, S. 326-347 (zit.: Erfolgsermittlung als Rechnungsziel).

Schneider, Dieter: Fair-Value-Bewertung als Teil einer gerechten Gewinnbesteuerung?, Manuskript zum Vortrag am 21.05.2003 an der Universität Bayreuth, S. 1-15 (zit.: Fair-Value-Bewertung).

Schneider, Dieter: Folgt die Tugend gewinnsteuerlicher Bemessungsgrundlagen den Zahlungsströmen? Jochen Sigloch zur Vollendung des 60. Lebensjahres, Steuer und Wirtschaft, 4/2004, S. 1-12 (zit.: Tugend gewinnsteuerlicher Bemessungsgrundlagen).

Schneider, Dieter: German Reflections on Asset Valuation, Abacus, Vol. 34, No. 1, 1998, S. 31-35 (zit.: Asset Valuation).

Schneider, Dieter: Kapitalmarkteffizienz durch Jahresabschlußreformen?, Göttingen 1981 (zit.: Kapitalmarkteffizienz).

Schneider, Dieter: Realisationsprinzip und Einkommensbegriff, in: *Baetge, Jörg/Moxter, Adolf/Schneider, Dieter (Hrsg.)*: Bilanzfragen. Festschrift zum 65. Geburtstag von Prof. Dr. Ulrich Leffson, Düsseldorf 1976, S. 101-117 (zit.: Realisationsprinzip).

Schneider, Dieter: Vermögensgegenstände und Schulden, in: *Leffson, Ulrich/Rückle, Dieter/Großfeld, Bernhard (Hrsg.)*: Handwörterbuch unbestimmter Rechtsbegriffe im Bilanzrecht des HGB, Köln 1986, S. 335-343 (zit.: Vermögensgegenstände und Schulden).

Schneider, Dieter: Wozu eine Reform des Jahresabschlusses? Oder: Jahresabschlußzwecke im Lichte der Temperaturmessung, in: *Baetge, Jörg (Hrsg.)*: Der Jahresabschluß im Widerstreit der Interessen. Vortragsreihe des Instituts für Revisionswesen an der Westfälischen Wilhelms-Universität Münster, Düsseldorf 1983, S. 131-155 (zit.: Jahresabschlußzwecke).

Schönwandt, Detlev: Bilanzunwahrheit, Berlin 1908 (zit.: Bilanzunwahrheit).

Schremper, Ralf: Informationseffizienz des Kapitalmarkts, Wirtschaftswissenschaftliches Studium, 12/2002, S. 687-692 (zit.: Informationseffizienz).

Schurbohm, Anne/Ganssauge, Karsten: Erwartungslücke bei der Prüfung von Firmenwerten, Frankfurter Allgemeine Zeitung vom 27.01.2003, S. 23 (zit.: Erwartungslücke).

Searfoss, D. Gerald/Fellner Weiss, Judith: Current value reporting for real estate, Journal of Accountancy, October 1990, S. 69-75 (zit.: Current value reporting).

Seetharaman, A./Balachandran, M./Saravanan, A. S.: Accounting treatment of goodwill: yesterday, today and tomorrow, Journal of Intellectual Capital, Vol. 5, No. 1, 2004, S. 131-152 (zit.: Accounting treatment of goodwill).

Seicht, Gerhard: Bilanztheorien, Würzburg u. Wien 1982 (zit.: Bilanztheorien).

Sellhorn, Thorsten: Ansätze zur bilanziellen Behandlung des Goodwill im Rahmen einer kapitalmarktorientierten Rechnungslegung, Der Betrieb, 18/2000, S. 885-892 (zit.: Goodwill).

Shim, Eunsup D./Larkin, Joseph M.: Towards Relevancy in Financial Reporting: Mark-to-Market Accounting, Journal of Applied Business Research, Vol. 14, No. 2, 1998, S. 33-42 (zit.: Mark-to-Market Accounting).

Sieben, Günter: Kritische Würdigung der externen Rechnungslegung unter besonderer Berücksichtigung von Scheingewinnen, Zeitschrift für betriebswirtschaftliche Forschung, 1974, S. 153-168 (zit.: Kritische Würdigung).

Siegel, Stanley: The Coming Revolution in Accounting: The Emergence of Fair Value as the Fundamental Principle of GAAP, WPK-Mitteilungen, Sonderheft Juni 1997, S. 81-90 (zit.: Emergence of Fair Value).

Siegel, Theodor: Das Realisationsprinzip als allgemeines Periodisierungsprinzip?, Betriebswirtschaftliche Forschung und Praxis, 1/1994, S. 1-24 (zit.: Realisationsprinzip).

Siegel, Theodor: Der Zeitwertansatz: Ein konzeptioneller Rahmen für den Konzernabschluß, in: *Göbel, Stefan/Heni, Bernhard (Hrsg.)*: Unternehmensrechnung. Konzeptionen und praktische Umsetzung. Festschrift zum 68. Geburtstag von Gerhard Scherrer, München 2004, S. 309-329 (zit.: Zeitwertansatz).

Siegel, Theodor: Die Maximierung des Gewinnausweises mit dem Instrument der Vollkostenrechnung, Wirtschaftswissenschaftliches Studium, 8/1981, S. 390-392 (zit.: Vollkostenrechnung).

Siegel, Theodor: Herstellungskosten und Einkommensmessung sowie Informationsfunktion. Widerlegung der „Widerlegung" des Silvesterbeispiels, in: *Meffert, Heribert/Krawitz, Norbert (Hrsg.)*: Unternehmensrechnung und -besteuerung: Grundfragen und Entwicklungen. Festschrift für Dietrich Börner zum 65. Geburtstag, Wiesbaden 1998, S. 151-173 (zit.: Herstellungskosten und Einkommensmessung).

Siegel, Theodor: Mangelnde Ernsthaftigkeit des Gläubigerschutzes als offene Flanke der deutschen Rechnungslegungsvorschriften, in: *Fischer, Thomas R./Hömberg, Reinhold (Hrsg.)*: Jahresabschluß und Jahresabschlußprüfung. Festschrift zum 60. Geburtstag von Jörg Baetge, Düsseldorf 1997, S. 117-149 (zit.: Gläubigerschutz).

Siegel, Theodor: Rückstellungen, Teilwertabschreibungen und Maßgeblichkeitsprinzip, Steuern und Bilanzen, 4/1999, S. 195-201 (zit.: Maßgeblichkeitsprinzip).

Siegel, Theodor: Zeitwertbilanzierung für das deutsche Bilanzrecht?, Betriebswirtschaftliche Forschung und Praxis, 5/1998, S. 593-603 (zit.: Zeitwertbilanzierung).

Siegel, Theodor: Zur unsinnigen Bilanzierung eines zufälligen Teils des unbekannten originären Geschäftswerts nach DRS 1a, Der Betrieb, 15/2002, S. 749-753 (zit.: Zur unsinnigen Bilanzierung).

Siegel, Theodor/Bareis, Peter: Der „negative Geschäftswert" – eine Schimäre als Steuersparmodell?, Der Betriebs-Berater, 21/1993, S. 1477-1485 (zit.: Der „negative Geschäftswert").

Siegel, Theodor/Bareis, Peter: Zum „negativen Geschäftswert" in Realität und Bilanz, Der Betriebs-Berater, 5/1994, S. 317-322 (zit.: Zum „negativen Geschäftswert").

Siegel, Theodor/Bareis, Peter/Schneider, Dieter/Sigloch, Jochen/Streim, Hannes/ Wagner, Franz W.: Stille Reserven und aktienrechtliche Informationspflichten, Zeitschrift für Wirtschaftsrecht, 50/1999, S. 2077-2085 (zit.: Stille Reserven).

Sigloch, Jochen: „Bauelemente" der Unternehmensbesteuerung, in: *Böhler, Heymo/ Kühlmann, Torsten/Schmidt, Gerhard/Sigloch, Jochen/Wossidlo, Peter R. (Hrsg.)*: Mittelstand und Betriebswirtschaft. Beiträge aus Wissenschaft und Praxis, Bd. 7, Bayreuth 1996, S. 213-231 (zit.: Bauelemente).

Sigloch, Jochen: Abschreibungsfreiheit und Zinsbesteuerung, in: *Schneider, Dieter (Hrsg.)*: Kapitalmarkt und Finanzierung. Jahrestagung des Vereins für Socialpolitik, Gesellschaft für Wirtschafts- und Sozialwissenschaften vom 15.-17. September 1986 in München, Berlin 1987, S. 169-186 (zit.: Abschreibungsfreiheit).

Sigloch, Jochen: Die Neuordnung der Rechnungslegung der Unternehmen durch das Bilanzrichtlinien-Gesetz (BiRiLiG) – Grundlinien, Neuerungen, Perspektiven –, in: *Böhler, Heymo/Schmidt, Karl G./Sigloch, Jochen/Wossidlo, Peter R. (Hrsg.)*: Mittelstand und Betriebswirtschaft, Bd. 4, Bayreuth 1987, S. 103-154 (zit.: Neuordnung der Rechnungslegung).

Sigloch, Jochen: Dynamik und Ordnung: Rechnungslegung im Umbruch, in: Der Präsident der Universität Bayreuth (Hrsg.), spektrum 2/2002, S. 14-17 (zit.: Rechnungslegung im Umbruch).

Sigloch, Jochen: Ein Valet dem Maßgeblichkeitsprinzip?, Betriebswirtschaftliche Forschung und Praxis, 2/2000, S. 157-182 (zit.: Maßgeblichkeitsprinzip).

Sigloch, Jochen: Einheitliche Gewinnermittlung nach Handels- und Steuerrecht – Utopie oder realistische Vision?, in: *Schneider, Dieter/Rückle, Dieter/Küpper, Hans-Ulrich/Wagner, Franz (Hrsg.)*: Kritisches zur Rechnungslegung und Besteuerung. Festschrift zur Vollendung des 65. Lebensjahres von Theodor Siegel, Berlin 2005, S. 551-568 (zit.: Einheitliche Gewinnermittlung).

Sigloch, Jochen: Einkommensbesteuerung der Unternehmen – Stand und Perspektiven, in: *Elschen, Rainer/Siegel, Theodor/Wagner, Franz W. (Hrsg.)*: Unternehmenstheorie und Besteuerung. Festschrift zum 60. Geburtstag von Dieter Schneider, Wiesbaden 1995, S. 673-702 (zit.: Einkommensbesteuerung).

Sigloch, Jochen: Fußballspieler in der Bilanz – Chimäre oder Notwendigkeit?, in: *Brehm, Walter/Heermann, Peter/Woratschek, Herbert (Hrsg.)*: Sportökonomie – Das Bayreuther Konzept in zehn exemplarischen Lektionen, Bayreuth 2005, S. 51-69 (zit.: Fußballspieler in der Bilanz).

Sigloch, Jochen: Ökonomische Grundfragen der Unternehmensbewertung, Jura, 11/1987, S. 584-591 (zit.: Unternehmensbewertung).

Sigloch, Jochen: Rechnungslegung, 5. Aufl., Bayreuth 2007 (zit.: Rechnungslegung).

Sigloch, Jochen: Steuerbilanz und Rechnungslegung nach internationalen Standards – Chancen für eine Neue Maßgeblichkeit, in: *Göbel, Stefan/Heni, Bernhard (Hrsg.)*: Unternehmensrechnung. Konzeptionen und praktische Umsetzung. Festschrift zum 68. Geburtstag von Gerhard Scherrer, München 2004, S. 331-353 (zit.: Steuerbilanz und Rechnungslegung).

Sigloch, Jochen: Unternehmensbewertung und Steuern, in: *Rathgeber, Andreas/Tebroke, Hermann-Josef/Wallmeier, Martin (Hrsg.)*: Finanzwirtschaft, Kapitalmarkt und Banken. Festschrift für Professor Dr. Manfred Steiner zum 60. Geburtstag, Stuttgart 2003, S. 119-141 (zit.: Unternehmensbewertung).

Sigloch, Jochen: Unternehmenserfolgsbesteuerung zwischen Einkommen und Konsum – Bestandsaufnahme und Anwendungsperspektiven, in: *Dirrigl, Hans/Wellisch, Dietmar/Wenger, Ekkehard (Hrsg.)*: Steuern, Rechnungslegung und Kapitalmarkt. Festschrift für Franz W. Wagner zum 60. Geburtstag, Wiesbaden 2004, S. 209-227 (zit.: Unternehmenserfolgsbesteuerung).

Sigloch, Jochen: Unternehmenswachstum durch Fusion, Berlin 1974; zugl.: München, Univ., Diss., 1970 (zit.: Unternehmenswachstum).

Sigloch, Jochen/Schmidt, Ingo: Entwurf „Grundsätze ordnungsmäßiger Rechnungslegung (Rahmenkonzept)" vom 16. Oktober 2002. Stellungnahme, Bayreuth 2002, S. 1-5 (zit.: Stellungnahme).

Sigloch, Jochen/Schmidt, Ingo: Innovative Finanzierung bei Sportgroßveranstaltungen durch Verkauf künftiger Leistungen – einige Grundsatzfragen, in: *Sigloch, Jochen/Klimmer, Christian (Hrsg.)*: Rechnungslegung und Besteuerung im Sport, Wiesbaden 2002, S. 225-242 (zit.: Verkauf künftiger Leistungen).

Smith, Gordon V./Parr, Russell L.: Valuation of Intellectual Property and Intangible Assets, Third Edition, New York 2000 (zit.: Valuation of Intellectual Property).

Smith, Gordon V./Parr, Russell L.: Valuation of Intellectual Property and Intangible Assets, Third Edition, 2002 Cumulative Supplement, New York 2002 (zit.: Valuation of Intellectual Property).

Smith, Roy C.: World Financial Integration, in: *Choi, Frederick D. S. (Hrsg.)*: International Accounting and Finance Handbook, Second Edition, New York u. a. 1997, Chapter 1, S. 1-31 (zit.: World Financial Integration).

Söffing, Günter: Der Geschäfts- oder Firmenwert, in: *Knobbe-Keuk, Brigitte/Klein, Franz/Moxter, Adolf (Hrsg.)*: Handelsrecht und Steuerrecht. Festschrift für Dr. Dr. h. c. Georg Döllerer, Düsseldorf 1988, S. 593-614 (zit.: Geschäfts- oder Firmenwert).

Souter, Gwen/Cunningham, Kirsty: New Intellectual Property rules, Tax Adviser 2002 (zit.: New Intellectual Property rules).

Stamp, Edward: Multi-Column Reporting, in: *Lee, Thomas A. (Hrsg.)*: Developments in Financial Reporting, Oxford 1981, S. 57-77 (zit.: Multi-Column Reporting).

Stapf, Anton: Immaterielle Anlagewerte und aktive Rechnungsabgrenzungsposten, Würzburg, Univ., Diss., 1968 (zit.: Immaterielle Anlagewerte).

Starbatty, Nikolaus: Fair Value Accounting gemäß Statement of Financial Accounting Concepts No. 7, Die Wirtschaftsprüfung, 10/2001, S. 543-558 (zit.: Fair Value Accounting).

Steiner, Manfred/Tebroke, Hermann-Josef: Shareholder Value-Konzepte für das Management von Unternehmen im dynamischen Umfeld, in: *Berndt, Ralph (Hrsg.)*: Unternehmen im Wandel – Change Management, Berlin u. a. 1998, S. 319-332 (zit.: Shareholder Value-Konzepte).

Streim, Hannes: Die Vermittlung von entscheidungsnützlichen Informationen durch Bilanz und GuV – Ein nicht einlösbares Versprechen der internationalen Standardsetter, Betriebswirtschaftliche Forschung und Praxis, 2/2000, S. 111-131 (zit.: Entscheidungsnützliche Informationen).

Streim, Hannes: Ein Plädoyer für die Einheitsbilanz, Betriebswirtschaftliche Forschung und Praxis, 6/1990, S. 527-545 (zit.: Einheitsbilanz).

Streim, Hannes/Bieker, Marcus/Esser, Maik: Der schleichende Abschied von der Ausschüttungsbilanz – Grundsätzliche Überlegungen zum Inhalt einer Informationsbilanz, in: *Dirrigl, Hans/Wellisch, Dietmar/Wenger, Ekkehard (Hrsg.)*: Steuern, Rechnungslegung und Kapitalmarkt. Festschrift für Franz W. Wagner zum 60. Geburtstag, Wiesbaden 2004, S. 229-244 (zit.: Informationsbilanz).

Streim, Hannes/Bieker, Marcus/Esser, Maik: Vermittlung entscheidungsnützlicher Informationen durch Fair Values – Sackgasse oder Licht am Horizont?, Betriebswirtschaftliche Forschung und Praxis, 4/2003, S. 457-479 (zit.: Fair Values).

Streim, Hannes/Bieker, Marcus/Leippe, Britta: Anmerkungen zur theoretischen Fundierung der Rechnungslegung nach International Accounting Standards, in: *Schmidt, Hartmut/Ketzel, Eberhard/Prigge, Stefan (Hrsg.)*: Wolfgang Stützel – Moderne Konzepte für Finanzmärkte, Beschäftigung und Wirtschaftsverfassung, Tübingen 2001, S. 191-195 (zit.: Theoretische Fundierung).

Streim, Hannes/Esser, Maik: Rechnungslegung nach IAS/IFRS – Ein geeignetes Instrument zur Informationsvermittlung?, Steuern und Bilanzen, 18/2003, S. 836-840 (zit.: Informationsvermittlung).

Streim, Hannes/Esser, Maik: Rechnungslegung nach IAS/IFRS – Ein geeignetes Instrument zur Zahlungsbemessung?: Ansatzfragen, Steuern und Bilanzen, 16/2003, S. 736-742 (zit.: IAS/IFRS zur Zahlungsbemessung: Ansatzfragen).

Streim, Hannes/Esser, Maik: Rechnungslegung nach IAS/IFRS – Ein geeignetes Instrument zur Zahlungsbemessung?: Bewertungsfragen, Steuern und Bilanzen, 17/2003, S. 781-786 (zit.: IAS/IFRS zur Zahlungsbemessung: Bewertungsfragen).

Strunk, Günther: Abschaffung des handelsrechtlichen Bilanzierungsverbots für selbst geschaffene immaterielle Wirtschaftsgüter des Anlagevermögens nach § 248 Abs. 2 HGB, Steuern und Bilanzen, 14/2004, S. 644-645 (zit.: Immaterielle Wirtschaftsgüter).

Sunder, Shyam: Discussion of the Role of Accounting in Financial Disclosure, Accounting, Organizations and Society, Vol. 5, No. 1, 1980, S. 81-86 (zit.: Role of Accounting).

Take, Felix: Der Geschäfts- oder Firmenwert, Köln, Univ., Diss., 1938 (zit.: Geschäfts- oder Firmenwert).

Taylor, Paul A.: United Kingdom – Group Accounts, in: *Ordelheide, Dieter/KPMG (Hrsg.)*: Transnational Accounting, Second Edition, Basingstoke u. New York 2001, S. 2717-2849 (zit.: United Kingdom – Group Accounts).

Tearney, Michael G.: Accounting for goodwill: a realistic approach, Journal of Accountancy, Vol. 136, No. 1, July 1973, S. 41-45 (zit.: Accounting for goodwill).

Theile, Carsten/Pawelzik, Udo: Erfolgswirksamkeit des Anschaffungsvorgangs nach ED 3 beim Unternehmenserwerb im Konzern, Die Wirtschaftsprüfung, 7/2003, S. 316-324 (zit.: Erfolgswirksamkeit des Anschaffungsvorgangs).

Thiele, Konstanze: Partielles Endorsement von IAS 39: Europäischer Sonderweg bei der Bilanzierung von Finanzinstrumenten, Deutsches Steuerrecht, 50/2004, S. 2162-2168 (zit.: Partielles Endorsement von IAS 39).

Thompson, John K.: Shareholder Value and the Market in Corporate Control in OECD Countries, Special Features, Financial Market Trends, No. 69, February 1998, S. 15-37 (zit.: Shareholder Value).

Vater, Hendrik: Grundlagen und Probleme des Fair Value Accounting, Unternehmensbewertung & Management, 4/2003, S. 141-148 (zit.: Fair Value Accounting).

Veit, Klaus-Rüdiger: Der derivative Firmenwert als Bilanzierungshilfe, Der Betrieb, 22/1989, S. 1093-1096 (zit.: Der derivative Firmenwert).

Veit, Klaus-Rüdiger: Die Inanspruchnahme von Bilanzierungshilfen – Ergebnisse einer empirischen Untersuchung –, Der Betrieb, 43/1995, S. 2129-2131 (zit.: Inanspruchnahme von Bilanzierungshilfen).

Wagner, Franz W.: Aufgabe der Maßgeblichkeit bei einer Internationalisierung der Rechnungslegung?, Der Betrieb, 42/1998, S. 2073-2077 (zit.: Aufgabe der Maßgeblichkeit).

Wagner, Franz W.: Die umgekehrte Maßgeblichkeit der Handelsbilanz für die Steuerbilanz, Steuer und Wirtschaft, 1/1990, S. 3-14 (zit.: Umgekehrte Maßgeblichkeit).

Wagner, Franz W.: Periodenabgrenzung als Prognoseverfahren – Konzeption und Anwendungsbereich der „einkommensapproximativen Bilanzierung“, in: *Ballwieser, Wolfgang/Böcking, Hans-Joachim/Drukarczyk, Jochen/Schmidt, Reinhard H. (Hrsg.)*: Bilanzrecht und Kapitalmarkt. Festschrift zum 65. Geburtstag von Professor Dr. Dr. h. c. Dr. h. c. Adolf Moxter, Düsseldorf 1994, S. 1175-1197 (zit.: Periodenabgrenzung).

Wagner, Franz W.: Zur Informations- und Ausschüttungsbemessungsfunktion des Jahresabschlusses auf einem organisierten Kapitalmarkt, Zeitschrift für betriebswirtschaftliche Forschung, 8-9/1982, S. 749-771 (zit.: Informations- und Ausschüttungsfunktion).

Wagner, Franz W./Schomaker, Helmut: Die Abschreibung des Firmenwertes in Handels- und Steuerbilanz nach der Reform des Bilanzrechts, Der Betrieb, 27-28/1987, S. 1365-1372 (zit.: Abschreibung des Firmenwertes).

Walker, George T.: Nonpurchased goodwill, The Accounting Review, Vol. 13, No. 3, September 1938, S. 253-259 (zit.: Nonpurchased goodwill).

Walker, George T.: Why Purchased Goodwill Should Be Amortized on a Systematic Basis, Journal of Accountancy, Vol. 95, No. 2, February 1953, S. 210-216 (zit.: Purchased Goodwill).

Walton, Peter: Accounting in the United Kingdom, in: *Walton, Peter/Haller, Axel/ Raffournier, Bernard (Hrsg.)*: International Accounting, London u. a. 1998, S. 130-149 (zit.: United Kingdom).

Walton, Peter: The true and fair view and the drafting of the Fourth Directive, The European Accounting Review, Vol. 6, No. 4, 1997, S. 721-730 (zit.: True and fair view).

Weber, Claus-Peter: Intangibles und Steuerung, in: *Küting, Karlheinz/Weber, Claus-Peter (Hrsg.)*: Vom Financial Accounting zum Business Reporting, Stuttgart 2002, S. 319-339 (zit.: Intangibles).

Weber, Claus-Peter/Zündorf, Horst: Der Posten „Geschäfts- oder Firmenwert" im Konzernabschluß, Der Betrieb, 7/1989, S. 333-340 (zit.: Geschäfts- oder Firmenwert).

Weber-Grellet, Heinrich: Zur Abschaffung des Maßgeblichkeitsgrundsatzes, Steuern und Bilanzen, 14/2002, S. 700-706 (zit.: Abschaffung des Maßgeblichkeitsgrundsatzes).

Weise, Herbert: Die Steuern im Vereinigten Königreich, Kiel 1957 (zit.: Steuern im Vereinigten Königreich).

Weiss, Heinz-Jürgen/Heiden, Matthias: Shareholder und Bondholder – Zwei Welten oder Partner?, Der Betriebs-Berater, 1/2000, S. 35-39 (zit.: Shareholder und Bondholder).

Weizsäcker, C. Christian v.: Logik der Globalisierung, 2. Aufl., Göttingen 2000 (zit.: Logik der Globalisierung).

Westerfelhaus, Herwarth: Zwei-Stufen-Ermittlung zum bilanzierungsfähigen Vermögensgegenstand, Der Betrieb, 18/1995, S. 885-889 (zit.: Zwei-Stufen-Ermittlung).

Whittington, Geoffrey: Deprival Value and Price Change Accounting in the U.K., Abacus, Vol. 34, No. 1, 1998, S. 28-30 (zit.: Deprival Value).

Wild, Ken/Creighton, Brian/Deloitte & Touche technical department: GAAP 2000. UK financial reporting and accounting, London 1999 (zit.: GAAP 2000).

Willis, Diana W.: Financial Assets and Liabilities – Fair Value or Historical Cost?, Die Wirtschaftsprüfung, 19/1998, S. 854-860 (zit.: Fair Value or Historical Cost).

Wirth, Johannes: Firmenwertbilanzierung nach IFRS, Stuttgart 2005; zugl.: Diss., Saarbrücken, Univ. 2005 (zit.: Firmenwertbilanzierung).

Wirth, Johannes: Müssen sich Personengesellschaften arm rechnen?, Frankfurter Allgemeine Zeitung vom 28.11.2005, S. 20 (zit.: Personengesellschaften).

Wittmann, Waldemar: Unternehmung und unvollkommene Information, Köln, Opladen 1959 (zit.: Unvollkommene Information).

Wöhe, Günter: Betriebswirtschaftliche Steuerlehre, Band I, 2. Halbband, 7. Aufl., München 1992 (zit.: Betriebswirtschaftliche Steuerlehre).

Wöhe, Günter: Zur Bilanzierung und Bewertung des Firmenwertes, Steuer und Wirtschaft, 2/1980, S. 89-108 (zit.: Bilanzierung und Bewertung).

Wöhe, Günter/Döring, Ulrich: Einführung in die Allgemeine Betriebswirtschaftslehre, 20. Aufl., München 2000 (zit.: Allgemeine Betriebswirtschaftslehre).

Wolf, Klaus: Value Reporting – Grundlagen und praktische Umsetzung, Unternehmensbewertung & Management, 11/2004, S. 420-425 (zit.: Value Reporting).

Woolf, Arthur H.: A Short History of Accountants and Accountancy, London 1912 (zit.: History of Accountancy).

Wyatt, Arthur: Commentary. The SEC Says: Mark to Market!, Accounting Horizons, March 1991, S. 80-84 (zit.: Mark to Market).

Yamey, B. S.: Some Topics in the History of Financial Accounting in England, 1500-1900, in: *Baxter, W. T./Davidson, Sidney (Hrsg.)*: Studies in Accounting, London 1977, S. 11-34 (zit.: History of Financial Accounting).

Yang, Ju Mei: Goodwill and other intangibles, New York 1978, Nachdruck der Ausgabe vom 1927; urspr.: Michigan, Univ., Diss., 1879 (zit.: Goodwill and other intangibles).

Zeitler, Franz-Christoph: Der Firmenwert und verwandte immaterielle Wirtschaftsgüter in der Bilanz, Deutsches Steuerrecht, 10/1988, S. 303-308 (zit.: Firmenwert).

Zimmermann, Jochen: Objektivierte originäre Geschäftswerte als Informationsträger in der Konzernbilanz, Der Betrieb, 15/2004, S. 751-753 (zit.: Objektivierte originäre Geschäftswerte).

Zimmermann, Jochen: Widersprüchliche Signale des DSR zur Goodwill-Bilanzierung?, Der Betrieb, 8/2002, S. 385-390 (zit.: Goodwill-Bilanzierung).

Zülch, Henning: Immobilienbewertung: Aktueller Stand der Harmonisierungstendenzen, Unternehmensbewertung & Management, 6/2004, S. 213-220 (zit.: Immobilienbewertung).

Rechtsquellenverzeichnis

Gesetze und Gesetzentwürfe

Deutschland:

Aktiengesetz vom 6. September 1965: BGBl. 1965 I, S. 1089-1184 (zit.: AktG 1965).

Deutscher Bundestag: Drucksache 10/4268 vom 18. November 1985, Beschlußempfehlung und Bericht des Rechtsausschusses (6. Ausschuß) zu dem von der Bundesregierung eingebrachten Entwurf eines Gesetzes zur Durchführung der Vierten Richtlinie des Rates der Europäischen Gemeinschaften zur Koordinierung des Gesellschaftsrechts (Bilanzrichtlinie-Gesetz) – Drucksache 10/317 –, Entwurf eines Gesetzes zur Durchführung der Siebenten und Achten Richtlinie des Rates der Europäischen Gemeinschaften zur Koordinierung des Gemeinschaftsrechts – Drucksache 10/3440 –, S. 1-150 (zit.: Drucksache 10/4268 v. 18.11.1985).

Deutscher Bundestag: Drucksache 11/2157 vom 19. April 1988 (zit.: Drucksache 11/2157).

Deutscher Bundestag: Entwurf eines Gesetzes zur Einführung internationaler Rechnungslegungsstandards und zur Sicherung der Qualität der Abschlussprüfung (Bilanzrechtsreformgesetz – BilReG), Drucksache 15/3419 vom 24. Juni 2004, S. 1-63 (zit.: Entwurf BilReG).

Einführungsgesetz zum Handelsgesetzbuch vom 10. Mai 1897, zuletzt geändert durch Gesetz über die Offenlegung der Vorstandsvergütungen (Vorstandsvergütungs-Offenlegungsgesetz – VorstOG) vom 3 August 2005, BGBl. I, S. 2267 (zit.: EGHGB).

Einkommensteuergesetz (EStG) vom 16. Oktober 1934: RGBl. 1934 I, S. 1005-1030 (zit.: EStG 1934).

Einkommensteuergesetz (EStG) in der Fassung der Bekanntmachung vom 19. Oktober 2002, zuletzt geändert durch Gesetz zur Neuorganisation der Bundesfinanzverwaltung und zur Schaffung eines Refinanzierungsregisters vom 22. September 2005, BGBl. I, S. 2809 (zit.: EStG).

Entwurf eines Gesetzes zum Abbau von Steuervergünstigungen und Ausnahmeregelungen (Steuervergünstigungsabbaugesetz – StVergAbG) : Kabinettvorlage vom 18. November 2002 (zit.: Entwurf StVergAbG v. 18.11.2002).

Gesetz über Aktiengesellschaften und Kommanditgesellschaften auf Aktien (Aktiengesetz) vom 30. Januar 1937: RGBl. 1937 I, S. 107-165 (zit.: AktG 1937).

Gesetz über das Kreditwesen (Kreditwesengesetz – KWG) in der Fassung der Bekanntmachung vom 9. September 1998, zuletzt geändert durch Gesetz vom 22. September 2005, BGBl. I, S. 2809 (zit.: KWG).

Gesetz über den Wertpapierhandel (Wertpapierhandelsgesetz – WpHG) in der Fassung der Bekanntmachung vom 9. September 1998, zuletzt geändert durch Gesetz zur Neuordnung des Pfandbriefrechts vom 22. Mai 2005, BGBl. I, S. 1373 (zit.: WpHG).

Gesetz zum Abbau von Steuervergünstigungen und Ausnahmeregelungen (Steuervergünstigungsabbaugesetz – StVergAbG) vom 16. Mai 2003: BGBl. I 2003, Nr. 19, 20. Mai 2003, S. 660-667 (zit.: StVergAbG v. 16.05.2003).

Gesetz zur Änderung des Einkommensteuergesetzes: vom 16. Mai 1969, BGBl. 1969 I, S. 421 f. (zit.: EStÄndG 1969).

Gesetz zur Durchführung der Vierten, Siebenten und Achten Richtlinie des Rates der Europäischen Gemeinschaften zur Koordinierung des Gesellschaftsrechts (Bilanzrichtlinien-Gesetz – BiRiLiG) vom 19. Dezember 1985: BGBl. 1985 I, S. 2355-2433 (zit.: BiRiLiG 1985).

Gesetz zur Einführung internationaler Rechnungslegungsstandards und zur Sicherung der Qualität der Abschlussprüfung (Bilanzrechtsreformgesetz – BilReG) vom 4. Dezember 2004: BGBl. I 2004, Nr. 65, 9. Dezember 2004, S. 3166-3182 (zit.: BilReG).

Gesetz, betreffend die Gesellschaften mit beschränkter Haftung vom 20. April 1892: RGBl. 1892, S. 477-499 (zit.: GmbHG 1892).

Gesetz, betreffend die Kommanditgesellschaften auf Aktien und die Aktiengesellschaften vom 18. Juli 1884: RGBl. 1884, S. 123-170 (zit.: AktG 1884).

Handelsgesetzbuch vom 10. Mai 1897: RGBl. 1897, S. 219-454 (zit.: HGB 1897).

Handelsgesetzbuch vom 10. Mai 1897, zuletzt geändert durch Gesetz über die Offenlegung der Vorstandsvergütungen (Vorstandsvergütungs-Offenlegungsgesetz – VorstOG) vom 3. August 2005, BGBl. I, S. 2267 (zit.: HGB).

Verordnung des Reichspräsidenten über Aktienrecht, Bankenaufsicht und über eine Steueramnestie vom 19. September 1931: RGBl. 1931 I, S. 493-509 (zit.: HGB 1931).

Europäische Union:

Richtlinie 2001/65/EG des Europäischen Parlaments und des Rates vom 27. September 2001 zur Änderung der Richtlinien 78/660/EWG, 83/349/EWG und 86/635/ EWG des Rates im Hinblick auf die im Jahresabschluss bzw. im konsolidierten Abschluss von Gesellschaften: Amtsblatt. der EG, L283/28 vom 27. Oktober 2001 (zit.: Fair-Value-Richtlinie v. 27.09.2001).

Siebente Richtlinie des Rates der Europäischen Gemeinschaften vom 13.06.1983 auf Grund von Artikel 54 Absatz 3 Buchstabe g) des Vertrages über den konsolidierten Abschluß (83/349/EWG): Amtsblatt der EG, L 193 v. 18. Juli 1983, S. 1-17 (zit.: 7. EG-RL).

Verordnung (EG) Nr. 1606/2002 des Europäischen Parlaments und des Rates vom 19. Juli 2002 betreffend die Anwendung internationaler Rechnungslegungsstandards: Amtsblatt. der EG, L 243/1 vom 11. September 2002 (zit.: EU-IAS-VO).

Vierte Richtlinie des Rates der Europäischen Gemeinschaften vom 25.07.1978 auf Grund von Artikel 54 Absatz 3 Buchstabe g) des Vertrages über den Jahresabschluß von Gesellschaften bestimmter Rechtsformen (78/660/EWG): Amtsblatt der EG, L 222/11 vom 14. August 1978, S. 11-31 (zit.: 4. EG-RL).

Großbritannien:

Companies Act 1948: 11 & 12 Geo. 6. Chapter 38 (zit.: CA 1948).

Companies Act 1985: 1985 Chapter 40; zuletzt geändert durch den Companies (Audit, Investigations and Community Enterprise) Act 2004, 2004 Chapter 27, http:// www.opsi.gov.uk/acts/acts2004/20040027.htm, Stand: 07.10.2006 (zit.: CA 1985).

Finance Act 1998: 1998 Chapter 36; auch zum Download unter http://www.opsi.gov. uk/acts/acts1998/19980036.htm, Stand: 07.10.2006 (zit.: FA 1998).

Finance Act 2002: 2002 Chapter 23; auch zum Download unter http://www.opsi.gov. uk/acts/acts2002/20020023.htm, Stand: 07.10.2006 (zit.: FA 2002).

Finance Act 2004: 2004 Chapter 12; auch zum Download unter http://www.opsi.gov. uk/acts/acts2004/20040012.htm, Stand: 07.10.2006 (zit.: FA 2004).

Income and Corporation Taxes Act 1988: 1988 Chapter 1; auch zum Download unter http://www.opsi.gov.uk/acts/acts1988/Ukpga_19880001_en_1.htm. Zuletzt geändert durch Finance 2005, 2005 Chapter 7, http://www.opsi.gov.uk/acts/acts2005/ 20050007.htm, Stand: 07.10.2006 (zit.: ICTA 1988).

UK Statutory Instrument 2004 No. 2947: The Companies Act 1985 (International Accounting Standards and Other Accounting Amendments) Regulations 2004: auch zum Download unter http://www.opsi.gov.uk/si/si2004/20042947.htm, Stand: 07.10.2006 (zit.: UK Statutory Instruments 2004/2947).

Rechnungslegungsstandards, Standardentwürfe und ähnliche Verlautbarungen der Standardisierungsgremien

Deutschland:

DSR: Deutscher Rechnungslegungs Standard Nr. 12 (DRS 12) Immaterielle Vermögenswerte des Anlagevermögens, Juli 2002 (zit.: DRS 12).

DSR: Deutscher Rechnungslegungs Standard Nr. 4 (DRS 4) Unternehmenserwerbe im Konzernabschluss, August 2000 (zit.: DRS 4).

DSR: Entwurf Grundsätze ordnungsmäßiger Rechnungslegung (Rahmenkonzept), 2002 (zit.: Entwurf Rahmenkonzept).

DSR: Vorschläge des DSR zum Bilanzrechtsmodernisierungsgesetz, 3. Mai 2005, S. 1-43 (zit.: Vorschläge zum Bilanzrechtsmodernisierungsgesetz).

IDW: Entwurf IDW Prüfungsstandard Die Prüfung von Zeitwerten (IDW EPS 315), Die Wirtschaftsprüfung, 3/2004, S. 80-85 (zit.: EPS 315).

IDW: Entwurf IDW Stellungnahme zur Rechnungslegung Auswirkungen einer Abkehr von der Going Concern-Prämisse auf den handelsrechtlichen Jahresabschluss (IDW ERS HFA 17), 09.12.2004 (zit.: ERS HFA 17).

IDW: Standard Grundsätze zur Durchführung von Unternehmensbewertungen, S 1 vom 18.10.2005, Fachnachrichten-IDW, 11/2005, S. 690-718 (zit.: S 1).

IDW: Stellungnahme zur Rechnungslegung Anwendung der Grundsätze des IDW S 1 bei der Bewertung von Beteiligungen und sonstigen Unternehmensanteilen für die Zwecke eines handelsrechtlichen Jahresabschlusses, RS HFA 10 vom 18.10.2005, Fachnachrichten-IDW, 11/2005, S. 718-720 (zit.: RS HFA 10).

IDW: Stellungnahme zur Rechnungslegung Bewertungen bei der Abbildung von Unternehmenserwerben und bei Werthaltigkeitsprüfungen nach IFRS, RS HFA 16 vom 18.10.2005, Fachnachrichten-IDW, 11/2005, S. 721-738 (zit.: RS HFA 16).

Großbritannien:

ASB: ED 30 Accounting for Goodwill, issued October 1982 (zit.: ED 30).

ASB: ED 47 Accounting for Goodwill, issued February 1990 (zit.: ED 47).

ASB: Foreword to accounting standards, London 1993 (zit.: Foreword).

ASB: FRED 36 Business Combinations (IFRS 3), issued July 2005 (zit.: FRED 36).

ASB: FRED 37 Intangible Assets (IAS 38), issued July 2005 (zit.: FRED 37).

ASB: FRED 38 Impairment of Assets (IAS 36), issued July 2005 (zit.: FRED 38).

ASB: FRS 10 Goodwill and intangible assets, December 1997 (zit.: FRS 10).

ASB: FRS 11 Impairment of fixed assets and goodwill, issued July 1998 (zit.: FRS 11).

ASB: FRS 6 Acquisitions and mergers, issued September 1994 (zit.: FRS 6).

ASB: FRS 7 Fair values in acquisition accounting, issued September 1994 (zit.: FRS 7).

ASB: Goodwill and intangible assets. Discussion paper, December 1993 (zit.: Discussion paper).

ASB: Goodwill and intangible assets: working paper for discussion at public hearing, June 1995 (zit.: Goodwill working paper).

ASB: Statement of principles for financial reporting, issued December 1999 (zit.: Statement of principles).

ASC: A discussion paper: accounting for goodwill, accountancy, August 1980, S. 108-120 (zit.: Discussion paper).

ASC: SSAP 13 Accounting for research and development, revised January 1989 (zit.: SSAP 13).

ASC: SSAP 22 Accounting for goodwill, revised July 1989 (zit.: SSAP 22 (revised 1989)).

ASC: SSAP 22 Accounting for goodwill, issued December 1984 (zit.: SSAP 22 (1984)).

FRC: The implications of new accounting and auditing standards for the “true and fair view” and auditors’ responsibilities, 9 August 2005 (zit.: Implications of new accounting standards).

UITF: UITF abstract 24 Accounting for start-up costs, issued 22 June 2000 (zit.: Abstract 24).

UITF: UITF abstract 27 Revision to estimates of the useful economic life of goodwill and intangible assets, issued December 2000 (zit.: Abstract 27).

UITF: UITF abstract 7 True and fair view override disclosures, issued December 1992 (zit.: Abstract 7).

IASC/IASB:

IASB: Discussion Paper Measurement Bases for Financial Accounting – Measurement on Initial Recognition, condensed version, issued November 2005 (zit.: IASB).

IASB: Discussion Paper Preliminary Views on Accounting Standards for Small and Medium-sized Entities, June 2004 (zit.: Accounting Standards for SMEs).

IASB: Exposure Draft ED 3 Business Combinations, issued December 2002 (zit.: ED 3).

IASB: Exposure Draft of Proposed Amendments to IAS 1 Presentation of Financial Statements. A Revised Presentation, March 2006 (zit.: ED IAS 1).

IASB: Exposure Draft of Proposed Amendments to IAS 37 Provisions, Contingent Liabilities and Contingent Assets, issued June 2005 (zit.: ED IAS 37).

IASB: Exposure Draft of Proposed Amendments to IFRS 3 Business Combinations, issued June 2005 (zit.: ED IFRS 3).

IASB: Exposure Draft of Revised IAS 36. Proposed Amendments to IAS 36 Impairment of Assets, issued December 2002 (zit.: ED IAS 36).

IASB: Exposure Draft of Revised IAS 38. Proposed Amendments to IAS 38 Intangible Assets, issued December 2002 (zit.: ED IAS 38).

IASB: Framework for the Preparation and Presentation of Financial Statements, ursprünglich vom IASC verabschiedet 1989, übernommen vom IASB 2001 (zit.: Framework).

IASB: Illustrative Examples IFRS 3 Business Combinations, issued March 2004 (zit.: Illustrative Examples IFRS 3).

IASB: International Accounting Standard 1 Presentation of Financial Statements, amended 2005 (zit.: IAS 1).

IASB: International Accounting Standard 12 Income Taxes, 2004 (zit.: IAS 12).

IASB: International Accounting Standard 16 Property, Plant, and Equipment, amended 2004 (zit.: IAS 16).

IASB: International Accounting Standard 19 Employee Benefits, amended 2004 (zit.: IAS 19).

IASB: International Accounting Standard 23 Borrowing Costs, 2004 (zit.: IAS 23).

IASB: International Accounting Standard 32 Financial Instruments: Disclosure and Presentation, issued March 2004 (zit.: IAS 32).

IASB: International Accounting Standard 36 Impairment of Assets, issued March 2004 (zit.: IAS 36).

IASB: International Accounting Standard 37 Provisions, Contingent Liabilities and Contingent Assets, amended 2004 (zit.: IAS 37).

IASB: International Accounting Standard 38 Intangible Assets, revised 2004 (zit.: IAS 38).

IASB: International Financial Reporting Standard 3 Business Combinations, amended December 2004 (zit.: IFRS 3).

IASB: Preface to International Financial Reporting Standards, issued 2002 (zit.: Preface).

IASC: Exposure Draft E50, approved June 1995 (zit.: E50).

IASC: International Accounting Standard 22 Accounting for Business Combinations, November 1983 (zit.: IAS 22 (1983)).

IASC: International Accounting Standard 22 Business Combinations, revised December 1993 (zit.: IAS 22 (revised 1993)).

IASC: International Accounting Standard 22 Business Combinations, revised July 1998, amended 1999 (zit.: IAS 22 (revised 1998)).

IASC: International Accounting Standard 36 Impairment of Assets, published June 1998 (zit.: IAS 36).

IASC: International Accounting Standard 38 Intangible Assets, published October 1998 (zit.: IAS 38).

IASC: International Accounting Standard 9 Research and Development Costs, revised 1993,(zit.: IAS 9).

USA:

FASB: Exposure Draft (Revised) Proposed Statement of Financial Accounting Standards Business Combinations and Intangible Assets – Accounting for Goodwill, Financial Accounting Series, February 14, 2001 (zit.: ED Accounting for Goodwill).

FASB: Exposure Draft Proposed Statement of Financial Accounting Standards: Business Combinations and Intangible Assets, Financial Accounting Series, No. 201-A, 07.09.1999 (zit.: ED Business Combinations).

FASB: Exposure Draft Proposed Statement of Financial Accounting Standards The Hierarchy of Generally Accounting Principles, 2005 (zit.: ED Hierarchy of GAAP).

FASB: Methods of Accounting for Business Combinations: Recommendations of the G4+1 for Achieving Convergence, Financial Accounting Series, No. 192-A, 15.12.1998 (zit.: Accounting for Business Combinations).

FASB: Preliminary Views Conceptual Framework for Financial Reporting: Objective of Financial Reporting and Qualitative Characteristics of Decision-Useful Financial Reporting Information, Financial Accounting Series, July, 6, 2006 (zit.: Preliminary Views Conceptual Framework).

FASB: Proposal Principles-based approach to US. standard setting, 2002 (zit.: Principles-based approach).

FASB: Statement of Financial Accounting Concepts No. 1: Objectives of Financial Reporting by Business Enterprises, issued November 1978 (zit.: SFAC 1).

FASB: Statement of Financial Accounting Concepts No. 2: Qualitative Characteristics of Accounting Information, issued May 1980 (zit.: SFAC 2).

FASB: Statement of Financial Accounting Concepts No. 5: Recognition and Measurement in Financial Statements of Business Enterprises, issued December 1984 (zit.: SFAC 5).

FASB: Statement of Financial Accounting Concepts No. 6: Elements of Financial Statements, issued December 1985 (zit.: SFAC 6).

FASB: Statement of Financial Accounting Concepts No. 7 Using Cash Flow Information and Present Value in Accounting Measurements, issued February 2000 (zit.: SFAC 7).

FASB: Statement of Financial Accounting Standards No. 130 Reporting Comprehensive Income, issued 1997 (zit.: SFAS 130).

FASB: Statement of Financial Accounting Standards No. 141 Business Combinations, issued June 2001 (zit.: SFAS 141).

FASB: Statement of Financial Accounting Standards No. 142 Goodwill and Other Intangible Assets, June 2001 (zit.: SFAS 142).

FASB: Statement of Financial Accounting Standards No. 144 Accounting for the Impairment or Disposal of Long-Lived Assets, issued 2001 (zit.: SFAS 144).

FASB: Statement of Financial Accounting Standards No. 157 Fair Value Measurements, September 2006 (zit.: SFAS 157).

FASB: Working Draft Statement of Financial Accounting Standards No. 15X: Fair Value Measurements, issued October 21, 2005 (zit.: WD Fair Value Measurements).

Verwaltungsanweisungen

Deutschland:

Bundesministerium der Finanzen: Abzinsung von Verbindlichkeiten und Rückstellungen in der steuerlichen Gewinnermittlung nach § 6 Abs. 1 Nrn. 3 und 3a EStG in der Fassung des Steuerentlastungsgesetzes 1999/2000/2002, IV B 2 – S 2175 – 7/05 vom 26. Mai 2005 (zit.: Schreiben v. 26.05.2005).

Bundesministerium der Finanzen: Neuregelung der Teilwertabschreibung gemäß § 6 Abs. 1 Nrn. 1 und 2 EStG durch das Steuerentlastungsgesetz 1999/2000/2002, IV C 2 – S2171b – 14/00 vom 25. Februar 2000 (zit.: Schreiben v. 25.02.2000).

Bundesministerium der Finanzen: Schreiben des Bundesministers der Finanzen vom 20. November 1986, IV B 2 – S2172 – 13/86, BStBl. I 1986, S. 532 (zit.: Schreiben v. 20.11.1986).

Einkommensteuer-Richtlinien 2005 (EStR 2005) vom 16. Dezember 2005: BStBl. I Sondernummer 1 (zit.: EStR).

Erbschaftsteuer-Richtlinien 2003 (ErbStR 2003) vom 17. März 2003: BStBl. I Sondernummer 1, S. 2 (zit.: ErbStR).

Großbritannien:

Inland Revenue: Reform of the Taxation of Intellectual Property, Goodwill and Other Intangible Assets. A Technical Note by the Inland Revenue, Published 23 June 2000 (zit.: Reform of the Taxation).

Inland Revenue: Reform of the Taxation of Intellectual Property, Goodwill and Other Intangible Assets. The Next Stage. A Technical Note by the Inland Revenue, Published 8 November 2000 (zit.: The Next Stage).

Inland Revenue: Regulatory Impact Assessment (RIA), reform of the taxation of intangible assets, 2002 (zit.: Regulatory Impact Assessment).

Inland Revenue: Taxation of Intellectual Property, Goodwill and Other Intangible Assets. The New Regime. A Technical Note by the Inland Revenue, Published on 7 March 2001 (zit.: The New Regime).

Rechtsprechung

Deutschland:

BFH: Urteil vom 28. Januar 1954, BStBl. 1954 III, S. 109 (zit.: BFH v. 28.01.1954).

BFH: Urteil vom 15. April 1958 – I 61/57 U, BStBl. 1958 III, S. 330 f. (zit.: BFH v. 15.04.1958).

BFH: Urteil vom 10. November 1960 – IV 62/60 U, BStBl. 1961, S. 95 (zit.: BFH v. 10.11.1960).

BFH: Urteil vom 19. Februar 1981 – IV R 41/78, BStBl. 1981 II, S. 730 (zit.: BFH v. 19.02.1981).

BFH: Urteil vom 12. August 1982, BStBl. II 1982, S. 652 (zit.: BFH v. 12.08.1982).

BFH: Urteil vom 21. April 1994 – IV R 70/92, BStBl. 1994 II, S. 745 (zit.: BFH v. 21.04.1994).

BFH: Urteil vom 12. Dezember 1996 – IV R 77/93, Die Wirtschaftsprüfung, 1998, S. 65 f. (zit.: BFH v. 12.12.1996).

Niedersächsisches Finanzgericht: Urteil vom 24. Oktober 1991 – XII 706/84, Sammlung der Entscheidungen der Finanzgerichte, 1993, S. 15 (zit.: Niedersächsisches Finanzgericht v. 24.10.1991).

Preußisches Oberverwaltungsgericht: Entscheidung vom 2. April 1902, Slg 10, S. 309 zitiert nach Doralt, W., Firmenwert (1978), S. 52 (zit.: Preuß. OVG v. 02.04.1902).

Reichsgericht: Urteil vom 27. Juni 1914, Leipziger Zeitschrift für Deutsches Recht, 1915, S. 231 (zit.: RG v. 27.06.1914).

Reichsgericht: Urteil vom 9. Juli 1901, Juristische Wochenschrift, Nr. 12, 1901, S. 653,(zit.: RG v. 09.07.1901).

RFH: Urteil vom 15. Juli 1931, Steuer und Wirtschaft, 1931, Sp. 1690 (zit.: RFH v. 15.07.1931).

RFH: Urteil vom 15. Oktober 1924 – VIeA 174/21, Sammlung der Entscheidungen und Gutachten des Reichsfinanzhofs, Bd. 15, S. 5 (zit.: RFH v. 15.10.1924).

RFH: Urteil vom 18. September 1934, Steuer und Wirtschaft, 1934, Sp. 1604 (zit.: RFH v. 18.09.1934).

RFH: Urteil vom 28. Februar 1930, RStBl. 1930, S. 207 (zit.: RFH v. 28.02.1930).

RFH: Urteil vom 29. Juli 1931 – VI A 1265/29, RStBl. 1931, S. 852 (zit.: RFH v. 29.07.1931).

Verzeichnis sonstiger Quellen

AOL Time Warner Inc.: Annual Report 2002, New York 2003 (zit.: Annual Report 2002).

Bundesregierung: Maßnahmenkatalog der Bundesregierung zur Stärkung der Unternehmensintegrität und des Anlegerschutzes, 25. Februar 2003, http://www.bmj.bund.de/enid/Corporate_Governance/Bundesregierung_staerkt_Anlegerschutz_und_Unternehmensintegritaet_ai.html, Stand: 07.10.2006 (zit.: Maßnahmenkatalog).

Cadbury Schweppes plc: Annual Report and Form 20-F 2000, London 2001 (zit.: Annual Report 2000).

HM Revenue & Customs: International Accounting Standards – The UK tax implications, http://www.hmrc.gov.uk/practitioners/int_accounting.htm, Stand: 07.10.2006 (zit.: UK tax implications).

IASB/FASB: Project Updates. Financial Statement Presentation – Joint Project of the IASB and FASB (Formerly known as Financial Performance Reporting by Business Enterprises), http://www.fasb.org/project/financial_statement_presentation.shtml, Stand: 07.10.2006 (zit.: Financial Statement Presentation).

Vodafone Group Plc: Annual Report & Accounts for the year ended 31 March 2001, Newbury 2001 (zit.: Annual Report 2001).

FSC
www.fsc.org
MIX
Papier | Fördert
gute Waldnutzung
FSC® C083411

Kolibri 360 GmbH
Ferdinand-Jühlke-Straße 7
99095 Erfurt, Deutschland
produktsicherheit@kolibri360.de